大家重夫編

明治三十二年・貴族院の著作権法審議

貴族院・著作権法・水野錬太郎

青山社

はじめに―著作権法理由書及び貴族院委員会質疑の復刻にあたって

一

明治三二年（一八九九年）三月四日公布の旧著作権法は、約七〇年間施行された後、昭和四五年（一九七〇年）五月、全面改正され、現行の著作権法は、昭和四六年一月一日から施行されている。

現行著作権法は、全面改正されたものの「明治三二年著作権法」の骨格を引き継いでおり、訴訟事件において、旧著作権法の条文の趣旨、解釈が問われることが多い。

そこで、第一部として、貴族院特別委員会の審議の記録を掲載した。

著作権法案が、明治三一年一一月の第一三回通常国会に上程され、貴族院先議で行われた。その際、貴族院では、明治三二年一月一九日、著作権法案特別委員会を設置し、そこで審議された。

貴族院特別委員会は、谷干城委員長、加藤弘之副委員長、吉川《きっかわ》重吉、久保田譲、菊池大麓、山脇玄、菊池武夫、木下広次、小幡篤次郎の各委員により構成された。

政府委員として、外務次官 都筑馨六、内務省警保局長 小倉久、内務書記官 水野錬太郎、内務書記官 森田茂吉が出席している。

明治三二年二月二〇日、衆議院に回され九名の特別委員会で審議された。

委員長 渡辺猶人、委員 市島謙吉、宮原幸三郎、赤土亮衆議院議員が質問している。

衆議院では、参議院で修正された条文について、何ら修正を加えなかった。

明治三二年三月四日、著作権法は公布され、明治三二年七月一五日施行、同時にベルヌ条約に加入した。

二

本書の第一部は、明治三一年一一月七日、招集された第十三通常国会に上程され、特別委員会で審議された「著作権法案」についての議事録を編集したものである。

内務省が編集し、印刷者小川邦孝が明治三七年五月二四日印刷、同年五月二六日発行した「著作権法理由書」及び「帝国議会議事録」を複製したものである。

この「著作権法理由書」は、ゆまに書房「新聞史資料集成　明治期篇　第十巻新聞法制・著作権」（山本武利・有山輝雄監修）（一九九五年五月）にそのまま写真複製され、収録されている。吉村保氏（一九三六―二〇一九）の「〈新聞法制・著作権〉解題」が付された書物で、貴重な資料と考える。

本書は、利用者が、読み易いように若干文字を大きくし、ここに複製した。また、著作権法案の審議にあたった貴族院議員などの略歴を付し、第二部及び第三部を付加した。

第二部として、明治憲法下の貴族院について、明治三二年一月当時の貴族院議員の名簿などを掲載した。

日本国憲法において、国会は、衆議院と参議院の両議院で構成されると第四二条が規定し、国会法が定められている。ところが、明治二二年公布の勅令「貴族院令」によれば、1，皇族男子は、成年に達したとき、2，公爵、侯爵である者は、三〇歳に達したとき、自動的に貴族院議員に就任する。この外、勅選議員、帝国学士院会員議員、多額納税者議員、朝鮮・台湾勅選議員の制度があり、貴族院の構成は、今日の参議院と全く異なる。今日、このことを知る人は少なくなった。根拠である貴族院令とともに、貴族院に関わった人物や事件についての拙文を載せた。

貴族院の特別委員会の著作権法審議において、政府委員として答弁を行った「明治三十二年著作権法」の起草者、水野錬太郎は、いくつもの顔を持っている。

第三部には、著作権法学者としての水野が残した著作権論文から数編を選び、また、交流のあった外国の著作権学者が死去された際、公表された弔意文を掲載した。

ついで、私人としての水野について、長らく上野の森美術館館長であられた令孫、水野政一氏に「祖父水野錬太郎と『明治』という時代」、を語って頂いた。

原敬や後藤新平に信頼され、内務省の官僚から政治家に転身した水野の後半生については、著作権学者、法学者には殆んど知られていないと考え、拙稿を掲載した。

三

著作権法案は、貴族院先議で、貴族院の「著作権法案特別委員会」において審議された。

著作権法案は、相当、細部の点にわたって審議されており、各委員の質問に対し、政府委員が丁寧に答弁している。特に非常に多くの答弁が水野錬太郎政府委員によってなされていることが注目される。

たとえば、次のような質問がなされている。思いつくまま、いくつか取り上げてみる。

1，ベルヌ条約に加入しないのであれば、版権法で不都合なことはないのか（九頁）。

2，このベルヌ条約に加入せざるように通商航海条約を改正できないか。又はこのベルヌ条約加入の条件を他のあるものと交換できないか。

3，同盟条約に入れば翻訳が制限を受けるが、条約に入った以上は、我が国の文運を進める上で、大いなる利益があるという考えがあるのか（九頁）。

4，同盟条約に入っていないアメリカ人がイギリスの書物を翻刻して、日本に持っている店で売ったら、アメリカ人を偽作者として罰することができるか（二九頁）。

5，日本での保護で、同盟国の人と同盟国でない国の人との差は、どこにあるのか（四〇頁）。

6，写真著作権が十年という短いことになったのはどういう訳か（二五頁）。

7，美術品と工芸品は、どこで区別するのか（七頁、三五頁）。

8，十九条の訓点句読批評などで、「新たに著作権を生ずることなし」とは、どういう意味か（三一頁、三二頁、八二頁、八三頁）。

9，二十九条の第二の「自己の著作物中に正当の範囲内において、節録引用すること」は、よほど難しいと思うが、「正当の範囲内」というのはどれだけのことをいうのか（二六頁、二七頁）。

10，日本で、西欧の楽曲を演奏するのに、いちいち向こうの承諾を経なければならないのか。慈善の目的の音楽会はどうか（三〇頁）。

11，アメリカ合衆国は、なぜ、ベルヌ同盟に入らないのか（七九頁）。

12，楽譜を演奏することをやはり、興行というのか（三六頁）。

四

1．著作権法理由書について

「著作権法理由書」は、水野錬太郎が執筆したと考えられる。明治二九年四月二七日、民法第一から第三編が公布されている。このとき「民法理由書」が作成、公表されているがこれにならったのであろう。

著作権法理由書は、まず、著作権法を創設しなければならない所以が述べられている。

（1）欧米諸国においては、一九世紀後半になって、著作権を一種の財産権とする法理を認め、外国の著作者も保護するようになった。
（2）日本は、外国領事裁判制廃止の条約を改正し、新条約を明治三二年七月実施することになった。
（3）日本は、英、独、仏、伊、ベルギー、スウェーデンとの条約で、外国領事裁判権廃止に先立ち、著作権保護の列国同盟条約（ベルヌ条約）加入を言明しており、この同盟加入が領事裁判権廃止の条件である。
（4）現行版権法は、外国著作者の権利を認めていないから、同盟加入にあたってこの点を改正しなければならない。現行の版権を保護する法は、三個の単行法からなり、その保護範囲が狭く、不備の点もある。
（5）そこで、近世、もっとも完備せりといわれるドイツ、ベルギーの著作権法を基礎として日本固有の慣例及び各種の成法を参考にして、この著作権法を制定するに至った。

ドイツでは、当時、一八七〇年（明治三年）六月一一日の「Gesetz betreffend das uheberrecht an Schrifwerken,Abbildungen,musikalischen Kompositionen und dramatischen Werken」（文字の著作物・描写物・作曲およびドラマの著作物の著作権に関する法律）及び一八七六年（明治九年）一月九日の「Gesetz betreffend das Urheberrecht an Werken der bildenden Künste」（造形美術の著作物に対する著作権法）が施行されており、一九〇一年（明治三四年）六月一九日の「Gesetz betreffend das Urhebererecht an Werken der Literatur und der Tonkunnst von 19, Juni 1901」（一九〇一年六月一九日の文学及び音楽の著作物に対する著作権法）の原案が公表されていたと思われる。水野は、明治三〇年一一月から明治三一年六月まで、ヨーロッパに滞在していた。水野は、ドイツ著作権法の章立てなどに影響を受けたと思われる。一八八六年（明治一九年）三月二二日のベルギー著作権法（Le Droit d'Auteur）は、フランスの知的財産法学者であり、弁護士のユーゼーヌ・プイエー（Eugéne Pouillet）が作成したようである（水野錬太郎・法協二二巻九号一三四四頁）。

ベルギー法第八条は「著作権若しくは文学的、音楽的又は美術的著作の有体物の譲受人は、著作者若しくはその承継人の許諾なくして販売若しくは営利を目的として右著作物に変更を加え又は変更を加えられたる著作物を公に陳列することを得ず。」とあり、著者の著作者人格権を保護した。この条文を読み、日本著作権法一八条で、（著作権（財産権）の承継者が、著作者の同意なく著作者氏名称号の変更、題号の変更、著作物の改竄をすることを禁止する）と規定するなど、著作者人格権保護について世界で初めて規定したベルギー法に注目したようである。

（6）ついで、著作権法の条文の概略を次の順序で述べる。

第一章　著作者の権利

一、著作権の性質

二、その範囲及び主体

三、保護の期間及びこれが計算方法

四、登録

第二章　偽作

第三章　罰則

第四章　附則

2．著作権法の概要

この貴族院特別委員会において、ベルヌ条約に加盟するためだけであれば、版権法において、外国人へ内国民待遇を与える条文を追加すればよかった。

しかし、水野錬太郎は、この機会に、版権法、脚本楽譜条例、写真版権条例の三つの法律を一つにまとめようと考えた。

次に、登録主義を廃止し、ベルヌ条約加盟国が採用する無方式主義をとり、従来の権利の対象を拡大し、ベルヌ条約や諸外国著作権法からみて、「不備」の点をできるだけなくしたものにしたいと考えた。

その結果、次のような法律になった。

(1) 従来の「版権」に替えて「著作権」とした。

(2) 著作権は、著作をすれば、当然発生することにした。

(3) 発行又は興行したる著作物の著作権者は、登録をしなければ、民事の訴訟を提起できないとした（一五条二項）。ただし明治四三年改正でこの一五条二項は削除となった。

(4) 著作権保護の範囲を拡大し、彫刻、模型等の美術の著作物をも保護対象にした。

このとき「建築」の著作物は含まれなかったが、明治四三年改正で対象になった。

(5) 保護期間は、版権法では著作者の終身に五年を加えたもの、又は版権登録の月から三五年であったが、著作者の生存中及び死後三〇年とした。著作者死後公表の著作物、無名変名の著作物は、発行又は興行のときから三〇年とした。
（6）版権法では、版権所有者の許諾がなければ、その著作物の翻訳はできなかったが（一九条）、著作権法では、著作者が原著作物発行のときから、一〇年以内に原著作物を翻訳し、又は他人をして翻訳せしめないとき、翻訳権は消滅するとした（七条）。
（7）未公表の著作物の原本及び未公表の著作物の著作権を差押えてはならない（一七条）とした。著作権の承継者といえども著作者の同意なくしてその著作者の氏名称号を変更し、もしくはその題号を改め、またはその著作物を改竄することを禁止した。人格的利益の保護の拡張である。しかし、版権法が規定していた「版権ヲ所有セサル文書図画」を改竄した場合、罰則を科していたがこれは引き継がなかった。
（8）著作権の制限規定をおいて、自由に著作物を使用しうる場合を列挙した。
（9）外国人著作者の著作権について、条約に別段の定めがなければ、この著作権法が適用されることになった。条約に規定なき場合、帝国において著作物を第一発行した場合、保護を与えるとした。
（10）写真版権条例の保護期間「登録の月より一〇年」を「翌年起算の一〇年」とし、嘱託にかかるものの写真版権を「嘱托者に属す」という条文は引き継いだ。
（11）菊池大麓議員の提案で、練習用のための問題集の解答書を発行すると著作権侵害であるとの条文が入った。
（12）原案は、「偽作を為したる者」は、「五〇円以上五百円以下の罰金」、「情を知って偽作物を発売し又は頒布した者」は、「三〇円以上三百円以下の罰金」であった。これを「偽作を為したる者及情を知って偽作物を発売し又は頒布したる者」は、一律に「三〇円以上五百円以下の罰金」に処すことにした（三七条）。
（13）山脇玄委員の提案で、「著作者に非ざる者の氏名称号を附して著作物を発行したる者」は、「五〇円以上五百円以下の罰金」であったが、「三〇円以上五百円以下の罰金」とした。

（14）「本法施行前翻訳し又は翻訳に着手し其の当時に於いて偽作と認められさりしものは之を完成して発売頒布することを得但し其の翻訳物は本法施行後五年以内に発行することを要す」と「五年以内」であったのを「七年以内」と変更した。

久保田譲委員は、「一〇年以内」を主張したが、「七年以内」になった。

五

水野錬太郎には、「著作権法要義　全」及び「著作権法―法政大学講義録」という二冊の著作権法解説書があり、また多数の著作権論文がある。機会があれば、復刻したい。

川上拓美氏と共編の「日本敗戦の代償―神道指令・著作権・戦時加算」と同じく、今回も又、青山社及び野下弘子氏、表紙デザインを担当してくださった葛本京子氏のお蔭で、本書を刊行できた。感謝する次第である。

令和二年一〇月一日

久留米大学名誉教授・元 文化庁著作権課課長補佐・元 文化庁著作権調査官　大家　重夫

目次

附　録　

あとがき

第一部　貴族院における著作権法審議

1. 著作権法理由書
2. 第十三回帝国議会貴族院における審議
3. 政府提出の原案が貴族院で変更された箇所
4. 貴族院著作権法案特別委員会委員、衆議院議員等の略歴

十八世紀以前ニ於テハ歐米諸國ニ於テモ著作者ノ權利ヲ認メス義ハ特種ノ著作物ニ限リ僅カニ之ヲ專賣スルノ特權ヲ與ヘタリ殊ニ外國ノ著作者ノ權利ニ至テハ彼ノ排外主義ト相待テ之ヲ保護スルコトハ夢想タモセサリシナリ然ルニ十九世紀ノ後半ニ至リ漸ク著作權ヲ以テ一種ノ財産權ナリトスル法理ヲ認メ且學術ノ進歩ト國際關係ノ親密トニ伴ヒ排外主義其跡ヲ絶チ今日ニ於テハ外國著作者ヲモ保護スルノ主義ヲ承認スルニ至レリ

我國現今ノ狀態ヲ觀ルニ近時外國領事裁判制ノ回撤ヲ計リ歐米諸國ト交涉シ條約ヲ改正シ我國ヲシテ列國對等ノ域ニ進メシメンコトヲ努メ遂ニ新條約ヲ締結シ明治三十二年七月ヲ以テ其實施期トナスニ至レリ

我國ハ英佛獨伊白及瑞トノ條約ニ於テ我國ニ於ル外國領事裁判權ノ撤止ニ先チ著作權保護ニ關スル列國同盟ニ加入スヘキコトヲ言明シ此同盟加入ヲ以テ領事裁判權撤止ノ條件トナシタルカ故ニ新條約ノ實施ニ先チ我國ハ此同盟ニ加入セサル可カラス然ルニ我現行版權法ハ同盟條約ノ規定ト抵觸スルノミナラス外國著作者ノ權利ヲ認メサルカ故ニ同盟ニ加入スルニ當リテハ之ヲ改正セサル可カラス抑モ我現行版權法ノ規定タルヤ其保護ノ範圍極メテ狹隘ニシテ僅カニ文書、圖畫、樂譜、脚本、寫眞ニ對シテ版權ヲ與フルニ過キス「ベルヌ」條約ニ於ケル著作權ノ範圍ハ尙廣濶ニシテ彫刻摸型其他各種ノ美術的著作物ヲ包含スルヲ以テ此種ノ著作物ニ對シ保護ヲ與フルノ必要ヲ生ス加之現行版權法ハ三箇ノ單行法ヨリ成リ其規定モ亦不備タルヲ免レサルヲ以テ泰西諸國ノ著作權法ヲ參酌シ殊ニ主トシテ近世最モ完備セリト稱セラル、獨、白二國ノ著作權法ヲ基礎トシ我國固有ノ慣例及各種ノ成法ヲ對照シテ本法ヲ制定スルニ至レリ

第一章　著作者ノ權利

本章ニ於テハ(第一)著作權ノ性質(第二)其範圍及主体(第三)保護ノ期間及之レカ計算方法(第四)登錄ニ關スル規定ヲ設ケタリ

(第一)　著作權ハ智能權ニシテ著作物ヲ複製スルノ專權タリ複製ナル語ハ從來我版權法ニ於テ使用シ來リタル飜刻ナル語ヨリ其意義廣汎ニシテ凡テ著作物ヲ摸擬スルノ總稱ナ

リ蓋シ著作物複製ノ方法ヲ大別スルトキハ

（甲）著作者ノ思想ヲ複製スルニ著作者ノ使用セル表示方法其儘ニ於テ複製スルヿアリ乃チ飜刻拔萃等ノ如キモノ

（乙）著作者ノ思想ヲ複製スルニ著作者ノ使用セル表示方法ト異リタル表示ヲ以テスルヿアリ乃チ飜案剽竊等ノ如キモノ

ノ二種トナスヿヲ得此等ノ所爲ハ著作權者ニ非サルヨリハ其許可ナクシテ行フヿヲ得サルモノトス

本法ニ於テハ別ニ複製ノ手段ヲ制限セサルヲ以テ文書ヲ以テ表示シタル思想ヲ更ニ言語ヲ以テ複製シ若ハ彫刻物ヲ複製スルニ繪畫ヲ以テスルカ如キ苟モ思想ヲ複製スルハ著作權者ノ專有ニ屬スルモノトス只特種ノ複製ハ其本質複製タリトモ著作者ノ專有ニ屬セシムルノ必要ナキモノアリ又公益上專有セシムルヲ不可トナスモノアルヲ以テ數種ノ例外ヲ認メタリ

公益上若ハ著作物ノ性質上著作權ノ目的タル可ラサルモノトハ彼ノ法令、官公文書及新聞雜誌等ノ雜報、政事上ノ論說、時事ノ記事及公開ノ席ニ於テ爲ス演述ノ類ニシテ此種ノ著作物ニ對シテハ保護ヲ與ヘサルモ著作者ニ於テ利害ヲ感スルヿ極メテ少ナク且假令多少ノ利害アリトスルモ公益上專有セシメサルヲ宜トナスヲ以テ此種ノ著作物ハ著作權ノ目的タラサルヿヲ規定セリ

著作權ハ財產權ノ一種タルヲ以テ當然民法財產權ニ關スル規定ノ適用ヲ受ク可キモノタルハ疑ヲ容レス然レトモ時ニ或ハ性質上若ハ公益上ノ理由ヨリシテ民法ノ規定ヲ適用スルヲ得サルモノアルヲ以テ民法ヲ適用セサル事項ノミヲ揭ケ其他ハ凡テ民法ノ規定ニ遵據ス可キモノトセリ彼ノ共有ニ關スル規定不法行爲ニ關スル規定ノ如キ本法ニ特別ノ明文アルモノノ外凡テ民法ヲ準用スヘキモノトス

（第二）著作權ノ範圍ニ附テハ各國其法制ヲ異ニシ或ハ建築物ヲ保護スルモノアリ或ハ保護ヲ與ヘサルモノアリ「ベルヌ」條約終局議定書第一ニ曰ク建築意匠ノミナラス建築物自身ニ對シ保護ヲ與フル同盟國ニ於テハ是等ノ著作物ハベルヌ」條約茲ニ本追加規定ノ附與スル利益ヲ享有スト建築物ニ對シ保護ヲ與フルト否トハ各國法ノ自由ニ屬ス我國

現時ノ狀況ハ建築物ニ對シ保護ヲ與フルヲ必要トセス否反テ保護セサルヲ必要ト認メタルヲ以テ建築物ニ對シテハ本法ヲ適用セサル旨ヲ明言シタリ

（第三）　著作權法ノ精神ハ主トシテ著作者ヲ保護シ以テ完美ナル良著作ノ現出ヲ促カスニ在リ研鑽ノ結果一ノ著作ヲ爲スモ之ニ對シテ十分ナル保護ナキトキハ誰カ能ク著作ニ力ヲ盡スモノアランヤ著作權ノ完全ナル保護ハ良著作ヲ奬勵スルノ途ナリ學問美術ヲ發達セシムルノ方法タリ著作權繼續ノ期間ヲシテ永久ナラシムルハ學者美術家ヲ保護スルニ於テ至レリ盡セルモノナリ然レトモ苟モ國家ノ成立スルヤ必公益ナルモノアリ私法ト雖箇人ヲ保護スルト共ニ公益ヲ顧ミサル可ラス著作權繼續期間ヲシテ永久ナラシメンカ或ハ學問美術ノ普及發達ヲ沮害スルノ憂ナキ能ハス宜ク其衷ヲ採リ保護ノ期間ヲシテ短ニ失セス長キニ偏セサラシムルヲ要ス我國情ハ之ヲ泰西諸國ニ比シ寧ロ學問美術ノ普及ヲ以テ急務トナスノ必要アルヲ以テ佛獨白等ノ諸國ニ比シ著作權ノ繼續期間ヲ短縮シ著作者ノ終身及其死後三十年ト定メタリ

（第四）　現今ノ立法例ニ於テハ形式ヲ以テ權利發生ノ要件トナスハ其當ヲ得サルモノタリ現行版權法ニ於テ登錄ヲ以テ權利發生ノ要件トナスハ或ハ穩當ナラサル如シ佛獨白ノ如キハ勿論其ノ他何レノ國ニ於テモ登錄ヲ以テ著作權發生ノ條件トセル立法例ナシ蓋シ登錄ナル制度ハ著作者ニ無益ノ手數ヲ煩ハスニ止リ實際何ノ効果モナキナリ然レトモ之ヲ以テ第三者ニ對スル公示方法ト爲スハ實際ニ於テ必要ナルヲ認ム故ニ其ノ權利ノ移轉ニ際シテハ第三者ヲ保護スルノ必要アルヲ以テ現行法ヲ改正シ權利發生ノ登錄ハ之ヲ任意的トシ讓渡質入等ニ際シテハ登錄ヲ以テ第三者ニ對抗スルノ要件トセリ

第二章　僞作

本章ニ於テハ著作權ヲ侵害シタル者アルニ當リ之カ救濟ノ方法ヲ規定シ特ニ明文アルモノ、外民法不法行爲ノ原則ニ從ヒ賠償額ヲ定ムトセリ蓋シ著作權侵害ハ多數ノ場合ニ於テ民法不法行爲ニ關スル規定ノ適用ヲ受ク可シト雖時ニ或ハ疑義ヲ生スルヲ以テ凡テ不法行爲ノ規定ニ從フ可キ旨ヲ明示セリ損害賠償ノ外救濟手段トシテ差押及差止ノ規定ヲ設ク是レ既ニ僞作物ヲ頒布シタル後ニ於テ再ヒ採集スルハ至難ノ事ニ屬シ發賣頒布シタル後ニ於テ之ヲ賠償セシメンヨリハ其初ニ於テ權利毀損ノ程度ヲシテ尠カラシムルヲ可トシ此等ニ關スル規定ヲ置ケリ

第三章　罰則

現行版權法ノ規定ハ版權ヲ侵害シタル者ニ對シ禁錮及罰金ヲ併課スト雖著作權ノ侵害ニ對シ体刑ヲ科スルハ穩當ナラサルノミナラス著作者ノ權利ニ對スル保護モ亦充分ナリト認メ單ニ財産刑ノミヲ以テ處罰ストセリ

本章ノ規定モ亦著作者又ハ其承繼人ノ保護ヲ以テ主タル目的トナスヲ以テ公益規定ヲ除クノ外凡テ申告罪トセリ

第四章　附則

本章ニ於テハ新舊法並ニ同盟加入ニ際スル經過ヲ規定シタリ是レ同盟條約第十四條並ニ同議定書第四ニ基キタルモノニシテ我國カ同盟加入ニ際シ直ニ溯及ノ効ヲ生スルトキハ從來ノ飜刻物飜譯物ハ凡テ僞作タルノ結果ヲ生シ從テ飜譯者并ニ書籍商ハ非常ノ損失ヲ來スニ至ル故ニ同盟條約ノ刻

許與セル範圍內ニ於テ溯及効ヲ制限シ一定ノ年限ヲ定メ飜物飜譯物ヲ販賣スルノ權利ヲ與ヘタリ

2．第十三回帝国議会貴族院における審議

（※本書六頁から二一頁は原典になく、大家重夫が便宜のため作成編集した議事録の小目次で、平かなで掲載した。また、本書二二頁から八五頁までの下段左右には、原典の漢数字の頁を掲載している。）

3、明治三十二年一月二十一日著作権法案特別委員会、開会午前十時二十五分

久保田譲「この条約に加入せざる様条約を改正できないか、また条約加入の条件を他のあるものと交換できないか」……一〇

菊池大麓「学校にて著作したものは、誰の版権か」……一〇

4、明治三十二年一月二十五日午後一時三十二分開会

菊池大麓「一条一項の文書演述図画彫刻模型写真……に楽譜が這入らぬ理由」……一一

菊池大麓「文学科学の著作物の中に政治上の意見は入るか」……一一

山脇玄「条約の文学科学はどういう原語か」……一二

吉川重吉「専有権と登録の関係」……一二

吉川重吉「発行、興行について」……一二

菊池大麓「合著作について」……一四

山脇玄「興行権の譲渡について条文の根拠はどれか」……一五

谷干城「演説の掲載を甲の雑誌に許せば、乙には書いてかまわぬと謂う権利がなくなるか」……一六

菊池大麓「外国人のもつ翻訳権を日本人甲が許諾を得て、翻訳し、同じものを日本人乙も許諾を得て、翻訳したが、乙のは新しく翻訳したか、窃取したか判定が難しい。（外国人の）翻訳権を日本法で制限すれば条約に背くか」……一八

山脇玄「新聞紙及び定期刊行物に書載した記事」とひっくるめて著作権の対象外に書いて差支えがあるか。……一九

菊池大麓「遺言で著作権を残せるか」……一九

山脇玄「十二条の『著作権者ニ属スル権利ヲ保全』について」……二〇

5、明治三十二年一月二十六日午前十時四十分開会

加藤弘之「三十一条の『善意且過失ナク』とは」…二五

加藤弘之「二十九条の第二『自己の著作物中ニ正当ノ範囲内ニ於テ節録引用スルコト』の正当の範囲内とはどれだけのことか」…二六

久保田譲「同盟条約は『教育上学術上ノ目的ニ供スルガ為ニハ抜粋ヲシテ著作物ヲ節録スルコトガ出来ル』とこれより広いがどういうわけか」…二六

菊池大麓「二十九条の第三についてだが、楽譜に他人の著作物を当てはめるとその他人の著作物が楽譜に這入って他人に盗まれてしまうことにならないか」…二八

久保田譲「イギリスの書物をアメリカ人が翻刻して日本で売れば、アメリカ人は偽作者として罰せられるか」…二九

久保田譲「日本西洋の楽曲を学校で稽古のため演奏するとき、いちいち向こうの許可を貰うのか」「音楽会はどうか」…三〇

菊池大麓「七条の翻訳権一〇年であるが、どこから起算するのか」…三一

菊池大麓「一九条の『新タニ著作権ヲ生スルコトナシ』は、偽作を意味するのか」…三一

菊池大麓「一九条の『新タニ著作権ヲ生スルコトナシ』は、やはり偽作であると規定した方がよくないか」…三二

6、明治三十二年一月二十六日午後一時四十二分開議

久保田譲「(三九条に関して) 昔の本で、ある部分を抜かなければ今日の時勢にあわぬ。抜けば『著作者ノ意ヲ害スル』ということになれば、困ることがあろう」…三三

菊池大麓「序文や校閲をしないのに名前を詐称する者がいるが、三八条で取締まれるか」…三三

7、明治三十二年一月三十一日午後一時十分開会

菊池大麓「一条につき修正案を出したい。『文学科学』を『文芸学術』にしたい」…三七
木下広次「菊池君の修正説に同意したい」…三七
菊池大麓「『演劇脚本浄瑠璃脚本能楽脚本及楽譜』の『及』を省いてポッチにしたい」…三八
加藤弘之「二十六条の次に一条を追加したい。『第二十七条　著作権者ノ不明ナル著作物ニ関シテハ命令ノ定ムル所ニ依リ之ヲ発行スルコトヲ得』」…三九
木下広次「著作は公共のものになるということも想像しなければならぬ。その後の著作者を新たに作り出そうという説か」…三九
菊池大麓「(著作権者)の『不明』とは命令か何かで決めるのか」…四〇
菊池大麓「もとの二十七条だが、同盟国でない亜米利加人が亜米利加で書物を発行し、日本で(無断)翻刻した者があったら、告訴され、翻刻した者は罰金を取られる。版権同盟に這入っている國の人と這入らぬ国の人の差別がなく、同盟に這入らぬ国人に対し恩恵が多すぎないか」…四〇
木下広次「もとの二十七条に関し亜米利加は外国人の著作者に関し取扱いはどうか」…四一
菊池大麓「英吉利の植民地は同盟に這入っているか」…四一
山脇玄「二十条と追加条約の第四について、『小説』の取り扱いが違うが」…四一
菊池大麓「二十七条中の第四、のただし書きになるかも知れぬが『文芸学術の著作物の中に挿入する為に著作し又は著作せしめたる図画及び写真を他に挿入することは此の限りに在らず』という文章を入れたい」…四二
久保田譲「同盟条約八条の趣意が削られているが、外国の著書を輸入するのに不便である。宗教上教育及び学術の目的に供するために一種の著書を製作するということである。諸君の賛成を得たい」…四二
久保田譲「外国ばかりでなく内国の格言とか事実とか少しの言葉で価値のあるものを教科書に持ってくる必要が

山脇玄　「三八条の『著作者ニ非サル者ノ氏名称号ヲ附シテ著作物ヲ発行シタル者』と三九条『他人ノ著作物ト詐称シテ発行シタル者』の区別が判然としないが」……五一

山脇玄　「詰まらぬ著作をして高名な人の名前を附けるのは偽作と違うのでないか」……五二

9、明治三十二年二月二日午後一時二分開会

久保田讓「二九条の第二の次、同盟条約第八条の教科書の目的などの為に抜粋する著書の出来ることの途を開いておくべきだとの修正案を出したが、二九条の二の『節録引用スル』というので教科書を拵えるからさしつかえないかなど文部省の見込みを伺いたい」……五三

政府委員（上田萬年）「教科書に他の著作物の中から一部分を使用することを許して頂きたい」……五三

説明員（渡部薫之介）「本案二九条第二の『自己ノ著作中ニ正当ノ範囲内ニ於テ節録引用』は範囲が狭い」……五三

菊池大麓「版権法改正前の大家論集は、方今のものを集めてきた、そういうことは防ぎたい」……五四

久保田讓「読本ということにしたらどうか。普通学校の教科書は大変範囲が広い」……五四

菊池武夫「二九条の第二には、読本は這入らぬか」……五四

久保田讓「修正案を提出したい。普通教育上ノ修身書及読本ノ目的ニ供スル為メ正当ノ範囲内ニ於テ抜粋蒐集スルコト」……五六

菊池武夫「今の修正が成立すると一四条の適法に編輯したるものという意味はもとの意味と少し違った解釈をしなければなるまいと思う」……五七

久保田讓「速記録に残しておきたい。普通教育というのは、小学校のみならず中学校や高等女学校を含む。高等学校は含まない」……五七

菊池大麓「この前、三〇条の次に入れる練習用の為に著作したる問題の解答書の発行だが、『教育上』を上に置

くのがいいというならそれも一案であると思います」…五八
政府委員（上田萬年）「教育上のために解答書の発行者を偽作者とするまで進むならば、著者本人が解答書を作ることも厳禁することを希望する」…五九
菊池武夫「四一条の『偽作物を輸入した者は偽作者と看做す』について」…六〇
政府委員（水野錬太郎）「（一月三一日の）ご注文で、亜米利加、墺地利の版権法を調べた。亜米利加一八九一年法は、外国で亜米利加の人民の著作権を保護する国があれば、その国の著作者の権利も亜米利加で保護するという相互主義である」…六〇
菊池武夫「二七条の趣意は異存はないが、ここに条約のことを特に言うと、総て法律について苟も条約に関係のあることは悉くこの文例に倣い条約の規定を適用するものであると示さねばならぬようになりはしないか」…六一
木下広次「支那においては日本臣民の著作者の保護はない、その支那臣民が日本に来たときこの法律の保護を与える、そういうわけか」…六一
木下広次「もしわが臣民が保護を与えられないならばその保護を受けざる所の外国人が日本にきても保護を与えない、同盟国外の外国人に向かっては亜米利加が執っている相互主義を採用されたい」…六一
菊池大麓「独逸、英吉利、仏蘭西において、他の同盟以外の国においては相互主義か全く二七条のようか」…六二
加藤弘之「支那は与えることも出来ぬのであるから、そういう弱みにつけ込んで、あちらがやらぬから、こちらで与えぬというのは大人げないではないか。支那は保護してやるがよい」…六二
木下広次「これまで日本に漢学が蔓延ったのも制限が無いから発達したのだろうが、今更あの先生たちに利器を与えるのはこちらが苦しい。弱みに付け込むどころで無い。こちらが弱みにつけこまれはせぬかと思います。文字のこと、活版のことは達者になっていくかも知れぬから相互主義を取った方が至当では

ないか」……六二
吉川重吉「支那人が支那で著作した物ではなく、支那人が日本内地に来て著作をした場合の話か」……六二
政府委員（水野錬太郎）「木下さんのおっしゃった通り、支那で著作した物でも日本で著作権を得ることになり登録すれば民事の訴訟を起こすことが出来る」……六二
山脇玄「日本が相互主義をとれば差し支えがないか」……六二
吉川重吉「（支那人が）日本に在って登録を受ければ著作権を得る。支那人が支那で著したものはこの法律の制裁を受けない。登録した場合に限る」……六二
政府委員（水野錬太郎）「私権の享有ということは、日本に居らなければならぬということはない。イギリスで私犯の行為があれば日本でも保護を受けられる。支那で著作しても日本で保護する趣意であるから発行した著作したことに不法行為があったときは日本でも支那でもイギリスでも構わぬ」……六三
政府委員（水野錬太郎）「二七条の主義を改めて、こういうことにしてはどうか。日本で発行したものだけは、総て外国人に保護を与える、日本国以外で発行したものは条約が在れば別だが、条約のないものに対しては日本で発行すればそれだけ日本が利益を得るからそのものは保護を与えるとした方が理屈も有り、必要もあり、相互主義より利益ではあるまいか、と思う。ちょうど、独逸の著作権法の主義を採るようなものであります」……六三
山脇玄「条約国以外の外国人が著作権の保護を受けるには日本において登録を受けなければならないという規定を置かれたらどうか」……六三
木下広次「（条約国以外の外国人について）日本において発行し、そうして登録をしたものでなければいけないとしてもよい」……六四

10、明治三十二年二月三日午前十時四十五分開会

山脇玄 「三八条（自分の著作物に外の者の氏名を用いて著作物を発行した者に五〇円以上五百円以下の罰金）は、三五条（偽作をした者に五〇円以上五百円以下の罰金）と三九条（著作権消滅の著作物を改竄し、著作者の意を害し、題号等を改め、著作者氏名称号隠匿、他人著作物と詐称して発行した者は一〇円以上百円以下の罰金）の間に這入るもので、『三〇円以上三〇〇円以下』にしてはどうか」 …六四

加藤弘之 「三五条の『情を知って偽作物を発売し又は頒布したる者』と三八条の比較はどうか」 …六四

山脇玄 「三五条の『情を知って偽作物を発売し又は頒布したる者』は偽作の罪が重いそれと、この三八条はよほど差があると思う」 …六四

加藤弘之 『情を知って偽作物を発売し又は頒布したる者』は随分、重いのがあるかも知れぬが、それほどでなく、実際、偽作物を拵えた者との義理合で仕様がなくするというごく軽いものもある。三八条は、人の名をその著者でない名をつけるのだから余程その心術は悪い。随分軽重は難しい」 …六五

菊池大麓 「自分の名前を貸して書かせるのが随分あるが、自分で承諾したら三八条に該当しないのか」 …六五

山脇玄 「承諾したら該当せぬでしょう」 …六五

菊池大麓 「(三八条について)『三〇円以上五百円以下』という折衷案をだしましょう」 …六五

木下広次 「四十条の『虚偽ノ登録ヲ受ケタル者』の意味について」 …六五

木下広次 「二七条について、『著作権保護ニ関スル列国同盟ニ加入セザル国ニ属スル著作又ハ其承継人ハ同盟条約ニ別段ノ規定ナキ場合ニ於テハ帝国ニ於テ初メテ其著作物ヲ発行シタル時ニ限リ本法ノ保護ヲ享有ス』のごとき修正案を提出する」 …六五

山脇玄 「外務省の政府委員の意見を聞きたい」 …六六

政府委員（都筑馨六）「何らの差し支えはないように思います」 …六六

久保田譲 「この著作権条約にはいることの利害をよほど御勘考になったと考えるが、政府のお調べになった利害

上の関係を承りたい」…六六

政府委員（都筑馨六）「元々この条約改正の事業が文明国との仲間入りをする対等のお付き合いをすることで、目的も先からそこにあった。著作権保護等についても他の文明国に遅れる所はないようにという考えからであった」…六六

久保田譲「その文明国の仲間入りを義務にして、国の利害を調べることは第二段になっていないか。この著作権は、さほどに外国の方に利害はなく、我が国は、非常に利害を持っていることでありますから、若し、条約の談判のときは特別に注意されて、政府外交官が尽力されたならば、必ずしもこの同盟国に入らぬでもよくはなかったか。亜米利加、露西亜、墺地利、匈牙利、阿蘭陀、丁抹ははいっていない。そういう点から見れば、条約にはいらぬでもよかったのでないか」…六七

政府委員（都筑馨六）「外国から、特別の談判はなかったが、法典より先に此の方を先に迫った。本国に居る人の利害に余程関係するので、始終日本で、日本人が翻刻することを外務省に訴えたことはある」…六七

山脇玄「四十六条の二項の複製の用に供した器械器具は、本法の施行後五年で没収するのか」…六八

久保田譲「四十七条の『本法施行前翻訳し又は翻訳に着手しその当時偽作と認められないものは』本法施行後五年内に発行することを要す」とあるが、十年に修正したい」…六八

11、明治三十二年二月三日午後一時十五分開会…六九

久保田譲「第十一条の記事と第二十条の記事の意味について」…六九

木下広次「二十七条について、本文はそのままにし、第二項次の条文を挿入したい。『著作権保護ニ関スル同盟国ニ属セザル著作権者ハ同盟条約ニ別段ノ規定ナキ場合ニ於テハ帝国ニ於テ始メテ其著作物ヲ発行シタルトキニ限リ本法ノ保護ヲ享有ス』」…六九

吉川重吉「木下さんの修正だと、同盟国に属せざる著作者に於ては同盟国は何の関係もないようなのだがどういう考えか」…六九

久保田譲「私も木下君に尋ねるが、二七条本文を残せば、日本の法律は条約で別段取除のない以上は各国臣民はこの法によらねばならぬ、他の法律と権衡を失しないか」…七〇

菊池大麓「この著作権保護に関する国際同盟条約には、『著作権保護ニ関スル』とあり、追加規程には『著作物ノ保護ニ関スル』とあるが、本当の名は何か」…七〇

政府委員（水野錬太郎）「条約と法律の関係については論もあることで入れた方がいい」…七一

菊池大麓「木下さんの案に興行という字をいれて発行又は興行したるときに限る、としてはどうか」…七一

政府委員（都筑馨六）「最恵国条款は少しもこの条に適用はできない」…七一

久保田譲「条約と法律というものは、条約が法律に勝つと云う解釈を決定して此処で決するということはこの会で極めるということは私は不同意である」…七二

政府委員（水野錬太郎）「こう修正したい。『著作権保護に関する条約に規定なき外国人の著作権に関しては帝国に於て始めて其著作物を発行したる者に限り本法を適用す。』」…七二

久保田譲「四十七条について。この条約は、日本は寝耳に水で、著作者出版者が始めて知った。英吉利文を独逸文に翻訳するにしても、英仏独文を日本の文章に翻訳するような困難はない。向こうが一年かかるのならば此の方では二年かかるという理由は明らかな理由であるから、一〇年に延ばすというのは無理なことではない」…七三

副委員長（加藤弘之）「七年に修正することに決したことにする」…七三

久保田譲「私はこの当時にあって政府並びに外交当局の勘考如何に依っては、必ずしも同盟条約にはいらぬでも済んだであろうと今でも考えている。なるべく、この著作権のことについては、我が国の利益を回復することのできるように談判になるようにしたい」…七四

菊池武夫「二十七条の1項は、外国人が著作権のことで問題が起こったときまず、条約で、条約がなければ著作権法の適用といっている。二項は、ある種の外国人はこういう場合に限って著作権を有する。一項と二項と趣意が違う」…七五
政府委員（水野錬太郎）「それでは読みましょう。『外国人の著作権に付いては条約に別段ノ規定あるものを除く外本法の規程を適用す但著作権保護に関し条約に規定なき場合には帝国に於て始めて其著作物を発行したる者に限り本法の保護を享有す。』」…七五

12、貴族院で修正された著作権法案…七六

13、衆議院…七八
政府委員（小倉久）「列国版権同盟に加盟することになると版権法を改正しなければならない。そこで本案を提出した」…七八
高須賀穣「二十一条の適法に翻訳を為したる者の意味は著者の許可を受けたときのことか」…七八

14、明治三十二年二月二十日午前十時四十七分開議…七八
市島謙吉「この同盟に加入しなければ条約改正が困難であるために加入したのか、若しくは格別版権同盟にはいらなければ条約改正に差し支えを生じることはなかったのに日本政府がよいことのようだから加入したのか」…七九
市島謙吉「亜米利加は、独逸なり英吉利なりで出版したものを亜米利加で翻刻し、其原著述より安いと云うことを聞きますが、亜米利加がこの同盟に加入しないのは、日本の国勢のごとくであるからか、他に別段の理由があるか」…七九

市島謙吉「この法律の実施がなるべく遅からんことを望むが、いつ頃実施か」……七九
市島謙吉「複製という文字が使われているが、どれだけの範囲を指すか。原語は」……八〇
市島謙吉「無名変名の著作物と実名の著作物について保護の差があるが何故か」……八〇
市島謙吉「版権を得る手続き、すなわち方式について」……八〇
市島謙吉「訴訟する場合、登録が要るが外国はどうか。不要という仏、ベルギック、独逸に倣うわけに行かぬか」……八一
市島謙吉「二十条について、雑誌の表紙に禁転載とあれば、その雑誌の時事に関する雑報なども他に転載を禁止出来るか」……八一
市島謙吉「例えば外交時報の雑報を他に転載することを禁止できぬか」……八一
市島謙吉「二十五条の写真だが、自分の肖像の写真をとってもらって、これを写真屋が販売したらどうか」……八二
宮原幸三郎「近松門左衛門の演劇の脚本は誰がやってもいいか」……八二
市島謙吉「三十一条の善意且過失なく偽作をなすとはどういう場合か」……八二
市島謙吉「二十九条（修正後三十条）の一項から五項まで、厳格に解釈するか寛大に解釈するのか」……八二
市島謙吉「貴族院で修正した二九条（修正後三〇条）第二項の次に第三項が入ったが、二項に包含されないか」……八二
市島謙吉「修正後の三〇条第三（普通教育上の修身書）は、条約上どうか」……八三
市島謙吉「修正後の三二条（練習用の問題の解答書）は、条約上どうか」……八三
委員長（渡辺猶人）「二二条原著作と異なりたる技術により…について」……八三
市島謙吉「私が書いた書物を人に出版させる、若しくは翻刻させることを承諾した場合、これに勝手に附録を附けたり序文を附けたり、批評をつけることを承諾していないとき、そうしたら始めの承諾を取り消せ

るか」　…八三
渡辺猶人「一九条（原著作物ニ訓点、傍訓、句読…）の『但シ新著作物ト看倣サルヘキモノハ此ノ限ニ在ラス』は必要か」　…八三
赤土亮「二一条一項（適法に翻訳した者は著作者と看倣し…）と貴族院で但し書きをしたが、これは二七条（修正後二八条）「外国人ノ著作権ニ付テハ条約に別段ノ規定アルモノヲ除ク外本法ノ規定ヲ適用ス但シ著作権保護ニ関シ条約ニ規定ナキ場合ニハ帝国ニ始メテ其ノ著作物ヲ発行シタル者ニ限リ本法ノ保護ヲ享有ス」は、同じように考えるがどういう所が違うのか」　…八四

15、衆議院

渡辺猶人「著作権法案の委員会の経過報告。全部貴族院の修正を賛成」　…八四
恆松隆慶「貴族院の修正を可と認め直ちに二読会を開きたい」　…八四
議長（片岡謙吉）「本案に附いて御異議はないか」　…八四
議長（片岡謙吉）「御異議なければ原案の通り決します」　…八四
議長（片岡謙吉）「恆松隆慶君から三読会を開きたいという動議がでました」　…八四
議長（片岡謙吉）「御異議がなければ三読会を開くことにいたします」　…八四
著作権法案
議長（片岡謙吉）「本案に対し御異議なければ確定したものと認めます」　…八五

著作權法案

右
勅旨ヲ奉シ帝國議會ニ提出ス

明治三十二年一月十三日

内閣總理大臣 侯爵 山縣有朋
内務大臣 侯爵 西郷從道

（左ノ議案ハ朗讀ヲ經サルモ參照ノタメ茲ニ載錄ス）

著作權法案

著作權法

第一章 著作者ノ權利
第二章 僞作
第三章 罰則
第四章 附則

著作權法

第一章 著作者ノ權利

第一條 文書演述圖畫彫刻模型寫眞其ノ他文學科學若ハ美術ノ範圍ニ屬スル著作物ノ著作者ハ其ノ著作物ヲ複製スルノ權利ヲ專有ス

文學科學ノ著作物ノ著作權ハ翻譯權ヲ包含シ演劇脚本、淨瑠璃脚本、能樂脚本及樂譜ノ著作權ハ興行權ヲ包含ス

第二條 著作權ハ之ヲ讓渡スコトヲ得

第三條 發行又ハ興行シタル著作物ノ著作權ハ著作者ノ生存間及其ノ死後三十年間繼續ス

數人ノ合著作ニ係ル著作物ノ著作權ハ最終ニ死亡シタル者ノ死後三十年間繼續ス

第四條 著作者ノ死後發行又ハ興行シタル著作物ノ著作權ハ發行又ハ興行ノトキヨリ三十年間繼續ス

第五條 無名又ハ變名著作物ノ著作權ハ發行又ハ興行ノトキヨリ三十年間繼續ス但シ其ノ期間内ニ著作者其ノ實名ノ登錄ヲ受ケタルトキハ第三條ノ規定ニ從フ

第六條 官公衙學校社寺協會會社其ノ他團體ニ於テ著作ノ名義ヲ以テ發行又ハ興行シタル著作物ノ著作權ハ發行又ハ興行ノトキヨリ三十年間繼續ス

第七條 著作權者原著作物發行ノトキヨリ十年内ニ其ノ翻譯物ヲ發行セサルトキハ其ノ翻譯權ハ消滅ス

前項ノ期間内ニ著作權者其ノ保護ヲ受ケントスル國語ノ翻譯物ヲ發行シタルトキハ其ノ國語ノ翻譯權ハ消滅セス

第八條 冊號ヲ逐ヒ順次ニ發行スル著作物ニ關シテハ前四條ノ期間ハ毎冊若ハ毎號發行ノトキヨリ起算ス

一部分ツツヲ漸次ニ發行シ全部完成スル著作物ニ關シテハ前四條ノ期間ハ最終部分ノ發行ノトキヨリ起算ス但シ三年ヲ經過シ仍繼續ノ部分ヲ發行セサルトキハ既ニ發行シタル部分ヲ以テ最終ノモノト看做ス

第九條 前六條ノ場合ニ於テ著作權ノ期間ヲ計算スルニハ著作者死亡ノ年又ハ著作物ヲ發行又ハ興行シタル年ノ翌年ヨリ起算ス

第十條 相續人ナキ場合ニ於テ著作權ハ消滅ス

第十一條 左ニ記載シタルモノハ著作權ノ目的物ト爲ルコトヲ得ス

一 法律命令及官公文書
二 新聞紙及定期刊行物ニ記載シタル雜報及政事上ノ論說若ハ時事ノ記事
三 公開セル裁判所議會竝政談集會ニ於テ爲シタル演述

第十二條 無名又ハ變名著作物ノ發行者又ハ興行者ハ著作權者ニ屬スル權利ヲ保全スルコトヲ得但シ著作者其ノ實名ノ登錄ヲ受ケタルトキハ此限ニ在ラス

第十三條 數人ノ合著作ニ係ル著作物ノ著作權ハ各著作者ノ共有ニ屬ス

各著作者ノ分擔シタル部分明瞭ナラサル場合ニ於テ著作者中ニ其ノ發行又ハ興行ヲ拒ム者アルトキハ他ノ著作者ハ其ノ者ニ賠償シテ其ノ持分ヲ取得スルコトヲ得但シ反對ノ契約アルトキハ此ノ限ニ在ラス

各著作者ノ分擔シタル部分明瞭ナル場合ニ於テ著作者中ニ其ノ發行又ハ興行ヲ拒ム者アルトキハ他ノ著作者ハ自己ノ部分ヲ分離シ單獨ノ著作物トシテ發行又ハ興行スルコトヲ得但シ反對ノ契約アルトキハ此ノ限ニ在ラス

本條第二項ノ場合ニ於テハ發行又ハ興行ヲ拒ミタル著作者ノ意ニ反シテ其ノ氏名ヲ其ノ著作物ニ掲クルコトヲ得ス

第十四條 數多ノ著作物ヲ適法ニ編輯シタル者ハ著作者ト看做シ其ノ編輯物全部ニ付テノミ著作權ヲ有ス但シ各部ノ著作權ハ其ノ著作者ニ屬ス

第十五條 著作權者ハ著作權ノ登錄ヲ受クルコトヲ得

發行又ハ興行シタル著作物ノ著作權者ハ登錄ヲ受クルニ非サレハ僞作ニ對スル民事ノ訴訟ヲ提起スルコトヲ得ス

著作權ノ讓渡及質入ハ其ノ登錄ヲ受クルニ非サレハ之ヲ以テ第三者ニ對抗スルコトヲ得ス

無名又ハ變名著作物ノ著作者ハ其ノ實名ノ登錄ヲ受クルコトヲ得

第十六條 登錄ハ行政廳之ヲ行フ

登錄ニ關スル規定ハ命令ヲ以テ之ヲ定ム

第十七條 未タ發行又ハ興行セサル著作物ノ原本及其ノ著作權ハ債權者ノ爲ニ差押ヲ受クルコトナシ但シ著作權者ニ於テ承諾ヲ爲シタルトキハ此ノ限ニ在ラス

第十八條 著作權ヲ承繼シタル者ハ著作者ノ同意ナクシテ其ノ著作者ノ氏

名稱號ヲ變更シ若ハ其ノ題號ヲ改メ又ハ其ノ著作物ヲ改竄スルコトヲ得ス

第十九條　原著作物ニ訓點、傍訓、句讀、批評、註解、附錄、圖畫ヲ加ヘ又ハ其ノ他ノ修正增減ヲ爲シ若ハ飜案シタルカ爲新ニ著作權ヲ生スルコトナシ但シ新著作物ト看做サルヘキモノハ此ノ限ニ在ラス

第二十條　新聞紙及定期刊行物ニ掲載シタル記事ニ關シテハ小說ヲ除ク外著作權者カ特ニ轉載ヲ禁スル旨ヲ明記セサルトキハ其ノ出所ヲ明示シテ轉載スルコトヲ得

第二十一條　適法ニ飜譯ヲ爲シタル者ハ著作者ト看做シ本法ノ保護ヲ享有ス

飜譯權ノ消滅シタル著作物ニ關シテハ前項ノ飜譯者、他人カ原著作物ヲ飜譯スルコトヲ妨クルコトヲ得ス

第二十二條　原著作物ト異リタル技術ニ依リ適法ニ美術上ノ著作物ヲ複製シタル者ハ著作物ト看做シ本法ノ保護ヲ享有ス

第二十三條　寫眞著作權ハ十年間繼續ス

前項ノ期間ハ其ノ著作物ヲ始メテ發行シタル年ノ翌年ヨリ起算ス若シ發行セサルトキハ種板ヲ製作シタル年ノ翌年ヨリ起算ス

寫眞術ニ依リ適法ニ美術上ノ著作物ヲ複製シタル者ハ原著作物ノ著作權ト同一ノ期間內本法ノ保護ヲ享有ス但シ當事者間ニ契約アルトキハ其ノ契約ノ制限ニ從フ

第二十四條　文學科學ノ著作物中ニ插入シタル寫眞ニシテ特ニ其ノ著作物ノ爲ニ著作シ又ハ著作セシメタルモノナルトキハ其ノ著作權ハ文學科學ノ著作物ノ著作者ニ屬シ其ノ著作權ト同一ノ期間內繼續ス

第二十五條　他人ノ囑托ニ依リ著作シタル寫眞肖像ノ著作權ハ其ノ囑托者ニ屬ス

第二十六條　寫眞ニ關スル規定ハ寫眞術ト類似ノ方法ニ依リ製作シタル著作物ニ準用ス

第二十七條　外國人ノ著作權ニ付テハ著作權保護ニ關スル條約ニ別段ノ規定アルモノヲ除ク外本法ノ規定ヲ適用ス

第二章　僞作

第二十八條　著作權ヲ侵害シタル者ハ僞作者トシ本法ニ規定シタルモノノ外民法第三編第五章ノ規程ニ從ヒ之ニ因リテ生シタル損害ヲ賠償スルノ責ニ任ス

第二十九條　既ニ發行シタル著作物ヲ左ノ方法ニ依リ複製スルハ僞作ト看做サス

第一　發行スルノ意思ナク且器械的又ハ化學的方法ニ依ラスシテ複製スルコト

第二　自己ノ著作物中ニ正當ノ範圍內ニ於テ節錄引用スルコト

第三　文學科學ノ著作物ノ文句ヲ自己ノ著作シタル演劇脚本、淨瑠璃脚本、能樂脚本ニ插入シ又ハ樂譜ニ充用スルコト

第四　文學科學ノ著作物ヲ說明スルノ材料トシテ美術上ノ著作物ヲ插入シ又ハ美術上ノ著作物ヲ說明スルノ材料トシテ文學科學ノ著作物ヲ插入スルコト

第五　圖畫ヲ彫刻物模型ニ作リ又ハ彫刻物模型ヲ圖畫ニ作ルコト

本條ノ場合ニ於テハ其ノ出所ヲ明示スルコトヲ要ス

第三十條　帝國ニ於テ發賣頒布スルノ目的ヲ以テ僞作物ヲ輸入スル者ハ僞作者ト看做ス

第三十一條　善意且過失ナク僞作ヲ爲シテ利益ヲ受ケ之カ爲ニ他人ニ損失ヲ及ホシタル者ハ其ノ利益ノ存スル限度ニ於テ之ヲ返還スル義務ヲ負フ

第三十二條　數人ノ合著作ニ係ル著作物ノ著作權者ハ僞作ニ對シ他ノ著作權者ノ同意ナクシテ告訴ヲ爲シ及自己ノ持分ニ對スル損害ノ賠償ヲ請求又ハ自己ノ持分ニ應シテ前條ノ利益ノ返還ヲ請求スルコトヲ得

第三十三條　僞作ニ對シ民事ノ訴訟ヲ提起スル場合ニ於テハ既ニ發行シタル著作物ニ於テ其ノ著作者トシテ氏名ヲ掲ケタル者ヲ以テ其ノ著作者ト推定ス

無名又ハ變名著作物ニ於テハ其ノ著作物ニ發行者トシテ氏名ヲ掲ケタル者ヲ以テ其發行者ト推定ス

未タ發行セサル演劇脚本、淨瑠璃脚本、能樂脚本及樂譜ノ興行ニ關シテハ其ノ興行ニ著作者トシテ氏名ヲ顯ハシタル者ヲ以テ其ノ著作者ト推定ス

著作者ノ氏名ヲ顯ハサヽルトキハ其ノ興行者ヲ以テ其ノ著作者ト推定ス

第三十四條　僞作ニ關シ民事ノ出訴又ハ刑事ノ起訴アリタルトキハ裁判所ハ原告又ハ告訴人ノ申請ニ依リ保證ヲ立テシメ又ハ立テシメスシテ假ニ僞作ノ疑アル著作物ノ發賣頒布ヲ差止メ若ハ之ヲ差押ヘ又ハ其ノ興行ヲ差止ムルコトヲ得

前項ノ場合ニ於テ僞作ニ非サル旨ノ判決確定シタルトキハ申請者ハ差止又ハ差押ヨリ生シタル損害ヲ賠償スルノ責ニ任ス

第三章　罰則

第三十五條　僞作ヲ爲シタル者ハ五十圓以上五百圓以下ノ罰金ニ處ス

情ヲ知テ僞作物ヲ發賣シ又ハ頒布シタル者及僞作ノ所爲ヲ幇助シタル者ハ三十圓以上三百圓以下ノ罰金ニ處ス

第三十六條　第十八條ノ規定ニ違反シタル者ハ三十圓以上三百圓以下ノ罰金ニ處ス

第三十七條　第二十條及第二十九條第二項ノ規定ニ違反シ出所ヲ明示セスシテ複製シタル者竝第十三條第四項ノ規定ニ違反シタル者ハ十圓以上百圓以下ノ罰金ニ處ス

第三十八條　著作者ニ非サル者ノ氏名稱號ヲ附シテ著作物ヲ發行シタル者ハ五十圓以上五百圓以下ノ罰金ニ處ス

第三十九條　著作權ノ消滅シタル著作物ト雖之ヲ改竄シテ著作者ノ意ヲ害シ又ハ其ノ題號ヲ改メ若ハ著作者ノ氏名稱號ヲ隱匿シ又ハ他人ノ著作物ト詐稱シテ發行シタル者ハ二十圓以上二百圓以下ノ罰金ニ處ス

第四十條　虚僞ノ登錄ヲ受ケタル者ハ十圓以上百圓以下ノ罰金ニ處ス

第四十一條　僞作物及專ラ僞作ノ用ニ供シタル器械器具ハ僞作者、印刷者、發賣者、頒布者及輸入者ノ所有ニ在ル場合ニ限リ之ヲ沒收ス

第四十二條　本章ニ規定シタル罪ハ被害者ノ告訴ヲ待テ其ノ罪ヲ論ス但シ第三十六條ノ場合ニ於テ著作者ノ死亡シタルトキ竝第三十八條乃至第四十條ノ場合ハ此ノ限ニ在ラス

第四十三條　本章ノ罪ニ對スル公訴ノ時效ハ二年ヲ經過スルニ因リテ完成ス

第四章　附則

第四十四條　本法施行ノ期日ハ勅令ヲ以テ之ヲ定ム

明治二十六年法律第十六號版權法明治二十年勅令第七十八號脚本樂譜條例明治二十年勅令第七十九號寫眞版權條例ハ本法施行ノ日ヨリ廢止ス

第四十五條　本法施行前ニ著作權ノ消滅セサル著作物ハ本法施行ノ日ヨリ本法ノ保護ヲ享有ス

第四十六條　本法施行前僞作ト認メラレサリシ複製物ニシテ既ニ複製シタルモノ又ハ複製ニ著手シタルモノハ之ヲ完成シテ發賣頒布スルコトヲ得

前項ノ複製ノ用ニ供シタル器械器具ノ現存スルトキハ本法施行後五年間仍其ノ複製ノ爲之ヲ使用スルコトヲ得

第四十七條　本法施行前翻譯シ又ハ翻譯ニ著手シ其ノ當時ニ於テ僞作ト認メラレサリシモノハ之ヲ完成シテ發賣頒布スルコトヲ得但シ其ノ翻譯物ハ本法施行後五年内ニ發行スルコトヲ要ス

前項ノ翻譯物ハ發行後五年間仍之ヲ複製スルコトヲ得

第四十八條　本法施行前既ニ興行シ若ハ興行ニ著手シ其ノ當時ニ於テ僞作ト認メラレサリシモノハ本法施行後五年間仍之ヲ興行スルコトヲ得

第四十九條　第四十六條乃至第四十八條ノ場合ニ於テハ命令ノ定ムル手續ヲ履行スルニ非サレハ其ノ複製物ヲ發賣頒布シ又ハ興行スルコトヲ得ス

第五十條　本法ハ建築物ニ適用セス

（政府委員松平正直君演壇ニ登ル）

○政府委員（松平正直君）　本案ヲ提出セラレマスル理由ハ理由書ニ於テ詳ニ在リマスルカラ別ニ喋々ヲ要シマセヌガサリナガラ其大體ニ附イテ一言申上グマス、此著作權法ハ我帝國ニ條約改正ガ此四月カラ實施ニナリマスルガソレニ先ッテ此萬國版權ノ同盟條約ニ加入スルコトヲ條約ニ於テ明言シテアリマスルノデ先ヅ此七月實施ノ期ヲ待タズ加盟スルコトノ承諾ヲスル手續ニナリマシタ、然ルニ現行法ノ日本ニ行レテ居ル版權法ト申シマスモノハ外國ノ著作者ノ權利ヲ認メテ保護スル順序ハ立ッテ居リマセヌノデ先ヅ此版權ニ關スルモノヲ總テ改正シマシテ而シテ此一篇ノ著作權法ト云フモノヲ編製シテ他日條約實施ノ後ニ於キマシテ條約ト外國トノ關係モ圓滿ニ進行スルコトヲ希望スルタメニ此著作權法ノ法律案ヲ提出ニナリマシタ次第デアリマス、ドウゾ宜シク御贊同下サルコトヲ希望致シマス

○子爵稻垣太祥君　政府委員ニチョット伺ヒマスガ第一條ノ美術ノ範圍、是ハ一體美術品ト意匠品トノ議論ガゴザイマスガ美術ノ範圍ハドウ云フ範圍ノ定メ方ニシマスカ、ソレカラ第三條デゴザイマス、是ハ著作者ノ權限ニ附イテ死後三十年間繼續スト云フコトガアリマス、ソレカラ第十條ニ「相續ナキ場合ニ於テ著作權ハ消滅ス」トアリマス、是ハ死後三十年間繼續スト云フノハ相續人ノナイ場合デアリマスルカ相續人ガアッテモ矢張死後三十年間繼續スル、ソレカラ先キハ著作權ハナイノデアリマスカ、ソレカラ第七條ノ第二項デアリマス「前項ノ期間内ニ著作者」云々是ハ全文ノ御講釋ヲ伺ヒタウゴザイマス、ソレカラ第八條其他ニモゴザイマスルガ「毎號發行ノトキヨリ起算ス」ト云フノハ是ハ年ヨリ起算ストカ日ヨリトカ直サレタイヤウデアリマスガサウ直シテハ差支ガアリマスカ、其邊ヲ伺ヒマス

（政府委員水野錬太郎君演壇ニ登ル）

○政府委員（水野錬太郎君）　唯今ノ御質問ニ御答致シマス、第一ノ此美術ノ範圍ト申シマスルノハ、工業上ノコトニハ適用シナイ、工業上ノコトデ其コトガ意匠ニ關スルコトデアリマスレバ意匠法ノ方デ保護スルコトニナリマセウト思ヒマス、著作權法ノ範圍デ保護致シマスル美術品ト云フノハ工業品以外ノモノニ限ルノデゴザイマス、ソレカラ……

○子爵稻垣太祥君　美術品ト工藝品トノ區別ハドウ云フ範圍デ定メマスカ

○政府委員（水野錬太郎君）　工業上ノ目的ニ使用スルヤ否ヤト云フコトニ依ッテ區別スルト思ヒマス、ソレカラ第二ノ御質問ノ第三條ニ死後三十年間繼續スルトアッテ第十條デゴザイマシタカ相續人ナキ場合ニ於テハ著作權ハ消滅ストゴザイマスルノハ第三條ノ場合ハ相續人ノアル場合デアリマス、相續人ノアル場合ニ著作權ト云フモノハ著作人ノ死後三十年間續ク即チ相續人ノ利益ノタメニ三十年間續ク、全ク相續人ガナイ場合ニハ著作者ノ死亡スルト同時ニ消滅シテシマフト云フコトガ第十條ニ規定シテアリマス

○子爵稻垣太祥君　相續人ト云フコトハ民法ニ云フ其家ノ相續人デナク或ハ他人デモ權利ヲ相續スルコトニナリマスカ

○政府委員（水野錬太郎君）　詰リ財產ノ相續デゴザイマス、著作權ト云フノハ一ツノ財產權デ財產デアリマスカラ財產ヲ相續スル者カ即チ此法律デ云フ相續人ト云フノデアリマス、ソレカラ其次ノ御質問ハ第八條デゴザイマスカ「毎册若ハ毎號發行ノトキ」トアル……

○子爵稻垣太祥君　第七條ノ第二項デス

○政府委員(水野錬太郎君)　是ハ第七條ノ第一項ハ原著作物發行ノトキカラ十年内ニ翻譯物ヲ發行シマスレバ翻譯スル權利ガアルト云フコトガ第一項デアリマス、其十年期間内ニ著作權者ガ保護ヲ受ケントスル國語デアリマスカラ翻譯ハ色々英語ニ翻譯スルモノモゴザイマス、佛語ニ翻譯スルモノモゴザイマス、獨逸語ニ翻譯スルモノモアリマスルガ其保護ヲ受ケントシ例ヘバ英語ナラ英語ノ保護ヲ受ケントスル國語ノ翻譯物ヲ發行シマスルト英語ニ翻譯スル權利ダケハ……發行シタトキニハ翻譯權ハ消滅シナイ、ソレハドレダケ續クカ第三條ニ據リマシテ著作者ノ生存間及死後三十年間續クノデ其以外ノモノデモ獨逸語トカ佛蘭西語トカ云フモノハ第一項ニ據ッテ十年内ニ發行シナイト翻譯權ハ消ヘテシマフ、サウ云フ趣意デアリマス、ソレカラ第八條ガ其次ノ御問デアッタト思ヒマス「毎冊若ハ毎號發行ノトキ」トアルノハ日トカ何トカナリマシタラ宜イデハナイカト云フヤウナ御質問ニ伺ヒマシタガ御尤ナ御問デアリマスルガ第九條ニ其コトハ規定シテアリマスノデゴザイマス、其發行ノトキト云フノハ何時カラカト云フト「前六條ノ場合ニ於テ著作權ノ期間ヲ計算スルニハ著作者死亡ノ年又ハ著作物ヲ發行又ハ興行シタル年ノ翌年ヨリ起算ス」丁度今仰シャッタヤウナ發行シタトキト云フコトハ九條デ説明シテ其年ノ翌年カラ勘定スルコトニナッテ居リマスカラ唯今ノ御疑ハ第九條ノ規定デ明ニナルコトヽ思ヒマス

○名村泰藏君　チョット政府委員ヘ御尋シマス此法案ガ通過シマシテ發布ニナリマスルト現行ノ出版法抔ト云フモノハ廢セラレル譯ニナリマスカ、現行ノ出版法ニハ禁制ノ箇條ガ澤山アリマス、又ソレニ對スル罰則モアリマスガ此法案ニ其邊ノ所ガ見エテ居リマセヌガ廢止ノ後ニハドウ云フ御都合ニナリマスデアリマセウカ、チョット御尋致シマス

○政府委員(水野錬太郎君)　御答致シマス、唯今ノ御問ハチョット分リマセヌデアリマシタガ此法律ガ施行ニナッテモ出版法ハ廢セラレヌノデアリマス、版權法ハ廢止スルコトニナリマスルガ出版法ハ矢張出版スル取締ハ從前通現行ノ出版法デ致スコトニナリマス

○名村泰藏君　サウデスカ、分リマシタ

○伊澤修二君　本員モチョット質問シタウゴザイマス　第一條ノ第二項ノ所ニゴザイマス「文學科學ノ著作物ノ著作權ハ翻譯權ヲ包含シ演劇脚本、淨瑠璃脚本、能樂脚本、及樂譜」云々トアリマスガ此樂譜ト云フノハ能樂脚本ノ樂譜ト云フ意味デアリマスカ、或ハ其樂譜ト云フノハ單獨ニナッテ居ルノデアルカト云フコトヲ伺ヒタイ

○政府委員(水野錬太郎君)　ソレハ樂譜及ヒト云フノハ皆前カラ續クノデ演劇脚本、淨瑠璃脚本、能樂脚本ト云フヤウニ單獨デハナイ、前カラズット續クノデス

○伊澤修二君　ソレニ附イテ伺ヒタイノデスガ、茲ニ其西洋ノ歌曲ノ樂譜ト云フノハ含ンデ居ナイノデスナ

○政府委員(水野錬太郎君)　ソレハ含ンデ居ル積デゴザイマス

○伊澤修二君　ケレドモ唯今ノ御説明ニ依ルト演劇脚本、淨瑠璃脚本、能樂脚本トアッテ其中ニ文字ガ見エナイヤウデアルガドウデアリマス

○政府委員(水野錬太郎君)　ソレハ樂譜ト云フ廣イ言葉ノ中ニ含マスコトガ出來ルデアラウト云フノデ今ノ西洋ノ歌曲ノ樂譜ト云フコトハ明言ハ致シマセヌガ勿論樂譜ト云フ中ニ這入ルデアラウト云フ趣意デアッタノデゴザイマス

○伊澤修二君　ソレ故私ハ前ニ御尋シタノデ……ソレデハ宜シウゴザイマス

○渡邊洪基君　所得税特別委員會ヲ開キタウゴザイマスカラ退席ヲ御許ヲ願ヒマス

○議長(公爵近衛篤麿君)　唯今ハ宜カラウト思ヒマス

○加藤弘之君　チョット質問致シマス分ラヌコトハ澤山アリマスガ此處デ一一聞クハ煩ハシウゴザイマスカラ省キマスガ先刻名村君ノ問ハレタコトモ私ガ御聞キ申シタイト思ッテ居リマシタガ其答デ分リマシタ、併ナガラ出版法ト云フモノハ少シモ差支ナイデスカ如何デスカ、出版法ヲ其儘ニナスッテ置イテ利害ハナイノデスカ、之ヲモウ一度委シク……

○政府委員(水野錬太郎君)　唯今ノ加藤サンノ御問ニ御答ヘ致シマス、出版法ノ方ハ全ク警察ノ取締デゴザイマシテ出版ノ取締ノコトニ對シマシテハ條約デ以テ少モ制限サレテ居ラヌノデゴザイマス、ソレデゴザイマスルカラシテ出版法ハ現行ノ儘デ置イテ差支ナイノデゴザイマス

○加藤弘之君　ソレカラモウ一ツ……此版權法ヲ廢シテ之ガ代リニ出來タト云フノハ則チ改正條約實施ノタメニ出來タ、唯ソレダケノ意味デ出來タト云フ趣意デアルカラ此版權法ガ外國トノ關係ナクシテ不都合ガアッテイケナイカラ變ヘタト云フ所ノ意味ハ少モナイ、唯外國ノ關係ノミノコトニ附イテ變ヘタバカリデゴザイマスカ、ソレニ關セズ今日ノ版權法ハ或ハ不都合ガアル不足ノ所アルト云フ云フ意味ハ少モ加ッテ居ラヌノデゴザイマスカ

○政府委員(水野錬太郎君)　ソレハ先ヅ第一ニ外國ノ同盟條約ニ這入リマスルカラ此現行ノ版權法ヲ改正シナケレバナラヌト云フノガ第一ノ趣旨デハゴザイマスルガソレト同時ニ現行ノ版權法中ニモ不都合ナ點ガゴザイマシテ例ヘバ今日デハ版權法ト云フモノト、寫眞版權條例ト脚本樂譜條例ト云フモノガ別々ニナツテ居リマスルシ致シマスルノデサウ云フヤウナモノモ同時ニ單獨ニ法律トスルコトガ便宜ト認メマシタカラシテ外國同盟條約ニ這入ッテ此法律ヲ改正スル必要ガアリマスルカラシテ同時ニソレ等ノ點抔モ調ベマシテ改正ヲ致シタ譯デゴザイマス

○加藤弘之君　サウ云フ所ノコトカラ改正ニナッタノデスカ、唯一ツニ纒メタト云フノデゴザイマスカ

○政府委員(水野錬太郎君)　左樣、事柄ノ點ハ餘計ゴザイマセヌ現行法上ノ

文書圖畫ダケシカ保護シテ居リマセヌ、今度ノ法律ニ依ッテ彫刻、模型サウ云フモノモ保護スルノデ、事柄ノ大體ハ現行法ト餘計ハ違ハヌノデゴザイマス

○加藤弘之君　サウスルト即チ今日ノ版權法ハ別ニ事柄ニ於テハ不足ナコトトカ或ハ不都合ナコト丶云フヤウナモノハ凡ソナイト云フ御考デアルノデスカ

○政府委員（水野錬太郎君）　同盟ニ這入リマセヌナラバ餘計ニ不都合ハナカラウト思ヒマス

○加藤弘之君　サウスルト此中ニ少モ同盟ニ這入ラズシテ序ニ是マデノ内國バカリデアッテモ不都合デアッタト云フ箇條ハ少モ含ンデ居ラヌノデスガ

○政府委員（水野錬太郎君）　少モト云フト少シ困リマス、ソレハ無論含ンデ居リマス、例ヘバ版權ノ年限抔モ少シ增シタイト云フ考モアリマスシ今ノ法律ノ解釋抔モ大分困ル點ガアッテ、サウ云フ點モ明瞭ニシテ置ク方ガ宜イト云フノデ現行法ニハ少モ差支ナイカト云フコトハ言ヘナイ、サウ云フ點モ參酌シテ改正ヲシテ……

○加藤弘之君　ソレデ分リマシタガ序ナガラト云フコトデ內國バカリデハ澤山サ不都合ガアルト云フ御考ハ今日ノ版權法デハナイノデスカ

○政府委員（水野錬太郎君）　ソレハサウ申シテ宜シウゴザイマス

○加藤弘之君　僅ナコトデアリマスナ

○政府委員（水野錬太郎君）　サウデス

○議長（公爵近衛篤麿君）　モウ御質問モゴザイマセヌカ

○久保田讓君　私ハ此大體ニ附イテ一ッ質問致シタイト思ヒマス、理由書ニ依リマスト「改正條約ノ實施以前ニ於テ列國版權同盟條約ニ加盟スヘキヲ以テ勢ヒ現行版權法ヲ改正セサルヘカラス」トアルノデゴザイマス、是ハ條約ノ實施ニ伴フノデ版權同盟條約ニ加盟スル故ニ是ハ改正スルト云フコトデアルノデ、之ヲ改正スル原因ニ附イテ國ノ利害得失ト云フヤウナコトニ關係ガ大ニアラウト思ヒマスガ其事ニ附イテ大體伺ヒタイノデゴザイマス、今帝國ノ文運ノ有樣ハ大ニ進歩ヲシテ參ッテ學術技藝共ニ觀ルベキモノガアルノデゴザイマス、併ナガラ多クハ此新知識竝ニ新シキ文明ノタメニスル所ノ學術技藝ト云フモノハ概ネ西洋諸國ヨリ輸入シテ一トロニ申セバマダ我邦ハ翻譯時代デアルノデアル、然ルニ此同盟條約ニ加盟ヲ致ストキニナレバ此翻譯ト云フヤウナコトハ今日單ニ行レテ居ル所ノ翻譯ト云フモノハ非常ニ制限ヲサレテ容易ニ翻譯抔ハ出來ヌヤウニナルノデゴザイマス、ソレデ斯樣ナル關係ヲモ顧ミズ此條約ニ這入ラナケレバナラヌ、這入ッタ上ハ我邦ノ文運ヲ進メル上ニ大ナル利益ガアラウト云フ御考ガアルデアラウト考ヘマスガ其事ニ附イテ大體ノ御意見ヲ伺ヒタイ

（政府委員水野錬太郎君演壇ニ登ル）

○政府委員（水野錬太郎君）　唯今ノ御問ハ實ニ御尤ノコト丶思ヒマス、今日日本ガ同盟ニ這入レコトハ日本ノ文明ノタメニ利益デアレヤ否ヤト云フコトハ隨分問題デアラウト思ヒマス、併ナガラ今日デハ既ニ改正修約ニ附イテ利益デアルカ不利益デアルカハ別問題ト致シマシテ領事裁判權ノ撤去ニ先チテ日本ハ同盟條約ニ必ズ加入スルト云フ約束ヲシテ居ルノデゴザイマス、今日這入ルカ這入ラナイカト云フコトハモウ既ニ過去ッタ問題デ苟モ改正條約ヲ實施シヤウトスルナラバドウシテモ日本ノ義務トシテ這入ラネバナラヌノデアリマス、從ッテ今日デハモウ利益デアッテモ利益デナクッテモ這入ラネハナラヌコトニナッテ居ルノデ此事ノ利益デアルカ利益デナイカト云フ御問ニ對シマシテハドッチデアルカト云フコトハチョット明言スルコトハムヅカシカラウト思フノデゴザイマス

○久保田讓君　其所ヲ伺フノデアリマス、ソレデ條約ヲスルノニ國ノ利益デアルカナイカト云フコトヲ考ヘズニ條約ヲスルト云フコトハナカラウト思フ必ズ條約ヲスルニハ國ノ利益ト認メテシタノデアラウト思フ、ソレガ利益カ不利益カ分ラヌト云フコトハ甚ダ御答辨ノ要領ヲ得ヌト思フ、併シ利益カ利益デナイカ分ラヌト云フコトナラバモウソレデ御尋ハ申サヌ

○政府委員（水野錬太郎君）　チョットモウ一ッ、是ハ二十七年ニ日本ガ英國ト條約ヲ改正スル際……ソレガ一番先ト思ヒマシタガ、其時ニ領事裁判權ヲ撤去スル、日本ガ法權ヲ回復スルカラ其代リニ同盟ニ加入スルト言ッタカラ其時ノ趣意デハ日本ガ差支ナイ利益デアルト云フコトヲ信ジテヤッタノデアリマセウ、ソレダケ……

○久保田讓君　アナタデ分ラヌコトハ他ノ方ガ答辯ナスッタラ宜カラウ

○議長（公爵近衛篤麿君）　他ニ御發議ナクバ……

○久保田讓君　答辯ハナイノデアリマスカ、國務大臣モ居ラレルヤウデアリ內務次官モ居ラレルヤウデアリマスガ、此ノ如キ重要ナコトニ對シテ御答辯ガナイノデアリマスカ今一應……

（國務大臣曾禰荒助君演壇ニ登ル）

○國務大臣（曾禰荒助君）　今ノ御問ハドウカ質問書ニシテ出シテ下サイ、ソレダケヲ申シテ置キマス

○久保田讓君　御答辯ハ出來マセヌカ

○國務大臣（曾禰荒助君）　此所デ申スコトハ出來マセヌ、其當時ノコトヲモウ一遍見ナケレバナリマセヌ、簡短ニ申シマスレバ大丈夫利益ガアルトシテ其時ニ條約ヲシタコトデゴザイマス、又本員モ條約ハ手ニ掛ケテヤッタコトデゴザイマス、併シ御質問ガアルナラバ鄭重ニ能ク見テサウシテ御答ヲ申シマセウ

○議長（公爵近衛篤麿君）　他ニ御發議ガナクバ委員ノ選定ニ移リマス

○子爵錦織敎久君　本案ノ委員ハ議長ノ指名ニ御任セシタイ

○伯爵大原重朝君　贊成

○議長（公爵近衛篤麿君）　議長委託ニ御異議ガナクバ其通ニ致シマス

著作權法案特別委員會

委員選擧

明治三十二年一月十九日議長ノ指名ヲ以テ著作權法案特別委員ヲ選定スルコト左ノ如シ

子爵　谷　干城
加藤弘之
男爵　吉川重吉
久保田讓
菊池大麓
山脇玄
菊池武夫
木下廣次
小幡篤次郎

委員長及副委員長選擧

明治三十二年一月十九日委員長及副委員長ヲ互選ス其ノ結果左ノ如シ

委員長　子爵　谷　干城
副委員長　加藤弘之

會議

第一回明治三十二年一月二十一日

出席委員

委員長子爵　谷　干城　副委員長　加藤弘之
委員　男爵　吉川重吉　同　久保田讓
同　菊池大麓　同　菊池武夫
同　木下廣次　同　小幡篤次郎

出席政府委員

外務次官　都筑馨六
內務省警保局長　小倉久
內務書記官　水野錬太郎
內務書記官　森田茂吉

開會午前十時二十五分

○副委員長加藤弘之君　開會ヲ宣告シ政府委員ニ向ツテ大體ニ就テ說明アランコトヲ請フ

（附記）法文浩瀚ナルヲ以テ茲ニ略之

○政府委員（水野錬太郎君）、西曆一千八百八十六年歐洲ニ於テハ著作權保護ニ關スル國際同盟條約ナルモノ成立シ同盟各國ニテ出版スルモノハ內國民ト同一ノ權利ト保護トヲ與フルコトトセリ其ノ範圍ハ同盟條約第四條ニ規定セリ即チ「文學的及美術的著作物」ナル語ハ書籍小冊子其ノ他各種ノ文書、演劇脚本、樂入演劇脚本、文句入リ又ハ文句ナシノ樂譜各種ノ圖畫、彫刻、石

スル圖畫模型等苟モ印刷又ハ複製ノ方法ヲ以テ公ニスルコトヲ得ヘキ文學科學若ハ美術ノ範圍ニ屬スル一切ノ製作物ヲ包含ストアリ是レ同盟條約ニ依テ保護セラルルモノナリ我國ハ歐米各國ト交渉シ新條約ヲ締結シ著作權保護ニ關スル列國同盟ニ加入スルコトヲ以テ領事裁判權廢止ノ條件トナシタルカ故ニ明治三十二年七月新條約實施期ニ先チ此ノ同盟ニ加入セサルヘカラス然ルニ我國ニ於テハ版權法ナリモノアリト雖其ノ保護ノ範圍頗ル狹隘ニシテ僅カニ文書、圖畫、樂譜、脚本、寫眞ニ對シテ版權ヲ與フルニ過キス且ツヤ外國著作者ノ權利ヲ認メサルノミナラス其ノ規定ノ如キモ同盟條約ト抵觸スルモノ往々ニシテ之レアリ是レ新條約實施期ニ先チ著作權法ナルモノヲ制定セサルヘカラサル理由ニシテ其ノ保護ノ範圍ヲ廣濶ニスル如キモ亦其ノ目的ノ一タルナリ其ノ他詳細ノ事ニ就テハ尙ホ質問ニ應シテ辨明スル所アルヘシ

○委員菊池大麓君　彫刻等ハ複製スルモ差支ナキヤ

○政府委員（水野錬太郎君）　然リ複製スルハ差支ナキモ之ヲ展覽ニ供スルハ不可ナリ

○委員久保田讓君　此ノ同盟條約ニ加入セサル樣條約ヲ改正スルヲ得ルヤ又此ノ同盟條約加入ノ條件ヲ他ノ或ル者ト交換スルヲ得ルヤ

○政府委員（都筑馨六君）　充分考察ヲ要スル質問ナリ然レトモ既ニ此ノ同盟條約加入ヲ以テ新條約締結ノ一要件トナシタル位ナレハ今ニシテ之ヲ他ト交換スル如キハ困難ノ事ナラム

○委員木下廣次君　第八條ノ敎科用トハ如何ナルモノナルヤ

○政府委員（水野錬太郎君）　今日行ハル、敎科書中ニアル如キ抜萃是ナリ

○委員久保田讓君　質問ノ個所夥多アリト雖猶ホ熟讀考究セサルヘカラス故ニ本日ハ之ニテ散會セラレムコトヲ請フ

○委員男爵吉川重吉君　第十五條ニ著作權者ハ著作權ノ登錄ヲ受クルコトヲ得トアルハ如何

○政府委員（水野錬太郎君）　從來ハ登錄ヲ受ケテ版權ヲ生セシモ此度ハ唯タ著作彫刻シタルノミニテ版權ヲ生スルカ故ナリ

○委員菊池大麓君　講義ハ如何ナル部類ニ入ルヤ

○政府委員（水野錬太郎君）　演說ノ中ニ含マルルモノナリ

○委員菊池大麓君　學校ニテ著作シタルモノハ誰レノ版權ニ屬スルヤ

○政府委員（水野錬太郎君）　學校カ版權者ナリ

○委員菊池大麓君　若學校ヨリ出版スルモ著作者ノ署名アリタルトキハ如何

○政府委員（水野錬太郎君）　勿論著作者カ版權ヲ有スルナリ若之ヲ學校ニ讓與シタルトキハ學校ノ所有者ニ屬スルナリ

○委員加藤弘之君府委員ノ說明ニテハ不充分ナル點モアリ且ツ大ニ講究ヲ要スル重要ナル法案ナルカ故ニ本委員會ノ開會ハ三日間猶豫セラレムコトヲ

望ム

○委員長子爵谷干城君　次回開會ヲ二十五日ト定メ散會ヲ命ス

散會午前十一時四十五分

明治三十二年一月二十五日午後一時三十二分開會

○委員長(子爵谷干城君)　ソレデハ是ヨリ始メマス、第一條ヨリ第四條マデ連ネテ問題トシテ置キマス、御不審ノゴザイマスル所ハ……

○菊池大麓君　此前ノ議事ノ時ニ第一條ノ二項ノ「及樂譜」ト云フコトニ付テ質問ガ出マシタガ、ツイ能ク分リマセヌデシタガ此書方ハ「能樂脚本及樂譜」ト斯ウ書イテアッテ此樂譜ト云フモノハ能樂ノ樂譜ト云フヤウナ風ニチョット此所デ見ヘル此樂譜ト云フモノハサウデナイ總テノ樂譜デアラウト思フガサウデアリマスカ

○政府委員(水野錬太郎君)　左様デゴザイマス

○菊池大麓君　法文ノ上デ是デ差支ナイデセウカ

○政府委君(水野錬太郎君)　此著作權ト云フコトハ「演劇脚本淨瑠璃脚本能樂脚本及樂譜」ト是ヲ含ンデ居リマス、是々ノ著作人ハ興行權ヲ包含スルノデゴザイマス

○菊池大麓君　「及」ト云フ字ガアルノデヒドク障リヤアシナイデスカネ、能樂脚本及樂譜ト斯ウ云フヤウニ取レルト云フノデ此間議場デモ質問ガアッタヤウデゴザイマスガドウモサウ見ヘル、モウ一ツハ一條ノ一項ノ方デ「文書演述圖畫彫刻、摸型寫眞」アスコニ持ッテ行ッテ樂譜ト云フモノガ這入ッテモ宜イ位ノモノヂャナイカト思フ、アスコヘ這入ラナカッタノハドウ言フ譯デアリマス

○政府委員(水野錬太郎君)　御答ヘ致シマスガ此樂譜ト言フノハ第一條ニモ含ムノデス「文書」ト言ヲ中ニ矢張リ樂譜ヲ含ム積リナノデ、現行法デモ文書ト書イテアッテモ其文書ト言フ中ニ演劇脚本樂譜モ含ンデ居ル、第一條ノ第一項ノ「文書」ト言フ廣イ意味ノ中ニハ無論第二項ノ「演劇脚本淨瑠璃脚本能樂脚本」ト言フモノハ含ンデ居リマス、第一條ノ第一項ノ方ハ文書圖畫是々ノモノ、著作者ハ著作物ヲ複製スル權利ヲ持ッテ居ル、其中ニ「演劇脚本淨瑠璃脚本能樂脚本及樂譜」ノ此四ツノモノニ限ッテ著作權ノ中ニ興行權ガアルトマー斯ウ云フ趣意デアルノデアリマス

○菊池大麓君　此「及」ヲ扱カシテハマヅウゴザイマスカ

○政府委員(水野錬太郎君)　趣意ハ同ジウゴザイマス、別ニ差支ハナカラウト思フ

○菊池大麓君　ソレカラ條約ノ四條ニ大變ニ樂譜ノコトヲ精シク書イテアル文句入又ハ文句ナシノ樂譜ナシト言フ具合ニズット駢ベテ書イテアルンデマー日本デハ樂譜ト言フモノハソウエラク貴クナイヤウナモノデアルカラ自然何カ知リマセヌケレドモ脚本類ヲ文書ノ中ニ入レルノハ少シ樂譜ト言フモノ、性質ガ違ッテ居ルダラウト思ヒマス、是ハ後ニ或ハ修正案デモ提出シヤウト思ヒマスカラ能ク御尋ネシテ置キマス

○政府委員(水野錬太郎君)　チョット其點デ御答ヘ致シテ置キマスガ其樂譜ト言フノハ唯今菊池サンノ御述ベニナッタ條約ニハ大變色々ナ種類ガアルヤウニ説明シテアリマスガ條約ニアルヤウナ字ヲ一々入レルモノハ隨分クダクダシクモアリマスカラ廣ク樂譜ト言ヘバ總テノ種類ノ樂譜ヲ包含シヤアシナイカト言フノデ其時ノ條約ニハ文句入リ文句無シト言フヤウニアルノガコッチハ法律デ單ニ樂譜ト言フ字ニ包含サセテ總テノ樂譜ヲ含マセル趣意デ斯ウ言フ風ニ書直シタノデアリマス

○菊池大麓君　ソレカラ此樂譜ハ條約デハ、樂譜ハ特ニ演奏ト言フ字ガ使フテアルノデスガ此法律デモ其樂譜ヲ演奏スルコトヲ矢張リ興行ト言フ中ニ入レルノデスカ

○政府委員(水野錬太郎君)　左様デゴザイマス、實ハ條約ナリ外國ノ法律デハ樂譜ト言フモノト脚本ト言フコトヲ別ニイッテモ使フテ脚本ニ對シテ興行ト言フ字ヲ使ヒ樂譜ニ對シテハ演奏ト言フ字ヲ使フテ居ル、條約ニモサウナッテ居リマス、所ガ日本ハ樂譜ハ其條例ニハ樂譜デモ脚本デモ總テ興行ト云フ廣イ字デ含マシテアリマスカラ特ニ脚本ト樂譜ノ間ニ興行ト演奏ト云フ區別ヲシナイデ現行法ノ通リ興行ト言フ字ニ演奏モ含マセル積リデ、態ザト演奏ト云フ字ヲ入レナカタノデアリマス

○政府委員(森田茂吉君)　尙ホ御參考ニ申上ゲテ置キマスガ此實際警察ノ取締ニ於キマシテモ或ハ徵税ノ取締ニ付キマシテモ此演奏ノ集會ヲ催ウシタリシテ錢ヲ取ル、アノ場合ニ其興行地デ興行税ヲ納メルノハ警察デハ演劇ト同ジモノデ同シ取締ヲスル、即チ日本デハ演奏ト興行トハ同一ニ認メテ居ル慣例ニナッテ居リマス

○菊池大麓君　此一條ノ二項ニ就テモウ少シ御尋ネイタシタウゴザイマスガ「文學科學ノ著作物」ト云フノハ或ハ政治上ノ意見ヲ述ベタコトナドハ此中ニ這入ルノデアリマスカ

○政府委員(水野錬太郎君)　御答ヘイタシマスルガ文學科學ト云フノハ實ハ廣イ意義ニ用ヰテアルノデ、言葉ヲ廣ク云フト學術ト云フヤウナ意味デアルノデ、併シ學術ト云フト語弊ガアルト云フノデ文學科學ト云フ字ニ直シタノデ、唯今御問ノヤウナ政治上ノ意見デモ其人ノ思想ヲ見ハシタモノナラバ總テ文學科學ト云フモノヽ中ニ這入ル積リデ、唯言葉ガ普通ノ意味ニ用ヰラレヌノデ色々議論ヲシタ末ニ此文學科學ト云フ字ヲ用ヰタガ宜イト云フノデ斯ウナッタノデアリマス

○菊池大麓君　私ハ文藝學術ト云フヤウナ字ヲ用ヰタラドウカト云フコトヲ考ヘタノデスガ或ハモウ少シ考ヘテ見ナケレバマダ確定シマセヌケレドモサウ云フ字ハドウカト思ヒマスガ愈々之ヲ議決スルマデニハ一ツ考ヘテ置イテ文藝學術デハドウカ云フ不都合デモアルト云フコトナラバ伺ッテ置キタイ

○政府委員（水野錬太郎君）……藝トカ云フ字モ拵ヘテ見マシタガ、學藝ト云ト小說トカ或ハ淨瑠璃本トカ云フヤウナモノガドウモ學藝ト云フ中ニハ這入ルマイデハナイカト云フ樣ナ故障モ出マシタノデ、若シサウ云フ風ニ狹イ意味ニ學藝ヲ解セラレテハ却ッテイケマイカラソレデハ條約ニモ斯ウ云フ字ガアルカラ此方ガ條約ト對照シテ見タ上ニ明カデアラウト云フノデ斯ウ云フ字ヲ使ッタノデアリマスガ、尙ホ菊池サンノ御注意ニ就テハ十分考ヘテ置カウト思ヒマス

○山脇玄君　丁度私モ今ソレト同樣ナ質問ヲシヤウト思ッテ居ッタ所デアリマスガ、此條約ニ在ル文學科學ト云フ文字ハドウ云フ外國文字ガ使ッテアリマスカ、私モ或ハ範圍ガ狹マイカト思ヒマスガ

○政府委員（水野錬太郎君）　是ノ原語ハ佛蘭西語デりてらちゆーる、ソレカらしあんす、サウ云フ字ヲ書イテアリマスガ、外國ノ條約ヲ解釋シタモノヤ或ハ外國ノ法律文ニモ斯ウ云フ字ガアリヤスガ、りてらちゆーるト云フコトハ廣イ意味デアルト云フコトハ誰モ言ッテ居ルノデアリマス

○山脇玄君　りてらちゆーるガ飜譯ニナッテ文學科學ト云フコトニナッテ居ルノデスナ

○政府委員（水野錬太郎君）　左樣

○男爵吉川重吉君　先日菊池君カラ御質問ガアッタヤウデアリマスガ、私ニハマダドウモ少シ分リカネルノデアリマスカラ尙ホ御尋ネシマスガ、第一條ニ依ルト「文書演述圖畫彫刻模型寫眞其ノ他文學科學若ハ美術ノ範圍ニ屬ス著作物ノ著作者ハ其ノ著作物ヲ複製スルノ權利ヲ專有ス」ト斯ウアリマス、ソレカラ第十五條ニ「發行又ハ興行シタル著作物ノ著作權者ハ登錄ヲ受クルニ非サレハ僞作ニ對スル民事ノ訴訟ヲ提起スルコトヲ得ス」ト斯ウアリマスカ、若シ民事ノ訴訟ヲ提起スルコトガ出來ナケレバ此專有スルト云フコトハドウ云フ效能ガアルノデスカ

○政府委員（水野錬太郎君）　是ハ大變御尤ナ御問ノヤウニ思ヒマス、如何ニモ民事訴訟ヲ提起スルコトヲ得ナイノニ專有ト云フノハ可笑シイヤウデアリマスガ民事訴訟ヲ提起スルトシナイトハソレハマア著作權ヲ侵サレタ場合ニ起ル問題デ、著作權ヲ侵サレナイトキニハ總テ複製スル權利ヲ持ッテ居ルノデ、唯其權利ヲ行フノニハ是ダケノ手續卽チ登錄ヲシナイト其權利ヲ行フコトガ出來ヌト云フコトデアリマスカラ第十五條ノ規定アルガタメニ專有ト云フ字ノ意味ヲ狹メルト云フヤウナコトハナカラウト信ジテ居リマス

○男爵吉川重吉君　併シソレナラバ例ヘバ文書デモ繪デモ一ツ書クト此法律ニ依レバ其專有權ト云フモノハ其書イタ人ガ持ッテ居ル、所ガソレヲ他ノ人ガ或ハ寫シタト云フヤウナ場合ハ專有シテハ居ルケレドモガ其專有權ヲ侵サレタ所ガ別ニドウスルコトモ出來ヌト云フ結果ニナルノデスナ

○政府委員（水野錬太郎君）　サウデゴザイマスナ、登錄シナケレバザウ云フ權利ガアッテモ仕方ガナイト云フコトニナルノデアリマス

○菊池大麓君　……例ヘバ此所ニ或ル學者ガ講義ヲスルト其講義ニ就テノ著作權ト云フモノハ其人ガ持ッテ居ル其講義ヲ出版シテモシナイデモソレヲ侵サレタト云フトキニハ民事ノ損害訴訟ヲ提起スルコトガ出來ル、併ナガラ發行シタ場合ニ於テハ登錄シナケレバナラヌト云フコトハ十五條デ規定シアルノデ發行シナイモノニ就テハ登錄シナクッテモ民事訴訟ヲ起スコトガ出來ルヤウニ聞イテ居タデスカ少シ違フヤウデアリマスガ……

○政府委員（水野錬太郎君）　其通リデアルノデス、十五條ノハ興行又ハ發行シタダケノトキノ規定ニナルノデス、ソレカラ興行又ハ發行シナイ著作物ナラバ假令登錄ヲシナイデモ民事訴訟ヲ提起スルコトハ出來ルノデアリマス

○菊池大麓君　民事ハ無論刑事モデセウナ

○政府委員（水野錬太郎君）　刑事ハ無論登錄ニ拘ラズ出來ルノデス、先程御答イタシマシタ中ニ其趣意モ含ンデ居ッタノデアリマスガ、唯發行シタモノニ對シテハ十五條ノ規定ガアルタメニ第一條ノ專有スト云フコトニ差支ガアリハセヌカト云フ御疑ガ生ズルカモ知レヌト思ヒマス、併シドウモ登錄ト云フコトハ勝手ニ出來ルコトデアリマス、カラ、登錄サヘスレバ其權利ヲ行フコトハ出來ルノデアリマスカラ、第一條ト第十五條ト牴觸スルコトハナイダロウト思ヒマス

○菊池大麓君　詰リ發行シタリ或ハ興行ヲシタトキニ幾ラカ其手續ヲシナケレバナラヌト云フ面倒ガアル、發行シタ爲ニ幾ラカ餘計ナ手續ヲシナクテハナラヌト云フコトニナルノデスナ

○政府委員（水野錬太郎君）　サウ云フコトニナルノデアリマス

○男爵吉川重吉君　發行ト云フコトハ何ヲ以テ認メルノデセウカ、例ヘバ今ノ演說ノ如ク演說シタマデ、ハマダ發行トハ認メラレヌカ知ラヌ、併シ其他ノモノデ或ハ圖畫ノ如キモノハ之ヲ公ケニスレバ既ニソレハ發行シタモノデアルト思ハレルデスガ發行ト云フコトハ何ニ依ッテ定マルデセウカ

○政府委員（水野錬太郎君）　發行ト云フ字ハ普通ノ書物ニ就テハ出版ト云フコトニナリマセウ、ソレカラ演說講義ナドニ就テハ公ケニ演說スルト云フコトニナリマセウ、詰リ其標準ハ何所ニ在ルカト云フト公ケニスルト云フコトガ發行ト云フコトニナルト思ヒマス、唯此法律ノ解釋トシテハソレデ差支アリマセヌガ條約ノ方デハ發行ト云フコトヲ公ト云フ字ヲ使ッテアル、サウシテ公ニスルト云フ意義ハ斯ウ云フ意義デアルト云フコトガ條約デハ特別ニ解釋シテアル

○菊池大麓君　條約ノ何所ニアリマス

○政府委員（水野錬太郎君）　條約ノ解釋的宣言書ト云フ所ノ第二ニゴザイマス

○菊池大麓君　丁度私ハ今宣言書ノ第二ノ所ト第三條ノ所ニ就テ質問シヤウト思ッタノデスガ、コチラデ云フノト條約デ云フノト少シ違フヤウニナッテ

居ルト思フ、條約ノ宣言書ニ依ルト興行シタリ演奏シタリ展覽會ヲ開イテ出シタモノハ是ハ公ニシタモノデナイ、即チ權利ハコッチデ云フ發行デナイ、コッチデ云フ發行ト興行ト同ジヤウニナッテ矛盾シテ來タラ隨分困リハシナイカト思ッテ質問シヤウト思ッタノデスガ……

○政府委員(水野錬太郎君)　御答イタシマスガ、此發行ト云フ言葉ニ就テハ條約ノ解釋的宣言書デ極メテアル、ソレデ此發行ト云フコトダケデハ決シテ發行ト云フコトニナラヌト云フコトハ條約ノ解釋デ極ッテ居リマス、ソレデ此法律ノ解釋ト條約ノ解釋トハドウ云フ風ニナルカト云フト此法文ヲ解釋スル上ニハ條約デハ拘束サレヌト云フコトニナルダラウト思フ、ソレデ例ヘバ同盟國ニ屬シテ居ル外國人ノ著作物ニ對シテハ無論條約ヲ見ナケレバナラヌ、其點ニ就テハ無論條約ノ明文ヲ見ナケレバナラヌ、從ッテ外國人ノ著作物ニ對シテ問題ノ起ッタ場合ニ無論條約ノ解釋ヲ見ナケレバナラヌ、併ナガラ內國人民間ノ著作ニハ條約ノ適用ガナイカラ、此法律ノ解釋デアッテ差支ナカラウト思フノデス、併ナガラ若シ條約トノ權衡ヲ保タセシムルト云フ上カラ致シテ唯今御說ノ通リコヽノ第三條ニ發行ト云フ字ヲ入レヌノハ穩當デナイト云フ結果ガ生ズルデアラウト思フノデス

○菊池大麓君　サウスルト矛盾シデヤッテモ構ハヌト云フノデスネ、日本人ガ日本デ興行シタモノヲ此條約ニ依テ他國ヘ往ッテ公ニシタ場合ニハ保護ヲ受ケナイ日本デハ受ケルガ、同盟國ヘ往ッテハ受ケナイコニトナリマスナ

○政府委員(水野錬太郎君)　サウ云フコトニナリマス

○菊池大麓君　ソレカラ外國人ガ餘所デ發行シタコトヲ日本デ發行スル場合ニハ此法律ニ依テ受ケルコトニナリマスカ、受ケナイコトニナリマスカ

○政府委員(水野錬太郎君)　外國人モ同盟國ニ屬スル者ナラバ此條約ニ依ラナケレバナラヌ、此コトハ法律ニモ明記シテ置キマシタガ、同盟國ノ著作者ニ就テハ先ヅ第一ニ條約ニ依リ、條約ニ規定ノナイ時ハ此法律ニ依ル、同盟國以外ノ外國人ナラバ全然此法律ニ依ルコトニナルダラウト思ヒマス

○菊池大麓君　同盟國ノ外國人ガ日本ヘ來テ發行シタラドウナリマス、ソレハ此法律ノ保護ヲ受ケマスカ、條約ノ方デ保護ヲ……

○政府委員(水野錬太郎君)　國籍ハ矢張リ外國ニ持ッテ居ル……

○菊池大麓君　サウデス

○政府委員(水野錬太郎君)　ソレハ矢張リ條約ノ方ニ依ルダラウト思ヒマス、條約ノ第二條カラドウシテモサウ解釋ジナケレバナリマセヌ

○菊池大麓君　公ニシタルト云フ字ノ解釋デスナ

○政府委員(水野錬太郎君)　左樣デス

○加藏弘之君　二條ト云フノハ初ノダノウ

○政府委員(水野錬太郎君)　同盟條約ノ一番初ノ二條

○菊池大麓君　丁度今ノト關聯シテ居リマスコトデ此前質問シマシタガ十分分リマセヌガ、同盟條約ノ第四條ノ終ノ方ニ「印刷又ハ複製ノ方法ヲ以テ公ニスルコトヲ得ヘキ」ト云フコトガ規定シテアル、ソレデ今ノ彫刻物ノ樣ナモノヲ印刷又ハ複製ノ方法ヲ以テ公ニスベキト云フ方ニナラヌカト思フ

○政府委員(水野錬太郎君)　其點ハ大變疑ノアルコトデ、實ハ私ガ此コトニ就キマシテ外國ナドヘ往キマシテモ此解釋ヲ尋ネタノデス、所ガ彫刻トカ模型トカ云フモノハ必ズ複製ガ出來ヌモノデナイ、彫刻ヲ直グ版ニスルコトモ出來レバ彫刻ヲ其儘ニ又幾ツモ拵ヘルコトモ出來ル、ソレハ歐羅巴ニハ幾ラモ例ノアルコトデ、即チサウ云フ樣ナ彫刻物ヲ版ニスル、彫刻ヲ眞似テ幾ツモ拵ヘルト云ヘバ即チ複製スルノデアル、矢張リ複製ノ方法ヲ以テ公ニスルコトガ出來ルモノデアル、サウ云フ趣意デアル、サウ云フ風ニ解釋スレバ彫刻物、模型ト云フモノハ印刷ト云ッテハ少シ語弊ガアルカ知レマセヌガ、複製ノ方法ヲ以テ公ニスルコトガ出來ルモノト云ッテ宜シカラウト思ヒマス

○菊池大麓君　サウスルト云フト例ヘバ茲ニ一ツ或人ガ圖ヲ拵ヘル、サウシテソレヲ展覽會ニ出スト云フト日本ノ法律デハ展覽會ニ出シタラ第三條ノ發行又ハ發行シタル著作物ト云フ中ニ這入ルダラウト思ヒマスガサウ云フモノハ登錄シナケレバナラヌ、サウシテ民事ノ訴訟ヲ起スコトガ出來ヌトナルト、十五條ノ方ニナルト彫刻物ナドノ登錄ハドウ云フ手續ニナルノデセウ

○政府委員(水野錬太郎君)　彫刻物模型ノ登錄ノコトハ唯今施行規則ヲ極メルコトニナッテ居リマス、其施行規則ニドウ云フ風ニ極メタラ宜イカ、彫刻物ノ登錄ト云フコトハ新ニ出ルコトデアリマスガソレハ斯ウ云フ形ノモノデ、斯ウ云フ風ナモノト云フコトノ圖位ヲ添ヘサセテ、サウシテ登錄サセル積リデゴザイマス、書物ノ登錄トハ少シ性質ガ違ヒマスガ、サウスルヨリ外ニ途ハナイト思ヒマス、尙ホ施行規則ヲ拵ヘルマデニハ何レ詳細ナル手續ヲ極メル積リデゴザイマス

○菊池大麓君　ソンナモノハ宣言書ノ第二ノ展覽ニハナラヌト思ヒマス、日本ノ法律デハ展覽會ニ出シタモノハ公ニシタモノトナルノデアリマセウ

○政府委員(森田茂吉君)　茲ニアリマス興行ト云フノハ展覽會ニ出スニ就テモ種々ノ形式ガアラウト思ヒマス、ソレデ一般ニ例ヘバ上野ニ展覽會ヲ開ク、ソレニ付テ興行ト云フコトニ就テハ多少營業ト云フ字ヲ含ンデアル、營業的デナイモノハ實際ニ於テ興行トハ認メテ居リマセヌ、實際上野ノ展覽會ニ彫刻ヲ出シマシテソレニ依テ利益ヲ得ルト云フ點ガ無ケレバ其中ニハ含マレヌ、實際ニ於テノ取締ハ發行トシテ見マセヌ、即チ發行トシマスノハソレヲ以テ利益ヲ得ヤウト云フ點デ發行ト云フコトニ就テノ一般ノ取締ニナッテ居リマス、ソレダケ御答イタシマス

○男爵吉川重吉君　今ノ御答ニ就キマシテ私ハ又更ニ疑ヲ起シマシタノデアリマスガ、サウスルトドウ云フ場合ガ發行デアル、ドウ云フ場合ガ發行デナイト云フコトハ時ト場合ニ依ルト明デナイカモ知ラヌデス、例ヘバ今ノ問題ニシタ所ガ展覽會ハ發行ト云フカ發行ト云ハナイカ

○政府委員(森田茂吉君)　チヨツト例ヲ以テ申上ゲマスト、例ヘバ茲ニ大キ

ナばのらまヲ一ツ擔キマシテ[illegible]マスル所ノばのらま館へ行キマシテ大勢ノ觀衆ヲ呼ンデ錢ヲ取ッテヤリマス、是ハ即チばのらま興行トシテ認メテ居リマス、併ナガラ其著者ガ或ハ品評ヲ請フタメニ、或ハ公衆ニ見セル目的デハアリマスルケレドモ批評ヲ請フタメニ上野ノ繪畫共進會へ陳列ヲシテ出ス、斯ウ云フ場合ニハソレハ實際ノ取扱上ニ付テハ興行トハ認メテ居リマセヌ、是ハ實際ノ上カラノ御話デゴザイマスル、ソレニ依ッテ此三條ガ不都合デアルヤ否ヤト云フコトニナリマスト議論ニナリマスルケレドモ、實際ノ取扱ハサウナッテ居リマス、ソレデ單ニばのらまヲ畫イテ大勢ノ人ニ見セルト云フ事柄ノ事實ガアルト云フノハ興行デアルカト云フト今言フヤウナ例ニ依リマスルト云フト公衆ニ見セル目的デアッテモ、上野ナリ或ハ淺草へ出シテ、實際ソレヲ營利的ニシマスノト、衆人ニ批評ヲ請フタメニ或ハ展覽會ニシマスルト云フモノニ付テハ或場合ニ於テハ興行ト認メ……一方ニ於テハ興行ト認メテ居ラナイト云フノガ實際ノ取扱上慣例ニナッテ居リマス

○菊池大麓君　博覽會ナドハドウデスカ、博覽會へ繪ヲ出品スル、サウスルトソレハ既ニ公ケニシタモノニナル、ソレヲ登錄シナケレバナラヌト云フコトデアルト隨分繪ヲ注文シタ者ガ或ハ出品スル者ガ減ルヤウニナラウト思ヒマス

○政府委員(森田茂吉君)　博覽會へ出シマスノハ興行トハ認メマスマイ、或ハ併シ之ヲ以テ發行シタ者、即チ彫刻物ヲ發行シタモノデアルト云フ方ノ側ニハナルカモ知レマセヌガ興行ニハナルマイト思ヒマス

○菊池大麓君　發行デモ興行デモ宜イデスガ、詰リ公ケニシタモノト云フコトニナルノデスカナ、博覽會へ出シタノハ……

○政府委員(水野錬太郎君)　ソレハ公ケニシタモノト云フコトハドウシテモ言ハレルダラウト思ヒマス、公ケニシタモノト言ハナケレバナルマイト思ヒマス、ソレハ興行デナイト云フコトハ無論興行デハアリマセヌ、サウスルト發行ト云フコトニナルダラウト思フ、發行ト云フコト丶公ケニシタコト、同ジ意味ニ用ヰルカ用ヰヌカト云フコトニ歸スルノデスガ、其點ニ付キマシテハ詰リ日本ノ法律ヲ解釋スルニ條約ト同ジ意味ヲ以テ解釋スルカ或ハ條約ト並ベテ日本ノ法律ハ日本ノ法律デ解釋スルノガ宜イカト云フコトニ歸スルダラウト思ヒマス、唯今御問ヒノ博覽會へ出シタト云フコトニナリマスト無論公ケニシタト云フ中ニ這入ルコトニナリマス

○菊池大麓君　サウスルト云フト十五條ノ制裁ヲ受ケルコトニナリマスカ

○政府委員(水野錬太郎君)　發行ト云フコトヲ公ケニスルト云フコトニナリマスレバ無論十五條ニ據ラナケレバナラヌコトニナルダラウト思ヒマス

○菊池大麓君　モウ一ツ公會ノ席デシタ演説ハ矢張發行シタモノニナリマスカ

○政府委員(森田茂吉君)　サウデゴザイマス、若シソレデゴザイマセヌト此[illegible]モウイッデモ第三條ニ觸ラナイト云フコトニナッテ來ルノデアリマス、若シ其公會ノ席デ演説シタ事柄ガ著作權ノ發行デナイト斷定ヲ下シマスト第三條……如何ナル演説ト雖モ第三條ニ這入ラナイト云フコトニナリマス

○菊池大麓君　サウデス、ソレヲ印刷物ニデモシテ公ケニシナイ以上ハ三條ニ這入ラヌ

○政府委員(水野錬太郎君)　チョット此發行ト云フコトニ付テ申上ゲテ置キマスガ、發行ト云フ言葉ハ同盟國デアッテモ度々問題ガ起ッタコトデ、先程カラ御問ニナッテ居リマスル博覽會ニ出シテ居ルコトハ發行ニナルカナラヌカト云フコトノ問題ガ度々起ッタ、ソレデ發行ト云フ字ハ一定ノ意味ニ用ヰナイト云フト不都合デアルト云フノデ條約國デハ解釋ヲ一定シタ、各國ノ法律ノ上デハ發行ト云フ字ハ今申シマシタ通リ廣イ意味ヲ用ヰテ居ル所ガ多イノデス、ソレカラ特ニ狹イ意味ヲ用ヰル場合ニハ明文デ明カニシテアルノデアリマスカラ、若シ此發行ト云フ字ヲ狹ク用ヰルト云フ方ガ利益デアルト云フコトナラバサウ云フ風ニ一條デモ入レテ置ケバ明カニナルデアラウト思ヒマス、ケレドモ唯是ダケノ解釋デハ矢張廣イ意味ニ用ヰルト云フヨリ外ニ解釋ハ出來ヌト思ヒマス

○菊池大麓君　ソレカラ發行シナイモノ丶著作權ノ期限ト云フモノハドッカニアリマシタカ

○政府委員(水野錬太郎君)　其期限ハ無イノデゴザイマス、何モ明文ガ無イト云フト其權ト云フモノハ永久ニ續クト云フ普通ノ法律ノ原則デ事ガ出來ルダラウト思ヒマスカラ、明文ニ特ニ年限ヲ付サナケレバ永久ニ續クト云フコトニナリマス

○菊池大麓君　第三條ニ付テモウ一ツ伺ヒタイ、此二項ノ「合著作」ト云フ合著作、アレハ其大勢ノ人ガ寄ッテ一ツノ纒ッタモノヲ書クコトバカリヲ言フノデアリマスルカ或ハ色々ナ論文ヲ集メタノデモ合著作ト云フノデアリマスカ

○政府委員(水野錬太郎君)　初メッカラ約束ヲシテ一ノ書物ヲ書カウト云フナラ無論合著作デアラウト思ヒマス、サウシテ部分ヲ極メテ書クノモ合著作デアルノデ、ケレドモ唯人ノ著作物ヲ集メルト云フコトナラバ編輯ニナルデアラウト思ヒマス、編輯ノ方ナラバ合著作ト云フ中ニ含ムコトハ出來マイト思フ、編輯ノコトハ別ニ規定ガシテアリマス

○菊池大麓君　私ノ聞クノハ一ツノ書物ニシテ出スケレドモ、其中デ明カニ二ツノ部分ガアッテ、サウシテオ前ハ此方ノ部分ヲ書ケ、オレハ此方ノ部分ヲ書クト言フ相談ヲシテサウシテ其二人ノ人ガ寄ッテチヤント第一ノ部分ハ誰ガ書イタ、第二ノ部分ハ誰々ガ書イタト言ッテサウシテソレヲ一冊ノ書物ニシテ出スト言フコトガアリマス、是ハ合著作ト言フノデスカ此意味ハ……

○政府委員(水野錬太郎君)　ソレガ若シ其上ノ卷ハ甲何某ノ著乙ノ卷ハ乙何

某ノ著、サウ言フ風ニ書イテアルナラバ甲ト乙トノ間ニ關係ガ無イノデアリマスカラ別々ノ著述デアラウト思ヒマス、併ナガラ一ノ書物例ヘバ物理學ナラ物理學、歴史學ナラ歴史學ト言フ名前デ甲乙二人ノ著述トシテ內輪デモッテ部分ヲ分ケタノデアルナラバソレハ合著作ニナルダラウト思ヒマス

○菊池大麓君　詰リサウスルト各部分ニ付テ名乘レバ合著作ニナラヌシ、名乘ラナケレバ合著作ニナル、斯ウ云フコトニナリマスカ

○政府委員（森田茂吉君）　チョット例デ申上ゲルト御疑ヒガ解ケルダラウト思ヒマス、例ヘバ化學ト云フモノデ無機化學ヲ丹波敬三ガ書キ、有機化學ヲ下山順一郎ガ書イタ、ソレデ化學ガ出來ル、ソレ等ハ矢張合著作デアリマシテ、卽チ第三條ノ二項ニ當箝ルダラウト思ヒマス、或ハ其部分ノ分ラヌモノデモ、數理學者ガ二人寄リマシテサウシテ、一巻ノ數理ヲヤリマス、其場合ニ二人ノ著作トシテ名前ヲ出シテ、其部分ノ分ラヌモノデモガ第三條ノ二項ニ這入ルノデアリマス

○菊池大麓君　ソレハ無論這入ル

○男爵吉川重吉君　第三條ニ付テ質問致シタイノデゴザイマスガ、第三條ニハ「發行又ハ興行シタル著作物ノ著作權ハ著作者ノ生存間及其ノ死後三十年間繼續ス」斯ウアリマシテ、ソレカラ二十三條ニ「寫眞著作權ハ十年間繼續ス」ト斯ウアルノデアリマスガ、チョット一見矛盾スルヤウニ聞エマスガドウ云フノデアリマス

○政府委員（水野錬太郎君）　御答致シマスガ第三條ハ一般ノ著作物ヲ規定シタノデ、第二十三條ハ寫眞ダケノ規定デゴザイマスルカラ、第二十三條ノ無論三條ノ中カラシテ取除カレテ居ルモノト解釋シナケレバナルマイト思ヒマス

○男爵吉川重吉君　モウ一ツ三條ニ付テ疑ガゴザイマスガ死後三十年間ト云フコトニ付テ斯ウ云フ場合ハ起リマセヌカ生死ノ年月不明ノ場合ハアリマスカ

○政府委員（水野錬太郎君）　サウ云フ場合ガアルカモ知レマセヌガ、併ナガラ普通今日ノ死亡屆ナリ夫カラ死亡屆デナイ失踪シタ者ニハ民法ノ上デ一定ノ年月ヲ經レバ死亡シタモノト見做スト云フコトニナッテ居リマスカラ戶籍法ナリ民法ナリノ規定デサウ餘計生死ノ知レヌト云フコトハアルマイト思ヒマス

○山脇玄君　チョット御聞キ申シマス、第一條ノ第二項ノ所デゴザイマス、文學科學ノ著作物ノ著作權ハ翻譯權ヲ包含スト、是ハ其何デスナ此著作者以外ノ者ガ此文學ナリ科學ナリ著作物ヲ翻譯シヤウト思ヘバ著作者ノ承諾ヲ經テ出來ル是ハ適法ノ翻譯デアル、其下ニ脚本樂譜ノ著作權ハ興行權ヲ包含ス、此場合デモ何デスカ唯興行スル者ハデス自分ガ著作セズシテ興行者ガ脚本ノ著作者ニ協議ヲシテ其承諾ヲ得レバ矢張其興行權ダケハ得ラル、ト云フノデアルノデスカ

○政府委員（水野錬太郎君）

翻譯ダケスルコトモ出來ルシ又脚本樂譜ノ著作者カラ許可ヲ得レバ興行權モ取レル

○山脇玄君　其興行權ダケ得ラレルト云フコトハ後ノ條ノドコニ現レテ居リマスカ

○政府委員（水野錬太郎君）　第二條ニ著作權ハ讓渡スコトヲ得、サウスルト其權利ノ全部デモ一部分デモ讓渡スコトガ出來ルト思ヒマスカラ興行權モ著作權モ……翻譯モ其一部分デアリマスカラ第二條デ出來ルト思ヒマス

○山脇玄君　成程、夫デモウ何デゴザイマスガ此翻譯ノコトニ付キマシテハ第二十一條ニ行キマスト適法ニ翻譯シタモノハ著作者ト看做シテ保護ヲ享クルトアリマスナ、デ此興行ノコトニ付テハ夫ト同一ノ文章ハ條文中ニ見エナイ樣デアリマスガ此條文中ニハ別ニ翻譯ト同ジヤウナ意味ハナイノデゴザイマスカ

○政府委員（水野錬太郎君）　翻譯ノ場合ニ特ニ第二十一條ノ樣ナ規定ヲ設ケタノハ翻譯ヲスルト一ツノ書物ガ出來マスルカラ書物ノ上カラ新ニ著作權ガアルト云フコトヲ明言シテ置カヌトイケマセヌカラ特ニ第二十一條ヲ設ケマシタ、所ガ興行ト云フコトニナリマスルト別ニ夫ガ爲メニ一ツノ書物ガ出來ル譯デモナシ、現ニ在ル脚本トカ樂譜トカニ付テ興行スルダケデアリマスカラソンナコトハ特ニ云ハナイデモ明デアルト思ヒマスノデ興行權ニ付テハ二十一條ノ樣ナ規定ヲ置カナカッタノデアリマス

○山脇玄君　サウシマルト何デゴザイマスナ是デ見ルト云フト福地ナラ福地ト云フ人ガ脚本ヲ書イテ私ナラ私ガ相談ヲシテ興行權ヲ得テ興行ヲスル、サウスルト又コンダ外ノ人ガデスナ福地ナラ福地ト云フ脚本者ニ協議ヲシテ又興行權ヲ得ラレルト云フ樣ニナッテモ構ハヌノデスナ

○政府委員（水野錬太郎君）　唯今ノ御問ハ丁度福地ト云フ人ガ一ツヨリ持ッテ居ラヌモノヲ二人ノ人ニ讓ッタト云フコトニ聞キマシタガサウ云フ御問デゴザイマスカ

○山脇玄君　脚本著作者デゴザイマスナ、夫ガ私ナラ私ニ興行權ダケ授與シテ呉レル、其興行權ハ翻譯ノ樣ニ著作者ト同樣ノ保護ヲ享ケルコトノ條文ガナケレバ又外ノ人ガ興行權ヲ得ルコトニナル、卽チ著作者ニ協議シテ興行ヲシテモ構ハヌカト云フ疑デアリマス

○政府委員（水野錬太郎君）　分リマシテゴザイマス、夫ハ其興行權ヲ甲ト云フ人ニ讓渡シテ置イテ讓渡シマスルト云フト其脚本ノ著作者ハモウ興行權ハナイ、福地サント云フ人ガ一ツノ芝居ノ脚本ヲ書イテ興行權ヲ持ッテ居ル、夫ヲ甲ト云フ人ニ讓渡シテ仕舞ヘバ甲ト云フ者ガ興行權ヲ持ツノデ最早福地ト云フ人ハ其興行權ヲ持ッテ居ラヌ、デスカラ持ッテ居ラヌノヲ讓渡スコトハ出來得ヌト思ヒマス、已ニ斯ウ云フ甲ト云フ人ニ讓渡シタナラバ甲ト云フ人ガ完全ノ興行權ヲ持ッコトニナル、デ是ハ翻譯ノ如ク明文ガナクテモ明デア

〇菊池大麓君 [illegible]云フコトヲ公ニシタルト云フコトニナシテ同盟ノ宣言書ノ樣ナコトニ付テ不都合ナコトガアリハシマセヌカ

〇政府委員(水野錬太郎君) 別ニ不都合ハナカラウト思ヒマスガ唯斯ウ云フ結果ガ生ズルデアラウト思ヒマス、博覽會ニ……展覽會ニ出シタ一ノ畫ヲ公ニシタモノデナイト云フコトニナリマスルト著作權ノ期間ノ計算ナドガズット長クナルノデゴザイマス、永久ニ續ク、夫カラ演説ヲシタト云フコトガ公ニシタモノデナイト云フコトニナルト矢張リ永久ニ續クト云フ結果ガ生ズルト云フコトニナッテ一遍已ニ世ノ中ニ發表シテアルニモ拘ハラズ、其著作ノ權利ト云フモノガ永久ニ續クト云フノデアルト普通ノ書物ト場合ト權衡ヲ失ナヤシナイカト云フ恐ガアリマス、其他ノ點ニ付テハ餘計ノ不都合ナ程ナコトハアルマイカト思ヒマス

〇委員長(子爵谷干城君) チョット私モ御尋ヲシテ置キタイト思ヒマスルガ此ツイ何デスナ講義ヲスルトカ演説ヲスルトカ云フ樣ナコトガアル、夫ヲ甲ノ雜誌記者ガ來テアナタノ演説ヲ筆記ニシテ雜誌ニ書キタイガ構ヒマセヌカト云ッタトキニ宜シイト云ッテ夫ヲ許ス、ソコデ又乙ノ者ガ來テ私ノガヲ書キタイガドウデアラウカト云フタ所ガ、是迄ノ何ニ依ルト一向閊ヘナイ、夫デ書ケト云フテ斯ウ云フテヤル、所ガ今ノチョット此御話ノ所ヲ聞イテ見ルト甲ノ者ニ許シタラ即チ乙ノ者ニハモウ私ガ書イテ構ハヌト云フ權利ガ無クナル樣デアリマスガ、サウ云フ譯ニナリマスカ

〇政府委員(水野錬太郎君) 御答ヲ致シマス、唯今ノ例デ見マスルトアナタノ御講義ヲ甲ト云フ人ニ御前ニバカリ出版セサルトサウ云ッタラバ最早乙ノ人ニ許スコトハ出來ナイ、併シ御前ニモヤル併ナガラ尚ホ其外ノ人々モ演説ノ筆記ヲ賣ラセルカモ知レヌト云フ樣ニ、所謂著作權ノ一部ヅヽヤルト云フノハ構ハヌ、御前ニバカリ賣ラセルト云フテ置キナガラ又乙ノ人ニ賣ラセルト云フコトハドウシテモムヅカシカラウト思ヒマス

〇委員長(子爵谷干城君) サウスルト其時ニ餘程注意シテヤッテ置カヌト一向閊ヘナイト云フテ置イテ若シ甲乙二人ニヤッタ場合ニハ私ガ訴ヘラレテヒドイ目ニ遭ハナケレバナラヌ

〇政府委員(森田茂吉君) ソンナ御心配ハ無カラウト思ヒマス、ト云フモノハ翻譯權ナリ興行權ナリハ全部デ働カヌデモ宜イ、興行權ノ一部ダケ働カレテ宜イノデアリマス、例ヘバ翻譯權ヲオ前ニ三箇年許ストカ或ハ興行權ヲ一箇月ダケオ前ニヤルト云フコトガ出來マスカラ、詰リ御演説ニナルトスレバ其御演説ヲ新聞屋ガ書キタイカラ許シテ呉レト言ッテ書カシテ貰フ、スルト又他ノ新聞屋ガ來テ書カシテ下サイト言ッテモソレハ許シテモ構ハヌ、併シ特ニオ前ニノミ此演説ヲ書クコトヲ許スト言フ契約ガ有ルニモ拘ラズ他ノ者ニモヤラセルト、演説ヲ出スダケニ付テ多少勞力ナリ其他ノモノヲ盡シテアリマスカラソレヲ無ニスル樣ナコトデアッテハイカヌガ、其他ニハ演説者[illegible]

〇加藤弘之君 サウスルト今森田君ノハドウ言フノデスカ、此新聞ニオ前ダケニ許スト言ハズニ許シタトキニハ他ノ者ガヤッテモ宜イノデスカ

〇政府委員(森田茂吉君) 即チ演説ヲ新聞ニ書カセル場合ニ於テ、新聞ニ演説ヲ書ク權利ハ此新聞紙ノミデアルト言フ契約ノ有ッタニモ拘ラズ他ニヤッテハイケマセヌ、ガ、サウデ無イ以上ハ差支ナイト斯ウ見ルノデス

〇加藤弘之君 無條件デアッタラト言フノカ

〇政府委員(森田茂吉君) サウデス

〇加藤弘之君 無條件デアレバ今日日々新聞ニ約束シテ明日毎日新聞ニ約束シテモ宜イノカ、興行モサウ云フノカ

〇政府委員(森田茂吉君) 興行モサウデス、福地ガ小督ノ曲ヲ書イテ歌舞伎座ニ興行サセヤウガ明治座ニ興行サセヤウガソレハ差支ナイガ、唯一ノ座ニ發行セサルタメニ書イテ、御前ニバカリ興行サセルゾト云フ約束ガ有ルニ拘ラズ又外ノ座ニヤラセルト其損害ハ負擔シナケレバナラヌ

〇加藤弘之君 無條件ナラ幾ラヤッテモ宜イド云フノダネ

〇政府委員(森田茂吉君) 左樣

〇加藤弘之君 興行デモ

〇政府委員(森田茂吉君) ハイ

〇加藤弘之君 オ前ニノミ興行ヲサセルト言フ約束ノ無イ場合ニハ……オ前バカリデ他ニ無イト言フ條件デ許シタノデ無クテ向フノ合意デ許シタトキデアレバ發行デモ興行デモソレナラ宜イカ

〇政府委員(森田茂吉君) 左樣差支アリマセヌ

〇加藤弘之君 ソレカラ翻譯ハ違ヒマスネ、國語ガ違フ、佛蘭西語トカ英吉利語トカ獨逸語トカ違フ……

〇政府委員(水野錬太郎君) ソレハマルデ別ニナッテ居リマス

〇加藤弘之君 ソレハ當然ノ理ダネ

〇菊池大麓君 少シ疑ガ生ジマスガ翻譯權ハサウ言フ風ニシテ例ヘバ此ニ外國ノ書物ガアル、ソレヲ或ル日本人ニ翻譯權ヲ許シタトキハ日本語ニ付テ其著者ノ持ッテ居ル著作權ヲ許シタモノデ、ソレヲ又他ノ人ニ勝手ニヤッテハイケマイト思ヒマスガ……

〇政府委員(水野錬太郎君) 唯今菊池サンノ御尋ネノ事ハ日本人ニ日本語ニ翻譯スル權ダケヤルト言フノハ英語ノ他ノモノニヤッテモ宜イト言フノデハ無イ、併シ總テノ翻譯ノ權ヲオ前ニ與ヘルト言ッタラ……

〇菊池大麓君 私ノ質問ハサウデハ無イ、他ノ日本人ニヤッタラ困マルト言フノデ……

〇政府委員(森田茂吉君) ソレハ私ハ斯ウ考ヘル、例ヘバ甲ノ者ニ翻譯ヲサセル、日本語ニ付テハオ前ノミニ翻譯ノ權ヲ與エルト言フテ無ケレバ差支ナイト言フノデ、翻譯權ノ讓渡即チ權利ノ讓渡ニナレバ其讓渡ノ形式及條件ガ

要ルニ依ッテ其翻譯權ノ全部ニ行ッテ居ルカ一部ニ行ッテ居ルカノ解釋ガ付イテ來ヤウト思ヒマス、日本文ニ翻譯スルニ付テハオ前ニホカヤラヌト言フコトデ翻譯權ヲ行テ居レバ其人ダケニ屬スルノデ、日本文ニ翻譯スルト言ッタ丈ケナラ他人ガヤッテモ差支ナイ

○菊池大麓君　ソレデハ第二十一條ガ少シ反對スルカト思ヒマス、「適法ニ翻譯ヲ爲シタル者ハ著作者ト看做シ本法ノ保護ヲ享有ス」トアル、許可ヲ得テ翻譯ヲスル、其翻譯者ト言フモノハ著作者ト同樣ニ矢張リ著作權ヲ持ッテ居ルデ、ソレヲ他ノ者ガ侵スコトハ出來ナイ、ソレヲ又他ノ人ガ著者カラ許ヲ得テ、サウシテマルデ竊ンデ、同ジ物ヲ翻譯シタノダカラ同ジ譯ノモノガ出來ルノダト言ッテモソレヲ防ギ樣ハ無イ

○政府委員(森田茂吉君)　二十一條ノ方ハ其飜譯シタモノ、保護デアル、飜譯權ノ關係ニ付テデハ無イ、所ガ今ノ御話ノ樣デアルトアベコベニ飜譯權ヲ分ッテ人ニ讓ルコトガ出來ルカト言フコトヲ主張シナケレバナラヌ樣ニナル、菊池サンノ樣ナ論ニナルト……

○菊池大麓君　分ッテト言フノハ日本語ノ……

○政府委員(森田茂吉君)　ソレハ出來ナイ、飜譯權ヲ讓渡ス場合ニ於テハ是非一人ヨリ外ハ無イ、斯ウ言フ解釋デアリマス

○菊池大麓君　サウシナケレバ二十一條ガ徒法ニナル、私ガ英語デ何カ書イテ、ソレヲ日本文ニ飜譯スル權利ヲ甲某ニ許シタ又ソレヲ乙某ニ許シタ、斯ウナルト甲某ガ出版シタ、ソレカラ乙某ガ出版スルトキニ當ッテ甲某ノモノヲソックリ取ッテモ、ソレヲ防ギ樣ハナイ、同ジ物ヲ翻譯シタノダカラ同ジニナッテモ仕方ガ無イト云フ、サウスルト二十一條ハ徒法ニナルト思ヒマス

○政府委員(森田茂吉君)　適法ニ翻譯ヲスルト言フ事柄ハ翻譯權ノ全部ヲ貰ハウガ一部ヲ貰ハウガ一向頓著ナイコトデ、例ヘバ日本語ニ向ッテ或ル英語ヲ翻譯スルニ際シテ本人ニ翻譯サセテ下サレト言ッテ本人ガ宜イト言ッタ場合ハ其日本語ニ向ッテノ翻譯權全部ハ其人ニ向ッテ移ッタト解釋シナケレバナリマセヌ

○菊池大麓君　サウスルト第二十一條ヲ徒法ニシナケレバドッチカニシナケレバ辻褄ガ合ヌト思ヒヌス

○政府委員(水野錬太郎君)　其點ハ私カラモウ一應申シマスガ、二十一條ノ徒法ニナラウト言フ憂ハアルマイト思ヒマス、是モ先程カラノ御質問デアリマスガ翻譯權ヲ持ッテ居ッテオ前ニバカリ翻譯權ヲ全然ヤルト言ッテ第一條ノ複製ノ全權ヲヤッテ仕舞フトキハ最早翻譯權ヲ他ノ人ニ讓渡スコトハ出來ナイ、日本語ニ翻譯スル權ヲオ前ニバカリ讓渡シタト言フ場合ニハモウ其人ハ翻譯權ヲ持ッテ居ラヌカラ他ノ人ニ讓ルコトハ出來ナイ、ソレカラ翻譯權ヲ全然讓渡シタノデハ無イ、他ニモ讓ルガオ前ニモ許スト云フノハ翻譯ヲ全[illegible]乙モ適法ニ翻譯ヲスル甲モ適法ニ翻譯ヲスル、甲モ乙モ兩方適法ニ翻譯スル、サウシタラ兩方共著作者ト見做サレテ此法律ノ保護ヲ……

○加藤弘之君　ソレハ理屈デハサウデアルケレドモ矢張リ二十一條ハ潰レテ仕舞フ、今菊池君ノ言フ通リ同ジヤツデ判ヲ別ニシテ拵ヘレバ出來ル、サウシタナラ一體理屈ニ置イタラサウデアラウガ、事實ハ全ク二十一條ハ役ニ立タヌ事ニナッテ仕舞フ

○政府委員(森田茂吉君)　ソレ等ハ翻譯者ノ考一ツダラウト思ヒマス、翻譯者ガ二十一條ノ適用ヲ受ケテ其翻譯ヲシタモノニ就テ自己ガ利益ヲ得ル考デアルナラバ翻譯ノ相談ヲスル場合ニ於テドウカ日本語ニ翻譯スル事ハ私ダケニシテ呉レト話ヲシテ置ケバ宜イ話デアリマス、ソレデソレ等ノ私上ノ關係ノアルト無イトニ關ハッテ二十一條ノ違ヒガ出テ來ルノデゴザイマスカラ、翻譯スル際ニ原著作者ニドウカ日本語ニ翻譯スルノハ私ノミニ讓ッテ呉レト云ッテ許可ヲ得テ居リマスレバ一向差支ナイ

○山脇玄君　ドウモ少シ其解釋ガ分ラナイ、例ヘテ申シマスレバ二十一條ノ第二項デスナ、第二項ニハ「翻譯權ノ消滅シタル著作物ニ關シテハ前項ノ翻譯者ハ他人カ原著作物ヲ翻譯スルコトヲ妨クルコトヲ得ス」トアルカラ、是マデハ保護シテアル、翻譯權ト云フモノハドウ云フ風ニスルドウ云フ事ニスルト云フ事ハ前ノ七條ニアリマスガ「著作權者現著作物發行ノトキヨリ十年內ニ其翻譯物ヲ發行セサルトキハ其翻譯權ハ消滅ス」トアリマス、サウ云フ翻譯權ノ消滅シタ著作物ニ關シテハ他人ガヤッテモ差支ナイト云フ繼ミガアッテ原著作物ノ一旦翻譯權ヲ得タ其人ガ精密ニ翻譯シタモノヲ向フデ保護スルト云フコトデナケレバ……內部ノ契約如何ニ依ッテ之ヲ見ルト云フコトハ少シ無理ダラウト思ヒマス

○政府委員(森田茂吉君)　翻譯權ヲ得ルト言フ事柄ハ翻譯權即チ日本語ニ翻譯スル全部ノ權能ヲ得タノデ例ヘバ芝居ニシテモ此福地源一郎ノ書イタ脚本ハ私ノミ興行ノ權利ヲ得タノデアル或ハ唯一時興行スルノ權利ヲ翻譯者ニ於テモ得タノト同ジ事デアラウト思ヒマス、ソレデ翻譯スル權利ヲマル切リ他人ニ分タズシテ得タノデアルヤ否ヤハ即チ原著作者ト翻譯者トノ間ニ屬スル關係カラ出タノデハアルマイカト思ヒマス

○政府委員(都筑馨六君)　私ハ此方ノ勿論條約ニ關係シタ事柄ダケデ主任トシテ分擔シテ居リマスガ、先刻カラ政府委員ガ述ベテ居リマス所ト御問ノ所ト稍ヽガッチリ合ハヌカト思ヒマスカラ一言私ガ政府委員ノ解釋スル所ヲ述ベテ御參考ニ供シタイト思ヒマスト申シマスルノハ丁度菊池サンノ仰シャルヤウニ若シ前ノ翻譯ト同シ文章ノ翻譯ヲ致シタトキハドウスル、成程其前ノ翻譯ヲ後ノ翻譯ハ竊取シタノデアルカ、或ハ是ハ新ニ翻譯シタノデアルカト言フ事實問題ニナッテ來マスト、トヾノ詰リハ裁判官ノ判定ニ屬スル事柄デアリマセウガマルデ一字一句違ヘズ原ノヲ取ッタノナラバ誰ガ見タカラッテ是ハ盗ンダモノトナル、ソレカ

ラ又大體違ッテ居リマスレハ中々一語ヤ二語同ジノカアッテモ別ノ翻譯ト云フコトニナリマスルカラ事實問題トシテ恰モ竊取シタノカ、ソレカラ自分ガ書イタノトドウ違フカ自分ノ文章ガ人ノ文章ヲ引用シテ盗ンダト言フソレガドウ違フト言フ事實問題ニ歸スル如ク、翻譯ニ付テモ亦此盗ンダモノデアルノト自カラ翻譯シタノトノ差ハ事實問題デトヾノ詰リハ裁判ノ判事ガ認定スル事實問題ニハナリマセウケレドモ、マルデ内部カラ見ルト、保護ハ十分ニナルダラウト思ヒマス、チョット御參考マデニ申述ベテ置キマス

○菊池大麓君　其今ノ脚本ノ興行權ト翻譯權トハ違フ、ナゼト云フニコッチノ芝居デヤルソレヲ又コッチノ芝居デヤルト云フノハ全ク場所ガ違フノデスカラソレハオ前ニ……歌舞伎座ナラ歌舞伎座ニ興行權ヲヤル併シ外ノ芝居ニハ興行權ヲヤラヌト云ヘル、サウスルト書物デモ關西ダケハ賣ッテモ宜シイガ關東ニハ賣ッテハナラヌド云フノト同ジ事ニナリマスカラ興行權ト翻譯權トハ明カニ違フノデアル、翻譯權ハ許ス許スケレドモ翻譯ノ其事實ニ依ッテ僞作デナイカ盗ンダモノデアルカト云フ事ヲ判斷スル、斯ウ云フ事ニシナケレバナラヌト云フソレハ分リマシタ、サウスルト斯ウ云フ事ニシテハ此條約ニ對シテ不都合デアルカト云フコトヲ聞イテ置キタイソレハ日本語ニ適法ニ翻譯シタモノハ其外ニ翻譯ヲスル事ハ許サヌト云フ事ヲ極メタナラバ條約ニ背クデアリマセウカ、ドウデゴザイマセウカ

○政府委員(森田茂吉君)　條約面ニハ背キマスマイト思ヒマスケレドモ法律トシテ原著者ノ意思ヲ檢束スル事柄ニナラウト思ヒマス、原著者ガ翻譯權ノ全部ヲ賣渡スト言フ意思ノナイモノハ一遍日本語ニ翻譯シタナラバソレハ許サナクチヤヤナラヌト思ヒマス

○菊池大麓君　日本語ヲ翻譯スレバ全部許スト言フコトガ分ッテ居レバソレハ翻譯者ニ原著作者ガ許セバマルデ許スト言ヲ事ハ分ッテ居ルカラソレハ搆ハヌ

○政府委員(都筑馨六君)　唯今ノハ條約ノ方ニアリマス、條約ノ六條ノ二項ニアリマスル通リ是ハ禁ジテ仕舞フト言フ事ハ條約面ニ背キハシナイカト思ヒマス

○菊池大麓君　是ハ第二項トハ違フ、ソレハ詰リ翻譯權ノ消滅シタヤツノ話ダ

○政府委員(都筑馨六君)　アッ、サウカ

○菊池大麓君　私ノソレヲ言ハウト思フノハ此翻譯ト云フコトハドウモ日本デハ隨分行ハレル必要ナ事ト思ヒマス、ソレカラ翻譯權ヲ得ルト言フコトニ付テハ餘程金デモ出サナケレバ得ラレナイ事ニナルカモ知レナイ、又金ヲ出サヌデモ餘程骨ノ折レル仕事デアル、ソレデ外國ノ著書ニ依ッテ翻譯ヲシタ骨ヲ折ッテ翻譯シタモノヲ又外ノ人ガ翻譯シテ出ストソレハ隨分向フノ著者ガ大變びじねすニ明カルイ人ナラドウカ知ラヌガ隨分日本語ニ翻譯スルノハ搆ハヌカラウト言フテポンポン許スト言フ事ニナル、サウナルト大變骨ヲ折ッタ所ノモノガ無ニナル事實ニ至ッテハ竊取シタモノカ、新ラシク翻譯シタモノカト言フ判定ハムヅカシクナッテ中々保護ヲ受ケルト言フ事ハムヅカシイ、ソレデスカラ翻譯權ト言フモノハ十分强クシテ置カナケレバ翻譯ニ骨ヲ折ル者ガナクナルダラウト思ヒマス

○政府委員(森田茂吉君)　マダ申上ゲル事ガ了解シ兼ネルノハ遺憾デアリマスガ、サウシマスト外國ニ於テ持ッテ居ッタ翻譯權ヲ日本ノ國法ガ縮メテ仕舞フ、日本ノ國法デ制限シテ仕舞フト云フ御議論ニナリマスカ

○菊池大麓君　サウナリマス

○政府委員(森田茂吉君)　ソレハ餘程ムヅカシイ問題ヂヤナイカト思ヒマス

○菊池大麓君　ソレダカラ條約ニ背クカ、背カヌカト云フ事ヲ確メテ置キマス

○政府委員(森田茂吉君)　其所謂翻譯者ノ懸念ハ即チ原著者ト相談ニ屬スル話ダケデ、私ハ日本語ニ翻譯シタイカラ外ノ日本人ニ許サナイ程度ニ於テ許シテ呉レト云フコトデ許シヲ受ケレバ差支ナイ即チ日本語ニ翻譯ノ權利ノ全部ヲ原著者カラ得レバ宜イカラ其爲メニ翻譯者ノ非常ノ利益ニナリ不利益ニナルト云フコトハ出テ來ナイト思フ翻譯者ハ原著者カラ夫レダケノ權能ヲ得レバ宜イノデアリマスカラ

○菊池大麓君　大抵分リマシタ矛盾スルカ、シナイカハ直グトデナクテ宜シウゴザイマスカラ御答ヲ願ヒマス

○政府委員(森田茂吉君)　私ハ條約ニハ……此翻譯ニ付テハアリマセヌガ各國ノ例ヲ見マシテモ翻譯ノ權利ハ全部若クハ一部ヲ讓渡スコトヲ得トアリマスカラ外國ニ於テ外國人ガ持ッテ居ル翻譯權ヲ日本ノ法律ガ外國マデ行ッテ効能ヲ持タスト云フコトノ、即チ翻譯權ノ制限ヲ極メルコトハ出來マイト思イマス

○菊池大麓君　外國デハナイデス、日本ノ國内デス

○政府委員(森田茂吉君)　併シ翻譯權ヲ持ッテ居ルノハ日本人デハナイ、外國人ガ持ッテ居ル其翻譯權ヲ讓渡シテ貰ヘルカドウカト云フ問題デス

○菊池大麓君　モウ意見ニナルカラ止メマセウ

○男爵吉川重吉君　二條ニ付テ伺ヒマスガ著作權ヲ讓リ渡スコトヲ得トアリマスガ讓受ケタ者ノ保護年限ハドウトカ云フコトデアリマスナ

○政府委員(水野錬太郎君)　第三條ニ規程ガアルノデアリマス、著作者ノ終身間ト其死後三十年間デアリマス

○男爵吉川重吉君　成程讓受人モ夫レニ依ッテ保護サレヤウト云フコトニナリマスナ

○政府委員(水野錬太郎君)　左樣デゴザイマス

○委員長(子爵谷干城君)　五條ヨリ十二條マデ……

○加藤弘之君　第八條ノ一項ト二項ガ十分ニ分リ惡ウゴザイマスガトウ言フ運ビデアリマスカ、冊號ヲ逐ヒ順次ニ發行スルモノト言フノト、一部分ヅツ

ヲ漸次ニ發行スルト言フノハドウ違フノデスカ

○政府委員(水野錬太郎君) 第八條ノ一項ト二項ノ區別ハ例ヘバ雜誌ノ類ハ無論第一項ニナリマス、第二項ハドウ言フノカト言フト字引トカねんさいくろぺぢやトカ言フノヲ終結セズニ段々發行シテ行ッテクノデアリマス、アー言フノハ全部完成シテ始メテ一冊ニナルモノデアリマスカラ一部分ヅツヲ發行シテ全部ガ完成シナケレバ一ノ著作物ニナラヌデアリマス、サウ云フノガ二項ニ含マレルノデアリマス

○加藤弘之君 是モ一冊二冊ト書イテアッテ宜イノデアリマスヰ、冊號ハ矢張リ逐フテアル本ハ幾ラモアリマス、雜誌ハ殆ンド定期ノヤウニ自ラ極ッテ居ル、夫レカラ外ニ今ノ字書ト云フヤウナ類ハ先ヅ今年ヤッタガ此後ハ三年目カ五年目ニヤルカ分ラヌガ、今年ヤッタノハ第一冊トナッテ居ルノガ幾ラモアリマス、夫レハ冊號ヲ逐ヒト云フニハ這入ラヌヤウニナリマスカ

○政府委員(水野錬太郎君) 左樣デゴザイマス

○政府委員(都筑馨六君) 第二項ノ方ハ文章ノ眞中デ切レタリ文字ノ眞中デ切レタリスルノガアリマス、第一ノ分ハ全ク冊ヲ成シタノデアリマス、ねんさいくろぺぢやデモ一ノ形デ來ルノモアリ二ノ形ニナッテ來ルノモアリマスガ第二ノ方ハ寧ロ紙數デ極ッテ居ッテ第一ノ方ハ完結シテ一冊ニナッテ出テ來ルノデアリマス

○加藤弘之君 夫レニモ冊ト云フノガアルガ第一冊第二冊ト書イテアルコトハナイト云ハレヌ、夫レモ冊號ヲ逐フト云フニハ這入レヌト云フコトニナル

○政府委員(都筑馨六君) 西洋ニハ文字ガ違ッタノガアルりいふ、ドうをりうむト云フデスガ丁度中央新聞ノ日曜附錄ナドノ體裁ノガ第二ニナルノデス

○菊池大麓君 其區別モ困ルダラウト思ヒマス、丁度文章モ眞中デ切レヽバ宜イガ丁度宜イ加減ノ所ヘ來ル場合モアリマスカラ是ハ隨分困ルト思ヒマス、夫レカラ是ニ付キヲ伺ヒタイノハ今ノ所デハ一部分ヅツ出スノハ一部分ヅツ登錄ヲ許サレテ居リマスガ登錄ノナイノハ此法律ガ出レバドウナリマスカ、現行ノヤット此法律ガ出タトキニハ、其續キハドウナリマスカ

○政府委員(水野錬太郎君) 其ノ續キノ規程ハ附則ニ規定シテアリマス、四十五條デアリマス、此法律ノ施行前ニ今日版權ノ消ヘテ居ラナイ、登錄シテアッテモ無クッテモ、夫レハ此法律施行ノ日カラ此法律ニ據ルトナルノデアリマス

○菊池大麓君 夫レカラ七條ノ二項デアリマスガ條約ノ方ニハ公ニシ又ハ公ニセシメト云フヤウナ文章デアッタト思ヒマスガ、飜譯ヲ……

○政府委員(水野錬太郎君) サウデス

○菊池大麓君 是ハサウ云フコトデナシニ自分ガ發行セザルト云フヤウニ書イテアリマスガ是デ兩方ノ意味ヲ含ミマスガ

○政府委員(水野錬太郎君) 如何ニモ條約ニハ發行シ又ハ發行セシメト云フヤウニ書イテアリマスガ、自分ガ發行シテモ他人ヲシテ發行セシメテモドッチデモ發行シタト云フコトニナラウト思ヒマス、自分ガ發行スルコトガ出來レバ他人ヲシテ發行セシムルコトガ出來ルノデアリマスカラ是ハ書分ケル必要ハナイカラ此方ニハ公ニセシメト云フコトハ入レナカッタノデアリマス

○菊池大麓君 私ノ伺フノハ斯ウナンデス、七條ニ依ッテ宜イト云フ甲某ガ適法ニ承諾ヲ受ケテ飜譯ヲスル、原著者ガ飜譯ヲ發行シナイトキニハ七ケ年デ消滅スルカラ七ケ年立ッタラ外ノ人ガ勝手ニ發行シテモ構ハヌト云フコトニナリハセヌカト思ヒマス

○政府委員(水野錬太郎君) 七條ハ著作權者ガ發行セザルトキデアッテ今御問ノヤウニ飜譯權ダケヲ讓受ケタダケナラバ飜譯權ヲ讓受ケタ人ガ十年以内ニ發行シナケレバ其飜譯權ハ消ヘルコトニナリマスカラ御問ノヤウナ不都合ハ生ジマイト思ヒマス

○菊池大麓君 スルト甲某ガ原著者カラ飜譯スル權利ヲ讓リ受ケタラソレガ即チ著作權者デアル、ト云フ解釋デスナ

○政府委員(水野錬太郎君) 其通リデゴザイマス

○男爵吉川重吉君 第八條ニ「冊號ヲ逐ヒ順次ニ發行スル著作物ニ關シテハ前四條ノ」云々トアリマスガ即チ此三十年間ハ保護ヲ受ケルト云フコトガアリマスガ五條六條ノ年限ト云フモノモ斯ウ云フ風ニシナクテモ宜イノデスカネ

○政府委員(水野錬太郎君) 五條六條モ矢張リサウ云フ計算ノ積リデゴザイマス、前四條ト申シマスルト四條五條六條七條ガ籠ル積リデゴザイマス

○山脇玄君 チヨット十一條ノ所デ伺ヒマスガ十一條ノ所ハ著作權ノ目的物トナルコトガ出來ナイト云フ第二ノ所デスガ此法律ノ中ニ外デハ唯新聞ノ記事ト廣ク書イテアル、所ガアル、此所ニ至ッテハ殊更ニ「雜報及政事上ノ論説若ハ時事ノ記事」トアッテ斯ウ事柄ヲ極メテ目的物ト出來ナイモノヲ極メテアルヤウデゴザイマスガ是ハ唯一般ニヒックルメテ新聞紙及定期刊行物ニ書載シタル記事ト斯ウ外ニ書イテアルヤウニ書イテハ何カ差支ヘスカ

○政府委員(水野錬太郎君)、山脇サンノ御問ヒノヤウニ總テ廣ク書イテモ差支ハナイノデスケレドモ新聞紙ノ記事ノ中ニモ隨分骨ヲ折テ書イタモノモアリマセウカラサウ云フヤウナモノニハ矢張リ著作權ヲ與ヘル方ガ宜カラウト云フノデ新聞紙ノコトハ一條別ニ二十條デ規定シテ置キマシタ、唯其中デ雜報トカ政治上ノ論説トカ時事ノ記事ト云フヤウナモノハ廣ク知ラセル積リデ出テ居ルノデアルカラ、ウ云フモノハ著作權ノ目的物トシナイデ何人ガ寫シ取ッテモ差支ナイヤウニスルト」云フノデ特ニ其中ニ分ッテ置イタノデアリマス

○菊池大麓君 十條ノ所デ伺ヒマスガ著作權ト云フモノハ私ハ誠ニ法律ノコトヲ知ラヌガヲカシイ問ヒカハ知ラヌガ自分ガ遺言ヲシテ著作權ヲ矢張リ遺ルコトガ出來ルカ

○政府委員(水野錬太郎君) ソレハ遺言デモ出來マス

○菊池大麓君　相續人ト繼承人トハ違フカ
○政府委員(水野錬太郎君)　承繼人ト云フノハ相續人ヨリ廣イ、假令ヘバ命デ讓リ渡ス場合ニ讓受ケタ人モ承繼人ニナル、相續人ト云フト民法ニアル家督相續、財産相續アノ相續ヲシタ人シカ當テ篏ラヌノデアル承繼人ト云フノハズット廣クナリマス
○山脇玄君　十二條ニ付イテ伺ヒマスガ「無名又ハ變名著作物ノ發行者又ハ興行者ハ著作權者ニ屬スル權利ヲ保全スルコトヲ得」トアル此著作權ニ屬スル權利ヲ保全スルト云フノハ著作者ト同一ノ權利ヲ受クルト云フ意味デサリマス
○政府委員(水野錬太郎君)　ソレハ少シ違フノデゴザイマス、著作權者ト同ジ權利ヲ受ケルト云フノデナクシテ著作權者ガ持テ居ル權利ヲ保全スルノデス、ソレヲ保護スルト云フ位ナモノデ假令バ版權著作權侵害ノ場合ニ侵害ノ訴訟ヲ起スコトガ出來ルシ或ハ時效ニ掛リサウナ場合ニ時效ヲ中斷スルコトガ出來ルト云フ位デス、廣ク權利ヲ讓リ渡ストカ拋棄シテ仕舞トカ云フサウ云フコトマデハ行カナイ積リデ唯普通ノ場合デ申シマスレバ著作權ノ侵害ニ對シテ訴訟ヲ起スコトガ出來ルト云フ位ナコトデス
○山脇玄君　サウスルト著作物、著作權ト云フモノハ矢張リ無名變名ノモノニ屬シテ居ルト斯ウ云フコトニナリマスカ
○政府委員(水野錬太郎君)　左樣デゴザイマス
○菊池大麓君　無名變名デ版權ヤ登錄ガ出來ルノデスカ
○政府委員(水野錬太郎君)　出來マス
○菊池大麓君　此六條ノ所ヲ伺ヒマシタガ速記錄ニ留メタイカラモウ一遍確カメマスガ此節方々ノ學校デ出シテ居ル講義錄ノヤウナモノ、アレニハ民法ハ誰ガ書ク刑法ハ誰ガ書クト云フソンナモノヲ集メテ一ノ講義錄ニナッテ居ル著者ハ明カニナッテ居ルケレドモ一ノ學校デ出シテ居ルカラア、云フノハ此方ニ這入ルノデスカ、或ハ三條ノ合著作ト云フ方ニ這入ルノデスカ
○政府委員(水野錬太郎君)　唯今ノ御問ノ事實ハ甲乙丙ト云フ風ニ著作者ガアッテソレヲ唯學校デ集メテ出スト云フ丈ケノコトデアリマスカ、ソレナラバ此十四條ニ這入ルデアラウト思ヒマス、編纂物全部ニ付イテハ著作權ハ學校ニアルガ其中ノ部分部分ニ付イテハ著作ニ屬スル
○男爵吉川重吉君　十條ノ「相續ナキ場合ニ云々」ト云フコトデアリマスガ現行ノ版權法ノ十四條ニ相續者ノナキ場合ガ規定シテアリマスガ是レハサウ云フ規定ガナクテモ差支ナイデスカ
○政府委員(水野錬太郎君)　現行法ノハ今度刪タノデアリマス、サウ云フ場合ニハ矢張リ全ク相續人ガナケレバ著作權ガ消ヘマスカラ誰ガ出版シテモ宜イト云フコトデアリマス、相續人ハドコニ在ルカ分ラヌケレドモ確カニ在リ得ルト云フ場合ナラバ矢張リ此著作權ノ年限ノ切レルマデ待タナケレバナラヌト云フ趣意デ現行法ノヤウナ規定ハ特ニ置カヌノデアリマス

○男爵吉川重吉君　如何デゴザイマセウ、一方ニ於テハ著作者ノ權利ヲ保護スルト云フ必要モアリマセウガ又一方ニ於テハ或ル種ノ著作ハナルベク一般ニ廣ゲルト云フ越意デ此法案ハ出來タモノダト思ヒマスガソレナラバ著作權者ガ死ダガ相續人ハ在ルカモ知レナイ併シドウモ分ラヌト云フヤウナ場合ニハ現行ノ版權法ノ第十四條ト云フモノヲ置ク方ガ適當ダト御認メデハナイノデスカ
○政府委員(水野錬太郎君)　現行ノ十四條ニハ大變ニ非常ナ是々ノ手續ヲ盡セバ宜イト云フコトニナッテ居リマスガ是丈ケノ手續ヲ盡シテモ兎ニ角著作者ト云フモノガアッテ此著作權ノ消ヘナイモノヲ無暗ニ他人ガ出版シテハ宜クナイト云フノデ餘リ著作權ヲ保護シナイト云フ方ノ傾ガアルデアラウト云フノデ實ハ入レナカッタノデ、場合ニ依リマスレバ此位ノ手續ヲスレバ或ハ著作權ガ消エタト見テ差支ナイカモ知レマセヌガ此新法案ノ趣意ハ成ルベク著作權ト云フモノヲ失ハシメナイト云フノヲ主トシテ拵ヘタモノデアリマスカラ十四條ノヤウナモノハ特ニ入レナカッタ
○菊池大麓君　現行ノ十四條ノヤウナ場合ヲシタコトガアルノデスカ
○政府委員(水野錬太郎君)　ドウモ今マデハ餘リ見ナイヤウデスネ、新聞ノ廣告ナドニモ見タコトハナイヤウデマリマス
○山脇玄君　尙ホ先刻ト同ジヤウナコトデ……此十一條ノ二號ニ新聞ノ記事ノコトガアリマスガ成程二十條ニハ先刻御說明ノヤウニ轉載ヲ禁ズルト云フコトガ出來ル、轉載ヲ禁ジタ場合ニハ外ノモノニ持ッテ行ッテドンドン載セルコトガ出來ナイト云フコトニナル、サウスルト十一條ノ學術上ノ何ゾ續ケタ意見ノヤウナモノデアレバソレヲ新聞ニ載セタ場合ニハイッデモ他ニ持ッテ行ッテ轉載スルコトヲ禁ズルト云フコトヲ書イテナケレバ一方ニ持ッテ行ッテ轉載シテモ構ハヌト云フコトニナリマスカ
○政府委員(水野錬太郎君)　左樣デゴザイマス、禁轉載ト云フコトヲ書カヌト外ニ持ッテ行ッテ掲ゲテモ構ハヌコトニナル
○委員長(子爵谷干城君)　別ニ御不審ハゴザイマセヌカ
○山脇玄君　第七條十年內ト云フト飜譯權ノ消滅年限デス、此十年內ト云フノハ何ゾ外ニ據リ所ガアルノデスカ
○政府委員(水野錬太郎君)　此十年ト云フノハ同盟條約ノ五條ニ十年ニナッテ居リマス
○菊池大麓君　此七條ノ發行ノ時ヲ計算スルノハ翌年カラト云フノデアリマスガソレハ……
○政府委員(水野錬太郎君)　此點モ矢張條約デ翌年カラトシテアルノデゴザイマス是ニハ九條ニゴザイマス
○加藤弘之君　此六條ノ協會會社ト云フヤウナコトハ何カシッカリ差別ガアルノカ、斯ンナヤウニ分ケテ唯書イタノデスカ
○政府委員(水野錬太郎君)　實ハ此字ハ極クボンヤリシタ字デ現行法ニ斯ウ

云フヤウナ協會會社ト云フコトガアリマスカラ現行法ヲ眞似タダケデシッカリシタ區別ハナイノデアリマス

○委員長（子爵谷干城君）　第十三條ヨリ第十八條マデ……

○菊池大麓君　十三條ノ第二項ニ合著ノ場合ニ於テハ著作權者ノ一人ガ拒ンダラ他ハソレヲ買取ッテモ宜イト云フコトデアリマスガ買取ルコトガドウシテモ出來ヌト云フ場合ハドウシマス、或ハ非常ナ金ヲ出サヌケレバ賣ラヌ、詰リ賣ラヌト云フヤウナ場合ハドウシマス

○政府委員（水野錬太郎君）　其場合ニハ矢張リ訴訟ヲ起スヨリ外ニ途ハナカラウト思フ、サウシテ裁判所デソレガ適當デアルカ適當デナイカト云フコトヲ極メルコトニナリマセウ

○菊池大麓君　サウスルト第二項ノ必要ハドウデアリマス

○政府委員（水野錬太郎君）　若シ此規定ガナイト合著作ノ著作權ガ共有ニ屬シマスルカラ一人ガ異議ヲ言ヘバ興行スルコトモ出版スルコトモ出來ナイ、此二項ガアルガ爲メニ興行ナリ出版ナリヲ拒ンダナラバ外ノ著作者ガ強制シテ買取ルコトガ出來、此權利ガナイトイッマデモ出來ヌコトニナル、此權利ヲ與ヘテ置ケバ其權利ノ實行サヘスレバ訴訟ニ依ルコトガ出來マスカラソレダケノ趣意デ共同著作者ヲ保護シタ譯デアル

○菊池大麓君　サウスルトマルデドウシテモイヤダト云フコトハ出來ナイノデスナ

○政府委員（水野錬太郎君）　サウデゴザイマス、此法律ニ依ッテ買取ルト云ヘバソレヲ拒ムコトハ出來ナイ

○菊池大麓君　サウスルト金トノ相談デスネ

○政府委員（水野錬太郎君）　サウデゴザイマス

○加藤弘之君　此十五條ノ二項「著作權ノ讓渡」云々ト云フコトガアルガ讓渡スコトハ出來テモ質入ノコトハ別ニ質入スルコトヲ得ト云フコトヲ書カヌデモ宜イノデスカ、當然許シテモ宜イノデスカ

○政府委員（水野錬太郎君）　著作人ハ普通財産權ヲ讓渡スコトモ出來ルト同ジク質入スルコトモ出來ルト云フノハ民法ノ規定ノ方デ行ク積リデゴザイマス

○菊池大麓君　第十四條ノサッキノ質問ニ牽連シテ居ル質問デアリマスガ今ノ學校デ講義錄ヲ版ニシテ一部分ノモノガ幾ツモアル、ソレヲ民法ナラ民法ノ部分ガ出來上ッタナラバ民法ノ講義トシテソレバカリ版ニスルコトガアル、サウ云フヤウナトキニハ學校デ其版權ヲ此第十四條デ持ッコトハ出來ナイノデスカ

○政府委員（水野錬太郎君）　今ノ御問ハ編纂デハナイデスナ

○菊池大麓君　編纂シタモノニ付テ更ニソレヲ一ッニ纒メルノデス、初ハ此位ノ民法ガアル、此位ノ刑法ガアル此位ノ訴訟法ガアルト云フモノヲ出シテ、サウ云フモノヲ幾ツモ出シテサウシテ民法ト云フモノガ出來上ッテソレヲ綴ヂル、一ッニ斯ウ云フモノニスル、總テサウ云フ仕組ニヤッテ居ル、サウ云フトキハ是デマルデアッタトキノ著作ト斯ウ云フ風ニ一ッニシタトキノ著作人トハ違フ者ニナルデスネ

○政府委員（水野錬太郎君）　詰リ編纂ノ仕方ヲ變ヘタト云フコトニナリアシマセヌカ

○菊池大麓君　タッタ一ノ民法ダケヲ此中カラ撰リ拔イデ出サウト云フノデス

○政府委員（水野錬太郎君）　ソレハ著者ト學校ノ間ニ契約ガ成立テバ差支ナイ

○菊池大麓君　一ッノモノニ付テ二人ノ人ガ權利ヲ持ッコトニナリヤシマセヌカ、マルデ斯ウ云フモノデ其一部分トシテ學校ハ持チ、是ダケトシテハ著者ガ持ット云フコトニナッテ殆ド變ナ一ッノモノヲ二人デ持ッコトニナリハシマセヌカ

○政府委員（水野錬太郎君）　一ッモノヲ編纂シタ、其全部ニ付テハ學校ガ持ッ即チ刑法ナリ民法ナリノ一部分ニ付テハ著者ガ持ッ

○菊池大麓君　サウスルト若シ或人ガ犯シテ其一部分ヲ僞作シタラ學校ハソレヲ訴ヘルコトガ出來ナイ、例ヘバ講義錄ノ中ノ民法ノ部分ダケハ宜カラウト云フコトデソレヲヤッタ曰ニハ學校ハソレニ付テ訴訟ヲ起スコトガ出來ナイ

○政府委員（水野錬太郎君）　ソレハ其通リデゴザイマス、民法ダケハ著者ガ訴訟ヲ起ス學校ハ全部竊マレタ場合バカリ學校ガ訴訟ヲ起スノデ、一部ナラバ著作權ハ其一部ノ著作者ガ持ッテ居ルカラソレハ學校ガ起スコトハ出來ヌノデアリマス

○山脇玄君　十三條ハ全ク民法ノ規定ノヤウデアリマスガ唯今ノ御說明ニ依ルト分擔シタル部分ガ明瞭デナイ時分ニ其部分ヲ買取ッテ、サウシテ出版スルト云フヤウナ便利モアルト云フヤウナ何デセウカ、ドウシテモ是ハ民法ノ共有ノ原則ニ據ッテ往クコトガ出來ナイト云フヤウナ事柄ガアルナラバ其事ガ承リタイ、或ハ又何カ斯ウ云フコトヲ書カネバ條約上ノ規定ニ差響クト云フヤウナコトデ此處ヘ掲ゲタモノデアリマスカ、私共ガ見ルト十三條ハ民法ノ原則ニ依ッテ共有者ハ共有物ノ分割ヲ求ムルコトガ出來ルカラ殊更ニ此著作權法ニ民法上ノ規定ヲ設ケル必要ハナイカト思ヒマスガ何所ニ之ヲ設ケル必要ガアルノデスカ

○政府委員（水野錬太郎君）　此分割シテ出版スルト云フ點ニ就テハ民法ノ共有ノ所ニ規定ガナイノデ、彼所ハ普通ノ所有權ヲ見タノデアリマスケレドモ假令彼ノ規定ヲ準用スルトシテモ斯ウ云フ點ニ對スル規定ガアノ中ニハ無イノデアリマスカラ民法ニ依ルコトハ出來ヌノデアリマス、故ニ民法ニ無イ點ダケヲ此所ニ載セタノデ若シ是ガ無イト民法ノ規定ニ據ルヨリ外ハアリマセヌガ民法ニハ斯ウ云フ規定ガ無イノデアリマス

○山脇玄君　併シ著作權ト云フモノハ一ノ所有權デアル　所有權デアルト云フコトハ大抵疑ノ無イヤウナコトデアル、ソレデアレバ此著作權ハ矢張リ民法ノ共有デアリ所有デアル、ソレデアルナラバ共有物ノ分割ト云フコトハ民法ニ依ッテ出來ル筈デアラウト思ヒマスガ……

○政府委員(森田茂吉君)　此十三條ノ二項ハ分割ト云フ方ノ意味デハナイノデゴザイマス、自分ノ持分ハ無論デアルガ其以外ニ他人ノ持分マデモ買收シテ取ラウト云フノデアリマス

○山脇玄君　左樣、ソコデ他人ノ物モ取ラウト云フナラバ他人ノ物ヲ殆ド買求メルト云フ方ノ民法上ノ規定デ往ケヤウト思フノデス、何モ行政法デ與ヘタ權利デハナイ著作權ハ民法上ノ所有權デアラウト思ヒマス

○政府委員(水野錬太郎君)　民法ノ規定ハ分割ヲ求メテモ宜イト云フ方ノ規定デス、例ヘバ共有者ガ土地ノ半分ヲ賣リタイト言フトキニハ之ヲ半分ニシテ貰ヒタイト云フコトモ言ヘル、所ガ斯ウ云フ風ニ發行ナドヲ拒ンダトキニ其物ヲ買取ッテ自分一人ノ物ニシテ仕舞ハウト云フヤウナ規定ガ共有ノ編ニハドウシテモ見ヘナイノデアリマス

○菊池大麓君　十五條ノ三項デ疑ガ起リマシタガ著作權ノ登録ハ内務省デヤルノデスカ行政廳ト云フコトデアルカラ……

○政府委員(水野錬太郎君)　其積リデアリマス

○菊池大麓君　サウスルト讓渡ヤ質入モ内務省デスルノデアリマスカ

○政府委員(森田茂吉君)　讓渡モ質入モ登録ハ内務省デアリマス

○菊池大麓君　他ノ財産ノ質入ト云フヤウナモノニ就テハ内務省デヤルノハナイデアリマセウ

○政府委員(水野錬太郎君)　唯質契約デ金ヲ貸シテ是ダケノ著作權ヲ質ニ入レタト云フダケノ契約ヲ登記スルコトデ、其契約ダケヲ内務省デ登録スルト云フコトデアリマス、他ノ質入ハ裁判所デ登録シテ居リマスガ著作權ノ登録ハ内務省デヤル方ガ出版警察ノ上ニ便利デアルト言フノデ今日モ斯ウナッテ居リマス

○山脇玄君　モウ一ッ承ッテ置キタイ、此著作權ト言フモノハ第一條ヲ見テモ著作者ガ專有スルノデ、是ハ何モ此法律ニ依ッテ得ラレルノデハナイ、著作シタ者ノ民法上ノ權利デアル、扨此十五條ニ依ルト此著作權ハ登録ヲ受ケナケレバ民事訴訟ヲ起スコトガ出來ヌ、權利ハ有ッテモ登録ヲ受ケナケレバ其働ガ出來ヌト云フ規定ニナッテ居リマス是ハ勿論現行法デモ此通リニナッテ居ルヤウデアリマスガ、登録ヲ受ケズシテ是ダケノ權利ヲ自然ニ任シテ與ヘテ置クト何カ弊害ガアルトカ或ハ條約ニ關係ガアルトカ云フコトガアルノデスカ

○政府委員(水野錬太郎君)　是ハ條約ニハ少シモ關係ハアリマセヌ關係ナイノミナラズ同盟國ノ著作者ダノ發行者ナドハ成ルベク斯ウ云フ風ナ登録ナドト云フ規定ハ置イテ貰ヒタクナイト云フ希望ヲ現ニ大會デ述ベタコトモアルノデ併シ何故斯ウ云フコトヲ入レタカト云フト登録ヲシナイデ訴訟ヲ起スト誰カアノ著作權ヲ持ッテ居ルト云フコトカ分ラナイ、現行法デモサウナッテ居リマスカラ兎ニ角登録ト云フコトヲ置イテソレニ或ル力ヲ持タス方ガ實際便利デ宜イト云フ趣意カラ即チ理論ヨリハ便利ト云フ方ノ趣意デ此十五條ノ二項ノ規定ガ這入ッタノデアリマス

○菊池大麓君　此質入ト云フコトニ就テドウ云フ御解釋ナンデスカ、例ヘバ私ガ脚本ヲ質入ニスルト其質入ニシテ居ル間ハソレヲ質ニ取ッタ人ガ興行權ヲ持ッテ勝手ニ興行ヲスルノデアルカ、或ハ其間ハ誰モ其權ヲ行フコトガ出來ヌヤウニナルノデスカ

○政府委員(水野錬太郎君)　ソレハ質入ヲシテ居ッテモ所謂ル質流レニナラナケレバ其質ヲ入レタ人ガ興行モ出來出版モ出來ル、唯金ノカタニ著作權ヲ質入レシタト云フダケデアルカラ其間ハ著作者ガ權利ヲ持ッテ興行モ出版モ出來ルト云フ結果ニナリマスガ、期限ニ至ッテ金ヲ返サヌト其權利ガ質ニ取ッタ人ニ移ルト云フコトニナル、普通ノ家ヤ土地ヲ質ニ入レタ場合ト同ジコトニナルノデアリマス

○菊池大麓君　サウスルト其或ル期限内ハ質受人ノ承諾ヲ得ナケレバ興行シナイ、能ク團十郎ガ勸進帳ヲ質ニ置イタト云フコトヲ聞クンデスガネ、ソレハ承諾ヲ得ナケレバ興行ガ出來ナイト云フコトヲ意味シテ居ルノデアリマスガサウ云フ質入デハナイノデアリマスカ

○政府委員(水野錬太郎君)　サウ云フモノデハナイデアリマス

○菊池大麓君　ソレカラ此第十八條ニ持ッテ來テ著作權ヲ承繼シタルモノハトアル是ハ總テ相續シタノデモ讓受タノデモ翻譯權ヲ受ケタノモ何モ云フノデアリマスカ

○政府委員(水野錬太郎君)　サウデゴザイマス、相續デモ讓受ケタノデモ總テ廣ク云フノデス

○菊池大麓君　現著者ガ死シタ後ハ少シモ手ガ付ケラレヌトコトニナリマスカ

○政府委員(水野錬太郎君)　サウデゴザイマス

○加藤弘之君　外國ニハ登録ト云フコトハ少シモナイカノ

○政府委員(水野錬太郎君)　歐羅巴デ登録ノアリマスノハ英吉利ト瑞西ハ或ル部分ヲ登録スル、ソレカラ獨逸ハ無名變名ノ著作物ヲ登録スル其他ノ所ハナイ樣デス、法朗西白耳義等ノ邊ハ全廢シテ居リマス

○菊池大麓君　亞米利加ハアリマセヌカ

○政府委員　(水野錬太郎君)　亞米利加モアリマス

○加藤弘之君　アルトナイトハ政府ノ便不便ハ大變違フダラウノ

○政府委員(水野錬太郎君)　政府ヨリハ一般ノ人ノ便不便ノ方ガ餘程違ヒマス、一般ノ人ガアレバ著作權ガアル消滅シタカラ調ベルニ來レバヂキ分ル、致府ハ無論ナイ便利カモ知レマセヌ

○山脇玄君　是ハ登録税ヲ取リマスカ

○政府委員(水野錬太郎君) 極ク僅カ取ッテ居ル様デス、英吉利ナド……獨逸ハタダ
○山脇玄君 日本ハドンナ御考デアリマスカ
○政府委員(水野錬太郎君) 登錄税法改正案ガ出テ居リマスガ十圓ニ爲ッテ居リマス、雜誌トカ何トカハ五十錢、當リ前ノハ十圓、今ノヨリ高ク爲ッテ居リマス
○委員長(子爵谷干城君) 第九條ヨリ二十七條マデヤリマセウ
○菊池大麓君 此十九條デスネ、是ハ丁度此比較デ見ルト今ノ版權法ノ十二條ニナッテ居ル樣デゴザリマスガ此敎科書ニハ演習問題ニ對シテ別シテ數學ナドニナリマスト其解式ヲ拵ヘルコトハ此十二條ノ第一項ニ依ッテ矢張リ僞作ノ中ニ這入ルコトニ一般ニ解シテ居ルノデスガネ、是ハ其保護ガナイト餘程著作者ガ困ルコトデアル、此十九條ヲ斯ウ改正ニナッテモ其意味ハ含ムデアリマセウカ
○政府委員(水野錬太郎君) チョット今ノ事實ガ少シ明ラカデアリマセヌガ……
○菊池大麓君 數字ノ算術ナラ算術ノ敎科書ヲ書イテソレヘ持ッテ行ッテ演習問題……「エキセルサイス」ヲ附ケル、ソレノ解式ヲ拵ヘテ、サウシテソレヲ出版スル、ソレハ大變著者ニ取ッテハ迷惑ナコトデアル、ソレハ今ノ所デハ保護シテアルト一般ニ皆解釋シテ居ル
○政府委員(水野錬太郎君) ソレハドウモ新シイ著作ノ樣ニ思ヒマスガ現行法デモカウ云フモノハドウモ版權侵害ト云フコトハムヅカシカラウト思ヒマス
○菊池大麓君 今ハ判決例ガナイカハ知レマセヌガ始終サウ云フ風ニ世間デ解釋シテ居ルノデス、ソレデ問題ノ解式ヲ拵ヘルコトハ餘程ヤカマシクナッテヤリ得ナイノデス、其保護ガナイト敎科書ハ實ニ價ガナクナッテ仕舞フコトニナル、敎科書ニ付テハ其保護ガ要ルノデ若シ十九條ガ其點ニ於テ不備デアルナラバサウ云フ修正ヲ持出シタイト思ッテ居リマス、サウ云フコトハ是ダケノ文字ニ十分ニ含ンデ居ルトハ云ヘナイノデセウカ
○政府委員(水野錬太郎君) 無論云ヘナイ、サウ云フモノハ此中ニ入レヌ積リ、矢張リ新ラシイ著作ト看做ス趣意デゴザイマス
○菊池大麓君 サウスルト實ハ大變不都合ニナル、解式ヲ拵ヘラレテハ困ルト言フ著者ガアル、ソレカラ又解式ト言フモノハ數字ノ敎科書ニアッテハ問題ノ良イノヲ選ムコトガ餘程大切ナコトデアルカラ其解式ヲ拵ヘルコトハ著作ノ大部分ヲ侵スコトニナル、ソレハドウシテモ保護ヲシテ貰ハナケレバナラヌノデアリマスガ是ニ修正ヲ加ヘテモ別ニ條約ニ牴觸スルトカ其他不都合ハアリマスマイカ
○政府委員(水野錬太郎君) 條約ニハ牴觸ハシマスマイガ餘程根本ノ著作權ヲ與ヘタ趣意ニ少シ矛盾シテ來ヤウト存シマス、特別ノ明文デ例外ヲ設ケルト言フナラバ宜ラウト思ヒマス、何シロサウ言フ註釋ヲ拵ヘルノハ自分ガ一ノ新ラシイ考ヘデ著作ヲシタコトニナリマスカラ條約上ニハ一向差支ナイケレドモ隨分可笑ナ規定ニナラウト思ヒマス
○菊地武夫君 註解ト言フモノハサウ言フ趣意ノモノヲ含ムノヂヤナイ、本ニ書イテアッテ恰モ文字ノ講釋ヲスル樣ナモノニナリハシマセヌカ
○政府委員(水野錬太郎君) 御說ノ通リ單純ノ註解ナラバサウ言フ風ニナリマスガ、併ナガラ其註解ガ新著作物ト看做サルベキモノハ此限リニ在ラズトアル法律ノ註解、孟子ノ註解、論語ノ註解トカハ註解自身ガ著作物トナリマスノハ唯人ノモノヲ盜ンデ註釋スルト言フコトハイカヌト言フ趣意ナノデス、ソコデ但書デ新著作物ト看做サルベキモノハ此限ニ在ラズト致シマシタノデス
○菊池大麓君 今マデハ註解ト言フ範圍デサウ言フコトハ出來ヌト言フ風ニ凡テ皆ナ解釋シテ居リマス、夫デスカラ數字ノ敎科書ニ付テ解式ヲ非常ニ書キタガル、解式ト言フモノハ是ニ入レヌト云フコトニナルト非常ニ殖ヘル、又解式ヲ拵ヘルコトハサウムヅカシイコトデナイ、ソレデアルケレドモ今ノ所デハ版權法ノ第十二條ノ第一項デ註解ト云フコトデ保護シテ居ルト云フコトヲ世間一般デ思フテ居ル、ソコデ今度但書ガ出タカラ私モ疑ヲ起シタ、ドウモソレダケハ保護スルコトニシナケレバ餘程工合ガ惡ルカラウト思ヒマス、ソレデ修正案ヲ提出シヤウト云フ考ガアルカラ確メテ置キタイノデス、ソレデ非常ニ何カ不都合ガアルトカ何カ牴觸スルコトガアッテハ困リマスカラ……
○政府委員(水野錬太郎君) 先程申上ゲマシタ點ヨリ餘計ノ不都合ハアリマセヌガ詰リ註解ト云フ字ノ解釋ニ歸スルコトニナリマスナ、問題ヲ解釋スル本ヲ拵ヘテ註解デアルカラサウ云フモノハ新ラシイ版權ヲ生ジナイト云フ風ニ解スレバアナタノ不都合ト看做スベキモノハナクナル
○菊池大麓君 但書ガアルカラ特ニサウ云フモノヲ入レタイト斯ウ云フ積リデアルノデス
○菊池大麓君 此二十條ノ定期刊行物ト言フモノ、學術雜誌ノ樣ナモノガ這入ッテ居ル樣ニ思ヒマスガ今マデハ此學術雜誌ハ版權ヲ取ルコトガ出來タ、ソレガ今度ハ之レニ據ルト版權ヲ取ラナクッテモ善イノデスカ
○政府委員(水野錬太郎君) ソレハ此定期刊行物即チ學術上ノ雜誌モ此内ニ含マレル、是ハ特ニ版權ヲ今マデノ樣ニ登錄ヲ受ケナクテモ善イデス、登錄ハ此法律ヲ以テ版權ヲ得ラレルコトニナルデス、併ナガラ訴訟ヲ起スノハ先程モ申シタ通リ十五條ヲ以テヤラヌト起スコトガ出來マセヌ
○菊池大麓君 斯ウ云フモノハサウスルト版權ハ矢張リ此八條ノ規定ニ從ッテ取レルデスナ
○政府委員(水野錬太郎君) 其通リデゴザイマス、取レルデゴザイマス
○菊池大麓君 取ッテモ善シ取ラヌデモ明記シテ置イテ轉載スルコトガ出來

ヌ、禁轉載トデモ書イテ置ケバ轉載スルコトハ出來ナイ

○政府委員(水野錬太郎君) サウデス、版權ガアッテモ禁轉載ト書イテ置カナケレバ仕方ガナイト矢張リ取ラレル

○菊池大麓君 禁轉載ト書イテ置イタナラバソレハ轉載スルコトハ出來ナイ、ソレヲ犯カシテ轉載シタラドウシマス

○政府委員(水野錬太郎君) ソレハ矢張所謂僞作ニナリマスカラ二十八條ニ依ッテ損害ヲ賠償スル責任ガ生ジテ來ル禁轉載ト書イテ置イタノヲ犯シテ轉載シタナラバ僞作ニナリマス

○菊池大麓君 三十七條ノ何ニ據ッテ二十條ヲ犯シタトキハ十圓以上百圓以下云々併シ版權ヲ取ッテナケレバ民事ノ訴訟ハ起セナイ、矢張十五條ノ制裁ヲ受ケル

○政府委員(水野錬太郎君) サウデス

○菊池大麓君 ソレカラ何デスカ、若シ僞作ガアッタ場合ニ其時ニ急ニ登錄シテモ善イノデスカ

○政府委員(水野錬太郎君) 登錄ノ制限ハ極メテアリマスカラ何時デモ善イデス、僞作ノアッタ前ト後トヲ問ハズニ登錄ガ出來ル主意ナンデス

○男爵吉川重吉君 私ハ甚ダ分リガ惡イカ知レマセヌガ、此二十條デスガ二十條ニ「新聞紙及定期刊行物ニ掲載シタル記事ニ關シテハ小説ヲ除ク外著作權者カ特ニ轉載ヲ禁スル旨ヲ明記セサルトキハ其ノ出所ヲ明示シテ轉載スルコトヲ得」斯ウ書イテアリマス、ソレデ小説ヲ除ク外デアリマスカラ小説ハ如何ナル場合ニ於テモ轉載スルコトハ出來ナイ、斯ウ言フコトニナルノデスカ

○政府委員(水野錬太郎君) 左樣デゴザイマス

○男爵吉川重吉君 然ルニ前申シマシタ第十五條デシタカニ據ルト登錄ヲ受ケナケレバ民事訴訟ヲ起スコトガ出來ナイ、サウスルト若シ小説ヲ斷リナクシテ轉載シタルトキハドウ云フ結果ニナリマスカ

○政府委員(水野錬太郎君) 斷リナクシテ小説ヲ轉載シタトキハ矢張リ著作權ヲ犯シタコトニナリマス、ケレドモ若シ十五條ノ第二項ニ從ッテ登錄ヲ受ケテ居ラヌト民事訴訟ヲ起スコトガ出來ヌト思ヒマス

○男爵吉川重吉君 サウスルト別ニ制裁ガ無イコトニナリハシマセヌカ、小説ヲ轉載シテモ誰モドウ言フコトガ出來ナイト言フコトニナリハシマセヌカ

○政府委員(水野錬太郎君) ソレハ斯ウ言フ違ヒガ生ズルノデス、小説ダケハ禁轉載ト言フ字ヲ書カナイデモ他ニ轉載スルコトガ出來ヌ、轉載ヲシタナラハ訴訟ヲ起スコトガ出來ル、登錄ヲシテ置イタモノナラバ訴訟ヲ起スコトガ出來ル、其以外ノ新聞及ヒ雜誌ノ記事ニナリマスト禁轉載ト言フコトガ書イテナケレバ勝手ニ轉載シテモ善イ、ソレニ對シテハ登錄ヲシテ置イテモ版權侵害ノ訴訟ヲ起スコトハ出來ヌ、サウ言フダケノ違ヒガ生ジテ來マス

○男爵吉川重吉君 ソレナラバ何デスカ、小説ハ登錄シテ置ケバ版權ノ保護ヲ受ケル、即チ制裁ヲ與ヘルコトガ出來ル、併ナガラ登錄シナイトキハ小説ハ保護ヲ受ケナイ、斯ウ言フ場合ニナル結果デスナ

○政府委員(水野錬太郎君) 左樣デゴザイマス

○菊池大麓君 二十二條デアリマスガ原著作物ト異リタル技術ニ據リ適法ニ技術上ノ著作物ヲ複製スルト言フコトハドウ言フ樣ナ場合ヲ言フノデセウカ

○政府委員(水野錬太郎君) 是ハ例ヘバ其彫刻物ヲ模型ニ造ルトカ或ハ模型カラ圖畫ヲ作ルトカサウ言フ風ニ彫刻ト言フ技術ハソレカラシテ繪ヲ畫クト云フ技術ト違ッタ技術デ技術上ノ著作物ヲ造ルモノハト言フ主意ナンデス、繪ヲ彫刻ニ直シタリ彫刻カラ又模型ニ直シタリ……

○菊池大麓君 サウスルト言フト例ヘバ此法律デ見ルト寫眞ト言フモノハ美術的ノモノト看做シテアルノダカ、ナイノダカ分リマセヌガ美術的ト看做シテアル樣ニ見エル、サウスルト一方ニ於テハ當リ前ノ寫眞法ヲ以テ寫眞スル片方ニ於テハ齊寫眞カ何カデヤッタラバ或ハソイツヲ其石版ニスルトカ何トカ云フコトデアルト此範圍内ニ來ルデスナ

○政府委員(水野錬太郎君) 若シ唯今ノ普通ノ寫眞ヲ色寫眞ニスルト言フノハソレハ矢張リ違ッタ技術ト見ラル、モノナラバ二十二條ノ範圍ニ來ルノデス、若シサウ言フモノハ本法ノ保護ヲ有スルコトニナル

○菊池大麓君 此「異リタル技術」ト言フ字ノ正義ガ分ラナイ、ドウ言フ所ヲ異リタル技術ト言フノカ、一方ニ於テハ彫刻デアル彫刻ト繪ト言フモノハ是ハ異リタル技術ト言フコトハ誰レモ知ッテ居リマスガ寫眞石版ヲ寫眞銅版ぺりをたいぷトカ何トカ幾ツモヤリ方ガアル、ソレ等ノ違ヒマデモ含ムノデアリマセウ、此範圍ガ能ク分ラナイ、ソレカラ是ハ何カ同盟ノ方ノ條約ニアルカト思ッテ見マシタガドウモ別ニ是ト關係ハナイ樣ニ見エマスガ……

○政府委員(水野錬太郎君) 此點ハ條約ニハ關係ハナイノデス、別ニ規定シテナイガ是ハ丁度書物ト言ヘバ翻譯ト同ジコトニナルノデス、人ノ物ヲ矢張リ眞似ヲスルニ違ヒナイノデスガ技術ガ違ッタ技術デヤルノデアルカラシテ其モノニ保護ヲ與ヘルト言ス主意ナンデアリマス、ソレデ先程ノ御尋ネノ異ッタ技術ト異ラヌ技術ト言フコトハ實ハ技術ノ問題ニナリマシテ是ト是トガ違ウト言フコトハムヅカシクナラウト思ヒマスガ主意ハソウ言フ主意デアルノデ異ナッタ技術ハドレマデカ異ッタ技術ト言フ爭ヒガ生シテソレノ終局ハ矢張リ裁判所デ決メルヨリ外ニ途ハナカラウト思ヒマス

○菊池大麓君 是ハ餘程保護ガ減ルコトニナリマシタナ……

○政府委員(水野錬太郎君) 保護ガ餘計ニナリマス、是ガナイト斯ウ言フモノガ保護ヲ受ケラレナクナル、本法ノ保護ヲ享有スルコトニナリマスカラ保護ガ強クナリマス

○菊池大麓君 原著作者ハ眞似サレテモ仕樣ガナイト言フコトニナル

○政府委員(水野錬太郎君) ソレハ其適法ニ複製シタモノデアルカラ許可ヲ得テ複製スルト言フコトデナケレバ出來ヌ

○菊池大麓君　ア丶サウデスカ、成程此寫眞著作權ハ十年ト言フコトニ極短イコトニナッタノハ是ハドウ言フ譯デアリマスカ

○政府委員(水野錬太郎君)　是ハ現行法デモ十年ニシテアルノデス、普通ノ版權ヨリ餘程短クシテアルノデス、其主意ハ此時ノ立法ノ主意ガ能ク分リマセヌケレドモ寫眞ト言フモノニハサウ長イ保護ヲ與ヘナイデモ善カラウト云フ趣意デ普通ノ三十年トカ三十五年トカ言フモノヨリ餘程短クシタ主意デアラウト思ヒマス、新シイ法律ニモ現行法通リ矢張リ短クシテアリマス

○菊池大麓君　寫眞ヲ書物ニ入レタ時ニモ矢張リサウ言フ何デゴザイマスカ

○政府委員(水野錬太郎君)　ソレハ二十四條ニ規定シテゴザイマス、書物ノ中ヘ入レタトキニハ其書物ト同ジ年限ノ間トナリマス

○菊池大麓君　ア丶同一ノ期間……夫カラ二十四條ノ中ニアル寫眞ノコトハ矢張リ似テ居リマスガ特ニ寫眞ト言フコトニ規定シテアリマスガ圖畫ノ方ハドウナリマスカ

○政府委員(水野錬太郎君)　圖畫ノコトハ玆ニ規定シテアリマセヌ、圖畫ノ著作權ト書物ノ著作權トハ別ニナリマス

○菊池大麓君　其書物中ヘ書物ノ説明ノ爲メニ入レタノハ書物ノ一部分デアル、其圖畫デ隨分其何ノモノニナルト言フト別シテ動物學トカ植物學トカ言フ樣ナモノニナルト大變ニ圖畫ニ直打ガアル、サウ言フモノハ別ニ版權ヲ取ラナケレバナラヌト言フコトニナリマスカ

○政府委員(水野錬太郎君)　圖畫ヲ書イタ人ト本ヲ書イタ人ト別ノ場合デアリマスナ

○菊池大麓君　同ジ人ガ書イタ場合

○政府委員(水野錬太郎君)　同ジ人ナラバ別ニ版權ヲ取ラヌデモ當然其人ガ兩方ニ付テ版權ヲ持チマス、書ニ付テモ持チマス、又普通ノ書物ニ付テモ持チマス

○菊池大麓君　サウスルト此二十四條、特ニ寫眞ニ付テ斯ウ言フコトヲ言フタト言フコトガ分ラナクナル、圖畫ニ付テモ寫眞ニ付テモ、著作者ガ自分デ書イタト言フ場合デナクトモ人ニ頼ンデ書カセタラ矢張リ自分デ書イタト言フモノニナルデセウ、寫眞デモ自分デ寫眞ヲシナクッテモ自分ガ寫眞ヲサセレバ同ジコトニナル、夫デ前ニ寫眞ト言フコトガ特ニアッタ時分ハ知リマセヌガ今度斯ウ言フコトニナルト二十四條ニ寫眞ノコトガ特ニ入レテアルト圖書ト言フモノニ付テハ保護ガナイ樣ナ恐ガアリハシマセヌカ

○政府委員(水野錬太郎君)　第一ニ玆ニ寫眞ヲ入レル必要ノアルノハ寫眞ノ著作權ノ年限ト書物ノ著作權ノ年限トハ違ヒマス、夫ヲ同一ニスル必要ノ爲メニ玆ヘ入レタノデゴザイマス、寫眞ヲ自分デ寫シテ入レタト言フ場合ニハ其寫眞ダケハ十年ダケデ消ヘテ仕舞フ、書物ハ三十年間ト言フノデアルノニ其寫眞ダケハ年限ガ切レタト言フコトニナルトドン〳〵竊マレルコトニナル、其弊ヲ方グ爲メデアル、普通ノ圖書ニナルト年限ガ同ジデアリマスカラ其變ハアルマイト思ヒマス、

○加藤弘之君　此二十六條ノ寫眞術ト類似ト言フコトガアリマスガドウ言フコトデアリマスカ

○政府委員(水野錬太郎君)　是ハ矢張リ其實際日本デハ餘リ見ナイ樣デアリマスガ光線ト舍密ノ方法デ何カ水ノ中ニ注ゲテ寫眞ト同ジ樣ニ幾枚モ取レルモノガアルサウデゴザイマス、夫ナドニ適用スルト言フ譯デアリマス

○菊池武夫君　此二十七條ハ何カ無ケレバ困ルト言フ所カラ出タノデゴザイマスカ、大シタ奇ナル箇條デモナイ樣デアリマスガ……

○政府委員(水野錬太郎君)　是ハ御説ノ通リ別ニナクテモ宜イカモ知レマセヌガ條約其モノガ法律ト同ジ效力ヲ持ット言フ疑ヲ避ケル爲メニ玆ニ條約ニ別段ノ規定アルモノヲ除ク外云々ト言フコトヲ書イタ方ガ宜カラウト言フノデ書キマシタノデ別ニ強イ意味ハナイデゴザイマス

○委員長(子爵谷干城君)　モウ別ニ御質問ガゴザイマセネバ今日ハ是ギリニシマセウカ

○加藤弘之君　大抵モウ宜シウゴザイマセウ

○委員長(子爵谷干城君)　御質問ハゴサイマセヌカ

(「ハイ」ト述フル者アリ)

○委員長(子爵谷干城君)　夫デハ今日ハ是デ終リマス

午後三時四十九分散會

明治三十二年一月二十六日(木曜日)午前十時四十分開會

○委員長(子爵谷干城君)　是ヨリ始メマス、第二章僞作第二十八條カラ第三十三條マデ連ネテ問題ニ……

○加藤弘之君　三十一條ノ「善意且過失ナク」ト云フノハ分ラナイ

○政府委員(水野錬太郎君)　是ハ例ヲ以テ申上ゲマス例ヘバ親ガ他人ノ著作物ヲ剽窃シテ書物ヲ拵ヘテ置イタ、ソレヲ相續人ガ是ハ全ク親ノ著作物ダト思ッテ、他人ノヲ剽竊シタモノデハナイト信ジテ出版シタ場合ヲ言フタノデ、相續人カラ言フト善意デアッテ過失モ何モナイノデ、サウ云フ場合ヲ三十一條デ規定シタノデ、故意デモナク又過失デモ無イノデゴザイマス

○加藤弘之君　過失ト善意トハドウ云フ違ヒデ……

○政府委員(水野錬太郎君)　是ハ民法デ丁度同ジ樣ナ何ガゴザイマシテ、不注意デナイト云フノガ過失ナクト云フコトデゴザイマス

○加藤弘之君　ソレハ一ッ例ヲ擧ゲテ仰ッシヤテ下サイ

○政府委員(水野錬太郎君)　唯今申シタ通リ相續人ガ親ノ著作物ト信ジテヤッタノハ善意デ、果シテ親ノ著作物デアルカナイカト云フコトヲ十分穿鑿シナケレバナラナカッタノヲ穿鑿シナカッタノガ過失ニナルノデアラウト思ヒマス、併ナガラ相當ノ注意ヲ用井テ十分調ベテ見タ所ガ親ノ著作物デアッタト云フノハ過失トハ申サレマセヌ、サウ云フ場合ハ過失、咎ムベキモノハナ

イテゴザイマス

○加藤弘之君　サウスルト僞作ト云フノハ唯發行スルダケノヤウナコトニナリマスネ、自分ガヤルコトデナイ、親ガヤッタノダカラ、今ノ例ナラ發行スルダケ、僞作ガ掛ルヤウニ思ハレル

○政府委員(水野錬太郎君)　左樣デゴザイマス、サウナリマス

○加藤弘之君　サウスルト親ノヤッタノニ自分ガ手ヲ入レルノデナイ、唯發行スルダケダナ、物ガ出來テ居ルノダカラ……

○政府委員(水野錬太郎君)　左樣、サウナリマス

○加藤弘之君　マア是ハ一例デスガソレハ稀ナコトデセウ、モウ少シ外ニ聞イテ見タイモノデスガドンナモノデスカ

○政府委員(森田茂吉君)　唯今ノ例ニ付テハ第六條ノ如キ場合ハ澤山出テ來マス學校ガ拵ヘル場合、即チ學校ハ書キハシナイガ誰カ書イタ物ガアリマス、ソレハ學校ノ著作權デ出シマシタ場合ニ於テ其書イタモノガデス外ノ物ヲ取テ來タリスル場合ニ於テデモ此學校ガ書イタ人ヲ著作者ト言フ名義デ出ス場合ニモ矢張リサウ言フ類例ハ出テ來ヤウト思フ

○加藤弘之君　學校ガ知ラズデネ

○政府委員(森田茂吉君)　左樣デス、私ノ書キマシタノヲ學校ガ著作者トシテ出ス、モト私ノ書イタモノハ他人ノ書イタモノデアッタノカモ知レマセヌガ學校ハチットモ知リマセヌカラ出版シタ、其場合ハ矢張リ第三十一條ニ鞜ルダロウト思ウ

○加藤弘之君　ソレハドウ言フモノデスカ民法ニ善意過失ト書イテアルケレドモサウ言フ場合ハ唯過失ナクト言フ場合ニ當テヽモ宜イヤウニ思ハレルガドンナモノデス

○政府委員(水野錬太郎君)　併シサウ云フ場合ニ知ッテ實際ヤルト云フヤウナ注意ハ十分シタケレドモ故意デヤッタト云フヤウナ場合モアリハシマスマイカト思ヒマス、ソレデ民法ノ方ノ書キ方デイツモ故意又ハ過失ニ依リト言フ風ニ書イテアル、ソレデドッチカ一ツデモ實際ノ場合ニ於テハ宜イ事モアリマセウト思ヒマスケレドモサウ云フヤウニ二ツ書分ケテアリマスカラシテ其反對ヲ書クニハドウシテモ故意ナク又過失ナク即チ善意デ過失ナクト云フ方ニ書カヌケレバ民法ノ方ノ規定トウマク合ハナイト存ジマシタノデ斯ウ云フ風ナ書方ニシタノデス

○委員長(子爵谷干城君)　チョット御尋ネシマスガ此善意ナク過失ナク此善意ト過失ナクト云フノハ二ツニナリハセヌカ、一ツノ意味デスカ

○政府委員(水野錬太郎君)　善意ニシテ且ツ過失ナクト云フノデス、善意デアッテ其上ニ過失ナシデス、サウ云フ趣意デアリマス

○久保田讓君　是ハ法律文ハ變ッテ居リマスガ、一體日本ノ文法ト云フト善意ニシテ且ッ過失ナクト云フコトニナル

○政府委員(水野錬太郎君)　其方ガ明ニナルコトハナリマスガ……

○加藤弘之君　此二十九條ノ第二ノ一自己ノ著作物中ニ正當ノ範圍内ニ於テ節錄引用スルコト」是ハ餘ホドムヅカシイト思ヒマスガ正當ノ範圍内ト云フノハドレダケノ事ヲ言ヒマスカ

○政府委員(水野錬太郎君)　此正當ノ範圍内ト云フコトハ詰リ事實問題ニ歸スルコトデドレダケノ範圍内ト云フコトニナルトソレハ此所デ何枚トカ何十行トカ云フ風ニ極メテ置クコトハムヅカシカラウト思フ、ドウシテモ正當ノ範圍内ト云フコトハ裁判官ノ認定ニアッテ裁判所デ極メルヨリ仕方ガナイ、正當ノ範圍内ト云フコトヲ法律上デ是マデガ範圍内ダト云フコトヲ明ニ意味スルト云フコトハムヅカシイト思ヒマス、ソレハ暫ク場合ノ事實問題トシテ極メルコトニ致シマシテ此所デハ正當ノ範圍内デヤレバ宜イト云フコトニシテ置キマシタ

○加藤弘之君　是ハ現行法ハドウデスカ、現行法ニハ此今ノ二十九條ノ第二……

○政府委員(水野錬太郎君)　現行法ニハナイデス、人ノ物ヲ節錄スルコトハ出來ヌト云フコトニナッテ居リマス

○加藤弘之君　ヤッテ居ルコトハヤッテ居リマスガ

○政府委員(水野錬太郎君)　ヤッテ居リマスケレドモ節錄スルコトハイカヌト云フコトニナッテ居リマス

○久保田讓君　唯今ノ加藤サンノ御問ノ續キデスガ先達ッテノ同盟條約ノ中ニハモウ少シ範圍ガ廣ウゴザイマスナ、敎育上學術上ノ目的ニ供スルガ爲ニハ拔萃ヲシテ著作物ヲ節錄スルコトガ出來ル、サウスルト是ヨリモ一層廣イ、是ハ大變ニ縮メラレテアルガ是ハドウ云フ何デアリマスカ

○政府委員(水野錬太郎君)　此敎科ノ用ニ供スト云フヤウナコトナド又ハ科學的ノ性質ヲ有スルト云フヤウナコトガ八條ニアリマスガ一番ノ初ノ案ニハ入レタノデアリマスケレドモ斯ウ云フ趣意デ以テ入レルト是ハ敎科ノ用ニ供スル爲メト云ッテドンドン人ノ物ヲ剽竊スルト云フヤウナ虞ガアルノミナラズ敎科ノ用ニ供スルト云フコトニスルト敎科書ニ用井ルト文部省デ敎科書ト極メタノデナケレバ入レナイト云フノデ大變ニ疑義ニ渉ルノミナラズ學者ガ折角立派ニ敎科ノ用ニ供スルノダカラト云ッテ竊マレテハ困ルカラサウ云フ廣イ規定ハ日本ノ法律ニハ入レテ置カナイ方ガ宜シイト云フ法典調査會ナドデハ意見ガアッタノデス、ソレデ入レナイコトニナッタ

○久保田讓君　餘程實際困ルコトハ敎科書ニハ御承知ノ通リ餘程摘錄シテアルコトガアル、格言ダトカ云フヤウナ物ガ餘程澤山アリマス、ソレガ今マデ法律ガ無イカラ宜シウゴザイマスガ斯ウ云フ風ニシテ正當ノ範圍内デ節錄引用スルト云フノデソレニ鞜レバ宜シウゴザイマスガソレヲ向フデヤカマシク言ヘバ入レルコトハ出來ナイソレカラ、外國ノ讀本ナドニハ種々ナ事ガ記錄シテアル、サウシテ或ル部分ヲ少シ拔イテ入レテアルト云フヤウナコトガアルガソレ等ハ大キナ差支ハ起ラヌデスカ

○政府委員(水野錬太郎君)　今マデ實際ヤッテ居リマス、ヤッテ居ッテ著作者カラシテ小言ヲ言ッテ來タト云フ例ハ餘計ナイヤウデス、デ或ハ實際ノ上ニハ不都合ハナイカモ知レマセヌト思ヒマスガ多ク其學者ナドノ側カラ見マスルト唯餘リ敎科ノ用ニ供シト云フヤウナ言葉ガ漠然デアルカラサウ云フヤウナ漠然タル文字ヲ用ヰテサウシテ剽竊サレテハ困ルト云フヤウナ說ガアッタデス、兎ニ角斯ウ云フヤウナ餘リ廣イ意味ノ事ハ入レテ置カヌ方ガ日本ノ著作物ヲ保護スル上ニ都合ガ宜カラウト云フノデ敎科ノ用ニ供スルト云フコトハ入レナイコトニナッタ

○久保田讓君　併シ今マデハ苦情ガナイデスケレドモ、今マデハ條約ガナイカラ苦情ハ起ラナカッタガ條約ガ出來レバ例ヘバ先日モ御話ガアッタヤウニ向フヘ知ラスレバ名譽デアルトカ云フテ、ソレハ依ルベキ所ガナイカラサウ云フノデシタラウガ今度ハ利益ヲ以テ爭フコトガ出來ルト云フコトニナルト商人ヤ書肆ガチョットシタコトモ爭フコトニナル、敎科書ナドハ內國ノ事、外國ノ事ヲ節錄シタコトガ多イ、讀本ナドハ嘉言善行トカ格言トカ事蹟トカ云フ事柄ヲ……自分ノ述ベルヨリハサウ云ウ方ノ材料ガ多イヤウデアリマス、其差支ガ起リハシマセヌカ、同盟條約ニハ廣イ範圍デ定メテアルノニ殊更ニ狹クシテ仕舞フノデアリマスガ其所ノ利害ガ明デ無イト却ッテ不利ナコトニナリハセヌカト思ヒマス

○小幡篤次郎君　範圍ガ廣イ方ガ宜ウゴザイマス

○久保田讓君　今日ノ敎科書ナント云フモノハ立派ナモノハ少ナイ他人ノ著作ヲ半分以上モ取ッテアルノガ多イカラ、節錄引用スルコトヲ許ストナルト版權ガ薄クナリマス

○加藤弘之君　二十九條ノ一番仕舞ニ「本條ノ場合ニ於テハ其出所ヲ明示スルコトヲ要ス」トアッテ第一カラ第五マデ必ズ出所ヲ明ニシナケレバナラヌ、出所ヲ明ニスルトナルト今久保田サンノ御話ノ樣ナ弊ガ自ラ少イコトハ少イケレドモ西洋ノ本ナドニハ一々出所ガアルト言フノデハ無イガ其方カラ言フト一々出所ヲ明示シナケレバナラヌトナルト餘程束縛スル樣ニナル西洋ノ本ヲ讀ンデ見ルト誰ガ斯ウ言フコトヲ言ッタト言フヤウニ書イテアッテ誰ノ著述ノ何枚目ニアルト言フコトヲ書イテアル本ガ有ルコトハ有ルガ、サウ餘計ハナイ、讀ムトキニ調ベタイコトガ有ッテ出所ガ示シテアルト宜イガト思フコトヲ何トモ示シテナイノガアル、ソンナ場合ガ餘程アリマスガ西洋ニハ其方ガ多イ位ダ、ソレニ斯ウスルノハ餘リ束縛デハナイカ、併ナガラ今ノ久保田サンノ言ハレタヤウニ人ノ物ヲ剽竊スルノヲ防グニハ大變宜イガ……出所ヲ明示スルト云フノハドウ云フ意味デアラウカ

○政府委員(水野錬太郎君)　左樣デゴザイマス、サウ云フ主意デ原ノ著作者ヲ保護スルタメデ、此著者ハ誰デ何ノ書物ニアッタト云フコトヲ示スタメノ主意デゴザイマス

○男爵吉川重吉君　二十八條ニ付テ伺ヒタイノデゴザイマス、二十八條ニハ「著作權ヲ侵害シタル者ハ僞作者トシ本法ニ規定シタル」云々ト斯ウアリマスガ、是ハ斯ウ讀ンデモ意味ハ分ルノデアリマス「著作權ヲ侵害シタル者ハ本法ニ」トシテ「僞作者トシ」ト云フ文字ガ無クテモ此意味ガ分ルノデアリマス、詰リ僞作者ト云フ字ノ說明ヲシタ樣デアリマス、所ガ「著作權ヲ侵害シタル者ハ僞作者トシ」トアッテ僞作者ハ即チ著作權ヲ侵害シタ者デアッテ、所ガ著作權ヲ侵害スルト云フノハ、ドウ云フモノデアルカト考ヘテ見ルト第一條ト照シ合セルト原著作者ノ許可ナクシテ著作物ヲ複製シタル者ト云フコトヽ思ハレマスガ、サウ云フコトニナリマスカ

○政府委員(水野錬太郎君)　全クサウナリマス、此ニ「僞作者トシ」ト云フコトヲ御說ノ樣ニ書カナクモ宜シイガ、僞作ト云フコトノ定義ガ分ッテ居リマセヌカラ分リ兼ネルノデ、「僞作者トシ」ト書イタノデ、著作權ヲ侵害シタル者ハ僞作者デアルト云フコトヲ明ニスルタメニ掲ゲタノデ御主意ハ全ク今ノ通リノ積デアリマス

○男爵吉川重吉君　今ノハ丁度私ノ質問シタ通リニ解釋イタシ兼ネマスケレドモガ「著作權ヲ侵害シタル」ト云フダケデハ少シ解釋シナケレバ分ラナクハアリマセヌカ

○政府委員(水野錬太郎君)　如何ニモ「著作權ヲ侵害シタル者ハ」ト云フダケデハ或ハ不明瞭デアルカ知レマセヌガ、著作權トアリマスルト是ハ著作者ノ權利デアル、ソレハ第一條ニ規定シテアル、ソレハドウカト云フト著作者ノ許可ナクシテ他人ノ著作シタ物ヲ複製シタモノデアルカ、サウ云フ風ニ全文ヲ讀メバ當然サウ云フ解釋ガ出ルノデ、別ニ更ニ說明シナクテモ分ルデアラウト云フノデ斯ウ云ウ風ニシマシタ

○久保田讓君　モウ一度先刻ノコトヲ御尋イタシマスガ、先刻加藤サンノ御聞キニナッタ「正當ノ範圍內ニ於テ節錄引用スルコト」トアル、ソレカラモウ一ツ條約ノ第八條ニアル「適法ニ拔萃スル」トアル、此拔萃ト云フコトト節錄ト云フコトトハ餘程意味ガ違ヒマスカ

○政府委員(水野錬太郎君)　ソレハ同一ノ主意デ此ニ入レタ積リデゴザイマス、條約ノ拔萃ト云フコトヲ節錄引用トシタノデ同ジ主意デゴザイマス

○久保田讓君　サウスルト「正當ノ範圍內」ト云フノハ「敎科ノ用ニ供シ又ハ科學的ノ性質ヲ有スル著作物發行」云々ト云フサウ云フ解釋ニモナリマスカ

○政府委員(水野錬太郎君)　ソレハ少シムヅカシカラウト思ヒマス、ナゼカト云ヘバ此法律案ニハ自分ノ著作物ノ中ニ他人ノ著作物ヲ節錄引用スルト云フノデ、條約ノ方ノ「敎科ノ用ニ供シ」云々ト云フノハ唯敎科書ヲ拵ヘテ自分ノ書イタコトハ一ツモ無ク色々ノ人ノ格言ヲ集メテ來ルカト他ノ人ノ書物ヲ拔イテ來ルダケデ……

○久保田讓君　サウスルト條約ノ方ハ餘程廣イノデスネ

○政府委員（水野錬太郎君）　[illegible]
○久保田讓君　拔萃ト節錄ト意味ハ違ハナイノデスカ
○政府委員（水野錬太郎君）　拔萃ト云フコトト節錄引用ト云フコトダケハ意味ハ違ヒマセヌ
○菊池大麓君　二十九條ノ第三ト云フ所ニ「又ハ樂譜ニ充用スルコト」トアリマスガ、是ハ樂譜ヘ持ッテ行ッテ……著作權ノ消エテ居ナイ樂譜ヘ持ッテ行ッテ文句ヲ變ヘテ自分ノ文句ヲ入レルト云フト一ツノ著作權ガ生ズルヤウニ見エマスガ、サウデスカ
○政府委員（森田茂吉君）　モウ一應御問ヲ……
○菊池大麓君　玆ニ一ノ樂譜ガアリマス……
○政府委員（森田茂吉君）　此第三ノ意味ハ文學科學ノ著作物ノ文句ヲ自己ノ著作シタル演劇脚本淨瑠璃脚本能樂脚本ニ挿入シ又ハ樂譜ニ使フ事ガ出來ルト云フ意味デ唯挿入ト云フ事ト充用ト云フ片ッ方ハ脚本デアリマスルシ片ッ方ハ樂譜デアリマスルカラ、充用ト挿入ヲ區別スル爲ニ唯樂譜ヲ別ニ此處ヘ出シタノデス、使ヒ方ハ同ジデソレデ詰リ唯文句ヲ丁度言葉ノ高低ニ依ッテ餘リ詳シク知リマセヌガ、樂譜ヲチヤント拵ヘルノデス
○菊池大麓君　前ノ聞キヤウガ惡ルカッタカ知レマセヌガ、樂譜ノ方カラ言ッタカラ……玆ニ或人ノ著ハシタ作ッタ所ノ詩ガアル歌ガアル、其詩歌ノ言葉ヲ自分デソレニ樂譜ヲ付ケテスルト云フノハ勝手次第デアルト云フヤウニ見エル
○政府委員（森田茂吉君）　ソレハ構ハヌト云フ事ニナッテ居ル
○菊池大麓君　唯一部分ヲ取ッテ來ルノデナクシテ一ノ著作權ノアル著作物ニ樂譜ヲ付ケルトソレガ又著作權ヲ持ツト云フノデスカ
○政府委員（森田茂吉君）　卽チ文句ノ著作權デナクシテ樂譜ノ著作權ニナルノデス
○菊池大麓君　併ナガラ樂譜ノ著作權デアリマスケレドモ唯々樂譜バカリデナイ、ソレヘ文句ヲ付ケテサウシテ其文句デ謠フナラバ其文句ト樂譜ト合併シテ一ノモノニナラヌケレバナラヌノデアル、人ノ言葉ヲ取ッテ來テ勝手ニ盜シテ自分ノモノニスルト云フヤウナコトニナルダロウト思ヒマス
○政府委員（水野錬太郎君）　此第三ノ所ハサウデハナイ、詰リ詩ナラ詩、歌ナラ歌ト云フモノニ付テノ著作權ハアルノデス、其歌ニ自分ガ樂譜ヲ拵ヘルノデス、其樂譜ニ付テ著作權ヲ持ッテ居ルノデ其樂譜ト其文句トノ著作權ト云フモノハ違フノデスカラ、ソレデソレヲ使フ時分ニハドウシテモ兩立シナケレバ使ヘマセヌケレドモ、樂譜ト云フモノト詩歌ト云フモノハ全ク別ナモノニ見テアルノデス
○菊池大麓君　樂譜ノ著作權ハ其興業權マデモ含有シテ居ル譯デアリマスカラサウスルト、人ノ作ッタ歌ニ付テ自分デ譜ヲ拵ヘテサウシテ其歌ヲ謠フ所ノ權利ヲ樂譜ヲ作ッタ人ガ持コトニナル、歌ヲ作ッタ人ハ自分ノ作ッタ歌ヲ[illegible]

○政府委員（水野錬太郎君）　唯今菊池サンノ御尋ハ詰リ樂譜ニ他人ノ著作物ヲ當箝メルト云フト其他人ノ著作物ガ樂譜ニ這入ッテ他人ニ盜マレテ仕舞フト云フ虞ガアルト云フ御問デスカ
○菊池大麓君　サウデス
○政府委員（水野錬太郎君）　ソレハ其通リデス、此場合ニハ樂譜ガ主デアッテ詰リ歌入リノ樂譜ガ出來タト云フ事デスサウスルト、樂譜ヲ拵ヘタ人ハ歌入樂譜ノ著作權ヲ持ツコトニナリマスカラ、或意味カラ言フト歌ヲ盜マレタト云フ事ニナリマスケレドモソレガ爲ニ元ノ作ッタ人ノ歌ガ消エルト云フ趣意ヂヤナイデス、兩立スルコトニナリマス、歌入リノ樂譜ト云フモノニ著作權ガ生ジテ元ノ歌ヲ作ッタ人ノ著作權モアルト云フコトデアリマス、間接ニ盜マレタ事ニナルカモ知レマセヌ
○菊池大麓君　今ノ御答デ分ッタヤウデスガ詰リサウスルトドウシテモ歌ヲ拵ヘタ人ハ著作權ヲ多少侵害サレタコトニナルト云フ御答ト私ハ認メル
○政府委員（水野錬太郎君）　其通リデス更ニ一言申シテ置キマスガ、此事ハ著作權ヲ侵害サレタコトニナルノデスケレドモ是ダケハ時ニ僞作ト看做サヌ法律デ是ダケノ事ハ許シタコトニナリマスカラ、無論或意味デハ多少著作權ハ侵サレルト云フ結果ヲ生ズル
○菊池大麓君　ソレハ侵害ニハ違ヒナイケレドモ唯一部分ノモノヲ他ノ書物ノ中ニ引用サレルトカ云フ事ト、興行權マデモ取ラレテ仕舞フ事ニナル、餘程意味ノ違フ侵害ニナルノデスカラ、自分ノ作ッタ文句ノ歌ヲ勝手ニ人ニ謠フ權ヲ取ラレテ仕舞フ、是ハ其同盟條約ノ方ニハ探シテ見マシタケレドモ、ドウモ一向見當ラヌヤウデシタガ、外國デハ樂譜ノ事ニ就テハおぺらト言フモノガアッテソレ故ニヤカマシイノデアリマスガ、何處カニ是ハ關シタ事ガアリマス
○政府委員（水野錬太郎君）　條約ニハ是ニ關係シタモノハナイデスケレドモ唯外國ノ法律ニハ斯ウ云フ規定ガアリマス、ソレガラ唯全ク持ッテ往カレルト云フ事ニナルト不都合ノヤウニ見エマスガ、例ヘバチヨット或一句グラヰヲ樂譜ニ持ッテ來ルト云フ事ハ差支ナカラウ、又大キナ著作物ノ中ニハ隨分宜イ歌ガアルノデソレヲ譜ヲ拵ヘテ謠ハセルト云フノハ隨分利益ナ事デアラウト思フノデ條約ニハアリマセヌガ、特ニ日本ノ法律ノ中ニ之ヲ入レタ譯デス
○菊池大麓君　此第四項モ稍々サウ云フ嫌ガアリマスネ、何カノ文句ヲ持ッテ來テソレヘ繪ヲ付ケルトカ、繪ニ付テ文句ヲ付ケルト云フ事ガアルガ、此法ハ第三程デハナカラウト思ヒマスガ、稍々唯ノ引用サル位ヨリモチットエライ事ニナリハシナイカ
○政府委員（水野錬太郎君）　ソレハ矢張リ同ジ嫌ヒハアリマスガ例ヘバ繪ノ中ニソレヲ説明スルニハ誰カ立派ナ人ノ言ッタ事ヲ引拔イテ來ルト便利デア

ルト云フヤウナ事デアル、サウ云フ場合ニハ外ノ著作物ニ書イテアルノヲ持ッテ來テモ宜イ、ソレカラ又普通ノ書物ノ方ニ繪ヲ入レナイトドウシテモ分リ惡イ、サウ云フトキハ繪ヲ引抜イテ來テモ宜シイト云フ事デゴザイマスカラ、先程ノ御話ノ第三ノトハ同ジ性質ノモノデ從ッテ同ジ嫌ガ生ジテ來マス

○菊池大麓君　此第二十四條ト牴觸スル場合ハ起ッテハ來マセヌカ

○政府委員(水野錬太郎君)　是ハ一向牴觸ハ生ジマセヌ積リデス、二十四條ノ方ハ自分ノ書物ノ中ニ自分ノ寫シタ寫眞カ若クハ他人ノ作ッタ寫眞ヲ入レレバ其寫眞ハ書物ノ著作權ト同一ノ期間ガ續クト云フ事デアリマス、二十九條ノ方ハソレトハ一向關係ノナイ事デアリマスカラ、實際矛盾ノ生ズルコトハナイデアラウト思ヒマス

○菊池大麓君　二十四條ニ依ッテ挿入シタ寫眞デスネ、私ナラ私ガ書物ヲ著ハシテソレニ寫眞ヲ入レル、サウスルト其寫眞ハ大層都合ノ宜イモノデアルナラバ他ノ同ジヤウナモノヲ著ハス人、又ハ其他ノモノヲ著ハス人、己ガ其寫眞ヲ持ッテ往ッテ自分ノ文章ニ挿挾ムト云フ事ガ出來ル、サウスルト二十四條ノ著作權ハアレドモナキガ如クニナッテ仕舞ハウト思ヒマヌ

○政府委員(水野錬太郎君)　唯今ノ御問ハサウスルト寫眞ト云フモノガ別ニナッテ居ラナイ場合一ノ小說ノ中ニ這入ッテ居ル場合ヲ御覽ニナッタノデスカ

○菊池大麓君　サウデゴザイマス

○政府委員(水野錬太郎君)　左様サウ云フ場合ハ第二十九條ノ第四ニ據ルト、說明スルニ必要ナル材料デアルト云フ事ノ事實ガ擧リマスレバ出來ルコトニナリマス、從ッテ二十四條デ得タ著作權モ場合ニ依ッテ二十九條ノ四デ侵サレルコトガ生ズルカモ知レマセヌ、併ナガラソレハ必ズシモ二十四條ノミナラズ他ノ場合デモ同ジコトデ立派ナ書ヲ他ノ書物ニ入レテ置イテモ取ラレマス、必ズ寫眞ト限ル譯デハアリマセヌ

○菊池大麓君　勿論寫眞ニハ限ラヌガ……書トカ寫眞トカヲ引抜カレルコトニナレバ二十九條ハマルデ無駄ニナル、彼ノ書ハ良イ書ダ此ニ入レルニ都合ガ宜イ書ダカラト云ッテ取テ來テモ出所サヘ示セバソレデ宜イト云フコトニナル、サウスルト二十四條ハ役ニ立タヌモノニナル、是ハ牴觸スルヤウニ見エマスガドウデスカ、ソレカラ三十條ニ付テ問題ヲ致シタイノデアリマスガ「僞作物ヲ輸入スル者ハ僞作者ト看做ス」ト書イテアリマス、所デ英吉利ノ書物ヲ亞米利加デ翻刻シテソレヲ輸入シタ者ハ法律上デ僞作物ト云ヘマスカ

○政府委員(水野錬太郎君)　全ク其通リデアリマス、日本ノ法律ノ上カラ見レバ僞作物ヲ輸入スルコトニナリマス

○久保田讓君　サウスルト英吉利ノ書物ヲ亞米利加デ翻刻シテ日本ヘハ入レラレナイノデスカ

○政府委員(水野錬太郎君)

○小幡篤次郎君　ソレハドウナリマスカ

○政府委員(水野錬太郎君)　例ヘバ著作權ヲ有ッテ居レバ著作權ヲ侵害サレタトナレバ、ソレハ輸入シタ人ニ對シテ著作權侵害ノ訴訟ヲ起スコトガ出來マス

○菊池大麓君　僞作物ニナルト云フノハソレハ此法律デハ無イ條約ノ方カラ起ッテ來ルノデスカ

○政府委員(水野錬太郎君)　條約ノ十二條ニ規定ガアリマス、此十二條ニ依リマスト總テノ僞作物ハ同盟國デ例ヘバ日本ニ輸入シタトキハ日本デソレヲ僞作ト認メテ差押ヘテ宜イト云フ主意デアリマス、ソレハ日本ノ國法デ輸入シタモノハ僞作物ト認メテ居リマス、詰リ日本ノ國法デ僞作物ト認メラレルモノヲ輸入シタラ、ソレヲ差押ヘテ宜イト云フノデ、ソレヲ輸入シテ來タラ僞作物ト看做スト云フノデゴザイマス

○久保田讓君　サウスルト亞米利加ガ同盟條約ニ這入ッテ居ナイトスレバサウ云フ權力ヲ及ボスト云ッテモ出來ナイコトニナリマセウ

○政府委員(水野錬太郎君)　唯今ノハ英吉利ノ場合デアリマス、英吉利ハ同盟ニ這入ッテ居リマス、英吉利ノモノハ日本ヘ持ッテ來テモ保護ヲ受ケルコトガ出來マス

○久保田讓君　輸入者ガ亞米利加人デアッタラドウシマス

○政府委員(水野錬太郎君)　例ヘバ丸善ガ僞作物ヲ取寄セルトカ或ハ其他ノ本屋ガ取寄セルト云フト矢張日本人ガ輸入スルコトニナリマス

○久保田讓君　亞米利加人ガ英吉利ノ書物ヲ翻刻シテ、コッチニ見世ヲ持ッテ横濱ナラ横濱、東京ナラ東京デドンドン賣ッタラドウシマス

○政府委員(水野錬太郎君)　其場合ニハ矢張亞米利加人モ條約改正ニナレバ日本ノ法律デ支配サレルコトニナリマス、ソレガ日本ノ領土內デ商賣スルコトニナレバ……亞米利加ニ住ンデ居レバ仕方ガ無イガ日本ノ領土ニ居レバ亞米利加人ガ持ッテ來レバ此法律デ支配スルコトニナリ亞米利加人ヲ僞作者トシテ罰スルコトガ出來マス

○久保田讓君　法律論ニハ甚ダ暗イガソレハ確デセウカ

○政府委員(水野錬太郎君)　確デゴザイマス

○政府委員(森田茂吉君)　確デゴザイマス

○加藤弘之君　其通リニ違ヒナイ、日本人ガ注文シテ取寄セレバ注文シタ奴カ僞作者ト看做サレルノダネ

○政府委員(水野錬太郎君)　ヘイ

○加藤弘之君　亞米利加人ガ向ニ居ッテモ、コッチニ見世ヲ持ッテ居レバソレガ卽チ輸入者ニナルノダネ

○政府委員(水野錬太郎君)　サウナリマス

○加藤弘之君　逃レルコトハ出來ヌカナ

○政府委員(水野錬太郎君)　ムヅカシウゴザイマス

○[illegible]場合

ハ無カラウカ

○政府委員(水野錬太郎君)　無カラウト思ヒマス

○久保田讓君　英吉利ノ書物ヲ亞米利加デ翻刻シテソレヲ英吉利ニ持ッテ行ッテ賣ル、今ノダトサウ云フコトハ出來ナイコトダラウト思ヒマスガ……

○菊池大麓君　ソレハ出來ナイ、密輸入ニナル、見付カッタラ、ヒドイ目ニ遭フ

○久保田讓君　ソレヲ大變ヤルサウダ

○菊池大麓君　ヤルノハヤルダラウガ密ダ、樂譜ナドハ大變高イノデ英吉利抔デハ亞米利加人ガ英吉利人ニ內ショデ樂譜ヲ買ルガ、是ハ見付カルト大變ナノダ、デ樂譜ハ大變ヤカマシイ

○久保田讓君　樂譜ノ御話ガ出マシタカラ言ヒマスガ樂譜樂曲ヲ興行ガ出來ナイト言フコトニナルト例ヘバ日本デ西洋ノ樂曲ヲ……良イ曲ヤ良イ作デアルト、コチラデモヤリマスガ、ソレハ一々向ウノ承諾ヲ經ナケレバナラヌト言フノデスカ、實際ノ手續ハドンナモノデセウ、イツ何所デ興行スルカラ許シテ呉レトカ又ハ著作權ノ讓渡シデモ受ケナケレバナラヌノデスカ

○政府委員(水野錬太郎君)　ソレハ實際樂譜ノ版權ヲ外國ノ者ガ持ッテ居ルト其持テ居ル者ノ許可ヲ得ナケレバナラヌ、オ前ノ著作權ヲ日本デ興行スルガ差支ナイヤウニ賣渡シテ呉レルカ讓渡シテ呉レルカ又ハ許可ヲ與ヘテ呉レルカト云フコトニナラナケレバ條約ヲ適用サレテ所謂僞作ノ廉デ訴ヲ起サレルカモ知レマセヌ

○久保田讓君　ソレハ實ニ困ル、ドウ云フモノデセウ、芝居デモスルトカ金儲ヲスルタメニヤルナラ仕方ガ無イガ、學校デ稽古ノタメニヤッタリ何カスルノヲ、ソレヲ一々許可ヲシテ貰ハナケレバナラヌト云フト困ル先刻ノ條約ノ八條ノ敎科用ニ供スルヤウニ音樂ナドモ何トカ特別ノ法律カ或ハ條約カデソンナコトガ出來ル道ハアリマスマイカ、隨分是ハ困リマセウ

○政府委員(水野錬太郎君)　實際ハ困ルコトニナルト思フ、併シ音學校デ實際ヤルノハ訴訟ヲ起シテ來ルコトハ實際カラ云フトアリマスマイガ……

○久保田讓君　歐羅巴デハ實際ドンナモノデゴザイマセウ學譜作曲ハ……

○菊池大麓君　ソレハ卽チ興行ニ關係スルガ學校デヤルノハ興行トハ言ヘマイ、ソレデ營利ノ目的トシテヤルノハ……或ルこんせぶとヲ開クトカ云フ場合ニハ外國デハ興行トハ云ハヌ

○政府委員(水野錬太郎君)　樂譜ハ興行權ヲ包含シ生徒ノ稽古ニヤルトカ家デ慰ミニヤルトカ云フコトハ構ヒマセヌ、利益ノ目的デ公衆ノ前デ演奏スルト云フコトニナリマセヌナラ唯今ノヤウナ場合ハ興行ノ中ニハ這入リマセヌ

○久保田讓君　音樂會ハ如何デス

○政府委員(水野錬太郎君)　公衆ヲ集メテヤル場合ハ疑ガアリマスガソレハ興行ト云フ中ニ這入ルダラウト思ヒマスナ

○[illegible]君　慈善ノ目的ニヤルノモ這入リマスナ

○政府委員(水野錬太郎君)　サウ云フコトニナリマスルト興行ト云フ字ノ範圍ニナリマスルガ興行ト云フコトハ公ニ公衆ヲ集メテ音樂デ言ヘバ演奏スルト云フコトニ關シテ居ルカラ慈善ノ目的デヤッテモ一般ノ人ニ聞カセルト云フコトニナレバ矢張リ興行ト云フコトニナルダラウト思ヒマス、例ヘバ慈善音樂ヲヤルノデモ矢張リ興行ト云フコトニシテヤッテ居リマスカラソレハ例ヘ金ヲ取ラヌデモ慈善ノ爲ニ興行ト云フコトニナルダラウト思ヒマス

○政府委員(森田茂吉君)　此慈善芝居トカ或ハ慈善演奏ト云フ事柄ハ矢張リ金ヲ取ルノデス、取ッタ金ヲ外ノ目的ニ使フ、其興行ヲシテ取ッタ利益ヲ外ニヤルコトニナルデスカラ其方ハ慈善ト云フ名ヲ下シテ居ルケレドモ片一方ニ向ッテハ興行ニナッテ居リマス、實際興行トシテ取締ッテ居リマス

○久保田讓君　併シ音樂會ハサウデハゴザイマセヌ

○政府委員(森田茂吉君)　音樂會ノ方デ時々伎術ヲ振フ爲ニ公衆ヲ集メテ演奏ヲスルトカ云フコトハ實際ノ取締ハ興行トシテ取締ッテ居リマセヌ、ソレデ其實際取締ノ今マデノ慣例ノ興行ノ文字ヲ通リニ之ヲ使フコトニナリマスレバ無論這入ラナイト考ヘマス

○久保田讓君　ソレガ這入ラナケレバ宜シイ

○菊池大麓君　此三十條ニ付テチョット二十七條ニ何ガゴザイマス、此二十七條ニハ外國人ノ同盟國ノ外國人ノ著作權ハ條約デ保護スルト云フ意味モ這入ッテ居リマスカ

○政府委員(水野錬太郎君)　其通リテアリマスガ同盟國ノ外國人ノ著作權ハ條約デモ保護シ、若シ規定ガ條約面ニナケレバ此法デ保護シマス

○菊池大麓君　サウスルト此三十條ノ僞作物ト云フノハ條約ノ中ニモ這入ッテ居リマスカ

○政府委員(水野錬太郎君)　其通リ

○菊池大麓君　此三十一條ノ文句ノ善意且ツ過失ナクト云フノハ善意ナクト云フヤウニ見エマスガ……

○政府委員(水野錬太郎君)　ソレハ先程モ御問ガ出マシタガ善意ニシテ且ツ過失ナクト云フコトデアリマス

○菊池大麓君　左樣デスカ、ソレカラ三十一條ノ自己ノ持分ニ對シ損害賠償ト云フコトハドウ云フコトニナリスマカ

○政府委員(水野錬太郎君)　ソレハ著作ニ係ル場合デゴザイマスルト甲乙丙ト云フヤウニ別々ニ權利者ガアルノデスカラ甲ノ權利者ハ或ル部分ニ付テ權利ヲ持ッテ居ルシ乙ハ或ル都分ニ付テ持ッテ居ルトカ或ハ又約束デ利益ヲ分配スルニハ三ト七ノ割合デスルトカ或ハ四ト六ノ割合デスルトカ云フ契約ガアラウト思フ、サウスルト四ノ部分トカ六ノ部分トカガ其人ノ部分ニナルダラウト思フ、自分ガ版權ヲ侵シタ場合ハ自分ダケノ部分ハ他ノ著作者ノ同意ガナクシテ訴ヲ起スコトガ出來ルト云フ趣意デス

○菊池大麓君　其持分、自分ノ擔當シタ部分ガ明瞭ナラザル場合ト云フコトハ隨分アリ得ルコトデアル、サウ云フ時ニ於テ持分ヲ極メルコトハムヅカシクハナイカト思フ、又約定デ利益ヲ何分何厘ト取ルト云フ約定ガアレバ宜シイケレドモ唯著作權ヲ取ッテ置カウト云ヲヤウナ場合ガアル、サウ云フ時ハ餘程ムヅカシイコトデアルガソレモ矢張リ裁判所デ極メマスカ

○政府委員(水野錬太郎君)　ソレハ裁判所デ極メマス、普通ノ財產デモ一ノ土地ヲ甲ト乙ト丙ト持ッテ居ルト、ドノ部分ガ誰ト極メテナイ場合ガアル、例ヘバ馬一匹ヲ二人デ持ッテ居ル場合ガアル、サウ云フ場合ニハ民法ノ方デモ其持分ト云フ字ガ使ッテアル、其持分ハ約束ノナイ場合ハドウ云フコトニナルカト云フト矢張リ裁判所デ極メルコトニナッテ居ル、ソレト是トハ同ジニ歸スルコトニナルト思フ

○菊池大麓君　私ハ少シ前ノ方ニ質問ヲ先ッキ殘シタ所ガゴザイマスガ今シテモ宜シウゴザイマスカ

○委員長(子爵谷干城君)　牽連シテ居リマスレバ其方ガ便利デゴザイマス

○菊池大麓君　別ニ牽連シテ居リマセヌ

○委員長(子爵谷干城君)　宜シイデヤアナイカ

○菊池大麓君　ソレデヤア一ツ伺ヒタイノハ七條ノ翻譯權ノ十年内ト云フコトガアリマス、今ハ此外國物ノ翻譯ハ勝手ニ出來ルガ同盟ニ這入ルト出來ナクナリマスカ、若シ同盟ニ這入ッタ時カラ十年ノコトデアリマスカ或ハ原著者ガ十年經ッタレバドンドンヤッテモ宜イト云フコトニナルカ

○政府委員(水野錬太郎君)　其點ハ附則ノ四十六條以下ニ規定シテアリマス、現ニ今ヤッテ居ルモノトソレカラ條約ニ依ッテ繼キノ規定ハ四十六條以下ノ所ニ規定シテアリマス

○菊池大麓君　四十六條ニ依ルト今ノ翻刻シテ居ル者ハイツマデモヤッテモ宜シイト云フノデスカ

○政府委員(水野錬太郎君)　今翻刻シテ居ルモノデ現ニ其書物ノアルダケハ賣ッテモ宜シイ、再版トカ再三版トカハ出來ヌ、ケレドモ現ニヤッテ居ル店ナドデ賣ッテ居ルモノハ其書物ノアラヌ限リハ賣ッテ宜シイ

○菊池大麓君　サウスルト今ノ印刷シテ居ルモノハソレカラアトハナラヌト云フコトニナル、サウスルト此十年ト云フコトハドコカラ起算スルカト云フコトデス

○政府委員(水野錬太郎君)　十年ト云フコトハ既ニ發行シテ仕舞ッタモノニハ適用ノナイト云フコトニナル、既ニ發行シテ仕舞ッタモノニハ適用ガナイ、此法律ガ施行サレテ是カラ翻譯ヲスルモノニ初メテ七條ノ適用ガ要ル

○菊池大麓君　此所ニ一ツ英吉利ノ書物ガアル、ソレハ既ニ十年前ニ翻譯シタモノデアル、ソレガ今度條約ニ這入ッテモ勝手ニ翻譯ガ出來ルカ翻譯權ハ消滅シテ居ルヤ否ヤ

○政府委員(水野錬太郎君)　分リマシタ、既ニ其物ガ初メテ發行シテソレカラ十年經過スレバモウ翻譯權ハ消滅シテ居ル、這入ッタト這入ラナイトヲ問ハナイ、英吉利デ發行シテ十年經過シテ居レバ日本デ勝手ニ翻譯ガ出來ルト云フコトニナリマス

○菊池大麓君　サウデスカ、ソレカラ今一條ハ第十九條ノ「新ニ著作權ヲ生スルコトナシ」ト云フノハ、サウ云フコトヲ僞作ト云フコトヲ意味シタモノデスカ、昨日ハ之ニ付テ色々質問シマシタガ、ドウモサウ云フコトニ……

○政府委員(水野錬太郎君)　ソレバ新ニ著作權ヲ生ゼヌト云フダケノトコデ、其書物ガ僞作ニナルヤ否ヤハ此所デハ決テ居ラヌ、ソレハ何所デ決ルカト云フト二十八條デ僞作ニナルト云フコトガ極マリマス

○菊池大麓君　併シ版權ヲ侵害シタトモ何トモ無イ、注釋ヲ加ヘタノハ侵害トハ第十九條デ言ッテ無イ、侵害ト云フノハ何所カラ生ジテ來ルノデスカ

○政府委員(水野錬太郎君)　ソレハ例ヘバ一ツノ書物ガアル、其書物ヲ持ッテ來ソレニ句讀ヲ附ケルトカ批評ヲスルトカ詰リ句讀トカ批評トカ云フ名ノ下ニ他人ノ著作物ヲ翻刻スルコトニナル、許諾ナクシテヤッタ者ハ第一條ノ權利ヲ侵ス者デ即チ著作權ヲ侵害スルコトニナリマス

○男爵吉川重吉君　唯今菊池君ノ御質問ニ依リマシテ斯ウ云フ疑ヲ生ジマシタガドウデゴザイマス、「新ニ著作權ヲ生スルコトナシ」ト云フ訓點ナドヲシタノハ僞作デハ無イ、唯著作權ヲ生ゼヌト云フダケデ正當ナモノデアルト云フヤウニ聞エマスガ……

○政府委員(水野錬太郎君)　ソレハサウ云フ次第デハ無イノデ、十九條デハソレガタメニ著作權ヲ生ゼヌト云フノデ十九條ダケデハ僞作トモ何トモ言ハナイ、二十八條ニ行ッテ著作權侵害ト云フ廣イ字ガ使ッテアリマスカラ他人ノ著作物ヲ持ッテ來テソレニ畫ヲ入レルトカ注解グライ入レルト矢張リ著作者ノ持ッテ居ル權利ヲ侵シタコトニナルノデ「著作權ヲ侵害シタル」ト云フコトニナル、第十九條ダケデハ著作權ヲ生ゼヌト云フダケデゴザイマス、是ダケデハ僞作デアルヤ否ヤハ分リ兼ネマス

○菊池大麓君　斯ウ云フコトハ僞作デアルト斯ウ書イテハ不都合ガ有リマスカ

○政府委員(水野錬太郎君)　ソレハ書イテモ宜カラウト思ヒマスガ二十八條ヲ更ニ委シク言ッタヤウナ結果ヲ生ズルダケデ他ニ別ニ新シク之ガタメニ著作權ノ範圍ガ廣クナリモ何ニモシマセヌ

○菊池大麓君　是ハ著作權侵害デアルト云フ意味デ無ケレバ此條ハ必要モ無イ、唯著作權ヲ生ゼヌト云フダケデ無ク、モウ一歩進ンデ他人ノ著作權ヲ害シテ居ルト云フ所カラ必要ニナルノダト私ハ思ヒマスガ……

○政府委員(水野錬太郎君)　實ハ或ハ此事ハ無クテモ僞作ニナルト云フコトハ二十八條カラ出テ來マスガ唯訓點句讀批評ナドヲスルト一ツノ著作權ガ出タヤウニ見エルトイケマセヌカラ、ソレデ唯訓點ヤ句讀ヤ批評グラヰデハ新ニ著作權ヲ生ゼヌト云フコトヲ明ニスルタメニ入レタノデ之ヲ僞作ダトハ言

○菊池大麓君　例ヘバ古イ源氏物語トカ云フモノヲ全文ヲ入レテ、ソレニ自分ガ注解ヲ加ヘテヤッタラ著作權ヲ生シテ宜カラウト思ヒマスガ……

○政府委員（森田茂吉君）　ソレデアリマスカラ此但書ガアリマス、源氏物語ハ近世ノ者ニハ意味ガ分ラヌ、ソレデ立派ナ注解ガ出來、ソレガ完全ト認メラレルモノハ著作物ト看做サレルト云フコトハ但書デ行ケマス、例ヘバ論語ノ如キハ幾ラモ注釋ガアリマスガ誰ノ注誰ノ注ト云ッテ注ニ依ッテ價値ガアルカラ、ソレデ此但書ヲ加ヘタノデス

○菊池大麓君　十九條ニ「新ニ著作權ヲ生スルコト無シ」トねかちいぶニ出テ居ルカラぼしちいぶニサウ云フ解釋ヲ生ズルヤウニナル、矢張リ僞作デアルト云フコトヲ規定シタ方ガ宜クハ無イカト云フコトヲ昨夜疑ヲ起シタ

○政府委員（森田茂吉君）　チョット御參考マデニ申上ゲテ置キマスガ、今ノ僞作デスガ、サウシマスト苟モ著作物ガアレバ著作權ガアル、ソレデ此訓點句讀ヲ加ヘタモノハ著作物デ無イト云フコトニナルト其物ハ何ニナルカト云フト即チ前ノ著作物ニ向ッテ是レダケメコトヲシタト云フノハ二十八條ノ侵害ニナリハセヌカ、ソレデ苟モ著作物アレバ著作權ガアルト云フノデ舊法ノ登錄ニ依ッテ著作權ガ生ズルノデナク著作物ガアレバ著作權ガ生ズルノデ著作物デナケレバ何ニナルカト云フト原著作物ニ向ッテ多少侵害シタト云フ結果ヨリ外ニ見出シ得ナイ、ソレデ十九條ガ書イテアルタメニ第十九條ト二十八條トニ依リテ始メテ是ガ僞作ト云フコトガ分ルノデアリマスサウデガンセヌト著作物ヲ侵害シタ者ト云フコトガ是レダケデ無ク、マダ他ニモ著作權ヲ侵害スル者ガアルカラ非常ナル所謂著作權ノ侵害ノ罪ニナル項目ヲ總テ擧ゲナケレバ二十八條ノ引用ガ出來ヌカラ立法ノ上デハ餘程變手古ニナリハセヌカト思ヒマスカラチョット申述ベテ置キマス、ソレカラ先程久保田サンニ民法ヲ調ベテ御話スルト言ッテ置キマシタガ、是ハ御參考ノ爲ニ三十一條ガ民法トアベコベニナッテ居リマス、少シ窮窟ニナッテ居リマスカラ、御注意ニナッテ置キタイノハ故意又ハ過失ニ依リ他人ノ權利ヲ侵害シタルモノハ是ニ據ッテ損害賠償ノ責ニ任ズルトアリマス、三十一條ハ善意且過失ナクト云フ事ニナッテ居リマスガ民法ノハ故意又ハ過失ト云フ條件ガ二ツニナッテ居ル、コッチノ方ハ異ッテ居ルダケノ違ガアリマス

○加藤弘之君　サウスルト民法ノ方ハ二ツニナルデスカ

○政府委員（森田茂吉君）　サウデス

○加藤弘之君　此方ハ一ツニナル、宜シウゴザイマス

○委員長（子爵谷干城君）　三十四條マデ連ネテヤリマス、サウシテ晝……

○菊池大麓君　此三十三條ノ三項、未タ發行セサル脚本云々ト言フ事デアリ、マスルガ、發行シナイ興行モシナイ脚本ヲ盗ムト言フ場合ハアリ得ルノデサウ云フトキハドウシマスカ

○政府委員（水野錬太郎君）　發行シナイ演劇淨瑠璃脚本ト言フモノハ三十三僞ノ[illegible]サナイトキハ其興行者ヲ以テ著作者ト看做スノデ此箇條デ宜イノデアリマス、發行シナイ興行シナイモノハ當然三十三條ノ三項ニ這入リマス

○菊池大麓君　三十三條ノ三項ニハ這入ラヌ、ソレハ……

○政府委員（森田茂吉君）　サウ言フ場合ハ他ノ文書ト同ジコトデ例ヘバ菊池博士ガ持ッテ居ルモノヲ取ッテ來ルデスナ、誰ノモノデアルカト言フコトニ付テハ此罰則ニアリマスル通リ、アナタガ取ラレタト思ヒマシタナラバアナタガ……

○菊池大麓君　取ラレタ者カラ告訴スルダケノ事デスカ

○政府委員（森田茂君）　サウデス

○加藤弘之君　此三十四條ニ保證ヲ立テシメ、又ハ立テシメズシテトアルサウスルトドッチデモ宜イノカ、ドッチガ必要デスカ

○政府委員（水野錬太郎君）　是ハ訴訟法ニアリマス僞作デモナイノニ僞作ノ訴訟ヲ起シテ發賣頒布ヲ差止メラルヽ場合ニ保證ヲ立テサセナイデヤルト危險ナ事ガ多イ、サウ云フトキニハ保證ヲ立テレバ發賣頒布ヲ差止メテモ宜シイト云フ事ニナルデス

○加藤弘之君　明カニ分ッテルトキハ保證ヲ立テシメヌデモ宜イ、サウ云フヤウナ譯デスカ

○政府委員（水野錬太郎君）　左樣デス、併シアレハ他日オレノ方ノ勝ニナルカモ知レナイサウ云フトキニハ是非困ルカラ保證ヲ立テサセテ置ク、ソンナ必要ノナイトキハ保證ヲ立テヌデモ宜イ

○菊池大麓君　此保證ヲ立テルト云フノハ證明スルト云フノデスカ、若シ二項ニ差押ヘ置イテイケナイトキハ賠償ヲシナケレバナラヌト云フコトニ對スル保證デスナ

○政府委員（水野錬太郎君）　左樣其方ナンデス

○委員長（子爵谷干城君）　別ニナニガナケレバ先ヅ是デ置キマセウ食事ニナリマシタカラ、ソレヂャ是デ休ミマセウ

午前十一時五十七分休憩

午後一時四十二分開議

○副委員長（加藤弘之君）　ソレデハ開キマシテ、罰則即チ第三章ダケ問題ニ致シマス

○久保田讓君　此第三十九條デスガ「著作權ノ消滅シタル著作物ト雖之ヲ改竄シテ著作者ノ意ヲ害シ又ハ其ノ題號ヲ改メ云々ト云フコトノ罰則ガアル、是モ或ル場合ニハ版權ノ消滅シタモノダト……敎料書ヲ書ク人ナドニ聞イテ見ルニ日本ニ昔カラ良イ書物ガ澤山アル、ソレヲアノ書物ノアノ部分ハ今ノ時勢ニ適セヌト云ッテソレヲ抜クト立派ナ本ニナル、抜カヌケレバ今ノ時勢ニ適セヌト云フ弊害ガ有ル、サウ云フモノハドウ云フコトニナリマスカ

○政府委員(水野錬太郎君)　ソレハ詰リ直シテ著作者ノ原ノ主意ヲ害スルコトニナレバイカヌコトニナラウト思ヒマス、或ル點ヲ取ッテモ著作者ノ主意ハ害サヌト云フノナラ差支ナイ

○久保田讓君　害スルコトニナリハナルダラウト思ヒマス、昔ノ時ト今日ノ時ト違ッテ居ル、昔ハ仇討ハ良イコトニナッテ居ダガ今日ハ法律デソレヲ禁ジテ居ル位デアルカラド云ッテソレヲ抜イテ仕舞ヘバ著者ノ意ヲ害スルコトニナル、併シソレヲ除ケバ他ノ部分ハ大變良イノデ、ソレカラ又西洋人ヲ夷狄ナドト書イテアルコトガアル、サウ云フコトハ今日ノ時勢ニ合ハヌカラト云ッテ直セバ原著者ノ意ヲ害スルコトニナル、併シソレガ「著作者ノ意ヲ害シ」ト云フコトダトスレバ今ハ困ルコトガ有ラウト思ヒマス

○政府委員(水野錬太郎君)　ソレハ原著作者ノ意ト違フカライケナイコトニナリマセウ、現行法ノ二十八條ニモ斯ウ云フコトニナッテ罰シテ居リマス

○小幡篤次郎君　訴出ガ無クテモ政府ハ直グ罰シマスカ

○政府委員(水野錬太郎君)　告訴者ガ無クテモ現行法ノ二十八條デ罰シテ居リマス

○男爵吉川重吉君　今ノ御答ニ付テ疑ガ起リマシタガ四十二條ニハ「本條ニ規定シタル罪ハ被害者ノ告訴ヲ待テ其ノ罪ヲ論ストアリマス、今ノ御答デハ誰モ告訴シナクテモ罰スルト云フヤウニ承リマシタガ……

○政府委員(水野錬太郎君)　四十二條ニ「第三十八條乃至第四十條ノ場合ハ此ノ限リニ在ラス」トアリマス、三十八條ト三十九條ト四十條ダケハ告訴ガ無クテモ罰スルノデアリマス

○菊池大麓君　三十八條ノコトニ付テ少シ修正ヲ或ハ致シタイト思ッテ居リマスガ序文ヲ書キモシナイノニ誰ガ書イタト詐稱スルノガアル、又校閲ヲシナイノニ校閲シタト書イタ例ガアル、現在私ノ知ッテ居ル人デ自分ガ校閲シモシナイ書物ニ校閲トアッタノヲ見テ非常ニ驚イタ人ガアル、ソレ等ノコトヲドウカ罰スルコトニシナイト甚ダサウ云フ人ニ對シテ迷惑ニナリマス、是ハ著作權デハ無イ、逆サマニオッツケラレルコトガアリマスガ、三十八條デサウ云フノガ取締レマセヴカ

○政府委員(水野錬太郎君)　序文ノ場合ハ是デイケマセウ、例ヘバ菊池サンハ序文ヲ書カナイノニ或人ガ菊池サンノ序文トシテ掲ゲタトキニ是デイケマセウ、校閲ノ場合ハ其人ノ名ヲ騙ッタノダカラ刑法ノ信用ヲ害スル罪ト云フ方デ行ケマスガ唯今コヽニ入レルノハ困リマス

○菊池大麓君　此法律ニハ入レルコトハムヅカシカラウカ

○政府委員(水野錬太郎君)　無理ニ入レテ入レラレヌコトハ無イガ關係ガ少ナイ、入レルコトノ必要ガ有レバ刑法ニ入レル方ガ能クハ無イカト思ヒマス

○久保田讓君　先刻ノコトニ續テ質問シタイ、サウ云フ不都合ノコトデアルカラ著作權ハ消滅シタモノナラ著者ノ名ヲ害スル害セヌハ深ク問ハヌデモ宜

○政府委員(水野錬太郎君)　若シ削クレマスト例ヘバ山陽ノ外史ヲスッカリ直シテ仕舞ッテ是ハ山陽ノ外史ダト云ッテ出シテモ宜イコトニナル、アレハ著作權ハ消エテ居ルカモ知レマセヌガ古人ノ書イタ物ヲ總テ直シテ仕舞ッテ出版スルコトニナルト第一ニ古人ノ名譽ニ關係シマスルシソレカラ随分場合ニ依ルト詐僞ト云フコトニモナル、山陽ガサウ言ヒモシナイコトヲ言ッタヤウニナル、ソレデスカラ著作權ノ消エタモノデモ著作者ト云フモノヲ保護スルニハ斯ウ云フヤウナ罪ヲ極メテ置カナケレバ不都合ト思ヒマス

○久保田讓君　ソレハ改竄シタトカ或ハ訂正シタト云フコトガアッタラ明ニナリサウナモノデスガ其儘ダト言ッテ虚言ヲ書イテアッタナラバ法律デ改竄シタモノハシタトカ或ハ訂正シタルモノハ訂正シタト云フコトニナレバ一向不都合ハナイヂャアゴザイマセヌカ

○政府委員(水野錬太郎君)　サウ致シマスルト山陽ト云フ名ヲ騙ルノデハナイ、山陽外史ノ著デアルガ此點ニ付テ改竄ヲシタト云フソレナラバ三十九條ニ當箝ラナイト思ヒマス、其人ノ名ヲ擧ゲテサウシテ發行スル場合ヲ見タノデアリマスカラ明ニ其點ニ付テハ自分ガ修正ヲ加ヘタトカ直シタトカ云フコトヲ明言シタ場合ハ三十九條ノ範圍外ダラウト思ヒマス

○久保田讓君　ソレハ出來ルノデスカ構ハヌノデスカ

○政府委員(水野錬太郎君)　其事ヲ明言シテ置クナラバ差支ナイ

○菊池大麓君　此四十一條トソレカラ舊ノ是ニ對照シテアルヤッガ二十七條デスネ、二十七條ニハ何人ノ手ニアルノヲ問ハズト云フコトニナッテ居ル、現行法ノ二十七條ノ二項ハ是ハ随分ムズカシイダラウト思フガ今度ノハ即チ其營業者ノ手ニナケレバイカヌト云フコトニナッテ居ルデスネ

○政府委員(水野錬太郎君)　左様デス

○菊池大麓君　サウスルト随分是ハ遁ゲルニハ此方ガ都合ガ宜カラウト思フガ現行法ノヤウニ兎ニ角シテ置ク譯ニハイキマセヌカ

○政府委員(水野錬太郎君)　現行法ノ二十七條ハ大變ニ批難ノアッタ箇條デ何人ノ手ニアルトヲ問ハズ、何ニモ知ラズ是ハ正當ナ本ダト思フテ買ッテ居ッタ所直クニ沒收サレルト云フコトニナル、ソレハ非常ニヒドイカラ營業者ガ賣ルト云フコトナラ取上ゲテモ宜イガ善意ニ買ッタ人ノ手ニアルモノマデモ取上ゲルノハヒドイト云フ批難モアリマシテ如何ニモ尤ナ問題ト思ヒマシテ斯ノ如ク改メマシタノデス

○菊池大麓君　ソレカラモウ一條、此四十三條デスナ、四十三條ノ公訴ノ時效ハ二年トアル、是ハ現行法デモ二年トナッテ居リマスガ、現行法ハモウ一ッ二十六條ト云フモノガアリマスガアレハドウナリマスルカ

○政府委員(水野錬太郎君)　此現行法ノ二十六條ノ方ハ是ハ民事訴訟ノ時效デゴザイマス、民事訴訟ノ時效ハ今度ノ民法ニ依ルコトニシタノデス、民法ニ之ハ依リマシテ、刑事ダケノ事ハ特別ニ玆デ規定シテ置イテ二十六條ハ削ッ

スガ、時效ヲ過ギルト翻刻シタル何カヲスルコトハドウ云フコトニナルノデスカ、ソレハ翻刻シタモノガ正當ナモノニナッテ仕舞ッテイツマデモ勝手ニ販賣シテイケル譯ニナルノデスカ

○政府委員(水野錬太郎君) 既ニ時效カ經ッテ仕舞ヒマスルト云フト初メノ其ノ翻刻ニ對シテハ訴ヲ起スコトハ出來ヌガ、其者ハドンドン賣ッテ居ッテモ著者ハ訴訟ヲ起スコトハ出來マセヌガ再版ノ時ハ一ノ犯罪ニナルカラ訴ヲ起スコトガ出來ルダラウト思ヒマス

○菊池大麓君 サウスルト教科書ノヤウナモノニナルト鉛版ト云フモノハ殆ド限リナクイケルモノデ殆ド改ッタト云フコトヲ證明スルコトガ出來ナイト云フヤウナ場合ニハ殆ド二年ヲ知ラズニ經過シテ仕舞フト全ク著作權ヲ殆ド失フヤウナ場合ガ起ル、是ハ仕方ガナイデスカ

○政府委員(水野錬太郎君) ソレハ仕方ガナイデス、ソレデスカラ著者ハ時效ノ經過シナイヤウニ注意シテ貫カヌトイケマセヌ、今ノ鉛版ナドハドウモ仕方ガナイコトニナルダラウト思ヒマス

○菊池大麓君 此二年ト云フノハ現行法モ二年トナッテ居リマスガ外國アタリノ例ハドンナモノデスカ

○政府委員(水野錬太郎君) 外國ノ例ハ色々ニナッテ居リマス、獨逸ナドハ最モ短クシテ確カ一年ト思ヒマス、佛蘭西トカ白耳義トカ瑞典トカ英吉利モサウデス、サウ云フ所ハ普通ノ刑法ノ時效ニナッテ長イノデス、獨逸匈牙利ナドハ普通ノ刑法ヨリ短クシテアル、モトノ版權法ノ主義モ時效ヲ短クシタノデアラウト思フ、今度ノ法律ハモトノ法律ヲ其儘取ッテ來タノデアリマス

○副委員長(加藤弘之君) 長イ方ガ多ウゴザイマスカ、ドノ位長イカ

○政府委員(水野錬太郎君) 獨逸ノ規定ハ五年トシテ獨逸デハ一年ニ縮メタ、佛蘭西ノ刑法ノ時效ガ刑事訴訟法ニアレハ確カ四年カ五年カト思ッテ居リマスガ、ソレハ別段縮メナイ、普通ノ刑法ニ依ッテ居ル普通ノ刑法ニ依ッテ居ル所ハ隨分アリマス

○菊池大麓君 日本ノハ何年デス

○政府委員(水野錬太郎君) 三年デス

○菊池大麓君 民事ハ……

○政府委員(水野錬太郎君) 民事ハ三年、詰リ刑事ノ方ハ一年減ジタダケデス

○菊池大麓君 理由ハ……

○政府委員(水野錬太郎君) 理由ハ著作ナドノ犯罪ト云フモノハ證據ガ湮滅仕易イ、著者ガ始終注意サヘシテ居レバ宜イト云フデアッタラウト思ヒマス、民事ノ時效ハ三年デ消エルコトニナッテ居リマス

○菊池大麓君 此罰則ヤ何カハ大概現行法ニ據ッタノデスカ、或ハ新シイ刑法ノ精神デモ斟酌シタノデスカ

デハ體刑ガ附イテ居リマス、一月以上二年以下ト云フ體刑ガ附イテ居マシタ、ソレヲ今度ハ罰金ニシマシタ、其理由ハ斯ウ云フ犯罪ニ付テハ體刑ヲ課スル必要ハ無イ、ソレデ罰金ヲ課スルコトニシ體刑ヲ削ッテ其代リ罰金ヲ重クシマシタ、大體現行法ヨリハ罰金ノ點ヲ重クシマシタ、刑法ハ其點ニ付テハ一向規定シテ無イ、ソレデ刑法トノ權衡ハムヅカシイノデアリマスガ先ヅ現行法ヲ土臺ニシテサウシテ體刑ヲ廢シテ成ルベク著者ヲ保護スル主意デ罰金ヲ重クシタノガ大體ノ主意デゴザイマス

○菊池大麓君 先刻ノ三十八條ノ質問カラチョット何デスカ甲ノ書物ニ乙ノ序文ガアルト其序文ニ付テノ著作權ハ乙ノ著作權デアルデスネ

○政府委員(水野錬太郎君) 左樣デゴザイマス

○菊池大麓君 ソレガ序文ヲ書イテ貰フトキニ其著作權ヲ讓受ケテ置カナイト將來ニ於テ喧シク言ハレタラ困ルコトニナリマセウ、實際ニハ無イカモ知リマセヌガ……

○政府委員(水野錬太郎君) 左樣デゴザイマス、サウ云フコトハ實際ハ有リマスマイガ著作權ヲ讓受ケテ置カヌト序文ヲ書イタ人ガ他ノ雜誌カ新聞ニ載セテモ仕方ガ無イ、他ノ物ニ出シテイケナイト云フノナラ書イタ人カラ序文ノ著作權ヲ讓受ケテ置カナイトイケマセヌ

○菊池大麓君 其序文ヲ書イタ人ガヨシテ呉レト云フコトヲ言ハレマスカ

○政府委員(水野錬太郎君) 他ノ本ニ載セルコトデスカ

○菊池大麓君 他ノ本ニ……

○政府委員(水野錬大郎君) ソレハ無論出來マス、第一版ダケニハ許スガ第二版ニハイヤダト言フコトハ言ヘマス

○菊池大麓君 斷リ無シニ載セテモ別ニ罪ニハナラヌノデスカ、二版三版等ニ一々序文ヲ書イタ人ニ斷ラズトモ差支ナイノデスカ

○政府委員(水野錬太郎君) 左樣デゴザイマス、第一版ノミト云フノデアッタラ第二版第三版ニ序文ヲ書イタ人ノ許可ナシニアッタラ矢張リ僞作ニナルダラウト思ヒマス

○菊池大麓君 序文ハ多クノ場合ハ第一版ニ書クノデ無ク其書物ニ書クノデスネ、ソレナラ二版三版ト載セテモ不法行爲ニハナラナイ、罪ニハナラナイノデスカ

○政府委員(水野錬太郎君) 今ノ場合ナラ不法行爲ニハナルマイト思ヒマス

○菊池大麓君 何ナドハドウデス、碑文ナドハ……

○政府委員(水野錬太郎君) 碑文モ無論著作物デゴザイマスカラ碑文ヲ書イタ人ガ其文章ノ著作權ヲ有ッテ居ル、ソレデスカラ碑文ヲ書イタ人ノ許可ナシニ他ノ雜誌ニ載セルコトハ出來ヌダロウト思ヒマス

○副委員長(加藤弘之君) 第三十七條ニ出所ヲ明示セズシテ二十九條二項ノ規定ニ反シタ罰ガ出テ居マスガ、サウ云フコトハ幾ラモ西洋ノ書物ニモ日本

ノニモアリマス、出所ヲ明示セヌト云フノハ誰ガドノ書物ニ言ッタト云フコトヲ書カナイト此罰則ニ當テマスカ

○政府委員(水野錬太郎君) 「出所ヲ明示セス」ト云フノハ初ハ「出所ヲ明示セス及著作者ノ氏名ヲ明示セス」ト云フヤウナ書方ニナッテ居リマシタ、所ガ著作者ノ氏名マデ書カヌノデ雜誌新聞カラ抜イタ或ハ誰ノ著書カラ抜イタト出所ダケ明示シタラ宜イト云ツノデ極簡單ニシタノデス、著作者ノ氏名ヲ書クカ若クハ何ノ書物ノ何號ニト云ヘバ出所ヲ明示シタコトニナリマス

○副委員長(加藤弘之君) 例ヘバ山陽ガ斯ウ言ッタト書ケバ外史カ政記カ言ハナクテモ山陽トサヘ言ヘバ出所明示ト云ヘヤウカ

○政府委員(水野錬太郎君) 御答イタシマス、山陽ガ言ッタト言フダケデハ出所ニハナリマセヌ、前ニ申シタノハ惡ウゴザイマシタ、著者ノコトハ言ハヌデモ宜イ何雜誌ノ第何號ニトサウ云フ事ハ矢張リ出所ヲ明示スル

○副委員長(加藤弘之君) 外史ニ斯ウ云フ事ガアル孟子ニ是ガアルト云ヘバ宜イデスケレドモ私ノ考ニハ今修正スルノヂヤナイガ、人ヲ言フカ出所ヲ言フカト云フ事ニナッタ方ガ樂デアラウト思フデス、其片ッ方ニ據ル外ナイト思フ

○菊池大麓君 ソレカラ此二十九條デ見ルト著作權ノ消滅シテ居ルモノデモシテ居ナイモノデモ明示シナケレバナラヌヤウデスネ

○政府委員(水野錬太郎君) 左様デゴザイマス

○菊池大麓君 古イばいぶるヲ引イテモ其ばいぶるニアルト云フ事ヲ言ハナケレバナリマセヌカ

○政府委員(水野錬太郎君) サウデス

○政府委員(森田茂吉君) 併シ其著作權ノ消滅シタモノデアリマスルト、其實ハ犯罪ノ方ノ側ニナッテ、ドウ云フ關係ニナッテ來マスカ

○菊池大麓君 告訴サレナイカラ良イト仰シャルデスカ

○政府委員(森田茂吉君) 此僞作トナルベキモノデアッテ僞作ニナラヌデスカラ其事柄ハ當然僞作デナケレバナラヌノデアルガ、其僞作ト云フモノガ著作權ノ存在シテ居ル場合デナケレバ僞作トナリマセヌ、著作權ノナイモノハ「既ニ發行シタル著作物ヲ左ノ方法ニ依リ複製スルハ僞作ト看做サス」トアリマスカラ僞作ト看做スベキモノデアッテモ做看サヌ、ソレデスカラ、此場合ニハ這入ラヌ

○副委員長(加藤弘之君) 跡ノヘ移ッテハ如何デスカ

○菊池大麓君 私ハモウゴザイマセヌ

○副委員長(加藤弘之君) ソレデハ第四章ノ所ニ移リマス

○菊池大麓君 此四十六條ノ二項ニ「器械器具ノ現存スルトキハ」ト斯ウ限ッテアルンデスガ、四十七條四十八條ニハ何デモ五年間トナッテ居リマスガ、四十六條ノ方ニ斯ウ云フ制限ヲ加ヘタ理由ハドウ云フ理由デスカ

○菊池大麓君 四十五條ノ質問デアリマスガ現行ノ版權法ナドノ保護期間ト是トハ違フヤウニ思フ其他イロイロ違ッタ事ガアリマスガソレデ皆サウ言フ事ガ差支ナク分ッテ往クト言フ御趣意デハアラウケレドモ此期間ナドハドウ云フ風ニ計算スルト云フ事ハ是デ分ルカ知ラヌ

○政府委員(水野錬太郎君) 其點モ十分研究ハ致シタノデアリマス、例ヘバ期間ノ事デモ前ノ版權法デハ著者ノ終身ハ五年ダ今度ノ著作權法案デハ著者ノ終身ハ三十年ニナルト、又前版權法ニ依ッテハ著作權ノ消滅シテ居ラヌモノハ此法律施行ノ後ハ五年ノモノガ三十年ニ延ビル事ニナルノデ手續ハ四十五條ダケノ規定デ往ク積リデス

○菊池武夫君 サウスルトモウ一ツ何カノ序ニ質問ガアッタヤウデスガ、翻譯權ナドハ例ヘバ十年ト云フ勘定ハ本法施行ノ日ヨリ勘定スルト云フ意味ニナリハシマセヌカ

○政府委員(水野錬太郎君) 翻譯權、例ヘバ斯ウ云フ場合ニ歸スルデアリマス、舊法ニ依リマスルト云フト翻譯權ト云フモノハズーット終身長クナッタノデスナ、此モノガ法律實施ニナリマスト、本法施行ノ日ヨリ計算スルカソレトモ第何條カニ依リマシテ始メテ發行シタ日カラ計算スルカト云フ問題ニナルコトダラウト思ヒマス、サウ致シマスルト其點ニ就テハ、始メテ發行シタ日カラ勘定スルト云フ事ニナルダラウト思ヒマス、本法施行ノ日カラト云フ趣意デハナイノデゴザイマス

○菊池大麓君 第四十九條ノ命令ノ定ムル手續ヲ履行スルト云フノハ是ハ何レ勅令デ何カ御定メニナルノデアリマセウガ、自分ハ翻譯ヲ今仕掛ケテ居リマス此書物ニ就テ翻譯ヲヤリ掛ケテ居ルト云フヤウナ事ヲ内務省ニデモ屆出デルト云フヤウナ事ニナルノデアリマスカ

○政府委員(水野錬太郎君) 左様、サウ云フ積リデアリマス、著手シタト云フ事實ヲ内務省ニ屆出テ、内務大臣カラソレニ許可ヲ與ヘルトカ或ハ其證據ヲ認メルトカ云フヤウナコトニスル手續ヲ命令デ極メル積リデス

○副委員長(加藤弘之君) 建築物ニ適用セスト云フノハ是ハ特許ト意匠ノ方ニ讓ッタノデスカ

○政府委員(水野錬太郎君) 是ハ美術ノ範圍ニ這入ル建築物ダト元來カラ言フト之ニ據ルベキデアリマスガ、併ナガラ今日未ダ美術ノ建築物ハ餘計無シ又サウ云フモノニ法律ヲ以テ保護スル必要ガ無シ又條約ニ依ッテモ保護スル必要ガ無イカラ此法律ヲ適用セヌコトニシテアリマス

○副委員長(加藤弘之君) 此保護ハ要ラヌト云フノカ

○政府委員(水野錬太郎君) 要ラヌト云フ主意デ……

○菊池大麓君 第一條ニ戻リマスガ美術ト工藝ノ界ガムヅカシイト思ヒマス、本會議デモ質問ガアリマシタガ是ハドウナサルノデスカ

○政府委員(水野錬太郎君) 御答ッ致シマスガ實際ムヅカシイコトデアラウト思ヒマス、ドレマデヲ美術トシテドレマデヲ工藝品トスルカ、實際ノ問題

ニ據リ工藝上ニ用ヰルモノハ意匠法デ保護スル目的カラ區別スルノデ此物ハ工藝上ニ用ヰルヤ否ヤヲ區別スルヨリ外ニ道ハ無イト思ヒマス、併ナカガラドレダケガ工藝品カドレダケガ美術カト云フ其區別ヲ明ニスルノハ餘程法律デハムヅカシカラウト思ヒマス

○菊池大麓君　矢張ソレモ法廷デ決スルノデスカ

○政府委員(水野錬太郎君)　ソレヨリ外仕方ガ無イト思ヒマス

○政府委員(森田茂吉君)　例ヘバ登錄デスネ、登錄スル際ニコッチニ當ルト思ッテモソレガ後ニアッチニ這入ルコトガアル、ソレハ行政廳デ美術ノ登錄ヲ受ケテモ裁判所ニ行クト美術ニ屬セナイカラ訴權ガ無イト云ッテ斥ケラレルゴトニナル

○菊池大麓君　登錄シテモ登錄ガ無クナルノデスナ

○政府委員(森田茂吉君)　左樣、美術トシテ裁判デ勝ヲ制シテモ或ル形式ニ依ッテ認定ヲ經テ或ハ此法律ニ這入ルトカ或ハ意匠ノ方ノ登錄ニ這入ルトカ云フコトニナリハセヌカト思ヒマス

○菊池大麓君　毎度質問ノ有ッタ何デスガ、モウ一遍確メテ置キタイ、ソレハ發行ト興行ト云フコトデ、演劇ノ脚本ナドハ興行シタラ公ニシタモノト見テモ差支ナイカト思ヒマズガ圖書ノ展覽トカ或ハ公開ノ席デ講義ヲシタトカ云フモノハ發行又ハ興行ノ中ニ這入ラヌト云フヤウニ思ヒマスガ、サウ云フコトニシテハ餘程不都合デアリマセウカネ

○政府委員(水野錬太郎君)　公開ノ席デチヨット演説ヲシタト云フヤウナコトハ兎ニ角公ケニ知レ渡ルコトデ書物ヲ出版シタメト其實同ジコトデ書物ノ方デハ公ケニシタモノト云フシ演説ニナルト公ケニシタモノデ無イト云フト餘程釣合ガ惡ヒト思ヒマス、興行デモ同ジコトデ芝居ノ脚本ヲ興行スレバ世ノ中ノ人ハ何人モ知ッテ仕舞フノデ書物ヲ公ケニシタノト丁度同ジ結果ニテリ片ッ方デ公ケ、片ッ方デハ公ケデ無イト云フト解釋ガ餘程區々ニナッテ可笑シナコトデ有ラウト思ヒマス

○菊池大麓君　私ノ心配スルノハ演劇デ脚本ヲ興行スル塲合ニ於テハチヤント書イタ物ガ出來テ居ナケレバ到底興行ガ出來ナイカラ宜シイガ演説ヲ登錄スルト云フコトハ餘程ムヅカシカラウト思ヒマス、演説或ハ講義ヲ書イテ斯ウ云フ演説デアルカラ登錄シテ呉レト云フノナラ著書ニナッテ居ルカラ登錄シ易イガ唯手控カ何カデ講義シタモノヲ登錄スルト云フコトハ餘程困難デアルト思ヒマス、第十五條ガアルカラサウ云フ考ヲ有ツノデス

○政府委員(水野錬太郎君)　其點ハ隨分演説ナドニハ困難デアルカ知リマセヌガ登錄スルニハ必シモ書イタ物ヲ持ッテ來ヌデモ登錄ハ出來ル、何月何日何ト云フ事柄ニ付テ演説スルト云フコトヲ著作權ヲ有ット云フ屆ヲ持ッテ來レバ登錄ハ出來ルコトデアラウト思ヒマス、必シモ筆記シタモノヲ持ッテ來ヌデモ宜イト思ヒマス

○副委員長(加藤弘之君)　演説ノ題ダケデ宜イデセウ

○政府委員(水野錬太郎君)　ソレデ宜イト思ヒマス、ソレト何月何日何所ト云フコトデ……

○副委員長(加藤弘之君)　書物ニセズトモ斯ウ云フコトダト書イテ出シサヘスレバ宜イノデセウ、固ヨリ演説ハ無形ノ物デアリマスカラ、何所デシタト云フコトガ分レバ宜カラウ

○菊池大麓君　圖畫ノ類モサウデスカ

○政府委員(水野錬太郎君)　圖畫ナラ何ノ畫デドウト云フコトヲ概畧、何カ無ケレバ分ラヌガ必シモ圖畫ヲ持ッテ行カヌデモ宜イノデス

○菊池大麓君　之ニ付テ出ル命令ト云フモノガ凡ソ決ッテ居レバ拜見スルコトハ出來マスマイカ

○政府委員(水野錬太郎君)　大體ノ命令ハ出來テ居リマスガ、委シイ內務省令デ出ルモノマデハ出來テ居リマセヌ、手數料トカ四十九條ノ命令ハ大要出來テハ居リマスガ未ダ確定シテ居ルコトデハアリマセヌ、主務ノ局デ決メタモノダケ御覽ニ入レテモ差支アリマセヌ

○菊池大麓君　差支ナケレバ拜見シタイ

○政府委員(水野錬太郎君)　ハイ

○男爵吉川重吉君　登錄ノ御話ガ今出マシタガ今度出マシタ登錄ノ法案ヲ見マスト登錄税ガ廉クナッテ居ルカト思ヒマス、能クハ記憶イタシマセヌガ、ソレハ登錄ヲ多クサセルトカ又ハ財政ノ都合ト云フヤウナコトヲ大藏省ト御打合セガアリマシタカ

○政府委員(水野錬太郎君)　登錄ノ税ノ事ハ全ク財政ノ事柄デ大藏省デ極メタデスガ、併テ著作權、是ニ就テハ斯ウ云フ風ニ變ルカラ、ソレニ就テハ今迄ノ登錄税ノ取方トハ違フカラト大藏省ト相談ヲシタノデス、併ナガラソレハ幾ラ取ッテ宜イト言フ事ハ大藏省デ極メマシタ

○副委員長(加藤弘之君)　モウ宜シウゴザイマスカ

○菊池大麓君　モウ今ノ所デ何ニモ思ヒ付キマセヌ

○副委員長(加藤弘之君)　ドウシマセウ先到菊池君ノ言ハレタ通リ修正案ヲ考ヘル爲ニモ日ヲ置キタイト云フ話ガアリマシタカラ、サウスレバ二十七八日ハアルガ二十九、三十日ハ丁度休ミ、日曜ト孝明天皇祭、サウシタライッソ三十一日ト云フ事ニシタラ如何デス、少シ間ガアッテ修正案デモ考ヘラレルノダカラ日ノアル方ガ宜シイ、大急ギニシナケレバナラヌト云フ事デモナイカラ三十一日ニ致シマセウ、三十一日ハ議事ノ有ル無シニ拘ハラズ午前十時ト云フコトニ豫定シテ置イタラ宜シウゴザイマセウ、然ラバサウ云フ事ニシテ置キマス

午後二時三十五分散會

明治三十二年一月三十一日(火曜日)午後一時十分開會

○副委員長(加藤弘之君)　ソレデハ……

○菊池大麓君　私ハ此第一條ニ修正ヲ提出シタウゴザイマス、「文學科學」ト云フ字デハ穩デ無イヤウニ見エマス、例ヘバ政治上ノ意見ヲ書イタモノハ文學科學ノ著作物ト云フノハ穩ナラヌヤウデアリマス、ソレデハドウモ良イ字モ無イヤウデアリマスシ同盟ノ方ニモ文學科學ト云フ字ガ有リマスカラ成ルベク存シテ置キタイガ強イテ違ッテモ差支ナイコトデアリマスカラシテ「文藝學術」トシタラドウカト云フ考デ段々此間カラ考ヘテ居リマシタガサウシテ不都合ハ無イト思ヒマス、「文學科學」トアルノハ第一條ト第二十四條デ他ニモアルカ知ラヌガ先ヅ無イヤウニ思ヒマス、ソレト第二十九條ノ第三第四ノ所ニアルダケノ樣ニ思ヒマス、ソレヲ皆「文藝學術」トシタ方ガ廣ク含ンデ其方ガ都合ガ能クハ無イカト云フ所カラ斯ウ云フ修正案ヲ提出シマス、ソレカラモウ一ツ第一條ノ二項ニ「能樂脚本及樂譜」トアル此「及」ト云フ字ガ少シ曖昧デ能樂ノ脚本ト樂譜ト云フ樣ニ能樂ト云フ字ガ樂譜ニ掛ッテ來ルカノ疑ガ有ッテ本議場デモ質問ガ出タ位デアルカラ、是ハドチラデモ別ニ差支ハ無イガ、ハッキリスルタメニ「及」ト云フ字ヲ省イテ「ポッチ」ヲ入レテ「演劇脚本、淨瑠璃脚本、能樂脚本、樂譜」ト並立スルヤウニシタ方ガ明ニナルダラウト思ヒマス、此二箇條ノ修正案ヲ試ニ提出イタシマス

○木下廣次君　君ノ疑問ノ點ガ理解シ兼ネタガ、避ケタイト云フノハ……

○菊池大麓君　先ヅ文學ト云フノハりてらちゆーる、ソレカラ科學ト云フノハさいあんす、獨逸ノうゐすせんしやふとノ意味デアラウト思フガ政治上ノ意言ヲ述ベルトカ或ハ社會上ノ意見ヲ述ベルトカ云フモノハりてらちゆーるノ方ニモさいあんすノ方ニモ這入ラヌヤウナ著作物ガ有リ得ルヤウニ考ヘマス、「文學科學」ト云フ字ヲ廣クサウ云フモノマデ含ムモノデアルト解釋スレバ宜シイカ、若シ他ニ適當ナ字ガ有ッテソレ等ノ字ヲ含ム字ガアレバ宜イカ「文藝學術」ト云フト何デモ這入ッテ居ルヤウデ餘程廣クナラウト思ヒマス

○副委員長(加藤弘之君)　政治上ノコトヤ社會上ノコトハ文藝ノ方ニ這入ラヌデ學術ノ方ニ這入ルナ

○菊池大麓君　學術ト云ヘバ科學ト云フ方ヨリ廣イダラウ

○副委員長(加藤弘之君)　ソレハ廣イ

○小幡篤次郎君　學術デハ宜イデハ無イカ

○菊池大麓君　詩文小說ハ學術ト言ヘマセウカ

○木下廣次君　學術ノ範圍内カラ出テ居ルヤウダナ

○久保田讓君　大學令ニハ「學術技藝」ト書イテアル、學術トスレバ文學ナドハ這ッテ居ルダラウ

○菊池大麓君　這入ッテハ居マスガ、アスコデ別ニ小說ヲ作ルコトヲ敎ヘハシナイ、小說ヲ作ル原理ハ或ハ敎ヘルカ知ラヌガ……大學デヤルノハ學術的

云フノハ無理デアル

○政府委員(水野錬太郎君)　唯今ノ御修正案ニ付テチョット伺ッテ置キマスガ、詰リ御主意ハ小說デモ詩文デモ皆文藝學術ト云フ中ニ這入ルノデスカ

○菊池大麓君　サウ云フ積リデゴザイマス

○政府委員(水野錬太郎君)　條約ノ方ニハ「文學科學」ト使ッテアリマスガ此法律ガ公布サルルト同時ニ條約ガ公布サレマスガ「文學科學」ト云ッテモ「文藝學術」ト云ッテモ主意ハ同ジコトデアル「文學科學」ト云フト狹ク解セラレテ困ルカラト云フノデ、「文藝學術」ニ直シタト云フヤウニ解シテ宜シウゴザイマスカ

○菊池大麓君　條約ノ方ハ第一條デアリマスガ「文學的及美術的著作物」ト書イテアリマス、りてらりいト云フコトデ書イタコトヲ意味シテ居ルノデ極廣イ方ノモノデ第四條ニ來テ說明ガアル「文學的及美術的著作物ナル語ハ書籍小冊子其ノ他各種ノ文書、演劇脚本、樂入演劇脚本、文句入リ又ハ文句ナシノ樂譜、各種ノ圖畫、彫刻、石版、圖解、地圖、圖形及地理、地文、風土記、建築其ノ他一般學術ニ關スル圖畫摸型等苟モ印刷又ハ複製ノ方法ヲ以テ公ニスルコトヲ得ヘキ文學科學若ハ美術ノ範圍ニ屬スル一切ノ製作物ヲ包含ス」トアル、斯ウ云フ風ニ出テ居ルカラ、コッチノ方ニナルト少シモ疑問ヲ存セヌノデアル、ソレカラ第五條ニ行ッテハ「文學又ハ學術ノ協會」ト云フヤウナ字モ使ッテアルカラソレカラ第五條ニ行ッテハ「文學又ハ學術ノ協會」ト云フヤウナ字モ使ッテ居リマスルカラ強チ是ノ通リデナクッテモ差支ハナイカト私ハ考ヘルノデアリマス

○副委員長(加藤弘之君)　チョット菊池サンニ聞キマスガ是ハ外國文ニ書ケバ矢張りりてらちゆあトさいゑんすト書イテモ宜イト云フノデスカ、外國文ニ翻譯シタトキニハ……

○菊池大麓君　うゑすせんしやふとニシマスレバ宜イカモ知レマセヌ

○木下廣次君　私ハ菊池君ノ修正說ニ同意ヲシタイト思ヒマスルガ、外國文ニ書キマスレバ矢張りりてらちゆるトソレカラさいゑんすト云フ字ニ現シ得ルト思ヒマス、一向外國文ヲ變更スル必要ハナイ、抑々外國デりてらちゆるト稱シタノハ即チ最初ハ大方文學上ノ巧ナコトヲ言フタモノデセウガ我々ハ今其何カノ機會デ此文學ト云フ字ヲ維持シテ行ッテ是カラ先キ維持シテ行ッタナラバ或ハ外國ノりてらちゆるモ是ニ含ンデ來ルカモ知レマセヌガ現在ノ所デ言フト文學ト云フ字ハ稍ヤマダ我々ノ耳ニハ言葉ノ上バカリノ事バカリノ心持ガスルデス、ソコデ「文藝學術」ト言ッタ方ガ今ノ我々デハ餘程受取リ易イヤウニ思ヒマス、外國ニ行ケバりてらちゆるト云フ字ヲ使フ、さいゑんす、ゑんど、りてらちゆーるト云フ字ニ譯シテ宜シイヤウニ思フ實ハ佛蘭西語ニ譯スレバ外ニハナイ

○副委員長(加藤弘之君)　皆サンノ御考ハドウデス

○木下廣次君　政府委員ニチョット御尋申シマスガ自身ガ今述ベタヤウナ解

釋ヲ取…差支ナイデスナ　外國ノ假名文ニ即チりてらちゆる　ゑんさ　さいゑんすド云フモノヲ文藝學術ト云フヤウナ文字ニ譯スルト云フコトハ……
○政府委員（水野錬太郎君）　ソレハ一向差支ナカラウト思ヒマスガ文字ガ唯文學科學ト云フ字ヲ文藝學術ト變ヘテモ矢張リ外國文ニ譯スルニハさいやんす、りてらちゆあト譯スルト云フ積デスナ
○木下廣次君　左樣デス
○政府委員（水野錬太郎君）　一向差支ナイデス
○木下廣次君　ソレデハ尙ホ改メテ菊池君ニ賛成デス
○山脇玄君　私モ其方ガ宜カラウト思ヒマス
○副委員長（加藤弘之君）　別ニ御説ガナケレバサウ極メテ宜シウゴザイマスカ
○久保田讓君　宜シウゴザイマセウ
○副委員長（加藤弘之君）　ソレヂヤサウ極メマシテモウ一ツ菊池君ノ樂譜ノ上ノ「及」ト云フ字ヲ削ルト云フ修正ガ出テ居リマス
○菊池大麓君　是ハ此所ニ木下君モ山脇君モ居ラレマス、ソレカラ政府委員モ居ラレマスカラ、確ニ斯ウ書イテアッテ樂譜ト云フモノガ獨立ナモノデアルト云フコトハ確デアレバドウデモ宜イデスガ、併シチヨット素人見デハボッチガ二ツ打ッテアッテサウシテ「及」トナッテ居ルカラ能樂カラ樂譜マデノモノガ續イタヤウニ見エテ素人ハ疑問ヲ起スニ違ヒナイ、即チ本議場デモ質問ノアッタコトデゴザイマスガドッチデモ差支ナイナラバ分リ易イヤウニシタイカラ「及」ヲ省イテボッチニシタイト云フ考デアリマス
○山脇玄君　私ハ別ニ大シテ反對ト云フコトデモナイガ是デ今日ノ法律文ナドハズット列ベテ行ッテ一番終ヒニ「及」ナド丶云フ字ヲ書クヤウナコトガアリマスカラ別ニ今其御修正ニ不同意ト云フ譯デハナイガ是デモ分ラヌト云フコトハナイト思ヒマス、隨分斯ウ云フ書キ方ハ宜クハナイカ知ラヌガズット列ベダ末ニ「及」ト云フ字ヲ附ケル、外國デモ一番終ヒニゑんご何々ト書ク、ソレヲ眞似シテ列ベテ來タノカモ知レマセヌ
○菊池大麓君　チヨット山脇君ニ質問シマスガ能樂ト樂譜ト云フコトヲ書クトキニハドウシマスカ
○山脇玄君　是ハ何デモ樂譜ニ這入ルモノナラバ……ドンナ形容詞ガ附カウガ樂譜ト云フ獨立ノモノニスル
○菊池大麓君　サウスルト若シ此法文デ能樂ノ樂譜バカリヲ意味スルヤウナコトヲ欲シタナラバ矢張リ斯ウヨリ外ニ書ケヌダラウト思フデスナ、サウスルト是デヤア疑問ガ殘リハシナイカト思ヒマス
○木下廣次君　是ハ少々日本ノ斯ウ云フ法律文ノ何カ式ヲ研究シナケレバナラヌコトニナルノデスガ、近頃デハ大方西洋ノ文章ノ組立カラ來タデシヤウ、幾ツモ言葉ヲ列ベテ終ヒノ方ニ以テ行ッテ「及」ト云フ字ヲ附ケルコトニナッテ居ルデスガ多クサウ云フ風ノ慣例ガ成立ッテ居ッテ見ルト此所ニズット演劇脚本瑠璃淨脚本能樂脚本及樂譜トアッテ見ルト此樂譜ト云フモノハ能樂脚本ニ附屬シテハ居ラナイト云フ方ニ實ハ自カラ解釋ハ附イテ來ハシナイカト思フ、若シ此能樂脚本ニ此樂譜ト云フモノガ附イテ居ルナラバ演劇脚本、淨瑠璃脚本及能樂脚本ト云フ「及」ト云フ字ハソコニ行キハシナイカ、行クベキ事柄デハナカラウカ、ソレデ私ハ斯ウシテ置イテモ餘リ疑ヒハ起ルマイトハ考ヘル、併ナガラコンナモノハ成ルベク明瞭ガ宜イト云フコトナラバ總テノ樂譜ノ著作權ト云フコトデ濟ムノカ或ハ又之ヲ取ッテ仕舞フテモ一向法文トシテ害ハナカラウト考ヘマス
○副委員長（加藤弘之君）　ドウカ極メテ……
○木下廣次君　ハイ、私ハ此儘デモ差支ハナカラウト思フ其方ニ重ニ考ヘマス
○久保田讓君　私モ此儘デ宜カラウト思ヒマス、政府委員ニ御尋ネシマスガドウデスカ、總テ今ノ法文ガサウ云フ風ニナッテ居リマス
○政府委員（水野錬太郎君）　民法ノ書方ハ皆サウ云フ風ニナッテ居リマス
○副委員長（加藤弘之君）　ソレデ宜ケレバ……
○菊池大麓君　強イテト云フコトハナイ是デ分ルト云ヘバ別ニ修正シナクテモ宜シイ
○副委員長（加藤弘之君）　ソレデハ元ノ通リニシテ置キマス、次ニ第五條カラ第十二條マデ……チヨット政府委員ニ御尋ネ致シマスガ八條ノ「一部ツツ漸次發行シ」云々デアリマスガ此間都筑君ノ説デアッタカ冊號ヲ逐ッテスルモノデモ差支ナイカ
○政府委員（水野錬太郎君）　ソレハ御説ノ通リ冊號ヲ逐フ場合モアラウト思ヒマス、併シ此一項ト二項トハ違イマスガ一項ノ方ハ必ラズシモ其全部完成ヲシナイデハ一ノ著作物ニナリマセヌ、全部完成シテ始テ一ノ著作物ニナルヤウナ工合デスカラ區別ガ其間ニ存シテ居ラウト思ヒマス
○副委員長（加藤弘之君）　斯ウ云フモノノ一ノ實例デ御尋ネヲ致シマスガ私ハ自分デ書イタモノデ第一冊第二冊ト云フモノデ七八年前ニヤッタコトガアルガ一冊カ二冊デ跡ハ必ラズシモ續ケル積リデハナカッタガ此頃ニナッテ又續ケルコトニナッタモノモアル、前ハ一二冊デ濟デ仕舞積リデアッタノデ、併ナガラ是ハ跡ヲ續ケナケレバ全備シナイモノデハナイ、ソレハ此二項ニ當ルモノトシテ宜シイカ
○政府委員（水野錬太郎君）　ソレハ第一項デアラウト思ヒマス
○木下廣次君　十一條ニ付イテ政府委員ニ御尋シタウゴザイマスガ十一條ノ第三ニ「公開セル裁判所議會並政談集會ニ於テ爲シタル演述」トアル此「演述」ト云フハ是ハ著作權ノ目的物ト爲ルコトガ出來ナイ、此「政談集會」ト云フノハ即チ時々ノ論説丈ケデアッテ假令バ農會ニ於テ爲シタル演述ソレカラ他ノ學術講演ニ於テ爲シタル演述ト云フコトモ含ム譯ニナルノデアリマスカ
○政府委員（水野錬太郎君）　其通リデアリマス

○副委員長(加藤弘之君)　第十三條カラ十八條マデ

○久保田讓君　此十三條ノ「數多ノ著作物ヲ適法ニ編輯シタル」ト云フノハ是ハ自分ノ著作物デ無クテ人ノ著作シタ物ヲ集メタト云フノデ、大勢ノ人ノ書イタ物ヲ集メテ來テ、サウシテ一冊ニナシタノハ著作者ト看做サレヽバナルノデスカ

○政府委員(水野錬太郎君)　左樣デゴザイマス、其通リニナリマス、併ナガラ唯人ノ物ヲ竊ンデ來タノデハイケナイ、「適法ニ」トアルカラ許可ヲ受ケルトカ云フコトヲシナケレバイケマセヌ

○副委員長(加藤弘之君)　御說ガ無クハ第十九條カラ第二十七條マデ……コヽニ私ノ一ツノ追加ガアルガ、ソレニ付テ御話ヲセネバナラヌ、此事ハ私カラ元來出タコトデ無ク坪井久馬三ト云フ人ガモウ三四年前カラ出版法ニ付テモ版權法ニ付テモ缺點ガ色々アルカラ貴族院カラ修正案ヲ出シテ吳レロト云フ話ガアッタ、今考ヘルト出版法ノ方デアッタト思ヒマスガ大變細カイコトデ、中々ムヅカシイコトデアッタ、此間水野君ニ坪井ニ一緒ニ話シテ見テ貰ヒタイト云ッテ雙方ヘ手紙ヲ遣ッテ坪井ト水野君ト話ヲ仕合ッタ、坪井ノ說ハ斯ウ云フコトデアッタ、古イ本ノ版權者ノ分ラヌノガ澤山アル、ソレヲモウ本ハ無クナッテ居ル、新ニ版ヲ拵ヘルコトハ出來ナイ、唯他ノ人ガズル譯ニイカナイ、サウ云フモノハ版權ノ無イモノト看做シテ仕舞ッテ即チ御維新前ノモノデ分ラヌモノハ版權ノ無イモノト看做シテ新ニ出版シテ版權ヲ取ルコトニシテ貰ヒタイト云フコトデ一口ニ言ヘバサウ云フコトデアル、水野君ト話合ノ結果ガ……出版法ニハ色々ト話ガアッタガ著作ノ方デハソレダケデアッタ、水野君ガ言ハレルノニソレハ餘リヒドカラウ、御維新ト云ッテモ漸々三十年位ナモノデアルカラソレガ分ラヌト云ッテ跡ノ人ガ出版シテ其著作權ヲ持ッテ仕舞フノハ餘リヒドイコトデアルカラ、ソレデ水野君ノ考デハサウ云フモノハ或ハ新聞ニ廣告シテドノ位ノ時間ノ間ニ言出ス人ガ無イトキニハ版權者ノ無イモノトシテ新ニ著作權ヲ得ルコトガ出來ルト云フコトニシタラドウダラウト云フ是ガ水野君ノ考デアル、之ヲ聞イテ見ルト私モサウシタラ宜カラウト思フ、坪井ノ言フ樣ニシテモ困ル、分ラヌト云ッテイツマデモ版權ヲ取ルコトガ出來ヌノモ困ルカラ其主意モ立ツヤウニセネバナラヌガ坪井ノヤウニ唯御維新前ノモノデ分ラヌモノハ版權ノ無イモノトスルト云フノハヒドイヤウデアルカラ、サウ云フモノハ或ル期間ノ間其版權者ノ出ルノヲ待チ即チ新聞ニ廣告サセルト云フヤウナコトヲシテ待ッテ、出テ來ナイトキハ版權者ノ無イモノトシテ新ニ著作權ヲ取ルコトヲ許スト云フコトニシタラ方ガ宜カラウト云フソレハ水野君ト私トノ話合デ、ソレカラ水野君ノ言フニソレヲ新聞ニ出スニハドノ位ノ間ト云フ樣ナコトハ此法律ニハ書カズ、ソレハ命令デ出來ルカラ命令デ定メルト云フコトヲ此法律ニ掲ゲテ置イタラ宜カラウト云フ水野君ノ氣付キデアル、ソレデ私ハ二十六條ノ次ニ一ツ追加シタラ宜カラウト思ヒマス、ソレハ斯ウ云フ文章デアリマス即チ

第二十七條　著作權者ノ不明ナル著作物ニ關シテハ命令ノ定ムル所ニ依リ之ヲ發行スルコトヲ得

命令デ新聞ニ廣告スル時間ナドハ定メルコトニシテ是ダケノ事柄ヲ法律ニ掲ゲテ置クコトニシタラ坪井ノ心配スル主意モ助ケルコトガ出來ル、併シ坪井ノ言フヤウナ甚シイ酷ナコトニ至ラヌデ都合宜ク行クダラウト思フ、ソレデ水野君トモ相談シテ私カラ追加案ヲ出シタラ宜カラウト云フコトニナリマシタ

○山脇玄君　サウシマスルト「命令ノ定ムル所ニ依リ之ヲ發行スルコトヲ得」ト云フト不明ノ著作物ノ著作權ト云フモノハ詰リ政府ヘ移ッテ仕舞ッテ、政府ヘ移ッタモノデアルカラ政府ガ之ヲ他ノ人ニ移スニハ新聞ニ廣告シテ政府カラ……

○副委員長(加藤弘之君)　サウデハ無イ、私ノ言方ガ惡カッタカ知ラヌガサウデハ無イ、サウ云フトキニハ新聞ニ廣告シテ幾箇月待テバ出版スルコトガ出來ル、ト云フ法律ヲ立テル、ナニモ是ガ政府ニ移ルンデモナンデモナイ、唯版權者ガ不明デアルカラ此方カラ若シ版權者ガアレバ此方ニ知ラシテ吳レ、ソレガナカッタトキニ始メテ版權者ガナイト云フ事ヲ認メテ宜シイト云フコトヲ法律ガ許シテ宜シイト云フ……

○山脇玄君　サウスルト權利ノ移轉ト云フコトガアルデスガ、自然ト法律ニ著作權ガ發行者ニ移ルノデスカ、ドウ云フ趣意デスカ

○副委員長(加藤弘之君)　ソコハ水野君ノ御考デスカラ……

○政府委員(水野錬太郎君)　チョット說明致シマスガ、其書方ノ趣意ハ又實際著作權者ハアルケレドモ何所ヘ往ッテ居ルカズーット古ルイモノデアルト著作者ノ住所ガ分カラヌ、誰ノ書イタモノダカ分ラヌモノモアル、併ナガラ誰モ出版シナイガ著作權者ガナイト云フコトハ出來ナイ、若シサウ云フモノヲ出版ヲシマスルト萬一著作權者ガ出テ來タ場合ニハ著作權ノ侵害ノ訴訟ヲ起サレルカモ知レヌ、サウ云フコトニナルト歷史ナドヲ研究スル者ハアリマスマイ、先程加藤博士カラノナンデ坪井君カラシテサウ云フ御話ガアッタノデス、ソンナラバ全クサウ云フヤウナ著作物ヲ漸々消滅サシテ仕舞フノハヒドイガラ或年月ヲ定メテ其間新聞ナゾニ廣告シテ私ガ著作權者デアルト云フコトヲ言ヒ出セバ宜シ、若シ言出サナケレバ著作權ハナイモノト見テソレヲ發行シテモ宜イ、出版シテモ宜イ、ト云フ趣意デス、矢張リ著作權ト云フモノハ元ノ人ニ存シテ居ルデスガ併ナガラソレダケノ著作權侵害ヲシテ發行シテモ宜イト云フ權利ガアルト云フ趣意デスカラシテ著作權ノ不明、著作權ノ所在ハ何所ニアルト云フト元ノ人ガ持ッテ居ル唯訴訟ヲ起スコトガ出來ヌト云フノデス

○木下廣次君　私モ其右ノ坪井氏ノ論ノ據ッテ起ル所ガ理解シ兼ネル、此著作者ヲ保護スルト云フ方ノ中ニハ保護一點張リニ觀察ヲスベキカ、モウ一ツハ今度ハ著作ナルモノハ公共ノモノニナル事モ想像シナケレバナラヌト思

フ即チ或ル年間ヲ經過スレバ公共ノモノトナッテ著作權ガ消滅スルト云フ事ニナルデス、サウスルト右ノ王政御維新前ニアッタル所ノ古ルイモノニ就テハ既ニ我々ノ公共物ニナッテ居ルモノガ澤山アル、ソレヲ新ニ寫シ來ッテ玆ニ一ノ著作權各篇冊ニ就テ作リ出スト云フ事ハ甚ダ迷惑千萬ニナルデアラウカ、其邊ハドウ云フコトデゴザイマセウカ、源氏物語紫式部ハ分ッテ居ル、其後ノ著作者ヲ此所デ新ニ作リ出サウト云フ說デゴザイマセウカ

○菊池大麓君　此不明ト云ッ事ハドウ云フ事ニナリマスカ、是ガ隨分弊害ノ起ル事デハアリマスマイカ、著作權者ガ何所ヘ往ッテ仕舞ッタカ分ラヌト云フコトデ、ドウ云フ手續デ不明デアルノカ、誰ガ著作權ヲ以テ居ルノダカ分ラヌト云フ事モ隨分二三年經タヌ中ニサウ云フ事ガ出テ來ルカモ知レヌ、著者ハ死ンデ仕舞フ遺族ハ居ナクナッテ北海道ノ方ヘデモ移住シタトカ、或ハ讓渡シテ仕舞ッタトカ、サウ云フヤウナモノヲ新聞デ僅ニヤルト云フコトニナルト隨分困難ガ起ラウト思ヒマスガ、此不明ト云フ字ハドウ云フ所カラ出タノカ知リマセヌガ、此不明ト云フノハ命令カナニカデ極メル趣意デアリマスカ

○政府委員(水野錬太郎君)　不明ノ點ハ命令デ極メルデハアリマセヌ、兎ニ角其著作者ノ住所モ分ラズ又著作者ガ生キテ居ルカ何所ヘ往ッタカ、探シテモ分ラヌト云フノヲ不明ト見タノデス、サウ云フヤウナトキニハ今菊池サンノ仰シャル通リ著作者ノ迷惑スルヤウナ事ガアルカモ知レマセヌガ、其時ハ東京ノ新聞ナラ何社以上ノ新聞トカ、ソレカラ發行シタ土地ノ新聞ニモ幾日以上廣告スルトカ云フヤウナ手續ニスル積リデス、ソレデスカラ第一ニ發行シタ土地ノ新聞ニモ廣告ヲシ、ソレカラ一番仕舞ヒニ住ンデ居ッタ所ノ新聞ニ廣告ヲスル、ソレダケノ手續ヲ爲シテモソレデモ出テ來ヌケレバ仕方ガナイ、若シサウ云フ者ニモ發行ノ權利ヲ與ヘナイト、サウ云フ事ニナルト是カラ先キ三十年カラ四十年經テバ出來ヌコトニナル、ソレデサウ云フノハソレダケノ手續ヲ盡セバ發行シテモ宜シイト云フ趣意ナンデス

○菊池大麓君　今ノ古ルイ寫本ノヤウナ發行シナイモノニナルト、今度ノ法律ニ依ルト著作權ハ何年經ッテモ消エナイ事ニナルサウ云フモノハドウシテモ發行ガ出來ヌ、著作權者ガ誰ダカ分ラヌカラ發行ガ出來ヌト云フ事ニナルト、是ハ將來文運ノ進步ヲ妨ゲルコトデアリマスカラ何トカサウ云フ事ハシタイト思ヒマスルガ、ドウモ此文面デハ少シ心配ニ思ヒマスルガ、今ノ事ハドウカシタイト云フ事ハ至極御同意デアリマスガ……

○政府委員(水野錬太郎君)　此不明ト云フ字ハ實ニ能ク分ラヌ字デスガ民法ニモ使ッテアル、相續人ノ不明ナルトキ、ソレカラ權利者ノ不明ナルトキトカ、ソコニナルトドレ迄往ッタラ不明ニナルト云フコトハドウモ法律デ以テ規定シテ置クコトガムヅカシウゴザイマスシ、又不明ト云フ字ヨリ用ヰヤウガナイノデ法律ノ上ニ書クノニハ其位ニシテ置クヨリ仕方ガナカラウト思ヒマス

○[illegible]君　唯今ノ御話ニ依ルト古イモノデア[illegible]ノニ限ルト云フ御話ガアリマシタガドウモ此文章ニ依ルト見ヘナイ、今日其本ハ殘ッテ居ルガ著作者ガ何處ニ居ルカ分ラヌト云フ……

○政府委員(水野錬太郎君)　ソレハサウ云フノモ這入ルノデス

○菊池大麓君　此舊ノ二十七條デアリマスガ、之ニ就テ先刻カラ話合ッテ居ルノデスガ、矢張リ委員會ノ議題トシテ見タイ、是デ見ルト同盟國デナイ即チ亞米利加人ノ樣ナモノハ亞米利加デ書物ヲ發行シテ置イテサウシテコッチヘ來テ若シコッチデ飜刻シタモノガアッタナラバ矢張リ告訴シテソレガ飜刻シタ者ハ罰金ヲ取ラレル、又十五條ニ依テ登記シテ居レバ民法上ノ訴訟モ起サレル、斯ウ云フコトニナリマス、サウスルト詰リ版權同盟ニ這入ッテ居ル國ノ人ト這入ラヌ國ノ人トノ差別ガ無クナッテ何ノ爲ニ同盟國ニ這入ルカ分ラヌ樣ナモノデ、餘リ同盟ニ這入ラヌ國人ニ對シテ恩惠ガ多ウ過ギハシナイカト考テ居ル、今其修正案ヲ提出スルマデニ運ンデ居リマセヌガ、ドウ云フモノデアラウカト云フ、議題ニシテ見タイト思ヒマス、今聞ク所ニ依レバ獨逸ノ著作權法ニハ斯ウ云フ規定ガアル「外國ノ著作者ノ著作物ト雖獨逸帝國ニ於テ住所ヲ有スル發行人ノ發行ニ係ルトキハ亦本法ノ保護ヲ享有ス」ト斯ウナッテ居ルサウデスガ、又獨逸デハ此條ハ面白クナイカラ今度ノ改正ニ付テ削ッテ仕舞フト云フ樣ナコトニナッテ居ルコトモ聞イタノデアリマスガ、ソレデ私ノ考デハ矢張リ斯ウ云フ樣ナコト、ニシテ亞米利加人即チ同盟國ニ這入ッテ居ナイ外國人ナラバ日本ニ來テサウシテ日本デ發行シナケレバ之ヲ受ケラレヌコトニシタラドンナモノカト云フ問題デアリマス、サウ云フ樣ナ考ヲ持ッテ居ルノデアリマスガ諸君ノ御意見ヲ伺ヒタイノデアリマス

○政府委員(水野錬太郎君)　チョット二十七條ノ規定ノ出來マシタ主意ヲ御話申シテ置キタイト思ヒマス、唯今菊池サンノ御說ノ通リ同盟國ノ者ト同盟國以外ノ者トノ間ニ餘リ違ヒガナクナッテ來タ樣ニ見エルガ、唯是ダケノ違ガアル、同盟國ノ著作者ハ當然條約ニ依テ保護ヲ受ケルコトガ出來ルカラ日本デモ必ズ保護シナケレバナラヌ、手續ナドハ日本ノ國法ニ依ラヌデモ宜イト云フコトガアル、ソレカラ同盟國人ハ若シ著作權ヲ侵サレル場合ハ日本ニ於テ保護セヌト條約違反ニナル、同盟國以外ノ者ハサウ云フ關係ハナクシテ保護スルト保護セヌトハ日本ノ法令ノ範圍內デ勝手ニ出來ル、併ナガラ民法ノ私權ト云フコトニ付テハ外國人モ特ニ例外ガナケレバ保護ヲ享有スルト云フコトガアリマスカラ著作權モ一ノ私權デアリマスカラ餘リ例外ヲ設ケルコトハ穩デアルマイシ、ソレカラ外ノ私權ニ付テモ餘リ例外ガ設ケテナイノデ、此法律ニサヘ依レバ同盟國以外ノ著作者モ保護ヲ受ケサヘスレバ宜イト云フ主意デ此二十七條ガ出來タモノデアリマス、詰リ民法ノ方ト成ルベク權衡ヲ保タシメルト云フ主意ガ土臺デアッタノデアリマス

○菊池大麓君　此十五條ノ登錄ヲ受クルト云フコトハ同盟國デナイ外國人デアッタナラバ日本ニ來テ登錄シナケレバ日本デ民事訴訟ハ起セヌ、自分ノ國

デ登錄シテ置イテソレガ日本デモ登錄スレバ起セルノデスナ

○政府委員（水野錬太郎君） 自分ノ國デ登錄シテモ更ニ日本ニ來テ登錄シナケレバ起セヌ

○菊池大麓君 ソレダケガ同盟國デナイ人ト同盟國ノ人ト違フノデスナ

○政府委員（水野錬太郎君） 左樣デゴザイマス

○副委員長（加藤弘之君） 重ニ同盟國デナイ外國人ソ爲ニ書イタ樣ナ趣意ニナルナ、サウ云フ文章ヂヤナイガ、重ナ所ハ同盟國ノ外ノ人ノ爲ニスル樣ニ見エル

○政府委員（水野錬太郎君） 同盟國ノ者ダト同盟條約ノ規定ニ適用スレバ宜シイ、其以外ノモノハ本法ノ規定ニ依ル

○副委員長（加藤弘之君） サウスルト一體是ハ無クテモ宜イ、無クテモ同盟國ノ外國人ハ條約ノ規定ソアルモノハ其法ニ從フト云フコトガ當然ノコトデアル

○政府委員（水野錬太郎君） 其點ガ疑ハシイノデ唯今玆ニ入レテアル

○副委員長（加藤弘之君） 同盟國デナイ外國人ハコレニ從フノハ當然、此法律デハ極分リ易イト云フコトヲ置イテ論ズレバナクテモ宜シイト思フ

○政府委員（水野錬太郎君） ソレハ條約ト法律トハ條約ノ方ガ先ニ力ガアル、是ハ疑ヲ解ク爲ニ必要デアリマス

○山脇玄君 今ノ區別ハ第三十條ノ「帝國ニ於テ發賣頒布スルノ目的ヲ以テ僞作物ヲ輸入スル者ハ僞作者ト看做ス」是等ニ付テハ實際差ガ生ジテ來ハシマセヌカ、若シ同盟國ニ這入ッテ居ル者ガアレバ其國ガ何所ノ國デアラウト僞作物デアルト云フコトニナル、同盟國ニ這入ッテ居ラヌ國ノモノナラバ日本ニ來テサウシテ日本デ登錄ヲ受ケタ其僞作物デナケレバ僞作者ト看做サレヌカラ、コヽ等デ差ヲ生ジテ來ルノデハナイデスカ

○政府委員（水野錬太郎君） 多少ノ差ハ生ジマスカモ知レマセヌガ、今ノ同盟國ノモノモ同盟國外ノモノモ保護サレルコトニナリマス、同ジコトニナルカモ知レマセヌ

○山脇玄君 同盟國ノモノガ保護サレルコトニナルト同盟國外ノモノハ其著作物ノ登錄ヲ受ケテ居ラナケレバ僞作トスルコトハ出來ヌトナリハシマセヌカ

○政府委員（水野錬太郎君） 訴訟ヲ起ス時ニハサウナリマス

○菊池大麓君 民事訴訟ナラバサウデスガ、刑事ノ罰則ノ方ニナルト隨分ヤラレル、日本デ非常ニ儲ガ多イカラ新聞ノ編輯人ノヤウニ牢屋ニ行ク者ヲ拵ヘテ……罰金デジタ、罰金ヲ少シ位取ラレテモサウ云フコトヲスレバ利益ガアルカラ搆ハヌト云フヤウナコトデ……ソレカラ今ノハ亞米利加ノコトデアリマスガ隨分支那ノヲ日本デ翻刻スル場合ニハ中々面倒ナコトガ起リマセウ、隨分唯本ヲコッチデ翻刻スルコトガアルカラ……

○副委員長（加藤弘之君） 支那人ハ同盟デ無イカラ搆ハヌノデハ無イカ

○木下廣次君 私ハチョット建議ヲシタウゴザイマスガ此二十七條ニ付テハ亞米利加國ガ引合ニ出ベキ國柄デアッテ同盟カラ外レテ居リマス、亞米利加デ外國人ノ著作者ニ關シテノ取扱ハドンナコトニナッテ居リマスカ、ソレヲ取調ベテ參考スベキコトデアルト思ヒマスカラ政府委員ヲ勞シテ亞米利加ノ著作權法デアルカ出版法デアルカノ規程ヲ少シ調ベテ貰ッタラ如何ナモノデアリマセウカ、サウシタナラ我々ハソレニ付テ日本ニ於テ法ヲ立ツル上ニ於テ參照ニナリハスマイカト思ヒマスカラ、サウ願ヒタイモノト考ヘマス

○菊池大麓君 私ハ木下君ニ贊成ヲシマス、ソレカラチョット政府委員ニ質問ヲシマスカ英吉利ハ同盟ニ這入ッテ居ルガ英吉利ノ殖民地ハ這入ッテ居ナイヤウデアルガドウデスカ

○政府委員（水野錬太郎君） 英吉利ノ殖民地ノコトニ付テハ斯ウ云フ風ニナッテ居リマス、英吉利ノ同盟ニ這入ル際ニ契約ヲシテ英吉利ハ英蘭ト蘇格蘭ト愛蘭、即チ所謂大不列顛ノ殖民地、占領地ぽッせッしよんヲ以テトアルカラ總テ殖民地ハ同盟ノ中ニ這入ッテ居リマス

○菊池大麓君 亞米利加ダケデナク墺地利ノモドウゾ

○政府委員（水野錬太郎君） ハイ

○山脇玄君 二十條ニ疑ヲ起シマシタ、條約ヲ讀ンデ牴觸スルヤ否ヤ疑ガ起リマシタ、二十條ノ「新聞紙及定期刊行物ニ掲載シタル記事ニ關シテハ小說ヲ除ク外著作權者ガ特ニ掲載ヲ禁スル者ヲ明記セサルトキハ其ノ出所ヲ明示シテ轉載スルコトヲ得」トアリマス、小說ナラバ轉載ヲ禁ズルト云フコトヲ明記スルトセストヲ問ハヌトナッテ居ル、所ガ追加條約ノ第四ヲ見ルト「同盟國ノ一ニ於ケル新聞紙又ハ定期刊行物ニ於テ公ニシタル續物（小說ヲ含ム）ハ著作者又ハ其ノ承繼人ノ許諾ナクシテ他國ニ於テ原文ノ儘若クハ翻譯シテ復製スルコトヲ得ス」トアリマス、スルト小說ト云フダケデハ追加條約ト比較シテ見ルト狹マ過ギハシマセヌカ

○政府委員（水野錬太郎君） ソレハ全ク其通リデ、小說ダケダト實ハ狹イノデアリマス、此續物ト云フ字ガ能ク無イノデアルカ知ラヌガ原文ニハ「ろーまんす、ふゐとん」トアッテコヽニモ括弧シテ「（小說ヲ含ム）」ト書イテアリマス、是ハ小說ト云フダケデ宜イト云フノデ續物ト云ヘバ言葉モ不明デアリマスカラ小說ト云フ字ダケ入レテ其他ハ入レヌ積リデアリマス、ソレデ條約トノ關係ハドウナルカト云フト外國ノモノヲ日本ノ新聞ニ載セレバ二十七條ノ規程ニ從ッテ外國ノ著作物ニ關シテハ條約ノ第四ニ據ルコトニナリマス、カラ外國ノ著作物ニ關シテハ小說ヨリ廣イ、日本ノダケナラ小說ダケデ宜イト云フ主意デアリマス

○山脇玄君 分リマシタ

○副委員長（加藤弘之君） サウスルト外國ノナラ小說ダケデハイカヌト云フノカ

○副委員長（加藤弘之君）[illegible]ル外國ノ新聞ハ……

○政府委員（水野錬太郎君）　ソレハ外國人ノ著作シタモノデゴザイマスカ

○副委員長（加藤弘之君）　サウ

○政府委員（水野錬太郎君）　ソレハ條約ノ方デアリマス

○副委員長（加藤弘之君）　別ニ御説ガ無ケレバソレデハ二十七條ヲ除イテ次ノ二頁ニ付テ……

○菊池大麓君　コヽニハ私ノ意見ガ二ツホドアリマス、先ヅ一ツ二十九條中ノ第四ト云フヤツ、是ハ此間質問シマシタトキ段々論究シテ見マスト云フト斯ウ云フヤウナモノハ不都合ニナルダラウト思ヒマス、自分ノ著作物ニ入レルタメニ殊更ニ圖書ヲ書カセル又寫眞ヲサセルト云フヤウナ風ノ物ヲ外ノ著作物ニ其儘取ラレル事ガ此第四デハ出來ルヤウニアルデスナ、ソレハ大イニ著作權ヲ害スルモノデアル、何ゼナレバ此所ニ或ル書物ヲ書ク、動物ナラ動物ニ對シ骨ヲ折ッテ書ヲ拵ヘタ物ヲソレヲ又外ノ動物書ニ取ラレテ什舞フト隨分侵害ヲ受ケルコトト思ヒマス、サウ云フコトハ此第四ノ中カラ除イタ方ガ宜クハナイカト思ヒマス、凡ソ斯ウ云フ風ナ意味ノ修正ヲ附加ヘタイト思ヒマス、第四ノ但書ニナルカモ知レマセヌガ、特ニ是ハモトノ文章デ……「文藝學術ノ著作物ニ挿入スル爲ニ著作シ又ハ著作セシメタル圖書及寫眞ヲ他ニ挿入スルコトハ此限ニ在ラス」斯ウ云フヤウナ文章ヲ入レタ方ガ宜クハナイカト云フ考デス、一ツ修正案トシテ提出シマス

○政府委員（水野錬太郎君）　チョット今ノ御修正ニ付テ伺ッテ置キタイデスガ、サウスルト圖書寫眞ダケヲ取ルノハイケナイト云フノデスナ

○菊池大麓君　サウデス

○政府委員（水野錬太郎君）　其反對ニ此美術上ノ著作物ノ中ニ學藝所謂文藝學術ノ特ニ著作シタサウ云フモノハ取ル方ハドウデスカ、矢張リ同ジ風ニ書カナイト釣合ガ見エナイコトニナルデスガ、此例外モ又同ジヤウナ例外ヲ置カヌナラヌヤウニナルデスガ……

○菊池大麓君　其方ハサウ多クナイヤウニ思ヒマスガサウ云フ場合ガアルデスカ

○政府委員（水野錬太郎君）　ソレハ隨分書ヲ書イテ其上ニ詩ヲ作ッテ掲ゲテ置クトカ云フコトハ餘計ナイカモ知レマセヌガ、アルコトハアルト思ヒマス

○木下廣次君　政府委員ニチョット質問シマスガ著作物ヲ爲シテソレヲ説明スル爲ニ殊更ニ圖書ヲ挿入シテ置イタ、ト云フ其圖書ダケハ取ル譯ニハイカヌト云フヤウナ御趣意ノヤウデシタガ、左樣ナ目的デ挿入シタ所ノ圖書ト云フモノハ美術上ノ著作物トハ言ヘヌト思ハレルデハナイカ

○菊池大麓君　サウ云フ此法律ガ解釋ニナレバ宜イノデスガ實ハ此間ノ質問ノ際ニ是ガ第二十四條ト牴觸スルト云フコトヲ私ハ言ッタ、ダガドウモ牴觸スルヤウニ思フガドウモソレハ防ゲマイト云フヤウナコトニナッタヤウニ此[illegible]言ヘナイ、又寫眞ナドデモ二十四條ノ寫眞ノヤウナモノハ決シテ第二十四條デ取ルコトハ出來ナイヤウニナル斯ウ解釋デアレバ少シモ要ラナイ、サウデナイト云フヤウニ此間ノ質問ノ結果サウナッタヤウニ思ヒマス

○木下廣次君　原案者ノ意見ヲ聞キマスガ此所デ美術上ノ著作者ト言ッタノハ例ヘバ博物館ニ掲ゲテアルモノトカ云フ如キ物ヲ言ッタノデアッテ殊更ニ自己ノ著作物ヲ説明スルノ材料トシテ殊更ニ書セタマデノ物マデモ含マシテ居ル積デアルデスカ

○政府委員（水野錬太郎君）　ソレハ矢張リ其趣意ナンデス、例ヘバ日光案内記ト云フモノヲ書イテサウシテ日光ノ繪ヲ書カシテソコヘ入レルト言ヘバ矢張リ繪ト云フモノハ美術上ノ著作物デスカラ日光案内記ヲ説明スル爲ニ其繪ヲ入レレバ其繪ハ美術上ノ著作物デアルト思ヒマス、ソレハ美術上ノ物デナイト云フコトハムヅカシイ

○菊池大麓君　サウ云フ場合ハ同ジ繪ヲ竊ンデ出シテモ此第四デ僞作トナラヌト云フコトニナラウト思ヒマス

○政府委員（水野錬太郎君）　ドウモサウ云フ結果ニナリマスナ

○久保田讓君　今菊池サンノ御話ガアリマスケレドモサウ云フコトハ幾ラカ免レヌコトデ二十九條ノ第二ノ「自己ノ著作物中ニ正當ノ範圍内ニ於テ節錄引用スルコト」トアリマス、是等モ同ジコトデス、日光ノ詰ラヌ寫眞ヨリモ大變苦心シタ文字ガアリマス、ソレハ適當ニ節錄引用サレテモ仕方ガナイヂヤアリマセヌカ、ソレハ美術デナクッテモ殆ド同ジヤウナ意味デハアリマセヌカ

○久保田讓君　私ハ先達テ申述ベテ置キマシタガ同盟條約ノ八條ニ在ル趣意ガ之ニハ削ラレテ居ルデスガ是ハ日本ノ國内ノ著作權ヲ保護スル爲メニハ必要カモ知レマセヌガ外國ノ著書ヲコチラニ輸入スルトカ云フヤウナコトニハ不便ナノデゴザイマス、殊ニ教科書ナゾニハ非常ニ不便ヲ感ズルカラ矢張八條ノ趣意ヲ入レタイ、其文章ハシカトモ出來テ居リマセヌガ宗教上教育及ビ學術ノ目的ニ供スル爲メニ一種ノ著書ヲ製作スルト云フコトデアル、文章ハ多少直シテモサウ云フヤウナ意味デモウ一箇條入レタイト第二ノ次アタリニ……ソレヲ諸君ノ御贊成ヲ得タイ

○小幡篤次郎君　政府委員ニ質問シマスガ之ヲ除キマシタノハドウ云フ趣意デシタ

○政府委員（水野錬太郎君）　之ヲ除キマシタノハ條約實施準備委員會デ教育上學術上ノ目的ニ供スル爲メニ特ニ之ヲ許スコトハ、サウ云フコトヲ口實トシテノ著作ヲ盜ンデ來ル、實際今日デモサウ云フ例ガアルカラ法律デ斯ウ云フコトヲ明言シテ置クト內國ノ學者ガ大變迷惑ヲスルカラ斯ウ云フヤウナ廣イ意味ノ規定ハ成ルベク置カヌ方ガ宜カラウ外國ノ著作ヲ取ルガ爲メニ却テ內國ノ著作者ニ迷惑ヲ懸ケルコトガアラウカラ之ヲ削ラウト云フコトデ削ッ

タノデス

○久保田讓君　チョット政府委員ニ御尋ネシマス、宗教上教育上トアッテ條約ノ八條ニハ宗教上ト云フコトハナイヤウデスガ宗教ト云フコトヲ御入レニナラナカッタノハドウ云フ意味デス

○政府委員（水野錬太郎君）　ソレハ宗教上説教書トカ云フモノハ矢張教育ノヤウナ趣意デヤルモノデアルカラ成ルベクサウ云フモノハ許ス方ガ宜イ、條約ニハ書イテナイガ教科ノ用ニ供スルナラバ宗教上ノコトモ這入ッテ宜イト云フノデソレガ這入ッタガ其次ニナクナッタ宗教上ノ目的デ拔萃スルヤウナコトハ隨分外デ許シテ居ル

○菊池大麓君　今ノ久保田君ノハ良イ方カラ見ルト大變良イデスケレドモ著作者ノ權ヲ保護スル方カラ云ヘバ餘程ノ弊害ガ起リサウデス、故ニ拔萃蒐輯シテ宜イト云フト拔萃ト云フコトハドノ位ノコトヲ意味スルカ分ラヌ、第二節錄引用ト云フコトデモ隨分廣クイケヤウト思フノニ況ヤ拔萃蒐輯ト云フコトニナルト法律上ノ取締ガ殆ド附キ惡クカラウト思フ、又目的ハ斯ウ限ッテアリマスケレドモ是ハ廣イノデ教育上トカ美術トカ云ヘバ總テノモノヲ殆ド含ムコトニナリマスカラ是ハ矢張拔カシテ置イタ方ガ適當デアラウカト思フ

○久保田讓君　此條約ノ同盟ノ人デモ各々國々ノ利害ノコトハ皆考ヘテ斯ウ云フコトヲ條約ニ入レテ居リマスノデ隨分何處ノ國デモ教科書ニ用ヰルコトノ必要ガアッテ出來テ居ルノダラウト思フソレヲ日本デ斯ウ云フ利益ノコトヲ引拔イテ仕舞フト云フコトハ後悔スルコトガアルト困ルカラ大變强イ理由ヲ持タヌガ兎ニ角條約ナドニ這入ッテ居ルノヲ拔カウト云フノデアルカラ餘程能ク考ヘテ貰ラヒタイ、內務省ニ於テモ一旦原案ニ御入レニナッタノヲ今ノ樣ナ理由デ御拔キニナッタト云フコトデアルカラ……

○政府委員（水野錬太郎君）　是ハ御參考ノタメ申上ゲテ置キマス、外務次官ガ出テ御話スルカモ知レマセヌガ此教科ノ用ニ供スルト云フノハボンヤリシタコトデ文部省デ認定サレタラ教科書ニナルガ其前ニハ教科書デアルカ分ラヌカラ斯ウ云フ事實カラ困ッテ居ル、詰リ尻拔ケニナルカラ條約上穩カデナイト云フコトモアルノデス

○久保田讓君　先刻モ教科用ノ目的ト云フコトヲ云ッテ置イタラ實際ニ於テハソンナコトハアルマイ、教科書ト參考書ト學術書トハ勿論性質ハ違ヒマス、教科書ハ一體大學デ用ヰル教科書デハナイ、詰リ小學校中學校ノ書物デアル、學術書參考書ノ書物トハ違ヒマスカラ實際困ルコトハナイ、ドウモサウ云フ樣ナコトハ實際必要ハアルノデアリマセヌカ、教科書ニハ色々必要ノ材料ヲ蒐メテ來ナケレバナラヌカラ……

○菊池大麓君　サウ云フコトハ著者ノ承諾ヲ得レバ譯ハナカラウト思ヒマス、承諾ヲ得ナイデ無理ニヤルノヲ……

○政府委員（水野錬太郎君）「チョット御參考マデニ申シテ置キマスガ今日條約デハコンナ風ニナッテ居リマス、教科ノ用ニ供スルタメニ拔萃スルコトハイカヌト云フ說ハ同盟國ノ委員ノ中デモ一昨年ノ會議デ此字ヲ拔クト云フコトハ佛蘭西ノ委員カラ出シタコトガアリマス、併シ佛蘭西ノ委員ノ說ハ少數デ消ヘマシタガ教科ノタメニ拔萃スルコトハ非常ナ弊ガアルカラ同盟條約ノ八條ヲ修正スルト云フ意見ガ出マシタガ少數デ消ヘマシタカラ今日デハ殘ッテ居リマス

○久保田讓君　ソレハ兎ニ角我國ノ利害ト云フコトニ付テ是ガ害ガアルコトナラバ入レル、利益ガアルナラバ入レナイ、ドコノ國デモヤッテ居ル……チョット水野サンニ御尋ネシマスガ八條ヲ見ルト教科用ニ供シタル科學ノ性質ヲ有スル著作ノ爲メニ文學ト美術ノコトヲ適法ニ拔萃スルト書イテアリマス、ソレニハ教科用ノ科學ノタメニ文學ト美術ヲ拔萃スルト書イテアル、夫レカラ內務省ノ方デハ廣ク教育上學術上ノタメニ總テノコトヲ拔萃スルト云フコトニナッテ居リマスガ是ハ條約ニ拘ハラズ法律デ斯ウ云フ廣イ意味ニ極メテ差支ハアリマセヌカ

○政府委員（水野錬太郎君）　趣意ハ同ジコトデアリマス、八條ハ元內務省デ起シタ案デハ矢張リ教育上ト云フコトハ教科ヨリ廣クナル教育上學術上ノ目的ノ爲ニ拔萃蒐集スル、ソレハドウスルカト云フト矢張リ今ノ文學若クハ美術ノ著作物ヲ拔萃蒐集シナケレバナラヌ

○菊池大麓君　私ハ斯ウ云フコトガ起ラウト思ヒマス、今ノ久保田君ノ樣ナモノガ出來ルトサウスルト拔萃シテ宜イノデスカラ節用編輯ト云フモノヲソレヲ適法ニ許シテ宜イ、適法ト云フノハドンナコトカ知レマセヌガ節用ト云フノハ色々ノ人ノ或ハ十頁或ハ二十頁位ヅツ取ッテ拵ヘラレル、サウ云フコトニナルト日本ノ著作物ノ保護ハ無クナッテ仕舞フ、サウスレバ雜誌ニ出シテ置イタモノニ「禁轉載」ト書イテモ是ナラ出來ル、サウ云フモノヲドン／＼拵ヘラレテハ非常ナ不幸ニナラウト思ヒマス

○久保田讓君　先刻カラ外國ノ事ガ問題ニナッテ居ルガ外國バカリデ無イ內國ノガ色々ノ格言トカ事實トカ少シノ言葉デ價値ノ有ルノガ教科書ニ持ッテ來ルノニ必要デアル、ソレデ獨逸デハ「既ニ發行シタル著作物ノ章句若ハ其一小部ヲ引用シ又ハ既ニ發行シタル小著作物ヲ目的ヒ特立スル科學的大著作物ノ中ニ揭載シ」トアッテサウ云フコトガ出來ルコトニナッテ居ル、サウ云フモノガ教科書ニハ必要デハ無イカ

○菊池大麓君　隨分必要デアラウト思ヒマス、讀本ナドハサウデアリマセウガ、格言ト云フモノヲ持ッテ來ルノハ此第二デ大概イケマセウ、或ハ讀本ニ持ッテ行ッテ稍々高等小學ノ讀本ナドニナルト、チョットハ長イモノヲ持ッテ來ル、或人ノ書イタ動物書ノ中ノ面白イヤサシイモノヲ持ッテ來ルト云フヤウナトキハ著者ニ請フテ許可ヲ得テヤルトスレバ多クハ承諾スルダラウ、是デ置イトイテモ宜カラウ、ドウモ大キナ穴ヲ明ケルト非常ニ著作權ヲ害スルコトニナリハスマイカ

○久保田讓君　私ハ實際ノ事ハ分ラヌガ兎ニ角議論アル國デ獨逸ナドデ出來

カ、弊ナクシテ利益ノ方ガ多イノデハ無イカト思フ
○菊池大麓君　私ノ考デハ頼ンデ許シテ貰ヘバ宜イト思フ、文部省ナドハ頼ンデヤッテ居ル、若シ著者ガソレヲ許サヌト云フトキハ、ソレヲ入レナクッテモ讀本ガ成立タヌト云フコトモアルマイカラ……
○副委員長(加藤弘之君)　窃ムト云フコトハ日本ノ方ガ獨逸アタリヨリヒドイゼ、獨逸ノ方ガマダ風儀ガ宜カラウ、日本ノハ構ハナカッタラ餘程ヒドイコトヲヤルゼ
○菊池大麓君　獨逸ノ七條ヲ見ルト能クコンナコトデイケルト思ヒマスガ獨逸ノ本屋ナドハ德義ガ有ルト見エル、日本ノ本屋ハ實ニ亂暴デ德義モ何モ無イ
○久保田讓君　亞米利加ノ鐵道馬車ニ乘ッテ見ルト錢ヲ受取ル者ハ無イ自分デ錢ヲ入レルノダガ、ソレデモ入レズニ行ッテ仕舞フ者ハ無イ、日本デハソンナコトヲスルト拂ハズニ行ッテ仕舞フ者ガ隨分有リサウダ、ドウモ自分デ著述ヲヤッタロトガ無イカラ分ラヌガ日本デハ隨分ヒドイコトヲ……
○副委員長(加藤弘之君)　文章ヲ其儘出セバ惡イガ、ドウセ學者ノ拵ヘタノヲ眞似ヲスルノダカラ意味ヲ取ッテ書イテモ同ジコトダ
○久保田讓君　讀本ヤ何カハサウデナイ、加藤サンナラ加藤サンノ言葉ダト云フノデ價値ガアルノデ、久保田ガ斯ウ言ッタト云フノデハイケナイ、ソレハ讀本ヲ明ケテ見ルト分リマス、ドウモ私ハ餘リ嚴重ニスルト困ルコトガ起ルダラウト思ヒマス
○菊池大麓君　本屋ナリ編輯者ナリガ道德德義ヲ守ルト宜イガ、若シ之ヲ緩クシテ置クト百科全書ト云フヤウナモノヲ拵ヘテ學術上ノ目的ニ供スルモノダト云ッテ節錄編輯トシテドン／＼拔イテ來テ出スコトハ期シテ待ツベシト私ハ思フ
○久保田讓君　私ハ言フダケノ理由ハ無イカラ諸君ノ御判斷ニ任セマス
○副委員長(加藤弘之君)　今決メナクモ宜イネ
○菊池大麓君　二十七條モアヲマスカラ御猶豫ヲ願ヒマス、ソレカラ私ハ第三十條ノ次ニ入レタイ條ガアリマス、チョット讀ンデ說明ヲ致シマス

練習ノ用ニ供スルカ爲メニ著作シタル問題集又ハ著作物ニ挿入シタル問題ノ解答書ヲ發行スル者ハ僞作者ト看做ス

斯ウ云フ十條ヲ入レタイ、是ハ他ノ學科ニモ稍々有リマセウト思ヒマスガ重ニ數學上ノコトデアリマスガ數學上ニハ問題集ト云フモノガ澤山出來テ居リマス、ソレカラ又敎科書等ノ問題、所謂演習問題ト云フヤツヲ入レテアル、其問題タルヤドウ云フモノデアルカト云フト、先ヅ此割算ト云フモノハドウ云フ風ニヤルモノデアル、比例ハドウ云フモノデアルト說明シ、又例題ヲ掲ゲテ斯ウ云フ風ナ問題ハ斯ウ云フ風ナコトニヤルト云フ例題ヲ掲ゲテ置イテ、又其次ニ出シテアルノデ、ソレハ生徒ニヤラセル爲ニ出來タノデアルガ、ガ餘程苦心シテサウシテ順序ヲ立テタリ何カヲシテ作ッタモノデアル、ソレニ其解答集ヲ無暗ニハタノ者ガ拵ヘルト云フ事ニナリマスルト、其或物ニアッテハ……一體私ナドハサウ云フ考デスガ、敎科書ノ解答集ト云フモノハ學生ガ見ルト云フ事ハ詰リ敎育上サウ云フ事ハ間違ッタ事デアルカラサウ云フ事ノナイヤウニシナケレバナラヌノデアル、或著者ハ隨分サウデナクシテ解答集ヲ拵ヘル、兎ニ角ソレダケノ骨ヲ折ッテ拵ヘタト云フモノニ問題或ハ解答集ト云フモノハ……其問題集ト云フモノハイロ／＼解答ヲ拵ヘルコトハ極ク容易イ事デアルケレドモ、ソレヲ拵ヘラレタラ元ノ著作物ノ値打ヲ害スルモノデアリマスカラ、ソレヲスルコトハ出來ヌト禁ジテ置カナケレバ問題集ヲ拵ヘタ者、又ハ著作物ヲ挿入シタ所ノ著者ニ對シテ餘程ノ損害ヲ受ケル事ニナルダラウト思フ、是ハ正當ニ僞作トハ言ヘナイト云フ政府委員ノ說明デアリマスケレドモ詰リサウ云フモノハ僞作者ト看做スト云フコトニシテ三十條ノ次ヘ挿入シテ、斯ウ云フ事モ惡ルイト云フコトニシテ著作者ヲ保護シタイト云フ精神デアリマス、是ハ數學上ニ於テ最モ必要ノ事デアリマスカラ、文字ノ所ハドウデモ宜シウゴザイマスガ、是ダケハドウモ是非願ヒタイノデ熱心ニ主張致シマス
○山脇玄君　政府委員ニ質問ヲシマス、ソレハ原案ノ十九條デハイカナイデスカ、十九條ノ方デアレヲ防グ譯ニハ往カナイノデスカ、獨立ノ著作者ト看做サナイト云フノデ
○政府委員(水野錬太郎君)　十九條ヂヤアドウモムヅカシカラウト思ヒマス、今ノヤウナ問題ノ解答ヲ拵ヘタノハ矢張リ一ノ著作物デスカラ、問題ヲ眞似タノデハナイ、自分ノ新タラシイモノデ考ヘ出シタ、著作ヲシタノデスカラ矢張リ著作物ト看做サレルデアリマスカラ十九條ニハ這入ラヌ
○菊池大麓君　現今ノ事ヲ申シマスガ、現今ノニハ十九條ト同シ意味ノモノガアリマスガ、ソレデ今ノヤウナ事ハ是ハドウ云フ所カラ起ッテ來タカ知リマセヌケレドモ著者デモ本屋デモ問題ノ解ヲ拵ヘルト云フ事ハ著作ト云フモノノ內ノモノデアッテ、承諾ヲ得ナケレバイカヌモノデアルト云フ風ナ考ヲ以テ實際ハ原著者ニ斷リナシニスルト云フコトハ陰呑デアルト思ッテ今迄デハヤラズニ居ル、ヤッタトキハ法廷ニ出テドウナルカ知レマセヌケレドモ實際ノ事實ハヤラズニ居ル、ソレガ今ノヤウニ愈々是ガ僞作デナイト云フ事ニナルト、必ラズ是ハ行ハレルニ違ヒナイ、是ガ行ハレルト云フ事ハ私ハ敎科書ヲ書イテ居ルケレドモソレニ對シテ問題集ヲ拵ヘタイ、問題解式集ヲ拵ヘタイト云フコトヲ方々カラ言ッテ來ル、此節ハ言ッテ來ナイガ、初メノ內ハウルサイ程言ッテ來タ、ト云フノハ今ノ一方デハ註解ト看做シテ原著者ノ承諾ヲ得ナケレバナラヌト云フヤウニ思ウテ居ルガ、サウ云フ風ニナッテハ敎科書ノ値打ヲ害スルモノデアルカラ、ナラヌト言ッテ斷ッテ居リマスガ、サウ云フ考ヲ持ッテ居リマスガ、是ハ外國アタリノ例ハドウナッテ居ルカ分ラヌ

ガ、英吉利アタリデハ私ノ知ッテ居ルノニハ原著者ガ解答集ヲ拵ヘテサウレテソレヲ版權ヲ取ッテ置イテサウシテ獨學者トカ教員ト云フ者ノ保證ノアッタ者ニハ賣ルケレドモ其他ノ者ニハ賣ラヌト云フヤウナ制限ヲ付ケテ居ル所ガアル、何デモ日本ノヤウニ問題集ト云フヤウナモノニ解答集ト云フモノガアル所ハナイ、所ガ教育上ノ意見ハ別ニシテ置イテ問題集ト云フモノヲ拵ヘテ其著作書ノ解答式ヲ拵ヘラレテ仕舞ッテハ問題集ノ値打ト云フモノガ非常ニ下ルノデアリマスカラ矢張リ著作權ヲ侵害スルト云フ事ニハ違ナイト考ヘルデス

○山脇玄君　サウスルトナンデスカ、菊池サンナラ菊池サンガ御著ハシニナッタ算術書ヲ土臺トシテ問題集ヲ作ル、或ハ解答式ヲ作ルト云フ事デアレバ十九條デ往カレルト思フガ、唯今ノ御話ノ數學書ハ別問題ニシテ此處ニ算術書ノ解答ヲ設ケタリスルト云フヤウナモノニナレバソレハ一ノ獨立ノ著作ニナルデス、今日ヲ此法律ヲ解釋ヲスルトサウナリマセウ

○菊池大麓君　此間政府委員ニ質問シタラサウデナイ、例ヘバ割リ算ノ事ヲ書イテソレカラ演習問題ヲ書イテソレカラ又比例ナラ比例ヲ書イタモノガ澤山アル、サウスルトソレヘ持ッテ往ッテ誰々ノ著、算術教科書問題解式集ト云フモノヲ拵ヘルデスナ、サウスルト、ソレハ十九條デハ防ゲナイト云フ政府委員ノ答デアル、サウ云フモノヲ拵ヘラレルト原著者ト云フ者ハ著作權ニ餘程侵害ヲ受ケル譯ニナル、此法律上デハ侵害デナイカモ知レマセヌガ其教育上ノ價ト云フモノハ餘程ヘルト思フ、減ルニシロ、減ラヌニシロ、サウ云フ事ハ著者ノ方ニ與ヘテ置キタイト思フ

○男爵吉川重吉君　十九條ニソレヲ御入レニナルト私ハ差支ハシナイカト言フチヨット感ジヲ起シマシタ、付キマシテハ十九條ニ付テ質問シテ見ナクテハ分ラヌノデゴザイマスガ十九條ニ何々シタルガ爲メニ新ニ著作人ヲ生ズルコトナシト書イテアルノデ是ハ即チ僞作トナッテ此法律ニ依ッテ罰セラルルヤウニ見ヘナイ、例ヘバ茲ニ或人ガ漢字デ書イタ書物ヲ著ハシソレニ傍訓トカ又ハ句讀トカ言フモノヲ附ケテ或ハ或人ガ動物學ノ書物ヲ出シテソレニ圖ヲ加ヘタ、サウ言フヤウナコトハ強チ僞作デハナイケレドモソレガ爲メニ著作權ヲ新ニ生シナイト言フヤウニ思ハレルノデアリマスガ、ソコハドウ言フ御解釋ニナルノデスナ

○政府委員(水野錬太郎君)　唯今仰シヤッタヤウナ例ハ著作權ハ無論十九條デ生ジナイ、ソレト同時ニ他人ノ著作物ヲ著者ノ許諾ナクシテ圖ヲ加ヘルトカシテ發行シタナラハ矢張リ著作權ヲ侵シタコトニナラウト思フ

○男爵吉川重吉君　他人ガ著作權ヲ持ッテ居ル場合ナラサウデアリマセウガ既ニ著作權ノ消滅シタモノデアル、例ヘバ日本外史トカ云フヤウナモノニ向ッテ批評トカ句讀ヲ加ヘタト言フヤウニシテ一ツノ書物ヲ拵ヘタ、ソレハ日本外史ノ著作者デハナイガ日本外史ニ批評トカ句讀ヲ切ッタマデ、ソレハ僞作デハナイ、併ナガラソレガ[illegible]ニ新ニ著作權ガ生ヅナイト言フ如ク言フ間ノモノガ生ジヤシナイカト思フ

○政府委員(水野錬太郎君)　著作權ノ生ジナイ者ニ對シテハ著作權ノ侵害ニモナラズ又新ニ著作權ヲ生ジナイコトニモナラウト思フ、現ニ著作權ヲ持ッテ居ル者ニ對シテ斯ウ言フコトニスレバ著作權侵害ト言フ結果ニナラウト思ヒマス

○男爵吉川重吉君　ソレナラ今ノ菊池君ノ御話シノヤウナ場合ハ必ズ著作權侵害デアルヤ否ヤト言フコトハ十九條バカリデハ明カデアルマイト思フ

○政府委員(水野錬太郎君)　ソレハ唯十九條ニ加ヘタケデハ明カニナルマイト思フ、若シ今菊池サンノ御修正ノヤウナモノヲ入レル必要ガアレバ外ノ條ニ御入レニナッタ方ガ明瞭ニナラウト思フ、十九條ニ入レルノデハドウシテモ疑ガ起ッテ來ルダラウト思ハレマス

○山脇玄君　ソレハ勿論菊池サンノ御趣意ハ十九條ニハ這入ル方ガ宜カラウト思フ、ト云フノハ吉川サンノ仰ッヤルヤウナ著作者ガナイ者ナラ心配ハイラヌガ著作者ガ分ッテ居ル者ニ對シテノ御心配ダラウト思フ故ニソレハ別條ニスルト云フコトハ今著作者ノアルノヲ保護シサヘスレバ宜イノデスカラ……

○菊池大麓君　十九條ノ中ノ圖畫ヲ加フノアトヘ入レテ宜シイ

○政府委員(水野錬太郎君)　但書ガアルノデ困リマス

○久保田讓君　アナタ方ニ反對ノ御考ハナイノデスカ

○政府委員(水野錬太郎君)　現在内務省ノ解釋デハサウ云フ解釋デ、菊池サンノ御話デ見ルト著作人ノ許可ナクシテヤルノハヒドイト思フ故ニサウ云フ者ヲ特別ノ明文ヲ以テ保護スルコトナラ一向差支ナカラウト思ヒマス

○木下廣次君　其形式ハドウカ知レマセヌガ其趣意ハ私モ贊成イタシマセウ、置キ所ハドコデモ宜シウゴザイマスガ、矢張此第二條ノ所ニ

○副委員長(加藤弘之君)　今ハ出來ネバ文章ハマダ錬ッテモ宜シウゴザイマセウ

○菊池大麓君　私ハ下ノ方ニ現著作者ノ承諾ヲ經ルニアラザレバト云フ樣ナ文字ヲ入レ樣ト思ヒマシタガ總テ取ッテアルカラ此所バカリ入レテハ可笑シイ樣ニ思ヒマスカラ……

○政府委員(水野錬太郎君)　其趣意デアリマス、其許諾ガアレバ宜シイト云フコトニナリマス

○副委員長(加藤弘之君)　ソレカラ三十一條ノ「善意」ト云フ所ガ

○政府委員(水野錬太郎君)　「善意ニシテ且」ト云フコトニナル……

○副委員長(加藤弘之君)　ソレデ宜シウゴザイマス、サウスレバサウ修正シタモノニシマス

○久保田讓君　其次ニモウ一箇條三十二條損害ノ賠償ヲ請求トアリマスガ是ハ「シ」ノ字ガ落チタノデハアリマセヌカ

○政府委員(水野錬太郎君)　ハイ落チタノデゴザイマス

○副委員長(加藤弘之君) 修正デ宜イデセウ

○副委員長(加藤弘之君) 今日ハ隨分長クナリマシタカラ延シテ是デ散會シテ明後二日ニ午前十時カラ開キマセウ

午後三時四十二分散會

明治三十二年二月二日(木曜日)午前十時三十六分開會

○副委員長(加藤弘之君) ソレデハ罰則ダケヲ題ニシテ置キマス

○山脇玄君 私ハ三十五條三十六條三十七條三十八條等罰則ノ種々ニナッテ居ルノヲ簡略ニ纒メタイト云フ修正意見ガアルノデゴザイマス、罰則ヲ大別スルト僞作ヲ爲シタル者ト、ソレカラ僞作物ヲ廣ク弘メルト云フコト、著作ヲシテ其物ヲ擴メルノガ一部類ニナリマス、其他ノ事ト云フモノハ違警罪類似ト云ッテハ可笑シイガ先ヅア、シテハイケナイトカ斯ウセヌナラヌトカ云フヤウナ違警罪類似ノヤウナ罰デアルカラ二種類ニスル譯ニハイクマイカ、三十五條ノ一項二項ヲ一緒ニシテ其罰ハ五十圓以上五百圓以下トシタラ宜カラウト思ヒマス、現行法デハ體刑ニナッテ居リマス、是デハ體形ハ除イテアルガ罰金ハ重キニ從ッタ方ガ宜イ、ソレカラ三十六條以下四十條マデ同ジニ籠メテ仕舞ヒタイガ三十七條八條九條ハ同ジ罰ニシテ十圓以上百圓以下ト云フヤウナ罰ニ止メテ宜クハ無イカ、四十條モ籠メテ仕舞ッテ十圓以上百圓以下ニシテ差支ナイデハ無イカト云フコト、モウ一ツハ三十八條ノ「著作者ニ非ル者ノ氏名稱號ヲ附シテ」云々ト云フコト、三十九條ノ末段ニ「他人ノ著作物ト詐稱シテ發行シタル者」是ハ場合ハ違ヒマスガ、マア殆ド同ジヤウナ事柄ニナリハセヌカト思ヒマス、ソレデ前ノ三十八條ノ事柄ヲ無クシテ「他人ノ著作物ト詐稱シテ」ト云フ方ニ全クハ含ミハシナイダラウガ含マセルコトニシテ御差支ガアルカ無イカト云フコトヲ政府委員ニ伺ヒタイ

○政府委員(水野錬太郎君) 唯今ノ山脇サンノ御説ハ罰金ノ高ヲ總テ一率ニシヤウト云フ御主意デアリマスカ

○山脇玄君 私ノ考デハ三十五條ノ一項二項ヲ同ジニシテ仕舞ッテ詰リ一項二項ヲ五十圓以上五百圓以下ニシテ仕舞フノデ僞作物ヲ作ルコト、作ッタ僞作物ヲ擴メル者ト同ジ類ノ性質ノモノデアルカラ之ヲ一ツニシテ仕舞フノデ、其他ノ罰則ト云フモノハ違警罪類似デ、ア、セイト云フコトヲシナイトカ斯ウスベカラズト云フコトヲシタトカ云フノデアルカラ之ヲ引括メテ一ツノ罰ニシテ仕舞ッタラドウカト云フ大體ノ考デゴザイマス

○政府委員(水野錬太郎君) ソレデハチョット申上ゲテ置キマスガ、此罰則ノ立法ノ趣意ハ詰リ僞作ヲ爲シタル犯罪人デアルカラ其僞作ヲ爲シタルモノヲ主トシテ罰シテ、ソレカラソレヲ賣弘メタル者、其他僞作ノ所爲ヲ幇助シタル者ハ丁度輕罪ノ從犯ニ當ル位ノモノデアル、ソレデスカラ僞作ヲ爲シタ者ト賣出シタ者ト一緒ニシテ同一ノ罪トシテ罰スルト云フノハドウモ刑法ノソレヲ助ケタト云フモノハ一等下ッタ處ノ罰金ニ處スルト云フ趣意デ三十五條ノ中ニ入レタノデアリマス、ソレカラ三十六條三十七條ハ法律デ命ジタコトヲシナイトカ或ハ法律デシテハナラヌト云フコトヲシタトカ云フ場合デゴザイマスカ是ハ著作權者ノ方カラ云フト隨分重イコトデ例ヘバ出所ヲ明示セヨト云フニシナイトカ改竄シテハナラヌト云フニ改竄シタトカ云フ重イ行爲デアルカラシテ之ヲ普通ノ刑法ノヨリ重クシテ輕罪ノ中ニ入レタノデゴザイマス、入レマシタガ僞作ヲシタモノヨリハ罪モ輕クシ罰金モ輕クシマシタ、ソレハ三十八條三十九條トハ全ク性質ノ違ッタモノデ、三十八條ハ即チ著作權ノアル場合デアリマス、又三十九條ハ是ハ全ク著作權ノ消エタモノデゴザイマス、ソレデ此三十八條ト三十九條ヲ一緒ニスルト少シク性質ガ違フカト思ヒマス、ソレデスカラ罰金ニ多少ヲ設ケタノデ之ヲ一緒ニスルノハ少シ困ルノデゴザイマス、矢張リ斯ウ云フヤウニシテ置カヌト權衡ヲ得ナイコトニナリハシナイカト云フノデ三十五條以下ヲ別々ニ規定シタノデゴザイマス

○菊池大麓君 此三十六條三十七條三十八條三十九條マデノ發行著作物デスナ、是ハ四十一條ニ規定シデアル沒收ト云フコトハ適用サレナイト云フコトヲ此間確メテ置キマシタガ、サウナルト人ノ名義ヲ騙ッテ著作物ヲ發行シテ置イテ五十圓以上五百圓以下ノ罰金ヲ拂フダケデ其書物ト云フモノハ依然ト發賣スルコトガ出來ルヤウニナル、若シ鉛版ニデモ取ッテアレバ何時マデモ出版スルコトガ出來ルダラウト思ヒマス、ソレデハ不都合デアリマスカラ私ハ四十一條ニ修正ヲ加ヘテ三十六條三十七條三十八條乃至三十九條ノ罪ヲ犯シタモノハ矢張リ著作物ヲ同樣沒收スルコトニシタ方ガ宜シカラウト思ヒマス、修正ノ案ハ若シ此事ガ宜イト云フコトデ極ッタナラ其上デ提出シヤウト思ヒマス、政府委員ノ方デモ、サウナッテハ何ゾ不都合ガアルンデスカ

○政府委員(水野錬太郎君) 唯今仰ッシヤッタ如ク三十六條以下ノ罪ヲ犯シタ者ニ付テハ矢張リ沒收ノ刑ヲ設ケルト云フ御趣意ノヤウデアリマスガ、ソレハ沒收マデモスル必要ハアルマイカト思ヒマス、其理由ハドウカト申シマスルト例ヘバ三十八條ノヤウナ場合ハ人ノ氏名ヲ騙ッテ著作物ヲ發行シタノデアルカラ民事ノ訴訟ヲ起シテ其氏名ヲ取除イテ貰フト云フ訴ヲ起サレルノデス、又其事ガ公ニナレバアスコニ掲ゲテアルコトハ全ク眞正ノ著作物デナイト云フコトニ裁判ノ結果明ニナルコトモアラウト思ヒマス、ソレカラ三十九條デモ其通リ著作者ノ意ヲ害シテヤッタ者ハ全クアレハ犯罪ニ當ルコトデアラウ、即チ改竄シタモノデアルト云フコトガ世ノ中ニ明ニナルニ從ッテソレヲ買ッタモノハ欺レルト云フコトハアルマイ、ソレカラ三十六條三十七條ノ場合デモ從來ノ發行物ハ其出所ト云フモノヲ明示シナケレバナラヌト云フコトニナッテ居リマス、ソレデ出所ヲ明示シナイデ三版ナリ四版ナリシテ行クコトハ此罰則デ出來ナイコトニナリマス、デ成ルベク沒收ノ範圍ハ狹クシ

テ置ク方ガ宜カラウ、若シ之ヲ再ビ沒收スルト云フコトニナルト沒收ト罰金ト二ツノ制裁ニナリマスカラ、ソレホドマデニ三十六條以下ノ者ヲセヌデモ宜イト云フノデ此三十六條以下ニハ沒收ト云フコトヲ規定セヌノデゴザイマス從ッテ沒收ト云フノハ四十一條ダケニ……

○菊池大麓君　今ノ御說明ノ初ノ部分ハ兎ニ角分リマシタガ、後ノ方ハ再版トカ三版トカ言ッテ新シクサウ云フコトヲヤル……、此鉛版ナドニ組ンデアルト停止スルト云フコトハナイドコマデモ行ク、餘ホドノ高マデハ行ケルト思フ、ソレカラ著作者ガ現在居レバ民事ノ訴訟ヲ起スカモ知レナイソレモ訴訟ヲ起セバ著作者ニ對シテ迷惑ガ來ル、ノミナラズ三十九條デハ著作者ガ死ンダ場合ガアラウト思ヒマス、又十八條ノ規定デ見ルト版權ヲ人ニ渡シタ場合デアリマスカラ、サウスルト出版ニナラヌト云フ場合モ隨分ナイトモ言ヘナイ、サウ云フ時ニハ著作者ノ迷惑ニナラナイヤウニシタイト云フノガ此法ノ精神デアルカラ斯ウ云フ不都合ナコトヲシタ者ハ沒收シテ差支ナイカト思ヒマス

○政府委員(水野錬太郎君)　詰リ程度ノ問題ニナリマスガ、若シ實際不都合ナラ四十一條ノ次ニ入レテモ宜ウゴザイマスガ唯出所ヲ明示シナカッタノガ惡ルカッタト云フコトガ分ッテ居ルノデアルカラ沒收マデセナイデモ餘計ナ不都合ハアルマイト思フノデアリマス

○政府委員(森田茂吉君)　此三十八條若クハ三十九條ノ所ノ罰ヲ受ケルモノ即チ發行者デアリマス、ソレデ三十八條若クハ三十九條ニ該當スル書物ヲ發行シタナラバ罰セラル、、斯ウ云フコトニナッテ居リマスカラ其發行シテ罰セラレタニ拘ラズ又發行シタラ又罰セラル、、コトニナリマスカラ此制裁ト云フモノハ隨分發行者ニ對シマシテハ沒收スルヨリカ倘酷イ位ニ屢々スレバ屢々罰セラレルコトニナリマスカラ受ケルダラウト思フ、ソレニ沒收シマセヌデモ十分ニ此三十八條三十九條ニ該當スル樣ナコトガアレバ即チ再發行スルコトハ出來ナイ位マデノ制裁ニナッテ居リマス

○菊池大麓君　チヨット質問イタシマスガ、或書物ヲ版ニシデサウシテソレヲ初メ活版デ千部ナリ二千部ナリ取ッテアトヲ鉛版ニシテ紙型ヲ取ッテ置クト、アトガ二萬ヤ三萬位ハ譯ナク行ケル、サウスルド初ニ其千部ナリ二千部ナリ賣出シテ、アトハ紙型カラ取ッタ鉛版デ印刷シテ行クトソレハ新イ發行トハ言ハレナイト思ッテ居マシタガ、今ノ森田君ノ御說デハ新イ發行ノヤウニ聞エマシタガ、若シソレナラバ論ハナイガ私ハ新イ發行トハ言ヘナイダラウト思ヒマス

○政府委員(森田茂吉君)　私ノ考ヘマス所デハ此版ニシタト云フノデハ未ダ發行ニナラヌ、賣出サナケレバナラヌ又其賣出セタ書物ガ三十八條三十九條ニ該當スルト罰セラレル、其罰セラレタ後又賣出セバ罰セラレル、罰セラレタ後又賣出セバ罰セラレルコトニナリマスカラ唯鉛版ガアル限リ一度罰セラ[illegible]

○菊池大麓君　今ノ御說明デ愈々分ラナクナリマシタ、賣出サナケレバ發行デナイトシマスト玆ニ千部ナラ千部刷ッテ五百部賣ッタトキハ三十八條ニ依ッテ罰セラレル、サウスルトアトノ五百部ヲ矢張リ他カラ買ヒニ來テ賣レバ新シク罰セラルルコトニナリマスカ、ドウモサウハ行カナカラウト思ヒマス

○政府委員(森田茂吉君)　私ノ考デハ著作物ヲ發行スル、其發行シタ行爲ニ付テ罰シマス、其罰セラレタモノヲ發行シタラ又罰セラレルノデアリマス、アトノ五百部ハ發行デアルカナイカト云フコトハ事實問題デナリハセヌカト思フ、要スルニ三十八條三十九條ハドウカト云フト其品物ヲ發行シタ者ヲ罰セラレル斯ウアリマスカラ發行ガ新シクナリマスレバ罰セラレルコトハ差支ナイモノト考ヘルノデアリマス

○菊池大麓君　私ハ第一ニ此發行ト云フコトハ賣ラナクテモ宜カラウト思ヒマス書物ヲ出版シテ置イテ賣ラナクテモソレバ發行ト云ヘルダラウト思ヒマス

○政府委員(森田茂吉君)　無論サウデアリマス

○菊池大麓君　サウスルト其千部刷ッタ物ヲ五百部賣ッタ時ニ罰ヲ受ケテ又アトノ五百部ヲ買手ガアッテ賣ッタ時ニハソレハ新イコトニハナラヌダラウト思ヒマス

○政府委員(水野錬太郎君)　先程森田君カラ說明ノアッタ通リ發行ト云フコトハ兎ニ角公ニシタモノデアリマスカラ印刷シテ自分ノ家ニシマッテ置イタソレダケデハ發行ニナラヌト思ヒマス、ソレヲ賣出シテ、併シ賣出シタラ人ガ買ハナケレバナラヌト云フコトハナイノデ、店ニ列ベテ出ストカ人ニ配ルトカスレバソレハ發行ニナルダラウト思ヒマス、ソレデアリマスカラ初メ千部刷ッテ五百部賣出ヲスレバソレガ發行ノ所爲ニナリマス、アトノ五百部ハ又更ニ賣出ヲスレバ其發行ノ所爲ガアルカラ二度目ニ賣出シタ時ニ更ニ三十八條三十九條ニ依テ罰セラレル、又アトヲ賣出セバ又二度目ニ罰セラレル、唯印刷ニシタ或ハ鉛版ニシテシマッテ置クト云フダケデハ無論發行ニハナラヌ其印刷シタモノヲ店ニ列ベルトカ人ニ配ルトカ云フ時ニ初メテ發行ノ行爲ガ成立ツカラ其時ニ罰セラレルノデアリマス

○菊池大麓君　私ハ少シ解シ兼ネル、何故ト云フニ千部印刷シテ發行スル其印刷シタ物ハ店ニ列ベナクテモ之ヲ賣ル爲ニシタト云フコトハ明デ、一冊カ半冊見本ニ出シテアトハ藏ニシマッテ置イテモ宜イ、サウスルト初メ五百部賣出シタ時分ニ罰ヲ受ケテマダアト五百部ハ藏ニシマッテアル其アトノ五百部ヲ賣ッタノハ決シテ發行トハ言ヘナイ、又印刷スルトハ云ヘナイノデアリマス、ドウモ唯今ノ御說明デハ滿足ガ出來ナイ

○副委員長(加藤弘之君)　私ハ水野君ノ言フノモ菊池君ノ言フノモ最モナコトモアリ間違タコトモアルト思フ、水野君ノ言フノデハ其店ニ出ストカ云フ樣ノコトデ發行ガ重ッテ來ル樣ニ思ハレル、サウ云フコトハ無カラウト思[illegible]

權利ヲ失ッテ仕舞フモノニナルカラ其アトノモノハ假令前ニ版ニシタモノデ、店ニアッテモ藏ニアッテモモウ其發行ノ力ヲ持ッテ居ラヌノデ二度目ニ發行ニナルカラ又罰金ヲ取ラレテ宜イト思フ、サウ云フ方ガ正シイト思フガドウ云フモノデスカ、罰金デ發行ハ消ヘテ仕舞フ、ソレデ前ニ版ニシタモノデモ新規ノ發行ニナル、サウシサヘスレバ是デ宜カラウト思フ

○政府委員(水野錬太郎君) 詰リサウ云フコトニナルカモ知レマセヌ、初ニ千部刷ッテ百部店ニ列ベテ九百部藏ニシマッテ置クト、其九百部ニ就テハ發行デアルカナイカト云フト初メ千部賣出ス趣意デシタノデアルカラ九百部藏ニ積ンデ置イテモ……

○副委員長(加藤弘之君) モウ一ツ言ハセテ貰ヒタイ、其千部刷ッタノガ一ノ發行ト云フ道理ハ出テ來ナイ、又アトハ千部ガ一萬ニナッテモ二萬ニナッテモ一ノ發行デアル……

○政府委員(水野錬太郎君) 併シ唯刻版トカ鉛版トカ拵ヘタダケデハ發行デハナイ……

○副委員長(加藤弘之君) ソレデス、其時出シタトキニ發行ガ一ツッ、改マルト云フ道理ハナイ、百萬部行ッテモズット續イテ居ルノデアラウト思フ

○政府委員(森田茂吉君) 此三十八條ニ依リマスト云フト「著作者ニ非サル者ノ氏名稱號ヲ附シテ著作物ヲ發行シタル者ハ五十圓」云々トアリマス、著作物ヲ發行シテ居ル者ハソレガ千部アラウガ五百部アラウガ玆デ問フノデ無イ、詰リ著作者ニ非ザル者ノ氏名稱號ヲ附シテ著作物ヲ發行シタル者ガ罪ニナッテ居ル、其罪ヲ三十八條ニ問ハレマスノデ後ニ土藏ニ幾ラ有ッテモ構ハヌ、又發行スレバ又罰セラレマス

○副委員長(加藤弘之君) アナタハ罰ヲ受ケタ前後デ言フノデセウ

○政府委員(森田茂吉君) 左樣、ソレハ私モ同說デ罪ヲ既ニ受ケテ居ルガ故ニ土藏ニ在ル五百部ハモウ免罪ニナッテ居ル、一遍罪ヲ受ケテ居ルモノダカラ土藏ニ在ル者ハモウ罪ニナラヌト云フノハ……

○副委員長(加藤弘之君) 私ニ言ハシテ下サイ、私ノハ版ニスル土藏ニ在ルト云フヤウナコトハ構ヒハセヌ、障リ無シニヤッテ行ケバ始カラ終ヒマデ一ツノ發行デ、コヽデ罰ヲ受ケルト發行ヲ止メラレタト同ジコトヂヤ、ソコデ跡ハ新規ノ發行ニナル、サウ云ッタラ一番正シイコト、思フ

○菊池大麓君 唯今ノ委員長ノ御說明モ森田君ノ說明モ同ジコトデアル、森田君ノ說明ハ誤解シテ居ルト思ッテ居タガ委員長ノ說明ト森田君ノ說明ト同ジデアリマスカラ私ノ修正案ハヤメマス

○副委員長(加藤弘之君) アナタノハドウ云フノデスカ

○菊池大麓君、委員長ノ說明ト森田君ノト同說デアル、今ノ通リナラ尤ラシイヤウデスカラ修正案ハヤメマス

○山脇玄君 私ハ試ニ第三十五條ニ付テ修正ヲ提出イタシマス、三十五條ノ一項二項[illegible]詰リ僞作物ヲ複製スルト云フコトハ複製デ其物ヲ廣ク弘メルト云フコトデ、一ツノ續イタモノデアリマシテ、外國ノ刑法ナドヲ解剖スルト幾分カ差ハアリマスカ知レマセヌガ著作物ニ付テハ色々ナモノガアリマスカラ同ジ種類ノ中ニ入レナケレバナリマスマイ、現行法ナドヲ見テモ丁度二十七條ニ「僞版者及情ヲ知ルノ印刷者、販賣者ハ」トアッテ一列ノ中ニ罰ヲ設ケテアル、又獨逸ナドノ出版條例ヲ見テモ矢張リ一列ノ中ニアル、別ニ現行法ヲ改正シテ之ヲ二種類ニ分ツト云フ必要ハ無イ、ノミナラズ現行法ノ方ガ却ッテ正當デハ無イカト考ヘマス、ソコデ一項二項ヲ區別セズシテ罰ハ輕イ方ニスルカ重イ方ニスルカ、現行法ハ體刑デアルカラ矢張範圍ヲ廣クスル方ガ裁判ヲスル上ニ便利デアラウト思ヒマスカラ罰ハ五十圓以上五百圓以下トスルガ宜イト思ヒマス、或ハ三十圓以上五百圓以下デモ宜イガ種類ヲ分ツコトハ少シ著作權法ノ罰トシテハ面白ク無イデハナイカト思ヒマス

○副委員長(加藤弘之君) サウスルト「僞作ヲ爲シタル者又ハ情ヲ知テ僞作物ヲ發賣シ若クハ頒布シタル者及僞作ノ所爲ヲ幇助シタル者ハ」……

○山脇玄君 「五十圓以上五百圓以下」トシタ方ガ宜シイ、詰リ簡單ニ申セバ現行法デ區別シテ置カヌノハ僞作物ヲ作ルト云フコトモ賣ルト云フコトモ一ツノ部類ニ屬シタモノト見テ我國ノミデ無ク獨逸ナドデモ一ツニシテアルノダラウト云フ考カラ斯ウ修正シタラ宜カラウト云フ考デアリマス

○政府委員(水野錬太郎君) 唯今ノ御修正ハ實際差支ナイト思ヒマスガ僞作ノ所爲ヲ幇助シタ者ト云フノハドウデゴザイマセウ、是ダケハ別ナ者ニシテ置イタラ……僞作ヲシタ人ト其物ヲ賣弘メル者トハ同ジ罪デ罰スルコトニナリマシテモ差支ナイト思ヒマスガ唯幇助シタ者ヲ主タル僞作者ト同ジニ罰スルノハ少シ行過ギハスマイカト思ヒマス、僞作シタ人ト其僞作物ヲ世ノ中ニ弘メタ者ダケハ本刑デ罰スル、併シ幇助シタ者ハ一段低マルベキモノデ從犯ニナリマスカラ僞作者發賣頒布者ト一ツノ罪ニシタラ如何デアリマセウカ

○山脇玄君 チョット質問ガアリマス、「僞作ノ所爲ヲ幇助シタル者」ト云フノハ重ニ印刷者トカ云フヤウナモノデ、或ハソレヲヤラセタ教唆者ト云フモノヲ含ムモノデアリマスカ

○政府委員(水野錬太郎君) 其通リデゴザイマス、詰リ僞作ヲスルニ力ヲ貸シテヤッタ者、材料ヲ集メタ者、ソレカラ印刷者モ其中ニ這入ラウト思ヒマス

○菊池大麓君 水野君ノハ「僞作ノ所爲ヲ幇助シタル者」ト云フノハ此中カラ拔イテ仕舞ッテモ刑法ノ方デ行カウト云フノデスカ

○政府委員(水野錬太郎君) サウデゴザイマス、刑法ノ從犯デ行キマス罰ハ三十圓以上ニナリマス輕クナリマス方ガ宜シカラウト思ヒマス

○山脇玄君 私モ多ク加ヘヤウト云フノデハ無イ

○副委員長(加藤弘之君) 三十圓以上五百圓以下ト云フ大キナ距離ノアルノ

ガ他ノ法律ニ有リマスカ

○政府委員(水野錬太郎君)　刑法ニハ幾ラモアリマス

○政府委員(森田茂吉君)　商法ナドニハモット烈シイノガアリマス

○菊池大麓君　私ハ山脇君ノ御說ニ賛成シマス、實際著作物ナドデ云フト著者ト云ッテ名ヲ掲ゲルヨリ發賣頒布スル者ト云フノニ重モナ奴ガ有ル場合ガ多イノダカラ是ハ重ナ者デ取扱ッテ差支ナイト思ヒマス

○久保田讓君　幇助ハ御除キニナッタノデスカ

○山脇玄君　私ノ考デハ印刷者ヲ罰シタクナイ、併ナガラ教唆者ハ罰シタイト云フ考デアリマシタガ、ソレハ刑法ノ方ニ幇助ハ讓ルト云フ御說デスカラ……

○久保田讓君　ソレナラ私モ賛成

○副委員長(加藤弘之君)　諸君宜シウゴザイマスカ

○小幡篤次郎君　宜シウゴザイマセウ

○副委員長(加藤弘之君)　「僞作ヲ爲シタル者及情ヲ知ッテ僞作物ヲ發賣シ又ハ頒布シタル者ハ五拾圓以上五百圓以下ノ罰金ニ處ス」サウ云フノデセウナ

○政府委員(水野錬太郎君)　サウデス

○久保田讓君　私ハソレニ聯關シタ質問ヲシマス、僞作ノ用ニ供シタル器械器具ヲ沒收スルト云フノハ是ハ情ヲ知ッテヤッテモ知ラヌデヤッテモ皆ナ沒收スルノデスカ

○政府委員(水野錬太郎君)　左樣デゴザイマス、情ヲ知ラヌ者デモ僞作ノ用ニ供シタト云フ事實ガ分レバ沒收シマス

○久保田讓君　情ヲ知ラヌデヤッタ者モ沒收スルト云フノハ酷デスナ

○政府委員(水野錬太郎君)　併シ現行法デハ情ヲ知ラヌデ買ッタ者マデモ罰スルト云フコトニ……

○久保田讓君　サウ云フ惡イ事ニ慣フニモ及バヌ、情ヲ知ラヌ者ヲ罰スルト云フノハヒドイ

○政府委員(水野錬太郎君)　併シ若シサウ云フモノヲ沒收セヌト再ビ其器具器械ヲ使ハレルカモ知レマセヌ、此情ヲ知ルト知ラヌトニ依ッテ區別スルコトハムヅカシイト思ヒマス

○菊池大麓君　「專ラ僞作ノ用ニ供シタル器械器具」云々トアリマスガ其僞作物ヲ印刷シタ活版印刷物ハ此中ニ這入ラヌ、鉛版トカ云フモノヲ重ニ言フノデゴザイマスカ

○政府委員(水野錬太郎君)　サウデゴザイマス

○政府委員(森田茂吉君)　「專ラ僞作ノ用ニ供シタル」ト書イテアル、是ハ活版ノ如キ書イタ儘ニ出來ル即チ總テ共通ノ出來ルモノハ「專ラ僞作ノ用ニ供シタル」ト云フ定義ノ中ニ這入ラヌノデゴザイマス

○副委員長(加藤弘之君)　「專ラ」ト云フ字ヨリ「特ニ」ト云フ字ニシタラ能ク

○久保田讓君　木版ナドハドウデス

○政府委員(森田茂吉君)　木版モソレニナラウト思フ……チョット唯今ノ御懸念ニ付キマシテ實例ヲ御參考ニ申上ゲマスガ、新聞紙條例ノ三十二條ニ「本條ヲ犯シタル者ハ其犯罪ノ用ニ供シタル器械ヲ沒收ス」ト斯ウアル、犯罪ノ用ニ供シタル器械ト云ヒマスト印刷器械モ這入ル樣ニ思ヒマスガ、實際裁判所デハ其器械ハ這入ラヌ方ノ裁判例ニナッテ居リマス、其位デアリマスカラ「專ラ」トカ或ハ「特ニ」ト云フ字ガ書イテアリマスレバ、尙更ラ這入ルマイカト考ヘマス

○久保田讓君　ソレデハ私ハ原案ノ通リデ宜カラウト思ヒマス

○副委員長(加藤弘之君)　ソレデ宜シウゴザイマスレバ……

○久保田讓君　私ハモウ一ツ質問イタシタウゴザイマスガ、四十三條ニ「本章ノ罪ニ對スル公訴ノ時効ハ二年ヲ經過スルニ因リテ完成ス」トアリマスガ、是ハイツカラ數ヘルノデアリマスカ

○政府委員(水野錬太郎君)　犯罪ノ行爲ノアッタ時即チ發行シタ時カラデゴザイマス

○久保田讓君　ソレデ區別ガ付ギマスカ

○政府委員(水野錬太郎君)　ソレデ區別ガ付キマス

○木下廣次君　僞作物ガ頒布者ノ所有ニ歸シタルト云フノハドウ云フ場合デスカ

○政府委員(水野錬太郎君)　是ハ僞作物ヲ本店ナラバ本店ヘスッカリ賣ッテ仕舞ウタ場合トカ或ハ特ニ配ル人ニ御前ニ皆ヤルカラ勝手ニ配ッテ宜イト云フ場合ガ頒布者ノ所有ニ歸シタル場合デアリマス

○木下廣次君　サウスルト頒布委託ヲ受ケタ場合ヲ指スノデハナイノデスナ

○政府委員(水野錬太郎君)　其場合デハナイノデアリマス

○木下廣次君　其場合ハ僞作者ノ所有物ニナッテ居ルカ印刷者ノ所有物ニナッテ居ルカト云フコトデ取上ゲルコトガ出來ル

○政府委員(水野錬太郎君)　其場合ハ僞作者ノ所有物ノ場合、賣ッテ仕舞ッタナラバ頒布者ノ所有物ノ場合、ドチラカラ言ウテモ之ニ這入ルダラウト思ヒマス

○菊池武夫君　現行法ニ「手ニ在ル」トアッテ、今度ハ「所有ニ在ル」ト書カレタノハ殊更ニ狹クナサレタ譯デスカ

○政府委員(水野錬太郎君)　手ニ在ルト云フト占有ニ在ルト云フ趣意デアラウト思ヒマス、ソレデアルト意味ガ全ク廣過ギルカラソレヨリ「所有ニ在ル」トシタ方ガ宜イト云フ考デ「手ニ在ル」ト云フノヲ「所有ニ在ル」ト直シタノデアリマス

○久保田讓君　今ノデ又疑ガ起ッテ來タガ、先刻御質問シタノハ印刷者ガ鉛版或ハ木版ヲ預ッテ居ル、今ハ所有トアルカラ、サウスルト情ヲ知ラヌデモ罰セラレルコトニナル、大變疑ヲ生ジテ來マシタ

○政府委員（水野錬太郎君）　木版ノ印刷者ニ預ケテ置ク場合ニハ木版ノ印刷者ノ所有デアリマセヌ、僞作シタ人ノ所有ニ在ル……

○久保田讓君　コヽハ印刷者ノ所有ニ在ル……

○政府委員（水野錬太郎君）　僞作者印刷者發賣者頒布者及輸入者ノ所有ニ在ル……

○久保田讓君　所有ト云フコトハドレニモ掛ル、僞作者、印刷者、發賣者、頒布者、及輸入者ト斯ウアル、サウスルト印刷者ノ所有デアッタ時ハ没收サレル

○政府委員（森田茂吉君）　サウデゴザイマス、今御話ノ通リナノデ、サウシテ專ラ僞作ノ用ニ供シタルト云フ字ガアルカラ印刷者ガ特ニ其物ヲ拵ヘルニハ委託者カラ相當ノ拵ヘル費用モ取リマスコトヽ思ヒマス、殊ニ專ラ僞作ノ用ニ供シタルト云フ字ガアリマスカラ後來再ビ僞作物ガ社會ニ出ナイ樣ニ即チ著作者ヲ保護スルニハ此位ノ事柄ヲ置イテモ差支ナイト思ヒマス、ソレデ御相談ガ纒ッタト考ヘテ居ッタガサウデナカッタノデアリマスカ

○木下廣次君　私モサウ思ッテ居リマシタ、情ヲ知ル情ヲ知ラヌト云フコトハサウ必要ハ無イト思ヒマス、是ガ没收サレルトアッテ見ルト、其没收サレタアトデ其者ハ情ヲ知ラナカッタケレドモ誰某カラ引受ケテ居ッタトアレバ即チ損害　償ノ問題ニナルノデスカラシテ其損害賠償マデモ止メル此條ノ精神デナイ、其途ハ十分開イテアルカラ情ヲ知ラヌデモ取上ゲテ差支ナイト思ヒマス

○久保田讓君　損害賠償ハ出來マスカ

○木下廣次君　ソレハ出來マス、併シ情ヲ知ッテ居レバ出來マスマイ

○菊池武夫君　此「所有」ト「手」ト云フノハ所有ノ方ガ狹イ樣デアリマスケレドモ、大抵斯ウ云フ場合ニハ所謂占有ト云ヒマスカ、所持ト云ヒマスカ、其人ガ持ッテ居ルト云フコトニナッテ居ル、此所有ト云ヒマスト己レノ所有デスカラ假令其物品ガ現在第三者ノ手ニ在ッテモ所有ハ誰ノ所有カト云フト、茲ニ列ベテ書イテアル人ノ中ノ一人ガ所有物デアリマスレバ何處マデ行ッテモ其品物ヲ取上ゲルト云フコトニナルカラ却テ是ハ見樣ニ依ッテハ「手ニ在ル」ト云フヨリハ廣クナルト云フ實際ノ結果ガ出ハシナイカト思ヒマス、今マデノ例ハ大抵はつせつしよん、手ニ在ルト云フコトノ規定デアリマスガ是ダケ特ニ違ヘルニハ餘程何カ理窟ヲクッツケナケレバナラヌ樣ニナリマスガドウデゴザイマセウ

○政府委員（水野錬太郎君）　唯今ノ御問ノハ「所有」ト云フ字ヲ「占有」ニ直シテモ差支ナイ樣デアリマス、何故「所有」トシタト云フ强イ理由ハ無イ、占有ト言フ方ガ事實都合ガ宜ケレバソレデ差支ハアルマイト思ヒマス

○副委員長（加藤弘之君）　私ハ矢張リ所有ガ宜イト思ヒマス、是ハ占有トスルト外ニ預ケテ仕舞フ、第三者ハ預ケテ仕舞フ時ニハ仕樣ガナクナル、所有デアレバ第三者ニ預ケテモ取上ゲラレルカラ其方ガ宜イデアラウト思フ

○木下廣次君　私ノ考ヘマス所デハ手ニ在ル所有ニ在ルト云フコトハ文字言葉コソ違ヘ事實ハ同ジコトデハナイカト思ウテ先刻カラ頒布者ノ所有ヲ假ニ質問シタガ、即チ是等ノ人ノ手ニ在ルモノナラバ没收スル、一箇人ノ手ニ在レバアレニハ該當スルモノデアッテモ没收スルコトハソレニ外ナラヌト思フ、ソレカラ右ノ占有ニナレバ人ニ預ケル、所有ナラバ人ニ預ケラレヌト云フコトハ或ハ同ジコトデハナイカト思ヒマス、所有ヲ一個人ニ讓ッテ仕舞フコトハ容易イコトデ犯罪發覺ト云ッタトキハ直ニ一個人ノ所有ニ移スト云フコトハ餘程日本デハ容易ク出來ルノデアリマス

○副委員長（加藤弘之君）　政府委員ハ「手」ト「所有」トハ違フト言フノダ、アナタガサウ言フテモ政府委員ガ違フト言フノダカラ其方カラ論ジテ來ヌト……

○山脇玄君　モウ一ツ……罰則ニ付テ三十六條三十七條ヲ合併シタイ考ヲ有ッテ居リマス、ソレハ他デハアリマセヌ、大體ノ話デ三十五條デ僞作ノ罪ヲ定メテ、サウシテ三十六條七條デ先刻モ政府委員モ言ハレタ通リ唯著作權法デモウ既ニ著作權ヲ承繼シタル者デモ著作者ノ同意ナクシテ著作物ノ書名ヲ變更スルコトハナラヌトカ題名ヲ改メルコトハナラヌトカ或ハ三十七條ヘ行ッテ出所ヲ明示スルコトヲセヌトカ詰リ著作權法ノ規定ニ違犯シタ罪ヲ罰スルト云フニ止マリマスカラ罰ノ段階ヲ附ケル必要ハ無イ、詰リ法律デ「スルナ」ト云フコトヲシタト云フコトニナルノデアリマスカラ一ツハ三十圓以上三百圓以下、一ツハ十圓以上百圓以下ト段階ヲ附ケル必要ハ無イト思ヒマス、是ハ輕キニ從ッテ二條合併シテ十圓以上百圓以下ニシタイト思ヒマス、ソレトモ之ヲ區別スル必要ガ有リマスカ

○政府委員（水野錬太郎君）　第三十六條ノ方ハ他人ノ著作物ヲ直シ文字ヲ直ストカ場合ニ依ッテハ主意ヲ改竄スルトカ云フノデアリマスカラ此方ハ出所ヲ明示セヌデ出版シタ者ヨリハ重クシテ置カヌト著作者ヲ保護スルコトガ出來ヌト思ヒマス、此間ニ懸隔ガアリマスカラ十八條ノ規定ニ背イタ方ヲ重クスル必要ガアル、ソレデ改竄ヲシタリスルノヲ一ツニスルノハ穩當デ無イト思ヒマスカラ前ノ方ヲ重クシテ後ノ方ヲ輕クシタノデアリマス

○山脇玄君　私ハ十八條ハ如何デアリマセウカ、詰リ著作權ヲ繼承シタ人ガアッテ有名ナル著作者ノ著作物デアレバ氏名ヲ變フルノハ却ッテ不利益デアッテ價値ヲ減ズルコトニナルカラ別ニソレヲ變フルト云フコトモアルマイ、標題ヲ變ル位ノコトハ有ルカモ知ラヌガ……著作者ヲ保護スル必要ハ無イノデハアルマイカ、即チ自分ガ著作權ヲ繼承シテ居ルノデアレバソレホド原著作者ヲ保護スル必要ハ無イデハアリマスマイカ、本ニ固有シテ居ル標題氏名ヲ其儘ニシテ置クコトハ即チ著作權ヲ承繼シタ者ノ利益トナルノデアルカラ標題ヲ變ヘタトテ原著作者ノ著作權ヲ害シタト言フ程ノ重イコトデハ無イカト思ヒマス

○政府委員（水野錬太郎君）　併シ著作權ヲ讓受ケテモ原著作者ガ精神ヲ籠メテ書イタ物ヲ直サレテハ困ル、讓受ケシタモノダカラ一向差支ナイト云ッテ直

スコトモ出來ルカラソウ云フモノハ餘程强ク保護シテ置カヌト著作者ノ迷惑ハ隨分ヒドイダラウト思ヒマス、改竄ヲサセナイタメニハ罪ヲ重クシテ置カヌトイケマセヌ

○副委員長（加藤弘之君）　出所明示ノコトダガ本ノ何枚目ニアルト云フノガ出所ダガ、ソレヲ知ラヌ或ハ調ベテモ中々容易ニ分ラヌガ併シアノ人ガ言ッタニ相違ナイト云フコトヲ記憶デ覺ヘテ居ル、サウ云フトキニアノ人ガ斯ウ云フコトヲ言ッタト云フコトヲ書ケバ出所ヲ明記スルト云フ部類ニ這入ルダラウカ、ドウダラウ、委員會デハサウ云フコトヲ書イテモ出所ヲ明示シタモノト認メルト云フコトニシテ貰イタイ

○菊池大麓君　サウ言フコトヲコヽデ決メルノハ宜イガ惡イ方ニドン／＼使ハレテハ困マル、演劇脚本ノ文句ヤ樂譜ハ何ニアルト云フコトヲ掲ゲテ置カヌトイケヌ、第四ノ如キドウ云フ所ニアッタト云フコトヲ掲ゲテ置カヌト隨分困ルコトガアル

○副委員長（加藤弘之君）　私ノ言フノハ人ノ名ヲ言フノデ、著作者ノ氏名又ハ出所ヲ明示スルト云フ中ニ含メバ……

○政府委員（水野錬太郎君）　含ムト解釋シテ宜イ

○木下廣次君　菊池辯護士ニ向ッテ實際ノ御考ヲ伺ヒタイ、菊池君カラ「所有」ノ字ヲ「手」トシタ方ガ宜イト云フ實際論ガ出テ居リマスガ、今玆ニ僞作物ガアッタトスル、サウスルト「所有」ト云フコトニナッテ居ルト其所有主ハ誰ノ手デアルカト云フコトヲ尋ネテイカネバナラヌ、ソコデ直チニ誰ノ所有ト云フコトガ分レバ宜イガ印刷者ノ所有カ發賣者ノ所有カ、ボンヤリトシテ分ラヌ、サウシテ遷延シテ居ル間ニ最早コヤツノ所有ト云フコトガ分ラヌコトニナリハセヌカト思フ、ソコデ「手」トアレバ其邊ノ著手ハ速ニ行クト思ヒマス、所有ヲ尋ネテ一々帳面ヲ引出シ、登記簿ヲ引出スト云フ時日ノ遷延カラ遂ニソヤツハ法律ノ目的ヲ達セズ僞作物ハ矢張リドコカニ散ラックト云フコトニナリハセヌカ、其邊ノ事ヲ慮ッテ菊池委員ノ說ガ出タト思ヒマス、其邊ハ實際ドンナモノデアルカト云フコトヲ御尋ネシマス

○菊池武夫君　今ノ御質問ハ大變私ノ考ヘタヨリ先キヘ行ッテノ質問ダト思ヒマス、唯私ガ其當時質問イタシタノハ是マデノ法文ニハ「手ニ在」トナッテ居ルガト云フコトヲ問フタノデアリマス、其代リニ「所有」ノ方ハ大變廣クナッテドコニアッテモ現在シテ居ル所ヲ言フノデアリマスカラシテ範圍ガ廣クナッテ居ル、ソコデ今度「所有」ト云フコトニ限リマスト何人ノ手ニ在ルト云フ譯ニハイカヌト思フ「ソレト同ジ意味ニハ參リマセヌカラシテ此法律ダケ特ニサウ云フ風ナ書キ方ニスルト云フコトニナレバ餘ホド說明ヲシナケレバ分ラヌヤウニナル、ソレデモ「所有」ト矢張リ書イタ方ガ宜イカト云フ趣意デ質問ヲシタノデゴザイマス、無論「手ニ在ル」ト書イテアレバ現在スルノデ分リ易イ樣デアリマス、ケレドモ其所持シテ居ル現在シテ居ルト云フットモ無論「所有」ト云フコトニ過ギヌノデアルカラシテ印刷者ガ持ッテ居ル發賣者ガ持ッテ居ル頒布者輸入者ノ手ニアル者ヲ押ヘテ沒收スルノデアリマスカラ「所有」ト書イテモソレハ差支ナカラウト思フ

○山脇玄君　先刻三十六條三十七條ノ合併ト云フコトハ惡イヤウデアリマスカラ取消シマス、尙ホモウ一ツ伺ヒマスガ三十八條ニ「著作者ニ非サル者ノ氏名稱號ヲ附シテ著作物ヲ發行シタル者ハ」云々トソレカラ三十九條ニ「他人ノ著作物ト詐稱シテ發行シタル者ハ」云々ト云フノ、區別ガ判然セヌノデアリマス、唯著作權ノ消滅シタル著作物トソレカラ著作者ハ誰ダカ分ラヌ人ノ名ヲ附ケタト云フノ區別ハアリマスケレドモ一トロニ申セバ三十八條ヲ特ニ設ケテ置ク必要ハナイ、三十八條ハ無クトモ三十九條デ宜イト云フ考カラ此質問ヲ起シタノデアリマスガ、ソコハドウ云フ必要ガアッテ三十八條ヲ設ケラレタノデアリマスカ伺ヒタイノデアリマス

○政府委員（水野錬太郎君）　若シ三十八條ガアリマセヌト著作權ノ消滅シナイモノガアル、三十九條ハ著作權ノ消滅シタ場合デアリマスガ、三十八條ハ著作權ノ消滅シナイ場合デ、澤山サウ云フ者ガアルサウ云フ者ニ對スル制裁ガ無クナリマス、三十九條ダケデハ少シ足リナイ著作權ノ消滅シナイ場合ノ規定ガ無ケレバナラヌト云フノデ特ニ三十八條ヲ置イタノデアリマス

○山脇玄君　三十九條ハ「著作權ノ消滅シタル著作物云々トアル、三十八條ハ「著作者ニ非サル者ノ氏名」云々トアル先ヅ私ナラ私ガ著作シタ物、加藤サンノヤウナ有名ナ人ノ名ヲ附ケテ出スノデアリマセヌ、ソレデ三十八條ハ著作權ノ消滅セヌ場合デ、自分ガ知ラヌ人デ、誰カ名ノアル人ノ名ヲ附ケテ出スト云フ場合ヲ言フノデアリマセウカ

○政府委員（水野錬太郎君）　其通リデゴザイマス

○木下廣次君　モウ一ツ……著作物ノ僞作者ガ一ツソコニ居ッタ、サウシテ其僞作者ガ自身ノ僞作ヲ一己人デ賣ッテ立退イテ仕舞ッタ、例ヘバ一ノ僞作ノ木版ヲ製造シタ、サウシテ其木版デ僞作物ヲ作ッテ、サウシテ其木版ハ一個人ニ賣ッテ仕舞ッタ、サウシタ時ニ僞作ヨリシテ出來タ僞作物ト云フモノハ發賣者頒布者ノ手ニ委託トシテ存在シテ居ル、ト云フ時ニハ固ヨリ發賣者頒布者ノ手カラ沒收スル譯ニ行カナイ、僞作者ノ手カラナラバ沒收ガ出來ルガ、僞作者ニハ旣ニ何等ノ所有權モ存在シテ居ラヌトナッタ時ハ僞作物及其僞作ノ用ニ供シタ器械器具ハドウナルデアリマセウ

○政府委員（水野錬太郎君）　唯今ノ御問ハ僞作者ガ賣ッテ仕舞ッテ買ッテ居ル人ハ發賣者デモ頒布者デモ、何デモナイ發行モシナイ、唯床ノ間ニ飾ッテ置クト云フ位ノモノデスナ

○木下廣次君　サウデス

○政府委員（水野錬太郎君）　サウ云フ場合ハ玆ニ含マヌコトニナリマスナ

○菊池大麓君　ソレニ付テ私ハ疑ヲ起シタ、亞米利加カラ英吉利ノ版權ノアル僞作物ヲ輸入スル、サウシテ輸入者ガ買ッテ仕舞ッタナラバ宜イガ、亞米利加人ノ委託ヲ受ケテ持ッテ居ルト此條ニ依テ沒收スルコトハ出來ナイ、亞

利加ニ居ル人ハ僞作者トハ云ハナイ　唯輸入シタ物ヲ僞作物ト看做スコトハ出來ルガ亞米利加ニ居ル者ヲ僞作者ト看做スコトハ法律上ナラヌカト思ヒマス

○政府委員（水野錬太郎君）　貴方ガ御買ヒニナレバ貴方ガ輸入者トナル

○菊池大麓君　私ハ輸入スルケレドモ未ダ私ハ所有者デハナイ、委託販賣ニナッテ居ル

○政府委員（水野錬太郎君）　サウスルト所有權ハ亞米利加人ガ持ッテ居ル、貴方ハ唯預ルト云フ位ノコトデスナ、ソレハ含マヌコトニナル

○木下廣次君　ソコデ「手」ト「所有」トノ論ガ出テ來ル

○政府委員（水野錬太郎君）　唯今ノ様ナ不都合ハ所有ト書イテアッテモ出ルガ、占有ト書イテアッテモ出ル、僞作者ガ差押ヘラレルト云フコトヲ知ルト直グニ自分ノ知ッテ居ル人ニ預ケテ仕舞フ、實際所有シテ居ルガ、自分ノ所有ダト云フト差押ヘラレルカラ直グニ關係ノ無イ人ニ一時預ケテ置ク、サウスルト沒收スルコトハ出來ヌ結果ヲ生ズル、是ハドチラカラ云ッテモ其弊ハ生ズルコトデアラウト思ヒマス

○菊池大麓君　併シ其方ガマダ弊ガ少ナカラウト思ヒマス、一時外ノ人ニマカシテ仕舞ッタラ沒收ガ出來ナイカ、賣ラナケレバ詰ラヌカラ賣ル時分ニハ是非發賣者ノ手ヲ經ル、又一ッツ、賣ッテ居テハ僅ノコトデアル、ソレデ發賣者ノ手ニ掛ッタラ沒收ガ出來ルカラ其方ガ押ヘガ付キハシマセヌカ

○政府委員（水野錬太郎君）　發賣者ガ書籍商ノ手ニ行ケバ宜ウゴザイマスガ、關係ノ無イ自分ノ弟トカ云フ者ノ所ヘ持ッテ行ッテ、サウシテソコカラシテ或ル場合ニ人ニ賣ルトカ云フコトニナリマスト、其人ハ發賣者トハ云ヘヌコトニナルダラウト思ヒマス、サウ云フコトニナルト隨分却ッテ困ルコトガ餘計出來ハセヌカト思ヒマス、却テ僞作ヲ拵ヘテ直グ人ニ預ケテ仕舞フト云フコトニナルト不都合デハアリマスマイカ

○政府委員（森田茂吉君）　今種々ノ問題ガ出マシタガ、要スルニ四十一條ト云フモノハ沒收セラレル人ノ區域ガ定ッテ居ルガ爲ニドウシテモ缺點ガアルニ違ヒナイ、僞作物ノ所在ガ、僞作者印刷者發賣者頒布者及輸入者以外ノ手ニ在ル時ハ沒收サレナイト云フ穴ガアリマスカラ其穴ヲ防グコトニナルトドウシテモ四十一條デハ行カナイ、ソレデ今水野委員カラ申上ゲマシタ通リニ占有ニ在ルト云フコトデモ或ル場合ニ他ノ人ニ預ケルト沒收スルコトガ出來ナクナル、何レニシテモ多少缺點ガアル、其缺點ノ基ク所ハドコカト云フト沒收サレル人ノ資格ガ列記シテアルカラドウシテモ其缺點ハ出テ來ヤウト思ヒマス、ソレデ茲ニ列記シテ置イテ缺點ヲ除ケルヤウニスルノハ容易ニ出來ナイコトデアラウト思ヒマス

○菊池大麓君　兩方含ムコトニスル譯ニハ行キマセヌカ、「所有又ハ手ニ在ル」「所有又ハ占有」ト兩方含マシテモ一向差支ナイデハアリマセヌカ

○政府委員（水野錬太郎君）　ソレハ沒收ハ出來ナイガ損害賠償モアリマスシ罰モアリマス

○山脇玄君　私ハ此三十八條ヲ誤解シテ居ッテ政府委員ノ御答辯デ分リマシタガ、三十八條ヲ私ノ見マシタ所デハ、私ナラ私ガ詰ラヌ著作物ヲ作ッテソレニ有名ナ人ノ名ヲ載セルモノト云フ考デアリマシタガ、政府委員ノ御考デハ版權ノアルモノニ持ッテ往ッテ外ノ人ノ名ヲ付ケル斯ウ云フ箇條デアルカラ重クシナケレバナラヌ、斯ウ云フコトデ、至極御尤ナ御考デアリマスガ、此文章中デハ如何デアリマセウカ少シ不明デアラウト考ヘマスカラ試ニ「著作物ヲ發行シタル」ノ上ニ「原」ノ字デモ附ケテハ如何デ……

○政府委員（水野錬太郎君）　唯今ノハ一番初ニ仰シャッタ場合モ含ミマス、例ヘバアナタガ著シタ書物ニ人ノ名ヲ書イタノモ含ミマス、兩方含ミマス、サウシテアナタガサウ書ケバ著作權ヲ得ルノデアルカラ矢張リ他人ノ著作氏名ヲ書クノデ……

○山脇玄君　其場合デアレバ三十八條ノ場合ヨリ輕カラウト思ヒマス、所ガ自分ガ詰ラヌモノヲ拵ヘテ他ノ有名ナ人ノ著述ニ持ッテ行ッテ何カ他ノモノヲクッツケテ書ケバ重イ事ニナリマセウガ私ノ書イタコトガ這入ルナラ其場合ダケハ輕クナケレバナルマイ

○政府委員（水野錬太郎君）　チョット高クナリマシタ理由ヲ述ベテ置キマスガ、初ハ是ホド高クハシナカッタガ是ハドウシテモ三十五條ノ僞作ト同ジ罰デナケレバナラヌト云フノデ斯ウ云フコトニナリマシタ、著作者ノ名ヲ騙ルト云フコトハ矢張リ著作權ヲ侵シタト同ジ事デアノ人ハ立派ナ學者デアルト云ッテ其人ノ名ヲ騙ッテ書物ヲ出スト云フコトハ恰モ贋ノ書物ヲ拵ヘタノト同ジコトデアルカラ僞作ノ中ニ入レテ三十五條ト權衡ヲ得ナケレバイケマイト云フノデ初ノ案ハ少カッタガ後ニ高クシタノデ全ク是ハ一ツノ僞作ダト云フ主意デ重クシタノデアリマス

○山脇玄君　ドウモソコガ場合ガ違ハウト思ヒマス、詰ラヌ著述ヲシテ高名ナ人ノ名ヲ附ケルノハ僞作トハ違ヒマス、ホンノ人ノ名ヲ騙ッタト云フノデスカラ……

○副委員長（加藤弘之君）　斯ウ云フコトガ有リマスガネ、著述ニハソンナコトモ無イヤウダガ校閲ト云フノニ頼ミモセヌデ誰先生ノ校閲ト書イテ出シタ本ガアル、此頃ハサウ無イガ元ハ隨分有ッタ、其人ニ話モ何モシテ無イデ校閲ト書イテ出スノガアル、校閲ト云フモノハ綿密ニシテ責任ヲ有タナケレバナラヌノニ其先生ニ話モセズニ置イテ誰先生ノ校閲ト云ッテ出スノガアル、斯ウ云フノハ眞ノ僞作ト同ジ樣ナ罪ニナラウト思ヒマス、サウシテ見ルト隨分重イコトニナリマセウ、序デニ言ヒマスガ校閲ナドノ事ハ是ニハ這入ラヌノデセウカ

○政府委員（水野錬太郎君）　校閲ノコトハ這入リマセヌ、アレハ刑法ノ方ノ罰デコヽニハ這入リマセヌ

○久保田讓君　此間モ其論ガ有ッタ

○副委員長(加藤弘之君) 今水野サンノ言ッタ通リ二通リニナルカラ文章ヲ明ニシタ方ガ宜イ

○政府委員(水野錬太郎君) 是デ分リマスマイカ

○副委員長(加藤弘之君) 新規ニ物ヲ拵ヘルノト持ッテ居ル奴ニ別ニ物ヲ拵ヘルト……

○政府委員(水野錬太郎君) ソレハ僞作ニモ這入ルシ是ニモ這入リマス、其上ニ人ノ名ヲ騙ッタト云フ罪ガ這入リマス

○副委員長(加藤弘之君) 晝デスカラ……食事後ニ續イテ開キマセウ

午後零時五分休憩

午後一時二分開會

○久保田讓君 此際ニ先日カラシテチョット提出イタシテ置イタ文部省ノ教科書ニ關係シタ事柄ニ付テ文部省ノ政府委員ノ御意見ヲ少シ承リタイ、其事ハ此二十九條ノ第二ノ次ニアリ即チ同盟條約ノ第八條ニアル所ノ教科書ノ目的ナドノ爲ニ抜萃スル著書ノ出來ルコトノ途ヲ開イテ置カナケレバ不都合デハナイカト云フノデ此修正案ヲ提出イタシマシタガ、ソレニ付テハ利害得失ノ論モ大分アリマシテ、未ダ此問題ハ未定ニ屬シテ居リマスガ、實際文部省ニ於テハ自カラ教科書ニ編纂シタイト云フ箇條ノアルノガ必要ガ有ルカ無イカ、即チ第二十九條ノ二ニアル「節錄引用スル」ト云フノデ教科書ヲ拵ヘルカラ差支ナイカ、或ハモット意義ヲ廣メテ教科書ニ要スル別段ナ箇條ヲ設ケテ抜萃スル途ヲ開イテモ差支ナイカ、ドウカト云フコトニ付テ文部省ノ御見込ヲ承リタイ

○政府委員(上田萬年君) 段々此事ニ付テハ都筑君カラ御説明モアリマシタシ又水野君カラ御説明モアリマシテ文部省ノ考ヘテ居リマシタコトハ違ッタ御意見モ大分出テ居リマスガ、文部省ノ側デ見マスト此教科書ノ上ニ他ノ著作物ノ中カラシテ……正當ノ範圍内ニ於テ他人ノ著シテ置キマシタ著作物ノ中ノ一部分ヲ引用シテ宜イ、一部分使用シマスルコトハドウカ御許シナサルコトヲ希望イタシマス、ソレハ現ニ内務省デ出來マシタ元ノ著作權法ニハ明ニ宗教上及教育上學術上ニ要スル爲ニ抜萃蒐集シテ一種ノ著作物ヲ製作スルト云フコトハ許シテアッタノデゴザイマス、ソレハ獨逸ノ著作權法ニ依ッタモノデアリマセウ、獨逸ニ於テモ宗教上學術上……うんてるりひとト云フコトガゴザイマシテ普通教育上ノ使用ニ供スルモノデアレバ、サウ云フモノニハ既ニ著作權ノアル者著作物ノ中ヨリ抜イテ入レテモ宜イト云フコトガ規定シテアリマス、ソレニ依ッテ拵ヘラレタノデアラウト思ヒマスガ、サウ云フコトハ元ノ著作權法ニハゴザイマシタ、今度ノニハソレヲ抜イテゴザイマスガソレニハ色々議論ガアッテ抜カル丶コトニナッタト云フコトデゴザイマスガ教育上殊ニ教科書ト云フ側カラ考ヘテ見マスト此宗教上學術上ト云フコトハ暫ク措キマシテモ教育上ノ目的ニ洪スルカ爲メ抜萃蒐集スルト云フ是レダケノ箇條ハドウカ新シイ御規定ノ中ニ入レテ置イテ戴クコトヲ希望シマス、尙ホ詳シイ事ハ渡部、モトノ圖書局長ガ御出デゴザイマスカラ渡部君ニ御聞キニナルト分リマス

○久保田讓君 私モ其意見デ此間提出イタシマシタ、其時ニハ本案第二十九條ノ第二ノ「自己ノ著作物中ニ正當ノ範圍内ニ於テ節錄引用スル」トアルカラソレデ大概出來ル、今現在アル所ノ讀本ヤ何カニ載ッテ居ルヤウナコトハ是デ行ケル、今マデノ法律ニハサウ云フコトハナイガ今度斯ウ云フ箇條ガ這入ッタカラ出來ルデアラウト云フコト、ソレデ若シ此外ニモット廣クシテ西洋ノ書物ヲコチラニ節錄スルコトガ出來ルト便利デアル、ケレドモ又内國人ノ著作權ヲ保護スル上ニ迂濶ナ事ガアッテハ甚ダ困ルト云フ論ガ澤山アッタ、サウ云フコトニ付テハ文部省ハドウ云フ風ナ御考デアリマスカモウ一ツ伺ヒタイ

○説明員(渡部董之介君) 私ノ考デハ此第二ノ「自己ノ著作中ニ正當ノ範圍内ニ於テ節錄引用」ト云フダケデハ餘程範圍ガ狹クハナイカト思ヒマス、第二ニハ何カ主ナ物ガアッテソレガ爲ニ引用スルト云フコトデ、りーどるノヤウナ種々著作者ノ著作ヲ抜萃シテ集メルヤウナコトハ第二ノ中ニ這入ラヌ積デアリマスカラソレデ是非第三ノ此内務省デ御拵ヘニナッタ原案……是デハ餘リ廣イカモ知レマセヌガ少ナクトモ其一部分ダケヲ入レテ置イテ貰ッタ方ガ都合ガ宜イト思ヒマス、現ニ是マデ檢定シタ英國ノ讀本ノヤウナモノハ此第三ニ當ル場合ガアリマス、又日本ノ書物ニ致シマシテモ高等小學ノ讀本、高等女學校ノ讀本或ハ中學校ノ讀本ナドト云フモノ、或ハ中村敬宇サンノ文章、福澤諭吉君ノ文章福地源一郎君ノ文章ト云フモノハ方々カラ集メタモノデ自分ノ意見ト云フモノデハ少シモナイ、唯文章ヲ方々カラ集メテ其集メタ物ガ一ツノ著作物ニナッテ居ル、サウ云フモノデ教科書ニナッテ居ル物ガゴザイマスカラ第二デサウ云フ物ハイケルト云フコトデアレバ宜イガ、第二デハ狹クシテ種々ナ面倒ガ起リハシナイカト思ヒマスカラ是非第三ニ、セメテハ一部分ナリトモ教科書ニ蒐集スルコトガ出來ルト云フコトヲ入レテ置キタイト思ヒマス

○久保田讓君 モウ一ツ御尋ネシマスガ現在アル讀本ニハ中村敬宇トカ福澤トカ名家ノ作ッタ物ヲ抜萃シテ教科書ガ出來テ居リマスガ、サウスルト疑シイノハ現在ノ法デハ一切出來ナイト云フコトニナッテ居ル、若シサウ云フコトガ出來ルト第二ガ這入ッテ居レバ尙更一向差支ナク出來ルト云フコトニナリハシマセヌカ

○説明員(渡部董之介君) 現在ノハ許可ヲ得テ居ルノデアラウト思ヒマス福澤ノモ版權者ノ許可ヲ得テ漸ク拵ヘタノデアラウト思ヒマス、是ハ日本ノモノデアルト許可ヲ得ル途ガアルダラウト思ヒマスカラ非常ナ差支ハ起ラヌカモ知レマセヌガ、外國ノ出版物ニナリマスト獨逸ニ居ル人モ英吉利ニ居ル人モ亞米利加ニ居ル人モ一々手紙ヲ遣ッテ一文二文ヲ取ル爲ニ向フノ許可ヲ

ナイカモ知レマセヌカ、外國ノ爲ニ此必要ヲ認メマス、是非願ヒタイト思ヒマス

○政府委員(上田萬年君) 今ノ二號ニ依リマスト自己ノ著作物中ト云フコトニナッテ居リマスガ、教科書ノ如キ小學讀本デアルトカ中學讀本デアルトカ云フモノ、國文國語ニ關スル教科書ナドハ編輯シタモノデ、自己ノ著作物ト云フノニハ當嵌ラヌコトヽ思ヒマスガ、内務省ノ政府委員ノ御方、無論當嵌ラヌデゴザイマセウナ

○政府委員(水野錬太郎君) 全ク其通リデゴザイマス、編輯ノモノハ此中ニ這入ラヌト思ヒマス

○菊池大麓君 今ノコトヲ確メテ置キタイ、りーどるノ様ナモノハ十四條ニ這入リマスカ

○政府委員(水野錬太郎君) 十四條ノモノハ適法ニ編輯シタモノデ許可ヲ得ヲ居ナケレバナラヌ、許可ヲ得ズニ一ノ抜萃シタモノナラ十四條ニ這入ラヌコトヽ思ヒマス

○菊池大麓君 無暗ニ抜萃シタノハ著作權ハアリマセヌカ

○政府委員(水野錬太郎君) ナイノデアリマス、玆ニ許可ヲ得テヤルコトニナリマス

○菊池大麓君 少シオカシクナリハシマセヌカ、第三ニナッタ所ガ十四條ノモノニナラヌト云フノデスカ

○政府委員(水野錬太郎君) 第三ト仰ッシャルノハ教科ノ用ニ供スル爲ニ云云ト云フノデスカ、サウ云フコトニナリマスレバ許可ナクシテサウ云フモノヲ作ッテモ僞作ト看做ナイ、サウシテ其物ハドウナルカト云フト正當ノ著作物ニナル

○菊池大麓君 サウスルト十四條ニナル

○政府委員(水野錬太郎君) サウナリマス

○菊池大麓君 ダカラりーどるナドハ十四條ニナル、第三第二ハ入レナケレバナラヌト云フコトハ無クナッテ仕舞フ

○政府委員(水野錬太郎君) ソレハ自己ノ著作物ニハナラナイ、編輯物ハ編輯物デアリマスガ、編輯シタ物デモ特別ニ著作シタ物ト看做シテ此法律ノ保護ヲ與ヘルコトニナル、ダカラ十四條ノコト、二十九條ノ第二ノコトヽハ別デアリマス

○菊池大麓君 此讀本ナドニ付テハドウカサウ云フ途ヲ開イテ置キタイコトハ私モ至極御同感デアリマスガ、讀本以外ニサウ云フ途ヲ開ケテ置ク必要ノアルモノガアリマセウカ

○政府委員(上田萬年君) コヽニゴザイマス、獨逸ノ著作權法ニ依テ見ルト學校ノ使用、うんてるりひとト云フコトガアル、サウスルト普通教育ノ名言ヲ集メタ名言集トカ云フモノトカ或ハ有名ナ歌ヲ集メタモノトカ云フ様ナモノ

○菊池大麓君 教科書デナシニ……

○政府委員(上田萬年君) 教科書デナシニ、サウ云フ様ナモノニ獨逸デハ許シテアル様ニ思ヒマス

○菊池大麓君 内務省ノ政府委員ニ質問シタウゴザイマスガ若シ今ノ様ナモノガ出マスレバ雜誌ニ持ッテ行ッテ「禁轉載」ヲ書イタモノデ澤山他カラ取ッテ來テ集メテサウシテ一ノモノヲ拵ヘタナラバソレハ適法ニナリマスカ

○政府委員(水野錬太郎君) 若シ第三ノ様ナモノニナリマスレバ適法ノモノニナル、禁轉載ト書イテアッテモ差支ナイ

○菊池大麓君 ソレハ甚ダ困ル、イッカアッタ大家論集ト云フモノハ方今ノモノヲ集メテ來タノデ、日本ニ既ニアッタ版權法ノ改正前ニサウ云フコトガアッタ、サウ云フコトデハ非常ニ困ルト思ヒマスカラ片方ニ於テ讀本ニハサウ云フ途ヲ開ケタイト思ヒマスガ一方ニ於テサウ云フコトハ防ギタイト思ヒマス、私ハ教科書ノコトハ、此間外務次官ノナサレタ反對ニハサウ重キヲ置キマセヌガ教科書ノコトニナルト總テノ學校ニ用ヰル書物デアリマスカラ専門學校デ用ヰル書物ト言フ様ナモノ一ノ文學舍ヲ建テ、サウシテ其文學舍デ用ヰル教科書ト云フ積リデ大家論集ノ様ナモノヲ拵ヘルヲ防グコトハ出來マセヌカラ若シ教科書ナラバ初等教育ノ教科書或ハ普通教育ノ教科書トカモット狹クシテ讀本ト言フコトニシマセヌト、日本デハ獨逸ノ様ニナッタラ著作法ニ大キナ穴ガ出來テ僞作ト云フモノハ到底妨ゲヌコトニナルダラウト思ヒマヌ、久保田君モ其點ニ於テハ御同意デアラウト思フ、ドウカ良イ制限ヲ付ケルコトヲ希望イタシマス、ソレデ讀本ダケデハイケナイカ、文部省ノ政府委員ニ御尋ネシタイ

○久保田讓君 菊池君ノ御説ハ御尤デ極御同感デサウ云フコトハ宜カラウト思ヒマス、讀本ト云フコトニシタラ如何デゴザイマス、他ニ差支ノアル科目ガゴザイマスカ、普通學校ノ教科書トスルト大變範圍ガ廣クナル、今菊池君ノ御説ノ様ニ日本ノ道德ハ他ノ國ノ道德トハ較ベモノニナラヌ、耻シイコトダガ、サウ言フコトガアル、其積リデ御答ヲ願ヒタイ

○説明員(渡部董之介君) 數學ナドハドウデゴザイマス

○菊池大麓君 數學ナドハ斯ウ言フ様ニナッテ見ルト、現ニ私ノ實驗上ニ依ルト此前私ハ僞版ヲサレテ告發シ勝ッタノデアリマスガ、ア、云フモノハ此様ナコトニナルトモウ行ケナイ

○説明員(渡部董之介君) 問題ナドハドウデス、中ヘ一二ノ問題ヲ節錄スルノハ第二ノ「自己ノ著作物中ニ正當ノ範圍内ニ於テ節錄引用スルコト」トアルノデイケル、文部省ノ檢定試驗ノ問題、是ハ版權ハ無イガサウ言フモノハ第二デイケル、ソレハ差支ナイ、理科ノ方ハ私ハ差支ナイト思ヒマスガ、文科ノ方ノモノハ第三ノ必要ガアル

○菊池武夫君 第二十九條ノ第二ノ中ニハ今問題ニナッテ居ル讀本ハ這入テ

居ルノデスカ、原案デハ……

○政府委員(水野錬太郎君) 讀本ト言フノハドウ言フモノカト言フト自分ガ一ツ著作シテ其中ニ人ノ書物ヲ入レルノデ無ク色々ノ書物カラ集メテ來タモノニ見ル、サウ言フモノデアルト自己ノ著作物中ニハ這入リニクイカト思ヒマス、引用ト言フ方デ無イカラムヅカシイモノト思ヒマス

○菊池武夫君 サウ言フ見解ナラ强テ爭フコトデハ無イガ著作ト言フモノハ普通ハ自己ガ書イタモノカ知ラヌガ併ナガラ又人ノ書物ノ中ニアルチヨツトシタコトヲ集メテ其結果ガ一種ノ著作物トナラヌコトモ無カラウヤウニ考ヘマス、此第十四條ノ方ノ意味ヲ私ガ解シテ居ルニハ是ハ先刻カラ段々引例ニモナリマシタ通リ例ヘバ雜誌ノ或ル一節ノ論文ヲ取ッテ參ッテサウ言フモノヲ方々カラ集メテ參ッテスル意味ノモノデアラウト思ヒマス、讀本ナドハ委シイコトハ知リマセヌガ其論說トカ著述トカ言フ全部デ無クシテ其中ノ大變ナ世ニ喧傳シテ居ル名文デアルトカ名句デアルトカ言フモノヽホンノ一部分ヲ採ッテ來テサウシテ集メタモノデアルマイカト考ヘマス、サウ言フモノ、集マッタノハ一ツノ著作物ニナッテ其中ノ僅カバカリ引イテアルノハ矢張著作物ニ引用スルノデ讀本ナドハ第二ノ方ニ這入ルモノデハ無イカト解釋シマス、第十四條ハ一ツ纏マッタモノデ今ノ大家論文ト言フヤウナモノデアッテ纏マッタモノヲ編輯イタスノハ第十四條デ、コ、ハ唯自分ノおりじなるノ考ガ有ッテモ無クテモ唯一種ノ著作物ニスルト言フ考ノヤウニ考ヘルガ……

○政府委員(森田茂吉君) 第十四條ト第二十九條ノ第二トハ餘程意味ガ違ッテ居ル、先程文部省政府委員ノ御話ノアル如ク敎科書二十九條ノ第二ニ這入ッテ居ルマイト思ヒマス、第二ノ基礎ハ何カ基礎ニナルカト言フト自己ノ著作物ガ基礎ニナッテ居ル、ソレデ節錄引用シタモノヲ取除イタ所ガ矢張自己ノ著作物トナルノデ、ソレダカラ甲ノ著作物カラ一章ヲ採リ乙ノ著作物カラ一章ヲ採リ丙丁各々サウシテ一卷ニシタモノハ第二十九條ノ第二ニ這入ラズシテ第十四條ニ這入ルダラウト思ヒマス、サウ言フモノハ一卷ノ書物ノ中ノ一文章デモ著作物デアルガ今文部省ノ政府委員ノ言ハレタ如キ敎科書ハ第十四條ノ方ノモノデ二十九條ノ二項トハ別デハ無イカト思ヒマス

○山脇玄君 唯今ノ段々ノ御話デ區別ハアルヤウデアリマスガ政府委員ノ御考デハ唯今ノヤウナ普通敎育ノ範圍トカ讀本トカ言フモノヲ制限ヲ附ケテ二十九條ニ入レルノハ差支ナイト思ヒマスカ、私ハ疑ヲ起シタノデアル文部省政府委員ガ言ハレルヤウナコトヲ二十九條ニ入レルト若シ承諾ヲ經ズシテ蒐集スルモノデアルカラ十四條ノ「適法ニ編輯シタル者」ト言フノニナルト言フコトヲ政府委員ガ御說明ニナッテ居リマスガ、サウスルト但書ノ「各部ノ著作權ハ其著作者ニ屬ス」ト言フノガ可笑シクナリマセヌカ、今ノ樣ナ修正ガ二十九條ニ這入ッタ以上ハ承諾ヲ得ズシテ編輯シテモ十四條デ適法トナル、適法トナッタ以上ハ別ニ各部ガ誰ノ著作ト言フコトハ無クナッテ仕舞フコトニナリハセヌカ其邊ノ關係ハドウデスカ

○政府委員(水野錬太郎君) 矢張リ各部ヲ集メテ來テモ十四條ノ「適法」ト言フノニナラウト思ヒマス、其譯ハ編輯物全部ガ小學校ノ讀本全部ニ付テ編輯シタモノニ付テハ編輯シタ者ガ著作權ヲ有テ居ル、其他ノ各部ハ元ノ著作者カ有ッテ居ルト思ヒマス、各部ダケ他ノモノニ移スト元ノ著作權者ガ侵害ノ告訴ヲ起スコトガ出來ル、矢張リ十四條ヲ適用スルコトガ出來ルダラウト思ヒマス

○副委員長(加藤弘之君) 今御答ノ第三ノヤウナモノヲ入レルト禁轉載ノモノデモ許スノカ……

○政府委員(水野錬太郎君) 左樣デゴザイマス、此方デ許スカラ僞作トハナラヌト言フノデゴザイマス

○副委員長(加藤弘之君) 私ノ考ヂヤア今ノヤウニナルト禁轉載ト言フモノガ唯此方デ許サレテ取ラルヽノハ迷惑ナ事ト思フ、サウスレバ久保田君ヤ文部省ノ委員ノ御說モアリ菊池君ノ御說モアルケレドモサウ言フモノハ必ズ著作者ノ許諾ヲ得ナケレバ出來ヌモノニシテ仕舞ッタラ宜カラウ

○久保田讓君 ソレハ禁轉載バカリデハナイ、書イテアッテモ無クッテモ同ジコトデアリマス、著作權ノアル者ハ禁轉載ト書イテアルノト同ジコトデアル新聞ヤ雜誌ダカラ禁轉載ト書クガ……

○副委員長(加藤弘之君) ソレハ許サヌ、必ズ著者ノ許諾ヲ受ケネバ出來ヌモノニ極メテ仕舞フ方ガ宜カラウ

○菊池大麓君 至極御尤デアリマス、日本ノ讀本ヲ拵ヘルニハ私ハ其方ガ寧ロ宜イト思フ、著者ノ承諾ヲ得ルト言フコトハソレデ著者ガ決シテ拒ム氣遣ヒハナイト思ヒマス、若シ拒ム人ガアッタラ其人ノハ强ヒテ擧ゲナクッテモ宜カラウト思ヒマス、其方ガ宜カラウト思フガ、外國ノりーどるナドヲ日本人ガ是カラ拵ヘルコトニナラウト思フ、ソレハ向フノ物ヲ翻刻スルコトハナリマセヌカラコチラデ編輯シテヤル場合ガ隨分起ル、サウシタトキニハ或ハ外國文ヲ集メテ入レルト思フ場合ニハ國內デハアリマセヌカラドウ言フ所ニドウ言フ人ガ居ルカ、ナカナカ外國ノ事ハ分ラヌカラ困難ガ起ラウト思フ、サウ言フ場合ハ總テ許可ヲ得ルヤウニシタラ宜カラウト思ヒマヌガ此所ニ持ッテ來テ外國ノ事ヲウタフノハ如何ニモ不體裁極ハマルト思ヒマスカラ讀本ダケニシテ、普通敎育ノ敎科書デモ面白クナイ

○副委員長(加藤弘之君) 外國デ出版シタモノヽ著者ハドコニ居ルカ分ラヌニシテモ其本屋ヲ傳ッテ行ケバ分ル、チット面倒デモソウシテハイカンダウカ、編輯シヤウト言フ篤志モアリ、編輯シテ金ヲ儲ケル慾モアルカラ其位ノ手數ヲ掛ケル位ノコトハシテモ宜カラウ、外國ノハトテモムヅカシイト言フコトハナカラウト思ヒマス

○政府委員(森田茂吉君) 今ノコトニ付キマシテハ私共餘リ可否ヲ言ヒマセヌガ著作權ト言フ上カラ言ヘバ自分ハ唯集メルダケノ勞力デソウシテ利益ヲ得テ行クデアリマス、ソレヲ唯自分ノ意志ト言フモノハ何ニモ無クシテ名家

[illegible]テ來タ、其時分ニ十四條ト同シ著作權ヲ持ツト言フヤウナ事柄ハ著作權ノ側カラ言フトムヅカシイ、唯教育ノ方ノ爲メカラサウ言フ必要ガアルカ否ヤト言フ問題ニナリマス

○久保田讓君　ソレハ版權ヲ保護スルト言フコトデアルトサウデアリマスガ併ナガラ先達テモ申ス通リサウ無雜作ナ事ナラバ萬國同盟條約ニ斯ンナ事ヲ言フコトハナイ、獨逸ナドデ斯ウ言フ事ヲ言フ必要ハナイ、併ナガラ普通教育ノ教科書ト言フモノハ全國學齡兒童、貧乏ナ者デモ何ンデモ悉ク學ニ就カナケレバナラヌコトデアルカラ書物ヲ非常ニ廉クシナケレバナラヌ、成ルベク廉クシテ學ニ就ケル途ヲ取ラナケレバナラヌ、即チ普及ト言フコトヲ目的トスル以上ハ廉クシナケレバナラヌ、廉クスルト今ノヤウニ著述者ナドハ非常ナ勞力ト大變ナ金ヲ掛ケテヤッタ物ハ廉ク賣レナイ、斯ウ言フヤウナコトガ出來ルト大變宜イ文章ヤ何カヲ集メタ書物ガ廉ク賣レルコトニナル、サウ言フヤウナ事ナドハ此精神ニ這入テ私ハ出來テ居ルノデハナイカト思フ、詰リサウ言フ利害ハ分リキッタコトデ斯ウ言フ事ヲヤッテ居ルカラソコハ研究シナケレバナラヌ點デアラウト思ヒマス、版權ヲ保護スルト言フノハ勿論眼目デアルカラ大イニ保護シナケレバナラヌ、併シ又一般ノ公益ニ關シテ普及スルコトハ大切ナコトデアル、サウ云フコトハ餘程考ヘナケレバナラヌ、ソコハドウカ諸君モ御考ヘヲ願ヒタイト思ヒマス

○久保田讓君　ソレデハ一ツノ修正案ヲ……先達テ出シタノヲ尚修正シテ提出シマス

　普通教育上ノ修身書及讀本ノ目的ニ供スル爲メ正當ノ範圍内ニ於テ拔萃蒐
　　集スルコト

之ヲ第二ノ次ニ入レタイ

○副委員長(加藤弘之君)　ドウデス

○男爵吉川重吉君　私共ハ教育ニハ暗イガ久保田サンノ御修正ノ決ノ前ニ伺ヒタイガ修身書ナドト言フモノハマルデ自己デ著作シテ他ノ人ノ書イタモノヲ其中ニ入レルノハ第二デ出來、其他ニ於テハ一ツノ讀本ト違ッテ人ノ書イタモノヲマルデ持ッテ來ル必要ハアルマイト思ヒマス、殊更ニ近來ノ人ノ文ヲ寫シテ來ルト言フヤウナ必要ハアルマイト思ヒマス、必要ガアレバ贊成シマスガドウデスカ

○久保田讓君　私ハ讀本ヨリハ修身書ノ方ガ他人ノ文ヲ取ッテ來ルノガ必要ダト思ヒマス、ツマラナイ人ガ修身ノコトヲ書イタト言ッテモ價値ハ無イ、加藤先生トカ福澤先生トカ言フ立派ナ高德ノ人ノ書イタノヲ集メタ修身書ガ價値ガアル、自分ノ考ヘデ書イタノデハ價値ガ無イ、又今日實際出來テ居ル修身書ガ價値ガナイノデス、詰リ嘉言善行ヲ採集メテ綴ッテ居ルノガ今ノ修身書デアルカラ他人ノ文章ヲ採ッテ來ルノハ讀本ヨリ修身書ノ方ガ必要ダト思ヒマス

○[illegible]直グ其儘採ルノハ必要デアル、若シサウ言フモノデアレバ許可ヲ得レバ宜イノダカラ修身書ニ載セタイノナラ此所カラ此所迄テ拔キタイト言フコトヲ加藤サンナリ福澤サンナリニ賴メバ承諾スルダラウ、イヤトハ言フマイ、若シイヤダト言フナラ必ズシモ其人ノヲ載セナクテモ宜カラウ、其所ガ論ノ別ルル所ダ

○久保田讓君　私ノ申述ベル所ハ其所ニ止マッテ居リマス、内務省ノ政府委員ナリ文部省ノ政府委員ナリ御主張ニナル所ハ十分ニ御主張ニナリタイ

○小幡篤次郎君　讀本ト書イタラ地理ノ讀本トカ修身ノ讀本トカ色々ノ讀本ガ殖エテ來サウニ思ハレマス、色々ノ讀本ガ起ッテ來タ所デ是ハ讀本デ無イト言フコトハ言ヘマイト思ヒマス

○菊池大麓君　讀本トシテ置クト範圍ガ廣クテ色々ノ問題ガ起ラウト思フ

○副委員長(加藤弘之君)　諸君、ドウデスカ、「普通教育上ノ修身書及讀本ノ目的ニ供スル爲メ正當ノ範圍内ニ於テ拔萃蒐集スルコト」ト云フ修正ハ

○政府委員(森田茂吉君)　サウスルト此目的ハ事實問題デ裁判所ノ認定ニ任セルノデゴザイマスナ

○久保田讓君　ソレデ宜カラウト思ヒマス

○山脇玄君　私モ贊成シマスガ文字上「正當ノ範圍内ニ於テ」ト言フコトハ勿論アッテ害ノナイコトデアルガ、却テソレヲ入レルト第二ノ所ト少シク矛盾シハシナイカ、第二ノ所デハ「自己ノ作著物中ニ正當ノ範圍内ニ於テ」トアリマシテ色々ノ物ヲ集メテ來ルノダカラ「正當ノ範圍内ニ於テ」ト言フコトハ空文ニナリハセヌカ、却ッテ第二ノ方ガ必要ナ感ジガアリマスガ其字ハ必要デアリマスカ

○久保田讓君　私ハ矢張リ必要デハナイカト思ヒマス、ト言フノハ德義ノコトガ行ハレヌ世ノ中デアリマスカラ先刻言ハレタ末松ガ宜イ修身書ヲ拵ヘタ、ソレヲ拔萃蒐集ト言フ名前デ殆ンドソレヲ寫シタヤウナ物ヲ作ッテソレヘ少シバカリ何カ附ケタ、ソレハ正當ノ拔萃蒐集トハ言ヘナイ、若シ正當ノ範圍内ト言フコトデナカッタラソレモ拔萃蒐集ダト言ヘバ殆ンド際限ガナイト思ヒマス、矢張リ正當ノ範圍内ト言フ字ガアッタ方ガサウ言フ事ヲ防グ爲ニ必要デハナイカト思ヒマス

○政府委員(水野錬太郎君)　是ハ後ノ解釋ノ爲メニ伺ッテ置キマスガ正當ノ範圍ト言フノハ事實問題デ極ルニ違ヒアリマセヌガ、是ダケノ範圍、是ヨリ餘計ノモノ、讀本ノ範圍ヲ超ヘタモノトカ、修身書ノ範圍ヲ超ヘタモノトカ言フノハ修身書讀本ヲ土臺ニシテ其範圍ヲ極メルノデアリマスカ

○久保田讓君　此所ニ範圍ト言フコトヲ入レタノハ修身書ト讀本ト極ッテ居ル、拔萃蒐集ト言フコトヲ正當ノ範圍内デシナケレバナラヌト言フコトデアリマス

○政府委員(水野錬太郎君)　其點デアリマス拔萃蒐集ヲ餘計シタト言フノハ

何ヲ標準ニスルカト言フト是ハ讀本ニ入レルニハ拔萃ガ餘計過ギルトカ或ハ讀本ノ目的ニ供スルニハ餘計ダカラ正當ノ範圍内デナイトカ讀本ヲ土臺ニシテ拔萃蒐集ハ正當ノ範圍内デ有ルカ無イカヲ極メルノデアリマセウカ

○久保田　君　サウデゴザイマス

○菊池大麓君　尙ホ私ハ讀本ノ事デ文部省ノ政府委員ニ確メテ置キタイノデスガ、讀本ト言フ字ハ語學トカ文學トカ其外ノ讀本ヲ意味スルノデアッテ唯無暗ニ地理讀本トカ歷史讀本トカ讀本ノ名ヲ附ケテアッテモ、名ハ何トアッテモ讀本デハナイ、サウ言フ解釋ヲ文部省デハ執ッテ居ルト言フコトヲハッキリ極メテ置イテ戴カナイト言フト此法律ニ掲ゲタ時ニ大キニ不都合ダト思ヒマスカラサウ言フコトニハッキリト讀本ノ字ノ定義ガ極マルト見テ差支ヘアリマスマイカ御尋ネ致シマス

○政府委員(上田萬年君)　差支ナイト思ヒマス

○政府委員(森田茂吉君)　サウシマスト唯今ノ文章ヲ解釋シマスト第十四條ニ關シテハ修身書及讀本ダケハ取除ケテアルノト全ク同ジヤウニナルノデスネ

○久保田讓君　サウ言フコトハアナタノ方ノ御答デアッタ

○政府委員(森田茂吉君)　正當ノ範圍内ニ於テ拔萃蒐集スルト言フコトガアリマスルガ、正當ノ範圍内ト言フノハ裁判所デモ分ルマイト思ヒマス、誣著スル所ハ十四條ノ適法ト言フコトヲ取除イタノトソレト書物ニ付テ制限ヲ置イタノト全ク十四條ノ意味ト同ジモノニナルト思ヒマスガ……

○久保田讓君　適法ヲ取除イタノデハナク

○政府委員(森田茂吉君)　無論サウデスガ、即チ許諾ヲ得ズシテ出來ル、普通敎育上ノ讀本ノ目的ニ供スル爲メニ數多ノ著作物ヲ適法ニ編輯シタル者ハ著作者ト看做スト言フノト同ジ意味ニナルヤウニ考ヘマスガ發案者ノ御意見ハサウデアルカ確メテ置クノデアリマス

○久保田讓君　私モサウデアラウト思ヒマスガ菊池サンドウデス

○菊池大麓君　私モソコガ即チ正當ノ範圍内ト言フコトガ働イテ來ル所デハナイカト思ヒマス、前ノ十四條デアリマスト隨分長イ論文ノヤウナモノ、或ハ數卷カラ成立ッテ居ルモノデモ搆ハナイ、サウ云フ物カラ集メテ一ツノ物ヲ拵ヘル、サウシテ節用トカ百科全書トカ言フ物ヲ拵ヘテモ十四條ニ這入ルト言フコトニナリマスカラ十四條ニ合ンデ居ル所ノモノトハ是ハ違ッタ物ニナルト思ヒマス

○菊池武夫君　今ノ修正ガ成立ッタトスルト私ノ考ヘハ十四條ノ適法ニ編輯シタルモノト言フ意味ハモトノ意味ト少シ違ッタ解釋ヲシナケレバナルマイト思ヒマス、ソレハ第三ト言フモノガ此處ニ這入ルト所謂蒐集ト言フコトハ適法ナ物ノ一ツニナルノデスカラ十四條ハモト承諾ヲ得タノト同ジ意味ニ得ルノミナラズ此法律ノ規定ニ従ッテ編輯シタル物モ共ニ含ンデドチラモ合セテ適法ニ編輯シタル物ト斯ウ解釋シテイカナケレバナルマイト思ヒマス、物柄ヤ文章ノ遣ヒ方ハ違ヒマスガ等シク十四條ノ制裁デ讀本ナリ何ナリ一ツノ著作權ヲ生ズルト斯ウ解釋ヲシナケレバ第三ノモノガドウシテ版權ヲ得ルト言フコトガ分ラナクナル

○菊池大麓君　ソレデ差支ナイデアリマセウ

○政府委員(森田茂吉君)　サウデアリマス

○政府委員(水野錬太郎君)　モウ一ツ伺ッテ置キダウゴザイマスガ、讀本ト云フト重モニ語學ノ讀本ト云フヤウニ聞エマスガ、例ヘバ動物學讀本ト云フヤウナモノヲ色々ノ本カラ集メテ來テ普通敎育ノ目的ニ供スルト云ッテ拵ヘテモサウ云フモノハ讀本ト云フ中ニハ這入ラヌノデスカ

○久保田讓君　這入ラヌノデス、私ハモウ一ツ政府委員ニ確答ヲ得テ速記錄ニ遺シテ置キタイコトハ普通敎育ト云フノハ小學校ノミナラズ中學校ヤ高等女學校ヲ含ムノデアリマスガ、其通リデ御異存ハアリマセヌカ、ソレカラ修身書ト云フノハ是ハ小學デハ修身ト云ヒ中學ト高等女學校デハ倫理ト云ッテ居マスガ修身書ト書イテアレバ中學校高等女學校ノ倫理ノ書物モ其中ニ含ミマスガ、ソレデ御異存ハ有リマセヌカ

○政府委員(上田萬年君)　異存ハゴザイマセヌ

○政府委員(水野錬太郎君)　普通敎育ト云フコトニ付テ唯今御話ガゴザイマシタガ、サウスルト普通敎育ト云フノハ小學校中學校ハ無論デアリマスガ高等女學校トカ高等學校トカハ……

○久保田讓君　高等女學校ハ這入ル高等學校ハ這入ラナイ

○政府委員(上田萬年君)　高等學校ハ含ミマセヌ

○副委員長(加藤弘之君)　宜シウガアセウカ、ソレデハ確定ト決メテ宜シウガアセウカ

（發言スル者ナシ）

ソレデハサウ決メマセウ、ソレデハ是ハサウ決ッタトシマセウ、是ハ先ヅ決ッタトシテ他ノ所ニ修正ガ有リマスカ

○菊池大麓君　私ノ此前提出イタシマシタ修正案モ敎科書ニ關係ガアリマスカラ文部省ノ政府委員ノ居ル所デ提出シタイト思ヒマス、差支アリマセヌカ

○副委員長(加藤弘之君)　宜シウガアセウ

○菊池大麓君　此前第三十條ノ次ニ入レル修正案ヲ提出シテ置ギマシタガ、ドウモ文字ガ餘リ面白クナイカラ、モウ一應考ヘルコトニシテ事柄ハ大概賛成ヲ得タヤウデアリマスガ文字ヲ考ヘテ見タ所ガ餘リ好イ文字ガアリマセヌ、ソレデ餘リ長過ギタカラ之ヲ少シ短クシテ、問題集ト問題、區別ハ要ラヌト思ヒマスカラ「練習用ノ爲ニ著作シタル問題ノ解答書ヲ發行スル者ハ僞作者ト看做ス」ト斯ウスレバ兩方含ミマス、併シ練習ト云フ字ガ突然デマヅケレヤ「教育上[illegible]ト云フ字ヲ上ニ入レタラドウデアラウカト思ヒマスガ是ハ餘

話ガ此間アリマシタカラ考ヘテ見マシタガソレハ巧ク這入リマセス、ソレデ練習用ノ爲ニ著作シタル問題ノ解答書ヲ發行スル者ハ僞作者ト看做ス、斯ウ云フヨトニ致シタイト思ヒマス、又「敎育上」ト云フ字ヲ上ニ置クノガ宜イト云フナラ、ソレモ一案ダト思ヒマス

○木下廣次君　此間其案ハ既ニ贊成者ガ有ッテ多少成立ッテ居ッタヤウデアリマスガ、文字上ノ修正ニ止マルヤウデアリマスガ冒頭ニ「練習用」ト云フノハ少シ可笑シイヤウニ思ハレマスカラ「敎育上」ト云フ字ヲ加ヘルト云フ方ニ贊成ヲ表シタイ

○久保田讓君　私モ敎育上ト云フ字ヲ加ヘル方ニ贊成シタイ

○政府委員(水野錬太郎君)　敎育上ト云フ言葉ガ這入ルト餘程分リニククハ無イカト思ヒマス、敎育上ノタメデアルカドウカト言フコトハ一ノ問題集ヲ拵ヘルノモ或ハ試驗ノ準備ノ爲ニスルノモ敎育ト見レバ見ルコトニナリマス、或ハ語學ノ解答ナドヲ作ルニ却テ餘程繁雜ニナリハシマセヌカ

○菊池大麓君　今ノ問題トカ問題集トカ云フモノハ大概敎育上ノモノデアル、今ノ醫師ノ試驗問題ヲ集メタモノトカ云フサウ云フモノハ唯其試驗問題ヲ集メテ出版シタノデアリマスカラサウ云フモノハ解答ヲ拵ヘテ差支ナイ

○政府委員(水野錬太郎君)　サウ云フノハ敎育書トハ見ナイノデスナ

○菊池大麓君　敎育書ト見ナイ、練習用トハ云ヘナイ

○政府委員(森田茂吉君)　今ノ文章デアリマスト、二十九條ノ第二ノ關係ニ付テハドウ云フコトニナルノデスカ

○菊池大麓君　二十九條ノ第二ニハ別ニ關係ヲ見マセヌ

○政府委員(森田茂吉君)　例ヘバ自分ガ算術ノ書ヲ出ス、サウスルト或算數學者ノ問題集カラ二ツ取ッテ來テ、ソレノ解式ヲ拵ヘ又或人ノモノカラ三ツ取ッテ來テ解式ヲ拵ヘ、ソウシテソレヲ例ニ出シテ來テ拵ヘル、サウ云フ關係ニ於テハ二十九條ノ取除ニナルノデセウカ、コレニ入レマスレバコレノ取除トシテ二十九條ガ出テ來ルノデスカ

○菊池大麓君　二十九條デ今ノ樣ナコトニスルノハ防ゲナイ、又防ガナクテモ宜イ

○政府委員(森田茂吉君)　ソレトモウ一ツハ甲ノ算數學カラ二ツ取リ乙ノ算數學カラ二ツ取リ、丙カラ三ツ取ッテ來テ解答書ヲ拵ヘテモ行カナイコトニナリマスナ、此文章デアリマスト……

○菊池大麓君　サウナッテモ差支ナイト思ヒマス……私ノ方カラ質問シタイノハ著作者ガ唯自分デ問題ノ解答集ヲ拵ヘルコトモ出來ナクナリハシマスマイカ

○政府委員(水野錬太郎君)　ソレハ宜イデセウ、敎育上ト云フコトヲ入レルト行ケマセヌ、練習問題ノ解答ヲ著作者ノ許可ナクシテ勝手ニ拵ヘルト僞作デアルト云フ趣意デ此規定ガ出來タノデ其目的ハ何デモ宜イノデハアリマセ

ラ其モノガ行ケナイト云フコトニナラヌト釣合ヒガオカシクナリハシマセヌカ

○木下廣次君　去ナガラ此問題ノ出タノハ何カラ出タカナラバ元々何モ無カッタノニ今ノ案ガ發議ニナッタト云フノハ即チ敎育上ノ利益一點張リノ目的デアリマス、ソレカラシテ議論ガ出テ居ルノデスカラ外ノ方ニハ餘リ必要ヲ認メヌノデ、敎育ニ最モ必要ガアルカラ出テ居ル、依テソレヲ明ニスル爲ニ普通敎授上ト云フテモ宜イ、敎育上ト云フ文字ガ必要デハナカラウカト云フ我々ノ考デアリマス

○菊池大麓君　醫師ノ問題ハココニハ這入ッテ來ナイ、何故ト云フニ試驗問題トカ云フモノハ內務省デソレガ公ニナッテ居ルコトデアリマスカラソレヲ集メタ所ガ著作權ハ生ジナイト思ヒマス

○政府委員(水野錬太郎君)　併ナガラ玆デ練習用ノ爲ニ著作シタ問題ハ著作者ヲ保護シテアリマスカラ今言ッタ樣ナ例モ矢張リ斯ウ云フ場合ニハ實際ドウ云フ手術ヲ施ストカ或ハ法律問題ナラバ斯ウ云フ實例ガアル、ソレハドノ法律ヲ適用スル、何條ヲ適用スルト云フ實例問題ニナルト矢張リ練習用ノ爲ニ著作シタルモノト云ハナケレバナリマセヌ、サウ云フ著作物ノ解答集ヲ作ルノハ矢張リ同ジ趣意デ僞作ト看做サナイト、著作者ヲ保護シタ趣意ガ立タヌコトニナラウト思ヒマス

○政府委員(森田茂吉君)　少シココデ御考案ヲ願ヒタイノハ此法律ハ著作權法デアリマス、著作權法デ保護シテ行クニハ著作者ノ權利ヲ保護シテ行ク側デアリマスカラ總テノ著作物ニ對シテ同一ニ保護シナケレバナラヌモノデアラウト思ヒマス、然ルニモ拘ラズ敎育上ノ爲ニ著作權ヲ保護スルノ側デナクシテ或問題集ニ付テハ保護ハシナクテモ宜イ、或問題集ニ付テハ保護シナケレバナラヌト云フコトヲ極メマスト同一ノ著作權ニ向ッテ保護ガ同ジクナイト云フコトハ法律ノ上カラ餘程オカシクハナイカト思ヒマス

○菊池大麓君　サウスルト成ル程第三ヲ入レルコトハ同ジ理由デ反對デアルノデスナ

○政府委員(森田茂吉君)　ソレデスカラ初カラ餘リ贊成シテ居ラナイノデアリマス

○木下廣次君　其御議論ハドウカト考ヘマス、成ル程著作權法デアルカラ著作者ヲ保護スル爲ニ此法ハ出來テ行ク、併ナガラ國家ノ上カラ見ルト事ノ輕重大小ハ自ラ存在シテ居ルモノデアッテ、其大ナルモノニ向ッテハ此法ガ同ジク制限ヲ設ケ其小サナルモノニ向ッテハ一向ニ制限ヲ設ケヌト云フコトハ有リ得ベキコトデアルシ、今ノ「敎育上」ノ三文字ハ即チ事ノ大キナコトカラ起ッタ文字デアリマスカラ私ハ其制限ヲ置カレテモ差支ナイコトデアラウト考ヘル

○副委員長(加藤弘之君)　菊池サンニ聞キマスガ、「敎育上」ヲ取ッテ一般ニ

廣クスルト云フコトハドウシテモ不用ト云フノカ

○菊池大麓君　不用ト思フ

○副委員長(加藤弘之君)　外ノ人ガ困リハシナイカ

○菊池大麓君　私ノ考デハ例ヘバ文部省ノ檢定試驗問題ノ解式ヲ拵ヘル、アレハ防ギヤウガ無イモウ此外ニ起ルモノハ試驗問題集位ダラウト思ヒマス、

○木下廣次君　元々菊池君ノ持出シタ案ハ全體甚ダ嚴酷ナ案ダラウト思フテ居ル、併シ其嚴酷ナルモノニ何故同意シタカト云フト敎育上ニ於テ最モ之ヲ嚴禁スルノ必要ヲ認メテ居ル、依テ同意ヲシテ居ルノデ、元々著作者ガソコマデモ威張ルト云フ譯ニハ行クマイト私ハ思ッテ居リマシタ、去リナガラ目下ノ狀況已ムヲ得ザルモノガアッテ同意スルノデ、ソコデ敎育上ト云フ字ヲ入レタノデ其外ハ自由ニ任カシテ差支ナカラウト思ヒマス

○政府委員(上田萬年君)　菊池サンニ伺ヒマスガ敎育上ト云フコトニナッテ解答書ヲ發行スル者ハ僞作者ト云フコトニナルト著者其者ガ解答書ヲ拵ヘルト云フノハ宜イト云フノデゴザイマスカ、サウスレバ買ハウト思ヘバ生徒ガ買テ見ルコトガ出來ル、詰リ問題集ヲ拵ヘタ人ガ高イ價デ本ヲ賣ルト云フ結果ニナルノデ、生徒ニ解答書ヲ持タセヌト云フコトニハナラヌノデアリマス、問題集ヲ集タ人ガ直グ解答書ヲ拵ヘテ版權ヲ取ッテ仕舞ヘバ宜イガ自ラソレヲ發行シテハ敎育上ノタメニハナリマスマイト思ヒマスガ……

○菊池大麓君　著作者自ラガソレヲ發行スルノヲヨスト云フコトハ、敎育上カラハソコマデヤリタイト思ヒマスガ、法律上サウ云フコトハ出來ナイト思ヒマスカラ已ムヲ得ヌノデアリマス、著作者ガ自分デ問題ノ解答ヲ拵ヘテ價ヲ高クシテ禁止ノ價ヲ附ケテ置イテ賣ラヌト宜イト言ハレマセウガ、他ノ人ガ其解答書ヲ拵ヘテ少シ位違ッタ解デモ出スコトガ出來ルノダカラ本人ガシテイケヌト云フコトハ迚モ防ゲマイト思ヒマス

○政府委員(上田萬年君)　數學ナドノ問題デきいガ出來テ居ッテ、ソレガ版權ガアッテモ外ニ二通リモ三通リモ作ルコトガ出來マスカ

○菊池大麓君　翻譯ガ幾通リデモ出來ルト同ジニ解答書モ同ジヤウニ幾ッデモ出來マス、若シ此修正ガ通ラヌケレバ最後ノ手段ヲ持ッテ居ルガ、サウ云フコトハ好マヌデス、禁止ヲ措クコトニシテモ解答書ヲ拵ヘルコトハ敎育上イカヌコトダカラ……

○政府委員(上田萬年君)　解答書ヲ禁ズルノハ宜イガ、ドウモ高イ價デモ何デモ賣ルト云フト錢ノ無イ生徒ハ見ルコトガ出來ナイガ錢ノ有ル生徒ハ買ッテ見マス、どごはんだ―ノき―ヲ買ッテ見ルノハ大抵金持ノ子デ金ノ無イ書生ハソレヲ見ルタメニ圖書館ニ行クトカ何トカシマスガ、敎育上ノタメニ解答書ノ發行者ヲ僞作者トスルマデニ御進ミニナルナラ寧ソ著者其人ガ解答書ヲ作ルコトヲモ嚴禁シテ下サルコトヲ希望シマス

○菊池大麓君　ソレハドウモ出來マスマイ、併ナガラ……

正案ヲ菊池サンカラ提出サレテ御同意シマシタノハ無論敎育ノタメトカ云フコトモ有リマシタガ著作權保護ト云フ主意カラ同意シタノデ、勝手ニ翻譯スルコトガ出來ヌト同樣ニ問題ノ解答書ヲ勝手ニ拵ヘテハイカヌ、ソレハ著作權ヲ侵スコトニナルカラ保護ヲ與ヘナケレバナラヌノデ、解答書ヲ發行スル者ハ僞作者デアルト云ッテ著作者ヲ保護スル主意デゴザイマス、若シ敎育上ト云フコトガ這入リマスト著作權ヲ保護スルノデハ無クシテ敎育上ノタメニ此規定ガ這入ッタコトニナル、無論敎育上ノタメニ這入ッテモ差支アリマスマイガ、サウナルト敎科書ノ上ダト解答ハ作ラレヌガ普通ノダト勝手ニ作ルコトガ出來ルコトニナル、サウナルト主意ガ立タヌ、ソレユヱ餘程必要ガ無ケレバ「敎育上」ト云フコトハ御削リニナルコトヲ望ミマス

○菊池大麓君　「普通敎育」トハ言ヒマセヌ「敎育上」ト言ッタノデス、法律ノ適用デ問題ヲ拵ヘタトカ何ノ某ガドウシタトカけいすヲ考ヘテソレヲ問題トシタ者ハ保護ニナリハセヌト思ヒマス、全ク練習用ノモノダケデアッテ醫者ノ試驗トカ文部省ノ檢定試驗トカノ問題集ハ保護シナイ積リデアリマス、サウ云フモノハ著作トハ言ハレナイ

○政府委員(水野錬太郎君)　醫者ノ試驗問題デモ矢張リ著作ダト思ヒマス、ソレモ裁判ノ實例ノ解答ナドヲ拵ヘルノハ廣イ意味デ「敎育上」ト云フ中ヘ這入ルカ這入ラヌカ、敎育上ト書クト云フト餘程審査シナケバナラヌコトニナリマス、實際煩雜ヲ來スコトニナリハセヌカト思ヒマス

○副委員長(加藤弘之君)　菊池君ノハ「敎育上」ト云フノハ必要カラデハ無クテ「練習用」トスルト出シ抜ケタカラ「敎育上」ト云フ字ヲ入レルト云フノダラウ

○菊池大麓君　サウデス、私ハドッチデモ宜イノデス

○副委員長(加藤弘之君)　ソレナラ「敎育上」ナント云フノヲ取ッテ仕舞ヘバ宜イデハ無イカ、取ッテサイ仕舞ヘバ何モ喧マシク言ハナクッテモ濟ムノダ、元々菊池君ハ「敎育上」ト云フ字ヲ必要ダト云フノデ無イノダラウカラ……

○菊池大麓君　「練習用」デハ出シ抜ケダカラ「敎育上」トシタラドウカト思ッタノデス

○副委員長(加藤弘之君)　菊池君ガ取ルノヲ承諾スレバ宜イデハ無イカ、取ッテ仕舞ヘバ水野君ガ安心スルカラ……モウ言ハヌデ宜イデハ無イカ「敎育上」ト云フ字ヲ取ッテサヘ仕舞ッタラ宜イノダ

○木下廣次君　「敎育上ヲ」取ルト謎集マデ這入リハシマセヌカ

○副委員長(加藤弘之君)　謎集デモ保護シテヤルガ宜イデハ無イカ

○木下廣次君　國家ニ何モ益ハ無イ

○副委員長(加藤弘之君)　宜イデハ無イカ……「原著者」ト云フ字ガ無イト當人ガヤッテモイケナイコトニナリハセヌカ

○政府委員(水野錬太郎君) 此所バカリ書クト困リマス

○菊池大麓君 原著者ガヤルノハ僞作者デ無イト云フコトハ分リマスマイカ

○木下廣次君 ソレデハ教育ト云フ字ヲ入レル修正説ヲ提出シマス、決ヲ御採リ下サイ

○久保田讓君 私ハ前ノ賛成ヲ取消シマス

○副委員長(加藤弘之君) ソレデハ菊池サンノ「練習用ノ爲メ著作シタル問題ノ解答集ヲ發行シタル者ハ僞作者ト看做ス」ト云フ文デ諸君宜シウゴザイマセウカ

○久保田讓君 私ハ異存ハゴザイマセヌ

○副委員長(加藤弘之君) 御異存ガナケレバサウ極メマス、ソレデハ外ノ所デ御發議ガアレバ……

○菊池武夫君 先刻ノ解釋上ノ疑ヲ定メテ置キタイト思ヒマスガ、四十一條ノ所ニ付テ起ッタ問題ハ若シ外國カラシテ僞版ノ物、僞作物ヲ賴マレルカ何カシテ輸入ヲシタ場合ニハ其モノハ輸入者ノ所有ト云フコトハ云ヘヌカラシテ此箇條ノ制裁ハ受ケヌヤウニナリハセヌカト云フ話デ略々受ケナイコトニ極ッタヤウデスガ是ハ斯ウ云フ解釋ニナラヌモノデアルカ、原案者ニ一ツ確メテ置キタイ、此僞作物ヲ輸入スル者ハ僞作者ト看做スト云フコトガアリマス、サウスルト輸入シタ者ハ即チ僞作者デアルカラ其者ガ持ッテ居レバ假令販賣ヲ賴マレタト云フテモ自分自ラ僞作者ニナルカラ此法律デハ其者ノ所有ニナル、斯ウ云フ工合ニ見テ行ク譯ニハ行カヌモノデアリマスカ

○政府委員(水野錬太郎君) 丁度今其コトヲ研究シテ居ッタノデス、御尤デアリマス、其通リノ意味ニナル、サウ致シマスト輸入者ト云フコトハ書カヌデモ宜イコトニナリマス、輸入シタ者ハ即チ此法律ノ上デハ僞作ト見ルカラ僞作者デ、從ッテ四十一條ノ僞作者ノ中ニ這入ラウト思ヒマス、輸入者ト書イタノハ餘計ナコトニナル、或ハ削テモ宜イ、念ノ爲ニ書イテ置イテモ宜カラウト思ヒマス

○副委員長(加藤弘之君) ソレデハ「輸入者」ガ無イ方ガ宜イデハ無イカ、諸君、削テハドウデス

○菊池大麓君 法學專門ノ、人ガ削ッタ方ガ宜イト云フナラ削ル方ニシマス

○男爵吉川重吉君 如何デゴザイマスカ、削ッテモ宜シウゴザイマスガ輸入者ハ準僞作者デ差押ヘラレル・コトニナルカラ無論有ッテ差支ナイ、有ル方ガ宜クハアリマセヌカ

○政府委員(森田茂吉君) 今コヽデ研究シマシタノハ菊池サンノ三十一條ガ這入ッタヽメニ罰則ニナルカナラヌカ調ベタノデ、サウスルト輸入者ノ方ハ三十條ニ書イテアル、サウスルト僞作者ト看做スニハ又何カ文字ガ欲イカラ僞作者ノ中ニ這入ッテ宜イカラ削ッタ方ガ宜クハアリマセヌカ

○菊池大麓君 三十五條ニモ這入ッテ仕舞ヒマスカ

○政府委員(水野錬太郎君) 左様

○副委員長(加藤弘之君) 削ッテ宜ケレバ削リマセウ

○菊池大麓君 サウスルト「頒布者及」ト云フ「及」ガ「頒布者」ノ上ニ這入ルノデスネ

○副委員長(加藤弘之君) 左樣

○政府委員(水野錬太郎君) 一昨日ノ御注文デ亞米利加ノ版權法トソレカラ墺地利ノ版權法ヲ調ベマシタカラ、申上ゲマス亞米利加デハ千八百九十一年ニ新ニ法律ヲ出シテ若シ外國ニ於テ亞米利加ノ人民ノ著作權ヲ保護スル國ガアレバ其國ノ著作者ノ權利モ亦亞米利加デ保護スルト云フ相互主義デ例ヘバ日本デ亞米利加人ノ著作權ヲ保護スレバ亦亞米利加デモ日本人ノ著作權ヲ保護スルト云フノデ今日ハ佛蘭西白耳義獨逸瑞西ノ著作者ノ權利ハ保護スルコトニナッテ居リマス、英吉利ハ無論

○木下廣次君 英吉利デ亞米利加人ノ著作者ヲ保護スルナラ亞米利加デモ英吉利人ノ著作者ヲ保護シテヤラウ、サウシテ其保護ノ模樣ハ英吉利ガ保護スル如ク保護スルト云フノデスカ、亞米利加ハ亞米利加的ニ別ニ保護法ヲ設ケテ保護スルノデスカ

○政府委員(水野錬太郎君) 英吉利デ例ヘバ亞米利加人ヲ保護スレバ亞米利加デモ其通リニ英吉利人ヲ亞米利加ト同一ノ手續デ保護スルト云フノデアリマス

○菊池大麓君 サウスルト此二十七條ハ此儘ニシテ置イテ、此間言ッタ樣ニ亞米利加人ハ亞米利加デ出版シタ書物ニ付テ著作權ノ保護ヲ受ケルコトデアレバ日本人ガ日本デ發行シタモノニ付テモ亞米利加デ著作權ノ保護ヲ受ケラレルト云フノデスナ

○政府委員(水野錬太郎君) 其通リデゴザイマス

○菊池大麓君 ソレデ登錄ハ……

○政府委員(水野錬太郎君) 亞米利加人ガ日本ノ保護ヲ受ケルニハ日本ニ來テ登錄ヲ受ケナケレバ民事ノ訴訟ヲ起スコトハ出來ヌ、亞米利加デハ發行シタ書物ノ名ヲ亞米利加ノ圖書館ニ登錄シテ其上デナケレバ保護ヲ與ヘラレヌノデアリマス、其手續ヲ日本人ハ亞米利加デヤラナケレバナリマセヌ

○菊池大麓君 サウシナケレバ民事ノ訴訟ガ起セヌダケデ刑事ノハ出來マセヌカ

○政府委員(水野錬太郎君) 亞米利加ノ著作權法ニ據レバ其手續ヲセヌケレバ著作シテモ著作ノ事實ヲ認メナイト云フコトニナリマス、サウスレバ刑事ノ訴訟モ無論出來ヌノデアリマス

○木下廣次君 御尋ネシマスガ、サウスルト云フト相互主義ヲ用ヰテ居ルナラバ亞米利加人ノ著作者ヲ保護シナイ國ノ臣民デアレバ亞米利加デハ無論保護セヌノナ

○久保田讓君 私モ一ツ御尋ネシタイガ保護セヌト云ッテモ亞米利加ニ行ッテ

登錄ヲ受ケレバ保護サレルデハ無イカ

○政府委員(水野錬太郎君)　亞米利加デ登錄ヲ願ッテモ相互主義デアレバ登錄シテ呉レヌコトニナリマス、登錄ノ願ガ出來ヌノデアリマス

○菊池大麓君　ソレハ日本人ガ日本デ發行スル者ハサウデアラウガ、日本人ガ亞米利加ニ行ッテ發行シタ場合ハ宜イノデセウ

○政府委員(水野錬太郎君)　斯ウナッテ居リマス、亞米利加ノ人民並ニ亞米利加ニ住所ヲ有ッテ居ル者デアルナラ保護スル、向ウニ住所ヲ有ッテ居ルナラ宜イガ、チョット旅行シタト云フノデハイケナイコトニナッテ居リマス

○久保田讓君　例ヘバ亞米利加ハ同盟ニ這入ッテ居ラヌ、英吉利ノ著書ヲ今頃ニ亞米利加デ翻刻スルカラ亞米利加デ同時ニ版權ヲ得テ仕舞フ、サウスルト亞米利加デ保護サレルド云フガ實際ハドウデス、違ヒマスカ

○政府委員(水野錬太郎君)　ソレハ英吉利デ出版スルヤ否ヤ亞米利加ニ行ッテ登錄ヲ受ケナケレバナラヌ、其前ニ亞米利加デ出版スル者ガアレバソレハ仕方ガ無イ、英吉利人ガ注意セヌケレバナラヌノハ亞米利加デ僞作サレヌタメニハ亞米利加ノ版權局ニ行ッテ登錄ヲ受ケテ置クコトガ必要デアル、サウ云フ風ニヤッテ居リマス

○菊池武夫君　此二十七條ノ趣意ニ付テハ一向異存ハアリマセヌガ、唯私ノ懸念スル所ハ茲ニ條約ノコトヲ特ニ言ッテアリマスト總テ法律ニ付テハ苟モ條約ニ何カ關係ノアルコトハ悉ク此文例ニ倣ヒマシテ條約ノ規定ヲ適用スルモノデアル斯ウ云フ意味ヲ示サンケレバナラヌ樣ニナリハシナイカ、今マデ有ル法律デモ隨分條約ノ規定スベキモノデアッテモ明文ヲ以テ條約ノ規定ヲ適用スルト云フコトヲ言ッテナイモノガアル、又今後ニ於キマシテモ或ハサウ云フ明文ニ現ハサズニ極メルコトモアルダラウ、サウ云フ場合ニハ或法律ニハ明文ヲ以テ條約ノ規定ヲ適用スト極メテアリ或法律ニハナイト云フゴトニナッテ餘程面倒ナ、解釋ト多少ノ煩雜ヲ來スヤウニナリハシマイカ、民法ナドノ原則トシテハ無論此通リ條約モ法律モ適用スルト云フコトハ見エテ居リマスカラ此趣意ハ誠ニ明デ、宜イヤウデアリマスガ、此法律バカリ明ニナルトチグハグニナル恐レハアリマセヌカ

○政府委員(水野錬太郎君)　其點モ餘程研究シタノデアリマス、初メ條約ハ條約トシテ法律ト同ジ效力ヲ持ッカト云フ問題ニ付キマシテ今日マデノ實例モ調ベテ見タ、一度此問題ガ法典調査會ニ掛ッテ研究シタコトガアッタ其時ハ何レトモ決セズニ濟ンデ居ッタガ、實際條約ヲ法律ト同ジ效力ヲ持タセルト云フコトヲヤッテ居ッタ、矢張リ條約ハ法律ト同ジ效力ヲ持ット云フ學說デモアリ兎ニ角其方ガ宜イカラト云フ法典調査會ノ學者達ノ意見モアッタノデ、入レタ所デ害ガナイカラト云フコトデ入レタ、唯今菊池サンノ御問ノ樣ナコトガナクトモ今日マデノ慣例上サウ云フ風ニ解釋シテ宜イカモ知レヌ、極必要上無ケレバナラヌ條文デハアリマセヌケレドモ斯ウ云フ風ニシテ置クナ強イ理由ハナイノデアリマス

○木下廣次君・モウ一ッチョット御尋ヲ致シマスガ、此二十七條ノ通リニナッテ行キマスト條約同盟國外ノ臣民ニアッテハ本邦人同樣ナ取扱ニナルノデスナ

○政府委員(水野錬太郎君)　左樣デス

○木下廣次君　サウスルト例ヘバ支那ニ於テハ日本臣民ノ著作者ニ向ッテ何等ノ保護モ與ヘナイ、云フ場合ニ於テ其支那臣民ガ日本ニ來タトキハ此法律ヲ以テ保護ヲ與ヘル斯ウ云フ譯ニナルノデスナ

○政府委員(水野錬太郎君)　サウ云フコトニナリマス

○木下廣次君　サウスルト日本臣民ハ利益ヲ受ケヌケレドモ支那ノ臣民ハ利益ヲ受ケルト云フコトニナッテ來テ頗ル公平ヲ失フヤウニ思ハレルデスカ其邊ハドウシタ御考デアリマセウカ

○政府委員(水野錬太郎君)　ソレハ支那デハ著作權ノ保護ガアリマセヌカラ日本人ハ支那へ往ッテモ著作權ノ保護ヲ得ラレマセヌガ、支那人ガ日本へ來テ著作權ヲ得ラレルト大變支那人ハ利益デアリマスガ、ソレハ外ノ權利デモ同ジコトデハアリマスマイカ、例ヘバ普通ノ契約ノ權利、私犯上ノ權利ヲ支那デハ今日認メテ居ルカドウカ知レマセヌガ、日本人ガ支那へ往ッテモ支那ニハ民法ガ無イカラ其權利ヲ得ラレヌカモ知レマセヌガ、日本へ來レバ支那人モ得ラレル、總テノ私權ニ付テ支那人ハ日本ニ來テ保護ヲ得ラレルケレドモ日本人ガ向フへ往クト得ラレナイ、先ヅ其主義デ書イテアル、著作權モ總テノ外國人ニ對シテ保護ヲ與ヘルト云フ趣意デ出來テ居ル

○副委員長(加藤弘之君)　二十七條ノコトハ菊池君ト同ジ樣ニ思フ、無クテモ宜イ、菊池君ノハコレバカリアッテ外ニ無クテハ揃ハヌト云フコトデスカ無クトモ當然ノコトデ有レバ明ニナラウガ書カヌ方ガ宜カラウト思フ

○木下廣次君　私ハ反對ノ意見ヲ持ッテ居リマス、民法ニ於テ私權ノ享有ヲ外國人ニ許シテ置イテモ若シ日本帝國ニ於テ許スベカラザルノ理由ガアッタラ許サヌデモ差支ナカラウ、若シ日本帝國ノ利益ガソコニ存在シテ居ルカラハ許サヌデモ宜カラウ、ソレデ私權ノ享有ト云ヒマシテモ別ニ法律ニ規定スル所ガアッタラ其享有ハ與ヘヌデモ差支ナカラウ、然ラハ著作權ノ如キニ至ッテハ平等主義ヲ用ヰテ一切ノ人ニ其保護ヲ與ヘルト云ハヌデモ若シ我臣民ガソレダケノ保護ヲ受ケナイトアレバ其保護ヲ受ケザル所ノ外國人ガ日本ニ來テモ保護ヲ與ヘヌデモ差支ナイコトデアルカラ、願ハクバ此同盟國外ノ外國人ニ向ッテハ亞米利加ガ執ッテ居ル相互主義ヲ採用サレタイ、ソレデ二十七條ハ未ダ修正ノ文ハ持チマセヌガ、其精神ヲ以テ規定サレタイコトデアルト考ヘルノデアリマス、若シ其主義ヲ御採用ニナリマシタナラバ修正ノ文章ハ考ヘマセウガ、先ヅ其主義カラ御定メヲ願ヒタイト思ヒマス

○山脇玄君　唯今ノ木下君ノ說ヲ贊成シマス……墺地利ナドハドウナッテ居

ジク保護シテ居リマス、其他ノ外國人ニ對シテハ矢張リ相互主義デ外國ノ法律デ墺地利臣民ノ著作權ヲ保護スレバ墺地利國ニ於テモ亦其外國人ノ著作權ヲ保護スル、斯ウ云フコトニナル

○副委員長(加藤弘之君) 獨逸ハドウシテ居ル

○政府委員(水野錬太郎君) 獨逸ハ獨逸帝國ノ著作權法ガアリマス

○副委員長(加藤弘之君) 相互主義デヤッテ居リサウナモノ……

○政府委員(水野錬太郎君) 墺地利ト獨逸ノ間ニハ條約ガアラウト思ヒマス、調ベマシタガ見マセヌガ……

○政府委員(森田茂吉君) 同盟條約ハアリマス、伊太利ト別ニ結ンデ居リマス

○菊池大麓君 政府委員ニ御尋シマス、ソレ等ノ所ハ例ヘバ獨逸英吉利佛蘭西等ニ於テハ矢張リ他ノ同盟以外ノ國ニ於テハ相互主義ヲ取ッテ居リマスカ、全ク二十七條ノヤウニナッテ居リマスカ

○政府委員(水野錬太郎君) 佛蘭西デハ總テドノ樣ナ外國人デモ保護スルトナッテ居リ、白耳義デモ其主義デアリマス、ソレカラ英吉利デハ英吉利ノ內地デ發行スル著作物ニハ保護ヲ與ヘル、獨逸デハ獨逸ニ居住ヲ有ッテ居ル者ニハ保護ヲ與ヘル、ソレカラ瑞西ナドハ、ソラデ覺エテ居リマセヌ、先ヅ大體サウ云フヤウニナッテ居リマス

○副委員長(加藤弘之君) 私ハ木下君ノ相互主義ハ面白イガ併シ支那ニハ法律ガ整ッテ居ルケレドモ與ヘヌト云フノデ無クテ支那ハ與ヘルコトモ何モ出來ヌノデアルカラ、サウ云フ弱味ニ附ケ込ンデ、アチラデヤラヌカラ、コチラデ與ヘヌト云フノハ大人氣無イデハ無イカ、支那ハ保護シテヤルガ宜イ

○木下廣次君 弱味ニ附ケ込ム主義カラ起ッタ論デハ無イ、實ハ日本デハ各國デ著シタ所ノ書ヲ取ッテ讀ミタイト云フ事情デ、支那人ノ著書デアッテモ讀ミタイ、去リナガラ無點本ナア讀メナイ、反リ點ヲ附ケテ讀ミタイ、所デ此法律デハ訓點ヲ附ケタデハ別ニ著作者トスルデモアリマセヌガ此法律ノ保護ハ受ケヌコトニナリマスルカラ新著作ト見ルコトモ出來ヌシ從ッテ外國ノソレヲ書イタモノガ此法律ニ據ッテ訴フルト云ッテモ無論訴ヘラレルコトニナル、是マデ日本ニ漢學ガ蔓ッタノモ制限ガ無イカラ發達シタノダラウガ今更アノ先生達ニ利器ヲ與ヘルノハ、コチラガ苦シイ、中々弱味ニ附ケ込ムドコロデ無イ、コチラガ弱味ニ附ケ込マレハセヌカト思ヒマス、又近日ハ支那人ハ日本ノ著作物ヲ何デ翻譯シタイト言ッテ居ルシ西洋事情ナドモ盛ニ翻譯シテ居ルサウデ、コチラガ高ケレバ向フデ安クシテ賣ルコトモ出來ルダラウカラ其邊ハ支那人ト雖モサウ安ク取ル譯ニハ行キマセヌ、文字ノ事、活版ノ事ハ達者ニナッテ行クカ知レヌカラ相互主義ヲ取ッタ方ガ至當デハナイカト考ヘマス

○久保田讓君 私モ木下君ヲ贊成シマス

○男爵吉川重吉君 今ノ木下君ノ御說ニ付テチヨット木下サンニ伺ヒマスガ著作ヲシタ場合ヲ仰シヤルノデスネ

○木下廣次君 左樣デガンス、支那人ガ向ウデ著作シタ物モコチラヘ輸入シテ參ルト矢張リコチラノ手續ヲシテ登錄シタトキハ假令コヽデ著作シマセヌデモ矢張リ此法律ノ保護ヲ受ケルコトニナリハシマセヌカ

○男爵吉川重吉君 ソレデハ政府委員ニ伺ヒタイデスガ、私ハサウハ思ヒマセヌガドウデス

○政府委員(水野錬太郎君) 唯今木下サンノ仰シヤッタ通リ支那デ著作シタ物デモ日本デ著作權ヲ得ルコトニナリ登錄スレバ民事ノ訴訟ヲ起スコトガ出來マス

○小幡篤次郎君 政府委員ニ御尋シマス、支那ニハ著作權ノ保護ハドウナッテ居リマス

○政府委員(水野錬太郎君) 支那ニハドウモ無イ樣デゴザイマス

○副委員長(加藤弘之君) 諸君如何デス

○山脇玄君 私モ木下サント同樣ノ意見デアリマスガ政府委員ニ聞キマスガ他ノ民法上ノ事デ言フト自然ト相互ニナッテ居ル、先ヅ日本人ハドコノ國ニ行ッテモ必ズ其國同樣ノ私權ヲ得ラレルコトニナッテ居リマスカラ別ニ制限ナシニ濟ンデ居ル、版權ノヤウナモノハ今承レバ亞米利加ナリ墺地利ナリ他ノ私權ト異ニシテ相互主義ヲ取ルコトニナッテ居ル、サウシテ他ノ權ト著作ノ權ハ差ヲ附ケテ居ルト云フコトニナルト日本ガ相互主義ヲ取ルト云フコトニナルト差支ガ有ルト云フヤウナコトガ有ルカ無イカ、相互主義ノ方ガ宜カラウト思ヒマスガ差支ガ有リハセヌカト云フ御考ハアリマスマイカ

○政府委員(水野錬太郎君) ソレハ相互主義ヲ取ッテモ一向差支ナイ、詰リ一ツノ私權ト見テ私權ハ世界到ル所何レノ所ニ行ッテモ享有スルコトガ出來ルト云フコトガ……民法ガ其主義ヲ採ッテ……尤モ民法デモ例外ヲ設ケルコトガ出來マスガ、既ニ民法第二條ノ修正論ガアリマスガ兎ニ角日本ハサウ云フ主義ヲ取ッタノデアルカラ相互主義ヲ取ッテ同盟國以外ニ對シテハ何等ノ保護ハ與ヘナイトシテモ一向差支ナイ

○山脇玄君 ソレデハ私モ贊成ヲシマス

○男爵吉川重吉君 モウ一ツ木下サンニ伺ヒタウゴザイマスガ斯ウ云フ場合ハドウデアリマスカ、日本ニ在ッテ登錄ヲ受ケレバ著作權ヲ得ル、併ナガラ支那人ガ支那デ著シタモノハ此法律ノ制裁ヲ受ケナイノデスネ、登錄シタ場合ニ限ルノデスネ

○木下廣次君 左樣デゴザイマス、登錄ド云フノガ必要條件ニナッテ居ルヤウデゴザイマスネ、察シマスル所多クノ場合ニ於テ韓文公十五世ノ孫ト名乘ッテ願ッテ出テ右ノ登錄ヲ受ケル者ハナカラウト思ヒマス

○政府委員(水野錬太郎君) 其點ハ國際法ノ問題ト民法ノ問題ト關聯スルコトデアリマスカラ研究シナケレバナラヌコトト思ヒマシテ內務省デ研究シマ

シタ、法典調査會デモ研究シマシタハ私權ノ享有ト云フコトハ日本ニ居ラナケレバナラヌト云フコトハナイ英吉利デ私犯ノ行爲ガアレバ日本デモ保護ヲ受ケラレル、支那デ著作シテモ日本デ保護スル趣意デアルカラ發行シタ著作シタコトニ不法行爲ガアッタトキハ日本デモ支那デモ英吉利デモ構ハヌ

○男爵吉川重吉君　ソレナラ亞米利加ノ相互主義ト云フ御話ダガ亞米利加ニ居ラナケレバイケナイノデスカ

○政府委員（水野錬太郎君）　亞米利加ノ著作權ハ亞米利加デ登録ヲ得マセヌケレバ版權ハ生ゼヌコトニナリマス

○男爵吉川重吉君　サスレバ伺ヒマスガ相互主義ト云フ名義ハドウ御極メニナルカ知レマセヌガ、御極メニナッタラ木下君ノ御説ノヤウニ防ゲマスカ、又防ガナクテハイケナイノデスカ

○木下廣次君　ドチラデスカ

○男爵吉川重吉君　支那人ガ亞米利加デ著作シタ其著作者ハ日本ニ對シテ當然權利ヲ以テ居ル、今ノ御説明ニ依ルト相互主義ナラソレヲ防ゲルデセウカドウデセウカ

○木下廣次君　相互主義デゴザイマスレバソレハコチラノ著作ヲ向フデ僞版スルノハ防ゲマイ、唯コチラガ僞版シテモ尤メラレナイダケノ結果デハナイカト思ヒマス

○菊池大麓君　相互主義ヲ執レバ亞米利加ニ對シテ斯ウ云フコトニナリハシマセヌカ、亞米利加人ハ日本ニ於テ此法律ニ依ッテ保護ヲ受ケル、日本人ハ亞米利加ニ於テ亞米利加ノ法律ニ依ッテ保護ヲ受ケルコトニナリマスカラ此法律ニ依ルト登録ヲ受ケズニ刑事ノ告訴ハ出來ルカラ亞米利加人ハ自分ノ國デ出版シタ物ニ付テ日本ヘ來テ告訴ガ出來ルガ日本人ハ向フヘ登録シテナケレバ刑事モ民事モドチラモ出來ナイ、其以上、行クコトハ相互主義デハ出來ナイ

○副委員長（加藤弘之君）　ドウデゴザイマス、諸君今ノ木下君ノ説ニ御賛成デスカ

○菊池大麓君　私ハ今ノ相互主義デ適當デアラウト考ヘマス

○副委員長（加藤弘之君）　諸君モ大分多數ノ樣デアル

○政府委員（水野錬太郎君）　若シモ相互主義ト云フコトニ極リマスレバ中々面倒デ一々外國ノ法律ヲ日本ノ著作者ヤ出版者ガ調ベテ行カナケレバナリマセヌ、若シ政府カラ提出シマシタ二十七條ノ主義ヲ改メテ是ハ一ノ私權デアルケレドモ日本ノ國法上必要ガアルカラ同盟國外ノ外國人ニハ或ル權利ヲ與ヘヌト云フ解釋ヲ執リマスレバ斯ウ云フコトニシテハドウデゴザイマス、實ハ若シ其御説ガ出タラト思ッテ案モ拵ヘテ參リマシタガ日本デ發行シタモノダケハ總テ外國人ニ保護ヲ與ヘル、日本國以外デ發行シタモノハ條約ガアレバ別デアリマスガ、條約ノナイモノニ對シテハ日本デ發行スレバソレダケ[illegible]方ガ理窟モアリ必要モアリ、相互主義ヨリ其方ガ利益デハアルマイカト思ヒマスカラサウ云フ方ノ主義ヲ御執リニナッテハ如何デゴザイマス、丁度獨逸ノ著作權法ノ主義ヲ採ル樣ナモノデアリマス

○男爵吉川重吉君　サウスルト斯ウ云フ疑ガアリマスガ、國際同盟條約ノ第二條ニ「同盟國ノ一ニ屬スル著作者又ハ其承繼人ハ同盟國ノ一ニ於テ公ニシタル著作物若クハ未タ公ニセサル著作物ニ關係シ他國ニ於テ其ノ國法カ內國人民ニ現今附與シ若クハ將來附與スヘキ權利ヲ享有ス」トアリマスカラ同盟條約ニ這入ッテ始メテ他ノ加盟國ニ於テ權利ヲ得ル、條約ニ加盟シナイモノハ其權利ヲ得ナイヤウニ聞テ居リマス、ソレガ私ハ同盟條約ノ起ッタ以所デハナイカト感ジマスノデ、此條約ガ無ケレバ他國人ガ著作シタモノハドチラモ權利ヲ附與ズルコトハナイ、其點ヲモウ一遍御説明ヲ願ヒタウゴザイマス

○政府委員（水野錬太郎君）　同盟條約ノ二條ハ總テ同盟國ノ中ガ發行シタ著作物ハ同盟國デハ保護セヌケレバナラヌト云フコトヲ規定シタノデ、同盟ニ這入レバ是ダケノ制限ハ有ルゾ、從ッテ內國ノ方デモ是ダケノ制限ヲ守ルゾト云フ法律ヲ拵ヘナケレバナラヌト云フノデ、同盟國ニ屬シナイ者マデ保護ヲ與ヘテハナラヌト云フノデハアリマセヌ

○菊池大麓君　今水野君ノ言ハレタ日本デ發行スル者ハ保護ヲ與ヘルト云フコトデアルト日本デ發行スルト云フコトノ定義ガムヅカシクナリハセヌカ

○政府委員（水野錬太郎君）　別ニ定義ハムヅカシクハナルマイト思ヒマス、唯發行シタ事實サヘ認メレバ宜イノダカラ書物ヲ出版シタト云フ事實ガアレバ宜イ、ソレダケノ事實ガ確マレバ日本ノ帝國內デ著作物ヲ出版スレバ從ッテ保護ヲ與ヘルト云フノデアリマスカラ……

○菊池大麓君　書物デ言ヘバ日本ヘ來テ日本デ印刷シテ賣出スト云フノデ、外國デ印刷シタモノヲ持ッテ來テ日本デ賣出スノデハ……

○副委員長（加藤弘之君）　日本デ賣出スノナラ宜イデハナイカ

○政府委員（水野錬太郎君）　ココニ初メテ發行ト云フ字ヲ書クノデアリマスカラ日本ニ持ッテ來ルト云フノデハ初メテ日本デ發行シタトハ言ハレナイカラ、ソレハ保護セヌデ宜イ、先程私ノ申シマシタノハ初メテ日本デ發行シタト云フ風ニ書カナイトイケヌト思ヒマス

○副委員長（加藤弘之君）　如何デス、多數デセウガ文章ガ無イトイケヌ

○菊池大麓君　モウ少シ攻究シタイ

○山脇玄君　チョット政府委員ニ申上ゲタイ、私モ相互主義ガ宜イト云フ考デアリマスガ方法ニ付テ極リガ附カヌトイカヌト思ヒマス、一ツノ方法トシテ條約國外ノ外國人ガ著作權ノ保護ヲ受ケルニハ日本ニ於テ登録ヲ受ケナケレバイケナイト云フ規定ヲ置カレタラドウデアリマセウカ、サウスレバ幾分カ條約國外ノ外國人ニ對シテ極リガ附カウト思ヒマス

○政府委員（水野錬太郎君）　ソレハ無論法律ニ書ケバ出來ルコトデアリマセウ、此法案デモ刑事ノ方ハ出來マセヌガ民事ノ方ハ出來ルコトニナッテ居リ

○菊池大麓君　今ノ山脇君ノ御說ハ外國人ニ對シテ刑事デモ登錄セヌケレバイケヌト云フ取除ケヲ設ケテ保護ヲ與ヘルト云フコトデアリマスカ

○政府委員(水野錬太郎君)　サウスルト亞米利加ニ行ッテ日本人ハ保護ヲ受ケルコトガ出來ヌコトニナリマス

○菊池大麓君　ソレハ先刻水野君ノ案デモイケマセヌナ、日本デ發行シタモノデナケレバ保護ヲ與ヘヌコトニナル

○政府委員(水野錬太郎君)　左樣、サウナリマス

○菊池大麓君　サウスルト相互主義ヲ採ルカ水野君ノヤウニスルカ山脇君ノヤウニスルカ、問題ガ幾ツニモナル

○木下廣次君　日本ニ於テ發行シ、サウシテ登錄ヲシタモノデ無ケレバイケヌトシテモ宜イナ

○副委員長(加藤弘之君)　ドウモ段々喧マシクナルナ、モウ今日ハ四時ニナルカラ是マデニシテ明日午前十時カラヤリマセウ

午後三時五十分散會

明治三十二年二月三日(金曜日)午前十時四十五分開會

○副委員長(加藤弘之君)　夫デハ始メマス夫デハ附則ニ移リマセウ

○山脇玄君　其前ニチヨット御相談シタイ、三十八條ノ規定デゴザイマス、三十八條ノ罰ガドウモ少シ此三十五條ト三十九條トノ罰ニ比較シテ權衡ヲ得テ居ラヌヂヤナイカト云フ考ガアリマス、夫デ詰リ申シマスルト云フト三十八條ノ罰ヲ丁度三十五條ト三十九條トノ中途ヲ取ルト云フコトニ定メタラ如何デアラウカト思ヒマス、夫デ三十八條ノ自分ノ著作物ニ外ノ者ノ氏名ヲ用井レバ無論純粹ノ僞造デ三十五條ニ這入ルダラウト思ヒマス、其他ノ場合ヲ是ガ稱スルモノデアリマスカラドウモ三十五條ト同ジニ致スト云フコトハ如何ナモノデゴザイマセウカ、是ハ少シ此罰ニ三十五條ト三十九條ノ權衡ヲ取ッテ差ヲ附ケタラ如何ノモノデアリマセウカ

○菊池大麓君　是ハ人ノ物デスネ、人ノ物ヲソックリ盜ンデサウシテ夫ヘ自分名ヲ附ケテ出シタノハ此條ニハ這入ラナイデ僞作ノ方ヘ這入ルト云フ御考デスナ

○山脇玄君　サウ考ヘマスガ子

○菊池大麓君　サウスルト此條ノ規定スルノハ自分デ何カ物ヲ拵ヘテサウシテ夫ヲ外ノ人ノ名前デ著作シタトカ申セバ其人ノ名前ヲ騙ル方ニ……

○山脇玄君　サウデス、或ハ自分ハ別ナコトデ、甲ノ著作ヘ持ッテ行ッテ又外ノ人ノ名ヲ附ケテ出スト云フヤウナ場合ニナラウト思ヒマス、人ノ著作物ニ自分ノ名ヲ出セバ純粹ノ僞造ニナリマスカラ三十五條ニ當リマス、ドンナモノデセウ政府委員ハ……

○政府委員(水野錬太郎君)　サウナルダラウト思ヒマス、唯今山脇サンノ御[illegible]ネバナラヌト云フコトデ五十圓以上五百圓以下ト致シマシタガ丁度此罪ハ三十五條ト三十九條ノ間ニ這入ルモノデアル、其趣意デ下ゲルト云フコトデゴザイマスレバ宜カラウト思ヒマス

○山脇玄君　夫デ三十圓以上三百圓以下ト云フコトニナッテハ……少シ三十五條三十九條ノ間ノモノヲ拵ヘルト云フ修正ヲ提出致シマス

○政府委員(水野錬太郎君)　是丈ケノコトヲ申シテ置キタイデスガ、隨分其有名ノ學者ノ名ヲ騙ッテ自分ノ著作物ナドニ入レルト云フコトナドハ殆ド其僞作ヲシタト同ジヤウナモノデアルノデ、隨分サウ云フモノハ强ク取締ラヌト矢張リ是ハ著作者ヲ保護スル趣意ニナルノデアルカラ僞作ハシナイケレドモ殆ド名ヲ取ッタト云フ丈ケデモ僞作ニ尋グモノデアルカラ重クスル必要ガアルト云フノデ三十五條ト同ジ罰ニシタラドウ云フモノデスカ、此條ノ趣意ハサウ云フ趣意デシタモノデゴザイマスカラソレ丈ケ申シテ置キマス

○小幡篤次郎君　私ハ山脇サンニ御同意致シマセウ

○副委員長(加藤弘之君)　山脇サンニ御相談ヲシテ見マスガサウ云フコトモ宜ササウダケレドモ第三十五條ノ「僞作ヲ爲シタル者」ト云フハ宜イケレドモ後ノ「情ヲ知テ僞作物ヲ發賣シ又ハ頒布シタル者」ト云フモノハ固ヨリ罪ハ輕クハナイケレドモ是モ一緒ニ五十圓以上五百圓以下トナッテ仕舞ッタ、モット斯ウナッテ仕舞ッタ其後ノ三十五條ノ「及」カラ下ノモノモ其罪ハ輕クハナイガソレト比シテ見タラドウ云フモノダラウ

○山脇玄君　三十五條ノ「僞作ヲ爲シタル者」ト云フノデスカ

○副委員長(加藤弘之君)　「情ヲ知テ僞作物ヲ發賣シ又ハ頒布シタル者」ト云フ其方ノ「及」カラ下ノ方ハ三十八條トノ比較ハドウデス

○山脇玄君　此「僞作ノ所爲ヲ幇助シタル者」ト云フノ比較デスカ

○副委員長(加藤弘之君)　「情ヲ知テ僞作物ヲ發賣シ又ハ頒布シタル者」ト云フコトガアリマスガソレト三十八條トノ輕重ヲ付ケルト云フハドウ云フモノデスカ「及」ト云フカラ下ハ少シ輕イト思ヒマス僞作ヲ爲シタル人ヨリ……

○山脇玄君　私ハ別ニ輕クハナイト思ヒマス僞作ヲスルノハ……僞作ヲスルト申シマシテモソレヲ廣ゲルト云フコトガナケレバ宜イト思ヒマス、唯自分ノ用ニ供スル爲ニ僞作ヲシテモ罪ニセヌデモ宜イ、其物ヲ廣ゲルカラ僞作ノ罪ト云フモノガ出テ來ルノダカラ情ヲ知テ僞作物ヲ發賣スルトカ頒布スルトカ云フノガ著作權ノ重モナル罰デアラウト思ヒマス、ソコデアルカラ情ヲ知テ僞作物ヲ發賣シ又ハ頒布シタルモノト云フハ實ニ僞作ノ罪ガ一番重イダラウト思ヒマス、唯人ノ物ヲ僞作シタカラッテモ賣リサヘシナケレバ廣ゲサヘシナケレバ僞作ニモナンニモナリハシナイカラ是ハ三十五條ノ一箇條ニナッテ僞作ノ罪ニナッテ仕舞フカラソレト此三十八條トハ餘程差ガアリハセヌカト思フ、唯發賣ノ都合デ加藤サンナラ加藤サンノ著作ニ他ノ者ノ名ヲ付ケルト云フ丈ケデアリマスカラ人ノ著作ヲ自分ノ名ヲ付ケルカラ三十五條ニ該ル

ノデゴザイマスカラ少シ差ガソコニアルダラウト思ヒマス、何カ本屋ガ賣ル都合ニ依テ甲ノ人ノ著作物ニ乙ノ人ノ名ヲ付ケテ出スト云フコトデスカラドウモ三十五條ノ僞作ト云フノヨリハ幾分カ其情ガ違フカト思ヒマス

○副委員長(加藤弘之君) 言葉デ云フトサウダケレドモ情ヲ知テ僞作物ヲ發賣シ頒布スルト云フノモ或ル者ノ企デ僞作物ヲ拵ヘルト云フノハ随分重イノガアルカモ知レヌ、ソレ程デナク實際僞作物ヲ拵ヘタヤツノ義理合デ仕樣ガナクスルト云フヤウナ極ク輕イノモアル、ソレハ片方ノ三十八條ノ方ハ矢張リ人ノ名ヲ其著者ノ人デナイ名ヲ付ケルノダカラ餘程其心術ハ惡イノデスカラ是モ其爲ニ賣レルノデスカラ賣レサウナ人ノ著者ノ名ヲ付ケルカラ大變ニ賣レルト云フコトデアル、ドウモ殊ニ依ッタラ三十五條ノ中ニ情ヲ知テノ方ニ重イヤツモアリ情ヲ知テドコデヤナイソレガ煽動シテヤラセルコトモアルダラウケレドモ亦義理合ニ搦マサレテヤルト云フヤウナ輕イヤツモアル、ソレダカラ罰モ大變ニ懸隔ハ付イテ居ルケレドモ三十八條ノヤツヲ重イヤツデ人ノ名前ヲ、他ノ名前ヲ付ケルト云フノハ即チ賣ラウト云フノヲ目途ニシテヤルノダカラサウスルト随分輕重ガムヅカシイヤウニ考ヘル、僞作物ヲ爲シタト云フノニモ或ハ極ク騙サレテ爲スヤツモアルダラウケレドモソレハ憐ムベキヤツモアルダラウガ併シソレハ發賣シ頒布モスルカラ矢張リ是ガ目途ヲ爲シ來ルノダカラドウモサウ云フヤウナ随分ムヅカシイト思ヒマス

○菊池大麓君 チロット今ノ三十八條ノ山脇君ノ説ニ付イテ疑ヒヲ起シマシタガ此節ハ自分デ書カナイテ自分ノ名ヲ借シテ書カセルト云フヤウナコトガ随分アルヤウデゴザイマスガサウ云フモノハ三十八條ニ該當スルノデスカ自分デ承諾シタラ三十八條ニハ該當シナイデスカ

○山脇玄君 ソレハ承諾シタラ該當セヌデセウ

○副委員長(加藤弘之君) 政府委員ハドチラデスカ

○政府委員(水野錬太郎君) 是ハ初メハ低クカッタケレドモ法典調査會ナドデ調査スル時分ニ先程加藤サンノ御話ノ通リノ趣意デ矢張リ重クスル方ガ宜イト云フノデ重クナッテ來タソデゴザイマスカラ非常ナ差支ガナクバ三十五條ト同シヤウニシテ置ク方ガ大變都合ガ宜イト思ヒマスカラ非常ニ權衡ヲ得ナイト云フヤウナコトデモアルマイト思ヒマス、若シ別段强イ必要ガナケレバ矢張リ五十圓以上五百圓以下ニシテ頂キタイト思ヒマス

○菊池大麓君 サウ云フ罰則ト云フモノハ大概宜ク五十圓ト云フト其次ハ五百圓ト云フヤウデスガ三十圓以上五百圓以下ト云フヤウナコトハ法律ノ體裁上ヲカシイデゴザイマスカ

○政府委員(水野錬太郎君) ソレハ出來ヌコトハアリマスマイト思ヒマス、併シ刑法ハ重ニ斯ウ云フコトニナッテ居リマス故ニ三十圓以上五百圓以下ト言ッテモ出來ナイコトハナカラウト思ヒマスガ刑法ノ體裁ニ傚ッタノデス

○菊池大麓君 私ハ三十圓以上五百圓以下ト云フ折衷法ヲ出シマスガ別ニ强

○副委員長(加藤弘之君) 今ノ折衷説デ三十圓以上五百圓以下ト云フコトガ出マシタ

○山脇玄君 三十圓デ宜シウゴザイマセウ下ノ緩ミヲ付ケルノニ……

○副委員長(加藤弘之君) ソレデハサウ決メマセウ

○木下廣次君 私ハ第四十條ノ文章論デゴザリマスガ「虚僞ノ登錄ヲ受ケタル者」トアリマスルノハ是ハ虚僞者トシテ登錄サレタ者ト云フ意味ラシウゴザイマスガサウデゴザリマセウカ原案者ニ御尋ネ致シマス

○政府委員(水野錬太郎君) 是ハ登錄ヲ詐ッテ受ケタ者ト云フ意味デゴザイマス、著作者デナイ者ヲ著作者デアルヤウニシタノデアリマス

○菊池大麓君 政府委員ニ御尋シマスガ此三十八條ト四十條ト重ナル場合ナドガ這入ッテ來ルト思フ、其時ニハ二罪倶發ト云フ刑法ノ何デ往クノデスカ

○政府委員(水野錬太郎君) 此場合ハ刑法ノ二罪倶發デハアリマセヌ、一ツハ虚僞ノ登錄ヲ受ケタト云フ罪デ罰セラレ一ツハ他人ノ氏名ヲ冒シタ時ニ罰セラレルノデアリマスカラ二罪倶發デハナイト思ヒマス

○副委員長(加藤弘之君) 此罰則ニ御説ガゴザイマセヌナラバ外務省ニ關係ノアル所ヲ此場合デ……

○木下廣次君 二十七條ニ就キマシテ昨日本條ノ規定ノ通リデアレバ著作權保護ニ關スル同盟國外ノ臣民ニ向ッテハ餘リ特待過ギルト云フ考カラシマシテ其臣民ニ向ッテハ相互主義ヲ用ヰテハ如何デアラウカト云フ意見ヲ提出シタデゴザリマスル、ソレニ就テ段々御説モゴザリマス、去ナガラ未ダ條文ノ修正ノ案文モ備ヘテ居ラナカッタコトデアリマスルカラ議論ハ未ダ確實ニ入リ兼ネテ居ッタデゴザリマスルカラ今試ニ其修正ノ案文ヲ私提出致シテ見マスル、此案文ハ水野政府委員ノ私ニ記載セラレタルモノデゴザリマシテ私ハ之ヲ借來リマシテ自身ノ案ト致シマスルノデゴザリマス、此案文ハ「著作權保護ニ關スル列國同盟ニ加入セザル國ニ屬スル著作又ハ其承繼人ハ同盟條約ニ別段ノ規定ナキ場合ニ於テハ帝國ニ於テ初メテ其著作物ヲ發行シタル時ニ限リ本法ノ保護ヲ享有ス」斯ノ如キ修正案デゴザリマスル、ソレデ絶對的ニ相互主義ヲ執ルト申シマスルコトモ決シテ差支ハナカラウト存ジマスルケレドモ既ニ昨日モ委員長ヨリシテ支那人ニ對シテ餘リ酷クハナイカト云フ一時ノ戯言ヲ發セラレマシタデゴザリマスルケレドモ又一方カラ見マスルト御尤ニモ考ヘラレマスルカラソレデ此本邦デ發行シマシタルモノト云フコトヲ一ツノ制限トシマシテ此本邦デ發行サレタモノデゴザリマシタナラバ此本法ノ規定ヲ適用スルコトニナリマスルシ本邦外ニ發行シタモノデゴザリマスレバ本邦ノ規定ヲ適用シナイト云フコトニナルノデゴザリマシテ現ニ同盟外ノ臣民デゴザリマシテモ帝國ニ於キマシテ著作物ヲ發行シマシタト申シマスレバ帝國ノ法律ハ之ニ向ッテ一視同仁ヲ以テ規定スルト云フコトハ是ハ然ルベキコトダ[illegible]フ限リデモナカラウト思ヒマス

キ修正案ヲ提出シタ譯デゴザリマスル、ドウカ御賛成ヲ願ヒタウゴザリマス
ル

○山脇玄君　唯今ノ修正ニハマダ賛成ヲスルカドウカト云フヤウナコトハハッキリトハ申サレマセヌガ、幸ヒ外務省ノ政府委員モ御出席ニナッテ居ラレマスカラサウ云フヤウナ規定ヲ設ケテ何カ格別ノ不都合ト云フコトハナイカモ知レマセヌガドンナモノデアリマセウカ御意見ヲ一ツ伺ヒタウゴザイマス

○政府委員（都筑馨六君）　是ハ私モ此處デ始メテ承リマシタ問題デ、ハッキリシタ所ハ十分ニ調ベタ上デ申上ゲタイト思ヒマスルガ、唯今私ノ考ヘル所ニ於キマシテハ何等ノ差支モナイヤウニ思ヒマス、ト申シマスルノハ成程商業其他ノコトニ關シマシテハ御承知ノ通リ新條約ニモ無條件且直接ニ最惠國ノ權利ヲ總テ與ヘルト云フヤウナ箇條ガ往々見エマスルケレドモ此著作權ニ關シマシテハ此最惠國ノ取扱ノ利益ヲ與ヘタ事柄ノ範圍外ト解釋シマスニ依ッテ差支ナイト思ヒマスルサリナガラ……

（速記中止）

○久保田讓君　私ハ此大體ノコトニ付テ外務當局者ニ御尋ネヲシタイノデアリマス、先日大要ハ述ベテ御承知ニナッテ居ルヤウニ思ヒマスケレドモマダ表向キ述ベタコトニナッテ居ラヌヤウデアリマスカラモウ一應重ネテ御尋ネヲ致シマス、私ガ御尋ネシタイノハ此著作權ノ同盟條約ニ加入ヲシタコトニ付テノ由來デアリマスガ、ソレハ通商條約ノ第何條デアリマシタカソレニ依ッテ此著作權同盟條約ニ這入ルト云フコトヲ條約ヲサレタ、其條約ニ基イテ此同盟條約ニ這入ルト云フコトニナッテ居ルト云フコトデゴザイマス、其條約ヲ御締結ニナッタ當時此著作權同盟ニ這入ルコトノ利害ト云フコトニ付テ政府デハ餘程御勘考ニナッタコト、考ヘルノデアリマス、即チ此西洋ノ書物ヲ今日日本デ翻譯シテ居ルト云フモノハ餘程數多イコトデアッテ、學術上ニアッテモ或ハ教育上ニアッテモ又ハ音樂樂譜等ノコトニ付テモ總テ西洋カラ此新規ニコチラヘ輸入スルモノヲ翻譯ヲ致シテ使用シテ居ルコトハ是ハ餘程數多イモノデアリマシテ、是ニ依ッテ國ノ文化ヲ進メツヽアルコトハ疑モナイコトデアルノデアリマス、ソレデ此法ヲ制定セラレテ愈〻實行スルト云フコトニナルトソレ等ノ便宜ハ餘程ノ部分ヲ失ッテ仕舞フヤウニナル、從ッテ西洋ノ文明ヲ我國ニ輸入スルト云フコトニ付イテモ大ナル障碍ヲ來タシテ來ルト云フコトニナラウカト思フノデアリマス、ソレニモ拘ラズ此條約同盟ニ加入シテ、サウシテ此法律ヲ制定シナケレバナラヌト云フコトニ付テハ餘程ノ利害ノ關係ガ明カナコトガナクテハナラヌデアリマスカラ其當時ニアッテ政府ノ御調ベニナッタ利害上ノ關係ト云フモノヲ承リタイノデアリマス、尙此條約ニ是非共這入ラナケレバ一般ノ條約ヲ締結スルコトハ出來ナイノデアルカドウデアルカ、殊更ニ此事ニ付テ外國トノ御談判ニナリマシタカ其事

ニ付テ成ルベク丈ケ明カニ事情ヲ承リタイ、サウシテ其事柄ハ或事情ニ渉ルコトハ速記ナドハ必ズシモ取ラナクテモ宜シウゴザイマスカラドウカ詳ク願ヒタイ

○政府委員（都筑馨六君）　夫デ速記サレルモノトシテ御答シマセウカラ出來ル丈ケヤッテ見マセウ、又足ラヌト云フコトハ或ハ速記ヲ止メテ頂クカモ知レマセヌ、元ト元ト此條約改正ノ事業ガ文明國トノ仲間入ヲスル對等ノ御附合ヒヲスルト云フコトデ目的モ先キカラソコニアリマシタ、又コチラノ論旨モソコニアリマス、夫デ文明ノ御附合ヲスル以上ハ文明國デシテ居ル丈ケノ事柄ハ無論コチラデモ出來ル、斯ウ云フ積リデ其意思ヲ明ラカニコチラカラ示シ法典ナドノ事柄モ無論其邊ニ基イテ居ルノデアラウト思ヒマス、法典編纂ノ事柄モ矢張リ文明國ノ體裁ヲ整ヘテ居ルト云フコトデ……シマスルノニハ文明ノ一大原因トナッテ居ル著作權保護等ニ於キマシテモ他ノ文明國ニ後レル所ハナイト云フ考カラ、後レル所ガアッテハナラヌト云フ考カラ他ノ公使アタリカラモ申ス所ガアリ、日本政府自ラ考ヘル所モアッテ其制度ヲ設ケルコトニ同意ヲシタノデアリマセウト思ヒマス、尤モ私モ其時ニ始終行政官ナドハ屢〻代ハルモノデスカラ其時ノ當局者デハアリマセヌカラ詳シイコトハ分リマセヌ、又此書類モ詳シイ事情マデ明カニシタ所ノ書類ハ一ツモ殘ッテ居リマセヌ、餘所ノ省ト違ヒマシテ外務省ニ書類何カナイノデゴザイマス稟議ト云フモノハ何處ノ省ニモアリマスガ外務省ニハ繁文省略ノ爲ニ稟議ト云フモノハナシニナッテ居リマス、始終往復書類ノミガアルノデアリマス、其往復書類ニ據リマスルト唯外國公使ノ方カラ促シテ來タノガアル丈ケデゴザイマス、夫ニ對シテ深ク何シタ、コチラカラ讓歩シタヤウナ答辯書モ行ッテ居ラヌガ外國政府ノ希望ハ餘程熱心ナ希望ガアッタニ相違ナイノデアリマス、夫デ條約改正ヲシマスルニ付キマシテハ矢張リ是等モ一ツノ確カニ條件デアッタラウト思フ丈ケ疑ナカラウカト思フ、夫ヨリ先キノ詳シイ事柄ハ唯々此人ガ斯ウ云ッタアノ人ガア、云ッタト云フノデ外務省ニ居ル官吏ガ覺エテ居ル丈ケノ事柄デゴザイマス、ナカ〳〵證據ハ何モナイ、併シ外國政府ガ重キヲ置イテ居ルト云フ丈ケハ今日デモ疑ナイ現ニ佛國政府ノ如キハ是々是々條約ヘ御加盟ナサレルコトノ義務ヲ日本政府ヘ御持チニナッテ居ルト云フコトヲ御注意申上ゲル……御注意ヂヤナイナッテ御出ニナルガ夫ニ付テハ御加盟ニナルマデニハ多數ノ日子モ要スル次第デアルガ何時何日マデノ日限ニ此加盟ヲサレルニ付テハ其前豫備ノ仕事トシテ多數ノ日子ヲ要セラレル、サウスルト何時御申込ミニナルカ夫ヲ承リタイト云フヤウナ書面ガ漸ク二三日前ニ粟野カラ外務省ノ方ヘ轉送シテ來マシタ、ケレドモ其書類ガ、コッチヘ達スルニハ時日ガ掛リマスカラ一月カ二月位前ニ向フカラ申込レタ位デアリマス、餘程重キヲ確カニ置イテ居リマス、著作權法夫カラ特許、總テ條約ニ書載セテアリマスモノ丈ケハ重キヲ置イテ居ルト云フコトハ疑ナイノデアリマス

○久保田讓君　唯今ノ御答辯ニ據ルト此事ニ付テ現ニ條約ニ重キヲ置イテ居ルト云フコトハ御認ニナッテ居ルデスガ併シ此事柄ニ付テ特別ニ談判ヲシタトカ或ハ書類ノ往復ヲシタトカ云フコトハナイ、或ハ覺エガナイト云フコトデアリマシタカラ此爲ニ特ニ御談判ニナッタコトハナイト認メテ宜カラウト思ヒマス

○政府委員（都筑馨六君）　夫ハ少シ云ヒ方ガ不十分デアリマシタガ條約改正前ニ向フカラ申込ンデ來タモノデ此條約改正ニ付テ其時ニ特許ニ關シテ特ニ往復シタモノハ見當リマセヌ、其後ニハ今ノ現ニ佛蘭西ノ政府カラヤッテ來タコトモアリマス、シ………

○久保田讓君　宜シウゴザイマス、其前ノ即チ條約ヲ締結スル前ニ別段往復スルコトハナカッタト云フコトデアリマス、夫カラ今ノ佛蘭西ノ御話デアリマスガ是ハ著作權デアリマスカ、特許ノ方デハナイノデゴザイマスカ

○政府委員（都筑馨六君）　皆デアリマス四ツノ條約ヲ指シテ居リマス、色々ノ條約ト云フコトニハ結局シテ居リマセヌ

○久保田讓君　少シ諄ク御尋ネ申スヤウデアリマスケレドモ是ハ今ノ當局者ガ談判ヲナスッタノデナイカラドウモ分ラヌコトガアルデスケレドモ民法ナドノコトガサウデアッタ、アノ民法丈ケニ付テハ矢張リ取除ケルコトガ出來タ、併ナガラ先刻御話ガモウ事情ヲ盡シテ居ルヤウデスガドウカ、文明國ノ仲間入ヲスルコトガ大主眼ニナッテ居ルノデ、文明國ノ仲間入ヲスル爲メニモウ一ッ國ノ利害ト云フコトハ餘程考ヘナケレバナラナカッタノデアリマスガ、其文明國ノ仲間入ヲスルコトヲ義務ニシテ居ッテ國ノ利害ヲ調ベルコトハ第二段ニナッテ居リハシナイカ、即チ一例ヲ云ヘバ先刻申シタ民法ナドノコトデ是等ハ前議會ノ時ニ段々政府ヘ御尋ヲシマシタガ是ハ條約改正ノ當時デアッタラサウ云フコトヲ云ッタナラバ宜カッタデアリマセウガ今日ニナッテハ仕方ガナイ、兎ニ角ヤルコトニナッテ居ルカラ仕方ガナイト云フヤウナコトデアリマシタ、其例トシテ我邦ト暹羅デシタカノ其條約ナドニ矢張リ法典ノコトニ付イテ民法ナドハ自カラ自分ノ方カラモ除カレテアルト云フヤウナ實例ハアッタ、決シテ改正ノ爲ニ民法マデモ改正ヲシナケレバ條約ノ締結ハ出來ナイト云フヤウナ事情デハナカッタノデアリマス、併シ政府ハソレマデノ特別ノ談判ガナッカタ爲ニ新條約ニハ民法マデモ加ヘテヤラナケレバナラヌト云フヤウナコトデアッテ丁度此版權ナドモサウ云フ事情デハナカッタカト思ヒマス、此特許ノ方ハ直接ニ非常ナ利害ニ關スルモノデアリマスカラ是ハ餘程ムヅカシイ一ノ條件デ私ナドノ承ッタ所デモ餘程ノ條件デ特許モ條約ニ這入ッタラウト思ヒマス、先刻御話デモ條約前ニ獨逸ナドデモ條約前ニ同意シタト云フコトデアリマスケレドモ此著作權ナドハ左程ニ外國ノ方ニ利害ハナイト思ヒマス、ソレニ反シテ我國ハ此著作權ハ非常ニ利害ヲ持ッテ居ルコトデアリマスカラ若シ條約ノ談判ノトキハ特別ニ注意サレテサウシテ政府ハナカッタカ、若シ這入ヌナラヌデモ條約ノ談判ノトキニ何カ是ニ代ルベキ利害ノ談判ノシヤウモアルコトデアリマスカラ或ハ這入ラヌデ濟ダコトデハナイカト云フノハ此條約ガ各國殘ラズ這入ッテ居ルト云フノデハナイ、即チ亞米利加デアルトカソレカラ露西亞墺地利、匈牙利阿蘭陀丁抹、ト云フモノハ這入ッテ居ラヌデ所謂文明國ノ中ニモ殆ド半分位シカ這入ッテ居ラヌ半分ハ這入ラヌデ居ルト云フ位デ左程確イ同盟デハアリマセヌカラ隨分サウ云フ方ノ點カラ申シテ見レバ必ズシモ條約ニ這入ラヌデモ締結ハ出來タノデハナイカト推測スルノデアル、ソコデ先刻來條約ノトキノ當時ノ事情ソレカラ又所謂御談判ニナッタト云フコトヲ承ッタノデアルガ先刻ノ御答デハサウ云フ特別ノ談判ノ模樣竝ニ特別ノ數回往復ヲシタ書類等モナイト云フコトデアリマスカラ、今日カラ推測ヲスレバ先ヅ特別ノ談判ハナカッタト推測ヲスルヨリ外ニナイト思フ

○政府委員（都筑馨六君）　特別ノ談判ヲシタト言フコトハゴザンスマイ譬ヘバ法典ノコトニ付キマシテモ法典ノ事柄ニ關シテ特別ノ往復ハナイ、去リナガラ此條約改正ノ會議日トカ或ハ公使ノ謁見日ダトカ言フヤウナトキニ談判ハ始終アルノデアリマス、苟モ一字一句ニシテモ條約ノ上ニ出テ來ルトキハ餘程込ミ入ッタ談判ノアルノガ通常ノ習慣デスカラ此往復書類ガナイカラ直ニ談判ハ別段ノコトハナカッタノデアラウトノ推測ハ外務省ノ習慣ニ照シテ見マスルト稍〻穩ナラヌカノヤウニ感ジマスル、又此法典ノ事柄ヨリ一層或ハ外國政府ハ重キヲ置イタデアラウカト思フ事柄モナイデナイデス、無論外國政府ノ事柄デアリマスカラ果シテ推測ガ當ヲ得テ居ルヤ否ヤハ兎ニ角法典ヨリハ此方ヲ先キニ迫ッタト言フコトハ外務省ニ古クカラ居ル官吏ノ記憶ニハアルノデス、又法典カラ見マスルト此身分ノ事柄ナゾハ多ク其本國ノヲ用井マス、併シ又來テ居リマス人ノ利害ハ主トシテ關係シテ居ル所デアリマスカラ此方ニナリマスルト本國ニ居ル人ノ利害ニ餘程關係シマスルノデソレデ始終日本デ日本人ガ翻刻スルト言フヤウナ苦情ヲ申込ンダコトガ屢〻アル容子デアリマス、隨分酷イヂヤナイカト言フヤウナコトヲ外務省ヘ訴ヘタコトモ確カニアルラシウゴザイマス、無論外國デモヤッテ居ル事柄デハナイカ位ノ答辯ハシテ居ッタガ外國政府ハ殊ニ依リマシタラ法典ヨリハ此方ニ餘程重キヲ置イテ居リハシマイカト思フ位ニ感ズルノデアリマス

○久保田讓君　大概ソレデマー御互ニ言フコトハ分ッタヤウデアリマスガ尚ホ併シモウ一言申シテ置クノハ多分外國カラモサウ申シタデアリマセウ、ソレカラ或ハ相當ノ御談判ガアッタデアリマセウガ私ナドノ推測スル所ニ依レバ現ニ先刻モ申シタ通リ所謂文明國ト言フ數多ノ國ガ此同盟條約ニ這入ッテ居ラヌノデスカラ、如何ニ向フカラ必要ニ迫ッテ來テモ我國ニ非常ナ未ダ他ノ各國モ皆此同盟ニハ這入ッテ居ラヌト言フコトデアル兎ニ角我國ナドハ歐羅巴ノ文明ヲ頫リニ我國ヘ輸入シテサウシテ非常ニ利益ヲ得テ國ヲ進メ[illegible]條約ニ這入[illegible]キヲ見テ這入ラヌナ

[illegible]

故ニ私ハ先刻ノ推測ヲ出シタノデ此上ハ別ニ尋ネルコトモアリマセヌシ外務次官ノ答辯ハ私ハ了解レマシタガ尚ホソレニ付イテ多少ノ意見モ在リマスガソレハ此法案ヲ決定致ストキニ私ノ希望ヲ意見トシテ申述ベヤウト思ヒマス

○政府委員（都筑馨六君）　尚ホ二十七條ノ先刻ノ御質問ニ對シテ私ハ誤リハアリマス・マイト思ヒマスケレドモ尚ホ念ノ爲メニ此特許ノ法ニ關スル既往ノ手續ヲ調ベタル上ニ明カニ御答ヲシタト思ヒマス、萬誤ナカラウトハ思ヒマスガ是ハ最惠國條款ヲ適用スル氣遣ヒハナイト言フ、誤リハナカラウト存ジマスガ念ノ爲特許ノ事柄ニ關スル一二ノ書類ヲ調ベタイト思ヒマス

○副委員長（加藤弘之君）　晝後ニ御答ガ出來マスカ

○政府委員（都筑馨六君）　直ニ調ベテ……

○副委員長（加藤弘之君）　ソレデハサウ言フコトニ御約束ヲシテ置キマス

○政府委員（都筑馨六君）　ハイ

○久保田讓君　附則ヘ這入ッタラ如何デス

○副委員長（加藤弘之君）　附則ニ移ッタ積リデアリマス

○菊池大麓君　チョット質問ヲシタイ、內務省ノ政府委員ニ質問シタイデスガ此四十四條ノ「施行期日ハ勅令ヲ以テ之ヲ定ム」ト言フノハ條約トノ關係デ斯ウナルノデアリマスカ

○政府委員（水野錬太郎君）　全ク其通リデアリマス、此條約ニ加入スルト言フノハ加入スル日ト此法律實施ノ日トガ旨ク釣合ヲ得ナケレバイカヌト認メマシタノデ法律ニシマセズ勅令デ出ヌト斯ウ言フ趣意デゴザイマス

○山脇玄君　此四十六條ノ所デチョット此質問ノ時ニ居リマセナンダカラ或ハ重複スルカモ知レマセヌガ此四十六條ノ第二項ノ複製ノ用ニ供シタル器械器具ノ取締デスガ、是ハドウ言フ工合ニナリマスカ、本法ノ施行後五箇年間複製ノ用ニ便スルト斯ウアルサウスルト五箇年經ッタ後ハ矢張リモウソレヲ使用サセナイデ沒收シテ仕舞フト言フコトニナリマスノデスカ、ドウ言フコトニナルノデセウカ

○政府委員（水野錬太郎君）　五箇年間ハ使用シテモ宜イト言フノデゴザイマヌカラ五箇年使用シタ所ガ罰ハ受ケナイ、五箇年經テバ使用スルコトガ出來ナイ、五箇年經ッテ先キニ使用シテ出版スル時日ガアレバ僞作ノ罪ニ當リマス、又損害賠償ノ請求モ受クルコトニナラウト思フ

○山脇玄君　サウスルト五箇年經ッテ直チニ沒收スルト言フコトヂヤナイノデスナ

○政府委員（水野錬太郎君）　沒收スルト言フコトデハアリマセヌ

○久保田讓君　私ハ此四十七條ニ於テ少シ修正ヲシタイノデスソレハ「其ノ翻譯物ハ本法施行後五年內ニ發スルコトヲ要ス」ト斯ウ書イテアルノヲ「十年內ニ發行スルコトヲ要ス」ト言フコトニシタイ、其理由ハ此同盟條約ノ第十四

[illegible]分法ハ其國ノ法律デ制定スルコトガ出來ルト言フコトガアリマスルカラシテ此五箇年以內ト言フコトハ三年デモ五年デモ七年デモ十年デモ之ヲ本法デ制定スルコトガ出來ルヤウニ考ヘマスカラ、ソレ故ニ五年ヲ十年ニ修正シタイ、此事ハ先刻來申シマシタ通色々ナ利害ノ關係ガアリマスルガ兎ニ角此翻譯ノコトハ非常ナ利害ニ關スルノデアルカラシテ成ルベキダケ此翻譯物ニ不利益ノナイヤウニシタイノデアリマス、ト言ッテ法律ヲ潛ッテ無理ナコトヲスルト言フノデハゴザイマセヌ、又翻譯物ノ隨分大キナモノガアル大部ナモノガアル、サウ言フ大部ナモノニナリマスト是マデ日本ノ翻譯ニナッテ居ル例ニ依テ三年ヤ五年デ出來ルモノデハナイ、サウ言フモノガ折角出來カケテ居ッテモソレモ共ニ出來ナイト言フコトニナッテハ甚ダ困ル譯デゴザイマス、ドウカ十年ト言フコトニシテ其間ニハ大キナモノデアッテモ製造ノ出來ルヤウニシタイト言フ斯ウ言フノデゴザイマス、ドウカ諸君ノ御贊成ヲ得タイ

○政府委員（水野錬太郎君）　唯今ノ久保田君ノ御修正案ニ對シテ一言申シテ置カナケレバナラヌト思ヒマス、同盟條約第十四條ハ原則トシテハ既往ニ遡ルモノデアル「本條約ハ共同一致ヲ以テ別ニ定ムヘキ制限及條件ノ外本條約實施ノ當時其ノ本國ニ於テ未タ公有ニ屬セサル一切ノ著作物ニ適用ス」斯ウアルノデス、ソレデスカラシテ例ヘバ日本ノ同盟ニ加入致シマスレバ加入ノ當時外國ニ於テ公有ニ屬セザル實際ノ著作權ニ屬スルコトデゴザリマス、此條約ヲ適用スルコトニナルカラ原則トシテ既往ニ遡ルト言フコトニナル、唯玆ニ共同一致ヲ以テ定ムベキ條件ノ方法ソレダケガ取除ケテアル、ソレカラ共同一致ヲ以テ定ムベキト言フコトハドウシテ極メタカト言フト唯今御讀ミニナッタ終局議定書ニ依ッテ極メテアルノデ、其議定書ノ第四ニ「條約第十四條ニ豫見セル共同一致ハ左ノ如ク決定ス」斯ウアル、ソレカラ第二項ニ「條約實施ノ當時未タ公有ニ屬セサル著作物ニ對スル本條約ノ適用ハ各國相互ノ間ニ現存シ若ハ將來締結スヘキ特別條約ノ條款ニ從ヒ決ス可キモノトス」斯ウアルノデス、是ヲ以テ條約十四條ノ制限ヲ幾ラカシタノデアル、其制限ハドウ云フ風ニナッタカト言フト特別條約デ定レバ宜イ、條約ガナケレバ各自內國法デ十四條ノ原則ノ適用ニ關スル大要ヲ定メルコトガ出來ルト言フコトニナル、ソレデアリマスカラ此條約ヲ解釋シマスルト五年デモ七年デモ三年デモ十年デモ宜イト言フヤウニ見エル、併シソレデ言フト十年デモ宜イ二十年デモ宜イ更ニ五十年デモ宜イト言フコトニナルノデアル、ソレヲ文面的ニ解釋スレバ或ハサウ言フコトニナルカモ知レマセヌケレドモ其趣意ヲ解スルニサウ十年ナリ二十年ト言フコトハ此時ノ本旨デハナカラウト思フ、原則トシテハドウシテモ既往ニ遡ルト言フノデアル、此原則ノ適用ニ關スル大要ヲ定メルダケハ內國法ニ讓ッテアル、此年限ノコトニナリマスト是ハハッキリシテ居ラナイカラ餘程疑ヲ存スルノデアリマス、此議定書ノ第四ニ依ッテ內國法ヲ制定スル際ニハ成ルベク原則ニ近ヅクヤウニ立法ヲシナケレバナラヌト思

フ、ソレヲ此日本デ法律ヲ制定スル際ニハ外國ノ適例ヲ見マシテ此原則ハドウ言フ風ニ制限シテアルカト言フコトヲ注意シテ見タ所ガ、此場合ニ關スル原則ノ適用ニ關シテ居ル法律ヲ拵ヘテ居ル國ハ餘計ハナイノデス、僅々獨逸ト白耳義ダケガ既往ニ遡ル原則ヲ設ケテ居ル、ソレガドウデアルカト言フト確カ白耳義ハ二年デシタガ獨逸ハ翻譯ノ方デハアリマセヌガ四十六條ノ場合ニ當リソレガ四年ニナッテ居ル、多クテ四年位ノコトニナッテ居ルノデスカラ、日本ガ五年ニシタノモ既ニ多クハナイカト言フ嫌ヒモアルノデゴザイマスケレドモ、五年ト四年トハ一年位ノ違デアルカラ之ヲ五年ニシタ、即チ條約違反ト言フコトヲ喧シク言ハレルコトハナイカト言フ趣意デ五年ニシマシタ、五年ノモノガ七年デモ宜イ、七年ノモノハ十年デモ宜イト言フコトガ出テ來マストソコガ條約ニ極メテナイカラ五年ナラ宜イ十年ナラ惡ルイト言フコトハ言ハレマセヌガ若シ十年位ニスルト條約ヲ無視スルコトニナリハシナイカト思ヒマス、既ニ此同盟ニ加入シタナラバ成ルベク利益ノヤウニスルノガ必要ト思ヒマスガ餘リ十年ト言フコトニスルノハ條約ノ趣意カラ言ッテモ穩カデアルマイカト思フノデ五年トシタノデアリマスカラ成ルベク五年位ノ處デ止メテ置キタイト思フノデアリマスカラ其事ヲ一言申述ベテ置クガ宜カラウト思ヒマシテ條約トノ關係ヲ申シマシタノデアリマス

○久保田讓君　唯今ノ御説明ハ至極御尤デアリマスガ其趣意ニ於テハ一向異ラナイ、ソレカラシテ先刻チョット御斷リシタ通リ五年ノヲ十年ニシタノハ決シテ濫リニシタノデハナイ、ソレカラ唯今ノ御話ニナッタ獨逸ト白耳義ノコトハ少シ例ニナルマイト思フ、何故ナラバ獨逸ト白耳義ハ此條約ニ始メカラ關係ヲシテ居ッテ此條約ハ十年カ十二年前ニ出來タノデアリマスガ、其前カラ之ニ關係シテ屢々會合シテ居ッテ詰リ政府ガヤル所デハナイ、著作者出版者ノ輿論ガサウ言フ風ニ傾イテ來テ成立ッタノデアルカラ長イ間其準備ガ出來テ居ル、日本ナドハ寐耳ニ水デ殆ント議院ニ出テ來テ始メテ翻譯者ナドガア、言フモノガアルカト云フコトヲ知ッテ吃驚シテ見タヤウナ譯デシカモ是ハ此七月ヨリ施行スルノデ途方モナイコトデ、決シテ獨逸ヤ白耳義ナドノ例ニナラヌト言フコトハ是ハ御話シテ置キタイ、又同盟國ニ對シテモ其事情ヲ言ッタナラ大ニ其理由ガアラウト思フ、又一ツニハ翻譯ニ餘程難易ノアルコトデ、獨逸佛蘭西英吉利ナトガ互ニ其國語ヲ翻譯スルノハ存外ムヅカシイコトデハナイ、然ルニ日本デ英佛獨ノ書ヲ日本風ニ翻譯スルノハ非常ニムヅカシイ歐羅巴ノ國同士互ニ翻譯スルヤウニヤサシイコトデハナイ、ソレガ一ツノ理由デアル、ソレハ既ニ是マデ翻譯シタモノデモ百家全書トカ字引トカ皆ナ非常ニ長ク掛テ翻譯シテ居ル實例モアルカラ同盟國ニ對シテ日本ガ殊更ニ無茶苦茶ナコトヲ言フノデハナイ、故ニ事情ヲ盡シテ理由ヲ述ベタナラバ彼等モ決シテ無理トハ思ハナイデアラウ、ソレデ全體ノ趣意カラ言ヘバ政府委員ノ言ハレルソモ無理ハナイ、同盟ニ這入ッタ以上ハサウ亂暴ナコトヲシテト思フノデス

○政府委員(森田茂吉君)　サウシマスト久保田君ノハ四十七條ノ第一項ヲ十年トスルト第二項ノ五年ハドウナルデスカ

○久保田讓君　發行ガ出來サヘスレバ宜イノデスカラ二項ハ構ヒマセヌ

○副委員長(加藤弘之君)　一應休憩シマス

午後零時八分休憩

午後一時十五分開會

○副委員長(加藤弘之君)　ソレデハ始メマス、ソレデ先キノ十年五年ノ話ガ其儘ニナッテ……

○久保田讓君　此間御話シ申上マシタ第二十條ノ新聞紙ニ記載シタル記事ト言フコトガアリマス其前ノ十一條ニモ記事ト言フ文字ガアリマス、前ノ記事ト言フモノト後ノ記事ト言フモノト、事柄ガ違ヒマス、夫デスカラ外ニ變ヘタラドウデゴザイマスカ

○菊池大麓君　十一條ノ記事デモ雜報ガ記事デナイトハ言ヘナイ唯々雜報トカ論説トカ言フコトヲ特ニ擧ゲタ丈ケノコトデアルト思ヒマス、雜報モ記事デアラウト思ヒマス

○久保田讓君　夫ダカラ前ニアル記事ト言フノトコッチニアル記事ト言フノトハ意味ガ違ヒマス

○政府委員(水野錬太郎君)　後ノハ廣ク見タノデアリマス

○木下廣次君　先刻私ハ二十七條ノ本文ニ對シテノ修正案トシテ持出シテゴザイマスガ、其意ハ此二十七條ノ本文ヲ斯ノ如ク改メルト言フコトデ出シマシテゴザイマスガ、能ク考ヘテ見マスルト此本文ハ矢張リ此通リ存在サレマシテ第二項ニ先刻申出タ所ノ案ヲ入ルヽト言フコトデナクチヤアナルマイト思ヒマス、ナゼカト申シマスルト、第二十七條ハ是ハ即チ帝國臣民ニアラザル者ニ對シテ一般ノ規定ヲ言現ハサレタモノデアルシ、ソレデ今度ハ其帝國臣民外ノ者ニ就テ同盟國ニ屬セザル者ヲ規定スルコトニナリマスカラ矢張リ此本文ハ在存シテ第二項ニ著作權、第二項ニ左ノ條文ヲ挿入シタイト思ヒマス「著作權保護ニ關スル同盟國ニ屬セサル著作權者ハ同盟條約ニ別段ノ規定ナキ場合ニ於テハ帝國ニ於テ始メテ其著作物ヲ發行シタルトキニ限リ本法ノ保護ヲ享有ス」

○男爵吉川重吉君　チョット伺ヒタイモノデスガ此第二十七條ノ原案デゴザイマスルト同盟國ノ外國人ヲ指シテ居ルノデアル、今木下サンノ御修正ニ依ルト同盟國ニ加入セザル同盟國ニ屬セザル著作者ト云フ事デゴザイマスガ、所デ同盟國ニ這入ッテ居ル者ハ原案ノ通リ著作權保護ニ關スル別段ノ規定アル者ハ除クト云フ事ガ至當デゴザイマスガ、同盟國ニ屬セザル著作者ニ於テハ同盟國ハ何ノ關係モナイヤウデゴザイマスガソコハドウ云フ御考デゴザイ

[illegible]ソレハ國際同盟條約追加規定ノ見マシタガ矢張リ關係ヲ起スノデアリマス、ソレハ國際同盟條約追加規定ノ第二ニ其關係ヲ生ジテ居リマス、追加規定第二ニ同盟國以外ノ國ノ臣民ノ事ヲ規定シテ居リマスカラ、殊ニ其同盟國ノ一ニ於テ始メテ公ニシ若クハ公ニセシメタル場合ニ於テハ云々ト云フコトヲ言ッテ居リマスカラ、同盟國ノ一ニ於テ云ヒマスレバ日本帝國カラ申シマスルト即チ獨逸ハ一ノ同盟國ノ一デゴザイマス、依ッテ亞米利加人ガ獨逸デ出版シタモノデアッタナラバ矢張リ此條約ニ依ッテ同盟國ノ臣民デハナイケレトモ保護ヲ與ヘル事ニナリマスルカラ、依ッテ右ノ同盟條約ニ別段ノ規定ナキ場合ニ於テ云々ト云フ事ヲ申サネバナラヌ事ニ相成リマスルデゴザイマス

○久保田讓君　私モ木下君ニ御尋致シマスガ、二十七條ノ本文ヲ御廢シニナルト斯ウ云フ事ハドウ云フ御解釋ニナリマスルカ、總テノ法律、日本デ制定シタ法律ハ今度條約ニ依ッテ別段取除ノナイ以上ハ各國ノ臣民ハ此法ニ據ラナケレバナラヌ、決シテ此法ニ書イテアルカラ始メテ效ヲ生ズルト云フ譯デハアリマスマイカ、唯今ノ御説ニ依ルト二十七條ニ殊更ニ此法ヲ適用スルト云フコトヲ書イテ他ノ法律ト權衡ヲ失フヤウナ事ハゴザイマスマイカ如何デゴザイマスカ

○木下廣次君　ソレハ權衡ヲ失フマイト私ハ思ヒマスガ、此著作權法ハ即チ重ニ帝國臣民ノ行爲ヲ規定シテ居リマスカラ、此二十七條ニ至ッテ始メテ外國人ニ關スル所ノ行爲ヲ規定致シマスルカラシテ、此事ガ此條ニ現ハレテ居リマスト申シテモ他ノ諸法ト格別矛盾ヲ生ズル事ハナイヤウニ思ヒマスル

○久保田讓君　ドウモ私ハ不要デハナイカト思フ、總テ取除ヲ外國人ノ爲ニ別段ニ取除ヲ要スル事ガアルカラ此法律ヲ適用スト云フ事ハチットモ必要ハナイ、若シ是ニ書キマスルト却ッテ他ノ法律ニサウ云フ事ヲ書イテナイトキニ外國人ニ適用スルカセヌカト云フ疑ヲ生ズルカラ第二項ニ屬スルヤウナ事ガ矢張リ必要デアル、本條ニ當リ前適用スルト云フ事ハ書イテナイ方ガ宜カラウト云フ疑ヲ生ズル

○木下廣次君　他ノ法律デゴザイマシテモ民法ノ如キ此人間自然ニ爲スベキ事柄ナドノ規定ナラバ要ルマイカト思ヒマスガ、此著作權ノ如キハ即チ内外通ジテ問題ガ起ルカラシテ殊更ニ外國人ニ付テノ規定ヲ書キ上ゲルト云フ事ハ至當ノ順序デハナカラウカト思フノデゴザイマス

○政府委員(水野錬太郎君)　チョット申シマスガ、ソレトモウ一ツハ斯ウ云フ事モアルノデス、條約ト法律ト牴觸スルト云フ場合ニハ條約ガ勝ツカ法律ガ勝ツカト云フ疑問モアル、デスカラ此場合ハ條約ガ特別ニ規定ノアルモノハ其條約ニ依リ、以外ノモノハ本法ノ規定ヲ適用スルト云ッテ置ケバ其疑ガ明ニナリマスルカラ其意義ヲ明瞭ニスル爲ニモ此條ガアッタラ宜カラウト云フノデス

○久保田讓君　其方ノ關係ナラソレハ私モ要ルカト思ヒマス

○菊池大麓君　此著作權保護ニ關スル國際同盟條約ニハ一著作權保護ニ關スル」トアッテ其次ノ追加規程ニハ「著作物ノ保護ニ關スル」トアリマスガ是ハ印刷物ガ間違デアリマスカ此本統ノ名ハ何ト言ヒマスカ、ソレカラ國際ト云フコトヲ抜カシテ宜イノデアリマスカ

○政府委員(水野錬太郎君)　是ハ著作權保護ニ關スル國際同盟條約ト云フ方ガ甚シイノデゴザイマス、著作權保護ト云フ方ガ原文ニナッテ居リマスガ……千八百六十六年ノニハ確ニ著作權ト云フコトニナッテ居リマス、此追加規程ノ際ニハ或ハ斯ウ云フ風ニ改ッタカモ知レマセヌケレドモ趣意ハ同ジイコトデアリマス

○菊池大麓君　此木下君ノ修正案ニハ著作權者ハ云々ト云フコトニナッテ居ル、ソレカラ此追加規程ノ方ヲ見タラ「著作物ノ保護ニ關スル」云々トアリマス、ソレカラ又此表紙ヲ見タラ「著作權ノ保護ニ關スル」云々トアリマシタカラ大ニ疑ヲ起シマシタノデアリマス、ソレデ木下君ノ著作權者ト云フノハドウ云フノデスカ

○木下廣次君　此著作者ト言ヒマスルハ著作ノ本人ヲ言フデアリマス、ソレデアルカラ著作權者ト言ヘバ其相續人、承繼人モ自ラ這入ルノデアリマシテ唯言葉ヲ簡ニシタゞケノコトデアリマス

○菊池大麓君　水野君ニ質問致シマスガ此他ノ所ニハ差支ハゴザイマセヌカ、著作者ト云フ方ヲ著作權者ト云フ意味ニ使ッタ所ハナイデスカ

○政府委員(水野錬太郎君)　是ハ無論著作權者ト云フ方ハ著作人及其承繼人モ含ム積ニナッテ居リマス、例ヘバ七條十五條ニモアリマス

○男爵吉川重吉君　モウ一ツ木下君ニ質問シマスガ著作物ヲ發行シタル時トアリマスガ此法律デハ例ヘバ第四條ノ如キハ「發行又ハ興行シタル時」ト云フヤウナコトガアリマスルガ「發行シタル」ダケデ意味ハ足リルノデスカ

○木下廣次君　私ハソレデ盡シテ居ルト考ヘテ居リマス、即チ興行ト云フノハ著作物ノ發行ニ外ナラヌカト思ウテ居リマス

○菊池大麓君　併シソレダト第三條ヲ直サナケレバナラヌ

○政府委員(水野錬太郎君)　今ノ木下サンノ御修正案ハ發行シタ場合ニ保護スルダケデチョット日本ニ來テ演劇デモシタイト云フ場合ニハ保護ヲ與ヘナイノデスカ

○男爵吉川重吉君　所ガ斯ウ云フコトニナリハシマセヌカ發行シタトキニ限ルト云フト外國人ガ當然其權ヲ持ッテ居ルト言ウテ日本デ初メテ發行シタ時ニ限ルト斯ウ云フ精神カラ修正案ガ出タノデスカラ此發行興行ト云フ中ノ發行ダケヲ茲ニ持ッテ來テ興行ニ付テハ明文ガナイノデスネ

○木下廣次君　明文ハゴザイマセヌカラ取除ニナリハシマセヌカ

○菊池大麓君　今吉川サンノ御質問ハ斯ウ云フノダラウト私モ思ウタンデスガ今ノ演劇脚本ナドニ付テ日本ニテ興行シナクテモ保護ヲ受ケルト云フコトニナリハシナイカ、却テ興行ト云フ字ヲ茲ニ抜カシテアルガ爲メニ保護ヲ受

ウルコトガ強クナリハシナイカト云フ御疑デアラウト思フ

○政府委員(水野錬太郎君) ソレデハ申上ゲマス同盟國以外ノ著作權者ガ日本デ其著作物ヲ發行シタトキニ限ッテ保護ヲ受ケル其以外ノ時ニハ享有ハ出來ヌノデス、其興行物ニ付テ保護ヲ受クルト云フコトニナル、即チ非同盟國ノ保護ハ餘程薄クナルト云フコトニナル、公ニナッテ發行シタトキニ保護ヲ受ケル、從テ興行モ保護ヲ受ケルコトニナル、二項ガ這入ッタカラソレダケノコトハ一項カラ除カレテ仕舞フト云フヤウニ總テノ法律デモサウイキハシマセヌカ、唯一部分ノ事柄ニ就テ二項バカリニ書クト云フコトガアルカ、若シサウ云フ趣意ナラバ一項ノ方ヲ同盟國人ト書カネバナラヌヤウニナリハセヌカ、殊ニコッチノ二項ノ方ハ興行權ガ無イカラ……

○菊池大麓君 私ハ愈々二十七條ノ一項ハ除イタ方ガ宜カラウト思フ、先達テカラシテ此一項ニ就テハ有ッテモ無クテモ宜イト云フヤウナ、御說モ聞イテ居ル、條約ト法律ト牴觸スル場合ニハ條約ノ方ガ重クナルト云フコトハ普通ノコト、思フカラ二十七條ノ一項ノ無イ方ガ宜イト思ヒマス

○政府委員(水野錬太郎君) 條約ト法事トノ關係ニ就テ其主義ヲ認メテ仕舞ヘバ無クテモ宜イコトニナリマス、併シ是ハ法律論トシテハ議論ノ有ルコトデスカラ入レテ置イタ方ガ宜カラウト思ヒマス

○菊池大麓君 水野サンニ御尋シマスガ條約實施準備委員會デハ二十七條ハ無イ方ガ宜イト云フ論デアリマシタガ必要ト見タノデスカ

○政府委員(水野錬太郎君) 有ル方ガ宜イト云フ論デアリマス、實際ハ無クテモ宜イデセウケレドモ條約ト法律ノ關係ニ就テハ論モ有ルコトデスカラ先ヅ入レテ置ク方カ宜カラウト思フノデアリマス

○久保田讓君 サウ學說上カラ必要ナラバ置イテモ宜イデアリマセウト思ヒマス

○副委員長(加藤弘之君) 二項ガ出來タ爲ニ一方ノ方ニ興行權ガ出來テ仕舞フヤウナ嫌ガアルカラ置クナラバ一項ノ書キ樣ヲ變ヘネバイケナイデアラウ

○菊池大麓君 木下サンノ案ニ興行ト云フ字ヲ入レテ發行又ハ興行シタルトキニ限ルトシテハドウデスカ

○木下廣次君 ソレマデヤル必要ハ無イト思フノデスガ入レルナラ入レテモ宜シイ

○政府委員(都筑馨六君) 最惠國條款ハ少シモ此條ニ適用ハ出來ヌト認メマス、著作權ノコトニ付キマシテハ先刻特許ヤ何カニ付キマシテ少シ說明ガ足リマセヌデシタ、此舊條約ノ最惠國條款ニ依ッテ均霑ヲ要求スル勢ヒガ見エタノデゴザリマス、ト云フモノハ舊條約ノ最惠國條款ハ新條約最惠國條款ニ比シマスト大變書方ガ違ッテ居リマス、總テノ權利及特權ト斯ウ書イテアリマス、新條約ノ最惠國條款ニハ重ニ商業ノコトノミニ付テ特權ガゴザイマスガ舊條約安政條約ノ最惠國條款ニハ總テノ權利及特權ヲ享有スル、即チ最惠國臣民ガ享有スルモノハ總テ享有スル、其箇條ニ依ッテ申入マントシタ勢ヒガ確カニ見エタノデアリマス、ソレデ此權利ヲ享有セシメタ所ガ大シタル不都合モナシ又條約改正ト云フコトニ付キマシテハ各國政府モ隨分好意ヲ示シタノデアリマス、其好意ヲ示シタ所ヘハコチラカラモ好意トシテ其獨逸人民ト同ジ樣ナ待遇ヲ與ヘル、斯ウ云フコトヲコチラノ發意デ言フテヤッタノデ、モウ此舊條約ノ最惠國條款デモ斯ウ云フ解釋ハ日本政府ハ今マデ拒絕シテ來タノデ、併シ拒絕シテ向フガ其拒絕ニ同意シタカドウカト云フニ中々同意ハシテ居ラヌノデアリマス、ケレドモ兎ニ角拒絕ハ始終シテ來タ、斯ウ云フ風ナ解釋ノ仕方、其拒絕ニ拘ラズ向フテ新條約ニ結ンダト云フ好意ノ返禮ノ行爲トシテコチラカラヤッタト云フコトニナリマスカラ餘程其著作權ノ方トハ意味ヲ異ニシテ居リマス、著作權ノ方ニ付キマシテハ別ニ新條約實施前ニ著作權ノ權利ヲ與ヘタト云フヤウナ箇條ハ何モゴザイマセヌ、唯本條約ニ一箇條ゴザイマスノハ瑞西ノ條約ノミデ、アトハ大抵規定上ノ著作權ノコトニ付テハ特別ノ契約ヲ設ケルトカ或ハ自國臣民ト同ジ樣ニ扱フトカ或ハ同盟會ヘ這入ルトカ云フ箇條ガ澤山ゴザイマスガ瑞西等ハ二重ニ重複シテ書イテゴザイマス、本條デモ自國人民ト同樣ニ待遇スル、夫カラ其上ニ議定書ノ方デ萬國同盟ヘ加入スルト云フ義務ヲ持ッテ居リマス、夫カラ特許ノ如キ新條約實施前ニ此權利ヲ享有セシムルト云フコトガ揭ゲテアリマス、新條約實施前即チ舊條約消滅前ハ此權利ヲ享有セシムルコトニナリマスカラ舊條約ノ最惠國條款ヲ適用スル問題ハ起ラヌ

○久保田讓君 今御話デコチラハ始終拒ンデ向フハ同意ヲシテ居ラヌト云フ御話デアリマスケレドモコチラノ好意ヲ以テ其事ヲ遂ッテヤッタノデス、夫ハ向フガ受ケタナラバ矢張リ同意シタノデハアリマセヌカ

○政府委員(都筑馨六君) 夫ハ最惠國條款ノ解釋ハサウ云フ解釋ハ日本政府ハ始終突ッ刎ネテ來タ、往々無條件ノ最惠國條款デアルト云フコトノ意思ハ外國政府ハ表シタコトデゴザイマス、夫ハサウハイカヌ其最惠國條款タルヤ或コチラカラ持出シタ條件ニ對シテコッチガ又向フカラ義務ヲ脊負フタ場合ニハ其義務ハ其條件ヲ受ケテ呉レルニアラザレバ外ノ國ヘハ渡サナイ、外ノ國ヘハコッチハ義務ヲ負ハヌト云フ解釋デ居リマス、所ガ往々安政條約最惠國條款ハ無條件ノ最惠國條款デアルト云フコトヲ外國政府ハ動モスルト取ッタコトモアルノデアリマス、其無條件ノ最惠國條款ダト云フコトノ解釋ハ常ニ日本政府ガ反抗シテ來タ、夫ハ抵抗シテ來マシテ夫デ今度ノ特許ニ付テモ新條約ヲ結ブト云フコトノ條件デアルノデアルカラ條件附ノ特許ノ權利デアルカラ新條約ヲ結バヌ國ヘハヤラナイ、縱シ最惠國ノ箇條ヘ均霑スルモノト見タ所デ此最惠國條款タルヤ新條約ニ同意スルト云フ條件ノ下ニ與ヘタ權利ヲ舊イ條約ノ最惠國條款デ處スルコトハ出來ナイト云フ解釋ヲ取ッタノデ、サウ云フ解釋ニ最惠國條約ニ付テ外國政府ト日本政府トノ間ニ舊來解釋ノ異ッタ點ガ屢〻アリマス、コチラデハ始終御前ノ方ノ拒絕ニハ同意シナイ、御前ノ方ノ解釋丈ケデ宜シイトハ認メナイ、始終日本政府ハ拒絕シテ來タ

○政府委員（都筑馨六君）　事實ハ拒絶シタコトモアリマス好意デヤッタコトモアリマス、唯〻解釋如何ニ依ッテ向フハ權利デ要求ガ出來マスガ好意デシタナラバ何時デモコチラハ消スコトガ出來マス

○菊池大麓君　久保田君ノ御問ニ御答ガ無イヤウデアリマス、コッチカラ好意トシテヤッタコトヲ向フデ受ケタナラバ即チ其好意デサウ云フモノヲ呉レルト云フコトナラバ向フハ即チ權利トシテ取ッタノデアリマスカラ即チコッチノ解釋ニ同意シタト云フコトヲ意味シテ居ルノデアリマスカ

○政府委員（都筑馨六君）　夫ハサウデハナイ受ケタコトハ受ケタ、解釋ニハ觸ラズニソット默ッテ居ルカ或ハ抗議ヲスルカ場合ニ依ッテハ違ヒマスケレドモ抗議シツツ受ケタコトハアル、夫ハコッチデモヤルコトデスガネ、コチラノ利益ト云ッテハ惡ウゴザイマスケレドモコチラノ意思ニ適フ所ハ同意シテ夫カラ意思ニ適ハヌ所丈ケハ不同意ヲ唱ヘルコトガアリマス、夫デハイケマイナント云フコトモアリマシタ、併シ其與ヘタト云フコトニハ同意シタデス、獨逸臣民ト同樣ノ待遇ヲ新條約ヲ結ンダ國ニハ與ヘタ、其與ヘタト云フ事實丈ケハ向フハ確カニ同意シテ來テ居ル、其同意ヲ以テ直ニ最惠國條款ノ解釋ニ對スル同意トハ云ヒ惡イ

○副委員長（加藤弘之君）　サウスレバ是ハ差支ナイト思ヒマスケレドモ水野サンドウモ一項ヲ取ルナラ宜シウゴザイマスケレドモ置クナラバ是ハ同盟國ノ外國人ト云フヤウニ直サヌトイケナイト思ヒマス、今此處ラカラ大分說ハアリマスケレドモ二項ヲ置イタ日ニハ同盟國デナイ人ハ二項ノコトバカリニナリマス一項ニハ何モ這入ッヽ居ラヌ、サウスルトドウシテモサウ入レルカ是ハ取ッテ仕舞フカ私ハ取ッテ仕舞フ方ガ宜イト思ヒマス

○菊池大麓君　木下君ニ質問シマスガ二十七條ニ本法ノ規定ヲ適用スト書イテアリマス夫カラ木下君ノ修正ハ第二項トシテ其方ハ本法ノ保護ヲ享有ストアリマス是ハ何カ意味ガアッタノデアリマスカ

○木下廣次君　是ハ一向意味ハアリマセヌ、即チ追加條約ノ文章ガ保護ヲ享有スト云フ文字ガアリマス、夫ニ據ッタノデアリマス

○菊池大麓君　本法ノ規定ヲ適用スト云フコト、同ジコトニナリマスカ

○木下廣次君　結果ハ同ジコトニナリマス

○菊池大麓君　木下君ノ引カレタ二十一條二十二條ハ是ハ即チ保護ヲ受ケルト云フコトデアッテ規定ヲ適用スル時ノトハ違フダラウト思ヒマス、規定ヲ適用スルト云フノハ罰デモ何デモ同時ニ行ハレル、夫デ保護ヲ享有ス又其規定ヲ適用セヌト云フコトハアレニ這入ラナイ、サウスルト本法ノ規定ヲ適用スト云フ意味デヤルナラバ今ノ二十七條ヲ一項トシテ存シテ置クコトハ丁度委員長ノ云ハレルヤウニナルダラウト思ヒマス

○久保田讓君　併シ私ドモハ何デゴザイマス此二十七條ハ餘程議論ノアッテ這入ッタト云フコトデゴザイマスガ條約ト法律ト云フモノハ條約ガ法律ニルト云フコトハ甚ダ私ハ不同意デアル、是ハ隨分議論ガアルノデ今日ハ條約ハ條約、法律ハ法律デ特別ニ極メラレテ居ルノデアルカラサウ云フコトノ唯議論ヲシテ決定シテ取ルト云フコトハ私ハドコマデモ不同意デアリマス

○山脇玄君　私モサウ思フテ居リマス

○政府委員（水野錬太郎君）　ソレハ兩方ニ說ガアルノデゴザイマスカラドチラニシテモ……

○政府委員（都筑馨六君）　習慣ハ確カニサウヤッテ居ルノデスガ議論ハアルノデス

○菊池大麓君　此一項ヲ删ル……同盟國ノ外人バカリニ限ルト云フコトデアリマスガ、若シ亞米利加アタリト別段ニ條約ガ出來タナラバドウナリマスカ、矢張リソレデハ二十七條ノ外國人ト云フノハ唯一般ニシタラバ宜カラウト思ヒマスガドウデスカ

○政府委員（都筑馨六君）　亞米利加ハ同盟條約ニ這入ッテ居リマスサウデアリマス

○菊池大麓君　ソレナラ支那デモ宜イ……水野君ニ質問致シマスガネ今ノ著作權保護ニ關スルト云フ字丈ケ除イタ方ガ宜クハナイカト思ヒマスガ、ソレデ之ヲ拔イテ置イテモ勿論同盟條約ノコトハ這入テ來ルデ又特別ニ條約ヲ結ンダモノモ這入テ來ルダラウト思ヒマス

○政府委員（水野錬太郎君）　ソレハ拔イテモ拔カヌデモ同ジコトデゴザイマセウ、著作權保護ニ關スル條約デゴザイマスレバドッチニナッテモ同ジコトニナルダラウト思ヒマス

○菊池大麓君　水野君ニ質問シマスガ著作權保護ニ關スル條約ト云フノデスカラ通常ノ其條約ノコトハ著作權保護ニ關スル條約ト云ヘマセウカ

○政府委員（水野錬太郎君）　ソレハムヅカシイ

○菊池大麓君　サウスルト先刻ノ御說明トハ違ッテ來ル

○政府委員（水野錬太郎君）　私ガ前ニ云ッタノハ通商條約ノ中ニ一條カ二條這入テ居ルノデアルトソレバカリデハ成程少シムヅカシイカモ知レナイ

○菊池大麓君　尙ホ質問シマスガ先ッキ外務次官カラチョット云ハレマシタガ瑞西等ハ同盟ニ這入テ居ルト云フコトニ云テ居ルシ其外特別ニ何トカ云フコトモ云テ居ル

○政府委員（都筑馨六君）　著作權ニ關シテハ內國臣民ト同樣ノ扱ヲ與ヘルト云フテアルニモ拘ハラズ議定書ニ白耳義ノ同盟條約ニ這入ルト云フコトガ規定シテアル

○菊池大麓君　尙ホノコトドウシテモ取ッテ仕舞ッテ唯條約ト云ハナケレバナラヌ

○政府委員（水野錬太郎君）・斯ツ私ハ修正シタイト思フ「著作權保護ニ關ス

ル條約ニ規定ナキ外國人ノ著作權ニ關シテハ帝國ニ於テ始メテ其著作物ヲ發行シタル者ニ限リ本法ヲ適用ス

○副委員長（加藤弘之君） 水野サンノヲモウ一遍云フテ見テ下サイ

○政府委員（水野錬太郎君） 著作權保護ニ關シ條約ニ規定ナキ外國人ノ著作權ニ付テハ帝國ニ於テ始テ其著作物ヲ發行シタル場合ニ限リ本法ノ規定ヲ適用ス

○菊池大麓君 サウスルト二十七條ヲスッカリ云ウテ見ルト斯ウ云フコトニナルデスネ、「外國人ノ著作權ニ付テハ條約ニ別段ノ規定アルモノヲ除ク外本法ノ規定ヲ適用ス」ソレカラ二項ガ「著作權保護ニ關シ條約ニ規定ナキ外國人ノ著作權ニ付テハ帝國ニ於テ始テ其著作物ヲ發行シタル場合ニ限リ本法ノ規定ヲ適用ス」

○副委員長（加藤弘之君） 今都筑君ガ歸ラレルト云フコトデアリマスカラ久保田君カラ四十七條ニ就テノ御意見ヲモウ一應御述ベニナリタイト思フ

○久保田讓君 四十七條ノ翻譯物ハ本法施行後五年内ト云フノヲ十年ニ直ホサウト云フノデアリマスガ外務省ノ御意見ハドウデアリマスカ

○政府委員（都筑馨六君） 是ハ私ノ聞イタ所デハ一番長イ國ガ四年ニナッテ居ル、ソレデ多少利害ノ關係上カラ之ヲ五年ニシタノデ、國ニ因ッテハ一年位ホカナイ國モアル、其所ヘ持テ往ッテ十年トナッテハドウモ……

○久保田讓君 是ハ大ニ理由ガ有ルノデ此條約ガ出來タノハ千八百八十六年デシタガ、然ルニ此極マル前ガナカ〳〵十年ヤ十五年デナイ、此條約ノ始マリハ決シテ政府ガ目論ダト云フコトハ書イテナイ、矢張リ著作者ヤ出版者ガ版權ノ保護ニ就テ困ルカラト云フノデ段々話ガ進ンデ來テ終ニソレガ輿論トナッテ政府ハ斯ウ云フヤウナ條約ヲ結ンデ來タ、其初カラハ餘程長イ間デアリマス、日本ハドウデアルカト云フト所謂寢耳ニ水デ漸ク法律案ガ政府カラ提出ニナッテ著作者出版者ガ始メテ知ッタト云フ樣ナ譯デ準備ト云フモノハ皆無デアル、夫デスカラサウ云フ方カラ行ッテモ延ベルト云フ理由ガアラウト思ヒマス、夫カラマダアルノデス、獨逸ヤ英吉利ヤべるじつくノ樣ナ所ニハ其期限ヲ二年トカ四年トカニスルト云フ規程ガアルト云フコトデアリマシタガ、アノ邊ノ翻譯デアルト英吉利文ヲ獨逸文ニ翻譯スルニシテモ英吉利文ニ翻譯スルニシテモ左程ムヅカシイコトハナイ、或ハムヅカシイカモ知ラヌガ兎ニ角英佛獨文ヲ日本ノ文章ニ翻譯スル樣ナ困難ハナイ、日本文ニ翻譯スルノハ中々困難デアルカラ少シ大部ナ翻譯ニナルト餘程時ガ掛カル、向フデ一年掛カルモノナラバ此方デハ二年モ掛カルト云フ理由ハ明カナ理由デアルカラ、其理由ヲ以テ同盟國ニ向テ説明ヲスレバサウ無理ナコトデハアルマイト私ハ思ヒマス、サウ云フ理由ヲ以テ十年ニ延バスト云フ斯ウ云フノデアリマス

○政府委員（都筑馨六君） 速記ヲ暫ク止メテ戴キタウゴザイマス

○副委員長（加藤弘之君） 七年ニ御異議ガナケレバ多數ト見マシテ七年ト修正スルコトニ決シタト云フコトニ致シマセウ

○久保田讓君 私ハ全體ヲ決定スル時ニ自分ノ意見ヲ述ベテ尙施行上ノ希望ヲ述ベタイデスガ是モ矢張リ外務次官ニ餘程關係ガアリマスノデスカラ聞イテ頂カネバナラヌト思ヒマス

○副委員長（加藤弘之君） 夫レハ委員會ガ濟ンデカラデスカ

○久保田讓君 決定スル時デス

○副委員長（加藤弘之君） 夫レデハ今御述ベニナテハドウデスカ

○久保田讓君 私ハ此案ハ修正ヲシテ贊成ヲ致スノデアリマスガ併シ中心喜ンデ贊成スルノデハナイ、實ニ已ムヲ得ズ贊成スルノデアリマス、此已ムヲ得ズト云フノハ此法ノミデ濟ムノデハナイ、遡ッテ此法ヲ餘儀ナクサレル、之ヲドウデモ制定シナケレバナラヌト云フモノガアル故ニ餘儀ナク贊成スルノデアリマスガ此餘儀ナイコト、云フノハ何カト云ヘバ即チ條約デアル、通商條約ト云フモノガ結バレテ居ルカラ之ニ基イテ作ルト云フ法デアルカラ今日ハ已ムヲ得ヌノデアリマス、夫レデ此條約ノ當時ニアッテハ此版權、著作權同盟ニ這入ルコトノ可否得失ニ付テハ先刻一應申述ベマシタカラ最早重ネテ其事ヲ述ベマセヌ、私ハ此當時ニアッテ政府竝ニ外交當局者ノ勘考如何ニ依ッテハ必ズシモ同盟條約ニ這入ラヌデモ濟ンダデアラウト云フコトハ今デモ考ヘテ居ルコトデアリマス、其事ハ先刻モ申シマス通リ通商條約ヲシタ各國ガ悉ク這入ッテ居ル譯デハナイ、文明國ト稱スル所ノ著シキ數箇國モ此同盟ニハ這入ラズニ濟ムト云フ位ノ關係ノモノデアルカラ必ズシモ這入ラネバナラヌ、是非ドウデモ這入ラナケレバ條約ガ出來ナイト云フ程ノモノデハナカッタデハナイカ、殊ニ此特許ノコトナドニ付キマシテハ餘程直接ノ利害ノ關係ノアルコトデアリマスカラ夫レヲ取除クコトハムヅカシカッタデアラウガ著作權ノコトニ付テハ彼レ是トノ利害得失ハ餘程明カニナッテ居ルコトデ我邦ニハ非常ナ不利デアル、彼國ニハ左程ナ不利益デナイト云フコトモ明カナコトデアルカラ旁〻必ズシモ同盟ヲシナクテモ宜カッタラウト思フ、併ナガラ今日夫レヲ述ベテモ仕方ガナイ、既ニ極タニコトデアル、餘儀ナイコトデアルカラ已ムヲ得ズ贊成ヲ致スノデアリマス、夫レデ少シ夫レニ付テ私ガ希望ヲ述ベテ置キタイノハ右樣ナ利害ノ關係ノ多イ事柄デアルカラシテ政府ハ今後此事ノ施行上ニ付テ實施サレルコトニ付テ大ニ注意シテ貰ヒタイ、即チ此著作者ニ對シテ……外國ノ著作者ニ對シテ照會往復ト云フヤウナ事ヲ多ク是カラハ致サヌケレバナラヌガ、ソレ等ノ事ハ殊ニ外務省ナドデハ深ク注意ヲ下サレテ在外ノ公使館竝ニ領事館等ニ於テ帝國臣民カラシテ外國ノ著作權者ニ向ッテ種々談判ヲ致ス事ニ就テハ成ルベクダケ便利ヲ與ヘラレタイ、且又保障ヲ與ヘラレタイト希望スルノデアリマス、從來本員ナドノ承ル所竝ニ親シク遭遇シタ所ノ有樣ヲ以テモ外國ノ公使館領事館ナドデサウ云フヤウナ事ノ [illegible]

親切ニ好意ヲ盡サレテ居ルト云フ事ガ少シ關ケテ居ルヤウニ見エル、外ノ事ハ兎モ角モトシテ此版權著作權ノ事ニ就テハ餘程込入ッテ中々面倒デアリ或ハ著者ノ宿所モ分ラヌトカ、ソレカラシテドウ云フ事ニナッテ居ルカ事情モ分ラヌヤウナ中々コチラデハ分ラヌ、本邦ノ著作者ガサウ云フ事ニ事情ニ能ク通ジテ居ルト云フ者ガ能クソレ等ノ事情ヲ親切ニ成ル可クダケ著作者ニ便利ヲ與ヘルト云フ事ヲ外務省デ十分努メテ貰ヒタイ、ソレガ即チ我國ノ進歩ヲ圖ル一ノ便利デアラウト思ヒマスカラソレヲ一ッ大ニ希望致シテ置キマス、ソレカラ今一ッハ是モ隨分ムヅカシイ事デハアルマスガ外交上ノ事ハ先刻モ御話ノゴザンシタヤウニ種々樣々ノ色々ナ事ガ始終起ッテ來ル、ソレ故ニ其起ッテ來ルトキハドウカ宜イ時機ガアリマシタナラバ或請求ニ對シテ又コチラカラモ其請求ニ應ズルダケノ利益ヲ求メル事モ出來ル場合モアラウト思フ、サウ云フ場合ニ機會サヘアレバ成ル可ク此版權著作權ノ事ニ就テハ我國ノ利益ヲ恢復スル事ノ出來ルヤウニドウカ其成ル可ク談判ニナルヤウニシタイ、事ニ依レバ已ヲ得ヌケレバ或利益ノ交換ヲ致シテモ此著作權ノ事ニ就テハ自由ニ其利益ヲ得ラレルヤウナ方法ヲ御考ヘニナッテ常ニ其事ニ御注意下スッテサウシテ外交上ニ就テ便宜ヲ得ラレルヤウニアリタイト思フノデアリマス、マア大要サウ云フ趣意デヤリマスカラソレダケノ事ヲ私ハ申述ベテ本案ヲ贊成シテ置クノデアリマス

○木下廣次君　一々同感ノ外ハナイ

○久保田讓君　唯今申述ベタ事ニ就テ外務次官ナリ政府委員ナリ何カ異ッタ御意見ガアレバ承ッテ置キタウゴザイマス、別段御意見ガナケレバ强ヒテト云フ譯デハアリマセヌ

○政府委員（都筑馨六君）　默ッテ居レバ總テ承諾ヲシタト云フコトニナレバ困リマスガ、サウ云フ御注文デヤアリマセヌカ

○久保田讓君　御意見ガアレバ承ッテ置キタイ

○政府委員（都筑馨六君）　マア外務當局者トシテ意見ヲ是非述ベロト云フ事デアリマスレバ國トシテ斯ウ云フ風ナ固定ニ長ク積ク事ヲ目的トシテ同盟ニ這入ル以上ハ萬已ムヲ得ザル理由ガナケレバ變ヘナイ積リデ這入ルノデアラウト思ヒマス、又其態度ヲ執ルヨリ外ハ致方ハナイカト思ヒマス、今日ノ所デハ先ヘキ寄ッテドウ云フ事ガ生ズルト云フ事ハ豫メ今日カラ見透シハ付カヌノミナラズ又申上ゲル事ハ出來ヌ地位ニ居ルノデアリマス、ソレカラ又領事館ノ世話モ無論出來ルダケノ世話モ與ヘサセハ致シマセウガ動モスルト何處ノ國デモサウデアリマスガ領事館ト云フモノハ其國ノ一私人ノ世話ヲ飽ク迄モシナケレバナラヌ感ジヲ起シ易イモノデアリマス、併シ是ハ公ケノ機關デアリ、公ノ職務ヲ持ッテ居リマスカラ一私人ノ保護ヲ主トシテヤル方ニ力ヲ盡ス譯ニハ到底イカヌ、何處ノ國デモ自國ノ領事館ニ就テ苦情ガアルノハ領事館ノ本職ト云フモノハ誤リ易イノデアラウト思ヒマス、併ナガラ公ノ機關[illegible]便宜ヲ與ヘル積リデアリマス、併ナガラサウ云フ學者ノ命令ヲ聞イテ一々働ケト云フヤウナ譯ニハ往カヌコトデアリマセウト思ヒマス、ソコハドウゾ認知ヲ願ヒタウ存ジマス

○久保田讓君　唯今ノ御答辯デハモウ一言シテ置カナケレバナリマセヌガ、決シテサウ云フ極點ナ御答辯デハ困ル、學者ノ命令ニ依ッテ領事ニ働ケトハ言ハヌ、サウ私ハ事理ヲ辨ヘヌコトヲ申シタノデハゴザイマセヌカラ、モウ少シ虛心平氣ニ御聞キニナッテ貰ヒタイ、決シテ私ハソンナ事ハ言ハヌ、成ル可ク便宜ヲ與ヘルト云フ事ヲ言ッテ居ル、ソレカラ又實際ハドウデアルカト云ヘバ我々モサウ云フ事ニハ遭遇シテ居ルガ甚ダ不親切デアルト云フ事ハ隨分例ヲ擧ゲテ言ヘル事ガアル、決シテ親切ニ能ク帝國ノ爲ニ親切ニ能ク行屆イテ居ルカト云ヘバ餘リ行屆イテ居ラヌト思ッテ居ルカラソレデ今後ノ所ハ餘程注意ヲシテ貰ヒタイ外ノ事ハ宜イガドウカ此著作權ノ事ニ就テハ著作ナドヲスル人ハサウイロイロノ世俗ノ事ニ通ジタ人モナイシ、スルカラ向フノ著作者ノ事ヲ調ベルニモ困ル事ハ或ハ郵便ニデモ、通信上ノ事ニ就テモ困難ガアラウカラドウカサウ云フ事ハ親切ニ親切ヲ盡シテ政府ガ殊更ニ此事ニ就テ注意ヲシテ戴キタイト希望シタノデアリマス、決シテ公務ヲ拋ッテサウシテ學者ノ爲ニ盡力ヲシロト申シタノデハナイカラドウカソコハ御了解ノ誤リノナイヤウニシテ置キタイ

○政府委員（都筑馨六君）　仰セノ趣ハ私モ分ッテ居ル、唯私ノアナタニ願ヒマスノハ一方ニハ私ノ見マシタ所デハ左程今日ハ不親切ト云フ事ハ萬々ナイ積リデアル、併ナガラ動モスルトサウ云フ苦情ノ起リ易イ故ニ先刻申述ベタヤウナ次第デ一方ニハ親切ニ自分ノ公務ノ範圍內デ世話ヲスル事ガ動モスルト一私人ノ依賴ニ應ジテ一私人ノ私ニ働ケト斯ウ云フ事ヲ動モスルト見誤ルコトガアッテ遂ニソレガ爲ニ不親切ト云フ評マデモ起ルヤウナ事ガアリマスカラソコハ御含ミ置キ下サレタイト申シタ積リデアル、決シテアナタガ極端ニ仰ッタト申述ベタ積リデハナイケレドモ言葉ガ足リヌデサウ御聽取ニナッタラ遺憾ニ思ヒマス

○久保田讓君　其事ハ御了解ニナッタラ宜シイ、今一ッノ條約ヲスルハ永久續ク所ニ這入ッタラ決シテ容易ニ非常ナ何カ利害ノ關係カ何カナケレバ容易ニ換ヘル事ハ出來ナイト云フ御話デアリマスガ、ソレモ一應ハ最ナ事デゴザイマスガ此事ハ非常ニ大イナル利害ノ關係ノアル事ハ分ッテ居ル、自分ダケノ見ル所デハ大ニ分ッテ居ルト思フ、併ナガラ政府ハ、マダソレマデニ御分リニナッテ居ラヌ、或ハ又一般ノ人モ切ニ感ジナイカモ知レナイ、併ナガラ今日ヨリ四年五年若クバ十年ノ後ニハ此事ノ利害ト云フコトハ多ク政府モ御分リニナルダラウト思フ又一般ノ人モ大ニ分ッテヤカマシク言フ人ガ出テ來ルト云フコトヲ私ハ信ズルノデアル、ソレデ成ルベク好イ機會ノアッタトキハサウ云フコトニ向テ外國上ノコトニ向テ我邦ニ大ニ害ガアルコトガアレバソレヲ回復スル途ヲ御執リ下サルコトヲ希望致シタイノデゴザイマス、尙ホ念ノ

爲メニモウ一度ソレヲ希望シテ置キマス

○副委員長（加藤弘之君）　此第一項ノ修正案第二項ニ付テハ趣意ニ於テ不同意ハナイノデスケレドモドウモ一項ト申シマスト設ケヤウト云フ第二項ハ餘程規定ノ趣意ニ於テ異ナルモノデアルカノヤウニ思ヒマス、其使フテ居ル文句ハ似寄ッテ居リマスケレドモ趣旨ハ大分違フ、此第一項ノ場合ニ於キマシテハ若シ外國人ガ出テ來テ其著作權ノコトニ付テ何カ問題ガ起ッタトキニハドウスルカト云フトソレハ先ヅ條約ガアレバ條約ニ從フシ條約ガナイ場合ニハ著作權法ノ規定ヲ適用スルト云フコトヲ言ッタノデアル、今二項ニ依ッテ明カニセントスルニ其意義ヲ適用シヤウト云フ問題デハナクシテ或種ノ外國人ハ斯ウ云フ場合ニ限ッテ著作權ヲ有スル斯ウ云フノガ趣意デアルンデスカラマルデ一項ト二項トハ規定ノ趣旨カラ言ヒマスト一項タリ二項タリト云フ關係デナクシテ全ク別條タルベキモノデアラウト思フ此處デ列ベテ言ヒマスカラ混雜スルヤウニ思ハレルシシマスルカラ茲ニ置クノガ果シテ適當デアルカドウカト云ヘバ私ハ寧ロ二項ト云フモノデナクシテソレハ別ノ箇條タルベキモノデアラウト思フデスカラ入ル場所ハ此處デアルヨト云フコトハ後ニ定ムルコトニシテ兎ニ角一項ト二項トハマルデ趣意ガ違フコトデアルト云フコトニ考ヘネバナルマイト思フ

○副委員長（加藤弘之君）　併シ同ジ外國人ノコトデスカラ箇條ヲ分ケテハ却テ私ハオカシウ思フ外國人ノコトハ外ニ少シモナイデスカラ

○菊池大麓君　サッキ水野君カラ出サレタ文句デハ成程少シ不都合ガアルヤウニ見ヘル、ソレハドウ云フ場合ニ不都合ガアルカト云フト若シ今ノ所デハ著作權保護ニ關スル條約ニ規定ナキ外國人ト云ヘバ亞米利加人ノヤウナモノ、亞米利加人ハ獨逸ニ行ッテ書物ヲ版ニシタトキニハ規定ガナイト云フヤウニ見ヘルト云フノデ成程サウナルデアラウト思ヒマスカラ之ヲ二項トスル代リニ但書ニシテ仕舞ッテサウシテ其前ノヤウナ文章ニシタラドウカト思ヒマス、サウスルト詰リ「外國人ノ著作權ニ付テハ條約ニ別段ノ規定アルモノヲ除ノ外本法ノ規定ヲ適用ス但著作權保護ニ關シ條約ナキ國ニ屬スル著作權者ハ條約ニ別段ノ規定ナキ場合ニ於テハ帝國ニ於テ」云々ト云フヤウナ風ニシタラバ總テノ場合ヲ含ムヤウナコトニナリハシマスマイカ

○政府委員（水野錬太郎君）　唯斯ウ云フ場合ニドウナリマス著作權保護ニ關スル條約ニ規定ナキト云フコトニシテ……

○菊池武夫君　是ハ條ヲ分クルカ責メテ項デモ分ケテ貰ヒタイ、二項ノ方ノ趣意ハ規定ヲ適用スルト云フ趣意デナク、保護ヲ享有スルト云フノデ全ク趣意ガ別デアルカラ但書デハ可笑シイ

○副委員長（加藤弘之君　ドウモ第一項ガイカヌヤウニ思フガ、外國人ト云フト皆ヲ含ンデ居ル、サウシテ置イテ今ノ二項ガ這入ルトマルデ理窟ガ立タラ但書ニナレバ其取除ヲ示スノダカラ理窟ガ立タヌコトモナイガ條ナドヲ變ヘルトマルデ分ラナイ、ソレデナク別條ニスルナラバ今ノ第一項ニナッテ居ル方ノ外國人ト云フ頭ヘ形容詞ヲ付ケテ保護ニ關スル條約ノ有ル外國人ト云フヤウニスレバソレナラバ理窟ハ分ル

○政府委員（水野錬太郎君）　一ッ讀ンデ見マセウ

外國人ノ著作權ニ付テハ條約ニ別段ノ規定アルモノヲ除クノ外本法ノ規程ヲ適用ス但著作權保護ニ關シ條約ニ規定ナキ場合ニ於テハ帝國ニ於テ始メテ其著作物ヲ發行シタル者ニ限リ本法ノ保護ヲ享有ス

○副委員長（加藤弘之君）　夫レデハ國ト云フコトガ見エナイナ――

○菊池大麓君　見エナイ方ガ宜イデセウ

○副委員長（加藤弘之君）　發行シタルトキニ限ルデ宜カラウ……

○木下廣次君　ドウモ矢張リ玆ハ何〻ニ限リ本法ノ保護ヲ享有ストセヌケレバ言葉ガ足ラヌ樣デスナ

○副委員長（加藤弘之君）　於テハ於テハト二ッアルノハヲカシイヂヤナイカ、唯場合ニハデ宜カラウ

○木下廣次君　夫レデモ宜シウゴザイマスナ

○菊池武夫君　權利ヲ享有スト云フノト法律ヲ適用スト云フノトハ場合ガ違フ樣ダガナ

○副委員長（加藤弘之君）　一方ハ人ヲ主トシテ云フシ一方ハ法律ヲ主トシテ云フノダカラ是デ宜イヂヤナイカ

○木下廣次君　ドウデセウ、是デ宜ウゴザイマセウカ

○副委員長（加藤弘之君）　場合ニハトシタラ夫レデモ宜シウゴザイマセウ、菊池サンドウデス

○菊池武夫君　モウ別ニアレヨリ外ニ名案ガ出ナイカラ默ッテ居ルノデス

○菊池大麓君　ハッキリト一遍讀ンデ貰ハウヂヤナイカ

○政府委員（水野錬太郎君）　夫レデハ讀ミマセウ、

外國人ノ著作權ニ付テハ條約ニ別段ノ規定アルモノヲ除クノ外本法ノ規程ヲ適用ス但著作權保護ニ關シ條約ニ規定ナキ場合ニハ帝國ニ於テ始メテ其著作物ヲ發行シタル者ニ限リ本法ノ保護ヲ享有ス

○木下廣次君　是デ我〻ニハ分ル

○久保田讓君　是ハ餘程澤山修正ニナリマシテゴザイマスガ政府委員ハ悉ク皆御同意デアリマセウカ如何デスカ念ノタメニ……

○政府委員（水野錬太郎君）　皆御同意シテ差支ゴザイマスマイ、宜シカラウト思ヒマス

○副委員長（加藤弘之君）　ソレヂヤア是デ諸君宜シウゴザイマセウ、是デ極ッタ……

午後四時一分散會

第一章 著作者ノ權利
第二章 僞作
第三章 罰則
第四章 附則

（小字及――ハ貴族院ノ修正）

著作權法

第一章 著作者ノ權利

第一條 文書演述圖畫彫刻模型寫眞其ノ他文學科學（文藝學術）若ハ美術ノ範圍ニ屬スル著作物ノ著作者ハ其ノ著作物ヲ複製スルノ權利ヲ專有ス

文學科學（文藝學術）ノ著作物ノ著作權ハ翻譯權ヲ包含シ（各種ノ）演劇脚本、淨瑠璃脚本、能樂脚本及樂譜ノ著作權ハ興行權ヲ包含ス

第二條 著作權ハ之ヲ讓渡スコトヲ得

第三條 發行又ハ興行シタル著作物ノ著作權ハ著作者ノ生存間及其ノ死後三十年間繼續ス

數人ノ合著作ニ係ル著作物ノ著作權ハ最終ニ死亡シタル者ノ死後三十年間繼續ス

第四條 著作者ノ死後發行又ハ興行シタル著作物ノ著作權ハ發行又ハ興行ノトキヨリ三十年間繼續ス

第五條 無名又ハ變名著作物ノ著作權ハ發行又ハ興行ノトキヨリ三十年間繼續ス但シ其ノ期間內ニ著作者其ノ實名ノ登錄ヲ受ケタルトキハ第三條ノ規定ニ從フ

第六條 官公衙學校社寺協會會社其ノ他團體ニ於テ著作ノ名義ヲ以テ發行又ハ興行シタル著作物ノ著作權ハ發行又ハ興行ノトキヨリ三十年間繼續ス

第七條 著作權者原著作物發行ノトキヨリ十年內ニ其ノ翻譯物ヲ發行セサルトキハ其ノ翻譯權ハ消滅ス

前項ノ期間內ニ著作權者其ノ保護ヲ受ケントスル國語ノ翻譯物ヲ發行シタルトキハ其ノ國語ノ翻譯權ハ消滅セス

第八條 冊號ヲ逐ヒ順次ニ發行スル著作物ニ關シテハ前四條ノ期間ハ毎冊若ハ毎號發行ノトキヨリ起算ス

一部分ツツヲ漸次ニ發行シ全部完成スル著作物ニ關シテハ前四條ノ期間ハ最終部分ノ發行ノトキヨリ起算ス但シ三年ヲ經過シ仍繼續ノ部分ヲ發行セサルトキハ既ニ發行シタル部分ヲ以テ最終ノモノト看做ス

第九條 前六條ノ場合ニ於テ著作權ノ期間ヲ計算スルニハ著作者死亡ノ年又ハ著作物ヲ發行又ハ興行シタル年ノ翌年ヨリ起算ス

第十條 相續人ナキ場合ニ於テ著作權ハ消滅ス

第十一條 左ニ記載シタルモノハ著作權ノ目的物ト爲ルコトヲ得ス

二 新聞紙及定期刊行物ニ記載シタル雜報及政事上ノ論說若ハ時事ノ記事

三 公開セル裁判所、議會並政談集會ニ於テ爲シタル演述

第十二條 無名又ハ變名著作物ノ發行者又ハ興行者ハ著作權者ニ屬スル權利ヲ保全スルコトヲ得但シ著作者其ノ實名ノ登錄ヲ受ケタルトキハ此ノ限ニ在ラス

第十三條 數人ノ合著作ニ係ル著作物ノ著作權ハ各著作者ノ共有ニ屬ス

各著作者ノ分擔シタル部分明瞭ナラサル場合ニ於テ著作者中ニ其ノ發行又ハ興行ヲ拒ム者アルトキハ他ノ著作者ハ其ノ者ニ賠償シテ其ノ持分ヲ取得スルコトヲ得但シ反對ノ契約アルトキハ此ノ限ニ在ラス

各著作者ノ分擔シタル部分明瞭ナル場合ニ於テ著作者中ニ其ノ發行又ハ興行ヲ拒ム者アルトキハ他ノ著作者ハ自己ノ部分ヲ分離シ單獨ノ著作物トシテ發行又ハ興行スルコトヲ得但シ反對ノ契約アルトキハ此ノ限ニ在ラス

本條第二項ノ場合ニ於テハ發行又ハ興行ヲ拒ミタル著作者ノ意ニ反シテ其ノ氏名ヲ其ノ著作物ニ掲クルコトヲ得ス

第十四條 數多ノ著作物ヲ適法ニ編輯シタル者ハ著作者ト看做シ其ノ編輯物全部ニ付テノミ著作權ヲ有ス但シ各部ノ著作權ハ其ノ著作者ニ屬ス

第十五條 著作權者ハ著作權ノ登錄ヲ受クルコトヲ得

發行又ハ興行シタル著作物ノ著作權者ハ登錄ヲ受クルニ非サレハ僞作ニ對スル民事ノ訴訟ヲ提起スルコトヲ得ス

第十六條 無名又ハ變名著作物ノ著作者ハ其ノ實名ノ登錄ヲ受クルコトヲ得

著作權ノ讓渡及質入ハ其ノ登錄ヲ受クルニ非サレハ之ヲ以テ第三者ニ對抗スルコトヲ得ス

登錄ハ行政廳之ヲ行フ

登錄ニ關スル規定ハ命令ヲ以テ之ヲ定ム

第十七條 未タ發行又ハ興行セサル著作物ノ原本及其ノ著作權ハ債權者ノ爲ニ差押ヲ受クルコトナシ但シ著作權者ニ於テ承諾ヲ爲シタルトキハ此ノ限ニ在ラス

第十八條 著作權ヲ承繼シタル者ハ著作者ノ同意ナクシテ其ノ著作者ノ氏名稱號ヲ變更シ若ハ其ノ題號ヲ改メ又ハ其ノ著作物ヲ改竄スルコトヲ得ス

第十九條 原著作物ニ訓點、傍訓、句讀、批評、註解、附錄、圖畫ヲ加ヘ又ハ其ノ他ノ修正增減ヲ爲シ若ハ翻案シタルカ爲新ニ著作權ヲ生スルコトナシ但シ新著作物ト看做サルヘキモノハ此ノ限ニ在ラス

第二十條 新聞紙及定期刊行物ニ掲載シタル記事ニ關シテハ小說ヲ除ク外著作權者カ特ニ轉載ヲ禁スル旨ヲ明記セサルトキハ其ノ出所ヲ明示シテ

轉載スルコトヲ得

第二十一條　適法ニ翻譯ヲ爲シタル者ハ著作者ト看做シ本法ノ保護ヲ享有ス

翻譯權ノ消滅シタル著作物ニ關シテハ前項ノ翻譯者ハ他人カ原著作物ヲ翻譯スルコトヲ妨クルコトヲ得ス

第二十二條　原著作物ト異リタル技術ニ依リ適法ニ美術上ノ著作物ヲ複製シタル者ハ著作者ト看做シ本法ノ保護ヲ享有ス

第二十三條　寫眞著作權ハ十年間繼續ス

前項ノ期間ハ其ノ著作物ヲ始メテ發行シタル年ノ翌年ヨリ起算シ若シ發行セサルトキハ種板ヲ製作シタル年ノ翌年ヨリ起算ス

寫眞術ニ依リ適法ニ美術上ノ著作物ヲ複製シタル者ハ原著作物ノ著作權ト同一ノ期間内本法ノ保護ヲ享有ス但シ當事者間ニ契約アルトキハ其ノ契約ノ制限ニ從フ

第二十四條　文藝學術 文學科學ノ著作物中ニ挿入シタル寫眞ニシテ特ニ其ノ著作物ノ爲ニ著作シ又ハ著作セシメタルモノナルトキハ其ノ著作權ハ文藝學術 文學科學ノ著作物ノ著作者ニ屬シ其ノ著作權ト同一ノ期間内繼續ス

第二十五條　他人ノ囑託ニ依リ著作シタル寫眞肖像ノ著作權ハ其ノ囑託者ニ屬ス

第二十六條　寫眞ニ關スル規定ハ寫眞術ト類似ノ方法ニ依リ製作シタル著作物ニ準用ス

第二十七條　著作權者ノ不明ナル著作物ニシテ未タ發行又ハ興行セサルモノハ命令ノ定ムル所ニ依リ之ヲ發行又ハ興行スルコトヲ得

八

第二十七條　外國人ノ著作權ニ付テハ著作權保護ニ關スル條約ニ別段ノ規定アルモノヲ除ク外本法ノ規定ヲ適用ス　但シ著作權保護ニ關シ條約ニ規定ナキ場合ニハ帝國ニ於テ始メテ其ノ著作物ヲ發行シタル者ニ限リ本法ノ保護ヲ享有ス

第二章　僞作

九

第二十八條　著作權ヲ侵害シタル者ハ僞作者トシ本法ニ規定シタルモノノ外民法第三編第五章ノ規程ニ從ヒ之ニ因リテ生シタル損害ヲ賠償スルノ責ニ任ス

三十

第二十九條　既ニ發行シタル著作物ヲ左ノ方法ニ依リ複製スルハ僞作ト看做サス

第一　發行スルノ意思ナク且器械的又ハ化學的方法ニ依ラスシテ複製スルコト

第二　自己ノ著作物中ニ正當ノ範圍内ニ於テ節錄引用スルコト

第三　普通教育上ノ修身書及讀本ノ目的ニ供スル爲ニ正當ノ範圍内ニ於テ拔萃蒐輯スルコト

四　文藝學術

本、能樂脚本ニ挿入シ又ハ樂譜ニ充用スルコト

五

第四　文藝學術 文學科學ノ著作物ヲ說明スルノ材料トシテ美術上ノ著作物ヲ挿入シ又ハ美術上ノ著作物ヲ說明スルノ材料トシテ文藝學術 文學科學ノ著作物ヲ挿入スルコト

六

第五　圖畫ヲ彫刻物模型ニ作リ又ハ彫刻物模型ヲ圖畫ニ作ルコト

本條ノ場合ニ於テハ其ノ出所ヲ明示スルコトヲ要ス

○一

第三十條　帝國ニ於テ發賣頒布スルノ目的ヲ以テ僞作物ヲ輸入スル者ハ僞作者ト看做ス

第三十二條　練習用ノ爲ニ著作シタル問題ノ解答書ヲ發行スル者ハ僞作者ト看做ス

三

第三十一條　善意○且過失ナク僞作ヲ爲シテ利益ヲ受ケ之カ爲ニ他人ニ損失ヲ及ホシタル者ハ其ノ利益ノ存スル限度ニ於テ之ヲ返還スル義務ヲ負フ

○ニシテ

四

第三十二條　數人ノ合著作ニ係ル著作物ノ著作權者ハ僞作ニ對シ他ノ著作權者ノ同意ナクシテ告訴ヲ爲シ及自己ノ持分ニ對スル損害ノ賠償ヲ請求○又ハ自己ノ持分ニ應シテ前條ノ利益ノ返還ヲ請求スルコトヲ得

○シ

五

第三十三條　僞作ニ對シ民事ノ訴訟ヲ提起スル場合ニ於テハ既ニ發行シタル著作物ニ於テ其ノ著作者トシテ氏名ヲ掲ケタル者ヲ以テ其ノ著作者ト推定ス

無名又ハ變名著作物ニ於テハ其ノ著作物ニ發行者トシテ氏名ヲ掲ケタル者ヲ以テ其ノ發行者ト推定ス

未タ發行セサル演劇脚本、淨瑠璃脚本、能樂脚本及樂譜ノ興行ニ關シテハ其ノ興行ニ著作者トシテ氏名ヲ顯ハシタル者ヲ以テ其ノ著作者ト推定ス

著作者ノ氏名ヲ顯ハササルトキハ其ノ興行者ヲ以テ其ノ著作者ト推定ス

六

第三十四條　僞作ニ關シ民事ノ出訴又ハ刑事ノ起訴アリタルトキハ裁判所ハ原告又ハ告訴人ノ申請ニ依リ保證ヲ立テシメ又ハ立テシメスシテ假ニ僞作ノ疑アル著作物ノ發賣頒布ヲ差止メ若ハ之ヲ差押ヘ又ハ其ノ興行ヲ差止ムルコトヲ得

前項ノ場合ニ於テ僞作ニ非サル旨ノ判決確定シタルトキハ申請者ハ差止又ハ差押ヨリ生シタル損害ヲ賠償スルノ責ニ任ス

第三章　罰則

七

第三十五條　僞作ヲ爲シタル者○ハ五十圓以上五百圓以下ノ罰金ニ處ス

○及情ヲ知テ僞作物ヲ發賣シ又ハ頒布シタル者

情ヲ知テ僞作物ヲ發賣シ又ハ頒布シタル者及僞作ノ所爲ヲ幇助シタル者

金ニ處ス

第三十七條　第二十條及第二十九條第二項ノ規定ニ違反シ出所ヲ明示セスシテ複製シタル者竝第十三條第四項ノ規定ニ違反シタル者ハ十圓以上百圓以下ノ罰金ニ處ス

第三十八條　著作者ニ非サル者ノ氏名稱號ヲ附シテ著作物ヲ發行シタル者ハ五十圓以上五百圓以下ノ罰金ニ處ス

第三十九條　著作權ノ消滅シタル著作物ト雖之ヲ改竄シテ著作者ノ意ヲ害シ又ハ其ノ題號ヲ改メ若ハ著作者ノ氏名稱號ヲ隱匿シ又ハ他人ノ著作物ト詐稱シテ發行シタル者ハ二十圓以上二百圓以下ノ罰金ニ處ス

第四十條　虛僞ノ登錄ヲ受ケタル者ハ十圓以上百圓以下ノ罰金ニ處ス

第四十一條　僞作物及專ラ僞作ノ用ニ供シタル器械器具ハ僞作者、印刷者、發賣者、頒布者及輸入者ノ所有ニ在ル場合ニ限リ之ヲ沒收ス

第四十二條　本章ニ規定シタル罪ハ被害者ノ告訴ヲ待テ其ノ罪ヲ論ス但シ第三十六條ノ場合ニ於テ著作者ノ死亡シタルトキ竝第三十八條乃至第四十條ノ場合ハ此ノ限ニ在ラス

第四十三條　本章ノ罪ニ對スル公訴ノ時效ハ二年ヲ經過スルニ因リテ完成ス

第四章　附則

第四十四條　本法施行ノ期日ハ勅令ヲ以テ定ム
明治二十六年法律第十六號版權法明治二十年勅令第七十八號脚本樂譜條例明治二十年勅令第七十九號寫眞版權條例ハ本法施行ノ日ヨリ廢止ス

第四十五條　本法施行前ニ著作權ノ消滅セサル著作物ハ本法施行ノ日ヨリ本法ノ保護ヲ享有ス

第四十六條　本法施行前僞作ト認メラレサリシ複製物ニシテ既ニ複製シタルモノ又ハ複製ニ著手シタルモノハ之ヲ完成ス發賣頒布スルコトヲ得」
前項ノ複製ノ用ニ供シタル器械器具ノ現存スルトキハ本法施行後五年間仍其ノ複製ノ爲之ヲ使用スルコトヲ得

第四十七條　本法施行前翻譯シ又ハ翻譯ニ著手シ其ノ當時ニ於テ僞作ト認メラレサリシモノハ之ヲ完成シテ發賣頒布スルコトヲ得但シ其ノ翻譯物ハ本法施行後五年内ニ發行スルコトヲ要ス

第四十八條　本法施行前既ニ興行シ若ハ興行ニ著手シ其ノ當時ニ於テ僞作ト認メラレサリシモノハ本法施行後五年間仍之ヲ興行スルコトヲ得

第四十九條　第四十六條乃至第四十八條ノ場合ニ於テハ命令ノ定ムル手續ヲ履行スルニ非サレハ其ノ複製物ヲ發賣頒布シ又ハ興行スルコトヲ得ス

第五十條　本法ハ建築物ニ適用セス

(政府委員内務省警保局長小倉久君演壇ニ登ル)

○政府委員(小倉久君)　本案ハ本年七月改正條約實施以前ニ當リマシテ、列國版權同盟會ニ加盟致スコトニナッテ居ルノデゴザイマス、列國ノ版權同盟ニ加盟スルコトニナリマスト、現今ノ版權法ハ、是非改正ヲ致シマセヌケレバナリマセヌ譯合デゴザイマシテ、本案ヲ提出シマシタ譯デゴザイマスカラ、御協贊ヲ請ヒマス

○恒松隆慶君(九十七番)　質問ヨリハ、早ク委員會ニ付託スル方ガ、宜カラウト思ヒマスカラ、次ノ日程ニ移ラレンコトヲ望ミマス

○高須賀穰君(二百七十二番)　チョット御尋シマスガ、此第二十一條ニ、適法ニ翻譯ヲ爲シタル者ハ云々ト云フコトガアリマスガ、適法ニ翻譯ヲシタト云フノハ、著者ノ許可デモ受ケタルトキノヤウナコトヲ指スノデアリマスカ、ソレヲ伺ッテ置キタイ

(政府委員内務書記官水野錬太郎君演壇ニ登ル)

○政府委員(水野錬太郎君)　唯今ノ御質問ニ御答ヲ致シマスガ、此二十一條ニゴザイマス適法ニト云フノハ、御問ノ通著作者ノ許可ヲ得テヤル場合ハ、無論含ンデ居リマスノデ、法律ニ適ッテ翻譯シタ者ハト云フノデ、御問ノ如キハ、無論適法ト云フ中ニ這入ルノデス

○議長(片岡健吉君)　格別御質問モナイヤウデアリマスカラ、次ノ日程ニ移リマス、右議案ノ審査ヲ付託スヘキ特別委員ノ選擧

第四　右議案ノ審査ヲ付託スヘキ特別委員ノ選擧

○恒松隆慶君(九十七番)　此委員ハ九名デ、議長ノ指名ト云フコトニ願ヒマス

(「異議ナシ異議ナシ」ノ聲起ル)

○議長(片岡健吉君)　九名ノ委員ヲ議長ガ指名スルコトニ異議ハアリマスマイカ

明治三十二年二月二十日午前十時四十七分開議

○委員長(渡邊猶人君)　ソレデハ、是カラ始メマスルコトニ致シマス

○(市島謙吉君)　色々承ッテ見タイコトハアリマスガ、實ハ貴族院ノ方デ、大分詳シク質問ニナッテ居リマスルノデ、之ヲ全部見マシタナラバ、恐ラク私共ノ質問モ、大層減ズルコトデアラウト思ヒマスケレドモ、ナカ〳〵五號

ニ亙ッテ居ル餘程澤山ノモノデアリマスルカラ、實ハマダ六七分程シカ見ナイノデ、或ハ私共ノ質問スルコトハ、自然重複スルコトガアルカモ知レマセヌガ、其段ハ豫メ斷リヲ申シテ置キマシテ、先ヅ大体ニ伺ッテ置キタイノハ、此萬國版權同盟ト云フモノガ起リマシタニ附イテ、日本ガ文明ノ体面上是ニ加入スルト云フコトハ、成程文明國トシテハ、至極宜イコトノヤウニ思ハレルシ、又學術文藝ヲ保護シマスルト云フ文明國ノ習慣ニ從ヒマシテモ、至極結搆ノヤウデゴザイマスガ、ソレハ唯表向キノ話デアッテ、日本ト外國トノ比較ノ上デ考ヘマスルト云フト、詰リ外國ノモノガ、日本ニ餘計ニ翻譯セラレ、若クハ翻刻セラルヽト云フヤウナ今日ノ實際デアッテ、日本ノガ外國ニ行ッテ翻譯セラレ翻刻セラルヽト云フコトハ、殆ドナイヤウナ場合デゴザイマス、日本ノ今ノ利益カラ考ヘマスレバ、斯ノ如キ窮窟ナルコトガアリマセヌ方ガ、却テ外國ノ文物ヲ日本ニ輸入スルニ都合ガ宜イト云フヤウナ實況ニナッテ居ル、是ハ勿論一目燎然ノコトデゴザイマスガ、斯樣ナ利益ガアルニ拘ハラズ、日本ガ此同盟ニ加入シタト云フハ、私ノ考カラ致シマスレバ、時ノ政府ガ實際政策ヲ誤ッタト考ヘマスノデ、但シ此政策ヲ誤ッタト云フコトハ、彼ノ條約改正ヲ致シマスルニ附イテ、此同盟ニ加入シナケレバ、條約改正ガ自ラ困難デアルト云フタメニ、加入シタノデゴザイマスカ、若クハ外國カラ格別版權同盟ニ這入ラナケレバ、彼ノ條約改正ニ差支ヲ生ズルト云フコトデハナカッタノニ、唯迂濶ニ日本政府ガ、宜イコトノヤウデアルカラ、加入シタガ宜カラウト云フヤウニ、極ク粗忽ニ加入シタノデアリマスカ、是等ハ自然外交ノコトニモ關係シヤウト思ヒマスカラ、御差支ノナイ限リハ、私ハ他日ノ參考マデニ、一應伺ッテ置キタイ

〇政府委員(水野錬太郎君)　唯今市島サンノ御問ニ御答致シマスガ、此問題ハ貴族院デモ出マシテ、其事ハ外交ニ關係シテ居ルコトデモアリマスルシ、實ハ內務省ノ方ノ側カラ見マスルト、此同盟ニ這入ッタ理由ハ、ドウカト云フコトハ、實ハ能ク分ラナイ、ソコデ貴族院ノ方デハ、外務次官ガ出マシテ、答辯ヲセラレマシタ、其趣意ハ、此同盟ニ入ルト云フコトハ、如何ニモ日本ノ文學學藝ノ發達ノ上カラハ、利益デナイカモ知レヌ、併ナガラ改正條約ノコトニ付イテ、領事裁判權ヲ撤去スルニハ、是非此同盟ニ加入スルト云フコトヲ外國デハ希望スル、ソレカラ日本モ改正條約ノ曉ニナリマスルト、歐羅巴ノ文明諸國ト對等ノ交際ヲシナケレバナラヌ、サウスルト此著作權ノ萬國同盟、或ハ工業所有權ノ萬國同盟、特許意匠條件等ノ萬國同盟ニ這入ラナケレバナラヌ、此事ハ領事裁判ヲ撤去スルト云フノ必要ナル條件トシテ、外國ノ方カラ申出シタト云フコトデアリマス、ソレカラ又萬般ノコトハ、固ヨリ內務省ノ側ノ方デハ、能ク分リマセヌガ、此事ハ改正條約ノ上ニ於テ、必要ナルコトデアッタト云フコトハ、外務次官モ述ベラレタ、ソレデスカラ法權ヲ回復シテ、日本ガ西洋各國ト對等ニナラウト云フニハ、此位ノコトハ犧牲ニシハレマス、大体ノ趣意ハ、サウ云フ趣意デアッタヤウデス、其事ハ外務次官モ、確カ貴族院ノ委員會デ述ベラレマシタ、貴族院ノ速記錄ニモ、其事ハ載ッテ居ルト思ヒマス

〇(市島謙吉君)　ソレニ關聯シマシタコトヲ伺ヒマスガ、貴族院ノ速記錄ヲ見マスルト、此同盟ニ加ハッテ居ル所ノモノハ、若干ノ國ガアル、然ルニ其國ノ中デ、亞米利加ダケガ、省ケテ居リマスヤウニ考ヘマス、是ハ亞米利加ハ、ドウ云フ譯デ、省ケテ居ルノデゴザイマスカ、此事ハ日本ノニ關係ハナイヤウデスガ、私ハ自然亞米利加ト日本ハ、同ジ國勢デアルモノト考ヘマスカラ、チョット御尋シタイノデゴザイマス、亞米利加ノ今日ハ、隨分ズルイノデ、獨逸ナリ英吉利ナリニ於テ出版シマシタモノヲ、亞米利加デ翻刻シテ、隨ッテ其原著述ノ書物ヨリ、亞米利加ノ書物ガ安イト云フコトヲ聞キマス、亞米利加ノ如キ國デ、今日此同盟ニ加入セヌト云フノハ、私共ノ解釋スル如ク、稍ヽ日本ノ國勢ノ如クデアルカラ、加入シマセヌカ、若クハ他ニ何カ、別段ノ事情ガアルモノデアリマスカ

〇政府委員(水野錬太郎君)　亞米利加ノ加入シナイ內面ノ理由ハ、能ク分リマセヌカ、亞米利加モ矢張文明國デアルカラ、是ニ加入シナケレバナラヌト云フコトハ、言ッテ居ル、此英吉利ナリ、獨逸ナリ、佛蘭西ナリ、此同盟成立ノ際ニ、亞米利加ニ對シテ其申込ヲシマシタノデ現ニ引續キ今日モ、是非亞米利加ニ此同盟ニ入ッテ吳レロト云フコトヲ、佛蘭西ナリ、獨逸ナリ、英吉利ナドモ申込デ居ル、併ナガラ斯ウ云フヤウナ答ヲ、亞米利加ハシテ居ル、是ハ亞米利加ノ政府ノ人カラ、聞イタデモナシ、又亞米利加人カラ、直接ニ遭ッテ聞イタデモアリマセヌガ、此同盟ニ關スル書物ニ書イテアリマスガ、亞米利加ハ此同盟ニ這入ルト云フニ付イテハ、モウ少シ必要ナル準備モアリ、又研究モシナケレバナラヌカラ、何レ這入ルコトハ這入ルガ、今暫ク這入ラヌト云フヤウナコトヲ言ッテ居ル、其裏面ノ理由ハ、亞米利加ノ趣意ハ、如何デアルカ分リマセヌガ、大体同盟成立以來ノ顚末ハ、斯樣ナコトニナッテ居リマス

〇(市島謙吉君)　先達テ速記ヲシマセヌトキニ、チョット伺ヒマシタガ、必要ナ點ト思ヒマスカラ、改メテ伺ヒマスガ、私共ハ先刻申シマス通是ハ甚ダ不利益ト考ヘマスガ、既ニ同盟ニ加入シタト云フコトデアレバ、國際ノ上カラ極ッタコトデゴザイマスカラ、據ナイト思ヒマスガ、是ガ實行サレマス前ニ、略〻日本ニ必要ト考ヘテ居ル所ノ書物ノ如キハ、翻譯ニ着手スルト云フコトデアリマセヌト、詰リハ此規定ニ基ヅカナケレバナラヌ、規定ニ基ヅケバ、ヤカマシウナリマスカラ、是ニ付イテハ、日本ノ利益ノタメニハ、此實施ハ成ルベク遲カランコトヲ、私共ハ望ミマスカラ、此事ヲ豫メ伺ヒマスガ、凡ソ何時頃實施ニナルカ、伺ッテ置キタイ

〇政府委員(水野錬太郎君)　其實施ノ期日ト云フモノハ、此法律ノ四十六條[illegible]

マスカラ、少ナクトモ改正條約ノ實施スルニ先立ッテ這入ラナケレバナラヌト思ヒマス、ソレデゴザイマスカラ此法律ヲ實施スルノハ、同盟ニ加入シタト同時ニ實施スルコトニナリマスノデ、此實施ハ唯今市島サンノ仰シヤル通リ成ルベク遲クヤル方ガ、利益デアリマスカラ、唯今カラ確カニ極ッテハ居リマセヌガ、多分七月一日カラ實施ニナルコト、思ヒマス、即チ條約ノ實施ト同時ニナルト思ヒマス

○(市島謙吉君) 大体ノコトハ伺ヒマシタカラ、今度ハ細目ニ亘リマスガ、第一條尚ホ其他ノ條項ニ、複製ト云フ文字ガ用井テアリマスガ、此複製ト云フコトハ、ドレダケノ範圍ノモノヲ指シマスカ、勿論翻刻トカ再版トカ云フヤウナコトニ違ヒナイデゴザイマスガ、原語デハ何ト云フ言葉ニナッテ居ルノデゴザイマセウカ、原語ヲ承ッタナラバ、其範圍モ分ラウカト思ヒマスノデスガ、ドレダケノ範圍ト云フコトノ御答ガ出來ルナラバ、伺ヒタイ

○政府委員(水野錬太郎君) 是ハ原語デハ、佛蘭西ガ元デアリマシテ「ルプロドユクション」英吉利デハ「ルプロデュース」ト云フノデ、翻刻ト云フ字ガ使ッテアルノデスガ、著作權法ニ依ルト、保護スベキモノガ文書圖畫ノミナラズ、彫刻模型トカ云フヤウナモノモ這入ルノデ、翻刻ト云フ字ハ、ドウモソレニ適當セザルノミナラズ、同盟條約ニモ翻刻ト云フコトハ「ルプロドユクション」ト云廣イ意味ノ字ガ使ッテアリマスカヲ、茲ニモ複製ト云フ字ヲ用井タノデス、一ツノ彫刻物ヲ眞似テ造ルトカ、舊ノ人ノ作ヲ眞似テ作ルト云フノデアリマスカラ、模擬トカ模製トカ云フコトニナルコト、思ヒマス

○委員長(渡邊猶人君) 今ノ複製ト云フコトニ附イテハ、新ニ作ルモノニモ、複製ト唱ヘルコトガアリマスカ

○政府委員(水野錬太郎君) 新ニ拵ヘルモノデハナクシテ、原ノ物ヲ眞似テ作ルノガ、複製ト云フ趣意デス

○(市島謙吉君) 飜譯ハ複製ニナリマスカ

○政府委員(水野錬太郎君) 飜譯ハ複製ニ這入リマス、併シ飜譯ハ、疑ガアリマスカラ、別ニ明文デ擧ゲテ置キマシタ

○(市島謙吉君) 第五條ニハ、無名變名ト實名トノ三ツノ文字ガアリマシテ、無名若クハ變名デアリマスレバ、著作權ハ保護ハサレルガ、三十年シカ繼續シナイ、併シ其期間ニ實名ノ登録ヲ受ケレバ、第三條ノ規定ニ従フト云フコトデアリマスガ、是ハ無名若クハ變名デアレバ、其人間ガ分ラナイ、誰ダガ分ラナイト云フタメニ、特權ガ違フノデアリマスカ、或ハ手續ノ上ニ相違ガアルノデゴザイマスカ、モウ一ツハ、ソレニ關聯シタコトデアリマスガ、此第五條ニ依ッテ、無名ナリ若クハ變名デアッテモ、著作權ノ保護ヲサヽルルコトハ、此五條ノ中デ明カデアルト私共ハ思フ、然ルニ十二條ニ至ッテ、同ジク此無名若クハ變名デモ、權利ヲ保全スルコトガ出來ルトアルガ、是ハ稍〻重復ノヤウニ思ヒマヌガ、其點ヲ併セテ承リタイ、ソレカラ無名デアリフ場合ガアルノデ、却テ好イ著述ニ於テ、サウ云フ例ガアルヤウニ思フ、然ルニ無名ナリ變名ナルガ故ニ、其著作權ノ保護ニ於テ、等差ノアルノハ、甚ダ疑ハシク思フガ、ソレハドウ云フ譯デアリマスカ

○政府委員(水野錬太郎君) 一番初メノ御問カラ、御答ヘシマスガ、無名變名ノ著作ト實名ヲ著ワシタモノトノ權利ノ違フト云フ譯ハ、是ハ市島サンノ御考ノ通リ、無名變名ノ著作物ニナリマスルト、誰ガ本當ノ著作者カ、名ガ出テ居リマセヌカラ、誰ノ著作ト云フコトガ分ラヌ、例ヘバ春廼舍ト云ッテモ、ソレハ誰ノコトカ、一般ノ人ニハ分ラナイ、サウ云フモノニ對シテ、著作者ノ死後三十年ト云フ風ニハ、數ヘラレナイカラ、發行ヲシタトキヨリ勘定ヲスルト云フヨリ外ニハナイカラ、無名變名ノモノハ、發行シタトキカラ計算ヲスル、然ルニ其人ガ、其期間内ニ名ヲ現ハシテ置ケバ、サウスレバ何ノ某ト云フコトガ分ルカラ、實名ヲ現ハシタナラ、第三條ニ戻ッテ死後三十年ト云フコトニナルノデス、ソレカラ第五條ト第十二條トノ關係ハ、十二條ト云フモノハ、五條デ既ニ保護シテ居ルカラ、必要ハアルマイト云フコトデアリマシタガ、併シ此著作權ヲ侵害サレタト云フトキニデスナア、其時ニ訴訟ヲスルヤウニナラナケレバナラナイ、其時ニハ無名變名デ、訴訟ハ出來マセヌカラ、保護シタ趣意ガ立チマセヌカラ、十二條デサウ云フモノ、權利ヲ保全スルニハ、發行者ガシテ宜イト云フノデ、第十二條ノ規定ト云フモノハ、無名變名ノモノヲ保護スルノ趣意デス

○(市島謙吉君) 序ニ御尋シマスガ、版權ヲ得マスル手續、即チ方式ト云フモノニ附イテハ、水野サンノ御演説ナドヲ拜見シマスルト、色々ノ方式ガアルヤウデ、出版ヲスルト、ソレト同時ニ其權ガ生ズル、斯樣ナコトニナッテ居ル處ガアルト云フコトニ、伺ッテ居リマシタガ、日本ニ於テハ、是非登録ト云フ手續ヲシナケレバナラヌト云フコトニ附イテハ、之ヲ保護スル手續ガ、徒ニ煩雜ニ渉ッテ詰ラヌ仕方デアルト云フヤウナ、他ノ會デ御話ヲナサレタ中ニモアルヤウデゴデイマスガ、私共モ至極御同感デアリマスガ、ソレニ付イテ伺ヒタイノハ、日本ノ今ノ著作權ト云フモノニ、特ニ登録ヲ受ケナケレバナラヌトシタノハ、登録ヲ受ケナケレバ、ドウシテモ其何人デアルカガ、分ラヌ分ラヌタメノ必要カラ生ジタノデアルカ、若クハ收入ノ上カラ、登録税ヲ取ラナケレバナラヌト云フヤウナ譯カラ、生ジタノデアリマスカ、且ッ他ノ外國ノ例ノ如ク、斯樣ナ煩雜ノ手續ニ依ラズシテ、納本ヲシタナラバ、ソレヲ以テ直チニ版權ノ發生ト云フコトニ見做スト云フヤウニシテハ、差支ガアルモノデスカ否ヤ、ソレヲ伺ヒタイ

○政府委員(水野錬太郎君) 唯今ノ御問ハ、御尤ノ御問デゴザイマスガ、今度ノ著作權法ニ依リマスルト、登録ニ依ッテ著作權ヲ發スルト云フコトデハナイ、著作ヲスルト同時ニ出來ルノデアリマシテ、登録ト云フコトハ敢テ必要條件デハナイ、併シ著作權ヲ侵害サレタ場合、訴訟ヲ起ス場合ダケハ、登録ヲ

受ケナケレバナラヌト云フ、十五條ノ二項デ規定ヲシタノデ、其趣意ハ、是ハ段々沿革モアリマシタノデ、始メテ斯ウ云フコトハナイノデアリマシタガ、法典調査會ナドデ、之ヲ入レテ置ク方ガ宜カラウト云フノデ、這入リマシタノデ、其趣意ハ、登錄ガアルト、一般ノ人ガ登錄シタ官廳ニ往ッテ、誰ノ著作ガ、何年ニ發行シタトカ云フコトガ、直グ分ル、登錄ガナイト、其調ガ困難デアルカラ、サウ云フ訴訟ノ上ニハ、登錄ト云フコトガ必要デアル、裁判所ナドデ証據問題ナゾニ關係スルコトニナッテ、此登錄ガアルトナイトニ依ッテ、裁判ノ上ニ便不便ガアルカラ、登錄ハ著作權ノ訴訟ナドヲ起ストキニ、アル方ガ宜カラウト云フノデ、置イタノデアリマシテ、財政上登錄稅ヲ取ルト云フコトハ、其時ニハ含マナカッタノデアリマス

○(市島謙吉君) 外國ナドデハ、著作權ノ保護ハ——矢張訴訟スル場合ナドハ、コンナ風ニナッテ居リマスカ

○政府委員(水野錬太郎君) 佛蘭西ベルヂック獨逸ナドデハ、登錄モ何ニモナイ、唯著作者ト云フ事實ガ擧ガレバ、訴訟ガ起セルノデアリマス

○(市島謙吉君) 日本デモ實際ソレニ倣フ譯ニハ行カヌノデスカ

○政府委員(水野錬太郎君) 左様デス、倣ッテモ宜シウゴザイマスカ知レマセヌガ、今日デハ登錄ヲ重ク見テ置イタノデス、ソンガ一時ニ登錄ヲナクシテシモフト、又不便ガアルト思ヒマシテ入レマシタノデ、英吉利ハ丁度斯ウ云フ風ニナッテ居リマス

○(市島謙吉君) 唯今政府委員ガ言ハレタ第十五條ノ二項デアリマスガ、此二項モ第五條ト稍々重複シテ居リハスマイカト思ヒマスガ、是モ先刻ノ御話ノ如クニ、實名ノ登錄ヲ受ケルコトノ出來ルト云フノハ、裁判ノ上ナドニ附イテ、特ニ第十五條ニ至ッテ斯ノ如キ規定ヲ設ケタモノデアリマスカ、チョット見マスト十五條ノ中ニ、實名ノ登錄ヲ得ト云フコトガ書イテアルト思ハレマスガ、其點ハドウ云フノデスカ

○政府委員(水野錬太郎君) 五條ノ方ハ、實名ノ登錄ヲ受ルト云フ方ノ規定デナクシテ、著作權ノ期間ノ方デ、ソレデ實名ノ登錄ヲ受ケタナラバ、其期間ハ三條ノ規定ニ依ッテ長クナルト云フノデアリマシテ、別ノモノデアリマスカラ、矢張十五條ノ規定モ必要ト思ヒマスノデ、特ニ入レマシタノデアリマス

○(市島謙吉君) ソレカラ續イテ尙ホ伺ヒマスガ、此第五條ニ「著作權者原著作物發行ノトキヨリ十年內ニ其翻譯物ヲ發行セサルトキハ其翻譯權ハ消滅ス」トアル、此文章ニ依ルト云フト、詰リ十年ノ間ニ自分ガ翻譯物ヲ發行セヌト云フコトハ、他人ガ翻譯スルモノヲ、其人ガ許スト云フコトニナリマスカ、十年ノ間ニ他人ガ翻譯スルト云フ場合ガ生ジナカッタラ、其翻譯權ハ消滅スルト考ヘテ宜シウゴザイマスカ

○政府委員(水野錬太郎君) 其通リデゴザリマス

○(市島謙吉君) ソレカラ第十條ノ「相續人ナキ場合ニ於テ著作權ハ消滅ス」員會問題ニナリマシタト思ヒマスガ、極ク古イ書物デ版權ノ所在ガ、分ラヌ所ノモノガ隨分澤山アル、然ルニソレヲ翻刻スル場合ニ當ッテ、或ハ後トカラシテ版權所有者ガ出テ來ルコトデアッテハ、不都合デアルカラ、斯樣ノ場合ニハ、何等カノ期間ヲ設ケテ廣告シテ、サウシテ版權者デアルト云フモノガ出テ來ナイトキハ、ソレヲ勝手ニ翻刻スルコトガ出來ルヤウニシヤウト云フヤウニ、大分込入ッタ色々ノ御相談ガ、貴族院ニアリマシタヤウデスガ、ソレハ結局ドウナリマシタカ

○政府委員(水野錬太郎君) ソレハ其修正ノ結果ガ、二十七條ノ方ニ現ハレテ居リマス

○(市島謙吉君) 成程是ハ見落シマシタノデ、是デ分リマス——ソレカラ第二十條ニ、新聞若クハ定期刊行物ニ掲ゲテアル小說ノ如キ續キ物ノ外ハ、特ニ轉載ヲ禁ズルト云フコトヲ明記シテ置カナケレバ、總テ轉載ガ出來ル、斯樣ニ書イテアリマスルガ、例ヘバ斯ウ云フ場合ハ、ドウデゴザイマセウカ、一種ノ雜誌ガアッテ、其雜誌ノ全部ニ對シテ、表紙ニ禁轉載ト斯ウ書イテ置キマシタトキハ、其雜誌ニアリマスル時事ニ關スル雜報トカ、其他斷片零碎ト云フヤウナ、チョイ〳〵シタモノモ總テ表紙ニアル禁轉載ト云フ三字ノタメニ、他ニ轉載スルコトヲ禁ズルコトガ出來マスカ

○政府委員(水野錬太郎君) ソレハ御問ノ通リデアリマス、禁轉載ト云フコトハ、一ツ〳〵ニ書イテモ宜シイガ、表紙ニ書イテモ宜イデアリマス

○(市島謙吉君) ソレガ時事ノ記事トカ、雜報ナド總テガ、禁ゼラレマスカ

○政府委員(水野錬太郎君) 唯時事ノ記事トカ雜報トカ、云フモノマテニハ及ボシマセヌノデアリマス

○(市島謙吉君) 實際ノ例ヲ以テ一ツ御尋致シマスガ、例ヘバ外交時報ト云フ雜誌ガアル、此外交時報ト云フモノヽ中ニハ、何々ガ一番大切カト云フニ、實ニ外交上ノ雜報ガ大切ナノデアル、然ルニソレハ雜報デアルカラト云フ故ヲ以テ、他ニ轉載スルコトヲ禁ズルコトガ、出來ヌト云フコトニナレバ、一番大切ノモノヲ剽窃サレテ、差支ナイト云フコトニナリマスガ、是ハ版權ヲ保護スルト云フ上カラ、如何デアリマスカ

○政府委員(水野錬太郎君) 唯今ノ御問ハ雜報デ、西洋ノ雜誌ニアル外交ノ雜報ヲ、外交時報ト云フモノニ翻譯シテ載セルコトハ、出來ルカト云フノデスカ

○(市島謙吉君) サウデハナイ、外交時報ト云フモノ、重ナル文章ハ、外交ニ關スル所ノ實況ヲ書イタモノガ、種デアルガ、ソレハ解釋ノ仕方デ、雜報ト同樣ノモノニナルカ知レヌ、所ガソレヲ轉載ヲ禁ズルコトガ出來ヌト、殆ト雜誌ノ一番大切ナ部分ヲ、マルデ保護サレヌコトニナル、其外交時報ニ掲ゲテアリマスル、所謂外交上ノ狀態ナドヲ書イタモノハ、雜報ト見做スト云フ譯デアリマスカ

ニ、斯ウ云フ條約ヲ結ンダト云フヤウナコトハ、雜報デアラウト思フケレドモ、外交ニ關スル重要ナ記事デアッテ、ソレガ所謂普通ノ著者ノ頭モ何モ勞セヌヤウナモノデアレバ、別デスガ、非常ニ著者ノ頭ヲ勞シタヤウナモノデアレバ、雜報ト云フ表題デアッテモ、普通ノ著作物デアラウト思フ、サウ云フモノニ禁轉載ト書ケバ、無論外ニ轉載スルコトハ、出來ヌコトニナリマス

○（市島謙吉君） 第二十五條ニ寫眞ノ規定ガアリマスルガ、是ハ例ヘバ私ガ寫眞屋ヘ行ッテ、自分ノ肖像ヲ寫眞ニ取ッテ貰フ、サウスルト自分ガ囑託シタモノデアルカラ、其種子板ノ版權ハ、其依賴シタ私ニ屬スルト云フコトノヤウニ思ヒマスガ、ソレヲ販賣シタ場合ナドハ、ドウナリマスカ

○政府委員（水野錬太郎君） 其通リ寫眞屋ヘ行ッテ、アナタガ寫眞ヲ御取リニナレバ、其種子板ハ、アナタニ屬スルノデアリマスカラ、ソレヲ販賣シタルトキハ、此條ニ依ッテ、アナタノ著作權ヲ冒シタト云フコトニナリマス、アナタノ許可ヲ得ナケレバ、賣レヌト云フコトニナリマス

○（宮原幸三郎君） 先刻速記ノナイ時分ニ、政府委員ニ御伺ヒ致シタ所ノ演劇ノ興行デゴザイマス、アレヲ速記ニ載セテ戴キタイノデスガ、近松門左衛門ガ演劇ノ脚本ヲ拵ヘタノヲ、ソレハ誰ガヤッテモ、宜イト云フコトニナリマスカ

○政府委員（水野錬太郎君） 其近松門左衛門ノ拵ヘタ演劇脚本デアッテ、其モノガ最早著作權ヲ持ッテ居ラヌト云フ場合デアレバ、誰ガヤッテモ宜イ、萬一近松門左衛門ノ子孫ガアッテ、居ルト云フコトデアレバ、ソレヲ芝居ニヤルト、著作權ノ侵害ト云フコトニナリマス

○（宮原幸三郎君） 尙ホ伺ヒマスガ、現今大阪邊デ、各種ノ淨瑠璃本ナドハ、皆版權ヲ所有シテ居リマスガ、アレハ原本ニ幾分カ修正ヲシタノデゴザイマセウカ

○政府委員（水野錬太郎君） ソレハ原本ヲ譯シタト云フノデナクシテ、新シク一ツノ脚本ヲ書イタト云フ趣意デ、版權ヲ持ッテ居ルノデアラウト思フ

○（宮原幸三郎君） サウ致スト版權所有ヲ現今持ッテ居リマス者ヨリ以前ニ出來タ脚本ニ依ッテ興行致スノハ差支ナイカ

○政府委員（水野錬太郎君） 其通デゴザイマス

○（市島謙吉君） 此第三十一條ニ、善意且ツ過失ナク僞作ヲナスト云フコトガアリマスガ、是ハ例ヲ取ッテ申シマスト、ドウ云フ場合デスカ

○政府委員（水野錬太郎君） 例ヘバ親ガ他人ノ著作物ヲ盜ンデ、サウシテ自分ガ拵ヘテ置イタ、ソレヲ其相續人ハ、全ク是ハ親ノ著作物デアル、親ガ剽竊シタモノデナイト信ジテ、又相當ナ注意ヲ用ヰテ出版ヲシタト云フ場合デアリマスト、相續人ノ側カラ云フト善意デス、且ツ相當ノ注意ヲ用ヰタノデスカラ、過失ナクシテ僞作シタト云フコトニナリマス、サツ云フヤウナ場合ガ、三十一條ニアッタノデアリマス

項マデ、他ノ著作ヲ節錄シ若シクハ引用スルト云フ場合ガ、規定シテアリマスガ、是ハ詰リ程度ノ問題ニ屬シテ、多ク節錄シ若シクハ引用スレバ、版權ニ觸レ、僅ニ節錄引用スレバ、觸レナイト云フヤウナ、要スルニ程度ノ問題カト思ヒマスガ、是ハ一体文學ノ保護ノタメニハ、窮窟ニ解釋シテ置ク方ガ、宜イカモ知レナイデゴザイマスケレドモ、實際ニ於テ餘程寛大ノ解釋ヲ取テ置キマセヌト云フト、殆ド犯則者ガ澤山出テ、ソレニ堪ヘヌト云フヤウナ、コトニナッテ居リマスガ、政府ノ御考ハ、寛大ニ解釋スルト云フ方デアリマスカ、若クハ極メテ嚴格ニ解釋スル方デアリマスカ

○政府委員（水野錬太郎君） 是ハ正當ノ範圍內ニ於テト云フ字ガ、使ッテアリマスノデ、何處マデガ相當ノ範圍內デアルカ否ヤト云フコトハ、實際ニ其事柄ガ起ッタトキニ、裁判官ガソレヲ認定スルヨリ外ハアルマイト思ヒマス、例ヘバ人ノ說ヲ駁論スルニ、全ク別關係ノ所マデ以テ來ルト云フノハ、ソレハ相當ノ範圍ト云フコトハ、言ヘマイト思フ、ソレデ是ダケノコトヲ節錄引用シナケレバ、其趣意ガ分ラヌト云フノデアレバ、相當ノ範圍デ、著作權ノ侵害トハナラヌト思ヒマス、是ハ詰リ裁判官ノ認定ニ依ルコトデアラウト思ヒマス

○（市島謙吉君） ソレカラ序ニ伺ヒマスガ、此貴族院ノ修正シタ第二項ノ次ヘ、第三項ト云フモノヲ加ヘテ、普通教育上ノ修身書及讀本ノ目的ニ供スル爲ニ正當ノ範圍內ニ於テ拔萃蒐輯スルコト、、是ハ成程九條ニ於テハ、必要ナコトデアラウト私共モ考ヘマスルケレドモ、貴族院ノ委員會ニ於テ、政府委員ノ御答辯ノ中ニモ、此版權法ニ於テハ、教育ノ上ニ必要不必要ヲ見ナイト云フコトノ御話ニナッテ居ルノデ、是ハ如何ニモ版權ノ方カラ見マシタナラバ、斯樣デアラウト思フ、然ルニ此第三項ト云フモノガ、實際教育保護ノ上カラシテ、起ッテ居ルカノ如クニモ見エマスケレドモ、私共ノ考デアリマスト、第二項ノ自己ノ著作物ニモ、正當ノ範圍內ニ於テ節錄引用スルコト、アリマスル、其中ニ包含セラレヤシナイカト思フ、教科書ヲ拵ヘマスト言ッテモ、矢張其教科書ノ著者ガアルデ、即チ自己ッ著作物ト云フコトニ矢張ナルデアラウト思フ、ソレカラ拔萃蒐輯スルコト、節錄引用スルコト、ドレダケノ差ガアルカ知レマセヌガ、教科書ノ例ヘバ人ノ嘉言ヲ引ヒテ來ルト云フヤウナコトハ、拔萃ニモ節錄ニモナラウト思フノデ、教育書ト云フモノヲ玆ニ現ハスト云フ論ナラバ、別ニ一項ヲ置ク必要ガアルカ知ラヌガ、教育ヲ眼中ニ置カナイト云フコトナラバ、第二項ニ包含サル、如ク考ヘマスルガ、如何デアリマスカ

○政府委員（水野錬太郎君） 第二項ト第三項トハ、違ッテ居ルノデス、第二項ハ自分ガ著作ヲシテ、其中ニ外ノ人ノ言ッタコトヲ引拔イテ持ッテ來ルト云フヤウニ、土臺ガ自分ノ著作デナケレバナラヌデス、然ルニ普通教育ニ用ヰテ居ル讀本トカ、修身書トカ云フモノハ、古言ヲ集メタリ、大家ノ議論ヲ

載セタリ、全ク編纂ニ過ギヌノデアリマス、故ニ之ヲ自己ノ著作物云々ト云フ方ニ入レルノハムヅカシイ、ソレデハ一項ヲ設ケナケレバナラヌト云フノデ、第三項ガ這入ッタノデアリマス、是ハ全ク教育ト云フ側ヲ見タノデ、教育ノタメニ、今日日本ノ書物デモサウデアルシ、西洋ノ書物デモ、英語ノ讀本、獨逸語ノ讀本ト云フヤウナモノハ、西洋人ノ書イタモノデナケレバ、不便デアル、故ニ今暫クハ、斯ウ云フ規定ヲ置クガ必要デアル、又條約ニ於テモ、斯樣ナコトヲ許シテアルカラ、特ニ條約ニ於テ許シテアルモノヲ、日本ノ法律ヲ以テ狹メルニモ及バヌト云フノデ、又著作權ノ目的ニモ、サウ害ニナルマイト云フ考カラ、出マシタノデアリマス

○(市島謙吉君) 條約ニハ、ドウナッテ居リマスカ

○政府委員(水野錬太郎君) 八條ニゴザイマス

○(市島謙吉君) サウスルト貴族院ノ修正トシテ、第二項ハ第八條ニ基イテ差支ナイヤウデアルガ、三十二條ニ加ハッタ方ハ、是モ條約ニハ、觸レマセヌカ

○政府委員(水野錬太郎君) ソレハ條約ニ明文ガナイカラ、斯ウ云フモノヲ日本デハ、保護スル要ガアルト云ヘバ、ソレデ宜シイ

○(市島謙吉君) サウスルトトヾハンターノ算術書ニ、外國デ色々「キー」ガ出來テ居リマスガ、日本デハ、ドウ取扱ヒマスカ

○政府委員(水野錬太郎君) ソレハトヾハンタート云フ人ノ許可ヲ得ナケレバ、解答書ナドヲ作ルコトハ出來マセヌ

○(市島謙吉君) 外國人ガ日本ニ來テヤッタトキニハ……

○政府委員(水野錬太郎君) 同ジコトニナリマス

○(市島謙吉君) 許可ヲ得レバ、僞作者ト認メラレヌデスナ

○(市島謙吉君) 何條ニナリマスカ知リマセヌガ、斯ウ云フ場合ガアッタラ、取扱上ドウナリマスカ、下瀬ノ火藥、アレハ日本デ發明シタモノデアリマスガ、殆ド同時ニ佛蘭西ニ於テモ、同一發明ガアッタ、ソレニ關係シタ文書ガ、佛蘭西デ出來テ、世界各國ニ傳ハル、日本デモ同樣ナモノガ、出來タト云フトキニハ、著作權ノ方カラ、論斷スルコトハ出來ナクシテ、先ヅ發明權カラ、決シナケレバナラヌト云フコトニナリハシマセヌカ

○政府委員(水野錬太郎君) 火藥ノ發明ノコトハ、著作權ノ方ニハ關係シマセヌガ、ソレニ關スル書物ヲ偶然佛蘭西人モ拵ヘ、日本人モ拵ヘルト云フトキニハ、二ツノ著作權ガ成立ツト思ヒマス、若シサウデナシニ佛蘭西人ガ、日本人ヲ眞似テ書物ヲ拵ヘタト云フナラバ、即チ日本人ノ版權侵害ニナリマスカラ、訴ヲ起スコトガデキマス

○(市島謙吉君) 同時ニ書物ヲ拵ヘタ場合ニ、爭ヒニナルト、ソレハ著作權ノ爭ニ屬シマスガ、其裁判ハ詰リ發明權ノ元カラ、極メテ來ナケレバ、此著作權ノ方ダケデハ、決スルコトカ出來マセヌナ

マス、發明ノ元マデハ、往クマイト思ヒマス、例ヘバ富士ノ山ヲ同ジ場處デ、二人ガ寫眞ニ撮ッタト云フ如キトキニモ、矢張版權ハ二ツ成立チマシテ、何方ガ先キニ撮ッタト云フコトハ、著作權デハ關係シマセヌ、是ト同ジコトデアリマス

○委員長(渡邊猶人君) 第二十二條ニ、原著者ト異リタル技術ニ依リ適法ニ美術上ノ著作物ヲ複製シタルト云フノハ、例ヘバ水墨ガアレバ、水墨ヲ寫眞ニ取ル、斯ウ云フヤウナコトガ、矢張此美術上ニ依ッテ、著作者ト云フコトニナリマスカ

○政府委員(水野錬太郎君) 例ヘバ彫刻ヲ畫ニ作ルトカ云フヤウナコトデ

○(宮原幸三郎君) 政府案ノ本法施行前ニ著作權ノ消滅セザル著作物ハ本法施行ノ日ヨリ本法ノ保護ヲ享有ス、其所デ此五條ノ無名變名ノモノハ、三十年ニ限ッテアルデ、サウシマスト無名變名デ、是マデ發行シテ、既ニ十年モ十五年モ經ッテ居ルモノモ、本法ノ施行ニナリマスト、又三十年ヲ經ルコトニナリマスカ

○政府委員(水野錬太郎君) 其通リデアリマス、例ヘバ無名變名ノ著作トシテ、ソレカラ十五年ヲ經ッテ居ッタノガ、此法律ニ依ッテ保護ヲ受ケマスカラ

○(市島謙吉君) 是モ第何條ニ當リマスカ、能ク私ハ分リマセヌガ、實例ニ斯ウ云フ例ガ、隨分アルト思ヒマスガ、例ヘバ私ノ書イタ書物ヲ人ニ出版サセ、若クハ飜刻サセルコトヲ承諾シタ、然ルニ其承諾ハシタケレドモ、ソレニ向ッテ附錄ヲ附ケルトカ、或ハ序文ヲ附ケ若クハ批評ヲ書クコトハ、承諾シナイト假リニ定メルノデスナ、然ルニ其書物ガ出テ見ルト、大層中ヘ批評モ附ケ附錄モ附イテ居ル、能ク讀ンデ見ルト、其原著者ノ意ニ悖ッタ評論ガシテアルト、甚ダシキハ大イニ誹謗シテ居ル、ソレカラ附錄ニ附イテハ、原著者ノ考ヘトマルデ變ッタモノヲ附錄ニ付ケテ、殆ド原著作ガ惡ム所ノモノト、反對スルモノガ集ッテ、一ツノモノトナッテ現ハレタ場合ニハ、原著者ハ甚ダ迷惑スル、其場合ニハ、原著者ハ、始メノ承諾ヲ取消スコトガ出來マセヌカ

○政府委員(水野錬太郎君) ソレハ契約デ以テ、別ニ此者ニ私ノ著作物以外ノモノヲ附加ヘテハ行カナイト云フ契約ガナケレバ、著作權ヲ浸シタトハ、言ヘナイト思ヒマス、原著作ニハ、少シモ手ヲ附ケズニ居ッテハ契約ガナケレバ、仕方ガナイト思フ

○委員長(渡邊猶人君) 此十九條ノ原著作物ニ訓點傍訓句讀批評注解圖書ヲ加ヘ又ハ其他ノ修正增減ヲナシ若ハ飜案シタルガ為メ新ニ著作權ヲ生ズルコトナシ、其權利ノナイト云フノニ、但書ガ新著作物ト看做サルモノハ此限ニアラズト、此但書ガ入リ用デアリマスカ、是ハ必要デアリマスカ

○政府委員(水野錬太郎君) 是ハ例ヘバ註釋ナドニ於キマシテモ、註釋ガ一ツノ著作トナルコトガアリマス、例ヘバ論語孟子ノ註釋ニナルト、ソレガ一

○(市島謙吉君) 今ノコトニ附帶シタノデアリマスガ 此事ハ著作物ニハナラヌト云フノデスカ、ナルノデスカ、此第十九條ニ註釋ヲ附ケタモノモ、矢張註釋權ヲ有スト云フコトニナッテ居リマスガ、例ヘバ日本ノ法律ノ大家ノ某々ト云フ人ノ如キ者ガ、註釋ヲ加ヘタト云フヤウナ場合ハ、此但シ書ノ方ノ範圍ニ入レルヤウニナリマスカ

○政府委員(水野錬太郎君) 左樣デゴザイマス、サウ云フモノハ、但書ニ入レルコトガ出來ル

○(市島謙吉君) 所ガ區別スルコトガムヅカシイ

○政府委員(水野錬太郎君) ソレデゴザイマスカラ、サウ云フモノハ、審査ヲシテ著作物全體ヲ見テ、決定シナケレバナラヌト思フ、實際困難ト思ヒマスガ、法律デ是ダケハ著作權ヲ得ル、彼レダケハ著作權ヲ得ナイト云フコトハ極メルコトハ餘程ムツカシイカラ、矢張事實問題ニ屬スルト思ヒマス

○(市島謙吉君) 此同盟國内ノ外國ノ書物ヲ翻譯スルト云フ場合ニハ、無論此規定ニ依ラナケレバナラヌノデスガ、此同盟國ノ中ノ原著者ノ書物ヲ、同盟國外ノ國語ニ翻譯シタモノヲ、ソレヲ同盟國内ノ者ガ、翻譯シマシタトキニハ、ドウナリマスカ、原著ハ同盟國ノ範圍ノ人ノ書物デアル、然ルニソレヲ同盟國人ガ、其同盟國外ノ國語ニ翻譯シタモノヲ、同盟國内ノ者ガ更ニ翻譯スルト云フ場合ニハ、此法律ハドウナリマスカ

○政府委員(水野錬太郎君) サウスルト其翻譯ト云フノハ、同盟國内ノ人ガ、本ヲ翻譯シタノデハナイノデスナ

○(市島謙吉君) 同盟國内ノ人ノヲ、同盟國外ノ人ガ翻譯シタ

○政府委員(水野錬太郎君) 例ヘバ英吉利ノ翻譯ヲ露西亞人ガ翻譯シタ、其露西亞人ノ書物カラ、日本人ガ翻譯シタ、サウ云フ場合ハ、露西亞人ト云フモノハ、同盟國ニ這入ッテ居リマセヌカラ、露西亞人ノ著作權侵害ト云フコトニハナルマイト思フ、ソレデアルカラ日本人ガ、著作權ノ侵害ニハナルマイト思フ、原著者ハ何ニモ云フコトハ出來ナイ、既ニ翻譯シテアルノデスカラ、露西亞人ニ向ッテハ故障ヲ言フコトガ出來マセウガ

○(赤土亮君) 二十一條ノ一項ト二十八條ハ、貴族院ガ但書ヲシタノハ、同ジヤウニ考ヘルガ、ドウ云フ所ガ違フノデスカ

○政府委員(水野錬太郎君) 貴族院デハ、二十七條ニ但書ヲ付ケタ、二十一條ハ、新タニ翻譯シタモノハ、其者ヲ著作者ト見做シテ、此法律ノ保護ヲ與ヘル、二十一條貴族院ノ修正ノ方ハ、外國人ガ日本デ版權ノ保護ヲ受クルニハ、日本帝國デ始メテ其著作物ヲ發行シタトキダケニ、出來ルト云フ趣意ニナリマスカラ、二十八條ノ貴族院ノ修正ト二十一條トハ全ク別ノコトニナリマス

第二 著作權法(六)案

○議長(片岡健吉君) 渡邊猶人君

○渡邊猶人君(百三十七番) 著作權法案ノ委員會ノ經過ヲ御報告致シマスル、本案ニ對シマスル委員會ハ、既ニ去ヌル十八日ニ互選會ヲ開キマシテ、其後二十日二十一日ト、兩度委員會ヲ開キマシテゴザイマスル、此法案ニ對シマスル委員會ハ、兩日ノ委員會ニ於キマシテ、ソレ〳〵政府ニ向ッテ質問ヲ致シ、又審議ヲ致シマシタ末、本案ハ委員會ニ於キマシテハ、全部貴族院ノ修正ヲ贊成致シマシテ、此案ヲ可決スベキモノト決シマシテゴザイマスル、併シ此案ニ附キマシテハ、既ニ條約改正モ近クニ迫ッテ居リマスシ、尙ホ其前ニ當リマシテ列國版權同盟條約ニ同盟ヲセンケレバナラヌト云フコトカラ、此版權ノ改正ノ必要ガ生ジテ參リマシタモノ、趣デゴザイマスル、ソレニ依リマシテ、委員會ニ於キマシテモ、或ハマダ此法案ニ於キマシテハ、隨分錯雜ナル所ノ場合モアリマシテ、此日本ノ幼稚ナル所ニ於テハ、或ハ日本ニ於テ却ッテ不利益デハナイカト云フ考モ委員中ニハアリマシテ、成ルベクハ今暫ク斯ウ云フ法律ハ見合セタイト云フ意見モアリマシタノデゴザイマスルガ、奈何セン唯今申スヤウナ鹽梅ニ、既ニ政府ニ向ッテ質問シマスルト、同盟ノコトハ加盟ヲ申込ンデアル趣デゴザイマスシ、且ツハ目前ニ條約改正モ迫ッテ居ル次第デアリマスカラ、最早已ムコトヲ得マセヌ、此法案ノ制定致シマスルコトハ、必要ト云フ時機ニ迫ッテ參リマシタ次第デゴザイマス、ソレ故ニ委員會ニ於キマシテハ、全部委員全體ニ於キマシテ、此貴族院ノ修正ニナリマシタ全體ヲ可決致シマシタ次第デゴザイマスル、因ッテ此段ヲ御報告致シマス

○恆松隆慶君(九十七番) 是ハ貴族院ノ修正ガ最モ可ナリト認メマスデ、直チニ二讀會ヲ開カレンコトヲ希望致シマス

○議長(片岡健吉君) 恆松隆慶君カラ直チニ二讀會ヲ開キタイト云フ動議ガ出マシタガ、御異議ハアリマセヌカ

(「異議ナシ異議ナシ」ト呼フ者アリ)

○議長(片岡健吉君) 御異議ガナケレバ、直チニ二讀會ヲ開クコトニ致シマス

著作權法案

○恆松隆慶君(九十七番) 全部議題トナラヌコトヲ希望致シマス

○議長(片岡健吉君) 本案ハ全部ヲ議題ト致シマス

(「異議ナシ」ト呼フ者アリ)

○議長(片岡健吉君) 本案ニ附イテ御異議ハアリマスマイカ

(「異議ナシ異議ナシ」 呼フ者アリ)

○議長(片岡健吉君) 御異議ナケレバ原案ノ通決シマス

○恆松隆慶君(九十七番) 直チニ三讀會デ確定セラレンコトヲ……

○議長(片岡健吉君) 恆松隆慶君カラ直チニ三讀會ヲ開キタイト云フ動議ガ

出マシタガ、御異議アリマセヌカ

(「異議ナシ異議ナシ」ト呼フ者アリ)

○議長(片岡健吉君) 御異議ガナケレバ直チニ三讀會ヲ開クコトニ致シマス

著作權法案

○議長(片岡健吉君) 本案ニ對シテ御異議ガナケレバ、確定シタモノト認メマス……

3．政府提出の原案が貴族院で変更された箇所

政府が提案した原案は、四章あり、五〇条であった。貴族院で先議され、著作権法案特別委員会で審議され、修正され、四章五二条になった。

主要な変更箇所は、次の通りである。

1　「文学科学」を「文芸学術」とした。

2　著作権者不明の著作物にして未発行・未興行のものは、命令の定める所により発行、興行できるという条文（第二七条）を新設した。

3　外国人の著作物で、日本で最初に発行した者について著作権法の保護を与えるとした（二八条）。

4　著作権の制限規定を定めた条項に、「第三　普通教育上の修身書及び読本の目的に供するため正当の範囲内において抜粋蒐輯すること」を新設、挿入した。

5　「練習用の為に著作したる問題の解答書を発行する者は偽作者と看做す」（第三二条）を新設した。

6　原案は、「偽作を為したる者」は、「五〇円以上五百円以下の罰金」、「情を知って偽作物を発売し又は頒布した者」は、「三〇円以上三百円以下の罰金」であった。これを「偽作を為したる者及情を知って偽作物を発売し又は頒布したる者」は、一律に「三〇円以上五百円以下の罰金」に処すことにした（三七条）。

7　「著作者に非ざる者の氏名称号を附して著作物を発行したる者」は、「五〇円以上五百円以下の罰金」であったが、「三〇円以上五百円以下の罰金」とした。

8　「本法施行前翻訳し又は翻訳に着手し其の当時に於いて偽作と認められさりしものは之を完成して発売頒布することを得但し其の翻訳物は本法施行後五年以内に発行することを要す」と「五年以内」であったのを

「七年以内」と変更した。

貴族院の修正で次のように変更された。

第一条　文書演述図画彫刻模型写真其ノ他文学科学若ハ美術ノ範囲ニ属スル著作物ノ著作者ハ其ノ著作物ヲ複製スルノ権利ヲ専有ス

文学科学ノ著作物ノ著作権ハ翻訳権ヲ包含シ演劇脚本、浄瑠璃脚本、能楽脚本及楽譜ノ著作権ハ興行権ヲ包含ス

←

第一条　文書演述図画彫刻模型写真其ノ他文芸学術若ハ美術ノ範囲ニ属スル著作物ノ著作者ハ其ノ著作物ヲ複製スルノ権利ヲ専有ス

文学科学ノ著作物ノ著作権ハ翻訳権ヲ包含シ各種ノ脚本及楽譜ノ著作権ハ興行権ヲ包含ス

第二十四条　文学科学ノ著作物中ニ挿入シタル写真ニシテ特ニ其ノ著作物ノ為ニ著作シ又ハ著作セシメタルモノナルトキハ其ノ著作権ハ文学科学ノ著作物ノ著作者ニ属シ其ノ著作権ト同一ノ期間内継続ス

←

第二十四条　文芸学術ノ著作物中ニ挿入シタル写真ニシテ特ニ其ノ著作物ノ為ニ著作シ又ハ著作セシメタルモノナルトキハ其ノ著作権ハ文芸学術ノ著作物ノ著作者ニ属シ其ノ著作権ト同一ノ期間内継続ス

［新設］

第二十七条　著作権者ノ不明ナル著作物ニシテ未タ発行又ハ興行セサルモノハ命令ノ定ムル所ニ依リ発行又ハ興行スルコトヲ得

第二十七条　外国人ノ著作物ニ付テハ著作権保護ニ関スル条約に別段ノ規定アルモノヲ除ク外本法ノ規定ヲ適

用ス
↓
第二十八条　外国人ノ著作権ニ付テハ条約に別段ノ規定アルモノヲ除ク外本法ノ規定ヲ適用ス但シ著作権保護ニ関シ条約ニ規定ナキ場合ニハ帝国ニ始メテ其ノ著作物ヲ発行シタル者ニ限リ本法ノ保護ヲ享有ス
第二十八条を第二十九条へ、第二十九条を第三十条にする。
第三十条、第二の次に、第三を挿入する。
第三　普通教育上ノ修身書及読本ノ目的ニ供スル為ニ正当ノ範囲内ニ於テ抜粋蒐輯スルコト
第三十条
第三　文学科学ノ著作物ノ文句ヲ自己ノ著作シタル演劇脚本、浄瑠璃脚本、能楽脚本ニ挿入シ又ハ楽譜ニ充用スルコト
↓
第四　文芸学術ノ著作物ノ文句ヲ自己ノ著作シタル脚本ニ挿入シ又ハ楽譜ニ充用スルコト
第三十条
第四　文学科学ノ著作物ヲ説明スルノ材料トシテ美術上ノ著作物ヲ挿入シ又ハ美術上ノ著作物ヲ説明スルノ材料トシテ文学科学ノ著作物ヲ挿入スルコト
↓
第三十条
第五　文芸学術ノ著作物ヲ説明スルノ材料トシテ美術上ノ著作物ヲ挿入シ又ハ美術上ノ著作物ヲ説明スルノ材料トシテ文芸学術ノ著作物ヲ挿入スルコト

第三十条　第五を第六にする
第三十条を第三十一条にする。
第三十一条の次に次の条を挿入する。
第三十二条　練習用ノ為ニ著作シタル問題ノ解答書ヲ発行スル者ハ偽作者ト看倣ス
第三十一条　善意且過失ナク偽作ヲ為シテ利益ヲ受ケ之カ為ニ他人ニ損失ヲ及ホシタル者ハ其ノ利益ノ存スル
←
第三十三条　善意ニシテ且過失ナク偽作ヲ為シテ利益ヲ受ケ之カ為ニ他人ニ損失ヲ及ホシタル者ハ其ノ利益ノ
存スル限度ニ於テ之ヲ返還スル義務ヲ負フ
第三十二条　数人ノ合著作ニ係ル著作物ノ著作権者ハ偽作ニ対シ他ノ著作権者ノ同意ナクシテ告訴ヲ為シ及自
己ノ持分ニ対スル損害ノ賠償ヲ請求又ハ自己ノ持分ニ応シテ前条ノ利益ノ返還ヲ請求スルコトヲ得
←
第三十四条　数人ノ合著作ニ係ル著作物ノ著作権者ハ偽作ニ対シ他ノ著作権者ノ同意ナクシテ告訴ヲ為シ及自
己ノ持分ニ対スル損害ノ賠償ヲ請求シ又ハ自己ノ持分ニ応シテ前条ノ利益ノ返還ヲ請求スルコトヲ得
第三十三条　偽作ニ対シ民事ノ訴訟ヲ提起スル場合ニ於テハ既ニ発行シタル著作物ニ於テ其ノ著作者トシテ氏
名ヲ掲タル者ヲ以テ其ノ著作者ト推定ス
無名又ハ変名著作物ニ於テハ其ノ著作物ニ発行者トシテ氏名ヲ掲ケタル者ヲ以テ其発行者ト推定ス
未タ発行セサル演劇脚本、浄瑠璃脚本、能楽脚本及楽譜ノ興行ニ関シテハ其ノ興行ニ著作者トシテ氏
名ヲ顕ハシタル者ヲ以テ其ノ著作者ト推定ス
著作者ノ氏名ヲ顕ハササルトキハ其ノ興行者ヲ以テ其ノ著作者ト推定ス
←
第三十五条　偽作ニ対シ民事ノ訴訟ヲ提起スル場合ニ於テハ既ニ発行シタル著作物ニ於テ其ノ著作者トシテ氏

名ヲ掲タル者ヲ以テ其ノ著作者ト推定ス
無名又ハ変名著作物ニ於テハ其ノ著作物ニ発行者トシテ氏名ヲ掲ケタル者ヲ以テ其発行者ト推定ス
未タ発行セサル脚本及楽譜ノ興行ニ関シテハ其ノ興行ニ著作者トシテ氏名ヲ顕ハシタル者ヲ以テ其ノ著作者ト推定ス
著作者ノ氏名ヲ顕ハササルトキハ其ノ興行者ヲ以テ其ノ著作者ト推定ス
第三十五条　偽作ヲ為シタル者ハ五十円以上五百円以下ノ罰金ニ処ス
情ヲ知テ偽作物ヲ発売シ又ハ頒布シタル者及偽作ノ所為ヲ幇助シタル者ハ三十円以上三百円以下ノ罰金ニ処ス
←
第三十七条　偽作ヲ為シタル者及情ヲ知テ偽作物ヲ発売シ又ハ頒布シタル者ハ五十円以上五百円以下ノ罰金ニ処ス
第三十六条を第三十八条にする。
第三十七条　第二十条及第二十九条第二項ノ規定ニ違反シ出所ヲ明示セスシテ複製シタル者並第十三条第四項ノ規定ニ違反シタル者ハ十円以上百円以下ノ罰金ニ処ス
←
第三十九条　第二十条及第三十条第二項ノ規定ニ違反シ出所ヲ明示セスシテ複製シタル者並第十三条第四項ノ規定ニ違反シタル者ハ十円以上百円以下ノ罰金ニ処ス
第三十八条　著作者ニ非サル者ノ氏名称号ヲ附シテ著作物ヲ発行シタル者ハ五十円以上五百円以下の罰金ニ処ス
←
第四十条　著作者ニ非サル者ノ氏名称号ヲ附シテ著作物ヲ発行シタル者ハ三十円以上五百円以下の罰金ニ処ス

第三十九条を第四十一条に、第四十条を第四十二条にする。

第四十一条　偽作物及専ラ偽作ノ用ニ供シタル器械器具ハ偽作者、印刷者、発売者、頒布者及輸入者ノ所有ニ在ル場合ニ限リ之ヲ没収ス

←

第四十三条　偽作物及専ラ偽作ノ用ニ供シタル器械器具ハ偽作者、印刷者、発売者、及頒布者ノ所有ニ在ル場合ニ限リ之ヲ没収ス

第四十二条　本章ニ規定シタル罪ハ被害者ノ告訴ヲ待テ其ノ罪ヲ論ス但シ第三十六条ノ場合ニ於テ著作者ノ死亡シタルトキ並第三十八条乃至第四十条ノ場合ハ此ノ限ニ在ラス

←

第四十四条　本章ニ規定シタル罪ハ被害者ノ告訴ヲ待テ其ノ罪ヲ論ス但シ第三十八条ノ場合ニ於テ著作者ノ死亡シタルトキ並第四十条乃至第四十二条ノ場合ハ此ノ限ニ在ラス

第四十三条を第四十五条にする。

第四十四条を第四十六条に、第四十五条を四十七条に第四十六条を四十八条にする。

第四十七条　本法施行前翻訳シ又ハ翻訳ニ着手シ其ノ当時ニ於テ偽作ト認メラレサリシモノハ之ヲ完成シテ発売頒布スルコトヲ得但シ其ノ翻訳物ハ本法施行後五年以内ニ発行スルコトヲ要ス

前項ノ翻訳物ハ発行後五年間仍之ヲ複製スルコトヲ得

←

第四十九条　本法施行前翻訳シ又ハ翻訳ニ着手シ其ノ当時ニ於テ偽作ト認メラレサリシモノハ之ヲ完成シテ発売頒布スルコトヲ得但シ其ノ翻訳物ハ本法施行後七年以内ニ発行スルコトヲ要ス

前項ノ翻訳物ハ発行後五年間仍之ヲ複製スルコトヲ得

第四十八条を第五十条にする。

第四十九条　第四十六条乃至第四十八条ノ場合ニ於テハ命令ノ定ムル手続ヲ履行スルニ非サレハ其ノ複製物ヲ発売頒布シ又ハ興行スルコトヲ得ス

←

第五十一条　第四十八条乃至第五十条ノ場合ニ於テハ命令ノ定ムル手続ヲ履行スルニ非サレハ其ノ複製物ヲ発売頒布シ又ハ興行スルコトヲ得ス

第五十条を第五十一条とする。

4．貴族院著作権法案特別委員会委員、衆議院議員等の略歴

（1）特別委員会委員長、副委員長

委員長　谷干城《たてき》（一八三七―一九一一）

土佐藩の出身、一八六六年（慶応二年）藩命で長崎、上海を視察し、帰国後国事に従事、戊辰戦争に従軍、維新後の一八七一年（明治四年）兵部権大丞、翌年、陸軍少将、一八七七年（明治一〇年）西南戦争の際、熊本鎮台司令長官として熊本城籠城に成功する。一八七八年（明治一一年）陸軍中将。山県有朋ら陸軍主流派と対立し、一八八一年（明治一四年）陸軍を去る。一八八四年（明治一七年）、学習院院長。明治一七年の華族令（公・侯・伯・子・男の五爵を定む）により、子爵。一八九〇年（明治二三

年）から一九一一年（明治四四年）の死去まで華族枠による貴族院議員を務めた。一八八五年（明治一八年）第一次伊藤内閣の農商務大臣となるが、井上馨外相の条約改正案に反対し辞職した。国粋主義者、農本主義者であった。日露戦争については、民力休養、農民保護の立場から批判的であった。

小林和幸「谷干城―憂国の明治人」（中公新書・二〇一一年）がある。

副委員長　加藤弘之（一八三六―一九一六）

兵庫県但馬出石藩の出身。藩校弘道館、佐久間象山塾、大木仲益（蘭方医坪井信道の女婿）塾に学び、一八六〇年（万延元年）蕃書調所の教授。このとき、プロシア国が日本と条約締結のため特命全権公使を派遣、このためドイツ語を市川斉宮其の他と学習、研究した。日本でドイツ語学を最初に開いたとされる。維新後、大学大丞、文部大丞、明治七年、左院議官、明治八年、元老院議官、天皇の侍講を務めた。一八七七年（明治一〇年）二月、東大初代綜理。明治一三年四月、東京大学総長。

明治初期に「真政大意」「立憲政体略」「国体新論」を出版したが、これは人間が、天賦人権を備わっているという主義を信じていた時のもので、「其後余の主義が変じて天賦人権なるものの存在を否認することとなったから、此三書は後に絶版した。」（「加藤弘之自叙伝」四六頁・大空社）。立憲政治の啓蒙家であったが、一八八一年（明治一四年）転向を宣言した。一八八六年（明治一九年）、森有礼文相と意見が合わず、東京大学総長から元老院議官に転任、一八九〇年（明治二三年）旧東京大学を改制した「帝国大学」の第二代総長となる。一八九〇（明治二三年）九月三〇日から一九〇六年（明治三九年）一二月一五日まで、勅選貴族院議員を務めた。

自叙伝において「維新前は、士農工商や大名、大将軍、武士の階級差があった。維新後は、上に帝室があり、下に一般人民があるのみだ。」「余の如きは本来貧士族から成り上がったものであるけれども、今日は親任官を辱なくしている」と述べている。

植手通有「日本の名著34西周加藤弘之」（中央公論社・一九八四年）がある。

（2）特別委員会の委員

吉川重吉《きっかわちょうきち》（一八六〇—一九一五）

岩国藩主吉川経幹《きっかわつねまさ》の次男。渡米してアメリカのハーバート大学に学び、帰国後、外務省入省。明治二一年ドイツ公使館書記官、明治二二年退官。一八九一年（明治二四年）一一月二一日、男爵。明治二六年、男爵による貴族院議員。大正四年一二月二七日死去。五七歳。

久保田譲（一八四七—一九三六）

兵庫県出身。教育行政家。明治四年文部省設置当時から、文部行政に携わる。明治二七年一月二三日、文部省局長から勅選貴族院議員。大正六年一一月一七日まで務める。一九〇三年（明治三六年）第一次桂太郎内閣の文部大臣。

菊池大麓《だいろく》（一八五五—一九一七）

岡山県津山の蘭学者箕作秋坪《しゅうへい》（一八二五—一八八六、菊池文理の次男で箕作阮甫《げんぽ》の養子）の次男。菊池家を継ぎ、一八六六年（慶應元年）、幕命によりイギリス、留学、のち東京開成学校に学ぶ。一八七〇年（明治三年）ケンブリッジ大学で、数学を研究する。一八七七年（明治一〇年）帰国、一八八一年（明治一四年）東京大学に数学科創設。一八九〇年（明治二三年）九月三〇日から明治四五年五月一五日まで、勅選貴族院議員。一八九八年（明治三一年）東大総長。一九〇九年（明治四二年）帝国学士院院長。一九一七年（大正六年）理化学研究所初代所長。

箕作阮甫の養子には、箕作秋坪のほかに箕作省吾（一八二一—一八四六）（仙台藩士佐々木秀規の次男、阮甫の三女と結婚した地理学者）がいる。省吾の子の箕作麟祥《りんしょう》（一八四六—一八九七）は洋学を学び、蕃書調所に出仕。新政府では翻訳官、調査官として外国法典を翻訳した。明六社員。東京学士院会員、明治二三年九月三〇日から明治三〇年一二月一日の死去まで、勅選貴族院議員。

山脇玄（一八四九—一九二五）

福井県出身。法学者。はじめ越前藩の医学校に学び、長崎に遊学、ドイツに留学。帰国後、太政官権少書記官・参事院議官・行政裁判所長官、一八九一年（明治二四年）一二月二二日から大正一四年一〇月七日まで、勅選貴族院議員。夫人は松江藩士小倉忠の娘房子。房子は島根県女子師範を卒業後、東京で外国語を学び、山脇玄と結婚後、山脇女子実修学校（現在山脇学園中学校・高等学校）を創立し校長。

菊池武夫（一八五四—一九一二）

岩手県出身。明治時代の法学者。南部藩の貢進生として大学南校、アメリカ留学。一八八〇年（明治一三年）帰国。司法省へ入り、一八九一年（明治二四年）司法省民事局長。東大教授を兼務した。一八九一年（明治二四年）一二月二二日から明治四五年七月七日まで、勅選貴族院議員。弁護士。一八八九年（明治二二年）日本ではじめての法学博士。英吉利法律学校（東京法学院）を創立、その後身、中央大学の初代学長。

木下廣次（一八五一—一九一〇）

熊本藩の儒者木下犀潭《さいたん》（一八〇五—一八六七）の次男。犀潭の門下に井上毅《こわし》（一八四三—一八九五）（子爵）がおり、毅は廣次の姉、梅と結婚した。一八七〇年（明治三年）、熊本藩の貢進生として大学南校へ、ここでフランス語を学び、司法省の明法寮で法律を学び、明治九年卒業後、フランスに留学。パリ大学で法律を四年間学び、法学得業生、法学博士。帰国後、文部省御用掛、東大講師、法科大学教授を歴任後、第一高等学校長。一八八八年（明治二一年）、法学博士。一八九一年（明治二四年）一二月二二日から一九一〇年（明治四三年）八月二二日の死去まで勅選貴族院議員。明治二三年第一次山県内閣で、井上毅が文部大臣のとき、文部省専門学務局長。明治三〇年六月、京都帝国大学の創立にあたり初代の総長に任命された。明治二〇年一二月二七日読売新聞に「著作者の権」を寄稿している。

小幡篤次郎（一八四一―一九〇五）

中津藩士小幡篤蔵の次男。一八六四年（元治二年）、福澤諭吉が中津に帰省した時に、小幡篤次郎、その弟小幡甚三郎（明治六年米国で客死、慶應四年江戸が戦乱で、身の安全が案じられる時、在横浜の米国公使館の雇用人の証明券を発行するという話に敢然と外国人の庇護を拒絶し、むしろ日本人による死を選ぶと述べた）、服部浅之助など六人をつれて帰京した。一八六六年（慶應二年）福澤家塾の塾頭。ついで、幕府開成学校英学助教、一八六八年（明治元年）開成学校辞職。一八六九年（明治二年）、福澤諭吉、小幡甚三郎と三人で、熊本藩の依頼で「洋兵明鑑」を翻訳、この代金六〇〇両で二階建て塾舎を建てるなど、福澤に協力した。以後、交詢社の結成、明治生命保険会社創立、立憲改進党の結成に参画した。東京学士院会員。慶應義塾塾長。一八九〇年（明治二三年）九月三〇日から一九〇五年（明治三八年）四月一六日死去まで、勅選貴族院議員。

（3）特別委員会以外の貴族院議員

近衛篤麿（一八六三―一九〇四）

父は近衛忠房、母は島津久光の娘。明治一七年、公爵。近衛文麿（一八九一―一九四五）の父親である。明治二三年、貴族院議長。明治三三年（一九〇〇年）、上海に東亜同文会を設置し、初代会長。東亜同文会は、東亜同文書院（一九〇一年設立）を設置した。近衛篤麿は、東亜の大同団結を主張した。

稲垣太祥《もとよし》（一八五九―一九三二）

近江山上藩の九代藩主。明治十七年子爵。明治二三年七月から明治三〇年七月まで、貴族院議員。昭和七年、七四歳で死去。

名村泰蔵（一八四〇―一九〇七）

裁判官、明治二五年八月、児島唯謙の後任として大審院長心得。刑法、治罪法などフランス法の導入に尽力した。大審院検事、大審院部長を歴任。明治二七年一月、勅選貴族院議員。

伊澤修二（一八五一―一九一七）

一八七二年（明治五年）、大学南校を卒業して文部省に入り、一八七五年から一八七八年まで、アメリカのビリッジウオーター師範学校からハーバート大学に進み理学を修め、帰国と同時に東京師範学校長。一八七九年（明治一二年）から音楽取調掛（東京音楽学校の前身）所長。一八九九年から東京高師校長。一八九七年（明治三〇年）勅選貴族院議員。内務官僚井沢多喜男（一八六九―一九四九）の兄である。

渡辺洪基（一八四八―一九〇一）

越前（福井県）武生出身。一八六九年（明治二年）、大学助教。一八七一年（明治四年）、岩倉具視全権大使に従って、欧米を巡遊した。帰国後、太政官大書記官、兼外務大書記官。一八八二年（明治一五年）元老院議官。一八八六年（明治一九年）、帝国大学の創立と同時に総長。一八九二年（明治二五年）、官を辞して、東京府から第二回総選挙に出馬し、衆議院議員。一九〇〇年（明治三三年）、勅選貴族院議員。

錦織教久（一八五〇―一九〇七）

司法官、子爵。貴族院議員。

大原重朝（一八四八―一九一六）

父は、岩倉具視と連携し王政復古を実現させた大原重徳で、その三男。明治七年、宮内省に出仕。明治一二年、外務省御用掛。明治二一年、伯爵。明治二三年、貴族院議員。

（4）衆議院議員

市島謙吉（一八六〇―一九四四）

新潟県出身。著述家、学校経営者。大隈重信の下に改進党に入党し、一八九四年（明治二七年）から一九〇二年（明治三五年）まで衆議院議員。新潟新聞主筆、読売新聞主筆。東京専門学校（早大）の創設に関与し、のち、早大図書館長、理事、名誉理事。

宮原幸三郎（一八六二―一九三四）

広島県出身。呉貯蓄銀行、中国電気、呉瓦斯などを経営した。広島県会議員、議長。明治三一年から衆議院議員。当選三回。民政党。昭和二四年、昭和二八年総選挙で広島二区自由党から出馬して当選した同姓同名の宮原幸三郎とは別人。

渡辺猶人（一八四〇―一九〇二）

長野県飯田出身。明治一九年、太田幹と共に英漢義塾を開き教育に携わった。中学校長、区長、県会議員。憲政党、立憲政友会。長野県七区選出、衆議院議員。一回当選。在職四年。六七歳で死去。

赤土《あかど》亮《りょう》（あかつち・りょう、とするものもある）（一八五四―一九〇六）

石川県上金石町出身。立憲自由党。立憲政友会。明治三一年、石川一区から選挙に出て二回当選。在職四年三カ月。石炭コークス販売、船荷卸、（株）金石銀行取締役、金石馬車鉄道監査役。五一歳で死去。

片岡健吉（一八四三―一九〇三）

土佐藩出身。一八七一年土佐藩権大参事、藩より選ばれて欧米を視察する。一八七二年帰国、海軍中佐に任ぜられたが、征韓論を支持して一八七三年（明治六年）、官を辞職。土佐に帰り、自由民権運動を行い、立志社を創立する。一八七七年（明治一〇年）、国会開設建白書を提出する。一八八七年（明治二〇年）一二月、言論集会の自由、条約改正中止、地租軽減の三大事件建白運動に参加し、保安条例違反により東京から追放、軽禁錮二年に処せられたが、憲法発布の大赦で出獄した。一八九〇年（明治二三年）の第一回総選挙以来、衆議院議員選挙に連続当選する。一八九八年（明治三一年）、第一二議会から第一八議会まで、衆議院議長を務める。

（5）政府側

山県有朋（一八三八―一九二二）

長州藩出身。陸軍軍人、政治家。一八八五年（明治一八年）内閣制度による最初の内務大臣。一八八九年（明治二二年）第一次山県内閣の総理。第二次山県有朋内閣（一八九八年一一月八日―一九〇〇年一〇月一九日）において、著作権法案が審議されていたときの総理大臣。

西郷従道（一八四三―一九〇二）

薩摩藩出身。西郷隆盛の弟。一八六九年（明治二年）、山県有朋とともに渡欧し、兵制を研究した。一八七三年（明治六年）、陸軍大輔。一八七四年、台湾蕃地事務都督として台湾出兵。第一次伊藤博文内閣の海軍大臣兼農商務大臣。第二次山県有朋内閣（一八九八年一一月八日―一九〇〇年一〇月一九日）において、著作権法案が審議されていたときの内務大臣。

曽祢荒助（一八四九―一九一〇）

長州藩士宍戸潤平の三男。曽祢祥蔵の養子。戊辰戦争に従軍する。一八七〇年（明治三年）大阪兵学寮に入学、フランス学を学び、一八七二年（明治五年）から七七年までフランスに留学した。一八七七年（明治一〇年）帰国後、陸軍に出仕、のち、太政官少書記官・参事院議官輔・法政局参事官・内閣記録局長・官報局長などを歴任した。一八九〇年（明治二三年）帝国議会開設とともに初代の衆議院書記官長。一八九二年（明治二五年）第二回総選挙に立候補し、当選し、衆議院副議長。一八九三年（明治二六年）、駐仏特命全権公使として、条約改正に尽力した。一八九八年（明治三一年）一月一二日から同年六月末までの第三次伊藤博文内閣において、司法大臣に就任した。第一次大隈重信内閣のあと、第二次山県有朋内閣（一八九八年一一月八日―一九〇〇年一〇月一九日）において、著作権法案が審議されていたとき、農商務大臣。一九〇一年、第一次桂太郎内閣の蔵相。一九〇九年、韓国統監。勅選貴族院議員、枢密顧問官なども務めた。子爵。

都筑馨六（一八六一―一九二三）

外務次官。上州高崎藩稲荷台の名主藤井安治の子。西条藩士都筑侗忠の養子になる。一八八一年（明治一四年）東京大学文学部政治理財学科卒業。一八八二年（明治一五年）政治学研究のため、ドイツへ留学。一八八六年（明治一九年）ドイツから帰国。同年五月、公使館書記官兼外務省参事官。同年、井上馨外相秘書官。井上外相が明治二〇年条約改正問題で辞職すると共に辞職した。一八八八年（明治二一年）、フランスへ留学。一八八九年（明治二二年）山県有朋内相が欧米巡遊の際の、公使館書記官として随行する。一八九〇年（明治二三年）山県が総理大臣になると総理秘書官。一八九二年（明治二五年）、井上馨の娘光子と結婚。明治二七年、内務省土木局長。明治三〇年文部次官。明治三一年一一月八日、外務次官。こののち、明治三二年四月一九日、勅選貴族院議員。明治四〇年六月、法学博士。明治四一年八月、男爵。明治四二年枢密顧問官。貴族院議員辞職。大正四年、井上馨死去。翌五年、夫人光子と離別する。大正一〇年、再婚を考えたことが佐野眞一「枢密院議長の日記」一七九頁にある。佐野は、都筑は井上馨の「義弟」であったとする。以上、「都筑馨六傳」（大正一五年・馨六会）に依った。大正一二年、六三歳で死去。

松平正直（一八四四―一九一五）

内務次官。福井藩士松平源太夫正泰の次男。戊辰戦争に越後口軍監として出陣、福井藩小参事、明治三年、民部省出仕。兵部省から内務省に転じ、明治一一年宮城県権令、同県知事、明治二四年（一八九一年）、熊本県知事、明治二九年、第二次松方内閣の板垣内相、樺山内相の下で内務次官。明治三一年一一月の第二次山県内閣西郷従道内相の下で、内務次官を務めた。その間、勅選貴族院議員。のち、明治三三年、男爵。明治四三年、枢密顧問官。大正四年、七一歳で死去。

小倉久（一八五二―一九〇六）

内務省警保局長。群馬県の沼田藩藩士の子として、江戸芝土岐邸で生まれた。旧名礎一郎。明治三年、沼田藩の貢進生として大学南校に入学、ついで、明治五年司法省の明法寮に学んだ。ボアソナードの試験で、宮城浩蔵、小倉久、岸本辰雄の順で成績が良く、この三人はフランスに留学した。小倉は、明治一二年帰国、司法省勤務、明治一四年、元老院、明治一七年リスボンの万国郵便会議に出張、明治一九年大阪控訴院検事。関西大学の前身、関西法律学校初代校長。明治二一年退官し、弁護士。明治三一年、内務省警保局長。司法省監獄局長も兼ねている。その後、和歌山、徳島、富山、大分の県知事を務めた。明治三九年一一月四日、五五歳で死去した。

水野錬太郎（一八六八―一九四九）

内務書記官。慶應四年一月、江戸詰めの秋田藩士水野立三郎の子として、江戸浅草鳥越町の秋田藩藩邸で生まれた。立三郎は埼玉出身の下級武士で、秋田出身ではない。秋田藩は、佐竹義堯が藩主で、立三郎は佐竹義堯の弟義諶（幼名常丸）に仕えていた。水野は、生後まもなく、父母姉二人とともに、戊辰戦争の官軍方についた藩のため、秋田の湯沢市岩崎に行く。戊辰戦争が終わり、義諶は岩崎城主となり、立三郎は公議人になっている。明治三年四月、義諶が死去、一三歳の義理が岩崎藩を継いだ、明治四年、廃藩置県となり、明治七年、一家は東京に戻る。立三郎は、大阪に行ったりしたが、うまくゆかず、一家は苦労したようである。

錬太郎は一五，六歳の頃、両親と死別。母方の曾祖父が保管していた学資があったものの苦学生活を送った。神田の共立学校を経て、明治一七年大学予備門（のちの一高）入学、明治二二年、法科大学入学、明治二五年卒業。穂積陳重教授の紹介で渋沢栄一の第一銀行に入る。明治二六年、梅謙次郎教授の勧誘により、農商務省鉱山局に転じる。明治二七年、内務省の都築馨六に招かれ、内務省参事官になる（大学卒業後、直ちに、内務省に入省したわけではない）。

明治二九年、樺山内務大臣のもとで秘書官をしていた水野は、著作権法を起草するよう命ぜられ、欧米へ出張し、法案を作成すると、貴族院の委員会審議において、殆ど一人で政府委員として答弁している。

著作権法の論文により法学博士。こののち、内務省神社局長等を務めるが、原敬、後藤新平の知遇を得て政治家となり、内務大臣を三度、文部大臣一度務める。敗戦後、昭和二〇年一二月一日、極東国際軍時裁判のA級戦犯容疑者に指名される。遺族に拠れば、病臥中であったため、監視下に置かれたが拘禁はされていない。昭和二四年一一月二五日死去。八一歳。

森田茂吉（一八五九—一九六二）

内務書記官。淡路島の出身。明治一二年、小学校を卒業し、医師松嶋俊三の書生になる。明治一四年、淡路島を出奔、東京の独逸学校へはいる。明治一五年、大学予備門にはいる。明治二〇年、第一高等中学校（明治二一年七月、大学予備門の名称変更）を卒業し、法科大学へ入学。明治二三年七月一〇日、帝国大学卒業。明治二三年七月一九日、内務省へ任官。内務省試補、警保局勤務。明治二六年、警視庁第三部長。明治三〇年、文部大臣秘書官。文部大臣は、蜂須賀茂韶《もちあき》で、阿波藩の旧藩主である。明治三一年二月、内務大臣秘書官兼内務省参事官。同年一〇月、内務書記官兼内務省参事官台湾課長。明治三五年一〇月、内務省衛生局長。明治三六年九月、農商務省商工局長。明治四〇年、官途を辞す。明治四一年、絹糸紡績（株）専務、ついで社長。絹糸紡績と鐘紡の合併を決めて絹糸紡績社長を辞任。明治四五年（一九一二年）、五月、堺セルロイド専務取締役。

森田が中心となって堺セルロイド、日本セルロイド、大阪繊維工業、東京セルロイド、三国セルロイド、能登屋セルロイド、東洋セルロイド、十河セルロイドの八社は合併し、大正八年九月、大日本セルロイドを創立、社長。昭和六年一二月、会長に就任した。昭和九年、富士写真フイルム（株）を創立し、相談役。昭和一五年、大日本セルロイド会長辞任、相談役。昭和二一年、富士写真フイルム相談役辞任。昭和二四年、大日本セルロイド相談役を辞任し顧問。昭和三七年二月一三日、死去、九七歳。

第二部　貴族院について

1．貴族院令（明治二二年二月一一日勅令第一一号）（明治二二年三月現在）

第一条　貴族院ハ左ノ議員ヲ以テ組織ス
一　皇族
二　公侯爵
三　伯子男各々其ノ同爵中ヨリ選挙セラレタル者
四　国家ニ勤労アリ又ハ学識アル者ヨリ特ニ勅任セラレタル者
五　各府県ニ於テ土地或ハ工業商業ニ付多額ノ直接国税ヲ納ムル者ノ中ヨリ一人ヲ互選シテ勅任セラレタル者
第二条　皇族ノ男子成年ニ達シタルトキハ議席ニ列ス
第三条　公侯爵ヲ有スル者満二十五歳ニ達シタルトキハ議員タルヘシ
第四条　伯子男爵ヲ有スル者ニシテ満二十五歳ニ達シ各々其ノ同爵ノ選ニ当リタル者ハ七箇年ノ任期ヲ以テ議員タルヘシ其ノ選挙ニ関スル規則ハ別ニ勅令ヲ以テ之ヲ定ム
前項議員ノ数ハ伯子男爵各々総数ノ五分ノ一ヲ超過スヘカラス
第五条　国家ニ勲労アリ又ハ学識アル満三十歳以上ノ男子ニシテ勅任セラレタル者ハ終身議員タルヘシ
第六条　各府県ニ於テ満三十歳以上ノ男子ニシテ土地或ハ工業商業ニ付多額ノ直接国税ヲ納ムル者十五人ノ中ヨリ一人ヲ互選シ其ノ選ニ当リ勅任セラレタル者ハ七箇年ノ任期ヲ以テ議員タルヘシ其ノ選挙ニ関ル規則ハ別ニ勅令ヲ以テ之ヲ定ム
第七条　国家ニ勲労アリ又ハ学識アル者及各府県ニ於テ土地或ハ工業商業ニ付多額ノ直接国税ヲ納ムル者ヨリ勅任セラレタル議員ハ有爵議員ノ数ニ超過スルコトヲ得ス
第八条　貴族院ハ天皇ノ諮詢ニ応ヘ華族ノ特権ニ関ル条規ヲ議決ス
第九条　貴族院ハ其ノ議員ノ資格及選挙ニ関ル争訟ヲ判決ス其ノ判決ニ関ル規則ハ貴族院ニ於テ之ヲ議定シ上奏

シテ裁可ヲ請フヘシ

第十条　議員ニシテ禁錮以上ノ刑ニ処セラレ又ハ身代限ノ処分ヲ受ケタル者アルトキハ勅命ヲ以テ之ヲ除名スヘシ

貴族院ニ於テ懲罰ニ由リ除名スヘキ者ハ議長ヨリ上奏シテ勅裁ヲ請フヘシ

除名セラレタル議員ハ更ニ勅許アルニ非サレハ再ヒ議員トナルコトヲ得ス

第十一条　議長副議長ハ議員中ヨリ七箇年ノ任期ヲ以テ勅任セラルヘシ

被選議員ニシテ議長又ハ副議長ノ任命ヲ受ケタルトキハ議員ノ任期間其ノ職ニ就クヘシ

第十二条　此ノ勅令ニ定ムルモノノ外ハ総テ議院法ノ条規ニ依ル

第十三条　将来此ノ勅令ノ条項ヲ改正シ又ハ増補スルトキハ貴族院ノ議決ヲ経ヘシ

2．貴族院令（明治二二年二月一一日勅令第一一号）（昭和二二年二月現在）

第一条　貴族院ハ左ノ議員ヲ以テ組織ス

一　皇族

二　公侯爵

三　伯子男各々其ノ同爵中ヨリ選挙セラレタル者

四　国家ニ勤労アリ又ハ学識アル者ヨリ特ニ勅任セラレタル者

五　帝国学士院ノ互選に由リ勅任セラレタル者

六　北海道各府県ニ於テ土地或ハ工業商業ニ付多額ノ直接国税ヲ納ムル者ノ中ヨリ一人又ハ二人ヲ互選シテ勅任セラレタル者

第二条　皇族ノ男子成年ニ達シタルトキハ議席ニ列ス
第三条　公侯爵ヲ有スル者満三十歳ニ達シタルトキハ議員タルヘシ
　前項ノ議員ハ勅許ヲ得テ議員タルコトヲ辞スルコトヲ得
第四条　前項ノ規定ニ依リ議員タルコトヲ辞シタル者ハ勅命ニ依リ再ヒ議員トナルコトヲ得
　伯子男爵ヲ有スル者ニシテ満三十歳ニ達シ各々其ノ同爵ノ選ニ当リタル者ハ七箇年ノ任期ヲ以テ議員タルヘシ其ノ選挙ニ関スル規則ハ別ニ勅令ヲ以テ之ヲ定ム
　前項議員ノ定数ハ伯爵十八人、子男六十六人、男爵六十六人トス
第五条　国家ニ勲労アリ又ハ学識アル満三十歳以上ノ男子ニシテ勅任セラレタル者ハ終身議員タルヘシ
　前項議員ノ数ハ百二十五人ヲ超過スヘカラス
　第一項ノ議員身体又ハ精神ノ衰弱ニ因リ職務ニ堪ヘサルニ至リタルトキハ貴族院ニ於テ其ノ旨ヲ議決シ上奏シテ勅裁ヲ請フヘシ
第五条ノ二　満三十歳以上ノ男子ニシテ帝国学士院会員タル者ノ中ヨリ四人ヲ互選シ其ノ選ニ当リ勅任セラレタル者ハ其ノ会員タルノ間七箇年ノ任期ヲ以テ議員タルヘシ
　其ノ選挙ニ関ル規則ハ別ニ勅令ヲ以テ之ヲ定ム
第六条　満三十歳以上ノ男子ニシテ北海道各府県ニ於テ土地或ハ工業商業ニ付多額ノ直接国税ヲ納ムル者百人ノ中ヨリ一人又ハ二百人ノ中ヨリ二人ヲ互選シ其ノ選ニ当リ勅任セラレタル者ハ七箇年ノ任期ヲ以テ議員タルヘシ其ノ選挙ニ関ル規則ハ別ニ勅令ヲ以テ之ヲ定ム
　前項委員ノ総数ハ六十六人以内トシ其ノ北海道各府県ニ於ケル定数ハ通常選挙毎ニ人口ニ応シ勅命ヲ以テ之ヲ指定ス
第七条　削除（注1）
第八条　貴族院ハ天皇ノ諮詢ニ応ヘ華族ノ特権ニ関ル条規ヲ議決ス
第九条　貴族院ハ其ノ議員ノ資格及選挙ニ関ル争訟ヲ判決ス其ノ判決ニ関ル規則ハ貴族院ニ於テ之ヲ議定シ上奏

シテ裁可ヲ請フヘシ
第十条　議員ニシテ禁錮以上ノ刑ニ処セラレ又ハ身代限ノ処分ヲ受ケタル者アルトキハ勅命ヲ以テ之ヲ除名スヘシ
貴族院ニ於テ懲罰ニ由リ除名スヘキ者ハ議長ヨリ上奏シテ勅裁ヲ請フヘシ
除名セラレタル議員ハ更ニ勅許アルニ非サレハ再ヒ議員トナルコトヲ得ス
第十一条　議長副議長ハ議員中ヨリ七箇年ノ任期ヲ以テ勅任セラルヘシ
任期ノ定アル議員ニシテ議長又ハ副議長ノ任命ヲ受ケタルトキハ議員ノ任期間其ノ職ニ就クヘシ
第十二条　此ノ勅令ニ定ムルモノノ外ハ総テ議院法ノ条規ニ依ル
第十三条　将来此ノ勅令ノ条項ヲ改正シ又ハ増補スルトキハ貴族院ノ議決ヲ経ヘシ

注

注1　昭和二〇年の勅令第一九三号により「朝鮮又は大戦に在住する満三〇歳以上の男子にして名望ある者より勅任せられしたる者は七年の任期の議員たるへしとされた。定数は一〇人以内とされた」。翌年の昭和二一年勅令第三五〇号により全文削除された。

3．貴族院議員の名簿―明治三二年一月現在

一、貴族院の根拠、貴族院議員の種類

著作権法案審議にあたって、著作権法案特別委員会が設置された。当時の貴族院議員の構成などについて、若干述べる。

貴族院は、明治二三年（一八九〇年）一一月二九日から、昭和二二年（一九四七年）五月二日まで設置されてい

た。

貴族院については、大日本帝国憲法（明治二二年二月一一日公布、明治二三年一一月二九日施行、昭和二二年五月三日全面改正）は、次のように定めた。

第三三条　帝国議会ハ貴族院衆議院ノ両院ヲ以テ成立ス

第三四条　貴族院ハ貴族院令ノ定ムル所ニ依リ皇族華族及勅任セラレタル議員ヲ以テ組織ス

貴族院令（明治二二年二月一一日勅令一一号）（明治三十二年一月一日当時）

第一条　貴族院ハ左ノ議員ヲ以テ組織ス

一　皇族

二　公侯爵

三　伯子男爵各々其ノ同爵中ヨリ選挙セラレタル者

四　国家ニ勲労アリ又ハ学識アル者ヨリ特ニ勅任セラレタル者

五　北海道各府県ニ於テ土地或ハ工業商業ニ付多額ノ直接国税ヲ納ムル者ノ中ヨリ一人又ハ二人ヲ互選シテ勅任セラレタル者

第二条　皇族ノ男子成年ニ達シタルトキハ議席ニ列ス

第三条　公侯爵ヲ有スル者満三十歳ニ達シタルトキハ議員タルヘシ

前項ノ議員ハ勅許ヲ得テ議員タルコトヲ辞スルコトヲ得

前項ノ規定ニ依リ議員タルコトヲ辞シタル者ハ勅令ニ依リ再ヒ議員トナルコトヲ得

第四条　伯子男爵ヲ有スル者ニシテ満三十歳ニ達シ各々其ノ同爵ノ選ニ当リタル者ハ七箇年ノ任期ヲ以テ議員タルヘシ其ノ選挙ニ関ル規則ハ別ニ勅令ヲ以テ之ヲ定ム

前項議員ノ定数ハ伯爵十八人、子爵六十六人、男爵六十六人トス

第五条　国家ニ勲労アリ又ハ学識アル満三十歳以上ノ男子ニシテ勅任セラレタル者ハ終身議員タルヘシ

前項議員ノ数ハ百二十五人ヲ超過スヘカラス
第一項ノ議員身体又ハ精神ノ衰弱ニ因リ職務ニ堪ヘサルニ至リタルトキハ貴族院ニ於テ其ノ旨ヲ議決シ上奏シテ勅裁ヲ請フヘシ
前項ノ議決ニ関ル規則ハ貴族院ニ於テ之ヲ議定シ上奏シテ裁可ヲ請フヘシ
第六条　満三十歳以上ノ男子ニシテ北海道各府県ニ於テ土地或ハ工業商業ニ付多額ノ直接国税ヲ納ムル者百人ノ中ヨリ一人又ハ二百人ノ中ヨリ二人ヲ互選シ其ノ選ニ当リ勅任セラレタル者ハ七箇年ノ任期ヲ以テ議員タルヘシ其ノ選挙ニ関ル規則ハ別ニ勅令ヲ以テ之ヲ定ム
前項議員ノ総数ハ六十六人以内トシ其ノ北海道各府県ニ於ケル定数ハ通常選挙毎ニ人口ニ応シ勅命ヲ以テ之ヲ指定ス

（以下省略）

二、**貴族院議員の名簿**

衆議院・参議院編集「議会制度七十年史」（昭和三五年）から、明治三二年（一八九九年）一月一日現在、在任と思われる議員を取り上げて作成した。

●は、著作権法案特別委員会委員の氏名である。○○○○―○○○○は生年、没年である。

皇族議員

嘉仁（よしひと）親王、皇太子（明治四五年七月、大正天皇に就任される）　一八七九―一九二六
彰仁（あきひと）親王　小松宮　一八四六―一九〇三
貞愛（さだなる）親王　伏見宮　一八五八―一九二三

威仁（たけひと）親王　有栖川宮　一八六二―一九一三
載仁（ことひと）親王　閑院宮　一八六五―一九四五
依仁（よりひと）親王　小松宮のち東伏見宮　一八六七―一九二二
邦憲（くにのり）王　久邇宮のち賀陽宮　一八六七―一九〇九
菊麿（きくまろ）王　山階宮　一八七三―一九〇八
邦彦（くによし）王　久邇宮　一八七三―一九二九
守正（もりまさ）王　梨本宮　一八七四―一九五一
多嘉（たか）王　久邇宮　一八七五―一九三七

公爵議員

一条實輝　旧公卿　一八六六―一九二四
岩倉具定　旧公卿　一八五一―一九一〇
九条道孝　旧公卿　一八四〇―一九〇六
●近衛篤麿　旧公卿　一八六三―一九〇四
島津忠済　旧鹿児島藩主分家　一八五五―一九一五
鷹司凞通（ひろみち）　旧公卿　一八五五―一九一六
徳川家達　旧静岡藩主　一八六三―一九四〇
毛利元昭　旧山口藩主　一八六五―一九三八

侯爵議員

大山巌（明治四〇年から公爵議員）旧鹿児島藩士　一八四二―一九一六
西園寺公望（大正九年九月から公爵議員）　旧公卿　一八四九―一九四〇
松方正義（明治二三年七月から伯爵議員、明治三〇年七月から侯爵議員、明治四〇年九月から公爵議員）

旧鹿児島藩士　一八三五―一九二四
山県有朋（明治四〇年から公爵議員）　旧山口藩士　一八三八―一九二二
浅野長勲　旧広島藩主　一八四二―一九三七
木戸孝正　旧山口藩主　一八五七―一九一七
菊亭修季（ゆきすえ）　旧公卿　一八五七―一九〇五
黒田長成（ながしげ）　旧福岡藩主　一八六七―一九三九
久我通久（こが・みちつね）　旧公卿　一八四一―一九二五
西郷従道（つぐみち）　旧鹿児島藩士　一八四三―一九〇五
尚泰（しょう・たい）　旧琉球王　一八四三―一九〇一
伊達宗徳（むねえ）　旧宇和島藩主　一八三〇―一九〇五
醍醐忠順（ただおさ）　旧公卿　一八三〇―一九〇〇
徳川茂承（もちつぐ）　旧和歌山藩主　一八四四―一九〇六
徳川義禮（よしあきら）　旧名古屋藩主　一八六三―一九〇八
徳大寺實則（さねつね）（明治四四年から公爵議員）　旧公卿　一八三九―一九一九
中山孝麿　旧公卿　一八五二―一九一九
鍋島直大　旧佐賀藩主　一八四六―一九二一
蜂須賀茂韶（もちあき）　旧徳島藩主　一八四六―一九一八
広幡忠朝（ただとも）　旧公卿　一八六〇―一九〇五
細川護成（もりしげ）　旧熊本藩主　一八六八―一九一四
前田利嗣（としつぐ）　旧金沢藩主　一八五八―一九〇〇
松平康荘（やすたか）　旧福井藩主　一八六七―一九三〇

伯爵議員

伊藤博文　旧山口藩士　一八四一―一九〇九
伯爵・明治二三年七月から明治二四年七月
侯爵・明治二八年八月
公爵・明治四〇年九月から明治四二年一〇月二六日
上杉茂憲（もちのり）　旧米沢藩主　一八四四―一九一九
●大原重朝　旧公卿　一八四八―一九一八
大村純雄　旧大村藩主　一八五一―一九三一
明治二三年七月、子爵議員、明治三〇年七月、伯爵議員　一八五一―一九三四
正親町實正　旧公卿　一八五五―一九二三
勧修寺顕允（かんじゅじ・あきこと）　旧公卿　一八五五―一九〇〇
清棲家教（きよずみ・いえのり）　旧伏見宮家ご一門　一八六二―一九二三
酒井忠道　旧小浜藩主　一八五一―一九二〇
島津忠亮（ただあきら）　旧佐土原藩主
明治二三年七月から明治二五年五月まで子爵議員、明治二五年五月から伯爵議員　一八四九―一九〇九
徳川達孝（さとたか）　旧田安家　一八六五―一九四一
広沢金次郎　旧山口藩士　一八七一―一九二八
広橋賢光（まさみつ）　旧公卿　一八五五―一九一〇
坊城俊章（としあや）　旧公卿　一八四七―一九〇六
松浦詮（あきら）　旧平戸藩主　一八四〇―一九〇八
萬里小路通房（までのこうじ・みちふさ）　旧公卿　一八四八―一九三二

壬生基修（もとおさ）　旧公卿　一八三五―一九〇六
　明治二三年七月、子爵議員、明治三〇年七月から伯爵議員
吉井幸藏　旧鹿児島藩士　一八五五―一九二七

子爵議員

青木信光　旧麻田藩主　一八六九―一九四九
青山幸宜（ゆきよし）　旧郡上藩主　一八五四―一九三〇
伊東祐麿（すけまろ）　旧鹿児島藩士　一八三二―一九〇六
板倉勝達（かつみち）　旧重原藩主　一八三九―一九一三
●稲垣太祥（もとよし）　旧山上藩主　一八五九―一九三二
内田正学（まさあきら）　旧小見川藩主　一八四七―一九一〇
梅小路定行　旧公卿　一八六五―一九四二
小笠原壽長（ひさなが）　旧千束藩主　一八五四―一九二七
大久保忠順（ただよし）　旧烏山（からすやま）藩主　一八五七―一九一四
大河内正質（まさただ）　旧大多喜藩主　一八四四―一九〇一
大宮以季（もちすえ）　旧公卿　一八五八―一九三二
岡部長職（ながもと）　旧岸和田藩主　一八五四―一九二五
加納久宜（ひさよし）　旧一宮藩主　一八四八―一九一九
唐橋在正（ありまさ）　旧公卿　一八五二―一九三二
京極高厚　旧豊岡藩主　一八三三―一九〇五
京極高徳　旧丸亀藩主　一八五八―一九二八
京極高典（たかまさ）　旧多度津藩主　一八三六―一九〇六

久世通章（みちふみ）　旧公卿　一八五九―一九三九
久留島通簡（みちひろ）　旧森藩主　一八五九―一九一九
相良頼紹（よりつぐ）　旧人吉藩主　一八五三―一九二四
新荘直陳（しんじょう・なおのぶ）　旧麻生藩主　一八五六―一九一三
仙石政固（まさかた）　旧出石藩主　一八四三―一九一七
曽我祐準（すけのり）　旧柳河藩士　一八四三―一九三五
高木正善　旧丹南藩主　一八五三―一九二〇
高野宗順（むねおさ）　旧公卿　一八五四―一九一二
立花種恭（たねゆき）　旧三池藩主　一八三六―一九〇五
●谷干城（たてき）　著作権法案特別委員会委員長　旧高知藩士　一八三七―一九一一
千種有梁（ありはる）　旧公卿　一八五八―一九〇六
堤功長（いさなが）　旧公卿　一八四五―一九一三
戸田忠行　旧足利藩主　一八四七―一九一八
戸田忠義　旧曽我野藩主　一八六四―一九一五
鳥居忠文　旧壬生藩主　一八四七―一九一四
内藤政共　旧挙母藩主　一八五九―一九〇二
永井尚敏　旧加納藩主　一八七一―一九四〇
長岡護美（もりよし）　旧熊本藩士　一八四二―一九〇六
明治二三年七月、男爵議員、明治三〇年七月、子爵議員
鍋島直柔（なおとう）　旧蓮池藩主　一八五八―一九一〇

鍋島直虎　旧小城藩主　一八五六―一九二五
鍋島直彬（なおよし）　旧鹿島藩主　一八四三―一九一五
丹羽長保（ながやす）　旧二本松藩主　一八六九―一九〇二
●錦織教久（にしごり・ゆきひさ）　旧公卿　一八五〇―一九〇七
野宮定穀（さだよし）　旧公卿　一八五三―一九二四
長谷信篤　旧公卿　一八一八―一九〇二
久松定弘　旧今治藩主　一八五七―一九一三
一柳末徳　旧小野藩主　一八五〇―一九二二
平松時厚　旧公卿　一八四五―一九一一
藤井行徳　旧公卿　一八五五―一九三二
伏原宣足（のぶたる）　旧公卿　一八四五―一九三〇
舟橋遂賢（なるかた）　旧公卿　一八六五―一九二四
細川興貫（おきつら）　旧谷田部藩主　一八三二―一九〇七
堀田正養（まさやす）　旧宮川藩主　一八四八―一九一一
本荘壽巨（ひさなお）　旧高富藩主　一八五五―一九二九
前田利鬯（としか）　旧大聖寺藩主　一八四一―一九二〇
牧野忠篤（ただあつ）　旧長岡藩主　一八七〇―一九三五
松平定教（ただのり）　旧桑名藩主　一八五七―一八九九
松平忠恕（ただゆき）　旧小幡藩主　一八二五―一九〇二
松平直哉（なおよし）　旧母里藩主　一八四八―一九〇〇
松平直平　旧広瀬藩主　一八六九―一九三九

松平康民　旧津山藩主　一八六一―一九二一
三島彌太郎　旧鹿児島藩士　一八六七―一九一九
山井兼文　旧公卿　一八六八―一九一八
山口弘達（ひろよし）　旧牛久藩主　一八六〇―一九三二
山内豊誠（とよしげ）　旧新田藩主　一八四二―一九〇八
山本實庸（さねもち）　旧公卿　一八五七―一九一五
由利公正　旧福井藩士　一八二九―一九〇九

男爵議員

安藤直行　旧田辺藩主　一八五八―一九〇八
赤松則良　旧静岡藩士　一八四一―一九二〇
有地品之允（しなのじょう）　旧山口藩士　一八四三―一九一九
生駒親忠（ちかただ）　矢島藩主　一八七一―一九三九
石田英吉　旧高知藩士　一八三九―一九〇一
楫取素彦（かとり・もとひこ）　旧山口藩士　一八二九―一九一二
金子有郷（ありのり）　旧社家　一八四五―一九二三
紀俊秀（きい・としひで）　旧紀伊国造　一八七〇―一九四〇
菊池武臣　旧米良領主　一八五〇―一九一九
●吉川重吉（きっかわ・ちょうきち）　旧岩国藩主分家　一八五九―一九一五
小早川四郎　旧山口藩士　一八七一―一八九九
小松行正（ゆきただ）　旧公卿　一八六二―一九〇八
神山郡廉（こうやま・くにきよ）　旧高知藩士　一八二九―一九〇九

酒井忠弘	旧姫路藩主分家	一八六八―一九三六
眞田幸世（さなだ・ゆきよ）	旧松代藩主分家	一八七〇―一九四八
島津珍彦（うずひこ）	旧鹿児島藩主分家	一八四四―一九一〇
末松謙澄	旧小倉藩士、衆議院議員、法制局長官、内相	一八五五―一九二〇
杉渓言長（すぎたに・ときなが）	旧公卿	一八六五―一九四四
千家尊福（たかとみ）	旧出雲国造	一八四五―一九一八
伊達宗敦	旧仙台藩主分家	一八五二―一九一一
高崎安彦	旧鹿児島藩士	一八六九―一九一一
玉松真幸（まさき）	旧公卿	一八五九―一九〇七
辻健介	旧広島藩士	一八五九―一九一八
中川興長	旧奈良興福寺中五大院住職	一八五三―一九二〇
中島錫胤（ますたね）	旧徳島藩士	一八二九―一九〇五
中御門経隆（つねたか）	旧公卿	一八五二―一九三〇
藤枝雅之（ふじえ・まさゆき）	旧興福寺中清浄院住職	一八五五―一九二二
本田親雄（ちかお）	旧鹿児島藩士	一八二九―一九〇九
本多副元（すけもと）	旧武生藩主	一八四五―一九一〇
南光利	旧公卿	一八六六―一九三四
南岩倉具威（ともたけ）	旧公卿	一八六九―一九四五
毛利五郎	毛利公爵家分家	一八七一―一九二五
渡辺清	旧大村藩士	一八三五―一九〇五

勅撰議員

安藤則命	大警視、元老院議官	一八二八―一九〇九
秋月種樹（たねたつ）	子爵元老院議官	一八三三―一九〇四
●伊沢修二	文部省編輯局長	一八五一―一九一七
伊丹重賢	判事、元老院議官	一八三〇―一九〇〇
石井省一郎	内務大書記官	一八四一―一九三〇
石井忠恭（ただやす）	大審院評定官	一八三三―一九〇四
磯邊包義（かねよし）	海軍少将	一八四二―一九一七
岩村高俊	男爵、愛知県知事、福岡県知事、広島県知事	一八四五―一九〇六
岩村通俊	男爵、北海道庁長官、農商務大臣、宮中顧問官	一八四〇―一九一五
巌谷修	内閣書記官、元老院議官	一八三四―一九〇五
小澤武雄	男爵、陸軍士官学校長、日本赤十字社副社長	一八四四―一九二六
小野崎通亮（みちすけ）	神祇官判事補古四王神社宮司	一八三三―一九〇三
小畑美稲（うましね）	男爵、判事、元老院議官	一八二九―一九一二
●小幡篤次郎	慶應義塾長、東京学士会院会員	一八四二―一九〇五
小原重哉	司法省刑事局次長、検事、元老院議官	一八三四―一九〇二
尾崎三良（さぶろう）	男爵、太政官、大書記官、法制局長官	一八四二―一九一八
大澤謙二	東京医科大学長、学士会院会員	一八五二―一九二七
岡内重俊	男爵、判事、長崎上等裁判所長	一八四二―一九一五
沖守固（もりかた）	男爵、大阪、愛知各府県知事	一八四一―一九一二
●加藤弘之	著作権法案特別委員会副委員長、男爵、外務大丞、東京大学総長	

何禮之（か・れいし）　外務書記官、元老院議官　一八三六―一九一六

籠手田安定　男爵、滋賀県県令、元老院議官　一八四〇―一八九九

金井之恭（ゆきやす）　内閣大書記官、元老院議官　一八三三―一九〇七

金子堅太郎　男爵、元老院大書記官、農商務相、司法相　一八五三―一九四二

木梨精一郎　男爵、長野県令、同知事　一八四五―一九一〇

●木下廣次　東京大学教授、文部省専門学務局長、京都帝国大学総長　一八五一―一九一〇

菊池武夫　司法省民事局長、法典調査会主査委員　一八五四―一九一二

●菊池大麓　男爵、文部次官、東京、京都各帝国大学総長、文相、学習院院長　一八五五―一九一七

清浦奎吾　伯爵、内務省警保局長、司法次官、司法相、農商務相、総理大臣　一八五〇―一九四二

●久保田譲　男爵、文部省普通学務局長、文部次官、文相、枢密顧問官　一八四七―一九三六

児玉淳一郎　大審院判事　一八四六―一九一六

児玉少介　大阪、東京控訴裁判所判事、元老院議官　一八四六―一九一六

児玉利国　海軍省出仕、横須賀鎮守府参謀長　一八四〇―一九二五

澤簡徳　福岡、若松各県権令、若松県令兼判事　一八三〇―一九〇三

重野安繹（あんたく）　東京学士院会員、元老院議官　一八二七―一九一〇

柴原和（かず）　千葉県県令、元老院議官、山形県、香川県の各知事歴任

鈴木大亮　男爵、秋田、石川各県知事　一八三二―一九〇五
関義臣（よししげ）　男爵、徳島、山形各県知事　一八四二―一九〇七
田尻稲次郎　子爵、大蔵次官、会計検査院長　一八三九―一九一八
田中綱常　海軍少将　一八五〇―一九二三
田中芳男　男爵、内務、農商務各大書記官、農務局長、元老院議官　一八四二―一九〇三
高木兼寛（かねひろ）　男爵、海軍軍医学校長　一八三八―一九一六
高島信茂　陸軍士官学校次長、学習院次長（水野錬太郎岳父）　一八四九―一九二〇
高橋新吉　男爵、農商務省商務局長　一八四三―一八九九
武井守正　男爵、農商務省会計、山林各局長、枢密顧問官　一八四三―一九一八
谷森眞男（まさお）　内閣書記官、元老院議官　一八四二―一九二六
千阪高雅　内務省庶務局長、岡山県令、同知事　一八四七―一九二四
調所廣丈（ちょうしょ・ひろたけ）　男爵、開拓使出仕、札幌農学校長、開拓大書記官（「ずしょ」を「ちょうしょ」に変更）　一八四一―一九一二
津田出　大蔵少輔、陸軍会計監督長、元老院議官　一八四〇―一九一一
津田眞道（さねみち）　男爵、司法中判事、大法官、元老院議官　一八三二―一九〇五
辻　新次　男爵、文部省出仕、文部省地方、同官立、同普通各学務局長、同次官　一八二九―一九〇三
寺島秋介　男爵、内務権少書記官、同地理局第一部長、同社寺局次長、元老院議官　一八四二―一九一五
一八四二―一九一〇

外山正一（とやま・まさかず）　東京開成学校、東京大学各教授、東京帝国大学総長　一八四八―一九〇〇
時任為基（ためもと）　開拓使出仕、北海道理事官、宮崎県知事、元老院議官　一八四二―一九〇五
富井政章（まさあき）　東京大学教授、枢密顧問官　一八五八―一九三五
冨田鉄之助　大蔵大書記官、日本銀行副総裁、同総裁　一八三五―一九一六
●名村泰蔵　司法省出仕、司法大書記官、大審院部長　一八四〇―一九〇七
中島信行　男爵、大蔵省出仕、神奈川県令　一八四六―一八九九
中村博愛（ひろなり）　工部省出仕、外務大書記官　一八四三―一九〇二
中村元雄　大蔵省出仕、大蔵省主税局長、群馬県知事　一八三九―一九〇三
永山盛輝　男爵、新潟県令、元老院議官　一八二六―一九〇二
長松幹　男爵、一等編修官、修史館監事、元老院議官　一八三四―一九〇三
長與専斎　内務大書記官、内務省衛生局長、宮中顧問官　一八三八―一九〇二
鍋島幹　男爵、青森、広島各県知事　一八四四―一九一三
成川尚義　大蔵省庶務局長、三重県知事　一八四一―一八九九
南郷茂光　海軍大書記官、元老院議官　一八三八―一九〇九
西村亮吉　大分県令、大分、鳥取各県知事　一八三九―一九一七
野村素介（もとすけ）　男爵、文部大書記官、元老院議官　一八四二―一九二七
長谷川貞雄　海軍大書記官、海軍省会計、第三各局長　一八四五―一九〇五
橋口兼三　司法省出仕、大阪控訴裁判所検事長　一八二八―一九〇〇
濱尾新　男爵、文部省学務局長、元老院議官文相　一八四九―一九二五
原田一道（かずみち）　男爵太政官大書記官、元老院議官　一八三〇―一九一〇

平田東助　伯爵、大蔵権少書記官、法制局参事官、法制局長官、農商務大臣　一八四九—一九二五
平山成信　内閣書記官長、行政裁判所評定官、宮中顧問官　一八五四—一九二九
福原實　男爵、兵部権大丞、仙台鎮台司令長官、元老院議官　一八四四—一九〇〇
藤村紫朗　男爵、兵部少丞、山梨県令、山梨県知事、愛媛県知事　一八四五—一九〇九
船越衛（まもる）　男爵、兵部大丞、千葉県知事、元老院議官、枢密顧問官　一八四〇—一九一三
古市公威（きみたけ）　男爵、内務省土木局長、逓信次官、枢密顧問官　一八五四—一九三四
堀眞五郎　東京裁判所判事、大審院判事　一八三八—一九一三
堀基（もとい）　準陸軍大佐兼開拓中判官、同大書記官、屯田事務局長　一八四四—一九一二
松岡康毅　男爵、判事、東京、神戸各裁判長、行政裁判所長官　一八四六—一九二三
松平正直　男爵、内務権大書記官、内務次官、宮城、熊本各県知事　一八四四—一九一五
松本鼎（かなえ）　男爵、和歌山県令、和歌山県知事　一八三九—一九〇七
松本順　男爵、陸軍軍医総監兼軍馬医監、衆院議員　一八三九—一九〇七
丸山作楽　外務大丞、元老院議官
三浦安　内務権大丞、内務省図書局長、元老院議官、東京府知事　一八四〇—一八九九

三崎亀之助　外務省御用掛、内務省県治局長、衆議院議員　一八二九―一九一〇
三田昇馬　判事、青森地方裁判所部長　一八五八―一九〇六
三好退蔵　司法省判事、司法次官、大審院長　一八三六―一九〇一
水野遵（たかし）　法制局参事官、衆議院書記官長　一八四五―一九〇八
宮本小一　外務権少丞、外務大丞、元老院議官　一八五〇―一九〇〇
村田保　太政官兼外務の各権大書記官、元老院議官　一八三六―一九一六
村田経芳　男爵、陸軍少将、砲兵会議議員、砲兵工廠御用掛　一八四二―一九二五
森山茂　外務省少録、同大録、外務権大丞、元老院議官　一八四二―一九二五
安場保和（やすかず）　男爵、大蔵大丞、元老院議官、福岡、愛知各県知事　一八四二―一九一九
●山脇玄　司法省御用掛、法制局参事官　一八三五―一八九九
湯池定基（さだもと）　開拓使出仕、根室県令、北海道庁理事官、元老院議官　一八四八―一九二五
渡正元（わたり・まさもと）　陸軍省出仕、参謀局諜報堤理、元老院議官　一八四三―一九二八
●渡邉洪基　外務書記官、外務、太政官各大書記官、元老院議官、東京府知事、学習院院長、帝国大学総長　一八三九―一九二四
渡邉千秋　子爵、行政裁判所評定官、北海道長官、宮内次官、枢密顧問　一八四七―一九〇一
　一八四三―一九〇九

多額納税者議員

阿部賢吉　青森県会議員　一八四七―一九一三

熱海孫十朗	宮城県会議員、衆議院議員	一八四七―一九二四
天春文衛（あまかす・ふみえ）	三重県、岐阜県出仕、三重県会議員	一八四七―一九二七
五十嵐甚蔵	新潟県	一八四五―一九三五
井狩彌左衛門	滋賀県会議員	一八四四―一九〇一
伊藤儀兵衞	花巻村会議員	一八四八―一九二三
飯尾麒太郎	愛媛県会議員	一八六二―一九〇八
色部義太夫	長野県会議員	一八五二―一九〇九
大塚永藏	栃木県下都賀郡卒島村副戸長、同郡豊田村長	一八四九―一九一九
岡野是保（これやす）	石川県会議員	一八五四―一九一五
岡部勇作	石川県会議員	一八五九―一八九九
海江田平治	鹿児島県日置郡西市来村長	一八五二―一九一三
鹿毛信盛	福岡県会議員、御井郡農業組合長	一八五〇―一九一四
鎌田勝太郎	香川県会議員	一八六三―一九四二
菊池長四郎	東京府会議員	一八五二―一九二〇
荒野由次郎（こうの・よしじろう）	茨城県、農業	一八五八―一九一一
佐藤喜八郎	松江市会議員	一八四五―一九二〇
坂口平衞	米子汽船謝長、米子銀行頭取	一八五四―一九三三
斯波與七郎	兵庫県会議員	一八六五―一九三二
下田幸三郎	熊本県所得税調査委員	一八四七―一九一五
菅野傳右衛門	富山県会議員	一八五九―一九〇〇
住友吉左衛門	住友本家	一八六四―一九二六

田中源太郎	京都商工銀行頭取、京阪電気鉄道監査役	一八五三―一九二二
田村耕平	栃木県旗川村会議員	一八四八―一九〇一
瀧兵右衛門	名古屋銀行頭取、名古屋市会議員	一八四三―一九一八
角田林兵衞（つのだ・りんべえ）	福島町第百七国立銀行頭取	一八五五―一九一七
中西光三郎	和歌山県会議員、同議長	一八四五―一九一〇
中山文樹	嶋原銀行頭取、長崎県農工銀行取締役	一八六二―一九二三
野口裝（けい）	埼玉県会議員、衆議院議員	一八五八―一九〇五
野村恒造	山口県会議員、衆議院議員	一八五〇―一九二〇
橋本吉兵衞	本籍広島県、塩業調査委員	一八六二―一九二四
早川周造	岐阜県会議員	一八六三―一九〇八
原善三郎	横浜市会議員、衆議院議員	一八二七―一八九九
日向三右衛門	山形県東田川郡御用掛	一八六五―一九四〇
広瀬和育	山梨県会議員	一八四九―一九二五
本間千代吉	群馬県連合村会議員、群馬県会議員	一八五六―一九一七
松永安彦	静岡県会議員、加島村長	一八六〇―一九三一
三木順治	徳島県会議員	一八三六―一九〇八
最上廣胖	本籍秋田県、農業	一八四七―一九三〇
山田卓介	福井県会議員	一八五二―一九三七
山中幸義	本籍大分県、山梨、和歌山、大分各県警部長	一八四九―一八九九
山本忠秀	土佐電気社長、高知県会議員	一八六二―一九三六

4．日本の明治維新の功労者の子孫はどう遇されたか—中華人民共和国はどうか

大家　重夫

一、中国の特権階級、太子党（紅色後代）

一九四九年（昭和二四年）一〇月一日、中国共産党主席毛沢東が、中華人民共和国の成立を宣言した。それから、約七〇年が経過した。

二〇一〇年（平成二二年）、中国は経済発展し、米国に次ぐ第二位の経済大国になった。

二〇一一年一月二〇日付け朝日新聞は、「中国、ＧＤＰ（国内総生産）世界第二位へ。前年比一〇・三％増で日本を抜く」「日本は一九六八年に西ドイツを追い抜いて手にした『世界二位の経済大国』の看板を下ろすことになる」と報じた。

経済力だけでなく、核も保有し、アメリカに対抗しうる大国になった。

中国をこの地位に引き上げた毛沢東、周恩来、劉少奇、鄧小平、胡耀邦、趙紫陽、江沢民、胡錦濤、習近平……といった人々は、文化大革命や天安門事件の失敗もあったが、人々から国家を作った功労者とされ、尊敬され、その子孫も相応の尊敬と共に相応の報酬、待遇を受けてもよいと中国の人々が思うとしてもそれは当然であろう。

ここで日中戦争、支那事変、日華事変ともいわれる一九三七年まで振り返る。

一九三七年（昭和一二年）七月七日、北京郊外の蘆溝橋で、深夜から翌日早朝にかけて日中両軍が衝突した。どちらが先に発砲したか、今でも議論されている。日本の総理大臣は、六月四日成立の第一次近衛内閣の近衛文麿であった。同年七月二九日、通州で、日本人居留民ら二六〇余人が殺害されている（通州事件）。

こうして日中戦争が始まり、日本軍は、主として蒋介石の国民党と戦った。同年、一二月一三日、日本軍は、南京を占領、敗残兵、一般人に化けた国民党兵士掃蕩のため、戦闘員、非戦闘員を含む多数の中国人を殺害し、南京

虐殺事件が行われたとされるが、筆者は、数十万人でなく、一〇〇人以下と思っている。

一九四五年八月、日本は、原爆を落とされ、ポツダム宣言を受諾し、アメリカを中心とする連合国に敗れ、占領下に置かれた。同時に、中国の日本軍も国民党に降伏した。勝者となった蒋介石は、日本に対し損害賠償を請求せず、当時の日本人を感激させた。ところが、国民党は、紅軍といっていた毛沢東、周恩来、林彪が指導する中国共産党に敗戦し、台湾に逃れた。

一九四九年一〇月一日、北京で、毛沢東主席が中華人民共和国の成立を宣言した。同年、一二月七日、国民党政府は、その首都を重慶、成都から、台湾の台北に移転した。一九四九年以降、毛沢東の中国は、ソ連と同盟していた。

占領下の日本は、一九四六年一一月三日公布の日本国憲法を制定し、一九四七年五月三日施行した。憲法は、天皇を象徴にし、戦争を放棄、戦力を持たないとし、国民は法の下に平等、華族その他の貴族の制度はこれを認めないと規定した。

一九五〇年六月二五日、北朝鮮軍が三八度線を越えて侵入し、朝鮮戦争が始まった。同年一〇月二五日、毛沢東の中国が北朝鮮を応援、介入した。アメリカ人死者三三、〇〇〇人、負傷者一〇五、〇〇〇人、韓国側、死者四一五、〇〇〇人負傷者四二九、〇〇〇人、中国と北朝鮮側は、死者およそ一五〇万人と見積もられている（ハルバースタム「ザ・コールデスト・ウインター朝鮮戦争」一七頁）。毛沢東は、朝鮮戦争に勝利し、新しい「皇帝」となった。

毛沢東の主唱した大躍進、文化大革命で、あるいは天安門事件で数千万の人々が殺されたが、毛沢東は中国を国として纏め、米国、ソ連と対等の国と認めさせるにいたった。これは大きな功績である。この毛沢東体制のもと、毛沢東に従い、助けた人々も功労者である。

一九四九年、中国共産党が権力を掌握した当時、軍において、「少将級以上」の地位にあった者を「紅色世代」といい、軍属でない場合、「省級・部級」幹部であった者は、軍の少将級と同格という（矢吹晋・高橋博「中共政

権の爛熟・腐敗」（蒼蒼社・二〇一四年）二九頁）。

このような功労者の子孫は、太子党、紅色後代、紅色貴族、紅色権貴と呼ばれ、中華人民共和国の中国共産党、国務院、人民解放軍、国有企業の要職を占めている。毛沢東の孫、毛新宇は軍事科学院副院長、劉少奇国家主席の劉源は解放軍上将、習近平は、習仲勳副首相の子、王岐山の妻姚明柵の父は姚依林、劉亜洲国防大政治委員の妻李小林の父は李先念である。周恩来の息子（養子）、李鵬は、国務院総理、全人代常任委員長、引退後、発電、送電、原発の利権を握っていると言われる。李鵬の娘、李小琳は、発電企業の会長、理事長を務めた。夫の劉智源は、中国新華保険公司の社長補佐、北華信電子集団会長を務めた。

鄧小平には、男子二人、女子三人の子供がおり、一九七八年一二月、中国共産党第一一期三中全会当時、この五人の肩書きは、次のようであった（青木直人「誰も書かない中国進出企業の非情なる現実」（祥伝社新書・二〇一三年）一三二頁）。長女・鄧林《とうりん》画家・東方美術交流協会会長。長男・鄧樸方《とうぼくほう》中国身体障害者連合会主席。次女・鄧楠《とうなん》中国国家科学技術協会副主席。三女・鄧榕《とうよう》中国国際友好連絡会副会長。二男・鄧質方《とうしつほう》は、総合商社・中国国際信託投資公司（ＣＩＴＩＣ）の子会社役員を務めていた。四方集団総裁。

二〇一二年九月一日、トップに就任直後、習近平は、公式の場から姿を消し、当時さまざまの憶測がなされた。実は、北京で紅色後代の代表達と会ったようである。

習近平は、胡耀邦の長男胡徳平、葉剣英元帥の跡継ぎ葉選平、徐向前元帥の子、徐小岩ら、「紅色後代」の代表一〇〇人以上、その家族一、〇〇〇人以上と会っている。「紅色世代」は、全国でおよそ四万人、北京の核心圏居住者は二、〇〇〇人程度という（矢吹晋・高橋博前掲書三〇頁）。

王岐山は、妻の父が姚依林副首相だが、少年時代、習近平を知っていた。紅色後代の相当数の者は、二〇代にして地方公共団体の党や省の副書記、副県長に指名されている。

二〇一三年五月、鄧小平の孫、鄧卓棣（タイ）（鄧小平の次男鄧質方の子）は、広西省百色市に属する副県長へ、葉剣英の曾孫、葉仲豪は、広東省雲浮市共青団書記に、胡錦濤の息子、胡海峰は、浙江省嘉興市副書記から浙江省麗水市委員会書記へ、とそれぞれ任命されている。

興味を引くのは、毛沢東の初期時代、その政敵でもあった髙崗の子、髙厳も雲南省党委書記になっていたが、二〇〇二年、五億元の汚職をし、オーストラリアに逃亡したという（邱海涛「ついに中国で始まった大崩壊の真実」（徳間書店・二〇一五年））。

胡耀邦は、鄧小平と衝突し、一九八七年一月に党総書記を解任され、一九八九年四月に死亡した。趙紫陽は、一九八〇年から一九八九年にかけて、国務院副総理、総理、党総書記であったが、裁判もないまま、一五年間、軟禁され、二〇〇五年に死亡した。胡耀邦、趙紫陽の遺族は、「太子党」の待遇は与えられていないと思われる。

温家宝は、胡錦濤政権で、国務院総理を務めた。渋谷司は、こう述べる。「温家宝は改革派、趙紫陽の腹心である。『天安門事件』直前、趙紫陽は天安門広場に拡声器を持って現れた。学生や市民に同情し、彼らを説得するためである。その際、温家宝が趙紫陽の脇に（メガネをかけずに）立っていた。胡錦濤同様、温家宝も改革派と思われたが、総理の期間中、政治改革はおこなわれなかった。」（渋谷司「中国高官が祖国を捨てる日」（株）経済界・二〇一三年）一三二頁）。

趙紫陽が死亡したとき、生前部下だった温家宝が葬儀に行ったという話を聞いていないが、習近平の母、習仲勲夫人の斉心（七九歳）は、「斉心率子女」（斉心は息子と娘を率いて）と記した花輪を送り、勇気のあるところを見せたという。

二、中国には旧貴族、旧家、大富豪がいない—鳥居民の意見

故鳥居民（一九二八—二〇一三）は、太子党について、こう述べている（注1）。

「もちろん、太子党と呼ばれても、かれらの父親がすべて元勲、元老であったはずはなく、それほど高い地位にいなかった者も多いのが本当の話であろう、父親が国務院の部長だった、地方軍区司令員の息子だ、そしてだれそれの女婿だという者のほうがずっと多いのである。肝心なことは、中国共産党は民国以前からの旧家、

名家、大富豪、富豪を完全に粉砕してしまったから、日本、アメリカ、ヨーロッパ、どこの国にもあるような旧上層階級と新上層階級が併存するといった社会を構成していないことだ。特権と威信を持った上層階級はただひとつしかないために、その容量は大きいのである。世襲的起源などあるはずもなく、僅か二代、やっと三代にしかならないのだが、溢れる貴族意識を抱き、自己陶酔気味の特権階級を形成しているのだ。」

第二次世界大戦後の中国には、領主もいないし、地主、郷紳といった経済力ある知識人も一掃されていて、また一九六〇年代の文化大革命で地主達もいなくなったのである。鳥居民の意見は適確であると思う（注2）。

中国では、最高権力機関及び立法府として、「全国人民代表大会」があり、この委員は、間接選挙あるいは直接選挙で選出されるようである。また、「全国政治協商会議」が、国務院の諮問機関として存在するようである。二〇一二年以来、全国政治協商会議の委員に、俳優ジャッキー・チェン（成龍）（一九五四—）が、選ばれている。全国人民代表大会及び全国政治協商会議の委員の地位は、太子党あるいは紅二代に準じた「地位」になっているのだろうか。

三、**「明治維新」と「中国の共産主義革命・建国」**

日本の明治維新では、世界で「革命」と言われるケースに比して、人命がそれ程多く失われていない、といわれる。特筆すべきは、結果として日本で、大きな政治的、社会的変革が行われたことであり（注3）、きっかけは、西欧の圧力である。アヘン戦争以来、清朝も日本も欧米の圧力により、いやいやながら開国する。

清朝、朝鮮に比較し、坂野潤治・大野健一「明治維新一八五八—一八八一」は、G・P・ハドソンを引用し、次のように説く（注4）。「一八六五年（慶応元年）に日本の天皇が通商条約締結を勅許してからは、日本は西洋文明の摂取の道を歩み始め、清朝では依然として従来の排外政策が維持され続けた。」

日本の武士は、ペリー艦隊の威嚇射撃、外国艦隊による薩摩長州攻撃に大きな屈辱を受け、欧米の技術・制度を学ぶ方向へ舵取りを変えることができた。ところが、「優れた儒教文明の」継承者を自負する中国、それに朝鮮の文人政権は、軍事的敗北に、日本の武士ほどの衝撃を受けず、西欧の文明の受入は儒教文明を否定するわけで、そこまで踏み切れなかった。

ここから以下は、中嶋嶺雄と石平の対談による。中嶋は、中国は、その後、「西洋に学ぶと言いつつも、プラグマティックに表面だけをとってくればいい」、ということになり、悪い意味の中華思想がでて、「本当に西洋に学ぼうとしたのかどうか」、おかしくなった、という。一方、日本の場合、西南戦争を戦ったことを評価する。「もうひとつの要因は、日本は明治維新の前後、本当の内戦さえやっている」「政権内部だけの権力闘争ではなくて、国を二分して戊辰戦争も戦った」「欧米列強の侵略から日本を守るため、その力を持った政権をつくるためですが、そのような理由で倒すか倒されるかの戦争を経験したというのは、やはり大きい」（注5）。

中嶋嶺雄の意見を要約すると、こうである。

日本人は、西欧の軍事、制度を学び、相応の対価を支払って、自分のものにした。中国人は、西欧を真剣に学ばず、そのため、日清戦争に敗北し、日中戦争でも日本の進出を許した。たしかに日本も悪いが、もう少し中国が自分自身をきちんと鍛え上げていればよかった。中国人も悪いのでないか。こういうことを棚上げして、ただ、「すべて日本が悪かった」という方向に持っていっているのはおかしい。更に言えば、日本は、太平洋戦争に敗北し、全て失った。原爆も落とされている。しかし、日本人は、広島、長崎の悲劇を理由に反米運動を起こしたり、民族主義を叫んではいない。中国の場合、反日運動、愛国主義に結びつけて中華ナショナリズムに結びつけている。

四、日本では誰が「明治維新」を実行したか

日本は、明治維新が行われた結果、西欧の植民地にならず、西欧諸国の文明を取り入れ、短期間のうちに西欧諸国に追いついた。明治維新が「革命」かどうかは、ここでは議論しない。

結論から言えば、幕府を倒した後の明治政府は、薩摩、長州、土佐、肥前の藩の武士を中心に、一、〇〇〇年以上

の昔から連綿と続く天皇家を日本の中心に置いて、天皇の側近である公家、岩倉具視、三条実美、西園寺公望などの人々、そして、徳川家をはじめとする大名達、その配下の武士、町人、農民の協力で、明治維新は成し遂げられた、とした。

興味を引くのは、徳川家、幕臣の勝海舟、戊辰戦争を戦い敵対した幕臣榎本武揚、大鳥圭介も明治政権に協力し、功労者とされたことである。わたしは、「明治維新は誰が行ったか、について長州、薩摩、土佐、肥前の武士がいなかったら、行えなかった」と思う。

明治維新は、天皇の側近である公家、大名、そして、薩長土肥の武士達によって成し遂げられ、これらの人々も「功労者」とされた。公家や大名だけで明治維新が行えたとは思えない。また、薩長土肥の武士達のみで、明治維新が完成したわけでもない。

明治政府は、明治二年（一八六九年）、版籍奉還後、公卿・諸侯（大名）の呼称を廃止し、華族として、士族の上位においた。そして明治一七年（一九八四年）七月、華族令で、従来の身分呼称に代えて爵位を与えることにした。

すなわち、特権を持つ社会的身分として、公侯伯子男の五爵に分け、公卿・諸侯の旧華族に加え、国家に功績のあった政治家、軍人、官吏、実業家を任命した。当初、公爵一一名、侯爵二四名、伯爵七六名、子爵三二七名、男爵七四名であった。爵位は男子の家督相続人の世襲とされ、明治一九年（一八八六年）華族世襲財産法により、年額五〇〇円以上の財産を世襲財産に設定した。

明治二二年（一八八九年）貴族院令を定め、衆議院と共に帝国議会を構成する一院として貴族院を設置した。ここに明治維新の「功労者」である皇族、華族・勅選議員・多額納税者に特権的地位を与えた。華族は、「貴族院」の議員に全員を就任できるわけではない。爵位によるが、凡庸な人物でも貴族院議員になれる蓋然性を与えた。

中国共産党が、第二次世界大戦後政権をとったが、その功労者はほぼ全員軍人であったのに対し、日本の場合、武士は、功労者ではあるが、皇族、公家、大名とともに功労者とされた。日本の場合、功労者に対し、まず「華族」

という世襲の身分と貴族院議員の地位を用意したと解される。

五、華族の名称

明治新政府は、明治二年六月一七日、行政官達第五四三号を発し「官武一途上下協力ノ思召ヲ以テ自今公卿諸侯之称被廃改シテ華族ト可称旨被仰出候事。但官位ハ可為是迄之通候事」とした。また同月二五日「一門以下平士ニ至ル迄総テ士族ト可称事」と布達した。公卿諸侯の称を廃して華族と称することにし、武家に範囲を広げたのである（注6）。

ここに、朝廷の公卿と版籍奉還した藩知事（すなわち藩主、大名）とが一体化した。小田部雄次「華族」（中公新書・二〇〇六年）一四頁によれば、この日、華族として認められたのは、四二七家、公卿一四二家、諸侯二八五家であった。この華族という名称について、前田蓮山は、華族という言葉は、「公家の中に摂家（五家）、清華（九家）という家門」があり、「その清華を華族と称したので、その華族をとった」と思うという（注7）。

明治一一年五月一四日、内務卿大久保利通が暗殺されると、その子息利和が家督を相続し、華族に列せられた。

六、学習院

（1）学習院の創設

明治一〇年、華族の子弟のため学習院を設置した。華族会館が設置する華族学校（岩倉具視館長）という形式である。天皇は、この華族学校を官立、私立とは別格視し、明治一〇年八月、宮内省は岩倉館長を呼び、「明治一〇年八月から二四年まで一五年の間、学校運営資金として天皇の御手許金から毎年一万五千円を、また、神田錦町の土地七九九〇坪を建物とともに下賜する」と伝えた（小田部雄次「華族―近代日本貴族の虚像と実像」（中公新書・二〇〇六年）七八頁）。

(2) 中国の場合

「華東保育学院」

一九四八年、共産党がまだ政権を執っていない時期、山東省青州市郊外に華東保育院という幼稚園、保育所を設立し、これが太子党のルーツの一つという。共産党華東軍政委員会副主任曾山(後内政相)の妻、鄧六金が中心となり、陳毅元帥、粟裕大将の子息等一〇〇人以上が集められた。この曾山、鄧六金の子が、曾慶紅(当時八歳)である(注8)。

「八・一小学」

北京、中南海に、寄宿制の小学校、中学校を設置している。「八・一」とは、一九二七年八月一日、中国人民解放軍創設記念日にちなみ、解放軍が幹部子弟のため建設したことに由来する。鄧小平の子、鄧樸方、薄熙来、愈正声、曾慶紅、習近平もここに通った(注9)。「九歳にして父親が突如拘留された習近平は、高級幹部の子女が通う『北京八一学校』から追放され、北京から河南省へ」「文化大革命に際しては、陝西省延川県の人民公社に下放された」(注10)。

七、華族制度の創設

明治一七年七月七日、華族授爵の詔勅が出された。

「朕惟フニ華族勲冑ハ国ノ瞻望ナリ宜シク授クルニ栄爵ヲ以テシ用テ寵光ヲ示スヘシ文武諸臣中興ノ偉業ヲ翼賛シ国ニ大労アル者宜シク均シク優列ニ陞シ用テ殊典ヲ昭ニスヘシ茲ニ五爵ヲ叙テ其有礼ヲ秩ス卿等益ス爾ノ忠貞ヲ篤クシ爾ノ子孫ヲシテ世々其美ヲ済サシメヨ」

明治一七年七月七日、華族令(一〇条)が公布された。

「第二条　爵ヲ分テ公侯伯子男ノ五等トス」(注11)

こうして、国家に勲功のある者も華族に列せられることになった。明治維新において、明治天皇の偉業を助け、中心的な役割を果たした薩長土肥の藩士に対しても公侯伯子男の「華族」という世襲を認める「身分」を与えたのである。

華族は、歴史的に、天皇皇族を支えてきた公家である。摂家は公爵、清華は侯爵である。三条実美は、清華の家柄であるが維新の功労で公爵、岩倉家と中山家は平公家であるが維新の功労により、岩倉具定は公爵、中山忠能は侯爵となった。

島津久光、毛利元徳、島津忠義は、維新の勲功で、徳川家達は将軍家の嫡子として公爵、前述の大久保利和、木戸孝允の子息木戸正二郎は侯爵である。

華族令で藩士の身分から叙爵した者の名を次にあげる（小田部雄次「華族」三二一頁）。なお、伊藤博文、山県有朋、松方正義、大山巌らは、のちに最高位の公爵の称号を獲得した（注12）。

・明治一七年（一八八四年）七月七日叙爵の二七家

	〈侯爵〉	〈伯爵〉	〈子爵〉
薩摩（一二名）	大久保利和	大山巌	伊東祐麿
		川村純義	樺山資紀
		黒田清隆	高島鞆之助
		西郷従道	仁礼景範
		寺島宗則	野津道貫
		松方正義	
長州（九名）	木戸正二郎	伊藤博文	鳥尾小彌太（注13）
		井上馨	三浦梧楼
		広沢金二郎	三好重臣
		山県有朋	

山田顕義
土佐（三名）　佐佐木高行　谷　干城
福岡孝弟
肥前（二名）　大木喬任　中牟田倉之助
筑後（一名）　曽我祐準

・明治二〇年（一八八七年）五月九日叙爵の一七家

〈伯爵〉（四名）　〈子爵〉（一三名）
土佐（高知）　板垣退助　清岡公張
後藤象二郎　田中光顕
佐賀（肥前）　大隈重信
山口（長州）　青木周蔵
杉孫七郎
野村　靖
林　友幸
鹿児島（薩摩）　岩下方平
森　有礼
吉田清成
愛知　田中不二麿
茨城　香川敬三（注14）
島根　福羽美静（注15）
長崎　渡辺　昇

旧幕臣　　勝　安房（やすよし）

第一回の授爵者は、五〇四人であった。大正七年（一九一八年）の原内閣の頃には、華族の人数は、約一、〇〇〇人になっていたようである（注16）。

・反逆者

ここが実に日本的であるが、明治一〇年、西南戦争を起こした反逆者西郷隆盛については、隆盛の子、寅太郎に、西郷隆盛陸軍大将の功績ということで、明治三五年、侯爵が授けられている。

・旧幕臣

徳川幕府の最後の将軍徳川慶喜、静岡藩主として徳川家達。

明治二〇年、幕臣勝海舟に伯爵、榎本武揚、山岡鉄太郎、大久保忠寛へ子爵。赤松則良へ男爵を与えている。

明治二八年、黒田久孝陸軍中将へ男爵。

明治二九年、佐野延勝陸軍少将へ男爵。

明治三三年、大鳥圭介全権公使が男爵になっている。

明治四〇年、幕臣（旗本）の子、目賀田種太郎（一八五三―一九二六）（専修大学創立者の一人）（夫人は勝海舟の娘逸子）が男爵（注17）。


公家、旧大名、薩長土肥の武士に公侯伯子男の「華族」の地位を与え、衆議院と対等の立場の「貴族院議員」になりやすくさせたといえよう。

・特権について
1、爵位をもてること、それを世襲できることである。
2、貴族院議員になれるか、なれる可能性が多いことである。
3、華族世襲財産法に基づいて、華族だけが設定できる財産で、家宝、不動産、国債、有価証券などを指定すると、売却したり抵当に入れることができず、しかし、差し押さえされない保護があった。
4、天皇から一時金、年金が与えられた。
明治二七年三月、一九九万円の「旧堂上華族保護賜金」が創設され、その利子が年二回、公・侯爵三、伯爵二、子爵一の割合で分配された。大政奉還後、公卿格とされのち男爵になった華族などのため「男爵華族恵恤金」が作られ、一人当たり、年額三〇〇円が下賜された。旧諸侯からの華族、勲功の華族への援助制度はなかった。実際には、初期に勲功華族となった者には、多額の金が与えられたという(注18)。

八、貴族院

明治二二年(一八八九年)二月一一日、黒田清隆内閣、山県有朋内相(第一次伊藤内閣から留任)の下、大日本帝国憲法、衆議院議員選挙法、貴族院令が公布された。
大日本帝国憲法と貴族院令に基づいて、貴族院が第二院として設置された。一定数の華族(世襲の公爵・侯爵、同爵者から互選された伯・子・男爵)が貴族院議員に就任することができるとした。公侯爵の子孫は、永久に貴族院議員になれたわけである(注19)。

貴族院令により、次のような構成になった。
1、皇族(成年以上)。
2、公爵(満二五才以上)。

3、侯爵（満二五歳以上）。
4、伯爵（満二五才以上）、同爵の互選による当選者。
5、子爵、（満二五才以上）同爵の互選による当選者。
6、男爵（満二五歳以上。同爵の互選にする当選者。任期は七年。伯子男爵各総数の五分の一を超過しない）。
7、国家に功労のある者、または学識ある者中特に勅任された者（満三〇歳以上の男子、終身議員）。
8、府県において土地或いは工業商業につき、多額の直接国税を納める者一五名中より一人を互選し、当選して勅任された者（満三〇歳以上の男子に限る）をもって組織された。後二項の議員の数は、有爵議員の数を超過しないと制限された。

こうして、貴族院第一回に定められた議員は、次の二五一名であった。
1、皇族一〇名。
2、公爵一〇名（三条実美、徳川家達、近衛篤麿ら、最上層の公卿に旧薩摩藩主と旧長州藩主を加えた）。
3、侯爵二一名（西園寺公望ら上層公卿に大久保利通、木戸孝允の子息を加えた）。
4、伯爵一五名（元五万石以上の藩主と維新に貢献のあった伊藤博文、山田顕義、松方正義ら維新に貢献した薩長などの旧家臣が選ばれた）。
5、子爵七〇名（長谷信篤、谷干城、鳥尾小彌太、三浦梧楼、海江田信義）（明治二三年一一月二五日貴族院議員席次によれば、子爵は五八番目から始まるが、子爵長谷信篤のみが侯爵の次、伯爵の前におり、六〇番の岩村通俊は従二位で、子爵ではない）。
6、男爵二二名。
7、その他、一〇三名（長与専斉、中村正直、西村茂樹（注20）、渋沢栄一、浜尾新ら）。
その他は、ア、国家に勲労があるか、学識ある者から選ばれ、満三〇歳以上、任期は終身。イ、各府県の多額納税者議員で、満三〇歳以上の男子、土地または工業商業につき多額の直接国税を納める者一五人から一人を互選、当選者は勅任され、任期は七年。合計二五一名である。

こうしてみると、明治維新で功労があった武士も侯爵、伯爵、子爵、男爵になるが数は少なく、さらに貴族院議員になるとしても、その数は少ない。武士出身が華族、貴族院議員に選ばれるのは大変難しいことであった。

「一八八四年（明治一七年）叙爵家五〇九家中、藩士出身者は三二名で全体の六・三％を占め、他の九三・七％は、公卿・諸侯とその分家・一門などの伝統勢力であった」（小田部雄次「華族」（中公新書）三五頁）。

・報酬について

貴族院議員には、歳費（一年間の手当ないし報酬）が規定されているが、皇族議員、公爵、侯爵議員にはなかった。公・侯爵は、満二五歳になると終身の貴族院議員になれ、定員もなかったから、その代償という趣旨であろう。伯爵・子爵・男爵の議員と天皇が内閣の輔弼で任命した勅撰議員（国家への功労者、学識者）、多額納税議員には、歳費があった。一九二〇年（大正九年）以後の歳費は、衆議院・貴族院議長は七、五〇〇円、副議長四、五〇〇円、議員は三、〇〇〇円であった（小田部雄次「華族」一八五頁）。

内閣総理大臣の一年の給料は、明治一九年、九六〇〇円、明治四三年、一万二、〇〇〇円、大正九年、月一、〇〇〇円（単純に一二倍すれば、一万二、〇〇〇円）である（週刊朝日編「値段の明治大正昭和風俗史」（朝日新聞社・一九八一年）九五頁）。

九、革命家への報酬は適正か―貴族、貴族院などへの意見

1、樺山資紀の意見

明治二四年一二月二二日、薩摩出身の第一次松方内閣、樺山資紀（一八三七―一九二二）海相（明治二八年伯爵）（白州正子の祖父）は、衆議院において、「現政府はこの如く内外国家多難の艱難を切り抜けて今日まで来た政府である。薩長政府とか何政府とか云っても今日迄国のこの安寧を保ち、四千万の生霊に関係せず、安全を保たと云う

ことは、誰の功力であるか。」と、今日の日本があるのは薩長のお蔭でないかという趣旨の、いわゆる蛮勇演説を行い物議を醸した。その言は相当程度正しいと皆、内心ある程度認めていただけに、反感をかったと思われる。樺山は、正直な男だったのである。

樺山資紀の長男、愛輔（一八六五―一九五三）は、日米協会副会長、国際通信社社長などを務め、親米派と思われていた。大正一四年七月から昭和二二年六月まで、伯爵議員であった。

2、板垣退助伯爵の意見

土佐藩出身の板垣退助（一八三七―一九一九）は、明治六年、西郷の征韓論に賛成し、下野し、明治一四年自由党を結成し、一五年四月、岐阜で刺客に襲われた。同年一一月、後藤象二郎とともにヨーロッパ旅行にでかけ、明治一七年、自由党を解党したこと、明治三一年、第一次大隈内閣で内相を務めたことが知られている。明治二〇年、板垣は辞退したが伯爵を授けられた。板垣は日露戦争後、華族の世襲を廃止する「一代華族論」を唱え、自分の子には伯爵を継がせなかったが、板垣に賛同する華族はいなかった。

明治二九年四月、板垣は第二次松方内閣の内相および明治三一年六月、第一次大隈内閣の内相を務めた。内務省参事官兼秘書官として板垣に仕えた水野錬太郎は、板垣は自由党の党首であったが、偏狭な党派心がなく、「一に国家を以て念としてゐられた」、社会政策について先見性があった、「一茅屋に住み赤貧洗ふが如く、子孫に対して何等の計を立てず、一身を国家のために捧げられた」と褒めている（『論策と随筆』五六六頁）。

3、福澤諭吉の意見

福澤諭吉は、明治五年刊行の「学問のすすめ」の冒頭「人の上に人を造らず人の下に人を造らずと云へり。されば天より人を生ずるには、万人は万人皆同じ位にして、生まれながら貴賤上下の差別なく」という文章ではじめた。福澤は、このように本心では、「特権階級」を認めていないと見るべきであろう。

ところが、福澤は、特権階級である「華族制度」や「爵位」「勲章」も、これを全面否定しなかったと思われる。

「時事新報」明治一七年七月二六日附に、福澤は「華族の資格如何」という社説で、「故に人民をして仰（あおい）

で華族の有様瞻望（せんぼう）せしめ、之を慕うて之に倣わんとするの念を起こさしむるは誠に大切なることにして、国の大勢に益するところ少々ならざるなり」と述べ、華族制度の効用を評価している。

三大史研究会「明治・大正・昭和　三〇の真実」（文春新書・二〇一三年）九頁以降に述べられているように、福澤は内心では華族制度を認めておらず、爵位、勲章も断ったようだが、華族制度、爵位、勲章などの「効用」を認めて、そのかわり国家存亡の急務に当たっては、元大名、公家たちは軍人となって指揮をとり、戦うべし、という論調である。

一〇、貴族、貴族院に「戦争責任」はあるか

貴族院の会派として、男爵議員が「木曜会」「公正会」、伯爵・子爵議員が「研究会」を作っている。千家尊福男爵が司法大臣（第一次西園寺内閣）、堀田正養子爵は、逓信大臣（第一次西園寺内閣）、大木遠吉伯爵（大木喬任の長男）は原内閣、高橋内閣の司法大臣、加藤友三郎内閣の鉄道大臣を歴任した。

原敬は内務官僚水野錬太郎を大正元年一二月、貴族院議員にし、水野錬太郎は昭和二一年一月まで約三四年間、勅選議員を務めた。

学者である美濃部達吉は昭和七年から三年間、宮沢俊義は昭和二一年六月から二二年五月まで、佐佐木惣一は昭和二一年三月から二二年五月まで、貴族院勅選議員になっている。敗戦直後、新憲法の審議のため、当時の政府が選んだと思われる。勅選議員は学者、官僚や知識人であったと思われるが、自由に発言し、満州事変、支那事変、大東亜戦争に大きな影響を及ぼしたとは思えない。

近衛文麿公爵は総理大臣を、木戸幸一侯爵は文部大臣・厚生大臣（第一次近衛内閣）、内務大臣（平沼内閣）、昭和一五年内大臣に就任し、昭和天皇の側近として大東亜戦争に関わった。昭和二〇年、日本は大東亜戦争に敗戦し、華族も貴族院も廃止された。

近衛文麿（一八九一―一九四五）は、昭和二〇年一二月、服毒自殺、木戸幸一（一八八九―一九七七）は東京裁

判で終身禁錮刑を受けるが、昭和三〇年に釈放されている（ちなみに鳥居民（一九二九―二〇一三）は、日本が大東亜戦争を起こし、敗戦するに至ったことについて木戸の責任は大きいとし、近衛には同情的である）。

山県有光少佐

わたしは、日本音楽著作権協会が一九三九年（昭和一四年）に成立した経緯について調査し、「ニッポン著作権物語」（青山社・一九九九年）を著し、次のようなことを知った。

一九三一年、日本で初めて、著作権使用料の取立て業をドイツ人プラーゲ氏が行った。この著作権仲介業について日本政府は法律をつくり、許可制にし、プラーゲ氏には許可を与えず、大日本音楽著作権協会にのみ与えた。この仕組を作ったのは、内務省警保局図書課の国塩耕一郎事務官（のち、茨城県知事、日本音楽著作権協会会長）であった。国塩のもとへ、ドイツ大使館から頼まれて、プラーゲ氏にも許可を与えるよう陳情したのが山県有光大佐であった。山県は、学習院、東京陸軍幼年学校、陸軍士官学校予科から一九二五年七月、陸軍士官学校三七期卒業、同年一〇月、陸軍少尉、一九三二年、陸軍大学校（四四期）を卒業した。陸軍軍務局員、独逸駐在の日本大使館に武官補佐官として勤務、昭和一四年、プラーゲ旋風問題で内務省を訪問した時、陸軍省参謀本部員である。一九四一年三月から、一九四四年一二月まで、侍従武官として昭和天皇の側近であった。

山本五十六が一九四三年四月一八日、米軍に暗号を読まれ、戦死した。日本政府は、戦死後に元帥の称号を贈り、国葬を行うとの決定をした。加瀬英明氏によれば、昭和天皇は、侍従武官であった山県有光大佐に「山本元帥を国葬にしなければならないのかね」と述べられたという（加瀬英明・ヘンリー・S・ストークス「なぜアメリカは、対日戦争を仕掛けたのか」（祥伝社文庫・二〇一二年）六七頁）。

山県有光は、山県有朋の孫である。山県有朋の娘松子は、男爵船越光之丞（外交官）に嫁した。その三男に生まれた船越三郎は、有朋の養嗣子、山県伊三郎の養子になり、山県有光となった。一九二二年（大正一一年）、有朋の功績により、山県公爵家から分家し、男爵の地位を授爵された。

大正一一年二月一日、八二歳で亡くなった山県有朋は、大衆の間で人気はなく、その葬儀は参列者が少なく淋しかったと言われるが、明治国家を建設し、長く見守った偉人である。山県が、もし、昭和一六年に存命であれば、大東亜戦争に反対し、戦争は起こらなかったかも知れない、とはよくいわれる話である。

山県有朋は、明治一七年伯爵、明治二二年陸軍中将のまま総理大臣、明治二五年第二次伊藤内閣で司法大臣、明治二六年枢密院議長、明治二八年侯爵、明治四〇年公爵、明治三八年から大正一一年まで枢密院議長。山県には男子がなく、姉壽子と結婚した勝津兼亮の次男伊三郎（のち逓信大臣）が襲爵し公爵となった。昭和二年、伊三郎が没するとその長男有道が公爵を襲爵した。山県は、維新の功績で公爵を得、また分家が男爵を得た。

学習院出身の軍人

学習院と言えば、「華族の学校」として設置されたと思われている。

明治一七年、学習院は、華族会館が運営する私立学校から、宮内省の「管轄する官立学校」になった。明治六年制定の徴兵令は、国民皆兵を目指したが、官公立学校の生徒は在学中の徴兵を免除される規定があった。徴兵令改正の動きで、浅見雅男『学習院』（文春新書・二〇一五年）六四頁は、こういう話を紹介している。「元老院会議で、『兵隊にとられた元大名が番兵として立っている前を、將校になった元家臣が馬にのって意気揚々と通り過ぎることを想像しただけでぞっとする。』とある議員が述べたという。」浅見のいうように、彼ら（元老院議員等）にとって「兵役」は「賤役」であったのである。

学習院は、旧制の高等学校に当たる高等科を置いていた。明治二七年、優秀な成績で卒業した者は、院長推薦で帝国大学（当時、東京帝国大学しかない。明治三〇年、京都帝国大学が創立される）に進学できた。明治三三年、学習院高等科卒業生から帝大の各学部で無試験で入学できるが、それは帝大学部に欠員があるときのみとされた。

東京帝大文学部に欠員があり、志賀直哉、武者小路実篤、里見弴、柳宗悦、法学部へは、徳川家正（家達の長男）、京都帝国大学法学部へは木戸幸一が入っている。なお、近衛文麿（一八九一―一九四五）は、明治三七年、一二歳の時、父篤麿を失い、明治四二年、学習院中等科から試験を受けて旧制一高に入学、明治四五年一高卒業し、東京帝国大学文科大学哲学科に入学したが、まもなく京都帝国大学法科大学へ転じた（注21）。

小畑敏四郎（一八五五―一九四七）といえば、荒木貞夫（犬養内閣陸相）、真崎甚三郎、柳川平助とともに精神主義を重んずる皇道派の一人とされた。昭和一〇年八月一二日、永田鉄山（一八八四―一九三五）軍務局長は皇道派相沢中佐に刺殺された。このこともあって、東條英機ら統制派は、二・二六事件以降実権を握り、皇道派、宇垣系が排除されたと言われている。小畑は対ソ戦略家で知られた人といわれたが、二・二六事件後、陸軍中将で予備役編入された。鈴木貫太郎首相がポツダム宣言を受諾し、昭和二〇年八月一五日、内閣総辞職した。八月一七日、東久邇稔彦内閣は、小畑敏四郎を陸軍大臣に任命した。

東久邇内閣は一〇月九日までの一月半の内閣であるが、東久邇総理は、公爵で、貴族院議員、重光葵外相（戦犯に指定され、途中で吉田茂と交代）も貴族院議員、岩田宙造法相も貴族院議員、千石興太郎農商相も貴族院議員、中島知久平軍需相が衆院議員、無任所の国務大臣として、近衛文麿公爵・貴族院議員、緒方竹虎貴族院議員（勅選議員）、小畑敏四郎陸軍中将を任命した。貴族院議員中心の「国家の藩屏」内閣であった。

小畑の父親小畑美稲《うましね》は、土佐出身、司法畑、明治一七年元老院議官、明治二三年勅選貴族院議員、明治二九年、男爵となった。長男大太郎（のち貴族院議員）、三男巌三郎（のち陸軍大佐）がおり、敏四郎は四男である。敏四郎の兄が男爵をつぎ貴族院議員になったが、敏四郎が貴族院議員や男爵になってもおかしくはない（注22）。

政治改革、革命、維新に功労があった者及びその子孫に対し、相応の「特権」を与える、与えられて当然という暗黙の世論、同意が、明治一七年当時、あったと思われる。

日本が大東亜戦争に敗れ、占領下であった昭和二一年一一月三日公布された憲法一四条は、華族制度を認めず、栄典勲章を受ける者は一代限りとした。講和条約が発効し、日本が独立しても、憲法は改正されなかった。また、華族令を復活させよう、あるいはその華族や功労ある者を参議院議員に就任させ、また世襲させようという動きは、全くなかった。国民の意思は、天皇を象徴として、制度として存続するが、華族についても敗戦責任もあるとするのであろうか。

なお、日本国としては、今後は文化国家を目指すという動きが強くなった（注23）。

昭和一二年、学者や芸術家を主な対象とした文化勲章令（昭和一二年二月一一日勅令）がだされた。広田弘毅総理時代に準備され、昭和一二年二月二日成立の林銑十郎内閣のときに文化勲章令が公布施行され、第一回は長岡半太郎、本多光太郎、木村栄、横山大観、幸田露伴など九人が授賞された。大東亜戦争の強力な支持者であった徳富蘇峰（明治四四年（一九一一年）、終身の貴族院議員）は、昭和一七年、大日本言論報国会会長、昭和一八年には文化勲章が授賞された。戦後、文化勲章受章者の全員に年金を交付する案も出されたが、憲法一四条三項「栄誉、勲章その他の栄典の授与は、いかなる特権も伴わない」に違反する、ということで、文化勲章と別の制度として文化功労者年金制度を作った（文化功労者年金法（昭和二六年法律第一二五号）。昭和二六年以降、文化功労者年金法により功労者に終身年金を支給、その中から文化勲章受賞者が推薦されるようになり、文化勲章受章者全員に終身の年金が支給されるようになった。文化功労者年金法は憲法違反であるとの声を殆ど聞かない。

注

注1　鳥居民「それでも戦争できない中国」（草思社・二〇一三年）一八七頁。

注2　なお、江沢民の経歴が公表されるとき、共産党員である叔父江上青の養子になったことが強調されるが、江沢民の父親までは「郷紳」と呼ばれる階層で、江沢民は、ピアノを弾き、日本語も相当程度習得し、恵まれた家庭に育ったと考えられる。

注3　木下真弘著宮地正人校注「維新旧幕比較論」（岩波文庫・一九九三年）など。

注4　坂野潤治・大野健一「明治維新一八五八―一八八一」（講談社現代新書・二〇一〇年）二〇九頁。

注5　中嶋嶺雄・石平『『日中対決』がなぜ必要か』ＰＨＰ・二〇〇九年。

　　中嶋嶺雄・石平「中国とは何か―建国以来の真実と影」（ＰＨＰ・二〇一三年）一三六頁。

注6　「明治官制辞典」（東京堂出版・一九八七年）一一八頁。

注7　前田蓮山「歴代内閣物語（下）」（時事通信社・一九六一年）二六六頁。

注8　江戸時代末期、華族は五摂家・清華（九家）・大臣家・羽林・名家・新家を指した。

注9　矢板明夫「習近平」（文藝春秋・二〇一二年）五一頁。

注10　茅沢勤「習近平の正体」（小学館・二〇一〇年）三二頁。

注11　崔虎敏「習近平の肖像」（飛鳥新社・二〇一五年）五一頁。

この区分は、旧時代の身分と新国家への貢献度すなわち勲功によって決まった（千田稔「華族総覧」（講談社新書・二〇〇九年）二一頁）。

公爵…摂家、徳川宗家、国家に偉勲ある者

侯爵…清華（せいが）、御三家、現米《げんまい》一五万石以上の大藩諸侯

伯爵…大臣家、大納言宣任の例の多い堂上家、御三卿、現米五万石以上の中藩諸侯

子爵…堂上家、小藩、国家に勲功のある者

男爵…維新後に華族に列せられた者、国家に勲功のある者

千田稔前掲書によれば、現米とは、旧幕府に認証された実収の石高で、摂家・清華は、公家の家格である。

注12　千田稔「華族総覧」（講談社現代新書・二〇〇九年）により、薩長土肥からの公侯爵を列挙する。

松方正義の松方家。勲功により、公爵。松方正義は、明治二四年、明治二九年総理大臣を務めた。三男幸次郎（川崎造船社長）は、美術品の収集をし、これが国立西洋美術館の基礎となった。八男正熊の娘ハルがエドウィン・ライシャワー（駐日アメリカ大使）夫人。

大山巌の大山家。日清戦争、日露戦争での武人としての勲功により公爵。

西郷隆盛の西郷家。明治三五年六月、長男寅太郎が、隆盛の維新に於ける勲功により侯爵。

大久保利通の大久保家。明治一七年、利通の功績で、利和が侯爵になった。利和の弟が牧野伸顕。利和が隠居し、利通三男の利武が襲爵した。利武が昭和一八年死去し、長男利謙（のち名古屋大学教授）が襲爵し、貴族院議員になった。

西郷従道の西郷家。海軍大将、元帥、第二次山県内閣で内相。

東郷平八郎の東郷家。日露戦争での聯合艦隊司令長官。昭和九年の死去に先立ち、侯爵。

山県有朋の山県家。二度、総理大臣。明治四〇年、公爵。養子伊三郎（姉壽子の嫁いだ勝津兼亮の次男）が襲爵した。

伊藤博文の伊藤家。明治四〇年公爵。養子博邦（井上馨の兄の井上光遠四男）が襲爵した。次女生子が嫁した末松謙澄（内相、枢密顧問官）は、明治四〇年子爵になる（千田稔による）。

桂太郎の桂家。日露戦争、朝鮮併合の功などで、明治四四年、公爵。

木戸孝允の木戸家。明治一〇年四四歳で死去した木戸孝允の家督は、養子正二郎（孝允の妹が嫁した来原良蔵の次男）が嗣ぎ、明治一七年正二郎が死去し、その兄孝正が嗣いだ。

同年、孝允の遺勲で、侯爵。大正六年、その子幸一が襲爵した。

井上馨の井上家。馨は、内相、蔵相を務めた。大正四年に死去。養子勝之助（兄光遠の次男）が襲爵した。勝之助が死去すると養子三郎（桂太郎次男）が襲爵した。三郎の長男が井上光貞東大教授、初代歴史民俗博物館館長である。

山内豊信（容堂）の山内家。侯爵。

佐佐木高行。宮中顧問官。枢密顧問官。明治四二年、侯爵。

鍋島直正の鍋島家。鍋島直正（閑叟）が明治四年、死去、長男直大が侯爵。

大隈重信の大隈家。明治三〇年、大正三年に総理大臣。早稲田大学の創立者。明治二〇年伯爵、のち侯爵。大正一一年死去、養子信常（元平戸藩主松浦詮の五男）が襲爵、その長男信幸が嗣いだ。

注13　鳥尾小彌太（一八四八―一九〇五）陸軍中将が明治三八年、五七歳で死去すると、長男光の長男敬光が子爵と従四位を継いだ。敬光は、画家下条《げじょう》桂谷貴族院議員の孫娘、実業家（三井物産）下条小四郎の長女、鶴代と結婚した。鳥尾多江「私の足音が聞こえる―マダム鳥尾の回想」文芸春秋・一九八五年。木村勝美「子爵夫人鳥尾鶴代」立風書房・一九九二年。

注14　香川敬三は、水戸藩士。幕末、岩倉具視の信任を得、戊辰戦争に功あり、宮内省入りし、区内大丞。一九〇七年日露戦争の功績で伯爵に陞爵した。

注15　福羽美静《ふくばびせい》津和野藩士。神祇局事務局権判事、神道関係の制度確立に尽力した。元老院議官。

注16　前田蓮山「歴代内閣論（下）」（時事通信社・一九六一年）二六六頁。

注17　「大倉財閥の二代目当主、男爵大倉喜七郎の娘で、のちに男爵目賀田家へ嫁ぐことになった正子」と鍋島子爵の娘京子と鳥尾鶴代と交遊があった（木村勝美「子爵夫人鳥尾鶴代―GHQを動かした女」（立風書房・一九九二年）二〇頁。

注18　浅見雅男「華族たちの近代」（NTT出版・一九九九年）二〇頁。

注19　貴族院令は、明治二二年二月一一日、憲法と同時に勅令一一号として公布された。貴族院は、皇族、華族、勅任された議員で組織される（憲法三四条）。
貴族院令は、皇族（成年以上）、公爵・侯爵（満二五歳以上）、伯・子・男爵（満二五歳以上。同爵の互選にする当選者。任期は七年。伯子男爵各総数の五分の一を超過しない）、国家に功労のある者、または学識ある者中特に勅任された者（満三〇歳以上の男子、終身議員）、府県において土地或いは工業商業につき、多額の直接国税を納める者一五名中より一人を互選し、当選して勅任された者（満三〇歳以上の男子に限る）をもって組織された。後二項の議員の数は、有爵議員の数を超過しないと制限された。
日本敗戦、旧憲法七三条による改正により、「日本国憲法」が昭和二一年（一九四六年）一一月三日公布された。その一四条二項は「華族その他の貴族の制度は、これを認めない。」三項は「栄誉、勲章その他の栄典の授与は、いかなる特権も伴わない。栄典の授与は、現にこれを有し、又は将来これを受ける者の一代に限り、その効力を有する。」とした。日本国憲法のもとで、国会法が制定され、貴族院令は、昭和二二年五月三日公布の政令四号をもって廃止された。

注20　西村茂樹（一八二八―一九〇二）佐倉藩出身。明六社に参加、明治六年（一八七三年）文部省へ入省、教科書、辞書を担当し、大槻文彦「言海」を応援した。一八七六年、東京修身学社（日本弘道会）を創立し、国民道徳の確立を提唱した。公益社団法人日本弘道会（鈴木勲会長）は、現在も月刊誌「弘道」を刊行し、講演会を行い、活動を続けている。西村は、華族女学校校長、宮中顧問官を歴任した。

注21　岡義武「近衛文麿」（岩波新書・一九七二年）四頁によれば、父篤麿死後、金を返せと借金取りが大勢来て、人の世の冷たさを知り、そのため富豪に対し不信感を、また、金銭問題に警戒的になったようだと述べている。

注22　浅見雅男「学習院」（文春新書・二〇一五年）一四頁。
昭和一一年の二・二六事件のあと、真崎甚三郎とともに「小畑敏四郎は、陸軍の新実力者となった陸軍次官の梅津美治郎によって現役を逐われた」（鳥居民「原爆を投下するまで日本を降伏させるな」（草思社文庫・二〇一一年）一一九頁）。そのため、日本敗戦直後、近衛文麿や吉田茂によって、引っ張り出された。

注23　加藤弘之（一八三六―一九一六）は、但馬藩（兵庫県）出身の政治学者。佐久間象山にも学び、蕃書取調所に入り立憲政体を紹介、維新後政府に入り、明六社にも参加し、「真政大意」を著し天賦人権論者であったが、のち民権派とは対立、旧著を絶版にした。東京大学初代綜理、枢密顧問官、帝国学士院長。大正四年（一九一五年）、八〇歳の時、加藤は自叙伝を公表し、（明治維新によって、士族は勿論農工商出身でも才識、学芸あればいかな

る高位高官にも任ぜられる、これは武家時代には殆ど夢にもみられぬことであった。余の如きは本来貧士族から成り上がったのであるけれども、今日は親任官を辱くして居るから、宮中席次に於いては、公爵、侯爵の上に列することができる。公侯爵には、近頃士族から成り上がった人々もいるが、旧大将軍家、旧五摂家が公爵中のおもなるものであり、又旧精華、堂上や旧国持大名（又国主と云った）が侯爵中のおもなるものであるといふことを考えて見ると、余等封建時代の老人には、実に奇異なる感が起こるのである。）（「加藤弘之自叙伝」大空社・一九九一年）七一頁）と述べている。なお、加藤は、明治三三年、男爵、長女隆子は、山県伊三郎公爵夫人である。長男加藤照麿男爵は、男子に恵まれた。長男は加藤成之男爵で、次男は、浜尾四郎子爵、三男は、京極高鋭（鋭五）、四男古川郁郎（ロッパ）、五男増田七郎と養子にいった（山本一生「哀しすぎるぞ、ロッパ—古川緑波日記と消えた昭和」（講談社・二〇一四年）三五頁）。加藤照麿男爵の男子として生まれた「古川緑波」は、父の妹の嫁いだ鉄道技師、古川武太郎の養子になった。養父が国鉄の門司管理局に転勤すると、明治四五年、門司の小森江小学校へ転校、大正五年（一九一六年）、福岡県立小倉中学校（現在の小倉高校—筆者の母校）に入学した。翌年、一二月二二日、東京へ引っ越し、早稲田中学校へ編入学した。

参考文献

小田部雄次「華族」中公新書・二〇〇六年。
徳川宗英「徳川家が見た幕末維新」文春新書・二〇一〇年。

5．貴族院議員が多数を占めた清浦奎吾内閣

大家　重夫

水野錬太郎は、内務大臣を三度務めた。一回目は大正五年の寺内正毅内閣で、後藤新平内相に請われて内務次官に就いたが、後藤が外務大臣に転じ、水野は内務次官から昇格した。

二回目は、大正一一年六月成立の加藤友三郎内閣で、加藤は大正一二年八月二四日病没、そこへ関東大震災が起こり、水野内相は第二次山本権兵衛内閣の後藤新平内相就任まで、戒厳令を発布するなど震災処理の指揮をとった。大正一二年一二月二七日、摂政殿下が乗った自動車が虎ノ門付近を通過中、難波大助という青年が仕込杖銃を発射し、自動車のガラス窓を傷つけた。大正一三年一月七日、第二次山本権兵衛内閣は、総辞職し、清浦奎吾内閣が成立した。水野は、三回目の内相に就任した。

水野が内相を務めた寺内正毅内閣、加藤友三郎内閣、清浦奎吾内閣は、いずれも陸軍大臣、海軍大臣を除いた閣僚―水野もそうであるが―が、貴族院議員が六名あるいは七名と多数を占めているのが特徴である。

次項で、大正一三年（一九二四年）一月七日から同年六月一一日まで続いた清浦内閣を取り上げる。

1、清浦奎吾

清浦奎吾（一八五〇―一九四二）は、旧熊本県鹿本郡来民村、現在の鹿本市の出身である。浄土真宗本願寺派住職、大久保了思の五男に生まれ、清浦家に養子にいき清浦姓となった。慶応元年、大分県日田の咸宜園に学び、このとき、日田の県令、松方正義、野村盛秀の知遇を得たと言われる。明治五年、上京し、埼玉県県令になっていた野村盛秀を訪問し、埼玉県に奉職、明治九年、司法兼太政官各権少書記官、明治一七年、内務省警保局長に就任した。明治一九年、英国留学から帰国した末松謙澄（一八五五―一九二〇）が内務省参事官、明治二〇年、内務省県治局長に就いたとき、清浦は末松と共に出版条例、版権条例を立案、制定している。

清浦は第二次松方内閣、第二次山県内閣の司法大臣、第一次桂太郎内閣の司法兼農商務兼内務の各大臣を務め、明治二四年四月四日、貴族院議員に勅任された。大正一一年（一九二二年）、枢密院議長に就いている。昭和一七年一一月五日死去した。伯爵。

2、水野錬太郎（一八六八―一九四九）は、清浦奎吾より一八歳年下である

清浦の最終学歴は日田の咸宜園であるが、水野は、のちの一高に当たる大学予備門、帝国大学法科大学（東大法学部）卒というコースである。

水野は明治二五年、東大を卒業すると、穂積陳重教授に勧められ、渋沢栄一が創設した第一銀行に入る。第一銀行で、水野は行員へ法律の講義を行っている。また、東大の梅謙次郎教授から呼び出され、自分は忙しいので、「破産法」の概説書を書いてほしい、といわれ著作する。梅は、『梅謙次郎校閲、水野錬太郎著『破産法綱要』』を出版する。そして、水野に「君は、役人に向いている」といい、農商務省に話を付け、水野を農商務省に入れた。明治二七年五月、当時、内務省にいた都筑馨六（一八六二―一九二三、のち、枢密顧問官、男爵）が水野を内務省に移す。

明治三〇年、樺山資紀内相のとき、水野は内務省参事官、そして大臣秘書官を兼ねる。著作権法を立案し、ベルヌ条約加盟を行うよう命ぜられ、そのためのヨーロッパ出張を命ぜられる。明治三一年六月、帰国した。

本書で明らかにしたように、水野は、貴族院の特別委員会で、殆ど一人で、答弁を行った。水野はその後、神社局長などを歴任する。

明治三九年第一次西園寺内閣で、政友会の原敬が内務大臣に就いた。原は、警視総監のポストを政治的官職であるとし、安楽兼道に対し、自分（原）に協力せよ、自分（原）が内相である間、安楽を警視総監にする、自分（原）がのち、内相に復帰すれば、また安楽を復帰させ、警視総監にすると提案した。安楽はこの提案をのみ、一九〇六年から一九一四年（大正三年）まで、「官僚機構の中でも外でも原と行動を共にした」（テツオ・ナジタ『原敬』七六頁）。

一九一一年（明治四四年）、原が第二次西園寺内閣の二度目の内相になったとき、床次竹二郎を内務次官、水野錬太郎を土木局長・兼地方局長に任命した。

一九一二年（明治四五年）一二月、第二次西園寺内閣が総辞職し、第三次桂太郎内閣になると、床次と水野はと

もに辞職した。

一九一三年（大正二年）二月二〇日、第一次山本権兵衛内閣が成立した。薩摩閥と政友会の同盟である。原敬は、三度目の内務大臣になった。原は、床次を鉄道院総裁に、水野を内務次官に任命した。なお、大正元年一二月に、原の推挙で、水野は終身の貴族院勅選議員に就いた。内務次官と兼任であった。また、大正二年九月、床次と水野は政友会に入党した。大正三年四月、第二次大隈重信内閣ができ、二人は原敬とともに辞職した。

大正五年一〇月、寺内正毅朝鮮総督は組閣の命をうけた。平田東助と後藤新平が参謀格で、後藤は、自分が内相になり、水野に内務次官になるよう懇請した。水野は原敬の了承をとり、内務次官となる。後藤新平が外務大臣に廻ると、水野は内務大臣に昇格した。大正七年八月の米騒動で寺内内閣は辞職し、原敬内閣が誕生する。

3、貴族院の派閥

前田蓮山は、「日本の貴族院は、民衆の判断力を疑い、民衆の愛国心を疑い、民衆の尊皇心を疑った結果として用意されたものである。故に貴族院は初めから政党政治に対する憎悪の感情を抱いて衆議院に対した。かくて、幾度か両院の衝突があったわけである。」と述べている。

大正七年（一九一八年）、原敬は総理大臣になると、貴族院の研究会の人々と意思の疎通を図るよう心がけた。原は首相在職中の大正一〇年一一月四日、刺殺された。

そのあと、高橋是清内閣、加藤友三郎内閣、第二次山本権兵衛内閣とつづき、清浦内閣が成立した。大正八年に、原首相によって、朝鮮総督府の政務総監に任命されていた水野錬太郎は、加藤友三郎内閣の内相となって、帰国した。大正一二年（一九二三年）関東大震災が起こり、第二次山本内閣の後藤新平新内相にバトンタッチする。

貴族院では、次のような人物が中心の派閥があった。

木曜会―男爵団　　千家尊福

研究会―伯・子爵団議員　　三島彌太郎、堀田正養、清浦奎吾

公正会―男爵議員団体
茶話会―長州閥系官僚派
交友倶楽部―政友会系
同成会―憲政会系議員の団体　　水野錬太郎

4、清浦奎吾内閣

大正一三年（一九二四年）一月七日、清浦奎吾内閣が成立した。

内閣総理大臣	清浦奎吾	枢密院議長・子爵
外務大臣	松井慶四郎	外務省、貴族院議員、男爵
内務大臣	水野錬太郎	貴族院議員・交友倶楽部
大蔵大臣	勝田主計	貴族院議員・研究会
陸軍大臣	宇垣一成	陸軍中将（陸軍大学一四期）
海軍大臣	村上格一	海軍大将（海兵一一期）
司法大臣	鈴木喜三郎	貴族院議員、研究会
文部大臣	江木千之	貴族院議員、茶話会
農商務大臣	前田利定	貴族院議員、研究会、子爵
逓信大臣	藤村義朗	貴族院議員、公正会、男爵
鉄道大臣	小松謙次郎	貴族院議員、研究会
内閣書記官長	小橋一太	衆議院議員、政友本党
法制局長官	松本烝治	民間、一月一〇日迄

佐竹三吾　　　　鉄道省から貴族院議員、研究会、一月一〇日から

前田蓮山は、こう批評した。

「この内閣は、陸相、海相と外相を除いて、『ことごとく貴族院諸派の代表的人物を集めた』」。すなわち、この内閣は、「内相水野錬太郎は政友会の貴族院出店ともいうべき交友会、蔵相勝田主計、農商務相前田利定、鉄相小松謙次郎の三人は研究会、逓相藤村義朗は、男爵団公正会代表、文相江木千之は官僚派茶話会、法相鈴木喜三郎は無所属の準研究会で、憲政会系の同成会だけが除外された。」

衆議院で政友会から脱党した床次竹二郎の政友本党が閣外協力したが、政友会、憲政会、革新倶楽部の護憲三派の護憲運動により、清浦内閣は在任一五七日、約五カ月で総辞職した。

参考文献（順不同）――――

前田蓮山「歴代内閣物語（上）」時事通信社・一九六一年。

前田蓮山「歴代内閣物語（下）」時事通信社・一九六一年。

衆議院・参議院編集「議会制度七十年史―貴族院・参議院議員名鑑」一九六〇年。

テツオ・ナジタ「原敬―政治技術の巨匠」読売新聞社・一九七四年。

尚友倶楽部・西尾林太郎「水野錬太郎回想録・関係文書」山川出版社・一九九九年。

西尾林太郎「大正デモクラシーと貴族院改革」成文堂・二〇一六年。

西尾林太郎「大正デモクラシーの時代と貴族院」成文堂・二〇〇五年。

有谷三樹彦「貴族院研究の動向と課題」久留米大学法学三二・三三合併号一〇九―一二〇一頁（一九九八年）。

6．徳川家達貴族院議長と柳田国男貴族院書記官長

大家　重夫

はじめに

世が世ならば、徳川一六代将軍になる筈だった徳川家達は、明治新政府の下、公爵となり、貴族院議員となった。そして明治三六年から三一年間、貴族院議長の職にあった。

一方、日本の民俗学の創始者といわれる柳田国男は、裕福ではないが、才能豊かな兄弟に恵まれた家庭に生まれ、一高、東京帝大を経て、農商務省の官僚となった。大審院判事柳田直平の養嗣子となり、その娘と結婚、法制局に勤務したあと、大正三年四月、貴族院書記官長という職に就いた。貴族院書記官長は、貴族院議長の指揮下のもと、局中一切の事務を監督するというのが職務である。

大正三年四月から大正八年一二月まで、五年九カ月間、二人の間柄は冷ややかだった。大正八年の一年間、徳川家達は原敬首相や元老西園寺公望を訪問し、柳田書記官長を退任させたいが、相応しいポストはないかと奔走した。これに対し柳田書記官長は頑として応じず、「徳川家達こそ貴族院議長にはふさわしくない人物」であると、黙して主張した。

二〇〇七年（平成一九年）、佐野眞一「枢密院議長の日記」（講談社現代新書）が発行された。この本によって、家達の「秘事」が明らかになり、ウィキペディアもこの記述を採用した。筆者はあらためて、柳田国男の「徳川家達こそ貴族院議長にはふさわしくない人物」との主張が正しかったと知った。

情報が統制されていても結局、事実あるいは真実は明らかになるという一事例である。約一〇〇年前の徳川家達と柳田国男との不和、徳川家達の「秘事」とその周辺の事実を次項に記すことにする。

一、徳川家達

文久三年（一八六三年）八月二四日、十四代将軍家茂の後見職・徳川慶頼《よしより》（一九二八―一八七六）の三男として亀之助（家達）が生まれた。慶頼は、田安家三代斉匡の九男で、母親は違うが、八男は松平春嶽である。

亀之助の母は、幕臣津田大太郎（栄七）の長女武子（竹子ともいう）で、彼女は高井主水の養女となり、慶頼の側室となった。武子の妹初子は、下総佐倉家堀田の家臣小島良親の三男仙と結婚した。仙は、婿養子となり津田仙となった。仙は農学者、キリスト者で、青山学院大学や筑波大学附属盲学校の創立に関わった。仙、初子の次女が津田塾大学創立者津田梅子（一八六四―一九二九）である。家達と津田梅子は、母親同士が姉妹であり、従兄妹に当たる。一歳年下の梅子と家達との間に交際、交流があったかどうか筆者には不明である。

元治二年（一八六五年）二月五日、亀之助は、兄の寿千代の死亡により、田安徳川家を相続する。

慶応二年（一八六六年）、十四代将軍、徳川家茂が亡くなったとき、徳川宗家の相続人として、亀千代と一橋家の徳川慶喜が候補に上ったが、亀千代は四歳で、国事多難の折であり、三〇歳の徳川慶喜（一八三七―一九一三）が十五代将軍に選任された。

慶応四年（一八六八年）四月四日、勅使橋本実梁が新政府代表の西郷隆盛を従がえて、江戸城に入城した。田安徳川家七代目当主で、徳川宗家の当主—一五代徳川慶喜の後任になる予定の田安亀之助（満五歳）とその父親徳川慶頼がこれを迎えた。四月二九日、亀之助は、新政府から慶喜に代わって徳川宗家の相続人となることを許可された。五月一五日、上野公園に彰義隊が集合し、官軍への抵抗姿勢を見せたが、アームストロング砲で砲撃されると四散し、上野戦争は終わった。五月二四日、明治政府は徳川宗家の田安亀之助を駿府に転封し、七〇万石の封禄を支給した。徳川家の石高は、四〇〇万石と言われていたから六分の一に減額された。田安亀之助は、徳川家達と名乗った。一一月、明治天皇に拝謁した。

明治二年（一八六九年）六月、六歳の徳川家達は、静岡県知事に任命された。駿府は、静岡と改名された。

明治四年、廃藩置県により、八歳の家達は静岡県知事を免職となり、東京に戻り、天璋院とともに千駄ヶ谷に住んだ。天璋院（一八三六―一八八三）とは薩摩藩島津斉彬の養女で、篤姫と呼ばれた十三代将軍家定夫人である。天璋院の結婚生活は一年九カ月と短かかったが、家定死後、薩摩には帰らなかった。家達の生母、家達の父慶頼なども一緒であったとおもうが、筆者はまだ調べていない。

十五代将軍慶喜は、権中納言今出川公久の長女、今出川美賀子と結婚した。明治二七年五月、乳がんを患った美賀子夫人は、静岡から千駄ヶ谷の徳川家達の屋敷に移り治療に専念したが、同年七月九日死亡した（注1）（千駄ヶ谷の邸宅はどのくらい広く、部屋がいくつあったか、筆者はまだ確認していない）。

明治一〇年（一八七七年）、家達は一四歳のとき、イギリスのイートン・カレッジに留学した。このとき、誰が同行したのであろうか。

明治一五年（一八八二年）一〇月、帰国。一九歳。同年一一月六日、家達は、近衛泰子と結婚し、明治一七年、嫡男家正（一八八四―一九六三、外交官）が生まれた。

明治一七年、華族令（明治一七年七月七日宮内省達）が公布され、家達は公爵を授けられた。

明治二二年、貴族院令（明治二二年二月一一日勅令一一号）が公布された。

明治二三年、帝国議会が開設され、家達は「公爵議員」の枠で貴族院議員になった。二七歳である。

明治二三年二月から昭和一五年六月五日死亡までの五〇年間、貴族院議員であり、明治三六年（一九〇三年）一二月四日から昭和八年（一九三三年）六月九日まで、延べ三一年間、貴族院議長を務めた。

大正三年（一九一四年）三月、第一次山本権兵衛がシーメンス事件により総辞職した際、後継首班の候補に選ばれたが、家達は「未だ徳川が政権に表立って関わるのは遠慮すべきだ」として二日後、辞退した。

大正一〇年一一月、ワシントン軍縮会議に加藤友三郎、幣原喜重郎とともに徳川家達が全権委員に選ばれた。

このワシントン軍縮会議で、日英米仏の四国が海軍力の削減に合意し調印した。次に日英同盟は廃棄が決まった。加藤友三郎海相は、加藤寛治大将を押さえて、軍縮を呑んだ。日英同盟の存続派は外交官の加藤高明で、原敬首相と徳川家達は、日英同盟破棄派であった。「ここで家達は飽くまでも日英同盟の延長を妨害するという密命を帯びて乗り込んだ、一種の工作員だった」と翻訳家・徳川家広（一九六五年―）（家達の玄孫）が述べている（「新潮45」二〇一一年八月号一五四頁）。

二、柳田国男

明治八年（一八七五年）七月三一日、兵庫県神東郡田原村辻川（現神埼郡福崎町辻川）の医師、学校漢字師範、松岡操の六男として、松岡国男（のち、柳田家の養嗣子となる）が生まれた。

長兄鼎は千葉県医師会会長、三兄の井上泰蔵（井上通泰・眼科医・歌人）、七男松岡静雄（海軍大佐・国語学者）、八男松岡輝夫（映丘・日本画家）と、名をなした兄弟が多くいる。

松岡国男は明治二六年（一八九三年）、第一高等中学校（のちの一高）に入学する。

明治三〇年（一八九七年）一高を卒業し、帝国大学法科大学政治科に入学、農政学者松崎蔵之助に師事する。

明治三三年（一九〇〇年）東京帝国大学卒業。農商務省農務課勤務。高等文官試験合格。

明治三四年（一九〇一年）柳田家の養嗣子になる。養父柳田直平は大審院判事。

明治三五年（一九〇二年）法制局参事官に任官。

明治三七年（一九〇四年）柳田直平四女、孝と結婚する。

明治四一年（一九〇八年）内閣書記官兼任。

明治四三年（一九一〇年）内閣書記官記録課長兼任。

大正三年（一九一四年）四月一三日法制局参事官兼内閣書記官兼貴族院書記官長（叙高等官二等）免兼官。

大正八年（一九一九年）貴族院書記官長を辞任。

大正一三年（一九二四年）朝日新聞社に論説委員として入社。

昭和二二年（一九四七年）芸術院会員。

昭和二六年（一九五一年）文化勲章受章。

昭和三七年（一九六二年）八月八日、心臓衰弱で永眠。八七歳。

三、「郷土研究」と旅行

大正三年（一九一四年）、柳田国男は、貴族院書記官長の辞令をもらうと、貴族院議長徳川家達に挨拶した。家達五一歳、国男三九歳、一二歳違いである。家達は、小柄で、小太りである。柳田がやや長身で、美男子の面影が残っていたかも知れない（注2）。

家達は、事務官から「今度の書記官長は、学者のようです。」と情報を仕入れていたかも知れない。柳田を見、話を聞いたが、特段の興味は持たなかったと思う。家達にしてみれば、自分が使いやすい人間かどうかが問題で、どうやら違ったか、と失望したに違いない。柳田も家達に会い、失望したと思う。本好きの柳田に対し、家達は本には無縁のようで、諸事に好奇心のある柳田とは、会話は続かなかったと想像する。

大阪朝日新聞大正三年四月二六日付は、氏が「法制局参事官兼内閣書記官兼宮内書記官といふ劇職にありながら、貴族院書記官長に就任した」と報じ、「有名な土俗学者で『石神問答』の著書があり」「雑誌『郷土研究』を編集し「近く又『山島民譚集』」を発行するらしい」、「氏の精力絶倫、驚嘆の外はない。」としている（注3）。

柳田は、農商務省の官僚として出発、行政実務に従事しながら、森鴎外、田山花袋、泉鏡花などと交流のある文学青年であり、農政学を研究し始めた。これが、民俗学につながっていく。

大正二年（一九一三年）から月刊「郷土研究」に毎号論文を寄稿した。貴族院書記官長になっても、変わらない。大正三年四月、「郷土研究」の編集所を柳田の官舎にし、柳田は、毎夜、「郷土研究」の執筆と編集を行った。原稿が集まらなければ、柳田は、自分一人で書き、各種のペンネームを使い、一冊全部を完成させたこともある。

また、書記官長の五年間、柳田は、毎年、どこかに旅行をしている。大正四年八月、ロバートソン・スコット夫妻等とともに那須、南会津、越後を旅行。同年九月、四国、山陰を旅行。同年一一月、京都に於ける大正天皇即位式奉仕、伊勢ご視察に随伴する。大正五年、四月、関西旅行。同年五月、津軽を旅行。十三潟―十和田湖―花輪を歩く。大正六年三月、台湾、支那、朝鮮を約二カ月旅行。上海で、唐紹儀、存逸仙、孫洪伊と会う。

大正七年五月、甲州へ旅行。同年八月、神奈川県津久井郡内郷村の調査をする。同年一一月、関西旅行、近江、信楽から宇治山原を経て若狭を歩く。

大正八年五月一日、九州旅行。呼子、平戸、長崎市、大分市。日出《ひじ》町にいた五月一〇日、芝区今入町から出火、衆議院の屋根に燃え移っているとの報に急ぎ帰京。同年一二月、貴族院書記官長を辞任した。

四、柳田書記官長の功績

柳田国男の研究家、岡谷公二跡見学園女子大学教授は「貴族院書記官長 柳田国男」（筑摩書房・一九八五年）において、貴族院書記官長としての功績として、二つを上げている（一〇三頁）。

一つは、速記練習所の創設である。柳田は、当時の速記者が徒弟制度で養成され、レベルが低かったため、衆議院の事務局を説得し、大正七年予算に於いて、両院の事務局に二四〇〇円の速記者養成費を計上させた。中学校卒業者を条件として、二二名が応募、一〇名を選抜、二年間、全日制で授業料は取らず、練習生には手当と学用品が支給された。柳田が退任してから、一期生が卒業した。

もう一つは、貴族院規則の全面的改正である。貴族院の議会運営の手続きを定めた規則は、疑義を生じる箇所があり、明文化していない慣例も増え、用語が不適切な箇所があり、これを全面的に改正しようと着手したことである。これも柳田が退任してから、実現した。

大正七年一〇月二日、柳田は、日記にこう書いた。「河井弥八書記官がきて、『明後日の首相招宴のことの相談うけた。徳川家達議長の機嫌をいま少し考えてほしい』と言われたこと、このことを夜、寝てから再考える」と（注4）。

大正七年末から、家達と柳田が不仲であるとの噂が、政府高官の間で噂になっていた。

五、原敬日記

徳川家達は、政友会の実力者、盛岡藩家老格（家老加判）の家柄の出身である原敬には親近感をもち、良好な関係であった。奥羽越列藩同盟のことを想起したのかも知れない。

原敬は、大正七年九月二九日から大正一〇年一一月四日、暗殺されるまでの三年間、内閣総理大臣である。原は、家達をワシントン軍縮会議の全権に命じた。全権大使は、加藤友三郎、幣原喜重郎、徳川家達の三人である。

原は「原敬日記」を残しているが、次のように記している。

大正八年四月一六日

「徳川家達来訪。―現任書記官長は事務に冷淡なるの傾ありて議員間の評判も宜しからざるに付一考を乞ふとの内話に付、―内話の次第は篤と勘考すべしと返答したり。」

大正八年一〇月一〇日

「徳川家達来訪、来る一四日には北京に出立すとて暇乞う旁、内話に貴族院書記官長には甚だ困却すとて彼の反抗的行為を物語り相当の配慮を望むと云ふに付余は其事情を聞取り何とか考慮すべき旨を告げたり。本件徳川より内話を聞きたる事是迄数回にて如何にも両間の不和甚だしく近頃は直接会談する事すら書記官長避くる由なれば何とか処置を要する事と思ふ」

大正八年一一月二〇日

「徳川貴族院議長と柳田同書記官長の間に紛紜（フンウン）あり、南文部次官が徳川頼倫同達孝より依頼せられて京都に行き西園寺にも援助を求めたり、西園寺も徳川一族も余に解決を懇嘱すべしとの事なりと来談あり。又徳川の旧臣岡野行政裁判所長官も来談あり、余は単純の事と思ひ居たるに随分込入りたる事にて迷惑の至りなれど徳川一族も気の毒に付何とかなさざるべからずと思ふ。併し妙案あるや否やを知らず。」

（筆者注、「徳川の旧臣岡野行政裁判所長官」とは、岡野敬次郎のことで、加藤友三郎内閣で、司法大臣、山本権兵衛内閣の文部大臣、農商務大臣に就任し、のち商法の東大教授に就き、商法の権威となる。岡野は、上野藩（群馬県岩鼻村）の出で、父岡野親美は上野藩士、のち群馬県の職員になっている。岡野は徳川の旧臣ではあるが、原敬がそういう意識であったことが興味を引く。岡野本人もそういう意識があって、このことが知られていたのであろうか）。

大正八年一一月二五日

「閣議中徳川達孝（侍従次長）来談、徳川貴族院議長及び其の書記官長柳田との不和問題に付何とか心配を望むと云へり。其事は私事に亙り面倒なれば徳川家一門非常に心配の様子に付配慮中なれば其事に返答したり」

この原敬日記によって、「二人の確執」に「徳川家達の私事」があること、柳田は、このことを知っており、そのため、簡単に引き下がらなかったのだ。

岡谷公二「貴族院書記官長 柳田国男」（筑摩書房・一九八五年）一七六頁では、次のように述べている。

「たかが書記官長一人を更迭させるのに、徳川一門が総がかりで、そのうえ首相や元老の西園寺公望までも担ぎ出すとはいささか仰々しいが、それは、家達の方に「あきらかに弱味があったからである」。

岡谷教授は、家達の弱みは「女性関係」であるという。「柳田書記官長の時代にも、家達に、女性に関しなんらかの問題があったと考えることまでは許されるであろう。国男は、この種の問題にはきわめて潔癖だったから、たとえ世間が大目で見るような事柄でも強く批判し、年来の不信を一挙に増幅させて、『頑として反抗』するに至ったとは、ありうることである」。

橋川文三は、「(柳田国男は）かれの華族に対する反発は強いですね。徳川家達とのけんかなんか、完全に負けん気からですよ。当時の貴族階級に対するかれの反発、軽蔑は相当ラジカルなものですね。トップにある皇族、これに対する負けん気も、相当強く発揮していますから」（注5）。

また、「貴族院書記官長のポストにいる（柳田国男）は、」「なんとなく役人らしくない気ままぶりで、かってに旅行にでかけて、迷惑を引き起こしたり、そんなことをやっている。その時期に柳田は思想的にも、学問的にも、なんだか一種の内面的な混迷にいたように思える。」と述べている（注6）。

六、二〇〇七年、倉富日記、家達の「秘事」暴露

二〇〇七年（平成一九年）一〇月二〇日、講談社現代新書の一冊として発行の佐野眞一「枢密院議長の日記」は、大きな爆発力を秘めていた。

倉富勇三郎は、久留米市出身である。倉富は、外交官広津弘信の長女、能婦《のぶ》と結婚した。能婦の兄が作家の広津柳浪、その長男が作家の広津和郎である。広津家は、倉富家と同じく、久留米藩士の家柄である。倉富勇三郎は、ペリー来航の一八五三年に生まれ、司法省に入省、大審院検事、法制局長官、貴族院勅選議員、帝室会計審査局長官、宗秩寮総裁事務取扱、枢密院議長を務め上げ、一九四八年、九六歳で死去された。

倉富勇三郎は、大正八年一月一日から昭和一九年一二月三一日まで、二六年間の日記を残した。佐野眞一は、この膨大な日記を読み込み、重要な箇所を収録、編集されたのが前出の「枢密院議長の日記」である。

帝室会計審査局長官の倉富勇三郎（一八五三―一九四八）は、こう書いている（注7）。

大正八年四月二一日

「司法大臣官舎にて松本烝治（注8）が花井卓蔵に、近来柳田国男が徳川家達と善からず、或いは書記官長を罷る模様なることを話し居れり。予亦一二語を交わす」

倉富日記によれば、明治三九年の第一次西園寺内閣、石渡敏一内閣書記官長は、「徳川家達が柳田を嫌っているのは、家達本人の弁によれば、自分に無断で各地の講演に出歩き、所在がわからないことも多いからだ」と述べている。石渡は、大審院の検事、司法省次官を経験した司法畑出身の貴族院勅選議員で、第一次西園寺内閣（明治三九年一月七日から明治四一年七月一四日まで）の内閣書記官長である。明治四〇年一二月から昭和九年四月まで、貴族院議員であり、貴族院議員として、倉富とは交流があったことが窺える。

大正七年末から大正八年にかけて、家達は、柳田と顔を合わせるのが苦痛で、どのポストに動かそうか、という動きをはじめた。波多野敬直宮内大臣は、「徳川家達から柳田は議員との折り合いが悪いので、宮内省の方で引き取ってくれないかといわれたが、人の嫌うような男をなぜ宮内省で雇わなければならないのかと断った」（注9）。

柳田に好意的な有力者が、柳田に博物館長はどうかと話し、柳田が、そこは森鴎外が館長であるからダメだと言って断ったというのは、事実のようである。座談会「民俗学の過去と将来」（「民間伝承」一三巻一号・昭和二四年）において、柳田は次のようなことを述べている（注10）。

「（辞職の）直接の原因と言ってもよいことは、議長の徳川さんと喧嘩したことだね。私を博物館長に転任さすといふことが、事前に洩れて新聞に出てしまった。」「そこで徳川さんに長い手紙を送って、書記官長と三太夫との差別を教へて上げるといふ手紙を出したのだよ。間に原敬などが入り、それでは役人がつとまらないといふので、つとまらないならばやめますといってやめてしまった」（注11）。

柳田の三女堀三千は回想記の中でこう述べる（注12）。

「大正八年一二月、父は官職を退いた。何の職につく当てもなかった。私はある時、父がつぶやくように言った次の言葉を思い出す。『森さんが望んでおられた職を私がとるわけに行かなかったよ』」（『父との散歩』）

この言葉は、大正八年七月以前のものであろう。

森林太郎（鴎外）は、大正六年（一九一七年）、帝室博物館総長兼図書頭《ずしょのかみ》に任命されていたが、大正八年七月九日、六〇歳で亡くなった。森とはこの頃、柳田は交渉がなかったが、森は、すでに病床にあったかも知れない。

大正一〇年（一九二一年）、牧野伸顕が宮内大臣に就いた。牧野伸顕（一八六一―一九四九）は大久保利通の次男で、娘婿が戦後、総理大臣になった吉田茂である。

大正一一年一月三一日、大隈重信侯爵が亡くなった。二月一日、山県有朋元帥・枢密院議長が亡くなった。元老は、西園寺公望公爵と松方正義侯爵の二人になった。牧野伸顕男爵・宮内大臣は、枢密院議長となった清浦奎吾子爵とともに、次の元老と見做されていたのではないだろうか。牧野宮内大臣は、倉富勇三郎と情報を交換していた。佐野眞一「枢密院議長の日記」一九七頁に次の会話が掲載されている。

大正一一年二月七日

牧野伸顕宮内大臣「君は徳川家達の隠事を聞き居るや」

予「聞かず」

牧野「宗秩寮総裁が知らずしては困る」と云ひ、次の話を為せり。

「徳川は華族会館に宿泊することあり。四五年前のことなりし様なり。会館の給仕を鶏姦し、其事が度重なり、給仕より荒立てたる為、一万円を出金して落着したることあり。然るに本人は左程之を悪事と思はず、改むる模様なし。先年、徳川を学習院（男女の学習院）の総裁と為すの内儀を定めたる処、松浦某（注13）が強硬に反対し、『若し之を遂行するならば鶏姦の事実を訐《あば》く』とまで主張したる為め、終に其儘に為りたりとのことなり。此事は自分より当時の宮内大臣波多野敬直に問ひたるに、『事実なり』と云へり。徳川頼倫（よりみち）抔も『兄（家達）は恥を知らず、今尚ほ公職を執り隠退の考なきには困る』と云ひたることあり」。

大正一一年二月の四、五年前というと、大正七年か大正六年頃の話である。柳田は、大正三年から大正八年まで書記官長であったから、家達のこの「秘事」は、柳田の在任中のことである。柳田着任以前であったとしても、このことを知っていたと思う。柳田は、このことを公表しなかった。立派である。

鶏姦という用語は現在使われていないが、男色、男性同士の同性愛で、相手の意に反した性行為を行うことである。給仕と合意の上で行為が行われたのであれば、今日、問題にならない可能性が大きいが、自由意思ではなかった。貴族院書記官長は、一万円の国庫からの支出に印鑑を押した。

当時の一万円は、いくらであろうか。夕刊込みの新聞購読料が、大正九年当時、月一円二〇銭である（注14）。現在、日本経済新聞が四、九〇〇円である。四〇八三倍である。当時、大卒の初任給五〇円とし、現在二〇万円とすれば、四、〇〇〇倍である。約四、〇〇〇万円を国庫から支出したことになる。

佐野眞一は、「家達は、人倫を踏みにじる身持ちの悪さをほとんど誰に知られることもなく、華族中有数の『貴公子』として晩年までふるまった。」と記した。ウィキペディアの徳川家達の項には、佐野眞一「枢密院議長の日記」が取り入れられた。

結び

筆者の感想を箇条書きにする。

1，徳川家達の一九一七年頃の秘事が、二〇〇七年、暴露されたことを知り、死後一〇〇年経過しても、「秘密」が暴露されることもあり得る、と知った。

岡谷公二教授は、一九八五年七月一〇日発行の「貴族院書記官長 柳田国男」一七九頁において、柳田国男書記官長の時代、「家達に、女性に関し何らかの問題があったと考えることまでは許されるであろう。」として、女性関係であると考えておられたようである。

佐野眞一「枢密院議長の日記」をご覧になられ訂正されることを望みたい。

2，次に、日本敗戦後、明治憲法とともに、公侯伯子男の制度や貴族院の制度が廃止されたが、もし、戦前の貴族達が全員、日本人の道徳的な面でお手本になるような人々ばかりであったならば、最近の憲法改正談義において、貴族院や爵位の制度の復活論が出たかも知れない。しかし、貴族全員が品行方正であることは、あり得ない。人間というものは、何等の努力をせずに十分な生活費が与えられ、周囲が平伏する状態におかれるならば、徳川家達のような変わった趣味を持ったり、国民の顰蹙を買う行為をする人が何人も出ることは自然の成り行きである。

3，ただ、徳川家達についていえば、一四歳から一九歳まで、イギリスで受けた学校教育はどのようなものであったか、調査しなければならない。日本語教育は十分為されたのか、同性愛という嗜好は誰かが教えたのではないか。家達は、被害者かも知れない。日本では小学校のみで、中学校、高等学校をイギリスで過ごし、大学には入っていない徳川の「教養」はどういうものだったか、知りたい。

4，この騒ぎに政府には責任がない。徳川家達のようないわば政敵の首領を上院議長という見栄えがいい地位に置いていたことは、明治大正の政権の安定、余裕を感じさせる。諸外国や日本の反・明治大正政権派に対し、家達を担ぎ出す隙を与えず、適切な措置である。柳田を追い出すのにこれだけの手間をかけた家達の実力がたいしたものでないことを明らかにした点でも、明治政権を褒めるべきである。

5，柳田国男は民俗学の創始者とされているが、政界に入っても立派に通用したと思う。文部大臣に任命していれば、何か大きな業績を残せたのではないだろうか。

6，倉富勇三郎の日記、原敬の日記の存在は、これからも価値を増す。倉富日記を発掘し、解読した佐野眞一の業績は、称賛されるべきである。日本では、文庫本、新書版という情報源により、専門外の者でも安価で真実の情報を取得できることを実証した。「情報」を大事にする文化、安価で良質の文庫・新書の文化、書店の文化を大事にしたい。

注

注1　篠田達明「徳川将軍家十五代のカルテ」（新潮新書・二〇〇五年）一六五頁。なお、明治三五年六月三日、徳川慶喜家が創設され、徳川慶喜は、公爵を授けられた。慶喜は、側室との間に二二人の子供を作ったが、育ったのは一三人という。慶喜は、一九一三年（大正二年）、七七歳で亡くなった。慶喜の七男は慶久で、有栖川宮家の第二王女と結婚した。その次女が高松宮に嫁いだ喜久子である。佐野眞一「枢密院議長の日記」（講談社現代新書・二〇〇七年）一七八頁には、慶久が中国通の貴族院議員で、人気抜群の貴公子であるが、「離婚を迫って妻の髪を刀で切る」行為をしたとの記述がある。

注2　橋川文三「柳田国男　その人間と思想」によると、「大学生としての柳田の風貌は、田山（花袋）の作品にいかにも秀麗清純な青年として描かれている」。泉鏡花作品では、「気性の爽やかな美少年として、いくらか『やんちゃ』な姿で描かれている。」として、いずれも、「美少年」だった、としている。「柳田国男―民俗学の創始者」（河出書房新社・二〇一四年）五九頁。

注3　岡谷公二「貴族院書記官長　柳田国男」八五頁。

注4　岡谷公二「貴族院書記官長　柳田国男」一七一頁。

注5　神島二郎・伊藤幹治編「シンポジュウム　柳田国男」（日本放送出版協会・一九七三年）六一頁。

注6　神島二郎・伊藤幹治編、注5前掲書、四一頁。なお、橋川文三「柳田国男　その人間と思想」（「柳田国男　民俗

学の創始者」（河出書房新社・二〇一四年）は、柳田学へのすぐれた入門書である。

注7　倉富勇三郎は、久留米出身で、司法省法学校速成科卒業後、東京控訴院検事長、朝鮮総督府司法部長官、貴族院議員勅選議員を経て枢密院議長。

注8　松本烝治（一八七七―一九五四）は、柳田とともに明治三〇年七月、第一高等学校を一緒に卒業した。商法学者。農商務省、法制局長官、東京帝国大学教授。戦後、幣原喜重郎内閣で、大臣。憲法改正案要綱を作成したが、GHQは無視した。

注9　佐野眞一「枢密院議長の日記」二三九頁。

注10　岡谷公二「貴族院書記官長　柳田国男」一八〇頁。

注11　三太夫とは、華族、金持ちなどの家で、家事や会計などを委せられている執事、家令のことをいう。

注12　岡谷公二「貴族院書記官長　柳田国男」一八〇頁。

注13　松浦某とは、松浦鎮次郎（文部次官、九州帝国大学総長、枢密顧問官、貴族院勅選議員を歴任）を指すと思われる。

注14　週刊朝日編「値段の明治大正昭和風俗史」（朝日新聞社・一九八一年）一六一頁。

参考文献

岡谷公二「貴族院書記官長　柳田国男」筑摩書房・一九八五年。
佐野眞一「枢密院議長の日記」講談社現代新書・二〇〇七年。
神島二郎・伊藤幹治「シンポジュウム　柳田国男」日本放送出版協会・一九七三年。
衆議院・参議院「議会制度七十年史―貴族院・参議院議員名鑑」一九六〇年。
特集「柳田国男　民俗学の創始者」河出書房新社・二〇一四年。
徳川宗英「徳川家が見た幕末維新」文春新書・二〇一〇年。
篠田達明「徳川将軍家十五代のカルテ」・新潮新書・二〇〇五年。
野口武彦「慶喜の捨て身」新潮新書・二〇一一年。
浅見雅男「華族誕生」講談社学術文庫・二〇一五年。

第三部　水野錬太郎貴族院議員と著作権

1. 手盥にかけた著作権法—法文の一字一句に若い魂を打ち込んで（大阪朝日新聞昭和三年七月三十一日）（水野錬太郎）
2. 著作権法起草前後（昭和一二年・「論策と随筆」から）（水野錬太郎）
3. 著作権法起草の前後—少壮官僚時代の想い出（昭和一四年・「改造」七月号）（水野錬太郎）
4. 著作権ノ性質ニ就テ（水野錬太郎）
5. 我著作権法ト国際著作権法草案（水野錬太郎）
6. 著作者人格権の国際的承認（水野錬太郎）
7. ユーゼーヌ・プーイエー君（Eugene Pouillet）を弔す（水野錬太郎）
8. サー・ヘンリー・ベルギュ君を弔す（水野錬太郎）
9. ルイ・ルノール（Louis Renault）博士ヲ弔ス（水野錬太郎）
10. 祖父水野錬太郎と「明治」という時代（水野政一）
11. 旧著作権法と水野錬太郎（大家重夫）
12. 出版条例、版権条例、版権法—明治前期の著作権法制（大家重夫）
13. 水野錬太郎の「著作権」に異議を唱えた小林尋次（大家重夫）

1．手鹽にかけた著作權法

法文の一字一句に若い魂を打ち込んで

水野錬太郎

著作權法といへば、まあ日本では私がその元祖のやうなものですね。法學博士といふ肩書も私には著作權法研究制定當時の思ひ出深い記念ですし、私と著作權法とは切つても切れぬ肉親の親子のやうな血が通つてゐるのです。

私が帝大を出て、書生流の抱負に前途を夢みながら始めて役人生活に入り、內務省參事官となつたのが明治二十七年、その後どうやら日淸戰爭のやつさもつさが收まり、やつと國內も落ちつきかけた頃、ある日私は時の內相樺山資紀伯から『どうぢや水野、著作權法といふものをやらねばならぬのぢやが、君一つやつて見てくれぬか』との寢耳に水の仰せを承つた。こゝからいよ〳〵私と著作權法との因緣話が始まるのですが、當時（明治三十年）私はやつと三十歳そこ〳〵の若盛りで、この內相のお聲がかりには內心大いに意氣込んだものでした。

その頃日本は三十二年四月から、多年やかましかつた條約改正を實施することになつて居り、領事裁判權の撤去に先立つて列國著作權同盟條約に加盟することを、日英通商條約によつて約束して居つたので、改正條約を實施しようとするならば、いやが應でも日本の義務として、利

外遊當時の水野氏

害關係を度外視してこの著作權同盟に加盟せねばならなかつたのです。しかるに當時の日本の版權法には、外國の著作者の權利を認めてこれを保護するといふやうな規定などはなかつたので、こゝに著作權法といふ新しい法律を制定せねばならなくなつてゐたのです。

で私はその年から直ぐさまいろ〳〵の準備にとりかゝつたが、何しろ日本にはたつた一人の專門家も居ないといつた有樣なので、私は各國の制度調査のためはる〴〵英、米、獨、佛、伊等の諸國を經巡つて、たゞ一人心細い思ひをしながら研究をつゞけました。そのうちでも殊に

ヌヰスのベルンにある列國著作權同盟事務局には、毎日入り浸りのやうになつて、辭書と首つ引きをしてゐたものでした。かうしてやつと歸朝したのが三十一年で、それからすぐ私が主任格となつて、當時內務省若手の屬官だつた赤司鷹一郎君（前文部次官）や小倉正恒君（現住友理事）を相手に法案の起草に着手したのでした。

何でも夏の眞盛りで、暑苦しい役所では名案も浮ぶまいといふので、この二人と一緒に役所持ちの乏しい旅費を懷ろに、アンダーラインで眞赤に染つた山のやうな參考資料をかついで、箱根の溫泉宿に出かけ二ケ月程そこに籠城しました。著作權の性質が分らぬといつては、たつた一條の條文を作るのに三日も四日もかゝつて、湯の中でまで議論を闘はすといつたやうなわけで、若いだけに非常な意氣込みでやつたものでした。一番閉口したのは譯字の問題で、今でこそ何でもない話だが、リプロダクションを複製と譯し、アダプティションを飜案と譯したなどは、皆私たちが著作權法案を起草する副産物として發明されたものです。

かうして全文五十條から成る著作權法案は、私たちの若き心血に培はれてやうやく脫稿し、三十一年の冬の議會卽ち第十三帝國議會に提出される段取りとなつたのですが、議會では兎に角日本としては最初の法律でもあり、殊に諸外國との著作權條約に關係があるので、かなり手きびしい論議もあつた。貴族院方面では、加藤弘之、木下廣次、菊池大麓、菊池武夫氏等の諸方面の學者連が特別委員會の中心となり、大分質問がやかましく、それに時の内相西郷従道侯が例のヌーボーと來てゐるので、私は初舞臺の政府委員としてほとんど一手で應待し、多少修正はあつたがやつと原案が認められ兩院を通過するに至つた。これが今日の著作權法であるが、いはゞ私は同法案の生みの親でもあり、また產婆の役目も努めたわけなのです。

その後この著作權法についてはいろ〳〵な問題が起つたが、その解決にはいつも私が引き合ひに出されて、その都度手鹽にかけて育てあげて來た。その内でも一番面倒だつたのはやはり飜譯權の問題でした。つまり從來著作權同盟に加入する前は、外國の書籍は自由にこれを飜譯することが出來たのであるが、加入後は原著作者の許可を得ねば飜譯することが出來ないといふことになつた點で、これは日本にとつては確に不利益な問題であつた。といふのは何といつても日本が明治時代に入つてから世界的に躍進したのは、歐米の新しい文化を吸收消化したからで、その媒介をしたものは主として外國の書籍であり、その飜譯が同盟加入によつて制限されることになればそれは日本の不利益に違ひない。この點は議會でも問題になつたが、しかし領事裁判權の撤去には代へられぬから、條約に基いて同盟に加盟したので、實にやむを得ない事情にあつたのです。

明治四十一年にはベルリンに著作權保護同盟萬國會議が開かれたので、私は日本代表として
これに出席し、ストックホルム公使館二等書記官だつた堀口九萬一君も委員として袂を連ね非
常な助力を與へてくれました。會議でもつとも問題となつたのは飜譯權の問題で、當時飜譯權
の期間は十年であつたのを、ドイツから『飜譯の期間は著作權の期間と同樣著者の終身および
死後五十年とし、その間は飜譯の自由はまかりならぬ』といふ提案が持ち出され、フランス、
スヰス等の諸國もドイツ案を支持し會議の形勢はこの提案に有利で通過は確實のやうに看取さ
れた。これは大問題だ。飜譯權の期間が延長されゝば日本にとつては一層の不利益で、無形の
打撃は日本の進歩の上にブレーキをかける結果になるかも知れぬ。そこで私はドイツ案に反對
して飜譯自由の提案をなし、日本の立場を說明し各方面から論じ來つて期間延長案の撤回を求
めたのでした。ところがこの演說が各國の同情を引き、ある代表の如きは演壇を下りると私の
手を握つて『お前の演說はよかつた』といつてくれました。

かうしたわけで危いところでドイツ案の通過を食ひとめ、飜譯權の期間は私の主張の如く元
々通り十年となつたが、當時の內相平田東助伯から『勤勞を謝す』との電報をベルリンの寄舍

で受けとつた時、私はほつと胸を撫で下すと同時に、思はず兩の眼瞼が熱くなるやうに覺えました。あれは恐らく私の一生涯を通じての忘れ難い快心事の一つでせう。役人生活、政治生活幾十年、そのスタートを切つたものは著作權法の制定であり、あの法文の一字一句には私の苦心が刻み込まれてゐると共に、私の若い頃の思ひ出と、いひ知れぬ愛着の念とが秘められてゐるのです。

〔略歴〕　前文部大臣、貴族院議員、法學博士。

明治元年生れ（六十一歳）、同二十五年東京帝國大學法科大學を卒業して直ちに内務省に入り、同省各局長次官に歴任し、大正五年寺内内閣の内務大臣となり、同八年朝鮮總督府政務總監に親任せられた。同十一年の加藤友三郎内閣に再び内務大臣となり、同十三年清浦内閣に三度内相として入閣し、昭和二年田中内閣には文部大臣にあげられ翌年これを辭す。地方自治行政の功勞者として知られ、大正元年貴族院議員に勅選せられた。

（大阪朝日新聞・昭和三年七月三十一日）

2. 著作権法起草前後

水野錬太郎

著作権法調査の爲め海外へ

明治卅年十一月に、私は著作權法に關し調査の命を受けて歐洲各國へ派遣せられることゝなりました。同年十二月にベルギー國ブルッセルに於て工業所有權保護に關する國際會議が開かれるので、日本より農商務省の磯部正春・本野英吉郎の二君が、代表委員として派遣せられる事になりましたが、内務省としても、工業所有權と直接の關係ある著作權に關する事を調査するの必要がありますので、此の會議に代表者を出す事と相成りまして、私がその委員に任命されたのであります。同年十一月に横濱を出帆し、亞米利加を經て十二月にブルッセルに到著し、磯部・本野兩君と共に會議に參列しました。其の會議が終つてから歐洲各國を巡回し、著作權に關する法制等を調査研究しました。又瑞西のベルン市にある知能權國際同盟中央事務局(Bureauinternational de la protection de la probriété intellectuelle)に行き、同局長モレール氏(Morel)

竝に著作權の主任者たるレートリスベルゲル氏（Röthlisberger）に面會し、同盟條約のことや、各國の法制等に就いて親しく兩氏の話を聞き、又必要なる參考書等を蒐集し、翌卅一年六月に歸朝したのであります。

歸朝早々著作權法制定の命下る

日本が著作權保護國際同盟に加入するに至りました譯は、日英條約に於て、日本に於ける治外法權撤去の條件として、日本は著作權竝に工業所有權保護國際同盟條約に加入する事を約束した爲であります。而して治外法權は明治卅二年六月に撤廢せらるゝことゝなつて居つたのでありますから、其の前に此の同盟に加入せねばならなかつたのであります。此の同盟に加入する以上は、我が國の著作權法を制定しなければならない譯になつたのでありますから、何うしても卅一年の冬の議會には著作權法を提出せねばならないのであります。斯る次第でありましたから、歐米より歸朝早々私に著作權法制定の命が下つたのであります。

箱根の宿舍にて起草に着手

日本に於ては從來版權法といふものがありましたが、これは書物に關する權利を認め、之を保護したのであります。其の外に廣く、繪畫・彫刻・模型・音樂・建築物等、廣い意味に於ける學藝著作物を保護する法制がなかつたのであります。而して同盟條約に於ては、此等の學藝著作物を保護する事になつてをりますから、日本に於ても單に書物の版權を保護するのみでなく、如上の著作物をも保護せねばならないので、新しく法律を制定することが必要となり、そこで私が此の命を受けたのであります。著作權の法制は日本に於ては初めてであり、未だ之に關する專門家もなかつたのでありますから、自分一人で之を研究起案せねばならない事になつたのであります。そこで補助者としまして小倉正恒君(今の住友の總務理事)、赤司鷹一郎君(元文部次官)が當時大學を出て、見習として內務省に在勤して居りましたので、此の兩人を補助者として著作權法制定に關し研究する事となつたのであります。東京に居ては雜務が多くて、迚も此の法律の起草に從事する事が出來ませんでしたから、大臣の許可を得此の兩人を同伴し箱根で調査する事としたのであります。

苦心二ケ月著作權法案成る

同年七月に箱根塔の澤の、玉の湯の一室を借切つて、朝から晩まで此の法律の起草に從事したのであります。此の法制は日本に於ては初めてでありますから、其の名稱の如きも何とつけてよいか苦心をしたのであります。著作權といふ名稱も此の時初めて發明されたのであります。版權では狹きに失する、この權利の目的物は、文書・繪畫・音樂・模型・彫刻・建築物等にも及ぶのでありますから、此等を包含する名稱でなければならぬので、廣く著作物に關する權利といふ事からして著作權といふ名稱を附けたのであります。其の時にも、或ひは創作權とか、又は作品權とかが至當だといふ色々の議論がありましたが、遂に著作權といふ名稱になつたのであります。其の他同法中に用ひたる用語は皆新しい文字であつて、例へば複製の如き、飜案の如き、僞作の如き、興業の如き、演奏の如き、皆其の時に發明した用語であります。これに就きましても、各國の法制を參考する爲に、小倉・赤司の兩君を煩はして、各國の法制を飜譯したのであります。

日本最初の著作權法公布さる

これに就いて想ひ起すのでありますが、明治の初年に民法・刑法・訴訟法等を起草する任に當られました箕作麟祥さんや、西周さんや、神田孝平さんや加藤弘之さん等が、權利とか、義務とか、其の他の法律語を作る爲に非常に苦心されたといふ話を聞きましたが、如何にも左樣であつたらうと、自分の體驗から想像されたのであります。今日では聞き馴れて何でもありませんが、當時起草の任に當られた人々の苦心は容易でなかつたらうと思ひます。斯樣な次第でありますから、吾々も亦勉强しまして、七・八兩月は朝から晚迄殆んど休む暇もなく、汗を流しながら著作權法起草に從事した次第であります。併し私はこれが爲めに著作權法に關して特別なる研究をなし、學問上の裨益をなしたことが尠くなかつたのであります。其れ故に當時著作權法は水野の專賣だとか、或いは著作權法は箱根の山から出たものだとかいふ評を受けたものであります。

著作權法專攻家となる

これが動機となり、爾來著作權法專攻家の名を博しまして、或は京都大學、其の他私立大學等に於きましても、同法の講義を擔當し、著書・論文等にも自己の研究を發表したのであります。學位論文として提出したのも著作權に關するものでありました。

扨漸く此の法律案の起草を完了し、之を議會に提出しましたが、議會に於ては私が政府委員として議員の質問の答辯に當つたのであります。當時貴族院に於ける特別委員は皆有名な學者で、偉い人ばかりでした。加藤弘之博士・木下廣次博士・菊池大麓博士・菊池武夫博士・山脇玄博士等が委員中に居られました。此等博士達の質問に一々應答するには隨分苦心したものであります。併し私の研究の結果が、今日著作權法制の基礎となつて實現されてゐるのを見、又之が治外法權撤廢の交換條件となつた事を考へますと、私の一生の中に非常に愉快に思ふことの一つであります。

（松波仁一郎編纂「水野博士古希記念　論策と随筆」（一九三七年）七八三―七八八頁）

3．著作権法起草の前後―少壮官僚時代の想い出

水野錬太郎

私は少年時代に本所の私塾で英學、漢學、數學等を學んだのだが、それはいまから考へると隨分不完全な授業振りだつた。だが、かうした不完全な教育を受けてゐたのでは、將來世の中に出て、役にたゝない。も少し正則な學校で教育を受けたいものだと考へるやうになつた。

そこで、當時稍々完備してゐる學校としては、神田に共立學校といふのがあつたので、これに入學することになつた。共立學校は高橋是清、大岡育造、鈴木知雄の諸先生が主宰して居られた。

私が入學した時も、これらの先生が教鞭をとつて居られ、高橋先生からは英語を敎つたわけである。けれどもその教授法とか、科目の割當てなどは、今日のものと比べて見ると、相當亂暴なものであつた。その頃の教育法は、今のやうに學年とか學期があつて、順序を追ふて進むといふのではなく、成績の良い者はそんなことお構ひなしに、上級に進めたものである。

私が入つたのは、たしか四級か五級といふのであつたが、毎月行はれる試驗には、優等の成績を得てゐたから、毎月毎月上級へどんどん進んで行つた。まあ上級へ進むことは、名譽でもあり、又嬉しいことでもあつたが、數學にしても、英語にしても、順を追ふて教はるのでなく、中途半端なところで、上級へ飛躍するのだから、上級へ進む毎に大變難儀をし

たり、苦しい思ひをした。

その頃の學生といへば、多くは貧乏書生であつて、殊に私は貧乏士族の倅、書物なども碌に買ふことが出來ず、本當の苦學の味をかみしめたものだ。英語の勉强をするにしても、辭書を買ふことが出來ない。だから今のお茶の水の聖堂のところに圖書館があつたので、毎日そこへ通つて英語の辭書を借り受け、それで勉强した。

辭書とは言つても、その數が少く、日英辭書といふのが、たしか一冊か二冊あつたばかり。從つて早く圖書館へ行かなければ、他の人に借りられて、どうすることも出來ない次第。いまでもよく覺えてゐるが、あの大きな辭書を半分ばかり、寫しとつたことがある。けれども、到頭根氣がつゞかず、終りまで完結することが出來なかつた。とにかく、さうした想ひ出もある程、苦學したものだつた。

○

次いで、大學に入るのにはどうしたらよろしいだらうか……といふ話が友達仲間でいろいろ論議されたが、それには大學豫備門に入るのがよいといふことになつて、豫備門の試驗をうけることになつた。

明治十七年に入學試驗を受けたのだが、何んでも志願者は千名内外あつたやうに覺えてゐる。今日試驗地獄といはれるほど大變な數ではなかつたが、ともかく收容人員の五、六倍ぐらゐはあつたやうだ。試驗科目は算術、代數、英語、譯讀、漢學等で、左程むつかしいとは思はなかつた。私は幸にも、百十七名の入學者の中に加はることが出來た。

合格者中の一番は前の美術學校長正木直彦君（當時政吉と言つてゐた）、二番は工業化學界で名を成した近藤界次郎君で、三番が私であつた。

その後豫備門は第一高等中學校となり、ついで第一高等學校と變り、後に一橋から本郷の彌生町に移轉したのである。當時の全級生にはさきに言つた正木、近藤兩君のほかに外務省の政務局長を經て支那公使として名をあげた山座圓次郎（當時上田圓次郎）文部次官や大學總長をした福原鐐次郎、文學博士芳賀矢一、物理學者として著名な中村清二、鋼管會社の白石元治郎、三菱の靑木菊雄の諸君がゐた。

更に毛色の變つた方面で名をあげた人としては、正岡子規、夏目金之助、山田武太郎の三君がゐた。夏目君は有名な漱石のことだから知らない人もないだらうが、山田武太郎君と言つても世人はよく知らないと思ふ。言文一致ではじめて小說を書いた山田美妙齋のことだ。

夏目、山田君のことは既に他の機會に喋つたので、それ以上話すこともないが、子規は暫らく學校へ來てゐただけで、退學してしまつた。顏は覺えてゐるが、深く交際したことはないので、豫備門時代の彼を語る材料は乏しい。

で、私は豫備門時代に、將來何科をやつて、どういふものにならうかといふやうな考へは、別にハッキリ決つてゐなかつたが、たゞ、何となく工學をやつたらと思つてゐた。まことに漠然たる考へだが、四面環海の日本の將來を考へると、これからさきは船舶といふものが必要になるだらう、故に私は造船學を學んだらよからう――とまあ、こんな風な考へを起して最初は工科志望だつたのである。

私は他の科目はさほど拙くはなかつたが、畫學といふか、圖畫といふか、とにかく畫を描くことが不得手で、圖面をかくなどといふことが頗る不得意であつた。けれども工科を志す以上は、どうしても圖畫がうまくなければならぬといふ次第で、先生からも『君のやうに畫が拙くては、所詮工科に入つても見込みがない』といはれたので、中途で志を換へ法科へ入ることになつたのだ。

當時、法科には法律科と政治科の二つがあつて、その何れに進むべきかについて、又いろいろ考へた。法科の學長をしてをられたのが、鳩山一郎君の先考鳩山和夫先生。その鳩山學長から――法科に入る以上、法律科をやるがよろしい、政治科を希望する者もあるけれども、政治科といふものは本當は學問ではない。たゞぼんやりしたことをやるのであるから、君らは寧ろ法律科をやるがよい――といふ勸めがあつた。

それ故、私は法科の中の法律科を選んだのであるが、さういふ勸告などによつて政治科を志望したものの中でも、その後法律科に轉じた者が多かつたやうである。

○

ともかく、かういふわけで大學三年もぶじに經過し、明治二十五年に、首席で卒業するの榮を得たのであつた。卒業生の數も極めて少く官廳を希望する者もあり、民間に行く者もあつたが、私は初め官廳へ入らうと思つてゐた。

ところが穗積陳重先生から『官界には大學出の人材が相當ゐるやうだが、民間にはどうも人がゐないやうだ。君は一つ民間の方へ行つたらどうか』といふ勸誘があつたので、たとへ民間に行つても同じく國家のために働くのだから、よいところがあれば行つても構はんと思ひ、よろしくお世話下さいと申したら、穂積先生は早速、私を澁澤榮一さんに紹介してくれたのである。

それで、私は澁澤さんにお目にかゝつた。澁澤さんの言はるゝには『それは大變に良い考へである。君のやうな大學出の秀才が實業界入りをして頭を出すやうになれば、將來わが國實業界にとつて非常な倖である。是非さういふ風にしたらよろしい。それでは、先づ自分が管理してゐる第一銀行に入つてもらひたい』とのことであつた。

澁澤さんには僅か一回初對面で會つただけで、第一銀行に採用されることになつた。しかし私は銀行の實務とか、實業界の樣子などサッパリ判らなかつた。だが、澁澤さんが折角さういつて下さるのだから、萬事お任かせするといふわけで、卒業するとすぐ第一銀行に入つたのであつた。

銀行には入つて見たが、帳面をつけるとか、ソロバンをはぢくとか、餘り面白いとは思はなかつた。これでは折角勉强した學問を實際に應用することが出來ない――といふ書生流な考へも起こり、澁澤さんを訪ねてこの話をしたことがある。

ところが、澁澤さんは『まあ、かういふ仕事から段々始めて行くのがよいので、さう初めからむつかしいことは出來るものでない。まあ、辛抱しなさい』と戒められた。澁澤さんは銀行の實務のみに私を使はないで、當時銀行集會所、商業會議所の會頭をして居られた關係上、その方にも私を用ゐた。

明治二十六年に商法の一部が施行せられ、近い將來には民法も實施せられるといふので、私は澁澤さんの紹介で毎週一二回商業會議所へ行つて法律の講釋をすることになつた。

銀行の實務よりも、この方が私にとつては面白く、また得意でもあつたので、講義の方に力を注いだのである。けれども大學を出たばかりで、民法にしても、商法にしても大學で概略を敎つただけで、よくは判つてゐない。それでも講義をしなければならないのだから、とにかく非常に勉强をした。

當時、私の講義を聽いた方々は第一に澁澤さん、三菱の莊田平五郎さん、生命保險の阿部泰藏さん、出版會社の八尾新助さん、海上保險の加藤正義さん等々、とにかく實業界の錚錚たる方々であつた。中でも阿部泰藏、加藤正義、莊田平五郎の諸氏はなかなか鋭くて、むつかしい質問をされるので、先生の私もいささか閉口したものであつた。

○

第一銀行で、斯様な仕事をしてゐたのだが、たまたま農商務省で鑛業法の改正、つまり現在の鑛山法、それから山林法等を制定する必要があるといふので、當時農務局長をしてゐた藤田四郎君が、大學の梅謙次郎先生に『今度農商務省でかういふやうな仕事をするについて、大學出の良い人を得たいと思ふのだが、誰か推薦してもらへまいか』と頼みこんだのだ相だ。

そこで、梅先生は私に面會を求められ『君はいま第一銀行に入つてゐる、それも勿論宜しいかも知れないが、それ以上に大切な仕事があるのだ。君の學校の成績を見ても、民間で銀行家となるよりは、官廳に入つて法制事務に關係する方が適任と思ふ。農商務省へ行かないか』といふ勸誘を受けた。

私としては澁澤さんのお世話になり、實業方面で働かうと思ひ、折角つとめてゐる場合一方に梅先生の勸誘があり、これを無下に斷はるわけにも參らず、實は困つたのである。

第一銀行に入るについては、穗積先生、澁澤さんに囑望された經緯もあり、自分勝手に他に轉ずることはどうかと考へ、穗積先生に對して梅先生からの勸誘の次第を話して相談したところ、先生の言はるゝには『君は民間にをれば、他日必ず頭を出すだらうとは思つてゐたが、しかし梅君の話にも道理がある、だからその點は君の自由に任せた方がよいと思ふ、自分は、君は民間で働いて貰ふことが君のためといふよりは、寧ろわが國の實業界のためによいといふ考へは、今でも變らないのであるが、しかし政府に入つて君の頭腦と手腕を揮ふことも國家のため必要であると思ふから、奮發してはどうか』といふ條理をつくした親切な話があつたので、澁澤さんに對しても、その委曲を話して相談し澁澤さんの快諾を得たので、遂に最初の官界入り、すなはち農商務省に入ることになつたのである。

これよりさき農商務省鑛山局には、先輩の田中隆三君があり、原嘉道君がゐたのだが、和田維四郎局長の退任に伴ひ、兩君とも農商務省を辭任して辯護士になつたので、鑛山局には一人も法律家がゐなかつたわけだ。そこで私がその後に入り鑛山法の改正をやり、それから山林局でも森林法の制定に當つたわけであつた。

當時の大臣は後藤象二郎伯で、次官は金子堅太郎さんであつた。私は非常な優遇を受けてゐたのだが、今度は內務省の方で、參事官に大學出の優良な人が欲しい、それについては水野といふのが農商務省にゐるが、彼を內務省に入れたいといふ話が起きた。都筑馨六さんが內務省の首席參事官だつたが、都筑さんがそれを首唱されてゐた様子であつた。

次いで私は都筑さんに招かれ『君はいま農商務省で仕事をしてゐるさうなが、是非内務省に來てくれぬか』と懇請された。私はどこへ行つても結局同じ國のために働くのであるから差支ないが、しかしさう勝手に自分できめるわけには行かぬ、だから農商務の大臣、次官に相談してもらひたいと答へて置いた。

農商務省の方では澁つたやうだつた。殊に金子次官は、水野は折角こゝで働いてゐるのだから、いま他に轉ずることは困るといふ意見だつた相だが、都筑さんは是非欲しいと言ひ、兩者の折衝の結果、遂に私は内務省へ行くやうになつた。これは明治二十七年の四月のことだ。

かういつた次第で、私の官界の經歴は農商務省が振り出しで、その後内務省に轉じ到頭内務省が、私の本家のやうになつたわけである。

○

その頃の内務省は、井上馨さんが大臣で、次官は松岡康毅さん。縣治局長（後の地方局）に江木千之さん、警保局長小野田元熈さん、土木局長は古市公威、社寺局長阿部浩、衛生局長高田善一の諸氏、首席參事官に都筑さんといふ陣容であつた。

自治制すなはち市制、町村制が發布施行せられて間もない時代だつたので、市制、町村制の解釋に關する疑義が續出し、地方廳からの伺ひが山積するといふ有様であつた。それで内務省内部にも、これらの解釋についていろいろ議論があり、縣治局には江木君を局長として、その下に一木喜徳郎君、木内重四郎君らが書記官をしてをり、これら縣治局の意見と參事官の意見とが往々衝突することがあり、随分議論に花が咲いたものであつた。

首席參事官の都筑君は外國の法制にも通じてゐたし、書記官の一木君は行政法の專門家であつたから、その間の論議はまことに目ざましいものがあつた。從つて私にもかういふ書物を調べてくれ、どこの法制はどうなつてゐるかといふ調子で、種々調査を命ぜられた。そこで英、佛、獨等の關係書を讀みつゞけるといふ有様で、これがため非常に勉强もし、また大いに修養にもなつた。地方自治制に關して、私が多少なりとも研究を遂げ、幾多の著書を出すに至つたのも、全くこの時代に養成せられた賜物で、この點について先輩の指導を深く感謝してゐる次第である。

内地では既に市制、町村制も施行せられ、続いて府縣制、郡制も施行せられたのであるが、北海道では未だその制度が實施せられてゐなかつた。私が恰度内務省に入つた頃は、北海道にも地方制度を施行しようといふ議があつて井上内相を筆頭に地方局長、警保局長、参事官等が北海道に赴いて、實地調査を遂げたのであつた。その結果北海道の地方制度を起案することになり、私も制度調査に關與して遂に北海道區制、一級町村制、二級町村制といふものが發布せられるに至つたのである。

また當時、東京市に關する制度が問題になつた。東京市に關する制度は今日なほ解決されてゐないが、明治二十八、九年頃からの問題であり、四、五十年もかゝつて未だ解決を見ない次第である。

明治二十二年市制發布の際、東京、大阪、京都の三大都市については特例を設け、市長を公選とせず、府知事をして兼任せしめ、これを特別市制と言つた。

ところが、特別市制は自治の本義に反するといふので、これを廢止するの議が衆議院に擡頭し、度々廢止案が議會に提出されたのであつた。けれども政府としては、三大都市に普通の市制を布くといふことは適當でない。特別市制を廢する以上、これに代るべき特別の制度を布かなければならぬといふ議論が起り、内務省で東京都制案なるものが起案されたのである。この都制案は都築馨六さん、江木千之さんの考に出たものであつたと記憶してゐる。

都制案といふのは、東京市を府縣と同一の格に置き、都長官を官吏とするといふ案である。これを明治二十八年かの議會に提出したのであるが、衆議院において反對論が起り、遂にこれを否決せんとする傾向になつたので、政府としてはやむを得ず、撤回することに相成つたのである。

その責を負ふて當時の野村内相は辭任し、都築参事官も辭表を提出し、江木地方局長は茨城縣の知事に轉任したといふやうな政治上の出來事があつたのである。

明治三十年に松方内閣が生れ、樺山大將が内務大臣になられた。樺山内相は特別市制廢止は多年の懸案であるから、この制度を廢止するのはやむを得ないといふことを決心され、衆議院の特別市制廢止案に同意されるに至り、兩院の議を經て遂に今日に及んだといふわけである。これが當時私の關與した中の重要問題であつた。

内務省参事官になつて間もない時、大學の富井政章先生に呼ばれて『君は行政官を罷め學界に出て、將來大學教授になる方がよいと思ふが、その氣はないか』といふ勸誘を受けた。

恰度、その頃京都大學が新設され、法科の敎授の候補者を物色中だつたので、その一人として私に白羽の矢が立てられたのである。

更に富井先生は『君は行政官としても適任であらうが、學者としてより一層適任であると自分は信ずるのであるから、その方に進出するやうに決心してはどうか』とも切言されたのであつた。

しかし私は內務省に轉じてから間もないことであり、行政官として働く考へであつたから、また再び他に動くことを欲しなかつた。そこで折角富井先生のお勸めではあつたが、學界に轉ずる氣はありませんと申上げた。富井先生は『とにかくよく考へて貰ひたい。それには一度濱尾先生（時の大學總長）に會つてよく話を聞いたらよからう』と言はれた。

それから一兩日經つて濱尾先生に招ばれたので、夕刻金富町の私邸に訪ねた。濱尾先生の話の長いことは有名で、私に學者になれといふことを諄々と說かれ、一時間や二時間では盡くるところを知らぬ有様であつた。

その要旨は行政官や政治家はいくらもその人があるが、學者として適任の人は極めて少い。大學の卒業生の中にも將來學者として名を成すべき人は、ほんの指を屈する程度にすぎない。他の職業に向く人は多いが、學者に適する人は極めて少い。その少い學者になるといふ事は、獨りその人の名譽であるばかりでなく、國家のためにも大いに必要なことである。

行政官とか政治家とか實業家とかはたゞ一國內に於いて名を成すのであるが、學者は世界的に名を成すもので、後世に永くその成績を殘すものであり、故に學者となるといふ事は無上の光榮としなければならない。法科の先生方が君を學界に引き出し、學者として非常に囑望してゐることは、實に君にとつて名譽であり、又君が國家につくす最善の道であると思ふ。

穗積君や富井君や木下君等が皆これを希望してゐるのだから、是非君はその通り決心せよと懇々と說かれ、到頭夜半十二時すぎまでかゝつた。私が『うん』といはないために話はなかなか止みさうになかつた。やがて電車のなくなる時刻でもあつたから、私は『それでは、よく考へませう』と言つて、漸く放免されたやうな次第であつた。

また京都大學總長の木下廣次先生からも『今度京都大學で

法科を新設するが、京都大學は東京大學と違つて、特色のある大學としたい。それで大學教授の候補者として自分は是非君を欲しいと思ふ。またいま海外留學生を派遣しようと思つてゐるのであるが、君の決心を聞いてから決めたいと思ふ。學科は君の望むところに任せるが、刑法を受持つてもらへば結構と思ふ。何とか決心してはくれないか』と說かれたのである。

かくの如く恩師、先輩から勸說されたが、私は必ずしも學者になる氣がないでもなく、又學者としての自信もあつたのだが、何しろ內務省に轉じたばかりで、內務省の先輩も皆信用してゐて吳れるのに、いま他へ行くことは如何にも心苦しく、先輩にも相談したところ『君は學者として適任であらうが、行政官にも將來は學者的行政官が必要であるから、是非そちらへ行くのは止めてもらひたい』と言はれたので、遂に諸先生の勸誘をお斷りしたのであつた。

穗積先生や濱尾先生、富井先生、木下先生が皆懇切に私のことについて考へて下さつたことに對しては、感謝してゐる次第である。だが、その時私が大學に轉じてゐたなら、教授として終始したであらうと思ふ。從つて今日とは違つたコースをたどつてゐたに違ひない。感慨無量のものがある。

○

斯樣にして大學教授となることは止めたのであるが、學界との緣は切れなかつた。明治三十二年頃だつたと思ふが、商法の一部即ち手形法、會社法、破產法が施行せられた。その時この三法律の註釋書が欲しいといふのが世間の要求であつた。

そこで明法堂といふ書肆から大學の梅謙次郎先生に、三法律の註解書の執筆方を賴んで來たので、梅先生は會社法を擔任せられ、手形法は高根義人君が擔任し、破產法は私に引受けて吳れといふ話があつた。

私はそれまで特に破產法を研究したこともなかつたのだが、梅先生から折角依賴されたのでお引受けして破產法の解釋書を執筆することになつた。梅先生の會社法、高根君の手形法に對し、私の破產法は甚だ劣つてゐるとは思つたが、勉强して『破產法要義』といふのを書き上げた。

今でも私の書齋には破產法に關する書物が相當並んでゐるので、當時のことを知らない人は『君はその方もやつてゐたのか』などといふが、實はその頃勉强した際の參考書なのだ。

いまから考へると、私の研究は粗雜で、甚だ汗顔の至りが、これが基になつて、私は破産法の專門家と見られる因緣を作つた。それで法科大學でも破産法の講座を作つたのだが、破産法の講義をする者がなかつたので、梅先生から私に講義を受持つやうにとの交渉があつた。

私は內務省參事官兼秘書官をつとめてゐたので、非常に忙しくこの上大學に出て講義をする暇がない。度々お斷りをしたのだが、梅先生は現在學界を見渡しても、他に適任者がないから、是非引受けてくれとの依賴があり、結局これを承諾したのであつた。

大學に出て講義をするとなれば、參考書も充分に讀み外國立法も研究せねばならず、却々の大役であつた。且つ多忙の行政事務にも關係してゐたので、私の一生涯に於いてこの時ほど心身を勞したことはなかつた。

內務省の事務を終り午后四時か五時に退出すると、それからすぐ講義の準備にかゝり、夜十二時、一時ころまで研究をつゞけたものだ。講義は一週間に二時間で、大學に出ることは少なかつたのであるが、その準備には多大の時を要したのである。

この時私はかういふ風に感じた。――行政官と大學教授と較べると、大學教授ほどつらいものはない。行政官の事務はそれ程に心身を勞しない。何か調べものをする時には下僚に命じてさせることも出來る。忙しいといつても知れてゐる。夜分は玉突きや圍碁などに時間を消すことも出來る。

然るに大學教授は、自分自ら深く研究しなければならず、下僚等は居らず、援助者等もなく、自分獨りで研究調査して、講義の草稿を作らねばならない。

故に大學に出て講義する時間は少いけれども、下準備には數倍の時を要する。それのみならず、常に新しい書物、新しい雜誌、また歐米各國の法制等も怠らず讀まなければならない。つまり大學教授の苦心は、決して行政官の比にあらずであるといふ事を悟り、大學の教授に對しては深い敬意を拂はねばならないと思つたのである。

かくして明治三十二年から三十六年までは、大學の講師として破産法の講義を受持つたのであつた。それのみならず私が破産法專門家といふやうに世間に聞えたので、私立の大學――早稻田大學、獨逸協會、專修大學、日本大學等からも破産法の講義の依賴を受けたのであつた。つまりこの時代は行政官としてよりも大學の教授として多くの時を費したわけである。

○

明治三十年十一月に、私は著作權法について調査の命をうけて、歐洲各國へ派遣せられることになつた。同年十二月にベルギーのブラッセルに於いて工業所有權保護に關する國際會議が開かれたので、わが國からは農商務省の磯部正泰、本野英吉郎の兩君が代表委員として派遣せられ、內務省としても工業所有權と直接の關連を持つ著作權に關する事を調査する必要があつたので、この會議に代表を出すことになり、私がその委員に任命されたわけである。

十一月に横濱を出發しアメリカを經由して十二月にブラッセルに到着し、磯部、本野兩君と會議に列席した。これが私のはじめての洋行で、會議には各國から專門の老大家ばかりが出席してをり、私などは少年と間違へられる程であつた。日本は非常に若い委員を寄越したではないかといふ批評さへ行はれた。

會議が終つてから、ヨーロッパの各國を巡歷し、著作權に關する法制を調査研究した。またスイスのベルン市にある知能權國際聯盟中央事務局（Bureaninternational de la protection de la probriété intellectuelle）を訪ね、同局長モレール氏並びに著作權の主任者だつたレートリスベルゲル氏にも會ひ、同盟條約のことや、各國の法制度について親しく兩氏の意見を聞き、また必要な參考書等を蒐集して翌三十一年六月に歸朝した。

わが國が著作權保護國際同盟に加入するに至つたわけは、日英條約に於いて日本に於ける治外法權撤去の條件として、日本は著作權並びに工業所有權保護國同聯盟條約に加入することを約束したがためである。

而して、治外法權は明治三十二年六月に撤廢せらるゝことになつてゐたのだから、その前にこの同盟に加入せねばならなかつた。つまりこの同盟に加入する以上は、わが國の著作權法を制定しなければならない譯になつてゐたのだから、どうしても三十一年の冬の議會には著作權法を提出せねばならぬ。かゝる次第で、歐米から歸朝早々、私に著作權制定の命が下つたのであつた。

わが國には從來、版權法といふものがあつたが、これは書物に關する權利を認めこれを保護したのである。だからこれ以外に廣く繪畫、彫刻、模型、音樂、建築、寫眞等廣い意味に於ける學藝著作物を保護する法制がなかつたわけだ。飜譯にしてもとにかく勝手氣侭に行はれてゐた。

同盟條約に於いてこれらの學藝著作物を保護することになつてゐるのだから、日本にあつても單に書物だけの版權を保護するのみでなく、如上の著作物をも保護せねばならないので、新しい法律を制定するの必要に迫られ、そこで私がこの命を受けたといふ次第である。

何しろ著作權の法制は、わが國でも初めてゞあり、未だこれに關する專門家もゐなかつたのであるから、私一人でこれを研究起案せねばならないことに相成つた。

いま住友にゐる小倉正恒君、元文部次官の赤司鷹一郎君がその頃大學を出て、見習として内務省につとめてゐたので、この兩君を補助者として、著作權に關する研究を進めることになつたのである。けれども東京にゐては雜務が多く、とてもこの法律起草に專念することが出來なかつたので、大臣の許可を得て兩君を伴ひ、箱根へ出かけたのであつた。

三十一年の七月に箱根塔の澤の玉の湯の一室を借り切つて朝から晩まで、新しい法律の起草に從つた。日本でも初めてのものだから、その名稱の如きも、何とつけてよいか、隨分頭をひねつたものである。著作權といふ名稱にしても、この時はじめてこしらへたわけなのだ。

版權では餘りに狭きに失する。權利の目的物は文書、繪畫、模型、彫刻、音樂、建築等に及ぶのであるから、これらを包含する名稱でなければならぬ。廣く著作物に關する權利といふことから發足して、著作權といふ名稱を附けたのである。

その時に或ひは創作權であるとか、または作品權が至當であるとか、いろいろの議論が出たのだが、遂に著作權といふことに落ち着いたのである。そのほか同法の中で使つた用語は、悉く新しい文字であつて、例へば『複製』の如き『飜案』の如き『僞作』の如き『興行』の如き『演奏』の如き、何れも當時發明した用語なのだ。いまでは別におかしくもなく、かゝる言葉を普通に使つてゐるが、最初に創り出した苦心は並大抵でなかつた。これらのことについても、各國の法制を參考するために、小倉、赤司の兩君を煩はして、各國の法制を次から次へ飜譯したのであつた。

こゝで想ひ起こすことは、明治の初年に民法、刑法、訴訟法等を起草する任に當られた箕作麟祥さんや西周さんや、神田孝平さんや加藤弘之さん等が、權利とか義務とかをはじめその他の法律語を創るために非常な苦心をされたといふ話である。如何にも苦心だつたらうと私の乏しい證驗からも想像されるのである。

斯様な次第で、私たちとしましても精を出して七、八兩月は朝から夜遅くまで、殆んど休む暇もなく、汗を流しながら著作權法起草と四つに組んだのである。しかし私はこれがために著作權法に關して、特別の研究を遂げ學問上得るところが尠くなかつた。

それ故に、當時著作權法は水の專賣だとか、或ひは著作權法は箱根の山から出たものだとかいふ評を受けたものである。その後明治四十一年に再びベルン會議に赴き、堀口九萬一君と共に飜譯權の問題について大いに努めたのであるが、現行法の發行の時より十年といふことでけりがついた。今度の會議では姉崎正治君が出席するが、飜譯權の問題について新しい局面がひらけるものと推察される。例の俗稱ブラーゲ旋風などといふものは煩はしい限りだから……。

その時は、これが動機となり私は著作權專攻家の名を博し京大その他私立大學等で同法の講義を擔當し、著書、論文等にも私の研究を發表したのである。學位論文として提出したのも『著作權の本質』とフランス文のもの一卷であつた。審査は穗積博士等がやられたと思ふが、著作權法で私は法學博士になつたわけである。

法律案の起草成り、これを議會に提出したのだが、議會に於いても私が政府委員として議員の質問の答辯に當つた。當時貴族院の特別委員は皆有名な學者ばかりであつた。加藤弘之博士、木下廣次博士、菊池大麓博士、山脇玄博士等が委員であつた。

私の研究の結果が、今日著作權法制の基礎となつて實現されてゐるのを見、またこれが治外法權撤廢の交換條件となつたことを考へると、私の一生の中で、これが非常に愉快に思ふことの一つになつてゐる。

（今日文化部門に於いて著作權の役割は非常に大きい。こゝに著作權の生みの親水野博士に乞ふて、特にその前後の想ひ出を語つていただいた。文責はいふまでもなく記者にある。）

（「改造」昭和一四年七月号）

4. 著作権ノ性質ニ就テ

講　演

著作權ノ性質ニ就テ（法理研究會ニ於テ演述）

法學博士　水野錬太郎

先日穗積陳重先生カラシテ此會ニ於テ一夕著作權ノ性質ニ關スル講話ヲセヨト云フ御話ガアリマシタカラ、今夕著作權ノ性質ニ關シ卑見ヲ述ベ且御高説ヲ承タマワロウト思ヒマス、著作權ノコトニ付キマシテハ此會デ一度カ二度御話シタコトモアリマシタガ、ソレハ重モニ條約ニ關スル點デアッタノデゴザイマス、今夕ハ著作權ノ法理上ノ性質ニ就テ御話シ致ス積リデゴザイマス、抑モ著作權ナル權利ハ極メテ新シキ權利デアリマスカラ、其性質ニ就テモ色々ノ説モアリマスシ、又實際問題トシマシテモ解シ惡イ點ガ隨分アルノデゴザイマス、私モ未ダ自ラ疑フテ居リ解決シ得ナイ點モ多々アリマスガ、今夕ハ從來研究致シマシタ結果ヲ報告シマシテ、皆樣ノ敎ヘヲ仰ギタイト思ヒマス

ソレデ著作權ノコトニ付キマシテハ論文モ書キマシタガ、其後尚ホ色々ナ材料モ集マリマシタカラ今夕ハ凡テ打混ジテ御話シヨウト考ヘマス、又モ一ツ御斷リシテ置カネバナラヌコトハ、今夕ハ公ノ會デ演説スルノデモゴザイマセズ、又學校デ講釋スルナドトモ違ヒマスカラ、總テ極ク

打明ケテ家族的會合トシテ御話致シタイト思フ、ソレデスカラ或ハ順序ヲ失ツテ居ル所モアリマショウシ前後顛倒シテ居ル所モアリマショウガ、其邊ハドウゾ御用捨アラムコトヲ願ヒマス

先ヅ第一ニ著作權ノ名稱カラ申述ベヤウト思フノデゴザイマスガ、著作權ト云フ言葉ハ新シイ言葉デ、著作權法ヲ編ミマスルトキニ實ハ私ガ拵ヘタ言葉デアルノデス、此言葉ガ適當デアルヤ否ヤト云フコトモ問題デアリマシテ、現ニ著作權法案ヲ貴族院ノ委員會デ審議シマスル際ニハ、其時ノ特別委員デアツタ人ハ皆立派ナ學者デアリマシテ、菊池理學博士トカ、木下法學博士トカ、加藤文學博士、菊池法學博士トカ、山脇玄サントカ、立派ナ學者連ガ委員ニナラレテ大變私ガ仕合セシタノデス、其時モ此名稱ニ付キマシテハ色々説ガアリマシテ、著作權ト云フ言葉ハ適當デアルカ否カ、ト云フコトニ付キマシテ先生方ノ御説モアツタノデス、素ト此著作權ト云フ名稱ハ日本ノ從來ノ法制デハ版權ト稱シ來ツタモノデアリマスガ、版權ト云フト出版スル權ト云フヤウニ解セラレマシテ、少シク狹過ギルヤウニ考ヘラルルノデアリマス、元來著作者ノ權利ト云フモノハ唯リ出版スル權利バカリデナク、美術者ノ繪畫、彫刻物ノ上ニ持ツ權利、音樂家ノ音譜ニ對シテ持ツ權利ト云フヤウナモノモ、著作權ト云フ中ニ含マルルモノデアリマスカラ、版權ト云フテハ意味ガ狹イカラ、版權ナル名稱ヲ改メテ著作權ト云フ名ヲ拵ヘタノデス、之ヲ外國ノ言葉デ申シマスト、佛蘭西ナドデハ Propriété littéraire et artistique （學藝上及ビ美術上ノ所有權）トカ或ハ又 droit d'auteur（著作者ノ權利）ト云フ言葉ヲ用ヒテ居ル、佛蘭西デハ普通ニ Propriété littéraire et artistique ト云フ言葉ヲ用ヒマスガ、著作者ノ權利ガ所有權《プロプリエテ》デアルヤ否ヤト云フコトニ付テハ、大分學者ノ間ニモ議論ガアリマシテ、ドウモ「プロプリエテー」ト云フ言葉ヲ用ヒル

ノハ穏當デナイト云フ説モアリマシテ、近頃デハ droit d'auteur ト云フ言葉ヲ用ヒル様ニナリマシタ、droit d'auteur ト云フノハ即チ著作者ノ權利ト云フコトデアルカラ、著作權ト云フ名稱ハ當ルヤウニ思ヒマス、獨逸デハ Urheberrecht 即チ創作者ノ權利ナル名稱ヲ用ユル、又時トシテハ Geistiges Eigenthum 即チ精神上ノ所有權ト云フ字ヲ用ヒテ居リマスケレドモ、ソレハ一般ニハ用ヒテ居ラナイデ、一二ノ學者ガ著書ノ中ニ用ヒテ居ル、普通ハ Urheberrecht ト云フテ居リマス、Urheberrecht ト云フノハ矢張リ日本ノ著作權ト云フ名稱ニ當ラウカト思ヒマス、英吉利デハ copyright ト云ヒマス、copyright ト云フノハ摸寫スル權利ト云フコトデアリマシテ、droit d'auteur トカ Urheberrecht トカ云フヨリモ少シ意味ガ狹イヤウニ思ヒマス、要スルニ版權ト云フ言葉デハ意味ガ狹過ギル、故ニ著作權ト稱スルガ宜イト云フノデ著作權ト云フ言葉ヲ採用スルニ至リマシタ、加藤博士其他ノ人ノ説ニ或ハ創作權トシタラドウカト云フコトモアリマシタガ、著作者ノ權利ガ創作權デアルカ否ヤト云フコトハ一ツノ學理上ノ問題トナツテ居リマスルカラ、兎ニ角適當ノ文字ノ見附カルマデハ著作權ト云フ言葉ヲ用ヒテ、法律上ノ言葉トシヤウト云フノデ、遂ニ著作權ト云フ言葉ガ通過シテ今日ノ法律語ニナツタ次第デアリマス

コレハ名稱ノ御話デアリマスガ、先キデ著作權ノ性質ヲ述ベルニ當リマシテ、其名稱ガ適當デアルヤ否ヤト云フコトガ關係致シテ參リマスカラ、チヨツト名稱ノコトヲ申述ベタノデアリマス

ソレカラ著作權ノ性質ト云フコトヲ述ベマスニハ、順序ト致シマシテ著作權ノ發達ノコトヲ一言御話シテ置カネバナラヌカラシテ、極ク簡單ニ著作權ガ歐羅巴ニ於テハ如何ニ發達シテ今日ノ法律上ノ權利トナツタカト云フコトヲ申述ベヤウト思ヒマス、詳シイコトハ京都大學カラ出シマス

内外論叢ト云フ雑誌ニ書イテ置キマシタカラ、茲ニハ極ク簡單ニ申述ベヤウト思ヒマス、羅馬法ナドヲ調ベテ見マシタガ、著作權ト云フ權利ニ相應スル權利ハ羅馬法ニ於テハ見出シ得ナイノデス、今日ノ私法上ノ多クノ權利ハ羅馬法ニ淵源致シテ居リマシテ、羅馬法ヨリ生レ出タモノガ多イノデアリマスガ、獨リ著作權ナル權利ハ羅馬法ニ認メテ居ラナカツタヤウデアリマス、尤モ羅馬、希臘ナドノ歷史ヲ見マスルト著作者ノ權利ハ認メテ居リマセヌケレドモ、著作者ガ自分ノ著作物ヨリ報酬ヲ受ケタト云フ事實ハ記錄ニ存シテ居ルノデス、例ヘバ有名ナル「ホレース」ト云フ詩人ハ自分ノ詩ヲ出版シテ、利益ヲ享有シタト云フコトガアル、或ハ自分ノ著ハシタ脚本ナドヲ祝祭日ニ國王ノ前ニ演ジテ、報酬ヲ得タト云フコトモアリマス、是ナドハ權利トシテハ認メラレタノデハナイケレドモ、著作者ニ一定ノ報酬ヲ與ヘタト云フ例證トシテ見ルコトヲ得ルノデアリマス、其他是等ノ歷史中ニハ色々面白イ事實ナドモアリマスガ、餘リ長クナリマスカラ申述ベマセヌガ、兎ニ角カウ云フ事實ガ希臘、羅馬ニ於テモ確ニ存シテ居ツタノデス、ソレカラ御承知ノ通リ羅馬法デハ物ヲ無體物、有體物 Res corporales, Res incorporales トノ二ツニ分チマシテ、無體物ノ中ニハ權利モ包含シテ居ルノデアリマスガ、著作者ノ權利ト云フコトハ無體物ノ中ニモ認メテ居ラヌヤウデス、唯一ツノ物體ニ他人ガ智能ヲ應用シテ、智能ノ結果ヲ其物體ノ上ニ現ハストキ、例ヘバ他人ノ所有ニ屬シテ居ル、机ノ上ニ彫刻ヲスルトカ、繪ヲ書クトカ云フトキニハ普通ノ机ガ變ジテ繪ナリ彫刻ナリノ出來タ机ニナル、サウスルト繪ナリ彫刻ナリノ出來タ机ト前ノ普通ノ机ノ所有權トノ關係ハドウ云フコトニナルカト云フコトニ付テハ、羅馬法ニ於キマシテハ二ツノ主義ガアリマシテ、一ノ主義ニ從ヘバ、是ハ「プロキユラス」派ノ説デアリマスガ、一ツノ物體ノ上ニ著作スル――製作ヲ施シテ新シイ物體ヲ生ジマスト、新シイ物體ノ所有權ハ製作者ニ屬スルモノデアル、他人ノ所有ニ屬シテ居ル物ノ上ニ一ツ製作ヲスルト、其製作シタ物ノ所有權ガ製作者ニ移リマシテ、元ノ物體ノ所有權ヲ認ムベキモノデナイト云フコトヲ言フテ居ル、之ニ反シテ一方ノ「サビヌス」派ノ說ニ從ヘバ、製作者ノ權利ハ認ムベキモノデナク、原物體ノ所有者ガ其上ニ權利ヲ主張スベキモノデアルト云フ說ヲ唱ヘテ居ル、ソレデ「ジユスチニアン」ノ法典ハ此兩說ヲ折衷シマシテ、製作物體ト原物體ノ所有權ヲ定メルノニハ、原物體ト製作物體トノ中デ、ドッチガ主要ノモノデアルカト云フコトニ依テ定メナケレバナラヌ、即チ智能上ノ働ヲ加ヘタモノガ主要ノモノデアルカ、ソレトモ原トノ物體カ主要ノモノデアルカト云フコトニ付テ極メナケレバナラヌ、ソレニ因ツテ所有權ヲ定ムベキモノデアルト言フテアル、丁度是ハ今日民法ナドニモ定メテアリマスガ、所謂「スペシフヒカション」即チ加工ガ所有權ノ原因トナルト云フノニ當リマシテ、智能上ノ働ヲ加ヘタ結果ガ主要ノモノナル場合ニハ、智能上ノ働ガ物體ノ所有權ノ基礎ニナルト云フ說ナノデアリマス、此智能的作用ニ起因シタル所有權ハ今日ノ著作權トカ或ハ特許權トカ云フ權利トハ全ク違ヒマスケレドモ、兎ニ角智能的製作物ヲ或人ニ屬セシムル狀體ヲ示シタモノデアルカラ、矢張リ其基礎ヲ人ノ智能的作用ニ取ツタト云フコトハ疑ナイコトデアル、此等モ矢張リ智能的權利ヲ認ムル所ノ一ツノ材料トナツタモノト認メルコトガ出來ルノデアリマス、併ナガラ是ハ決シテ今日謂フ所ノ droit d'autheur トカ、Urheberrecht トカ云フモノトハ全ク內容ハ違ツテ居ル、斯ウ云フ風ニ羅馬時代ニ於テハ今日ノ所謂智能權ト云フモノヲ認メテ居ラナカツタ、ト云フノハ全ク其必要ガナカツタカラデアル、法律ハ必要ニ依ツテ各種ノ權利ヲ創定スルモノデアリマスガ、羅馬時代ニ於キマシテハ隨分學者美術家等ノ著作物ガナイコトハナイ、併ナガラ其著作物ヲ他人ガ模倣シテ出版スルト云フヤウナ事實ガナカツタ、ト云フノハ其時代ニハ今日ノヤウニ印刷ト云フヤウナ、機械的方法ニ由ツテ書籍ヲ複製スルコトガアリマセヌデシタカラ、一ツノ著作物ヲ多數ニ製スルト云フコトガ出來ナカツタ、ソレデスカラ適マニ人ノ書イタモノヲ寫スト云フコトハアリマスケレドモ、ソレハ人ノ手デヤルノデス、從テ餘計ニ他人ノ利益ヲ奪フト云フコトハナカツタ、ソレデスカラ羅馬法デハ特ニ著作者ノ權利ヲ認ムル必要ガナカツタノデアリマス

著作權ト云フ特種ノ權利ガ法律上認メラルルニ至ツタノハ、中世ニ於テ印刷術ノ發明ガアツタ後デアル、印刷術ノ發明ニヨリテ複製ノ方法ガ容易ニナリマシタカラ學者ガ良イ本ヲ著ハシマスト他人ガ其本ヲ翻刻複寫シテ世ニ發賣スルト云フコトニナリマスカラ、出版者ダノ著作者ダノノ利益ヲ害スルコトニナル、折角骨ヲ折ツテ著ハシタ書物ヲ他人ノ爲メニ翻刻サレテ其利益ヲ奪ハルルコトニナリマスカラ著作者出版者ノ迷惑ハ甚ダシイノデアル、ソレデスカラドウシテモ著作者トカ或ハ出版者トカ云フ者ノ權利ヲ認メ之ヲ保護セナケレバナラヌト云フ必要ガ生ジテ來タ、ソレデ始メテ此權利ヲ認メマシタノガ丁度印刷術ノ發明後十數年後デアリマシテ、初メハ今日ノヤウニ著作者ノ權利ヲ保護スルト云フ趣意デ此權利ヲ認メタノデハナク、出版者ノ利益ヲ保護スルト云フ爲メニ或一定ノ時期ノ間、出版者ニ特許ヲ與ヘテ、其間其出版物ヲ專賣スル權利ヲ與ヘタノデス、ソレデ十五六世紀頃ハ多クハ「バイブル」ヲ出版シタノデス、所ガ「バイブル」其他ノ「クラシック」ノ書物ト云フモノハ、出版スルノニナカナカ金ガ掛ツテ容易ニ出版スルコトガ出來

ナイ、即チソレヲ印刷スルニ當リマシテ原本ト對照シナケレバナラヌ、ソレカラ缺字ガアレバ補正シナケレバナラヌト云フヤウナ風デアリマスカラ、「クラシック」ノコトニ精通シテ居ル學者ノ手ヲ假リルト云フコトガ必要デアル、ソレデスカラサウ云フ文書ヲ出版スルニ當リマシテハ、高イ給料ヲ拂ッテ學者ヲ招聘シナケバナラヌ、從テ斯ル書物ヲ出版スルニハ多クノ費用ト多クノ時トヲ費スノハ勿論デアル、然ルニ此ノ如ク費用ト手數トヲ懸ケテ出版シタル書物ガ公ニサレテ未ダ日尚ホ淺イノニ、競爭出版者ガ之ヲ翻刻シテ賣出シマスト云フト、折角前ニ多クノ金ト時トヲ費シテ出版シタ人ハ全ク之ガ爲メニ利益ヲ奪ハルルノデス、翻刻者ハ其他人ノ書物ヲ眞似ルダケデスカラ少シモ費用ヲ要シマセヌ、故ニ翻刻書ハ安ク賣ルコトガ出來ル、然ルニ原書ハ其割合ニ高ク賣ラナケレバナラヌ、從テ原書ヲ購讀スルモノハ少クナル、ソコデ原出版者ハ不利益ヲ受ケルト云フコトニナル、是ニ於テ原出版者ハ翻刻ヲ禁止シ自己ノ利益ヲ保護シテ貰ヒタイト云フコトヲ政府ニ迫リマシテ、其時ノ政府モ亦之ヲ保護スル必要ガアルト云フノデ、或一定ノ年限間——或ハ三年トカ五年トカ云フ僅ノ年限デスガ、原出版者ニ原著書ヲ出版スルノ特權ヲ與ヘタ、此特權ハ丁度今日ノ專賣特許ノヤウナモノデ、一定ノ年限間圖書ノ專賣權ヲ與ヘタノデアル、此沿革ニ關シマシテ何ノ國デ、イツ時分如何ナルコトガアッタカト云フヤウナコトハ詳シク雜誌ニ載セテ置キマシタカラ今夕ハ述ベマセヌガ、コウ云フ有樣デ始メテ出版者ニ一定ノ時期保護ヲ與ノルト云フコトガ起ッタノデス、ソレデ其間ニ若シ其特許權ヲ冒シテ他人ガ翻刻ヲスルト云フヤウナコトガアリマスレバ、ソレニ對シテ損害賠償ヲ要求スルコトガ出來ルト云フヤウナ權利モ與ヘタ、ソレデスカラ著作權ノ起原ハ出版者ニ與ヘタ此特許ニ始マルノデアリマス、此時期ヲ私ハ特許ノ時期《ペリオード、ド、プリビレージュ》ト稱ヘマシテ著作權法史ノ第一期ト名ケマス、而シテ其特許ハ國家ガ任意ニ與ヘタモノデアッテ、特許ヲ與フベキモノト國家ガ認メタモノニ限ッテ與フルノデ、今日ノ如クドノ書物デモ出版スレバソレニ著作權ガ生ジテ來ルト云フモノデハナイノデアル、詰リ此特許ハ學者ノ頭腦ノ製作物ヲ保護スルト云フ趣旨ヨリハ、寧ロ出版者ニ出版ノ費用ヲ償ッテヤルガ爲メニ一定ノ期間專賣ノ權利ヲ與ヘタト云フニ過ギナイノデス、即チ出版事業ヲ奬勵スル爲メニ與ヘタノデアルノデス、十五世紀カラ十六世紀間ト云フモノハ斯ウ云フ有樣デアッタ、而シテ此事實ハ決シテ伊太利トカ佛蘭西トカ獨逸トカニ於テ特種ナコトデナクシテ、殆ンド各國トモ同一ノ狀態デアッテ期セズシテ相一致シタト云フヤウナ有樣デアリマス、一國ノ法律ハ成長スルモノニシテ製作セラルルモノニアラズト云フ法諺ハ能ク此場合ニ該當スルコトデアッテ、各國ニ於テモ皆同ジ沿革ヲ經過シテ居ル、日本ニ於キマシテモ全ク其通リデ、版權法ト云フモノガ出來マシタノハ明治二十年デアリマスケレドモ、其前明治二年頃カラ版權ヲ認メタル規則ハアッタノデス、明治二年ノ古イ太政官ノ布告ヲ見マスルト、矢張リ初メハ原出版者ニ圖書ヲ販賣スルノ權利ヲ與ヘマシテ一定ノ時期ノ間圖書專賣ノ特許ヲ與ヘタノデアル、ソレハ決シテ歐羅巴ノ眞似ヲシタ譯デモ何デモナク、自然ノ必要カラ此ル規定ノ制定ヲ見タノデアリマシヨウ、コレニ由ッテ見ルト、洋ノ東西ヲ問ハズ、時ノ古今ヲ論ゼズ、總テ著作權ノ沿革ハ同一ノ發達ヲ爲シタト云フコトヲ知ルコトガ出來ル、此時期ガ經過シマシテ次ノ時期ニ遷ルト云フト、特許主義ガ變シテ權利主義ニナリマス之ヲ私ハ著作權法史ノ第二期ト名ケマス、第一期時代ニハ出版者ノ出版費用ヲ償フガ爲メニ出版者ニ一定ノ年限間專賣ノ特許ヲ與ヘテ居リマシタニ過ギマセヌケレドモ、ソレデハ著作者ノ保護ヲ完全ニスルコトガ出來ナイ、單ニ出版者ニ利益ヲ與フルダケデハ充分ノ保護ニナラナイ、出版者ヨリハ寧ロ著作者ニ權利ヲ與ヘナケレバナラヌ、有益ナル書物ナリ立派ナル繪畫彫刻ヲ製作シタ學者、美術家ニ權利ヲ與ヘ、ソレヲ保護シナケレバ立派ナ書物モ立派ナ製作物モ出來ヌ從テ學問美術ノ發達ヲ望ムコトガ出來ヌト云フコトカラシテ第二期ニ至リマシテハ、直接ニ著作者ニ權利ヲ與フルヤウニナリマシタ

第一期ノ特許主義ノ時代ニ於キマシテハ、特許ヲ與フルハ一ニ國家ノ認定ニヨルモノデアッテ國家ガ一々著作物ヲ審査シテ、此書物ハ良イ書物ダカラ五年專賣權ヲ與ヘル、是ハ更ニ有益ノ書物ダカラ二十年與ヘルト云フヤウナ風ニ、全ク國家ノ自由ノ認定ニ依テ與ヘタモノデアリマシタ、從テ其時ノ見ル人ノ考ニ依ッテ特許ノ認定並ニ其年限ガ違ヒマシタ、然ルニ權利主義ノ時期ニナリマスト、サウデハナク、元來著作權ヲ保護スルノハ決シテ著作者ニ報酬スルト云フ趣旨デハナイ、著作物ト云フモノハ人ノ頭カラ出タ所ノ產出物デアッテ、恰モ有體物ノ所有權ニ於ケルト同一デアルト云フ理由ニ基クノデアル、苟モ有體物ニ對シテ權利ヲ認メ之ヲ保護スル以上ハ、無體物――是ハ譬喩ノ言葉ヲ以テ言フノデスケレドモ――無形ノ勞力ヲ以テ作リ出シタ所ノ著作物ニ對シテモ保護ヲ與ヘナケレバナラヌ、學者、美術家ノ頭デ作リ出シタモノモ、大工ガ家ヲ建テタモノト同ジコトデアルカラ同樣ニ之ヲ保護シナケレバナラヌ、是レガ法律上著作權ナル特別ノ權利ヲ認メタ理由デアル、ソレデスカラコレハ法律ニ依ッテ當然生ズル權利デアッテ、國家ガソレヲ審査シテ與フベキモノデナイ、故ニ我々ガツマラナイ論文ヲ書イテモ、ツマラナイ樂譜ヲ作ッテモ、作ッタト云フ事實ニ依テ直チニ著作權ガ發生スルノデアリマス、是ニ至リマシテ著作者ノ

權利ガ竟ニ完全ナル財産權トナルニ至ツタノデアリマス

著作權ガ認メラレマシテ今日ノ狀態ニ至リマシタノハ、極ク略言致シマスレバ以上申上ゲタ通リノ次第デアリマスガ、更ニ私ハ著作權ノ世界的權利ニ移ル第三期ヲ述ベヨウト思ヒマス、今マデハ著作權ハ一國內デノミ保護シテ居リマシテ、日本ノ著作物ダケヲ日本ノ國法ハ保護シ、佛蘭西ノ著作物ヲ佛蘭西ノ國法ガ保護シテ居ツタノデアル、然ルニ元來著作物ノ保護ト云フモノハ一國內ニ限定サルベキモノデナイ、著作物カラ受クル利益ハ世界的ノモノデアル、我々ハ佛蘭西人ノ書イタモノニ依ツテ利益ヲ受クル、又英吉利人、獨逸人ノ著作物ヨリモ同樣ニ利益ヲ受クルト云フ風ニ、學者美術家ノ著作物カラ受クル利益ト云フモノハ全ク世界的デアル、從テ之ヲ保護スルニモ亦世界的デナケラネバナラヌ、若シ此保護ヲ單ニ國內的ノモノトシテ置キマシテ國境ト其範圍ヲ同ジウスルト云フコトニイタシマスレバ、一タビ國境ヲ離ルレバ其著作權ガ侵害サレテモ何等救濟ノ途ガナイト云フコトニナリマスカラ、ソレデハ學者、美術家ヲ充分ニ保護スルコトガ出來ナイノデアリマス、例ヘバ佛蘭西人ノ書イタ書物ガ其境ヲ越ヘテ白耳義ニ行ケバ最早保護セラレズ獨逸人ノ書イタ書物モ隣ノ瑞西ニ於テハ何等ノ保護ノ途ガナイト云フコトニナリマスレバ、佛蘭西著作者獨逸著作者ノ權利ヲ完全ニ保護スルコトハ出來ナイ、ソレデアルカラ近來著作權ノ保護ハ世界的ナラザル可カラズトノ說ガ起リマシテ、ソレデ佛蘭西ト白耳義ト、又瑞西ト獨逸ト條約ヲ結デ、御互ニ兩國ノ著作者ノ權利ヲ保護シヤウト云フコトガ始マツテ來マシタ、ソコデ獨逸人ノ著作權ヲ瑞西ニ於テ侵害スルモノガアリマスレバ瑞西ニ於テ之ヲ罰シ、佛蘭西人ノ著作權ヲ白耳義ニ於テ翻刻スレバ白耳義ニ於テモ之ヲ罰スト云フ樣ナコトニナリマシテ、此ル協定ガ十八世紀時分カラ各國ノ間ニ成立ツヤウニナリマシタ、而モ唯二个國間ノ協定デハ未ダ以テ充分ニ目的ヲ達スルコトガ出來ナイ、獨逸ノ書物ハ佛蘭西ニモ行ケバ、伊太利ニモ行ク又英吉利、露西亞ニモ行クト云フ有樣デアルカラ、之ヲ完全ニ保護シヤウトスルニハ世界共通シテ之ヲ保護シナケレバナラヌ、單ニ二个國若クハ三四个國間ノ協定ヲ以テシテハ完全ニ著作者ノ權利ヲ保護スルコトガ出來ナイト云フ考カラシテ、著作權保護ニ關スル列國ノ同盟ト云フ必要ヲ感ズルヤウニナツテ來マシタ、言葉ヲ換ヘテ言ヘバ著作權ノ世界的保護ヲ認メナケレバナラヌト云フコトニナリマシテ、十八世紀以後ニ至リマシテ佛蘭西ノ學者ヲ中心トシ、英吉利ノ學者、獨逸ノ學者等ガ之ニ贊同シマシテ、著作權ノ世界的保護ト云フコトヲ認メヤウト云フ聲ガ盛ニナツテ來テ、遂ニ有名ナル佛蘭西ノ學者ビクトルユーゴーノ主唱ニヨリマシテ、萬國學藝美術協會ト云フ、私立ノ會デハアルガ有力ナル國際的協會ガ起リマシタ、又次ニ其協會ガ主唱者ニナリマシテ、公ニ認メラルル國際同盟ヲ起サウト云フコトヲ唱ヘ出シマシテ、數年掛ツテ遂ニ瑞西ノベルヌ府ニ於テ開キマシタ萬國會議ニ於テ始メテ著作權保護ニ關スル萬國同盟ト云フモノガ出來マシタ、而シテ遂ニ日本モ改正條約實施ノ日カラ此同盟ニ加入スルコトニナリマシタ、是ニ於キマシテ著作權ハ始メテ世界的權利トナリ、世界的保護ヲ全ウスルニ至ツタノデアリマス、今日デハ日本モ此同盟ノ一員トナリマシタカラ、日本ノ著作物ハ外國ニ於テ保護セラレ、外國ノ著作物モ日本ニ於テ保護スルト云フコトニナリマシテ、始メテ著作物ト云フモノガ完全ニ保護ヲ受クルニ至ツタノデアリマス、故ニ著作權ノ沿革ヲ一言ニシテ申シマスレバ、特許主義ヨリ權利主義ニ遷リ、更ニ進デ世界的權利ニナツタト云フコトニナリマス

著作權ノ發達ヲ大略申上ゲマスレバ、以上申上ゲタ通リノ次第デアリマス
扨テ然ラバ著作權ハ何故ニ保護シナケレバナラヌカ、何故ニ法律ガ著作者ノ權利ヲ認メルニ至ツタカト云フ、立法上ノ理由ヲ研究スルノガ次ノ問題デアリマス、換言シマスレバ著作權保護ノ基礎如何ト云フ問題デアリマス
段々諸種ノ書物ヲ讀デ見マスト、著作者保護ノ理由ト云フコトニ付キマシテハ色々學者ノ說ガアルノデス、ソレデ私ハ是等ノ諸說ヲ彙纂シテ、假ニ各種ノ主義ニ分類シテ見マシタ、而シテ此主義ハ凡ソ四ツニ分ツコトガ出來ルノデゴザイマス
第一ハ創作者保護主義ト名ケマス、此主義ニ從ヘバ著作權ヲ保護スルノハ創作者（Schöpfer）ヲ保護スルト云フノデアル、元來著作者ハ創作者デアル、新シキ物ヲ創出スルモノデアル、例ヘバ我々ガ一ツノ詩ヲ作ルトカ一ツノ繪畵彫刻ヲ作ル ノハ、吾々ノ頭ノ創作的能力（Schöpferische Thätigkeit）ガ發現スルノデアル、即チ吾々ガ頭デ考ヘ出シテ新規ノ思想ニ基イテ一ツノ物ヲ拵ヘ出スノデアル、新規ノ物ヲ拵ヘルカラソレヲ法律ガ保護スルノデアル、然ルニ他人ガソレヲ眞似ルノハ決シテ創作スルノデハナイ、擬作スルノデアル、故ニソレハ保護スルニハ及バナイノミナラズ却テ之ヲ罰スルノデアル、丁度所有權ノ基礎ニ關スル學說ニ付テ云ヒマスレバ、所有權ノ基礎ハ所謂先占ニ在ルト云フ說ト同一デアリマス、即チ或ル人ニ所有權ヲ與フルノハ其人ガ一番先キニ物ヲ占有スルカラデアル、素ト元始社會ニ於テハ總テノ物ハ人類ノ共有ナノデアル、何處ノ山ニ這入ツテ樹木ヲ取ツテモ宜イ、何處ノ河川ニ行ツテ漁獵シテモ差支ヘナイ、カウ云フヤウナ時代ニハ所有權ト云フモノハナイノデアル、然ルニ一人ガ何處カ一所ノ土地ヲ區劃シテ住居ヲ

占ムル、サウスルト其先キニ占メタ物體ト其人トノ間ニ特別ノ關係ヲ生ジテ來ル、私ガ飛デ居ル鳥ヲ捕ヘルト、私ト其鳥トノ間ニ一ノ別ノ關係ガ生ジテ來ル、是レガ所有權ノ原因トナルモノデアッテ、詰リ先占ト云フコトガ所有權ノ基礎ニナルノデアル、此說ガ所謂先占主義ト稱スル說デアッテ、之ヲ以テ所有權ノ基礎ヲ說明シテ居ル、是ト同ジ理論デ著作權ノ基礎ハ創作ニアルト云フノデアル即チ吾々ガ頭腦ノ働デ以テ社會ノ現象ヲ捕ヘテ、學問上、美術上ノ製作ヲ爲スノデアル、例ヘバ富士ノ山ハ誰デモ書クコトガ出來ルケレドモ、私ガ富士ノ山ノ畵ヲ書ケバ私ト其富士ノ山ノ畵ノ間ニ特別ナ關係ガ生ズルノデアル、又我々ガ法學上ノ問題ニ關シ、權利論トカ主權論トカ云フ書物ヲ著ハセバ、其書物ハ吾々ノ創作シタルモノデアルカラ著作者ト著作物トノ間ニ一種ノ關係ヲ生ズル、即チ其主權論トカ權利論トカ云フ論說、或ハ富士ノ山ノ畵ト云フモノハ其著者ノ物ニナルノデアル、デアリマスカラ其物ノ上ニ權利ヲ認メナケレバナラヌ、是ハ全ク其人ノ自由意思ニ基イテ智能ノ働デ製作シタ物デアルカラ他人ノ擬作ニ對シテ之ヲ保護スルノデアル、從テ他人ハソレヲ眞似テ同ジ物ヲ作ルコトハ出來ナイ、私ガ權利論ト云フ書物ヲ書ケバ、權利論ト云フ題目ニ付テハ誰デモ書クコトハ出來ルケレドモ、私ノ書イタ物ト同ジ物ヲ作ルコトハ出來ナイノデアル、此ノ如ク著作者ノ權利ヲ認メ之ヲ保護スルト云フノハ、全ク其創作シタト云フ事實ニ基クノデアル、ソレ故ニ獨逸語デ著作權ヲ Urheberrecht（創作者ノ權利ト云フ意義）ト云フノハ全ク此說ノ原理ヲ言現ハシタモノデアル、此說ヲ主唱スル學者ハ隨分多クアッテ、佛蘭西ノ「プーイエー」瑞西大學教授ノ「フオン、オレリー」ナドハ極力此說ヲ主張シテ居ル

第二說ハ「アルバイト、テオリー」ト私ハ名ケルノデアル、勞力說ト云ヒマスガ、所有權ノ基礎ヲ

説明スル加工説ト云フノニ該當スルノデアル、此説ハ前ノ説ト違ヒマシテ、著作權ノ基礎ハ決シテ創作ト云フ事實ニ基クモノデハナイ、全ク著作者ノ勞力ニ基クモノデアルト云フノデス、著作者ハ創作者ナリト云フノハ間違ッテ居ル、著作者ガ自己ノ新シイ思想ニ基イテ色々ナ物ヲ創作スルト云フノハ、全ク誤ッテ居ル、學者ガ學術上ノ著作ヲナスモ又美術家ガ美術上ノ製作物ヲ作ルノモ、決シテ創作スルノデハナイ、學者ガ學術上ノ著作ヲシタリ、美術家ガ美術上ノ製作ヲシタリスルノハ、社會カラ其材料ヲ受ケルノデアル、例ヘバ書ヲ書クニシテモ山水トカ富士ノ山トカ云フ天然ノ景像ヲ基礎トシ之ヲ模寫スルノデアル、學者ガ色色ナ著作ヲスルケレドモ、ソレモ從來天然ニ具ッテ居ルモノヲ基礎トスルトカ、或ハ單ニ社會ノ現象ヲ網羅蒐集スルニ過ギナイノデアッテ、決シテ新シク創作スルノデハナイノデアル、或ル學者ノ言フタ通リ、人ハ皆模倣性ヲ持ッテ居ル、模倣性ノ應用ニヨッテ著作物ガ出來ルノデアル、ソレデスカラ創作ノ理由ヲ以テ、著作權ノ基礎ヲ説明スルコトハ出來ナイノデアル、ソレノ例トシマシテ亞米利加人ノ「カレー」ト云フ人ハ面白イ譬喩ヲシテ居ル、學者ガ著作スルノハ恰カモ他人ノ花園ニ行ッテ花環ヲ作ルヤウナモノデ、花環ヲ作ルト云フコトハ成程其人ガヤルケレドモ、其花ハ他人ノ花園ニ生ジタモノデアル、デアルカラシテ其花環ノ所有權ヲ主張スルコトハ出來ナイモノデアル、唯他人ノ花園ニ出來タ花ヲ採ッテ自己ガ勞力ヲ施コシタニ過ギナイ、勞力ハ施コシタニ違ヒナイケレドモ其花ノ原料ト云フモノハ他人ノ所有ニ屬シテ居ル、故ニ其物ノ上ニ直チニ所有權ヲ主張スルコトガ出來ナイ之ト同ジク、著作スルト云フモノモ天然ノ現象トカ、社會四圍ノ狀態トカニ其材料ヲ取ルモノデアルカラ、勞力コソ掛ルガ創作シタモノデナイ、故ニ創作ト云フ事實ヲ以テ著作權ノ基礎ヲ説明スルコトハ出來ナイト言フテ居ル、所有權ノ基礎ニ關シテ勞力說ヲ主張シテ居ル人ハ同ジ說明ヲ主張シテ居ル、即チ法律ガ所有權ヲ認メテ之ヲ保護スルノハ、決シテ先占ト云フ事實ニ基クノデハナイ、勞力ト云フコトニ由ルノデアル、例ヘバ家屋ノ所有權ヲ認メルト云フノハ、其家ニ對シテ勞力ヲ加ヘタカ・デアル、土地ノ所有權ヲ認メルノハ、土地ヲ人ガ區劃シ、耕作シ、其他勞力ヲ加ヘタカラデアル　唯先占ト云フダケデハ其物ト人トノ間ニ何等特別ノ關係カ生ジナイ、勞力ト云フ事實ガアッテ始メテ物ト人トノ間ニ特種ノ關係ガ生ズルノデアル、故ニ勞力ノ事實ヲ認メナケレバ所有權ノ基礎ヲ說明スルコトガ出來ナイモノデアル、之ヲ稱シテ勞力說ト云フ、此勞力說ト云フノハ隨分面白イ說デハアリマスケレドモ、著作權ニ付テハドウモ此說ダケデハ說明ガ出來ナイヨウニ思ハレマス、此說ニ從ヒマスレバ例ヘバ飜譯權トカ飜案權トカ云フモノモ一ツノ權利トシテ認メナケレバナラヌコトニナル、何トナレバ他人ノ著作物ヲ飜譯スルトカ、飜案スルトカ云フノハ、其元ハ自分ノ考カラ出タモノデハアリマセヌケレドモ、勞力ハ用ヒタニハ違ヒナイ、殊ニ飜譯ナドハムヅカシイモノデ、頭腦ノ力ヲ使ハナケレバ出來ルモノデナイ、ソレデスカラ若シ勞力ガ著作權ノ基礎デアルト云フコトナラバ、飜譯權ナドハ確ニ特別ノ權利トシテ認メナケレバナラヌ、然ルニ實際諸國ノ法則ヲ見マスルト、飜譯權ヲ特別ノ權利トシテ認メテ居ラナイノミナラズ却テ飜譯者ヲ僞作者トシテ罰シテ居ル、コウ云フヤウナ立法ニ對シマシテハ、勞力說ヲ以テハ著作權ノ基礎ヲ說明スルコトガ出來ヌト云フコトニナルノデアリマス

ソレカラ第二ノ說ハ之ヲ報酬說ト名ケテ居リマスガ、其說ニ據リマスト、著作者ノ權利ノ基礎ハ著作者ノ勞力ニ對シテ報酬ヲ與フルガ爲メデアルト云フノデアル、抑モ學者、美術家ノ著作ト云

フモノハ一國ノ文明ヲ裨益スル最モ有益ナル人類ノ頭腦上ノ生產物デアル、ソレニ由ツテ我々ハ大ナル利益ヲ受ケルノデアル、又社會ノ發達、人類ノ幸福ト云フモノモ是ニ由ツテ生ズルモノデアル、此ノ如ク著作者ノ社會ニ與ヘタル功勞ト云フモノハ決シテ沒スベカラザルモノデアルカラ其功勞ニ報ユルガ爲メニ著作權ナル權利ヲ認メテ、著作物カラ生ズル利益ヲ著作者ニ享有セシムルノデアル、著作者ガ一定ノ年限間他人ヲ排シテ著作物ヲ複製スルノ權利ヲ專用スルノハ全ク此主旨ニ外ナラナイノデアル、故ニ報酬ト云フコトガ著作權ノ基礎ニナツテ居ルノデアルト云フノガ此說ノ大主旨デアルノデス、是說モ隨分有力デアリマシテ、佛蘭西ノ「ルヌーアール」トカ「モリロー」「ダルラス」ナド云フ人ガ主唱シテ居ルノデス、併シ此說ハ著作權法史ノ或時期ニ於テハ正當デアツタカモ知レマセヌガ、今日ニ於テハ正當ノ說ナリト云フコトガ出來ナイト思ハレマス、此說ニ據リマスレバ著作者ノ作リタル製作物ハ社會ニ利益ヲ與フルガ故ニ之ヲ保護スルト云フノデアリマスカラ、若シ社會ニ利益ヲ與ヘナイ著作物ガアツタナラバ、其著作者ニハ著作權ヲ認メナイト云ハナケレバナラヌ、例ヘバ風俗ヲ壞亂スル書物トカ、治安ヲ妨害スル出版物トカ云フモノハ世ノ中ノ風紀ヲ紊スモノデアツテ、決シテ社會ニ幸福ヲ與ヘ利益ヲ與フルモノト云フコトハ出來ナイカラ此カル著作物ニ對シテハ著作權ヲ發生セシメナイト云ハナケレバナラヌ、然ルニ今日諸國ノ法制ニ於テハ、ドンナ書物デモ著作スレバ直グニ權利ガ發生スルト云フコトニナツテ居ル、故ニ此說ト此法制トハ相容レナイノデアル、デアリマスカラシテ著作物ノ實質ヲ審査シテ、社會ニ利益ヲ與フルモノニハ權利ヲ認メ、然ラサルモノニハ權利ヲ認メズトシナケレバ此說ノ主義ハ貫徹シナイコトニナル、加之其著作物ガ社會ニ與フル利益ノ程度ニ從テ其保護ノ割合ヲ異ニシナケレバナラヌ、丁度著作權法史ノ或時期ニ於ケル特許主義ノヤウナモノデ、或著作物ハ非常ニ利益ヲ與フルカラ五十年、或著作物ハツマラナイモノダカラ十年、又或製作物ハ全ク利益ガナイカラ保護シナイト云フ樣ナ主義ニシナケレバナラヌ、然ルニ今日權利主義ノ時代ニ遷リマシタ各國ノ立法例ニ於テハ、決シテ斯ウ云フ主義ハ採ツテ居ラヌノデアル、唯學者、美術家ノ頭腦ノ製作物タルガ故ニ之ヲ保護スルト云フノデ、其實質ノ良イト惡イトニ因ツテ之ヲ區別シテ居ラヌ、成程中ニハツマラヌ著作物ガアツテ、アンナモノニ權利ヲ與ヘヌデモ宜イト思フモノモアリマスガ、兎ニ角人ノ頭腦上ノ生產物デアルカラ、假令ツマラヌ書物デモ、他人ガソレヲ飜刻スレバ矢張リソレハ著作權ノ侵害ニナル、或ハ治安ヲ妨害シ、或ハ他人ヲ罵詈シタル所ノ論說デアツテモ、其論說ヲ著者ノ許諾ヲ得ズ他人ガ出版スレバ著作權ノ侵害デアル、是レハ全ク著作物ノ內容ヲ調査シテ之ニヨリテ保護ヲ異ニスベキモノデナイト云フ譯カラデアル、故ニ著作權ノ基礎ガ報酬ニアルト云フ說ハ、今日ノ制度デハ言フコトガ出來マイト思フ、ケレドモ此說ハ頭カラ間違ツテ居ルト云フノデハナイ、或時期ニ於テハ此說ガ適當デアツタコトモアルシ、又現ニ英吉利ナドデハ此主義ニ依ツテ立法ヲシテ居ルノデアル、英吉利ノ法律ニ依リマスト、風俗ヲ壞亂スルトカ、國敎ヲ誹謗スルヤウナ著作物ハ保護セヌト云フ規定ガアル、是レハ全ク社會ニ利益ヲ與フル著作物ニ限リ保護ヲ與フルト云フ主義カラ來テ居ルノデアロウト思ハレル、乍併是レハ著作權ノ保護ト著作物ノ取締トヲ混同シテ居ル樣ニ思ハレマス、出版ノ取締法ト著作權法トノ關係ヲ申シマスト、著作權法ハ單ニ私權ヲ保護スル法律デアツテ出版ノ取締ニハ關係ナイ、故ニ風俗ヲ壞亂スル書物トカ、治安ヲ妨害スル書物トカヲ取締ルノハ出版法ノ關スル所デアツテ、此ル書物ハ出版法ニヨリテ發賣頒布ヲ禁止サレマスカ著作權ノ目的物タルコトハ失ハナイ、現ニ我國ノ現行制度デモサウナッテ居リマスガ版權法デハサウデナカッタヤウデス、版權ノ保護ヲ受クルコトノ出來ル著作物ハ出版法ニ依ッテ出版シ得ラルルモノダケデアッタ、從テ發賣頒布ヲ禁ゼラルルモノハ版權ヲ得ラレヌト云フコトニナッテ居リマシタ、是ハ理論トシテハ正當デナイト思ヒマス、何處ノ國ノ制度デモ英吉利ヲ除キマシテハサウ云フ主義ヲ取ッテ居リマセヌ、出版ノ取締ト版權ノ保護ト云フコトハ全ク別物デアルカラシテ、著作權法ニ依ッテハ如何ナル書物デモ著作者ノ權利ハ保護スル、併ナガラ若シソレガ治安ヲ妨害スルトカ、風俗ヲ壞亂スルトカ云フモノナレバ、出版警察法ニ依ッテ取締ルコトニナル、ソレハ所有權デモ同ジコトデアッテ、如何ナル物デモ所有權ノ目的トナル——尤モ法律デ特ニ所有ヲ禁ジテ居ルモノハ別デスガ——例ヘバ極ク汚イ物デモ、ツマラヌ物デモ、我々ガ有ッテ居レバソレハ私ノ所有物デアル、ソレデスカラサウ云フツマラヌ物デモ人ガ盜デ行ケバ竊盜ニナル、ソレヲ侵セバ損害賠償ノ訴ヲ起スコトガ出來ルト云フヤウナ風ニ民法上所有權ノ目的トナルト云フコトハ物ノ性質ニ依ッテ異ナルコトハナイ、只其所有權ヲ行使スル上ニ於テ警察規則ニヨリテ制限セラルルコトハアルノデアル、故ニ所有權ノ目的物デアルト云フコト、所有權行使ノ取締ト云フコトハ全ク違フノデアル、是レト同ジク著作權ノ目的物デアルト云フコト、出版警察ノ取締ト云フコトハ全ク別ナコトデアラウト思フ、ソレデスカラ著作權ノ基礎ハ社會ニ利益ヲ與ヘタカラ著作者ニ對シテ報酬ヲ與フルノデアルト云フ說ハ、今日ノ制度ニ於テハ說明スルコトハ出來マイト思フ、近世ノ著作權保護ノ法制ト云フモノハ、全ク著作物ノ內容、著作物ノ價値ニ因ッテ權利ニ消長ヲ來タスト云フコトハセヌト云フ主義ヲ取リマシテ、現ニ萬國會議ノ際ナドニモ明カニ此事ヲ明言シマシテ、著作物ノ性質、内容、其目的ノ如何ヲ問ハズ、著作權トシテ保護スルト云フコトヲ特ニ一條入レタヤウナ次第デ、著作物ノ内容ニ因ッテ保護ヲ異ニスルコトハナイト云フ主義ヲ明カニ認メテ居ル、故ニ報酬説ヲ以テシテハ著作權ノ基礎ヲ説明スルコトハ出來ヌデアラウト思フ

ソレカラ其次ニハ「ペルソナリテー」、テオリー」ト云ヒマスガ即チ著作權ノ基礎ハ人格ノ保護ニアルト云フ説デス、是ハ「アーレンス」ノ「ナッール、レヒト」ナドニモ書イテアリマスガ、自然法ヲ唱ヘテ居ル人ハ此説ヲ主張スルノデス、著作權ノ基礎ハ「ペルソナリテー」ノ保護デアルト云フノハ詰リ著作物ト云フモノハ著作者ノ思想ノ外ニ現ハレタモノデアッテ、我々ノ思想ガ外ニ現ハレテ文章文字トナリ、美術ノ彫刻物トナリ、音樂ノ樂譜トナルト云フ風ニ、是等ハ著作者ノ思想ノ發現シタモノデアッテ、而シテ人ノ思想ト云フモノハ「ペルソナリテー」ノ一要素デアリマスカラシテ人ガ他人ノ著作物ヲ剽竊スルトカ、眞似ルトカシマスレハ著作者ノ「ペルソナリテー」ヲ毀損スルモノデアル、我々ガ他人ノ書イタ文章ヲ眞似テ書クトキハ、其人ノ「ペルソナリテー」ヲ害スルノデアル、美術家ノ書イタ畫ヲ自分ガ眞似テ書クトキハ其人ノ「ペルソナリテー」ヲ害スルノデアル、是レハ丁度有形的ニ人ノ身體ヲ毆打スルノト同ジコトデ、無形的ニ人ノ人格ヲ損傷スルノデアル、故ニ著作權ノ基礎ハ「ペルソナリテー」ノ保護ニアルノデアルト云フノガ此説ノ大主旨デス、此説ハ「アーレンス」「ベルトール」ナトガ主唱シテ居リマス、此説モ決シテ誤ッテ居ル説デハナクシテ、一面ニ於テハ完全ナ説デアラウト思ヒマスガ、乍併單純ニ「ペルソナリテー」ノ保護ト云フ説明デハ、著作權ノ基礎ヲ完全ニ説明スルコトハ出來ナイデアラウ

ト思フ、ソレデ後ニ述ベルコトデアリマスガ、私ハ著作者ノ權、著作權ハ所有權其他ノ權利ノヤウナ單純ノ權利デハナイ、「コムポジットライト」デアルト云フ考ヲ持ッ居リマシテ、一面ニ於キマシテハ人ノ思想ヲ目的トシテ居ル所ノ權利デアリ、一面ニ於キマシテハ普通ノ財產權デアルト云フ考ヲ持ッテ居ルノデアリマス、ソレデアルカラ一面ノ權利ハ此說ヲ以テ說明スルコトガ出來ルト思ヒマスガ、他ノ一面ノ權利ハ之ヲ以テ說明スルコトカ出來ナイト考ヘマス、例ヘバ我々ノ著ハシタ書物又ハ美術家ノ製作シタル彫刻物ヲ其儘ニ「ルプロヂユース」シタ場合ノ如キハ、我々ノ思想ヲ其儘ニ移シタノデスカラ、人ノ思想ニ損害ヲ與フルト云フコトハナイ、從テ此場合ニハ唯財產上ノ損害ノミアッテ思想上ノ損害ハナイト云フコトニナル、サウスルト「ペルソナリテー」ノ毀損ト云フコトガ言ヒ得ラレナイト云フ結果ニナリハシマイカト思ハレル

以上述ベマシタル所ハ著作權ノ基礎ニ關スル多クノ學者ノ說明デアリマス、著作權ノ基礎ニ付テ論ジテ居リマスル諸種ノ書物ヲ見マスルト、以上ノ說ノ以外ニ出テ居ルノハナイヤウデアッテ、終極今マデ述ベマシタ所ノ說明ニ歸シテ居ルヤウデアリマス、ソレデ之ヲ彙纂致シマスルト、前ニ述ベマシタ通リノ四ツノ「テオリー」ニ分ツコトガ出來ルノデアル、偖以上ノ諸說ノ中ドレガ正シイノデアルカト云フト、實ハ私ハ之ニ對シマシテ是等ノ說ノ中ノドノ說ヲ以テ確ニ當レリト云フコトハ言ヒ得ナイノデス、要スルニ是等ノ說ノ一ツ〳〵ヲ以テハ說明スルコトハ出來ヌデアラウト考ヘルノデス、ソコニ參リマスト一番初ニ述ベマシタ著作權ノ歷史ニ鑑ミテ判斷セネバナラヌト思ヒマス、第一ニ申シマシタ通リ、羅馬法ニ於キマシテハ著作者ノ權利ト云フモノヲ認メテ居ラナカッタ、著作權ト云フモノノ發生シタノハ近世ノ法律現象デアル、羅馬法時代其他印刷

術ノ發明前ニ於テ著作權ト云フモノヲ認メテ居ラナカツタト云フノハ、サウ云フ時代ニ於テハ著作者ヲ保護スル必要ガナカツタカラデアル、法律ガ一ツノ權利ヲ創定シテ之ヲ保護スルト云フノハ、ソレニ相當ナ必要ノ生ジタルニ基クモノデアリマスカラ、羅馬時代ニ於テ著作者ノ權利ヲ認メナカツタノハ固ヨリ當然ノコトデアラウト思ヒマス、ソレカラ第一期時代、特許主義ノ時代ヲ見マスルト、著作者ノ保護ノ基礎ハ何レニアツタカト云フト、先程歷史ノ事ニ付テ述ベマシタ通リニ、其第一期ノ時期ニ於キマシテハ特種ノ著作物ニ限リ一定ノ期間保護ヲ與ヘタノハ其著作物ガ社會ニ利益ヲ與タカラデアル、此ル著作物ノ世ノ中ニ出デンコトヲ奬勵センガ爲メニ之ヲ保護シタノデアル、若シ之ニ保護ヲ與ヘナカツタナラバ苦心シテサウ云フ有益ナル書物ヲ出版スル者ガナクナルト云フコトニナル、故ニ特許主義ノ時代ニ於テハ審査主義ヲ取ッテ居ル、著作物ノ内容ヲ見テ其書物ガ社會ニ利益ヲ與フルモノナリヤ否ヤヲ認定シ然ル後一定ノ保護ヲ與ヘル、從テ其保護ヲ與ヘタ著作物ノ種類モ國ニ依ッテ違フ、今日ノ如ク總テ一定ノ保護ヲ與フルノデナクシテ、佛蘭西デ與ヘタ特許ト伊太利デ與ヘタ特許トハ、中ノ實質ガ違フノデアル、ソレハ全ク其國ノ事情ニ適應シタ保護ヲ與フルカラデアル、ソレデスカラ或國ニ於キマシテハ建築物ヲモ一ツノ著作物トシテ保護シタ國モアル、ソレカラ或國ニ於キマシテハ極ク特許ヲ與フル範圍ヲ狹メテ「バイブル」トカ或ハ「クラシック」トカノ書物ダケニ保護ヲ與ヘタト云フコトモアル、サウ云フ風ニ第一期ノ特許主義ノ時代ニ於キマシテハ、其國ニ利益ナリト認メタモノニ對シテノミ保護ヲ與ヘタ、ソレデスカラ斯ウ云フ時期ニ於ケル著作權ノ基礎ハ全ク報酬主義デアッタト云フコトヲ言ヒ得ルコトガ出來ルノデアル、然ルニ第二期所謂權利主義ノ時期ニ至リマスト、報酬說ヲ以テハ說明スルコトガ出來ナクナル、此時期ニハ社會ニ利益ヲ與ヘタル著作物ノミヲ保護スルノデハナイ、總テ學者、美術家ノ製作物ト云フモノニ保護ヲ與ヘル、ソレハ單ニ勞力ノミヲ基礎トスルノデハナイ、即チ飜譯トカ飜案ト云フモノハ特別ノ著作ト認メナイト云フ時代デアリマスカラ、勞力説ヲ以テハ説明ガ出來ナイ、又報酬説ヲ以テシテモ説明ガ出來ナイ、サウ云フ事情ニ因ツテ之ヲ判定シマスルト學者、美術家ノ權利ヲ保護スル基礎ハ全ク其時期、其法制ニ依ツテ異ナルノデアリマスカラシテ、前ニ述ベマシタ各種ノ「テオリー」ガ各々誤ツテ居ルト云フノデハアリマセヌガ、ソレノ一ツヲ以テハ説明スルコトガ出來ナイト云フノデアル、此ノ如ク其國ノ事情ト時ノ有樣ニ因ツテ保護ノ理由並ニ程度ガ異ナリマスモノデアリマスカラ、此權利ノ發達ハ矢張リ社會ノ生存ヲ計リ、其國ノ維持ヲ圖ルト云フコトニ基礎ヲ置カナケレバナラヌコトニナラウト思フ、若シ斯ウ云フヤウナモノヲ保護シナケレバ其國ノ學問、美術ハ發達セズ、從テ其國ノ進歩ハ得ラレヌノデアル、故ニ著作者ノ權利ヲ認メルト云フノハ、其國生存ノ必要ニ存スルモノデアルト云フコトニ基礎ヲ置カナケレバ、ドウモ説明ガ出來ヌコトニナル、成ルホド或時期ニ於キマシテハ或一種ノ主義ヲ以テ説明ガ出來マシタケレドモ、之ヲ今日ノ制度ニ照シテ見マスト、ドウシテモ前ニ申シタ一種ノ説ヲ以テハ説明ガ出來ヌ、其各種ノ説ハ固ヨリ著作權ヲ認メル原因ノ一トハナツタニ相違アリマセヌガ、之ヲ以テ單一ノ理由トスルコトハ出來ヌ、何處ニ基礎ヲ置クカト云フト、其國ノ發達ヲ計リ、生存ヲ圖ルノ必要ニ出タト云フコトヨリハ他ニ説明ヲスルコトハ出來マイカト思フノデアリマス

次ニ著作權ハ如何ナル權利デアルカト云フコトヲ申述ベマシヨウ、即チ著作權ハ如何ナル性質ノ

モノデアルカト云フコトヲ御話致サウト思ヒマス

著作權ノ性質モ、前ニ述ベマシタ通リ時代ニ依テ違ヒマスノデ、特許主義ノ時代ノ著作者ノ權利ト、今日ノ著作者ノ權利トハ餘程其質ガ違ツテ居ルト思ヒマス、ケレドモ今日各國ニ於テ認メテ居リマス所ノ著作權ノ法制ヲ基礎トシテ論ズル外ニアリマセヌカラシテ、是レカラ申シ述ベマスノハ今日ノ立法ヲ基礎トシテ述ベル積リデゴザイマス

著作權ノ性質ニ付キマシテモ色々説ガアリマシテ著作權ノ基礎ニ關シ各種ノ説ガアルト同ジク、之ニ付テモ諸種ノ説ガアル、先ヅ第一ノ説ハ所有權説ト名ケマス、此説ニ從ヒマスレバ著作權ハ所有權ダト云フノデアリマス、是ハ重モニ佛蘭西ノ學者ノ言フ所デアリマシテ、佛蘭西ノ書物ナドヲ讀ミマスト先程モ申シマシタ通リ、著作權ノコトヲ Propriété littéraire et artistique ト云ツテ、Propriété ト云フ言葉ヲ遣ツテ居ル、サウシテ其説ク所ヲ見マスト、矢張リ是ハ一ツノ所有權デアル、普通ノ有體物ニ於ケル所有權ト違フコトハナイノデアル、即チ使用、收益處分スル權利デアル、唯物ト云フ意義ガ違フ丈ケデアツテ、物ト云フノハ必ズシモ有體物ト限ルヲ要セヌ、所謂無形物即チ權利ノ如キモソレニ包含シテ居ルノヂアル、故ニ著作者ノ權利モ亦一種ノ Propriété デアルト云フテ居ル、此説ハ佛蘭西ノ舊派ノ學者ハ皆之ヲ主唱シテ居リマシテ、例ヘバ「アルフオンス、カール」ト云フ人ノ如キハ斯ウ云フテ居ル、「著作權ハ所有權ナリト云ヘバ足レリ、最早何事モ云フニ及バヌ、當然所有權ニ關スル普通法ガ適用セラルルモノナリ」、是ハ啻ニ學者ガ言フテ居ルノミナラズ、制度トシテモ此説ヲ採用シテ居ル國ガアル、即チ佛蘭西ハ固ヨリ佛蘭西法系ノ國、例ヘバ西班牙智利「ホンデユラス」、「サルヴアドル」、「ブラジル」、「ヴェネヅエラ」ト

云フヤウナ國ハ、皆「プロプリエテー」所有權ト云フ字ヲ用ヒテ居ル、西班牙ノ民法ニハ財產編ノ所有權ノ部ニ著作權ノコトヲ規定シテ居ル、又「ボアソナード」ノ拵ヘタ日本ノ舊民法ニ於キマシテモ、物ニ有體物アリ無體物アリト云フテ、無體物ト云フ中ニ著作者、技術者及發明者ノ權利ヲ列擧シテ居リマシタ、然ルニ新民法及ヒ獨乙民法ノ如ク所有權ナルモノハ有體物上ノ權利デアルト云フ主義ヲ取リマスト、著作權ハ所有權ナリト云フコトノ出來ヌコトハ明カデアル、或物ガ或人ニ屬スル有樣ヲ所有權ト云フノナラバ、而シテ其物ガ有體物ニ限ルト云フナラバ、著作權ノ目的物ハ決シテ物デナイノデスカラ、所有權ト云フコトガ出來ナイノハ殆ド明カデアルノデス、唯其處ニナリマスト物トハ何ナリヤト云フ問題ニナッテ來ルノデス、物ト云フ言語ノ意義モ場合ニヨリテハ廣キ意義ニ解スルコトモ出來マスケレドモ、著作者ノ權利ノ如キハドウシテモ物ナリト云フコトハ出來マイト思ヒマス、假リニ權利ハ一ツノ無體物ナリト云フ主義ヲ取リマスレバ、著作權モ所有權デアルト云フコトガ言ヘルカモ知レマセヌケレドモ、サウスレバ債權モ所有權、其他各種ノ權利モ凡テ所有權デアルト云フコトニナリマスカラ、是ハ穩當デナイト思ヒマス、ソレデスカラ著作權ニ「プロプリエテー」ト云フ言葉ヲ用フルノ適當デナイト云フコトハ今日ハ殆ド定說ノヤウニナッテ居ル、現ニ著作權ノ保護ニ關スル千八百八十五年ノ國際會議ニ於テ著作權ト云フ名稱ニ付テ大變議論ガアリマシテ、佛蘭西ノ委員、其他佛蘭西法系ノ國ノ委員達ハ矢張リ Propriété littéraire et artistique ト云フ名稱ヲ用ヰベキコトヲ主張シマシタケレドモ、獨逸ノ委員ハ熱心ニ之ニ反對シテ、著作權ハ決シテ「プロプリエテー」デナイ、獨乙ノ法學ニ於テハ著作權ノ所有權デナイト云フコトヲ示ス爲メニ別ニ Urheberrecht ナル言葉ヲ用ヒテ居ル、「プロプリエテー」ナル名稱ヲ用ユルコトハ法理學上ノ原則ニ戻ルト云フコトヲ主張シ、竟ニ「プロプリエテー」ト云フ名稱ヲ用フルコトヲ止ムルニ至ツタト云フヤウナ有樣デ、今日デハ著作權ハ所有權デアルト云フヤウナ說ハ殆ド採用シテ居ル人ハナイヤウデス、併ナガラ今マデノ佛蘭西流ノ說明ハ皆之ヲ以テ說明シテ居リマスガ、是レハ著作權ト所有權トハ外形ハ同ジヨウデアリマスカラシテ斯ウ云フ說明ヲ爲シタノデアラウト思ヒマス、所有權ニ對シテハ何人モ之ヲ侵スベカラザル義務ヲ有ツテ居ルト同ジク、著作權ニ對シテモ亦世間一般ノ人ハ之ヲ侵スベカラザルノ義務ヲ有ツテ居ル、即チ對世權ト云フコトニ付テハ全ク同ジデアル、ソレカラシテ恰モ所有權ガ吾々ノ財產ノ一部ヲ成スガ如ク、著作權モ亦吾々ノ財產ノ一部ヲ成シテ、之ヲ賣買、讓與スルコトガ出來ル、丁度物ノ收益、處分、使用ガ出來ルト同ジク、著作權モ使用、收益、處分ガ出來ル、斯樣ニ外形上ハ全ク所有權ト同ジデアリマスガ故ニ、之ヲ所有權ト同視スルニ至ツタノデアリマシヨウ、乍併著作權ト所有權トハ其內容ハ全ク違ツテ居ルノデス、所有權ハ物ノ使用、收益、處分ヲ爲ス權利デアルガ、著作權ハ自己ノ著作物ヲ自己ノ意思ニ從テ複製スル權利デアルカラシテ、內容ハ全ク違ツテ居リマス、故ニ唯外形ノ同ジキコトヲ以テ之ヲ所有權ナリト云フノ非ナルコトハ明カナコトデアラウト思ヒマス、第二ノ說ハ著作權ハ債權デアルト云フ說デアル、佛蘭西ノ有名ナル「ルヌーアール」ト云フ人ハ此說ヲ採テ居ル、其說明ガナカ〳〵面白イ、是ハ先程著作權ノ基礎ニ付テ述ベマシタ報酬說ノ思想カラ來テ居ルノデ、著作權ヲ保護スルノハ、著作者ガ社會ニ利益ヲ與ヘタガ爲メデアルト云フ說カラ來テ居ルノデス、著作者ガ自己ノ頭ノ働ニ因ツテ世ヲ益スル著作物ヲ作リマシテ之ヲ社會ニ公ニスルノデアリマスカラ、社會ハ之ニ對シテ報酬ヲ與フル義務ガアル、其報酬ト云フノガ國家ノ與フル特許デアル、國家ノ與フル特許ハ取モ直サズ著作者ニ一定ノ報酬ヲ與ブルコトヲ約束スルノデアル、故ニ著作者ハ社會ニ利益ヲ與フル對償トシテ社會カラ報酬ヲ受クルノ權利ヲ有スルノデアリマシテ、其間ノ關係ハ債權ノ關係デアルト云フノデアリマス

ソレカラシテ又著作權ノ債權デアルト云フコトヲ、他ノ方面カラ説明シテ居ルモノモアリマス、是ハ大變オカシイ説明デアリマスガ、其説明ニ據リマスト、著作者ハ著作物ヲ世ノ中ニ發行スルコトニ因ツテ、自分ノ著作物ノ上ニ持ツテ居ル權利ヲ世ノ中ニ賣ルノデアリマシテ、其賣ツタ代價トシテ社會ガ一定ノ時期ノ間、其著作物ヨリ生ズル利益ヲ著作者ニ占有セシムルノデアリマス乃チ此見解ニ從ヒマスト、著作者ニ著作物ヨリ生ズル利益ヲ占有セシムルコトガ賣買ノ代價ヲ代表スルモノデアル、故ニ著作物ノ發行ハ賣買デアツテ著作者ノ權利ハ社會ニ對スル債權デアルト云フ説ヂアル、此説ハ全ク譬喩ニ過ギナイコトデアツテ、法理上ノ説明トシテハ何等ノ價値ハナイ之ヲ以テ著作權ノ性質ヲ言現ハシタモノト云フコトノ出來ナイノハ勿論デアル、是ハ丁度所謂社會契約トカ云フヤウナモノト同ジコトデ、法律上ノ説明トシテハ全ク價値ノナイモノデアル

ソレカラ其次ニ第三ノ説ハ、所有權説ノ一種ト見テモ宜カラウト思ヒマスガ、其説ニ依リマスレバ著作權ハ「アルフオンス、カール」ノ主唱スル如キ普通ノ所有權デハナイケレドモ特別ノ性質ヲ有スル一種ノ所有權デアルト云フノデアル、即チ Propriété sui generis ナリト云フ説デアル、普通ノ所有權ハ物ノ使用、收益、處分ヲナス權利デアル、然ルニ著作權ナルモノハ物ノ使用、收益、處分ヲナス權利ニ非ズシテ、自己ノ製作シタル著作物ヲ他人ヲシテ摸倣セシメサル權利デア

ル、ケレドモ其權利ノ性質ハ普通ノ所有權ト根底ニ於テハ違フモノデハナイ、ソレデアルカラ或ハ普通ノ所有權ト云ヘナイケレドモ、兎ニ角一種ノ所有權ニ相違ナイノデアル、特別ノ規定ヲ要スル一種所有權デアルト云フ説ナノデス、是ハ唯所有權デアルト云フコトヲ變形シテ言フタルニ過ギナイノデ、若シサウ云フ一種ノ所有權ガアルト云フナラバ、必ズシモ所有權ト云ハズシテ一種特別ノ權利ナリト云フ方ガ適當デアル、ソレデアルカラ之ヲ Propriété sui generis ナド、云ツテ説明スルノハ窮シタ説明デアツテ、適當ナ説明ト云フコトハ出來ナイト思ヒマス

ソレカラ第四説ハ、著作權ハ「ペルソナリテー」ノ權利デアルト云フ説デアツテ、人格權説トデモ申シマスカ、是ハ先キニ申上ゲタ通リ著作權ノ基礎ハ人格ノ保護ニアルト云フ説カラ出テ居リマスノデ、「アーレンス」ナドハ此説ヲ取ツテ居ル、即チ著作物ハ學者トカ美術家トカノ人格ノ發現シタモノデアル、其人ノ智能ノ外ニ表ハレタモノガ著作物デアル、ソレデアルカラシテ著作者ノ權利ハ人格權ニ外ナラナイト云フ説ナノデス、是モ先程申上ゲタ通リニ一種ノ説明デアリマセウガ、人格權ト云フ範圍ハ何處マデ及ボスカ分リマセヌケレドモ、著作權ノ一方面ハ或ハ之ヲ以テ説明スルコトガ出來ルカ知レマセヌガ完全ノ説明トハ云ヘナイト思フ、先程申上ゲタ通リ私ハ著作權ハ「コムポジット、ライト」デアルト信ジマスガ、其「コムポジット、ライト」ノ一方面即チ思想上ノ權利ハ此説ヲ以テ説明スルコトガ出來ルト思ヒマスガ、他ノ一面ノ普通ノ財產權ノ方ノ側ニ付テハ、人格權ダケデハ足リナイカト思フ、ソレデスカラ是ハ唯一部ヲ説明スルダケデ、全部ノ著作權ノ性質ノ説明ト云フコトハ出來ナイト考ヘルノデアル

ソレカラ第五説ハ、著作權ハ智能權 (droit intellectuel) デアルト云フ説明デス、其説ニ據リマス

ト元來羅馬法デハ私權ヲ分ツテ、物權、債權、人身權ノ三トシテ居リマスガ著作權ハ私權ノ此三ツノ分類ノ孰レニ這入ルカト云フト、孰レニモ這入ラナイ、世間一般ノ人ニ對抗スベキ權利デハアルケレドモ、直接ニ物ノ上ニ行ハル、權利デアリマセヌカラ物權デナイ、又特定ノ人ト人トノ間ニ行ハル、權利デナイカラ債權デモナイ、ソレカラ又人ガ人トシテ有ツテ居ル權利デモナイカラ、人身權トモ云ヘナイノデアル、要スルニ羅馬法デ認メテ居ツタ所ノ私權ノ三分類ノ孰レニモ入レルコトガ出來ナイモノデアル、果シテ然ラバ此權利ハ一種特別ノ權利ト云ハナケレバナラヌ、即チ債權デモナケレバ所有權デモナク又人身權デモナイノデアル、此ノ如ク三ツノ私權ノ分類ノ中ニ這入ルコトガ出來ナイノデアルノナラバ、此私權ノ三ツノ分類ノ外ニ特別ノ權利ヲ認メネバナラヌノデアル、羅馬法ノ私權ノ分類ハ羅馬法時代ニ於テハ適當ノ分類デアツタケレドモ、今日ノ如ク新シイ權利ノ出來タ場合ニ於テハ一種特別ナ權利ヲ認メナケレバナラヌ、而シテ著作權ナルモノハ人ノ智能ノ働カラ發生スル所ノモノデアルカラシテ、智能權トモ云フベキ一種ノ權利ヲ認メネバナラヌ、從來認メテ居ツタ所ノ三種ノ私權ノ分類以外ニ一ツノ「カテゴリー」ヲ拵ヘテ、ソレニ智能權ト云フ名稱ヲ與フレバ宜イノデアル、斯ウ云フ説明デアル、是ハ全ク一ツノ「オリヂナリテー」ノ説デアツテ誠ニ面白イ説デアル、從來或ハ債權デアルトカ、所有權デアルトカ云フノハ、羅馬法ナドデ認メタ所ノ權利ノ分類デアツテ、此分類ノ中ニ著作權ヲ入レヤウト云フノデアルカラ無理ノ説明ヲナシ、所有權デ無イモノヲ所有權ナリト云ヒ、債權デ無イモノヲ債權デアルト云フヤウニ附會シテ説明セナケレバナラナイノデアル、然ルニサウ云フ風ニ物權トカ債權トカ、人身權トカ云フヤウナモノニ制限サレナイデ、別ニ一ノ權利ノ分類ヲ創定スベキモノデアルト說明シマスレバ說明モ仕易ナクル、故ニ此說ハ一種ノ新シイ說トシテ見ルコトガ出來ルデアラウト思ヒマス、此說ヲ初メニ唱ヘマシタ人ハ佛國ノ「シャルパンチユー」ト云フ人デアッテ、後ニ之ヲ祖述シタノハ白耳義ノ法學者「エドモン、ピカール」デス、「ピカール」ハ其著 droit pur ニ詳シク此說ヲ述ベテ居リマス

サテ此說ハ、著作權ハ債權デモナケレバ物權デモナク、又人身權デモナイ、一種ノ智能權ト云フ特別ノ權利デアルト云フ說デスガ、然ラバ智能權トハドウ云フモノデアルカト云フト、單ニ智能ノ產出物ノ上ニ有スル權利デアルト云フニ過ギナイ、即チ著作權ハ著作權ナリ、智能權ハ智能權ナリト云フ說ニ過ギナイノデ、問題ヲ以テ問題ヲ解釋シタダケデ之ヲ以テ智能權其物ヲ說明シ得タト云フコトハ言ヘマイト思フ、唯羅馬法ノ分類ニ限局サレナイデ權利ノ一ノ「カテゴリー」ヲ揷ヘタト云フコトハ一種ノ新說トシテ採ルベキコトデアラウト思フ

著作權ノ性質ニ付キマシテハ斯ウ云フヤウニ學說ガ區々ニナッテ居リマスガ、之ヲ如何ニ決シテ宜イカト云フコトハ隨分六カシイ問題デアリマシテ、深ク研究ヲ要スルノデアリマス、著作權ハ如何ナル性質ノ權利ナルヤト云フコトヲ極メル前ニ、是ハ著作權ノミデハアリマセヌケレドモ、凡テ物ノ性質ヲ極メマスニハ、其物ヲ區別スル標準ヲ明カニシテ置カネバナラヌノデアリマス、其標準ガ明カニナリマセヌト物ノ性質ヲ精確ニ決定スルコトガ出來マセン、是ハ私ガ特ニ言フマデモナイコトデアリマスガ、或ハ前ノ諸種ノ說ハ此點ニ於テ精確ヲ得ナイノデハアルマイカト思ヒマス、例ヘバ著作權ハ如何ナル權利ナリヤト云フ問題ニ付キマシテハ、之ヲ二ツノ方面カラ看察セネバナラヌト思ヒマス、著作權ハ物權ナリヤ債權ナリヤト云フ問題ト、著作權ノ實質內容カ

ヲ立論シヤシテ、著作權ノ實質ハドウ云フ權利デアル、如何ナル實質ヲ內容トシテ居ル所ノ權利デアルカト云フ問題トニ分テ論セネバナルマイト思フ、ソレハ恰モ鳥ハ鳥デアルカ獸デアルカト云フ問題ト、鳥ハ如何ナル鳥デアルカト云フ問題ト同ジコトデアルノデス、例ヘテ申シマスレバ、所有權ハ物權ナリト云フノハ所有權ハ債權ニ非ズト云ツテ、債權ト區別シテ言フ斷定デアル、所有權ハ物ヲ使用、收益、處分スル權利ナリト云フノハ、所有權ノ實質論デアツテ、所有權ト地上權、永小作權等ト區別シテ言フノデアル、世間一般ニ對抗スル權利ト云フ點カラ申シマスルト、所有權ハ勿論地上權、永小作權モ同一ノ分類中ニアツテ總テ物權ト稱スルモノハ此中ニ入ルルコトガ出來ル、債權ニ付キマシテモ其通リデ、債權ト云ヘバ契約カラ生ズルモノモアルシ、私犯カラ生ズルモノモアル、唯特定ノ人ニ對スル權利デアルト云フ點ハ、私犯カラ生ズル債權デアツテモ契約カラ生ズル債權デアツテモ同ジコトデアル、サウ云フヤウニ標準ヲ定メテ權利ノ性質ヲ判定セネバ非常ナ混雜ガ生ズルノデアルガ、著作權ハ如何ナル權利ナリヤト云フ問ニ答ヘテ、著作權ハ著作物ヲ複製スル權利ナリト云フノハ、全ク所有權ハ物ヲ使用、收益、處分スル權利ナリ、地上權ハ竹木又ハ工作物ヲ所有スル爲メ、他人ノ土地ヲ使用スル權利ナリト云ノト同ジク權利ノ實質ヨリ斷定シタノデアル、此點カラ云ヘバ著作權ハ所有權ニ非ズ地上權ニ非ス、債權ニモ非ズ、人身權ニモ非ズト云ハナケレバナラヌコトニナリ、前ニ述ベマシタ所有權說トカ、債權說トカノ誤ツテ居ルコトハ明カデアツテ、著作權ハ一種特別ノ權利デアルト云フコトハ明カデアル、ソレデ著作權ハ智能權ナリト云フ彼ノ「ピカール」ノ說ノ如キハ、全ク此方面カラ言ツタノデアラウト思フ、併ナガラ此點カラ云ヘバ特リ著作權ノミガ一種特別ノ權利デナク、總テノ權利ガ皆一種特別ノ權利デアルト云ハネバナラヌト思ヒマス、ソレハ内容ノ方カラ見テ言ツタノデアルガ之ニ反シ著作權ハ如何ナル權利ナリヤト云フ問ニ對シテ、著作權ハ物權デアルトカ、債權デアルトカ云フ斷定ハ、是ハ權利ノ内容ノ問題デハナクシテ、權利ノ分類ノ問題デアル、此問題ニ對シテハ他ノ方面カラ論ゼネバナラヌ、ソレデスカラ著作權ノ性質ヲ定ムルニ付キマシテハ、ドウシテモ今申シマシタ通リ二ツノ標準ヲ區別シテ論ゼネバナラヌト思ヒマス、サウシナケレバ著作權ハ智能權ナリトカ、所有權ナリトカ云フ說ノ可否ヲ論定スルコトガ出來マイト思フ、ソレデ此二ツノ標準ニ付テ說明ヲ致シマスレバ、先ヅ第一ニ著作權ハ如何ナル分類ニ屬スル權利デアルカト云フコトカラ申シマスレバ、此問題ハ實ニ明白ナコトデ、著作權ハ對世權デアルト斷定スルノデアリマスガ、羅馬法以來權利ノ分類ニ關シマシテ、是ハ極ク法學ノ初歩ノコトデハアリマスガ、標準ガ一ツニナツテ居リマセヌデ、或ハ歐羅巴大陸ノ方ノ學者ハ權利ノ目的物カラ立論シマシテ直接ニ物ノ上ニ行ハル、權利ハ物權デアル、直接ニ人ニ對シテ行ハル、權利ハ債權デアルト云フヤウナ說明ヲシテ居リマスガ、此說明ニ依リマスレバ著作權ハ物權デモナイ、又債權デモナイ、「ピカール」ノ言フ通リ孰レノ分類ニモ屬セナイ一種ノ權利デアルト云ハナケレバナラヌ、物ノ上ニモ人ノ上ニモ行ハルル權利デナイ、又人ガ人トシテ有スル權利デモナイ、シテ見レバ著作權ハ一種特別ノ權利デアル、所謂智能權トモ謂フベキ權利ノ一ノ「カテゴリー」ヲ作リ出サナケレバナラヌト思ヒマス、ナゼサウ云フ結果ニナルカト云ヒマスト、今申シマシタ分類ハ權利ノ目的物ヲ標準トシテ、直接ニ物ノ上ニ行ハル、ノガ物權デアル、人ト人トノ間ニ行ハル、モノガ債權デアルト云フヤウニ、權利ノ目的物ヲ標準トシテ分ツタモノデアリマスカラ、新シキ物ヲ目的物トスル權利ガ生ジテ來レバ、更ニ新シキ權利ノ「カテゴリー」ヲ拵ヘナケレバナラヌコトニナル、電氣トカ瓦斯トカ云フヤウナモノガ社會ガ段々進歩スルト出來テ來ル、電氣ハ假ニ物デナイトスレバ、電氣ノ上ニ有ツテ居ル權利ハ矢張リ物權ト言ヘナイ（物ト云フ言葉ノ意味ニモ因リマスケレドモ）兎ニ角サウ云フ新シイモノガ出來テ來マスト、新シイ權利ノ「カテゴリー」ヲ拵ヘナケレバナラヌヤウニナツテ來ル、サウ云フ風ニ段々學問ガ進歩スルニ從テ、各種ノ新シイ權利ノ目的物ガ出來テ來マスカラ、新シイ權利ノ區分ヲシナケレバナラヌ、著作權ノ如キモ全クサウ云フ譯デ、素ト羅馬法時代ニハ無カツタモノデアル、社會ノ進歩スルニ從テ出來タモノデス、ソレ故ニ「ピカール」ノ言フ如ク、新シイ權利ノ名稱ヲ附シテ、新シイ權利ノ分類ヲシナケレバナラヌト云フコトニナルノハ當然デス、故ニ若シ大陸流ノ物權ハ物ノ上ニ行ハル、權利、債權ハ人ノ上ニ行ハル、權利ト云フヤウニ說クナラバ、著作權ハ一種特別ノ智能權デアルト云フヤウナ說明ヲ爲スノ已ムヲ得ザルニ至ルカモ知レナイノデス、ケレドモ英吉利流ノ權利ノ分類ハ、目的物ノ上カラ云フノデナクシテ、權利ヲ對抗シ得ル範圍ニ其標準ヲ取ツテ居ルノデアリマスガ、英吉利流ニ說キマスト物權ト云フ字ハ穩デアリマセヌガ、總テノ人ニ對抗シ得ル權利ヲ「ジユス、インレム」ト云ヒ、特定ノ人ニ對抗シ得ル權利ヲ「ジユス、イン、ペルソナム」ト云フノデスガ、サウスルト如何ナル權利デアツテモ、總テノ人ニ對抗シ得ル權利ナラバ「ジユス、イン、レム」デアル、特定ノ人ニ對抗シ得ルモノハ「ジユス、イン、ペルソナム」デアル、斯ウ云フ風ニ說明シマスレバ、ドノ權利デモ此分類ニ這入ラナイモノハナイノデアル、此分類ニ從ヘバ如何ニ世ノ中ガ進歩シテ新シイ權利ガ生ジテ來テモ別ニ一種ノ權利ノ「カテゴリー」ヲ作ル必要ハナイ、從テ著作權ノ如キハ此説明ニ從ヘバ「ジユス、イン、レム」デアルコトハ明カデアル、即チ總テノ人ニ對抗シ得ル點カラ見レバ、著作權ハ生命權、名譽權、所有權等ト同ジヤウニ、所謂對世權ナリト云フコトガ出來ル、ソレデスカラシテ大陸流ニ説明シマスレバ、權利ノ分類ノ方カラ云フテ別ニ一ツノ分類ヲ創定スル必要ガアリマスガ、英吉利流ニ説明シマスレバ、新シイ分類ヲ作リ出ス必要ガナク簡單ナル説明ヲ以テ足リルノデアリマス、要スルニ著作權ノ性質ニ關シ學者ガ種々ノ説明ヲ爲シテ居ルノハ、或ハ其標準ヲ一定シナイ所カラ生ジテ來タノデハアルマイカト思フ、前ニ申シマシタ通リ、各種ノ學説ガ決シテ誤ツテ居ルト云フノデハナイガ、標準ヲ明ニセザルガ爲メニ精確ヲ得ナカツタノデハアルマイカト思フ、ソコデ權利ノ分類ハ英吉利流ノ見解ガ私ハ正當ト信ジマスガ、此見解ニ從ヒマスレバ著作權ハ對世權ナリト斷定シテ誤リナイト信ジマス、併シソレダケデハ著作權ノ性質ヲ説明シ得タトハ云ヘマセヌ、ソコデ第二ニ著作權ノ内容ハ何デアルカト云フ内容論ニ這入ツテ論ジナケレバナラヌト思ヒマスガソレハ次回ニ論ジマス

（法学協会雑誌 第二一巻 第七号・一九〇三年）

法學協會雜誌第貳拾壹卷第九號

講演

著作權ノ性質ニ就テ（第七號續）

法學博士　水野錬太郎

前回ニ於キマシテハ權利ノ分類ノ點カラ論述致シマシテ、著作權ハ對世權ナリト判定致シマシタガ、本日ハ著作權ノ内容ヨリシテ著作權ノ性質ヲ論定シャウト思ヒマス、即チ著作權ノ實質論デアリマシテ、著作權ハ所有權等ノ如ク我我ノ資産ヲ組立テル財産權デアルカ、將タ其他ノ權利デアルカト云フ問題デアリマスル、而シテ此問題ヲ決定シマスルノニハ先ヅ權利ノ内容ヲ研究スルヲ要スルノデアル、權利ノ内容ヲ研究シテ然ル後始メテ其權利ノ性質ヲ論定スルコトヲ得ルノデアル、今歐羅巴諸國ニ於ケル著作權法ノ規定ヲ見マスルノニ、多クノ立法例ニ於テハ著作權ハ著作者ガ著作物ヲ複製スル專權デアルト規定シテアル、爰ニ現今歐羅巴諸國ニ於テ最近ニ制定セラレマシタ著作權法ノ規定ヲ見マスルノニ、獨逸ノ著作權法第十一條（千九百二年六月一日改正著作權法）ニハ著作者ハ著作物ヲ複製シ且ツ營業的ニ之ヲ頒布スルノ權利ヲ專有スルトアル、又白耳義著作權法第一條（千八百八十六年三月二十二日著作權法）ニハ學藝美術ノ著作物ノ著作者ハ其方法ト形體ノ如何ヲ問ハズ、其著作物ヲ複製シ又ハ複製セシムルノ權利ヲ有スルトアル、又伊太利著作權法第一條(千八百八十二年九月十九日著作權法)ニハ精神的著作物ノ著作者ハ其著作物ヲ發行シ、複製シ及ビ之ヲ發賣スルノ專權ヲ有ストアル、瑞西著作權法ノ第一條(千八百八十三年一月二十三日著作權法)ニモ同樣ノ規定ガアリマシテ、即チ學藝美術ノ所有權ハ學藝美術ノ著作物ノ複製又ハ興行ノ權利ニシテ著作者及ヒ其承繼人ニ屬ストアル、此ノ如ク諸國ノ著作權法ノ規定ヲ見マスルニ著作者ノ權利、即チ著作權ト云フモノハ所有權ノ如ク有體物ノ上ニ行ハレテ、物ヲ使用收益スルノ權利デハナクシテ、著作者ガ自分ノ著作物ヲ複製スル權利デアル、而シテ複製ト云フコトハ模製ト云フ意義デアッテ、英語ニテハ之ヲ reproduce ト云ヒ、佛蘭西語デハ reproduire ト云ヒ、獨逸語ニテハ verfielfältigen ト云フノデアル、即チ著作物ノ複製ト云ヒマスレバ同一ノ形體ヲ以テスルト將タ別種ノ形體ヲ以テスルト、又其方法ノ如何ヲ問ハナイデ、原著作物ヲ基礎トシテ製作スルト云フ意味デアル、而シテ此複製ノ權利ハ著作者ノ有スル專權デアリマスルカラシテ、著作者ハ一面ニ於テハ其著作物ヲ發行シテ是ヨリ生スル利益ヲ享有スルコトヲ得マスルシ、又一面ニ於テハ、其著作物ノ形體、內容ヲ保持シ若クハ之ヲ變更スルコトヲ得ルノデアル、而シテ此二面ノ權利ハ著作者ガ他人ヲ排斥シテ有スル權利デアリマスルカラシテ、他人ガ其著作物ヲ發行シマシタトキ、又ハ其著作物ノ形體、內容ヲ變更シマシタトキニハ、之ニ對シテ異議ヲ申立ツルコトヲ得ルノデアル、而シテ發行ニ關スル權利ハ金錢上ノ利益ヲ目的トスル權利デアリマスルカラシテ、是ハ全ク普通ノ財產權デアル、著作物ノ形體、內容ヲ保持シ又ハ變更スル權利ハ著作物ニ因ツテ表ハサレタル著作者ノ思想ヲ維持スル權利デアリマスルカラシテ、一ノ無形的權利デアッテ思想權トモ稱スベキモノデアル、著作權ト言ヒマスレバ私ハ必ズ此兩面ノ性質ヲ有スル權利デアルト信ジマスルカラ、著作權ハ二方面ヲ有スル混成的權利デアルト信ズルノデアル、凡ソ權利ノ性質ヲ論ズルノニハ、必ズシモ唯一單純ノ權利トシテ説明スル必要ハナク、權利ノ實質ニ因ッテハ種種複雜ナル權利モアル、故ニ權利ノ性質ヲ論定シマスルノニハ、其內容ニ因ッテ之ヲ分析シテ諸種ノ實質ヲ有スルモノデアルト云フコトヲ發見シマシタナラバ、之ヲ二種以上ノ權利ト判定シテ以テ其性質ヲ定ムルモ毫モ差支ハナイノデアル、然ルニ從來ノ學者ガ單ニ權利ノ一方面ヲ看、若クハ一方面ノミニ偏シテ之ヲ説明セントシマシタルガ爲メニ、正當ノ解釋ヲ與フルコトガ出來ナカッタノデアラウカト思ハレマス、

著作權ノ一面デアル財産權ハ、民法ニ認メテ居ル所有權其他ノ財産權ト同一デアリマシテ我我ノ資産ノ一部ヲ成シ、相續、讓渡スコトモ得ラルルシ、擔保ニ供スルコトモ得ラルルシ、又强制執行ノ目的ト爲ルコトヲ得ルモノデアッテ、所有權其他ノ財産權ト少シモ異ナルコトハナイノデアリマス、故ニ此點ニ關シマシテハ今茲ニ特ニ論述スル必要ハアリマセヌカラ之ヲ略シマスル、他ノ一面ノ權利、即チ思想上ノ權利ニ關シマシテハ茲ニ少シク御話シヤウト思フノデアリマス、

著作權ノ他ノ一面デアル自己ノ思想ヲ保持スル權利ハ、他ノ一面ノ權利トハ異ナリマシテ金錢的ノ利益ヲ目的トスルモノデハナイ、自己ノ思想ヲ他人カラシテ侵害セラレナイ權利デアル、抑、我我ハ自由ノ思想ヲ有シテ如何ナルコトヲモ考ヘ、如何ナル工夫ヲモ爲スコトヲ得ルノデアル、而シテ其思想ガ外部ニ表ハレテ一定ノ形ヲ成スニ至リマスルトキニハ所謂著作物トナルノデアル、而シテ此思想ト云フモノハ生命身體等ト同ジク、我我ガ人トシテ有スルモノデアリマスルカラシテ、思想ハ人格ノ一部ナリト云フコトモ出來ルノデアル、從テ著作物ハ人格ノ外部ニ表ハレタル

モノト云フモ不當デナイノデアル、果シテ然ラバ他人ガ我々ノ著作物ヲ剽竊シ、或ハ之ヲ變更スルノハ、我我ノ思想ヲ侵害スルモノデアッテ、即チ我我ノ人格ヲ毀損スルモノダト謂ハナケレバナラナイノデアリマス、若シ我我ノ身體ニ毀損ヲ爲ス者ガアリマスレバ、刑法ハ之ヲ罰シ、民法ハ是ヨリ生ズル損害ヲ賠償スルト云フコトヲ認メテ居ルノデアリマス、然ラバ我我ノ思想ヲ毀損スル者モ亦之ヲ罰シ、又ハ是ヨリ生スル損害ヲ救濟スルト云フコトノ至當デアルト云フコトハ明ナコトデアル、之ガ則チ法律カ著作權ト云フ權利ヲ創立シテ、普通財産上ノ權利ノ外ニ、別ニ思想上ノ權利ヲ認メル所以デアリマスル、故ニ假令財産上ノ利益ニハ何等ノ影響ヲ及ボサナイ場合デアリマシテモ、苟モ著作者ノ思想ニ影響ヲ及ボスガ如キ場合ガアリマスルナラバ、法律ハ之ニ保護ヲ與ヘナケレバナラナイノデアリマスル、而シテ此所謂思想上ノ權利ハ、著作者ノ思想ニ基ク權利デアリマスルカラシテ、此權利ハ所謂專屬的權利デアル、著作者ニ專屬スルモノデアッテ、著作者ヲ離レテハ此權利ハナイノデアリマス、從テ金錢上ノ權利ハ一般ノ財産ト共ニ相續人ニ移轉シ又ハ他人ニ讓渡スコトヲ得マスルケレドモ、此權利ハ他人ニ讓渡スコトヲ得ナイモノデアリマスル、故ニ著作權ノ讓渡ト云フモノハ單ニ金錢上ノ權利ノ讓渡ノミデアッテ、此無形ノ權利即チ思想上ノ權利ハ包含シナイノデ、永久ニ著作者其人ニ屬スベキモノデアリマスル、佛蘭西ノ學者ノ「ダルラス」ト云フ人モ言フタ通リニ、著作權ハ其全部讓渡スコトヲ得ナイモノデアル、即チ著作物ヲ變更スル權利ハ、性質上讓渡スベカラザルモノダト言フテ居ル、又白耳義ノ著作權法ニ於キマシテハ、法文ヲ以テ此趣旨ヲ明ニシテ居ル(白耳義著作權法第八條)曰ク「著作權又ハ著作物ヲ有形ニ表ハシタル物件ノ讓受人ハ著作者又ハ承繼人ノ同意ナクシテ著作物ヲ變更スルコトヲ得ズ、又ハ其變更シタル著作物ヲ公衆ノ展覽ニ供スルコトヲ得ズ」トアル是ハ則チ著作權ノ讓渡ト云フモノハ、著作權ノ財産的方面ノ權利ニ止ツテ、著作者ノ思想上ノ權利ヲ包含シナイト云フコトヲ明カニシタモノデアル、併ナガラ此規定ニ依リマスレバ、著作者ノ同意ハナクシテモ承繼人ノ同意ガアレバ之ヲ變更スルコトヲ得ルガ如クニ解釋サレマスルガ、是ハ論理ヲ貫カナイ規定ダト思ヒマスル、抑ゝ著作物ハ著作者ノ頭腦ノ果實デアリマスルカラシテ、其生ミ出シタル著作者其人デナケラネバ其眞正ノ意義ヲ知ルコトガ出來ナイノデアル、從テ其子孫デアツテモ之ヲ變更スルコトヲ得ナイト謂ハネバナラヌ、何トナレバ人ノ思想ト云フモノハ其人自身ノミ知ルコトヲ得ルモノデアツテ他人ハ何人モ之ヲ知ルコトヲ得ナイカラデアル、故ニ假令子孫デアリマシテモ之ヲ變更スルト云フコトヲ許シマシタナラバ、先人ノ思ヒモ寄ラナイ變更ヲ爲スト云フコトニナリマシテ、從テ先人ノ人格ヲ毀損スルト云フ結果ヲ生ズルコトニナルノデアル、故ニ承繼人ノ同意ガアツタナラバ之ヲ變更スルコトヲ得ルトスルノハ、理論上不當デアルト云ハナケレバナラヌ、我著作權法ハ此點ニ付キマシテ一段ノ進歩ヲ爲シマシテ、同法第十八條ニハ「著作權ヲ承繼シタル者ハ著作者ノ同意ナクシテ其著作者ノ氏名、稱號ヲ變更シ又ハ其題號ヲ改メ又ハ其著作物ヲ變更スルコトヲ得ズ」ト規定シマシタ、即チ著作權ノ讓受人ハ勿論、相續人デアツテモ、其先人ノ著作物ニ何等ノ變更ヲ加フルコトヲ得ナイト云フコトヲ明カニシタノデアリマスル、是レ即チ所謂精神的財産權ノ普通財産權ト異ナル所デアリマシテ、普通財産權ニ於キマシテハ其財産ヲ取得シタル者ハ、自己ノ意思ニ從テ隨意ニ之ニ修繕ヲ加ヘ、或ハ增シ或ハ減ズルコトヲ得ルモノデアリマスルガ、著作物ニアツテハ著作シタル人ノ思想ヲ尊重セネバナリマセヌカラシテ、他人ハ固ヨリ、子ト雖モ漫ニ先人ノ思想ヲ變更スルコトヲ許サナイト云フ趣旨デアリマスル、哲學者ノ子ハ必ズシモ哲學者デナイ法律家ハ必ズシモ明法家ヲ生マナイ、然ルニ若シ子ガ自由ニ親ノ著作物ヲ改竄スルコトヲ得ルトシマシタナラバ、或ハ親ノ意思ニ反スル改竄ヲ爲シ、折角親ノ苦心シテ作ツタ所ノ立派ナル著作物ヲ無意味ニ爲スト云フ結果ヲ生スルト云フコトガアルカモ知レナイ、例ヘバ賴山陽ノ文章ヲ賴三樹ガ筆ヲ加ヘマシタナラバ、或ハ山陽ノ明文ヲ汚シタデアリマセジ、又「マコーレー」ノ名文ヲ其子孫ガ添删シマシタナラバ、我我ハ恐クハ「マコーレー」ノ名文ヲ讀ムコトヲ得ナイニ至ツタデアリマセウ、是ハ子ト雖モ先人ノ著作物ヲ改竄スルコトヲ得セシメナイ所以デアル、言葉ヲ換ヘテ言ヘバ、著作者ノ思想上ノ權利ト云フモノハ著作者ニ專屬スルモノデアツテ、相續シ得ベカラザルモノデアリマスル、佛蘭西ノ「メーヤール」ト云フ人ノ起草シマシタ著作權法模範草案ニ於キマシテモ此趣旨ヲ明カニシマシテ、其草案ノ第九條ニハ、著作者ハ複製ノ權利ヲ讓渡シタ後ト雖モ著作者タル資格ヲ拋棄シナイ以上ハ僞作者ヲ訴追シ其複製ヲ監督シ自己ノ同意ナクシテ爲シタル總テノ變更ニ對シテ異議ヲ申立ツル權利ヲ有スト規定シテ居ル、又著作者ハ著作物ヲ組成スル有體物ヲ讓渡スモ自己ノ同意ナクシテ其著作物ヲ變更シタルトキハ公衆ノ展覽ニ供スルコトニ對シ異議ヲ申立ツルコトヲ得ト規定シテ居ル、即チ此權利ハ生命、身體、名譽ノ權ト同シヤウニ專屬的權利デアツテ、讓渡シ得ベカラザル權利デアルト云フコトヲ認メタノデアリマス、故ニ著作權法ノ中ニ著作權ハ讓渡スコトヲ得ルトアルノハ、單ニ著作權ノ一面デアル財産權ノ部分ノミヲ意味スルモノト解釋セネバナラナイノデアルト信ジマス、此ノ如ク著作者ノ權利ヲ分析シマスルトキハ二種ノ權利ヲ包含スルコトヲ認メルコトガ出來マスル、故ニ著作權ハ複雜ノ權利デアッテ、民法上ノ諸種ノ權利ノヤウニ單純ノ性質ヲ持ッテ居ルモノデハナイト考ヘマス、併ナガラ此二種ノ權利ハ必ズシモ常ニ分離シテ居ルモノデハナクシテ、互ニ相錯綜シテ居ルモノデアリマスル、從テ著作者ノ財產上ノ權利ヲ侵害スルトキニハ、同時ニ著作者ノ思想上ノ權利ヲ侵害スルコトモアリマスルシ、又思想上ノ權利ヲ侵害シテ財產權ヲ侵害セナイ場合モアリマスルシ、或ハ財產權ヲ侵害シテ思想權ヲ侵害セナイト云フコトモアリマスル、例ヘバ甲カ乙ノ著作物ヲ剽竊シテ之ヲ發行シマスルトキニハ、財產權ヲ侵害スルト同時ニ思想權ヲモ侵害シマスル、又甲カ單ニ自分ノ說ヲ弘メルト云フ目的デ書籍ヲ發行シ、或ハ講演ヲ爲シマシタ場合ニ之ヲ剽竊シマシタトキニハ、思想權ノ侵害ハアリマスルガ、財產權ノ侵害ハナイノデアル、之ニ反シテ單ニ他人ノ著作物ヲ其儘ニ飜刻シタルニ止マリマスルトキニハ、財產權ノ侵害ハアリマシテ思想權ノ侵害ハナイノデアル、要スルニ著作權ト云ヒマスレバ此兩方面ノ權利ヲ具備スルモノデアリマスルカラ、此二種ノ權利ヲ各別ニ保護シナケレバ未タ完全ナル著作權ノ保護ト云フコトガ出來ナイノデアル、然ルニ從來諸國ノ著作權法ヲ見マスルノニ、單ニ財產上ノ利益ヲ保護スルノミヲ以テ著作權ノ保護ノ主タル目的ト爲シタヤウデアリマスルガ、漸ク近頃ニ至リマシテ思想上ノ權利ヲ保護スルト云フコトガ著作者ノ保護ニ缺クベカラザルモノデアルト云フコトヲ知ルニ至リマシテ、近世ノ諸國ノ著作權ノ立法ニ於キマシテハ、漸次ニ此主義ヲ採用スルニ至リマシタ

ソコデ我國ノ新著作權法ニ於キマシテモ、此兩樣ノ權利ヲ保護スルト云フ必要ヲ認メマシテ、財產上ノ權利ヲ保護スルト云フコトハ無論デアリマスガ、同時ニ又此思想上ノ權利ヲ保護スルノ規

定ヲ設ケマシタ、即チ第四十條ニ於キマシテ著作者ニ非ル者ノ氏名稱號ヲ付シテ著作物ヲ發賣頒布シタル者ヲ罰シマスシ、又第四十一條ニ於キマシテハ著作權ノ消滅シタル著作物ニテモ之ヲ改竄シテ著作者ノ意ヲ害スルコトヲ禁シ、又他人ノ著作物ト詐稱シテ發行スル者ヲ罰スルノ規定ヲ設ケマシタ、斯ウ云フ風ニ著作權ハ二面ノ權利カラ成立ツテ居リマスカラシテ、著作權ノ立法又ハ解釋ニ關シテハ、次ノ如キ結果ヲ生ズルコトニナルデアラウト思ヒマス、今日歐米諸國ニ於テ行ハレテ居ル著作權法ヲ見マスルニ、著作者ノ權利ノ侵害ニ對シ單ニ一定ノ罰ヲ附シテ居ルニ過ギナイデ、而カモ其罰モ多クハ財産上ノ罰ニナツテ居リマスル、故ニ財産權ノ保護トシテハ十分デアリマスケレドモ、思想權ノ保護トシテハ足ラナイ所ガアル、又思想權ニ關スル規定トシテハ適當ナ所ガアリマシテモ、財産權ニ關スル規定トシテハ不適當ナモノモアル、例ヘバ僞作ニ對シテ單ニ罰金ダケノ刑ヲ科シテ居リマスガ、是ハ財産權ダケノ保護トシテハ十分デアラウト思ヒマスケレドモ思想權ノ保護トシテハ單ニ普通ノ財産ニ對スルダケノ罰丈ケデハ足ラヌ所ガアラウト思ヒマス、更ニ重イ刑ヲ科スル必要ガアリハシナイカト思ヒマス、又著作權ノ侵害ニ對スル罪ハ多クノ國ノ立法例デハ申告罪ニナツテ居リマシテ、著作者カラノ訴ガナケレバ、假令事實上著作權ノ侵害ガアツテモ之ヲ罰セヌト云フ風ニナツテ居リマス、是ハ丁度名譽ニ對スル罪ト同シ樣ニ申告罪ニシタノデアリマシヨウガ、思想權ニ對シテハ此規定ガ正當デアルノデスガ、財産權ニ對シテハ必ズシモ之ヲ申告罪ニシナケレバナラヌト云フコトハナイ、ソレデスカラ申告罪ノ規定ハ思想權ニ對シテハ正當デアリマスケレドモ、財産權ニ對シテハ正當デハナイノデアル、丁度他人ノ著作物ヲ發行シテ其利益ヲ奪フト云フコトハ他人ノ財産ヲ奪フノト同ジコトデアリマスカラ、必ズシモ申告罪タルヲ要シナイノデアル、ソレデアリマスカラシテ此兩樣ノ權利ヲ十分ニ保護セントシマスルニハ、著作權ノ中ノ財產權ノ部分ニ對シテハ刑法ノ財產ニ對スル罪ト同シク之ヲ罰シ、思想權ノ部分ニ對シテハ名譽ニ對スル罪ト同ジ主義ヲ以テ規定スルノガ正當デアラウト思ヒマス、斯ウ云フ風ニ二樣ノ方面ニ立法スル主義ヲ採ラナケレバ著作權ノ完全ノ保護ト云フコトハ出來マイト思ヒマス、是ハ詰リ著作權ト云フモノハ單一ノ權利デナイ、兩樣ノ性質ヲ持ツテ居ル權利デアルト云フコトカラ生ズル結果デアリマス

又次ニ著作權ノ混成的權利デアルト云フコトカラシテ、著作權ノ規定ノ上ニ二ツノ結果ヲ生ジテ來ル、即チソレハ飜譯權ト、著作權ノ期間ニ關スルコトデアル、先ツ飜譯權ノコトカラ申述ベマスガ、著作權ト云フ中ニハ飜譯權ヲ含ムヤ否ヤト云フコトハ是ハ著作權法上ノ一ツノ問題デス、著作權ト云フ權利ノ中ニハ著作者カ著作物ヲ飜譯スル權利モ當然包含シテ居ルノデアルカ、將タ飜譯權ハ著作權ト別種ノ權利デアルヤ否ヤト云フ問題デアリマス、例ヘバ私ガ日本文デ或一ツノ書物ヲ書ク、サウスレバ其書物ヲ他人ガ佛蘭西文或ハ英文デ書直シテモ差支ナイカ將タ其ノコトモ著作者ノ權利ノ中ニ包含セラレテ居ルカト云フコトデアル、言葉ヲ換ヘテ云ヘバ飜譯權ハ著作權ノ一部デアルヤ否ヤト云フ問題デアル、ソレデ此問題モ著作權ノ基礎ニ關スル學說ノ異ナルニ依ツテ解答ヲ異ニシマスルガ、著作權ハ普通ノ財產權ノミニ非ズシテ、思想上ノ權利モ含ムト云フコトニナリマスト飜譯權ハ著作權ノ中ニ包含スルト云フコトニナラウト思ヒマス、抑、飜譯ト云フコトハ同一ノ思想ヲ異種ノ言葉ヲ以テ言現ハスト云フコトデアリマシテ、例ヘバ或事柄ヲ伊太利語デ書イテモ、佛蘭西語デ書イテモ、獨逸語デ書イテモ、言葉コソ違ヘ同シ思想ヲ言現ハスノデ

アリマスカラシテ、飜譯ヲスルト云フコトハ、新タニ自分ノ思想ヲ著ハスモノデナクシテ、他人ノ思想ヲ他ノ國ノ言葉デ書クト云フニ過ギナイノデアル、佛蘭西ノ或學者ハ、面白イ譬喩ヲシマシテ飜譯ト云フコトハ唯着物ヲ變ヘルニ過ギナイノデ、身體夫レ自身ハ同ジコトデアル、ト云ヒマシタ元來著作權ノ目的物ハ、著作者ノ思想デアッテ、著作物ハ其思想ノ外部ニ現ハレタモノデアルトシマスルナラバ、飜譯シタ人ハ決シテ著作シタ人デナイ、ナゼカト云フト飜譯シタ人ハ自分ノ思想ニアルコトヲ書イタノデナクシテ、他人ノ表ハシタル思想ヲ異種ノ言葉デ示シタト云フニ過ギマセヌノデ、決シテ新シイ考ヲ以テ書イタノデナイ、故ニ飜譯者ハ著作者ニ非ズト云フ結果ヲ生ジテ來ル、從テ飜譯者ハ其飜譯物ニ付テ著作權ヲ有スルモノデハナイト謂ハナケレバナラヌ、著作權ハ自分ノ思想ヲ外部ニ現ハシタルモノノ有スル權利デアリマスカラ、自分ノ思想ヲ現ハサザル飜譯者ハ著作權ヲ有スベキモノデナイト、論結セナケレバナラヌ、是ニ於キマシテ飜譯權ハ著作權ノ一部デアル、著作權ニ付屬スベキモノデアル、飜譯ハ「リプロドウクション」ノ一ツノ方法ニ過ギナイト云フ論結ヲ生ズルコトナトルノデアリマス

然ルニ此點ニ關スル外國ノ立法例ヲ見マスルト、只今申シマシタル論據ヲ完全ニ認メテ居ル所ハナイ、例ヘバ丁抹トカ露西亞ノ著作權法ナドヲ見マスルト、飜譯權ハ著作權ノ中ニ包含セシメテ居ラナイ、飜譯權ハ全ク別種ノ權利トシテ居ル、故ニ露西亞ニ於キマシテハ露西亞語デ書キマシタモノヲ英語ニ直シテモ獨逸語ニ直シテモ構ハヌ、即チ其英語ナリ獨逸語ナリニ直シタモノガ一ツノ著作權ヲ持ツト云フコトニナル、又之ニ反シテ飜譯權ヲ著作權ノ一部トシテ居ル立法例モアリマスガ、併ナガラ飜譯權ノ期間ハ著作權ノ期間ヨリモ短クシテ居ル、例ヘバ亞米利加合衆國、

伊太利、瑞西ノ著作權法ノ如キハ是レデアル、即チ是等ノ國ニ於キマシテハ著作者ガ飜譯スル權利ヲ持ツテ居リマスガ原著作物ヲ出版シタ日カラ五年經ツト飜譯權ハ無クナリ、何人デモ飜譯ガ出來ルコトニナル、普通ノ著作權ハ著作者ノ終身トカ又ハ死後何年マデ、繼續スト云フコトニナツテ居リマスガ、飜譯權ノ方ハ期間ハ之ヲ短カメテ居ル、故ニ是等ノ立法例ニ於キマシテハ完全ニ飜譯權ヲ認メテ居ルモノトハ云ヘナイノデアリマス、然ルニ獨リ完全ニ飜譯權ヲ認メテ飜譯權ハ著作權ノ一部デアツテ、著作者ガ著作權ヲ持ツテ居ル間ハ、飜譯權モ著作者ニ屬シテ居ルト云フ主義ヲ取ツテ居ルノハ、佛蘭西、白耳義並ニ近頃新ニ出來タ獨逸ノ著作權法ダケデアリマス、此等ノ國デハ飜譯權ハ完全ニ著作者ニ屬シテ居ルモノトシマシテ、飜譯權ハ著作者ノミガ持ツテ居ルト云フコトニナシテ居ル、此主義ハ著作權ノ性質論カラ云ヒマスレバ誠ニ正當デアリマシテ前ニ申シマシタ通リ、著作權ハ一面ニ於テハ自己ノ思想ヲ保持スル權利デアル著作權ノ目的物ハ著作者ノ思想デアル、思想ノ外部ニ現ハレタモノガ著作物デアルト云フコトニナリマスレバ、ドーシテモ著作權ノ中ニハ飜譯權ヲ包含シテ居ルト云ハナケレバナラヌコトニナリマス、ソレデスカラシテ著作權保護ニ關スル萬國國際同盟會議ニ於キマシテモ、飜譯權ハ著作權ノ一部トシナケレバナラヌト云フ說ヲ主唱シマシテ、千八百九十六年巴里ニ於テ開キマシタ國際同盟會議ニ於キマシテハ、此主義ヲ確認シマシテ、其條項ヲ同盟條約ノ一條ニ加ヘタ譯デアリマス、其時ノ趣旨ハ、飜譯ノ善惡ト云フモノハ原著作者ノ名譽ニ關スルモノデアル、著作物ノ價値ニ關スルモノデアル、マヅイ飜譯ヲスルトキハ原著作者ノ名譽ヲ傷ケ、原著作物ノ價値ヲ失墜スルモノデアル、飜譯ノ爲メニ原著作者ノ財產上ノ權利ハ害シナイカモ知レナイガ、原著作者ノ名擧ノ上ニ損害ヲ及ボズト云フコトハ爭フ可カラサルコトデアル、ソレデアルカラシテ著作權ノ中ニ飜譯權ヲ包含セシメネバナラナイト云フ理由ニ基クノデアリマス、此ノ如ク飜譯ハ著作者ノ思想ヲ reproduce シタモノデアリマスカラ、飜譯權ハ矢張リ著作權ノ一部トシナケレバナラヌト云フ結果ヲ生ズルノデアリマス、併ナガラ飜譯ヲスルト云フコトハ必ズシモ原著作者ノ金錢的ノ利益ヲ害スルモノデナイ、或ハ場合ニ依ルト飜譯ガアツタガ爲メニ却テ原著作物ガ能ク賣レルト云フ事實ガアリマス、從テ原著作物ノ價ヲ增スト云フ場合モアリマシヨウ、例ヘバ佛蘭西ノ新聞ナドニ書イテアリマシタコトデスガ、彼ノ佛蘭西ノ有名ナル小說家ノ「ゾラ」ト云フ人ガ Paris ト云フ小說ヲ出版シタコトガアリマスガ、其書物ハ非常ニ能ク賣レタ書物デ、各國ニ於テ皆ソレヲ飜譯シマシテ、英吉利ナドデモ之ヲ英文ニ譯シテ、ソレヲ倫敦デ賣出シマシタ、而シテ英人ガ喜デ此書物ヲ讀ミ、盛ンニ「ゾラ」ノ評ヲシタガ爲メニ、原文ノ Paris ト云フ書物ハ却テ其販賣高ヲ非常ニ增シタト云フコトガアル、故ニ飜譯セラレタガ爲メニ原著作者ハ少シモ金錢上ノ損害ハ受ケナイ、然ルニ原著作者ノ「ゾラ」ハ自分ノ著書ヲ英吉利人ガ譯シタガ爲メニ何等ノ金錢上ノ損害ハ受ケナカツタガ、英吉利人ノ飜譯ハ全ク自分ノ意ニ適シナイ、著者ノ筆力、意思ヲ充分ニ顯ハシテ居ラナイ、從ツテ自分ハ無形上ノ損害ヲ受ケタノデアルト云フテ嘆息シタト云フコトガアリマス、此等ノ飜譯ハ全ク金錢上ノ利益ニハ影響ナキモ、思想上ノ損害ヲ與フルモノデアルト云フ實例トスルコトガ出來ルト思ヒマス、ソレデスカラ飜譯ハ金錢上ノ價格ニ影響ヲ及ボサヌデモ、著作者ノ思想上ノ權利ニ損害ヲ來スト云フコトガアルト謂ハネバナラヌ、從テ著作者ノ思想上ノ權利ヲ完全ニ保護スルニハ飜譯權ヲ著作權ノ中ニ包含セシメナケレバナラヌノデアリマス、ソレデ序ノ話デアリマスガ、日本ガ版權同盟ニ這入ッテ以來、外國ノ書物ヲ隨意ニ飜譯スルコトガ出來ナクナッタ、是ハ日本ニ取テ甚ダ困ルコトデアル、ソレデスカラ日本ノ書籍組合ナドカラモ色色建議ナドヲシマシテ、日本ハ版權同盟ニ這入ルコトハ宜イトシタ所デ、飜譯ノ自由ト云フコト丈ケハ認メテ貰ヒタイ、日本ハ今日歐米ノ文化ヲ輸入シナケレバナラヌ時デアルノニ、外國ノ書物ヲ飜譯スル自由ヲ奪ハレルコトニナルト、日本ノ文化ニ影響ヲ及ボスカラシテ、是非日本ノ利益ノ爲メニ飜譯ノ自由ヲ認メルヤウニ同盟條約ヲ改メテ貰ヒタイ、元來日本ノ國語ト歐羅巴ノ國語ハ全ク性質ヲ異ニシテ居ルモノデアル、歐羅巴ノ書物ヲ日本語ニ飜譯シタカラトテ、歐羅巴ノ書物ガ賣レナクナルコトハナイ、却テ日本デ飜譯シタガ爲メニ歐羅巴ノ價格ガ増スト云フ事實ハアルケレドモ、決シテ賣レナクナルコトハナイ、ソレデアルカラ斯ウ云フ特別ノ規定ヲ設ケテモ決シテ原著作者ニ損害ヲ與フルモノデナイト云フテ居リマス、此事ハ山田三良君ガ先年巴里ニ於テ開カレタル萬國會議ニ出席セラレマシタトキニモ、東洋ノ國語ト歐米ノ國語トハ性質ガ違フカラ、歐米ノ書物ヲ日本語ニ飜譯シテモ歐人ノ利益ヲ害スルコトハナイ、ソレデアルカラ日本ニ對シテハ飜譯權ヲ認メテモ宜イデハナイカト云フコトヲ述ベラレタト云フコトデアリマシタガ、我邦ノ爲メニハ斯ウ云フ特例ヲ設ケルコトハ實ニ喜バシイコトト思ヒマスガ、理論上カラ言フト是ハ甚ダ言ヒ苦シイコトデアルト信ズル、ト申シマスルモノハ、前ニ申シマシタ通リ、著作權ノ保護ハ唯リ財産權上ノ保護ニ止マラズ、著作者ノ思想上ノ保護ヲモ目的トシテ居リマスカラ、飜譯ノ自由ヲ認メタカラト云ツテ、著作者ニ何等ノ損害ヲ與フルモノデナイト云フコトハ言ヘヌト思ヒマス、完全ニ著作權ヲ保護スルニハ著作者ノ思想上ノ權利モ充分ニ保護シナケレバナラヌ是ハ著作權ハ單ニ財産上ノ權利ニ非ズシテ、思想上ノ權利ヲモ包含スルト云フ理論ノ結果デアラウト思フ、實ハ我我御互同志ノ間ノ著作ニシテモ、折角自分ガ骨ヲ折ツテ書イタ書物ハ、一文章ヲ書クニモ、一句ヲ書クニモ、苟モシナイノデアル、然ルニ下手ナ飜譯ノ爲メニ折角苦心シタ文章ヲ無茶苦茶ニセラレテ原著作者ノ意思ヲ充分ニ表ハスコトガ出來ナイコトニナレバ、名文傑作モ何等ノ價値モ無イコトニナリマスカラ、著作者ノ無形上ノ損害ハ少カラヌコトデアル、故ニ著作權ヲ完全ニ保護スルニハ、ドウシテモ著作權ノ中ニ飜譯權ヲ包含シテ置カナケレバナラヌコトニナリマス、是モ前ニ申シマシタ通リ著作權ハ二方面アツテ、一方面ハ思想上ノ權利ヲ包含スルト云フコトカラ生ジテ來ル結果ダラウト思ヒマス、日本ノ新著作權法ニ於テハ此主義ヲ認メタノデアリマス

尙ホ一面ノ結果ハ著作權ノ期間ニ關スルコトデアリマス、諸國ノ法制ヲ見マスルト著作權ニハ、多クノ期限ヲ附シテ、永久無限ニ續クモノトシテ居ラナイ即チ出版ヲシタ日カラ三十年トカ、或ハ著者ノ終身、或ハ著者ノ終身ニ加フルニ死後何年ト云フ風ニ皆一定ノ年限ヲ定メテ居ル、乍併元來權利ナルモノハ、特例ノナイ以上ハ永久無限ニ繼續スルノガ原則デアリマス、有體物ノ所有權ニ付キマシテモ、物ガ無クナリマストカ、或ハ其權利者ガ曠缺スルト云フコトデナケレバ、其權利ハ永久ニ存續スルモノデアリマス、故ニ著作權ニ付テモ法律ニ若シ特別ノ例外規定ガナケレバ、此權利ハ子子孫孫ニ傳ハルベキモノデアラウト思ヒマス、然ルニ各國ニ於テ著作權ニ期限ヲ限シテ一定ノ年限ヲ經過スルト著作權ハ消滅スルトシテ居リマス蓋シ其理由ハ、若シ著作權ヲ永久的ノモノトシマシタナラバ、世間一般ノ人ハ其著作物カラ生ズル利益ヲ得ルコトガ出來マセヌデ、幾年經ツテモ其出版權ヲ或一人ガ占有シテ居リマスカラ、有益ナ書物ヲ高ク賣ルト云フヤウ

ナコトニナル、サウスルト學問ノ進步ヲ圖ルコトガ出來ナイト云フコトニナル、ソレデスカラ或一定ノ年限ヲ經過スレハ著作者ニ充分酬ユルコトガ出來ルモノト推定シマシテ之ニ期限ヲ附シテ其期限ヲ經過スレバ自由出版ヲ許シタノデアリマシヨウ、詰リ公益上ノ理由カラ出タノデアリマス

此點ニ付キマシテモ日本ノ著作權法ハ、矢張リ他國ノ例ニ倣ヒマシテ年限ヲ附シテ、著作者ノ終身ト死後三十年トシタノデアリマス、尤モ期間ノ制限ガナクチ永久ニ存續シテ居ル立法例モアリマシテ、例ヘバ、墨西哥、「ヴエネヅエラ」、「グアテマラ」ノ著作權法ニ於キマシテハ、所有權其他ノ權利ト同樣ニ永久ニ存續スルト云フ主義ヲ取ツテ居リマス、其他ノ國ニ於テハ皆期間ニ制限ヲ附シテ居ル、是レハ全ク學問ノ普及ヲ圖ルト云フ公益上ノ理由ニ基イタモノデアリマス、此期間ニ付キマシテモ著作權ノ二樣ノ方面ニ付テ區別ヲシナケレバナラナイト思フ、普通ノ解釋ニ依リマスト云フト、法定ノ期間ヲ經過シマスルト、例ヘバ著作者ノ終身及ビ死後三十年ヲ經過シマスルト、著作者ノ總テノ權利ハ消滅スルト解シテ居リマスケレドモ、此著作權ノ消滅スルト云フノハ著作者ノ權利ノ一方面丈ケデ、即チ財産上ノ權利ノミノ消滅ト謂ハナケレバナラヌト思ヒマス、成程法定ノ期間ガ盡クレバ、他人ハ著作者其他ノ權利者ノ同意ヲ得ナイデ、其著作物ヲ發行シ、飜刻スルト云フコトガ出來マスガ、他ノ一方面ニ於テハ思想上ノ權利ニ付テハ期間ガ經過シテモ依然存續スルモノト視ナケレバナラヌト思ヒマス、若シ期間ガ經過シタ後ニ於テ、世間一般ノ人ガ勝手ニ、改竄シテモ宜ケレバ剽竊シテモ宜ク、又著作者ノ名ヲ變ヘテ出版シテモ宜イト云フコトニ致シマスレバ、著作者ノ思想上ノ權利ト云フモノハ全ク侵害セラルルト云フコトニナリ

マス、例ヘバ山陽ノ文章ヲ後世ノ人ガ改竄シテ、之ヲ山陽ノ文章ダト稱シテ出版シタナラバ、恐クハ山陽ハ地下ニ於テ己レノ權利ノ侵害セラレタト云フコトヲ嘆ズルデアリマショウ、是ハ決シテ學者ヲ完全ニ保護スル所以デナカラウト思ヒマス、苟モ學者ガ或思想ヲ或時期ニ於テ表ハシタナラバ、其學者ノ思想ハ、永久ニ保護セナケレバナリマセン、其學者ガ死ンダカラト云ッテ、隨意ニ其著作ヲ改竄スルコトヲ許シタナラバ、是レ單ニ一著作者ノ權利ヲ侵害スルノミナラズ、學問ノ進歩ヲ妨ゲルモノデアラウト思フノデアリマス、故ニ著作權ノ期間ト云フコトハ、財産權ニ關スル點ニ付テノミデアッテ、思想上ノ權利ニ關シテハ期間ノ無イモノトシナケレバナラヌ、ソレデスカラ著作者ノ死ダ後ト雖モ、其著作物ヲ模倣シ又ハ改竄スル者ガアッタナラバ、之ニ制裁ヲ加フル必要ガアラウト思ヒマス、此點ニ付テ新著作權法ニ於テハ著作權ノ消滅シタ著作物デアッテモ之ヲ改竄シ、剽竊シタ者ニ制裁ヲ加ヘテ以テ無形上、思想上ノ權利ヲ保護シテ居ルノデアリマス

此ノ如ク著作權ガ兩面アルト云フ解釋ニ依ッテ、著作權ノ保護ニ差異ヲ生ズルコトニナリマス、而シテ私ハ、著作權ハ此二ツノ性質ヲ持ッテ居ルモノト確信シテ居リマス、然ルニ從來ノ學者ガ、或ハ著作權ハ所有權デアルトカ、著作權ハ債權デアルトカ、著作權ハ智能權デアルトカ云フテ、諸種ノ解釋ヲ下シマシタノハ單ニ其一方ニ付テノ立論デアッテ、兩面ノ性質ガアルト云フコトヲ見ナカッタ結果デアルマイカト思フ、權利ハ必ズシモ一面的ノ權利ト解釋スルコトヲ要シナイ、諸種ノ總合ノ權利デアルト云フコトヲ言ヒ得ルコトガ出來ルデアラウト思ヒマス、而シテ著作權ノ如キモ其一デアラウト思フノデアリマス、故ニ私ハ著作權ヲ權利ノ分類カラ立論スレバ、著作權

ハ絶體權トカ、對世權トカ稱スルモノデアリ内容ヨリ之ヲ論ズレバ一面ニ於テハ財産權ノ性質ヲ有シ、他ノ一面ニ於テ思想上ノ權利デアルト云フ斷定ヲ下サウト思フノデアリマス

以上ハ極ク大體ダケヲ申述ベマシタノデ、自分デモ完全トハ存ジマセヌ、倘ホ御高説ヲ拜聽致シタイト思ヒマス

（完）

（法学協会雑誌第二一巻第九号・一九〇三年）

5．我著作権法ト国際著作権法草案

我著作權法ト國際著作權法草案

（明治三十二年三月十六日於法理研究會講演）

法學士　水野錬太郎

今回新ニ制定セラレタル我著作權法ハ貴衆兩院ヲ通過シ御裁可ヲ經テ本月四日ヲ以テ公布セラレタリ、其ノ實施ヲ見ルニ至ル蓋シ亦遠キニ非サルヘシ、從來我版權法、脚本樂譜條例、寫眞版權條例等ハ單ニ內國著作者ノ權利ノミヲ保護シ外國著作者ニハ何等ノ保護ヲ與ヘサリシ、然ルニ改正條約實施ノ曉ニハ我國ハ列國版權保護同盟ニ加入スルニヨリ本年七月以後ニ於テハ外國著作者ノ權利ヲモ保護セサル可カラス、新著作權法ハ同盟條約ノ規定ト調和スルノ趣旨ヲ以テ制定セラレタルヲ以テ外國著作者ノ權利ヲモ承認スルニ至レリ、抑モ著作權ノ保護ハ世界的性質ヲ有スヘキ者ニシテ決シテ單ニ一國ノ領域内ニノミ限ラルヘキ者ニアラス、著作者ノ權利ニ國際的性質ヲ與フルノ必要ハ今日歐米ノ文明諸國ニ於テハ皆認ムル所ニシテ各國ノ著作權法並ニ條約ニ於テ此ノ必要ニ應スルノ規定ヲ設ク、昨年九月伊太利國トリノ府ニ開カレタル萬國文學美術協會 (association littéraire et artistique internationale) 第二十回大會ニ於テハ各國著作權法ノ統一ヲ謀ルノ目的ヲ以テ起草シタル國際著作權法草案ヲ可決シ併セテ將來各國ニ於テ新ニ著作權法ヲ制定シ又ハ修正スルニ當リテハ常ニ此ノ草案ヲ以テ摸範法ト爲スヘキ旨ノ希望ヲ議決セリ、此ノ草案ハ著作權ノ保護ニ關スル最新ノ主義ヲ代表スル法案ニシテ實ニ著作權法ノ摸範法タルヘキ者ナリ、サレハ歐洲諸國ニ於テ新ニ著作權法ノ制定セラレ又ハ修正セラル、ヤ學者ノ之ヲ論評スル此ノ國際著作權法草案ヲ基礎トシ之ニ對照シテ辯難スルヲ常トス、我著作權法歐洲學者ノ手ニ入ルヤ亦此ノ草案ニ準據シ評論ヲ試ムルヤ疑ヲ容レス、故ニ今夕我國法學者ノ團躰タル本會ニ於テ我著作權法ノ規定ト國際著作權法草案トヲ比較シ其ノ異同ノ理由ヲ述フルハ最モ必要ノコトナリト信ス、我著作權法ハ世界ノ著作權法中最新ノ法律ナリ、然レトモ其ノ内容ニ至テハ最新ノ主義ヲ採用シタリト云フコトヲ得ス、否ナ寧ロ國際著作權法草案ト其ノ規定ヲ異ニスルノ點少カラス、余ハ是レヨリ其ノ異レル點ヲ指摘シ其ノ之ヲ異ニシタル理由ヲ述ヘ且之ニ對スル卑見ヲ開陳シ併セテ諸君ノ高教ヲ仰カント欲ス、

本論ニ入ルニ先テ先ツ現今歐洲諸國ニ於ル著作權法ニ關スル立法ノ狀勢ヲ述ヘン、

歐洲諸國ノ著作權法中最近ノ制定ニ係ル者ハ千八百九十五年ノ墺太利ノ著作權法ナリ、然レトモ此ノ著作權法ハ飜譯權ヲ著作權中ニ包含セシメス又外國著作者ヲ保護スルコト充分ナラス且其ノ保護ノ期間短キニ失スル等ノ欠點アリテ國際著作權法ノ規定ト背馳スルノ點少カラス、從テ墺太利著作權法ハ其ノ制定ノ最近ナルニモ係ラス學者間ノ評判餘リ宜シカラス、此ノ如ク此ノ著作權法ノ不完全ナルハ一ハ墺太利ニハ獨逸佛蘭西ニ於ルが如ク著作權法專巧ノ學者ナキト一ハ同國ニ於テ學者美術家ヲ保護スルコト薄キカ爲メナラン、

立法ノ順序躰裁其ノ宜シキヲ得、其ノ規定ノ最モ學理的ニシテ且著作者保護ノ最モ完全ナルハ千八百八十六年三月二十二日ノ公布ニ係ル白耳義ノ著作權法ナリ、

此ノ法律ハ著作權ニ全然世界的性質ヲ與ヘ保護スヘキ著作物ノ範圍ヲ擴メ、又保護ノ期間ヲ長クスル等其ノ主義ニ於テ殆ント國際著作權法草案ト其ノ規ヲ同フス其ノ他編成ノ順序躰裁ニ至ルマテ完全ニシテ實ニ著作權法ノ摸範法トスルノ價値アリ今日歐洲ニ於テ著作權法ノ最モ完美セルモノヲ問ヘハ何人モ先ツ第一ニ指ヲ白耳義著作權法ニ屈ス、又將來著作權法ヲ制定スルニ當リ現行著作權法中何レノ國法ニ則ルヘキヤヲ問ヘハ斯法專攻家ハ亦皆白耳義著作權ヲ推擧ス、故ニ近時新ニ制定セラレタルルクセムブルグノ著作權法ハ全ク白耳義著作權法ヲ摸倣セリ、蓋シ白耳義ニハボルヒグラーブ、デカム、ワウエルマン等ノ著作權法專門家アリテ此ノ法律ハ此等ノ學者カ充分ニ審査討議シテ制定セシモノナレハ其ノ完美ヲ盡シタル宜ナリト云フヘシ、

獨逸ニ於テハ著作權ニ關スル法律ハ三種ニ分レ學藝上ノ著作物ニ就テハ千八百七十年ノ法律、美術上ノ著作物ニ就テハ千八百七十六年ノ法律、寫眞ニ就テハ同シク千八百七十六年ノ法律ヲ以テ之ヲ支配セリ、而シテ是等ノ法律ハ外見上ノ躰裁ハ稍備ハレルカ如シト雖著作者ヲ保護スルノ點ニ至テハ遺憾ナキ能ハス、例ヘハ翻譯權ノ期間ヲ僅カニ五年ニ止メタルカ如キ、建築物ニ保護ヲ與ヘサルカ如キ、寫

眞著作權ノ保護ハ他ノ美術上ノ著作物ノ保護ト其ノ規定ヲ異ニスルカ如キ、外國著作者ノ保護ニ制限ヲ付スルカ如キ、國際著作權法草案ノ主義ト背馳スルコト少カラス、

匈牙利ノ著作權法ハ獨逸ノ著作權法ヲ模範トシ三種ノ法律ヲ統一シテ之ヲ單一ノ法律ト爲シ且ツ獨逸法ノ欠點ヲ補ヘルモノナリ、故ニ學理的ノ立法トシテ先ツ白耳義ノ著作權ニ次テ良法律ト稱セラルヽモノナリ

英國ノ著作權法ハ Engravings Copyright act, Prints copyright act, Sculpture copyright act, dramatic copyright act, lectures copyright act, international copyright act, colonial copyright act 其ノ他數種ノ單行法ヨリ成ル、近來ニ至リコツピンジヤー、ヘルシエル卿、モンクスウエル等ノ專門家カ英國著作權法改造論ヲ主張シ諸種ノ錯雜セル法律ヲ統一編成シテ一ノ完全ナル法典ヲ作ランコトヲ決シ既ニ草案ヲ完成セリ、此ノ草案ハ未タ法律トシテ確定スルニ至ラスト雖遠カラス議會ニ提出セラレ法律トシテ公布セラルヽニ至ルヘシ、此ノ草案ハ普通ノ英國流ノ法律ト異リ凡テ學理的ノ編成ニシテ其ノ內容モ亦國際著作權法草案ト近邇セリ、故ニ此ノ法律ノ世ニ現ハルヽニ至ラハ近世ノ最良著作權法ノ一トシテ數ヘラルヽニ至ラン、

獨逸ニ於テモ近來著作權法ノ改正ニ從事シ國際著作權法草案ヲ基礎トシ完全ナル著作權法ヲ制定センコトヲ期セリ、而シテ其ノ法案起草ノ狀況ヲ聞クニ我國ノ如ク政府ノ一部局ニ於テ之ニ當ルニアラスシテ朝野ノ專門學者並ニ當業者ヲ集メテ委員ヲ組織シ其ノ起草ノ任ニ當ラシム、其ノ委員ノ重ナルモノハ政府ヨリ出テタルモノニ在テハ獨逸帝國司法省高等參事官セックンドルフ、同ドゥングス二氏ハ帝國司法省ヲ代表シ(ドゥングス氏ハ著作權法專門家ニシテ常ニ列國版權保護同盟會議ニ出席セル人ナリ)帝國內務省高等參事官ハウス氏(氏モ列國版權保護同盟會議並ニ工業所有權保護同盟會議ニ出席セル人)ハ內務省ヲ代表シ、ギユーベンド、ハルラン氏ハ外務省ヲ代表シ、伯林法科大學敎授ダムバッハ、氏高等參事官ミユーラル氏ハ敎部省ヲ代表シ、ウヰーベ氏ハ孛國司法省ヲ代表シ各〻委員タリ、政府以外ヨリ出テタルモノニ在テハミユニック市ノ商事顧問ベック、同市大學敎授ビルクマイエル、ライプチッヒ市書籍版商ブロックハウス、スチユットガルトノ書籍出版組合會頭エンゲルホルン、ライプチッヒ市獨逸音樂協會々頭フォン、ハーゼ、伯林市著作者組合會頭ヒルデブラント等ノ諸氏アリ其ノ他各聯邦ノ著名ノ士委員中ニアリ、近頃右委員ノ一人タル帝國內務省高等參事官ハウス氏ノ余ニ寄セタル書簡ニ依レハ草案ハ既ニ脱稿シタルヲ以テ近日學者ノ意見ヲ聞キ帝國議會ニ提出スルノ運ニ至レリト、而シテ著作權ノ性質ニ關シテハ議論百出シ討議ヲ重ヌルコト殆ント一週日ニ及ヘリト云フ、此ノ如ク獨逸ニ於テハ碩學大家相集リテ充分ニ其ノ意見ヲ戰ハシ以テ其ノ起草ニ從事ス、其ノ法律ノ確定シテ世ニ顯ハルヽニ至ラハ世界著作權法中恐クハ最良ノ者ナルヘシ、蓋シ獨逸ニ於テハ世間一般カ著作者ノ權利ニ重キヲ置クヲ以テ著作權法ノ改正ニ付テハ熱心ニ其ノ利害得失ヲ研究ス、之ニ反シ我國ニ於テハ著作權法ニ關シ學者美術家スラ少シモ痛痒ヲ感セサルカ如シ、況ンヤ一般ノ人ニ於テオヤ、サレハ同法ノ新ニ制定セラルヽモ之カ是非得失ヲ講究スルモノナク選擧法地方制度等ニ對シ朝野ノ人士カ熱心ニ之ヲ論究シタルト同日ノ論ニアラス、選擧法地方制度等カ吾人ノ所謂人權ニ大關係アルヤ勿論ナリト雖著作權ノ保護亦豈ニ吾人ノ權利ニ關係ナシトセンヤ、否ナ著作權保護ノ厚薄ハ實ニ學術ノ盛衰消長ニ關ス、嗚呼吾々學術ノ研究ニ從事スルモノヽ頭腦ノ生産物タル著作物ノ保護ニ關スル重大ナル法律ニシテ世人ノ之ヲ見ル此ノ如シ、獨逸ノ朝野共ニ之ニ熱中シ其ノ利害得失ヲ講究スルニ比シテ豈ニ恥チサルナキカ、獨逸人ノ學問美術ノ價値ヲ知リ其ノ著作者ノ權利ヲ尊重スル實ニ羨望ニ堪ヘサ

ルナリ、

佛國ニ於ル著作權法ハ簡短ナル單行法ニシテ未タ完成セル法律ナシト雖其ノ主義ハ最モ進歩シタル主義ヲ採用シ國際著作權法草案ト略其ノ規定ヲ同フス、且學者ノ同法ヲ解釋スル勉メテ寛大ニ之ヲ解シ以テ著作者ノ權利ヲ充分ニ保護センコトヲ計ルモノヽ如シ、著作權ヲ尊重シ之ヲ保護スルノ厚キ實ニ佛國ニ過クルモノナク、彼ノ列國版權保護同盟モ佛國ノ主唱シタル所ニシテ又各國著作權法ノ統一ヲ計畫シ國際著作權法制定ノ必要ヲ唱ヘタルモ亦佛國ナリ、獨逸ト云ヒ佛國ト云ヒ著作者ノ權利ヲ尊重スルコト此ノ如シ、其ノ學問美術ノ浸々トシテ進歩シ世界文明ノ先進國トシテ吾人カ此ノ二國ヲ尊崇スル亦故アリト云フヘシ、

魯西亞ハ武國トシテハ世界ニ雄飛スルモ文明國トシテハ未タ英佛獨ノ下位ニ立ツコトヲ免カレス然レトモ著作權ニ關シテハ往昔ヨリ完全ノ保護ヲ與ヘ、又近頃音樂著作權法ヲ修正シ其ノ草案ヲ公ニシタリ、此ノ草案ニ依レハ音樂家ノ著作權ヲ保護セルコト充分完美セルカ如シ

東洋ニ於テハ從來我國ヲ除クノ外ハ著作權保護ノコトハ夢想タモセサリシ所ナルカ近來我隣邦タル清國ハ「ノース、チヤイナ」ノ報スル所ニ依レハ著作權保護ノ欠

ク可カラサルヿヲ悟リ皇帝ハ著作權法ノ制定ヲ命スルノ上諭ヲ發シタリト云フ、
著作權保護ニ關スル世界ノ趨勢夫レ此ノ如シ、此ノ時ニ當リ東洋ノ新興國タル我日本ニ於テ新ニ制定シタル著作權法カ大ニ歐米ノ學者美術家並ニ當局者ノ注意ヲ惹起スヘキヤ疑ヲ容レサルナリ、
次ニ國際著作權法草案ノ制定セラルヽニ至リシ由來ヲ一言セン、抑モ各種ノ法律事項中世界的性質ヲ有スルハ著作權ノ保護ニ如クモノナシ、元來學問美術ノ如キ精神的製作物ニ依リテ吾人ノ受クル利益幸福ハ世界共通ニシテ決シテ一國内ニノミ限ラルヘキモノニアラス、吾人ハ實ニ古人ノ著書並ニ歐米學者ノ著作物ニ依リテ少カラサル利益幸福ヲ受ク、安ンソ知ラン吾人ノ著作物亦後世ニ同一ノ利益ヲ貽シ又泰西諸國ノ人々ニ同一ノ幸福ヲ與フルコトナキヲ、此ノ如ク著作物ノ吾人ニ與フル利益ハ決シテ時ノ古今ト洋ノ東西トヲ問ハサルナリ、果シテ然ラハ著作者ノ權利ヲ保護スル亦萬國共通ナラサル可カラス、是レ啻ニ理論上ノ必要ニ基クノミナラス人道《ヒユーマニチー》ノ上ニ於テ然ラサルヲ得サルナリ、然ルニ近來ニ至ルマテ各國ノ法律ハ著作者權利ノ保護ニ領域ヲ設ケ、自國ノ著作者又ハ自國ニ於テ發行シタル著作物ニ限リ保護ヲ與ヘ外國著作者ノ權利ハ少シモ之ヲ顧ミサリキ、此ノ如ク

著作權ノ保護ヲ單ニ一國內ニ限ルトキハ他國ノ著作物ハ隨意ニ之ヲ翻刻シ又ハ翻譯スルモ之ニ對シテ何等ノ制裁ナキヲ以テ其ノ著作者ノ權利ハ一タヒ其ノ國境ヲ離ルヽトキハ最早之ヲ完フスルヿ能ハス、故ニ著作者ノ權利ノ保護ヲ完全ナラシムルニハ自國ニ於テ外國著作者ノ權利ヲ保護スルト同時ニ外國ニ於テ自國著作者ノ權利ヲ保護スルノ方法ヲ計ラサル可カラス、換言スレハ著作權保護ニ國際的性質ヲ附與セサル可カラス、是レ實ニ列國版權保護同盟ノ起リシ所以ニシテ此ノ同盟ハ列國相互ニ各國ノ著作者ノ權利ヲ保護シ以テ文化ノ利益ヲ共通ニセントノ目的ニ出テタルナリ、然レトモ此ノ同盟條約ハ尙ホ未タ充分ニ其ノ目的ヲ達スルコト能ハス、何トナレハ著作權保護ニ關シ各國ノ法律其ノ規定ヲ異ニスルカ故ニ畫一ナル保護ヲ與フルコトヲ得サレハナリ、例ヘハ保護ノ期間ニ付テハ獨逸ニ於テハ著作者ノ終身及死後三十年、佛蘭西ニ於テハ死後五十年、英國ニ於テハ死後七年ト云フ如キ差違アルヲ以テ獨逸ニ於テハ尙ホ保護ヲ受クル著作物ニシテ英國ニ於テハ既ニ其ノ著作權ノ消滅スルコトアルヘク、佛國ニ於テ尙ホ著作權ノ存スルモノモ獨逸ニ於テハ既ニ保護期間ノ經過スルコトアルヘシ、又著作權保護ノ手續ニ關シテモ英國ニ於テハ登錄ヲ要シ佛國ニ於テハ納本ヲ要スルカ如ク、又保護ヲ受クヘキ著作物ノ種類ニ付テ之ヲ云ヘハ佛國、白耳義ニ於テハ建築物ヲ保護スルモ英、獨等ニ於テハ之ヲ保護セサルカ如ク各國ノ法律其ノ規定ヲ一ニセサルカ故ニ著作者ニ非常ノ不便ヲ與ヘ且許多ノ煩雜ナル難問ヲ惹起セリ、此ノ不便ヲ除キ各國法律ノ抵觸ヲ調和スルニハ列國法律ノ統一ヲ謀リ世界萬國ニ共通ナル國際法典ヲ制定セサル可ラス、此ノ統一的國際法典ヲ制定スルノ議ハ千八百八十六年以來佛蘭西、白耳義、獨逸、伊太利等ノ學者ノ間ニ起リ殊ニ佛國ノ學者熱心ニ之ヲ主唱シ千八百八十九年佛國巴里ニ於テ開キタル萬國文學美術協會ノ大會ニ於テ著作權保護同盟ニ加入セル國ハ完全ナル相互主義ニ基キ內國法ノ畫一ヲ期スヘキ旨ノ希望ヲ發表セリ、千八百九十五年ニドレスデンニ於テ開キタル同協會ノ大會ニ於テハ佛國ノ委員ショルジユ、マイヤール氏ハ國際著作權法ノ基礎ト爲ルヘキ統一的規定ノ主義ヲ報告セリ、其ノ報告左ノ如シ

著作權法《ユニフヒカシヨン、》統一《レヂスラテイーブ》ノ主義

第一著作權ノ性質　學藝又ハ美術ノ著作物ノ著作者ハ何等ノ方法ヲ以テスルヲ問ハス又如何ナル形躰ニ於テスルニ係ラス其ノ著作物ヲ發行シ及複製スルノ專權ヲ有ス

第二、著作權ノ目的　著作物ハ其ノ價値ノ如何ヲ問ハス各種ノ文書、演述、脚本、樂譜、舞譜、及圖畫摸型ノ美術上ノ著作物(建築物及寫眞ヲ包含ス)ハ必ス保護スヘキ著作物中ニ入ルヽヲ要ス

又、著作物ノ目的ト其使用トハ之ヲ論スルヲ要セス

第三、著作權期間、　著作權ハ著作者ノ終身及相續人ノ利益ニ於テ著作者ノ死後五十年繼續ス

第四、著作權ノ範圍、　著作者ノ許諾ナクシテ其ノ著作物ノ全部又ハ一部ヲ複製シタル者ニハ民事刑事ノ制裁ヲ付スルコトヲ要ス

複製ト稱スルハ發行ノ外ニ翻譯、翻刻及興行ヲ包含ス

翻案、翻曲及別種ノ技術ニ依ル複製等ノ如キ種々ノ名稱ヲ以テ爲シタル間接ノ剽窃及原著作物ノ修正増減ハ凡テ不正ノ複製トス

援萃引用ハ批評、駁論又ハ敎育ノ目的ヲ以テ爲シタル場合ニ限リ著作者ノ氏名及其ノ出所ヲ明示スルニ於テハ許容セラルヽモノトス、雜纂雜集中ニ學藝上ノ著作物ヲ複製スルハ其ノ著作者及承繼人ノ許諾ヲ要ス

凡テノ著作物ハ皆同一ニ保護セラルヘキヲ以テ樂譜ノ保護ニ關シテ特ニ

方式ヲ履行スルヲ要セス
新聞紙又ハ定期刊行物ノ記事ハ凡テ他ノ精神的著作物ト同様ニ禁轉載ノ明記ナクシテ保護セラルヽモノトス
第五、著作權ノ讓渡、著作權ハ有形物(原本又ハ美術物)ノ上ニ於ル所有權トハ全ク獨立ス、有形物ノ讓渡ハ著作權ノ讓渡ヲ伴ハス又著作權ノ讓渡ハ有形物ノ讓渡ヲ伴ハス
著作者ニ屬スル權利(發行、興行、翻譯等ノ權)ノ讓渡ニ關シテハ常ニ嚴密ニ解釋スルヲ要ス
著作者ハ著作權ヲ讓渡スモ著作者ノ資格ヲ委棄セサル限リハ僞作ヲ訴追シ、其ノ著作物ノ複製ヲ監視シ、及自己ノ許諾ナクシテ爲シタル改竄ニ反對スルノ權ヲ保有ス
以上ハマイヤール氏ノ報告シタル著作權法國際統一ニ關スル主義ノ大要ナリ、是レ主トシテ版權保護同盟條約ノ欠點ヲ補フノ趣旨ニ出テタルモノニシテ固ヨリ之ヲ以テ直ニ法案ト爲スノ主意ニアラス、同會議ニ於テハ滿場一致ヲ以テ此ノ報告ヲ可決シ併セテ此ノ主義ニ基キ著作權法ノ模範法ト爲ルヘキ草案ヲ起草セン

コトヲ決議セリ、

又此ノ會議ニ於テ各國内國法ノ統一ヲ謀ルノ手段トシテ(第一)同盟各國ノ法律ニ於テ使用セル著作權ニ關スル法律語ノ國際字典ヲ編纂スルコト(第二)各國法ノ公用翻譯ヲ爲スコトノ希望ヲ發表シ、此ノ擧ヲベルヌノ中央事務局ニ依囑スルコトヲ議決セリ、

此ノ議決ニ基キ佛國ノマイヤール氏ハ國際著作權法草案ヲ起草シ、昨年九月伊太利國トリノ府ニ開キタル萬國文學美術協會ノ大會ニ其ノ草案ヲ提出シタリ、同會ニ於テハ審査討議ノ末之ヲ可決シ併セテ之ヲ各國立法ノ摸範法ト爲スヘキ旨ノ希望ヲ議決セリ、所謂國際著作權法草案ナル者即チ是レナリ、其ノ草案ハ十一箇條ヨリ成ル左ノ如シ

第一條　精神的著作物ノ著作者ハ其ノ方法、形式、及用法ノ如何ヲ問ハス其ノ著作物ヲ發行シ及複製スルノ專權ヲ有ス

文書又ハ口述ヲ以テスル思想ノ發表、脚本、樂譜、舞譜、及圖畫摸型ノ美術上ノ著作物ハ凡テ保護セラルヘキ著作物ニ屬ス

是等ノ著作物ハ其ノ價値、使用及目的ノ如何ニ係ラス本法ノ支配ヲ受ク

ルモノトス

官公文書及裁判々決書ハ著作權ノ目的物ト爲ルコトヲ得ス

第二條　著作權ハ相續人及承繼人ノ利益ニ於テ著作者ノ死後八十年間繼續ス

第三條　無名著作物ノ著作權ハ其ノ著作物ヲ適法ニ發行シタル日ヨリ八十年間繼續ス、著作者其ノ實名ヲ顯ハサヽルトキハ發行者ハ此ノ權利ヲ行使スルコトヲ得

八十年ノ期間内ニ著作者其ノ實名ヲ顯ハシタルトキハ其ノ著作權ノ期間ハ第二條ノ規定ニ從フ

法人ノ名ヲ以テ發行スル著作物ハ無名著作物ト看做ス

第四條　合著作者ハ其ノ著作物ニ付キ平等ノ權利ヲ有ス

發行ノ時期及方法ニ關シ合著作者間ニ協議整ハサルトキハ裁判所之ヲ決定ス

合著作者ノ承繼人ノ權利ハ合著作者中最終ニ死亡シタル者ノ死後八十年間繼續ス

相續人又ハ承繼人ナクシテ死亡シタル著作者ノ持分ハ他ノ合著作者又

ハ其ノ承繼人ニ歸屬ス

第五條　著作者ノ死後其ノ遺稿ヲ發行スル權利アル者カ之ヲ發行シタルトキハ其ノ著作權ハ第一發行ノ日ヨリ八十年間繼續ス
著作者ノ生存中ニ發行セサリシ著作物及著作者ノ生存間ニ其ノ許諾ヲ要セスシテ發行シ得ヘキ著作物ハ死後ノ著作物ト看做ス

第六條　著作者又ハ其ノ承繼人ノ許諾ナクシテ其ノ著作物ノ全部又ハ一部ヲ複製スルハ凡テ不法トス、翻譯及興行ニ關シテモ亦同シ
翻案、變曲、別種ノ技術ニ依ル摸製等ノ如キ著作者ノ許諾ナクシテ原著作物ニ修正增補ヲ爲シ又ハ改作ヲ爲スハ亦不法トス

第七條　批評、駁論又ハ教育ノ目的ヲ以テ他人ノ著作物ヲ註解シ又ハ引用スルハ其ノ著作者ノ氏名及出所ヲ明示スルニ於テハ之ヲ禁スルコトヲ得ス
議會又ハ公ノ集會ニ於テ爲シタル演說ハ報告ノ目的ヲ以テスルニ於テハ之ヲ複製スルコトヲ得

第八條　新聞紙及定期刊行物ニ登載シタル凡テノ著作物ハ禁轉載ノ明記ナクシテ保護セラルヽモノトス

第九條　著作權ハ有躰物(原本)ノ所有權ト全ク獨立ス

有躰物ノ讓渡ハ著作權ノ讓渡ヲ伴ハス、又著作物ノ讓渡ハ有躰物ノ讓渡ヲ伴ハス

著作者ニ屬スル權利(發行、興行、翻譯等ノ權利)ノ讓渡ニ關シテハ常ニ嚴密ニ解釋スルヲ要ス

著作者ハ著作權ヲ讓渡スモ其ノ著作者ノ資格ヲ委棄セサル限リハ僞作者ヲ訴追シ、其ノ著作物ノ複製ヲ監視シ及自己ノ許諾ナクシテ爲シタル改竄ニ反對スルノ權利ヲ保有ス

著作者ハ其ノ著作物ヲ組成スル有躰物ヲ讓渡スモ若シ其ノ著作物カ自己ノ許諾ナクシテ改竄セラレタルトキハ之ヲ公衆ノ展覽ニ供スルニ付キ反對スルコトヲ得

第十條　發行シタルト否トヲ問ハス第七條ニ規定セル著作物ノ不法ナル凡テノ複製ハ僞作ノ罪ヲ組成ス

情ヲ知テ商業ノ目的ヲ以テ僞作物ヲ販賣シ、店舗ニ陳列シ、若クハ輸入スル者ハ亦僞作ヲ以テ論ス

第十一條本法ハ著作者ノ國籍如何ヲ問ハス又其ノ著作物ノ發行地如何ヲ論セス凡テノ著作者ニ適用ス

此ノ草案ハ法律案トシテハ多少ノ欠點ナキニアラサルモ著作者ヲ保護スル點ヨリ之レヲ見レハ實ニ完美セルモノナリ、起草者メイヤー氏本案ヲ議場ニ報告スルニ當リ明言シテ曰ク本案ハ決シテ理想的理論的ノ法案ニアラスシテ實ニ今日學藝美術ノ著作物ヲ保護スル國ノ現狀ニ照ラシ實行シ得ラルヘキ法案ナリト信スト、

本案ヲ議決シタル後チ委員マスカギー、フエルラリ、リコルディー氏等ノ發議ニテ伊太利國政府ニ向ヒ同國著作權法修正ノ際ニハ宜シク本案ヲ參考トスヘキ旨ヲ勸告センコトヲ議決シ又委員オステルリード氏ノ發議ニテ獨逸國政府ニモ同一ノ勸告ヲ爲スコトヲ議決セリ、

余ハ是レヨリ此ノ草案ト我著作權法トヲ比較シ其ノ規定ノ異レル點並ニ其ノ理由ヲ述ヘン

（未完）

論説

我著作權法ト國際著作權法草按（承前）

法科大學講師　法學士　水野錬太郎

第一　著作權ノ名稱

著作權ナル名稱ハ我國ニ於テハ新奇ノ語ニシテ從來版權ト稱シ來リシモノナリ、版權ト云ヘハ出版ノ權利ナルカ如ク解セラレ彫刻模型等ノ美術上ノ著作物ヲ包含スル新法ニ於テ版權ナル語ヲ使用スルハ妥當ナラス、故ニ新法ニ於テハ凡テノ著作者ノ權利ヲ包含セシムルノ趣旨ヲ以テ著作權ナル名稱ニ改メタリ、佛國ニ於テハ通常 propriété littéraire et artistique（學藝及美術ノ所有權ノ意義）ナル名稱ヲ用ユ、同國千八百八十六年ノ法律ニ於テ一タヒ droit d'auteur（著作者ノ權利ノ意義）ナル名稱ヲ用ヰタルコトアルモ其ノ後ノ法令ニ於テハ常ニ proriété littéraire et artistique ナル語ヲ用ヰ、今日ニ至ルマテ一般ニ此ノ名稱ヲ用ヰ來レリ、獨逸ニ於テハ著作權ハ所有權ナリトノ説ヲ採ラス從テ學者ノ著書ニ於テハ勿論法令ニ於テモ佛語ノ

propriétl littéraire et artistique ニ該當スル litterarrisches und artistisches Eigenthum ナル語ヲ用井タルコトナク常ニ佛語ノ droit d'auteur ニ該當スル antor-recht 又ハ Urheberrecht (創作權ノ意義)ナル語ヲ用ユ、獨リ千八百七十年ニ出版シタルクロステルマン氏ノ著書ニ Das geistiges Eigenthum (精神的財産ノ意義)ナル表題ヲ付シタルコトアリシモ其ノ後ニ出版シタル書ニハ Das Urheberrecht an Schrift und Kunstwerken, etc. ト改メタリ、白耳義、伊太利、和蘭、及匈牙利ニ於テハ佛語ノ droit d'auteure ニ該當スル名稱ヲ用ユ、英米ニ於テハ Copyright (模寫權ノ意義)ナル名稱ヲ用ユ、那威ノ著作權法ニ於テハ從來 propriété littéraire et artistique ナル名稱ヲ用井來リシカ千八百七十六年六月六日ノ法律ニ於テハ此ノ名稱ノ不當ナルヲ悟リシニヤ特ニ Lois sur la propriété du droit dit de propriété littéraire ナル名稱ヲ付セリ、西班牙、葡萄牙、瑞西及南米ノ諸國ニ於テハ凡テ propriété littéraire et artistique ナル語ヲ用ユ、

此ノ如ク此ノ權利ハ各國ニ於テ其ノ稱呼ヲ異ニス、而シテ是レ啻ニ稱呼ノ差違ニアラスシテ實ニ著作權其ノモノヽ性質ニ關スル學説上ノ差違ニ歸スルナリ、此ノ學説ノ差違ニ關スル各國學者ノ説ハ隨分興味アル問題ナレトモ今夕ハ之ニ論及スルノ暇ナキヲ以テ他日ニ讓ラン、只此ノ權利ノ名稱ノ各國ニ於テ一ナラサルコ

トハ諸君ノ記臆ニ存セラレンコトヲ望ム、列國版權保護同盟會議ニ於テモ此ノ權利ノ名稱ハ第一回會議以來常ニ議論ノ爭點タリシ所ニシテ同盟條約第一草案ニハdes droits des auteursナル複數ノ語ヲ用ヒシモ千八百八十四年ノ會議ノ際議論沸騰シdes droits des auteursト云ヘハ著作者ノ有スル一切ノ權利ヲ意味シ例ヘハ著作者カ發行者ニ對シテ有スル權利ヲモ包含スルナリ、然ルニ本條約ニテ保護スル權利ハ此レ廣汎ノ權利ニアラスシテ著作者カ著作物ノ上ニ有スル特定ノ權利ナルヲ以テ複數ノ名稱ハ不可ナリト論スルモノアリ又單數ノdroit d'auteurナル語ハ佛國ニ於テ從來慣用シ來リタル意義ニ從ヘハ著作者ノ權利ヲ意味セスシテ著作者ノ支拂フヘキ稅金ヲ意味スルヲ以テ是レ亦不可ナリ、故ニ寧ロdes droits d'auteurナル語ヲ用ユルトキハ斯ル疑事ヲ生セスシテ同盟條約ノ目的ニ合フコトヲ得ル旨ヲ主張スル者アリテ遂ニ此ノ同盟條約ノ名稱ヲunion général pour la protection des droits d'auteurト改メタリ、然ルニ其ノ翌年千八百八十五年ノ會議ニ於テハ佛國ノ委員ハ此ノ名稱ニ異議ヲ唱ヘdroits d'auteurナル語ハ佛國ニ於ル從來ノ慣例ニ從ヘハ同盟條約ノ保護セントスル著作者ノ權利ヲ意味セスシテ戲曲的著作物ノ著作者カ其ノ著作物ノ興行ニヨリテ受クル報酬ヲ意味スルカ故ニ修正ヲ要スルコトヲ主張シ佛國政府ハdroit d'auteurナル語ニ代ユルニla propriété littéraire et artistiqueナル語ヲ以テセンコトノ議ヲ提出シ且此ノ文字ハ今日著作權ヲ指稱スル普通一般ノ用語ニシテ獨逸語ノUrheberrecht英語ノCopyrightニ該當スルモノナレハ括弧ヲ以テ之ヲ示スモ不可ナキコトヲ附言セリ、此ノ發議ハ五ニ對スル七ノ多數ヲ以テ可決セラレシカ獨逸ノ委員ハ之ヲ肯ンセスシテ曰ク若シ此ノ決議ニ從ハサルヘカラサルニ於テハ獨逸ハ同盟ニ加入スルヿ能ハス、何トナレハ獨逸ハ獨逸ノ法學上不條理ナル名稱ニ盲從スルコトヲ得サレハナリト(蓋シ獨逸ノ學者ハ著作權ハ所有權ニアラストノ説ヲ執リ此ノ説ハ殆ント獨逸ノ學説ヲ爲スナリ)是ニ於テ瑞西ノ委員ノ發議ニテ折衷説ヲ採リprotection des oeuvres littéraires et artistiquesナル名稱ヲ用ユルヿニ決定シ遂ニ此ノ同盟ヲ稱シテunion international pour la protection des oeuvres littéraires et artistiquesト爲スコトニ協議一定セリ、嗚呼是レ只一ノ名稱ナリ、而シテ其ノ之ヲ爭フ此ノ如シ、殊ニ獨逸國カ同盟加入ノ拒絶ヲ賭シテマテ自國ノ學説ヲ固執シタルハサスガ學者國ノ本色ヲ顯ハシタルモノト云フヘシ、學者カ自己ノ信スル説ヲ執テ動カサルコト此ノ如クナルニ非サレハ學問ノ進歩得テ期ス可カラス實ニ欽羨ノ情ニ堪ヘサルナリ、國際著作權法草案ハ佛語ニテ起草セラレタレハ凡テdroit d'auteurナル名稱ヲ用ユ、我國ノ著作權ナル名稱モ佛語ノdroit d'auteur獨逸語ノUrheberrechtニ該當シ著作者ノ權利ヲ意味ス、

第二　著作權法編成ノ躰裁

著作權法編制ノ躰裁ニ就テハ各國一ナラス或ハ（一）單一ノ法律ヲ以テ之ヲ規定スルアリ或ハ（二）著作物ノ種類ニ依リ其ノ法律ヲ異ニスルアリ或ハ（三）民法中ニ之ヲ規定スルアリ白耳義、伊太利、墺太利、匈牙利ハ第一ニ屬シ獨逸、英吉利ハ第二ニ屬シ智利、ホンデュラス、サルヴァドル、ウルゲー、ベネヅエラハ第三ニ屬ス、國際著作權法草案ハ單一ノ法律ヲ以テ之ヲ規定スルノ主義ヲ採リ苟モ精神的著作物ト稱スヘキモノニハ凡テ同一ノ保護ヲ與フルコトヽセリ、我新著作權法カ從來三種ノ法律ニ分レタル版權法、脚本樂譜條例、寫眞版權條例ヲ統一シテ之ヲ單一ノ法律ト爲シタルハ國際著作權法草案ノ主義ニ適合セルモノナリ、

第三　著作權ノ目的物

著作權ノ目的物ニ就テハ諸國ノ法律中或ハ列擧主義ヲ採リ其ノ保護スヘキ著作物ノ種類ヲ限定セルアリ或ハ概括主義ヲ採リ單ニ精神的著作物又ハ學藝美術ノ

範圍ニ屬スル著作物ハ凡テ之ヲ保護スト爲スモノアリ、國際著作權法草案ハ其ノ第一條第一項ニ於テ精神的著作物ノ著作者ハ其ノ著作物ヲ發行シ及複製スルノ專權ヲ有スト規定シ第二項ニ於テ文書又ハ口述ヲ以テスル思想ノ發表、脚本、樂譜舞譜及圖畫模型ノ美術上ノ著作物ハ凡テ保護セラルヘキ著作物ニ屬スルコトヲ明言セリ、即チ草案ハ概括的主義ヲ採用シタルモノニシテ苟モ吾人ノ思想ヲ表示スヘキ著作物ハ凡テ著作權ノ目的物タルナリ、我現行版權法ニ於テハ版權ノ保護ヲ與フル著作物ハ文書圖畫ニ限ルトセルモ著作權法ニ於テハ之ヲ改メテ文書圖畫ハ勿論其ノ他苟モ學藝美術ノ範圍ニ屬スルモノハ凡テ保護スヘキ著作物トセリ、著作權法第一條第一項ニ於テ文書圖書演述寫眞云々ト列記シタルハ單ニ例示シタルニ止リ其ノ以外ノモノニテモ學藝美術ノ著作物ト看做サルヘキモノハ凡テ著作權ノ目的物タルナリ、即チ此ノ點ニ於テハ全ク國際著作權法草案ノ主義ニ適合スルモノナリ、

抑モ著作權ノ保護ハ新奇ノ思想ニ基キ精神的工夫ヲ創始シタル者ヲ保護スルニアルヲ以テ著作物ノ種類ヲ限定スルハ其ノ當ヲ得ス、苟モ學藝美術ノ著作物ニシテ精神的勞力ヲ加ヘタルモノハ凡テ著作權ノ保護ヲ與ヘサル可カラス、而シテ列

舉主義ヲ採用スルトキハ其ノ列舉ニ漏レタルモノアルトキハ之ヲ保護スルコト能ハサルノ虞アルヲ以テ概括的主義ヲ採リ廣ク精神的著作物ヲ保護スト規定スルノ優レルニ如カス、英米ヲ除キ其ノ他ノ國ノ著作權法ニ於テハ多クハ概括的主義ヲ採用ス我著作權法モ亦多數ノ立法例ニ倣ヒタリ、

又國際著作權法草案ニ於テハ複製ノ方法如何ヲ問ハス凡テ之ヲ保護ス、即チ器械的又ハ舍密的方法ヲ以テスルト否トヲ問ハサルナリ、故ニ例ヘハ之ヲ印刷ニスルモ之ヲ手寫スルモ將タ又口述ヲ以テ之ヲ模製スルモ凡テ複製ニシテ著作權者ノ許諾ナクシテ之ヲ爲シタルトキハ僞作ト爲ルナリ、諸國ノ著作權法ヲ見ルニ獨逸匈牙利ノ如キハ器械的方法ヲ以テ複製スル權利ノミヲ著作者ノ專權ト爲シ器械的方法ヲ以テセサル複製即チ手寫、口述ヲ以テスル複製ハ著作者ノ權利ニ屬セシメサルナリ、只特定ノ場合ニ限リ之ヲ禁スルノ規定アルノミ、抑モ著作權ノ保護ハ其ノ目的トスル所ハ僞作ノ禁止ニアリ、僞作ノ禁止ハ他人ノ著作シタル新奇ノ思想ヲ剽竊セシメサルニアリ、而シテ思想ノ剽竊ハ之ヲ筆ニスルト將タ之ヲ口ニスルトヲ問フヘキニアラス、況ンヤ器械的方法ヲ以テスルト否トヲ以テ之ヲ區別スヘキニアラス、獨逸著作權法ノ規定ノ如キハ實ニ其ノ理由ヲ見出スコト能ハサル

ナリ我著作權法カ草案ノ主義ヲ採リ複製ノ方法ハ凡テ之ヲ問ハストセルハ實ニ正當ナリト云フヘシ、

又草案ニ於テハ著作權ノ價値及目的ノ如何ヲ問ハス凡テ之ヲ保護スルモノトス、故ニ兒戲ニ類スルカ如キ著作物ニテモ又治安妨害風俗壞亂ノ著作物ニテモ著作權法ニ於テハ凡テ之ヲ保護ス、我著作權法ニ於テモ此ノ主義ヲ採リ著作權ノ目的物トシテハ著作物ノ價値及目的ノ如何ヲ問ハルサルナリ、英國著作權法ニ於テハ風俗ヲ壞亂スル著作物又ハ公ノ秩序ヲ害スル著作物ニ對シテハ著作權ノ保護ヲ與ヘス、蓋シ此ル著作物ハ社會ニ利益ヲ與フルモノニアラサルヲ以テ之ヲ保護スル必要ナシト云フニアリ、然レトモ著作權ノ保護ト出版ノ取締トハ全ク別物ナリ風俗ヲ壞亂シ治安ヲ妨害スルノ著作物ハ公益上之ヲ禁制スルノ必要アルハ勿論ナリト雖モ是レ出版法ノ關スル所ニシテ著作權法ノ關スル所ニアラス、著作權法ハ著作者ノ權利ヲ保護スル法律ナリ、出版物ヲ取締ルハ別ニ出版法アリテ存ス、故ニ著作權法ニ於テ特ニ出版ノ取締ニ關スル規定ヲ設クル必要ナシ、恰カモ所有權ハ其ノ目的物ノ如何ヲ問ハスシテ之ヲ認メ、只之ヲ行使スルニ當リ社會ニ危險アリト認ムル場合ニハ警察法規ヲ以テ之ヲ制限スルカ如シ、國際著作權草案ニ於テ

著作權保護ニ關シ其ノ著作物ノ價値及目的ノ如何ヲ問ハサルハ眞ニ故アリト云フヘシ、

第四　著作權ノ期間

凡ソ權利ハ其ノ目的物ノ消滅スルカ又ハ其ノ主躰ノ曠缺スルニアラサル以上ハ永久無限ニ存續スルヲ原則トス、例ヘハ吾人カ家屋ヲ建設スルトキ其ノ家屋ノ所有權ハ家屋ノ消失スルカ又ハ其ノ所有者カ相續人ナクシテ死亡スルニ非サル以上ハ永久ニ存續スルカ如シ著作權モ亦一ノ權利ナレハ法ニ特別ノ規定ナキ限リハ永久無限ニ繼續スヘキモノナリ、然ルニ諸國ノ著作權法ヲ見ルニ多クハ著作權ニ期間ヲ付スルヲ常トス、之ニ期間ヲ付セス一般ノ權利ト等シク永久存續ヲ認ムルハ僅カニ墨西哥、ヴェネヅェラ及ウルゲーノ三箇國アルノミ、歐洲諸國ノ著作權法ニ於テハ皆期間ヲ限テ之ヲ保護シ其ノ期間ヲ經過スルトキハ著作權ハ消滅スト爲ス、抑モ著作權ノ保護ニ期間ヲ設クルハ公益上ノ必要ニ出テタルモノニシテ其ノ權利ヲ永久ニ繼續セシムルトキハ著作物ノ利益ヲ一人ニ專有セシムルコトヽナリ社會一般ノ人ハ汎ク其ノ利益ヲ受クルコト能ハス、是レ普通一般ノ權利ト異ニシテ著作權ニハ期間ヲ限リタル所以ナリ、而シテ歐洲諸國ノ著作權法ニ於テ期間ノ最モ長キハ西班牙ニシテ著作者ノ終身及死後八十年ナリ、佛蘭西、白耳義ハ死後五十年獨逸ハ三十年英國ハ七年ナリ、國際著作權法草案ニ於テハ死後八十年又ハ最初發行ノ日ヨリ八十年トセリ、我著作權法ニ於ル著作權ノ期間ハ死後三十年又ハ最初發行ノトキヨリ三十年ニシテ之ヲ國際著作權法草案ノ期間ニ比スルニ遙ニ短シト雖、現行版權法ニ於テハ著作者ノ死後五年ナルモ而カモ尙ホ短キヲ訴フル者アルヲ聞カス、是レ蓋シ我國ニ於テ未タ長期ノ著作權ヲ認メ之ヲ保護セサル可カラサルカ如キ大著作ノ出ツルコトナキカ爲メナラン、獨逸ノ如キ學術ノ淵藪ト稱セラル、國ニ於テモ其ノ期間ハ尙ホ死後三十年ナリ故ニ我國ニ於テ之ト同一ノ期間ト爲スモ決シテ短シト云フ可カラス、要スルニ我國今日ノ現況ニ於テハ國際著作權法草案ノ如キ長期ノ保護ヲ與フル必要ヲ認メサルナリ

第五　飜譯權

飜譯トハ異種ノ國語ヲ以テ同一ノ思想文章ヲ言顯ハスニ外ナラサレハ復製ノ一ノ方法ナリ、故ニ飜譯權ハ當然複製權ノ中ニ包含セラルヘキモノニシテ著作權ヲ保護スル以上ハ飜譯權モ亦同一ニ之ヲ保護セサル可カラス、而シテ飜譯權ヲ保護スルトキハ他人ノ著作物ヲ妄リニ飜譯スルコトヲ得サルヲ以テ飜譯ニ依リテ他

國ノ文物ヲ輸入セントスル國ハ大ナル不利益ヲ受ルナリ、故ニ此ル國ニ於テハ成ルヘク翻譯權保護ノ期間ヲ短クスルヲ利益トス、之ヲ以テ最初列國版權保護同盟條約ニ於テハ(千八百八十六年ノ條約)翻譯權、ハ原著作物發行ノトキヨリ十年ニシテ消滅ストノ規定ヲ設ケタリ、即チ翻譯權ノ期間ハ著作權ノ期間ト同一ニアラスシテ著作權ハ著作者ノ終身及死後三十年若ハ五十年繼續スルニ係ラス翻譯權ハ僅カニ十年ニシテ消滅スルナリ、是レ理論上正當ナラサルノミナラス實際ニ於テモ著作者ヲ保護スルコト薄キニ失スルノ不都合アルヲ以テ千八百九十六年ノ巴里會議ニ於テ學者美術家ヲ保護スルニ最モ熱心ナル佛國ハ翻譯權ノ期間ヲ一般著作權ノ期間ト同一ニスルノ原案ヲ提出セリ、而シテ討議ノ末此ノ原案ハ遂ニ否決セラレタルカ翻譯權ハ著作權ノ一部ニシテ著作權ノ期間ト同一ニ繼續ストノ原則ハ採用セラレ只原著作物發行ノトキヨリ十年內ニ翻譯物ヲ發行セサルトキニ限リ翻譯權ハ消滅スルコトヽセリ、即チ實際ニ於テハ千八百八十六年ノ條約ト異ル所ナシト雖翻譯權ハ著作權ト同一期間繼續ストノ原理タケハ認メラレタリ、而シテ佛國ノ委員ハ次ノ會議ニ於テハ是非トモ完全ニ此ノ原理ノ實行ヲ見ンコトヲ熱心ニ希望セリ國際著作權法草案ニ於テハ翻譯權ヲ以テ著作權ノ一部ト爲シ其ノ期間ハ兩者同一ナリ(第一條第六條)又佛國及白耳義ノ著作權法ニ於テモ此ノ主義ヲ採リ二者ノ間ニ長短ヲ區別セス、然ルニ我著作權法ニ於テハ文藝學術ノ著作物ノ著作權ハ翻譯權ヲ包含スト爲シタルニ係ラス(同法第一條第二項)原著作物發行ノトキヨリ十年内ニ翻譯物ヲ發行セサルトキハ翻譯權ハ消滅ストセリ(同法第七條)蓋シ我國今日文化ノ狀態ニ於テ翻譯權ノ期間ヲ長クスルノ必要ナキノミナラス之ヲ長クスルトキハ歐米ノ文物ヲ輸入スル上ニ於テ少ナカラサル障害ヲ受クルヲ以テ其期間ヲ短縮シタルナリ且我國語ト歐米諸國ノ國語トハ全ク其ノ性質ヲ異ニスルヲ以テ歐米ノ著作物ヲ我國語ニ翻譯スルモ其ノ著作者ノ利益ヲ害スルコト少ナキナリ、是レ我著作權法ニ於テ國際著作權法ノ主義ヲ採ラサリシ所以ニシテ實ニ止ムヲ得サルナリ、然レトモ著作權ヲ保護スル側ヨリ之ヲ見レハ翻譯權ヲ一般著作權ト同一ニ保護スルヲ正當トス、余ハ我國ニ於テモ國際著作權法草案ノ如ク翻譯權保護ノ期間ヲ長クスルノ必要ヲ認ムルノ日ノ一日モ早ク來ランコトヲ望ムナリ、

第六　著作權ノ範圍

著作權トハ著作者カ自己ノ著作物ヲ複製スルノ專權ニシテ之ヲ裏面ヨリ云ヘハ他人ヨリ僞作セラレサルノ權利ナリ、複製ト云ヘハ發行ハ勿論翻刻、翻譯、興行其他原著作物ヲ模擬スルノ行爲ヲ總稱スルカ故ニ著作權ハ新奇ノ思想ニ基キテ製作シタル著作物ヲ他人ニ剽竊セラレサルノ權利ニシテ之ヲ剽竊スルハ凡テ僞作ナリ、國際著作權法草案ニ於テハ其ノ第六條ニ於テ此ノ主旨ヲ明言セリ故ニ嚴格ニ著作權ノ範圍ヲ論スルトキハ原著作者ノ思想ヲ模擬剽竊スルハ凡テ著作權ノ侵害ト爲ル、而シテ此ノ主義ヲ嚴格ニ墨守スルトキハ原著作物ノ一字一句ト雖著作者ノ許諾ナクシテハ之ヲ複製スルヿヲ得ス爲メニ學術ノ進歩ヲ沮害スルニ至ル、故ニ何國ノ著作權法ニ於テモ皆例外ノ規定ヲ設ケ或ル特種ノ場合ニ限リ原著作者ノ許諾ナクシテ複製ノ自由ヲ認ム、只其ノ場合ニ廣狹ノ差アルノミ、蓋シ著作者ヲ保護スル側ヨリ之ヲ見レハ成ルヘク此ノ複製自由ノ範圍ヲ狹クスルヲ至當トス只必要止ムヲ得サル場合ニ於テノミ之ヲ許スヘキナリ、故ニ著作者ノ權利ヲ厚ク保護スル佛國及白耳義ノ著作權法ニ於テハ只批評駁論ノ目的ヲ以テスル場合ニ於テノミ此ノ自由ヲ認メ其ノ他ノ場合ニハ凡テ著作者ノ許諾ヲ要スト爲ス又國際著作權法草案ニ於テモ批評駁論又ハ教育ノ目的ヲ以テスル場合ニハ引用拔萃ヲ許スモ(第七條)其ノ他ノ場合ニハ之ヲ許サス、此ノ如ク草案其他新主義ノ法律ニ於テハ此ノ範圍極メテ狹隘ナルモ我著作權法ニ於テハ稍廣大ナリ、即同法第三十條ニ依レハ(一)發行スルノ意思ナクシテ複製スルコト(二)自己ノ著作物中ニ正當ノ範圍內ニ於テ節錄引用スルコト(三)普通敎育上ノ修身書及讀本ノ目的ニ供スル爲メニ拔萃蒐輯スルコト(四)文藝學術ノ著作物ノ文句ヲ脚本ニ挿入シ又ハ樂譜ニ充用スルコト(五)文藝學術ノ著作物ヲ說明スルノ材料トシテ美術上ノ著作物ヲ挿入シ又ハ美術上ノ著作物ヲ說明スルノ材料トシテ文藝學術ノ著作物ヲ挿入スルコト(六)圖畫ヲ彫刻物模型ニ作リ又ハ彫刻物模型ヲ圖畫ニ作ルコト等ノ如キハ僞作ト看做サス、之ヲ草案ノ規定ニ比スルニ僞作ト看做サヽル範圍極メテ廣シ、蓋シ我國ニ於テハ前記ノ事項ハ從來著作者ノ許諾ナクシテ爲シ來リタル慣例アルノミナラス之カ爲メニ原著作者ノ利益ヲ害シタルコトナク、又同盟條約ニ於テモ是等ノ事項ヲ僞作ト爲スヤ否ヤハ各國內國法ノ規定ニ讓リタルヲ以テ我著作權法ハ諸種ノ情況ヲ酌量シ前述ノ規定ヲ設ケタリ、然レトモ若シ此ノ規定ヲ利用シ名ヲ節錄引用ニ借リ又ハ敎育ノ目的ト稱シテ他人ノ著作物ヲ剽竊スルモノナキヲ保セサルヲ以テ成ルヘク此ノ範圍ヲ縮小シ此ル茫漠タル規定ノ存セサルヲ可トス、

故ニ此ノ法律ヲ適用スルニ當リテハ深ク各種ノ事實ヲ調査シ此ノ規定ヲ濫用セシメサルコトニ注意セサル可カラス、

又國際著作權法草案ニ於テハ新聞紙及定期刊行物ニ登載シタル記事ニ就テモ完全ノ著作權ヲ認メ禁轉載ノ明記ナクシテ保護セラルトセリ(第八條)是レ列國版權保護同盟會議ニ於テ佛國委員等ノ主唱シタル説ヲ採用シタルナリ、我著作法ニ於テハ新聞紙及定期刊行物ノ記事ニ著作權ナシトノ主義ヲ認メ小説ヲ除ク外著作權者カ特ニ禁轉載ヲ明記セサルトキハ自由ニ轉載スルコトヲ得トセリ(同法第二十條)是レ草案ノ主義ト全然反對ノ主義ヲ採用シタルナリ、蓋シ我國ニ於テハ從來外國ノ新聞雜誌ノ記事ヲ轉載シ之ニヨリテ大ニ利益ヲ得タリシナリ、然ルニ一朝其ノ記事ニ著作權ヲ認メ之カ轉載ヲ爲スコトヲ得サルカ如キ規定ヲ設クルトキハ不利益少カラサルヲ以テ條約ノ許ス範圍ニ於テ便益ナル方法ヲ採リタルナリ、又我內地ノ新聞雜誌ニ就テ之ヲ見ルニ著作者カ他ニ轉載セラルヽコトヲ欲セサルトキハ必ス禁轉載ヲ明記スヘク、若シ禁轉載ヲ明記セサレハ他ニ轉載セラルヽモ敢テ差支ナキコトヲ表白シタルナリ、故ニ此ノ規定ハ著作權者ニ禁轉載ヲ記載スルノ煩ハシキ手數ヲ爲サシムルノ不都合アルモ實際ニ於テハ必ラスシモ著作

者ノ迷惑ヲ來スコトナキナリ、

第七　方式及條件

歐米諸國ノ著作權法ヲ見ルニ著作權ノ保護ヲ與フルニ何等ノ方式條件ヲ要セスシテ著作ヲ爲スト同時ニ當然著作權ノ發生スト爲スモノアリ例ヘハ獨逸、白耳義ノ如キ是レナリ或ハ一定ノ條件方式ヲ履行スルヲ要シ、其ノ履行アリテ始メテ著作權ノ保護ヲ與フル者アリ、例ヘハ佛國ニ於テ納本ヲ要シ英國ニ於テ登錄ヲ要スルカ如キ是ナリ、我現行版權法ハ版權登錄ヲ以テ版權保護ノ條件ト爲シ此ノ條件ヲ履マスシテ著作物ヲ發行スルキハ何等ノ保護ヲ享有セサルナリ、蓋シ著作權ヲ一ノ權利ト認メタル以上ハ何等ノ方式及條件ヲモ要セスシテ權利ノ發生スト爲シ之ニ完全ノ保護ヲ與フルヲ至當トス、版權登錄ヲ以テ保護ノ條件ト爲スカ如キハ其ノ理由ヲ見出スニ苦ムノミナラス是レ徒ニ著作者ニ無用ノ手數ヲ煩ハスニ止リ實際何等ノ益ナキナリ、故ニ歐洲ノ著作者間ニ在テハ頗リニ方式條件ノ廢止論ヲ唱ヘ此ル無用ノ手數ヲ以テ著作者ヲ煩ハスコトノ不當ナルコトヲ痛論ス、國際著作權法草案ニ於テハ條件及方式ニ關シ何等ノ規定ナシ、故ニ著作アルヤ直チニ著作權ノ發生スモノニシテ其ノ保護ヲ享有スルニ何等ノ手續ヲ履ムヲ要セス、是レ實ニ著作者ノ希望ヲ容レタルモノニシテ理論上實際上正當ノ立法ナリ、然ルニ我著作權法ニ於テハ草案ノ主義ヲ採ラス舊主義ノ法律ニ則リ登錄ヲ以テ僞作ニ對スル訴訟提起ノ條件ト爲セリ、即チ著作權ノ保護ヲ受クルニハ登錄ヲ爲サヽル可カラス（著作權法第十五條第二項）、抑モ登錄制度ハ如何ナル利益アリ又如何ナル必要アリヤ、蓋シ從來我國ニ於テハ登錄ヲ以テ版權保護ノ必要條件ト爲シ一著作物ヲ公ニスルニ當リテハ必ラス登錄ヲ受クルヲ要ストセリ、而シテ著述家及出版業者ハ之ニ對シテ不便ヲ唱ヘタルモノナク且世間一般ノ人ハ登錄ニヨリテ版權ノ有無ヲ知リ登錄ハ却テ實際ニ於テ便利ナリトスルノ感アルカ如シ此ノ如ク登錄ヲ受クルノ慣行已ニ久シク行ハレ居リタルヲ以テ一朝之ヲ廢止スルトキハ著作者ハ或ハ之ニ依リテ便利ヲ得ヘキモ世間一般ノ人ハ不便ヲ感スヘキヲ以テ舊法ノ主義ヲ襲踏シ登錄ノ制度ヲ存シタリ、只其ノ効果ハ舊法ノ如ク之ヲ以テ著作權發生ノ條件ト爲サス只僞作ニ對スル民事訴訟提起ノ條件ト爲セリ、國際著作權法草按ハ勿論白耳義、獨逸ノ如キ新主義ノ著作權法ニ於テ方式主義ヲ採ラス又近時ノ制定ニ係ル諸國ノ著作權法ニ於テハ成ルヘク方式主義ヲ廢セントスル傾向アル今日ニ於テ新ニ制定シタル我著作權法ニ於テ此ノ主義ヲ採用シタルハ實ニ怪訝ニ堪ヘス、而シテ其ノ理由ニ至テハ前述シタル如ク沿革ニ出テタリト云フノ外他ニ之ヲ説明スル正當ノ理由アルヲ見出スコト能ハス、

第八　外國著作者ノ保護

現行版權法ハ外國著作者ノ保護ニ關シテハ何等ノ明文ナキヲ以テ解釋上外國人ノ著作權ヲ認メサルコト、セリ、故ニ外國ニ於テ發生シタル著作物ハ勿論內國ニ於テ發行シタル者ニテモ外國人ノ著作ニ係ルモノハ版權ノ保護ヲ與ヘス、然ルニ民法第二條ニ於テハ外國人ハ條約又ハ法令ニ禁止アルモノヽ外凡テ私權ヲ享有スルコトヲ規定セリ、而シテ著作權モ亦一ノ私權ナルヲ以テ排外主義、賤外主義其ノ跡ヲ絕チタル今日ニ於テハ外國著作者ノ權利ヲ認ムルコト正當ナリトス、況ンヤ著作權ノ如キ世界的權利ハ成ルヘク汎ク之ヲ保護スルコト國際ノ通義上至當ナルニ於テヲヤ万國文學美術協會ニ於テハ學問美術ニ國境ナシトノ説ヲ唱ヘ學問美術ノ著作物ハ其ノ發行地ノ如何ヲ問ハス又其ノ著作者ノ國籍如何ヲ論セス平等ニ之ヲ保護スルノ至理ナルコトヲ主唱セリ、佛國並ニ白耳義ノ著作權法ニ於テハ既ニ此ノ主義ヲ採用シ外國著作者ヲ保護スルヿ內國著作者ニ異ラス、又國際著權法草案ニ於テモ此ノ主義ヲ認メ其ノ第十一條ニ於テ「本法ハ著作者ノ國籍如

何ヲ問ハス又其ノ著作物發行地ノ如何ヲ論セス凡テノ著作者ニ適用ス」ト規定セリ、即チ全然著作權ノ世界的性質ヲ承認シ其ノ保護ニ領土ノ境域ヲ設ケサルナリ、我著作權法ニ於テハ此ノ主義ヲ認メスシテ外國著作者ニ關シテハ制限的保護ヲ與フルコトヽセリ同法第二十八條ニ曰ク

外國人ノ著作權ニ付テハ條約ニ別段ノ規定アルモノヲ除ク外本法ノ規定ヲ適用ス但シ著作權保護ニ關シ條約ニ規定ナキ場合ニハ帝國ニ於テ始メテ其ノ著作物ヲ發行シタル者ニ限リ本法ノ保護ヲ享有ス

即チ條約ニ依リテ外國著作者ノ權利ヲ保護スルコトヲ約シタル場合ハ格別此ル條約ノ存セサルトキハ帝國ニ於テ始メテ其ノ著作物ヲ發行シタル場合ニ限リ我國ニ於テ著作權ノ保護ヲ與フルナリ、換言スレハ佛國及白耳義著作權法又ハ國際著作權法草案ノ如ク凡テノ外國著作者ヲ保護スルニアラスシテ條約國ニ屬スル著作者並ニ本邦ニ於テ始メテ其ノ著作物ヲ發行シタル著作者ニノミ保護ヲ與フルナリ、故ニ清國人魯國人ノ如キ同盟條約ニ加入セサル國民ニシテ我國ニ於テ其ノ著作物ヲ發行セサル者ハ我著作權法ニ於テハ何等ノ保護ヲ與ヘス從テ我著作權法ニ於ル外國著作者ノ保護ハ世界的保護ニアラスシテ制限的保護ナリ、而シテ

近世諸國ノ著作權法ニ於テハ漸次國際的ニ保護ノ範圍ヲ擴張シ無制限ニ各國著作者ノ權利ヲ保護セントスルノ傾向アルニ拘ラス、最新ニ制定シタル我著作權法ニ於テ此ノ傾向ニ背反セル舊主義ノ規定ヲ設ケタルハ我國文化ノ狀況ノ止ムヲ得サルノ事情アルニヨル、抑モ現今我國ニ於ル學問美術ハ駸々トシテ進歩シツヽアリト雖未タ歐米諸國ト比肩スルノ域ニ達セス、否ナ寧ロ彼國ノ文物ヲ輸入シ我學問美術ノ發達ヲ謀ルハ實ニ今日ノ急務ニ屬スト云ハサル可ラス、此ノ如クニ著作權保護ニ關スル列國同盟條約ニ加入スルコトスラ既ニ不利益ナル時代ナルカ故新ニ制定スル著作權法ニ於テハ成ルヘク我學問美術ノ進歩ヲ沮害セサルノ規定ヲ設クルコト必要ナリ、是レ外國著作者ノ權利ヲ保護スルノ人道ノ上ニ於テ並ニ國際ノ通義ニ於テ正當ナルコトヲ認ムルト同時ニ我國學術ノ進歩ヲ謀ラサル可カラザルノ必要ヨリシテ制限的保護ノ主義ヲ採リタル所以ナリ、况ンヤ英國獨逸ノ如キ學術ノ進歩セル國ニ於テモ尙ホ草案ノ如キ完全ナル世界的主義ヲ認メス制限的主義ヲ採ルヲ以テ我國ニ於テ此ノ主義ヲ採ルモ必ラスシモ外國著作者ノ權利ヲ蔑視シタルモノト云フコトヲ得ス又况ンヤ我國語ト歐米諸國ノ國語トハ全ク其ノ性質ヲ異ニスルニ於テヲヤ、

第九　建築物ノ保護

國際著作權法草案ニ於テハ建築物ヲ保護スヘキ著作物中ニ列記セスト雖所謂美術上ノ著作物中ニ之ヲ包含セシムルノ主旨ナルコトハ千八百九十五年ノ萬國美術協會ノ大會ニ於テマイヤール氏ノ報告シタル「著作權法統一ノ主義」ニヨリテ明ナリ(同報告ノ著作權ノ目的ト題スル項ノ中ニ美術上ノ著作物ノ下ニ括弧シテ建築物及寫眞ヲ包含ストアリ)蓋シ建築物モ一ノ精神的著作物ナレハ美術ノ範圍ニ屬スル築建物ハ美術上ノ著作物トシテ之ヲ保護スルハ當然ナリ、等シク美術上ノ著作物ニシテ繪畫彫刻模型ハ之ヲ保護シ建築物ハ保護セストスルノ理アランヤ、然ルニ我著作權法ニ於テハ其ノ第五十二條ニ於テ本法ハ建築物ニ適用セサルコトヲ明言セリ、蓋シ我國ニ於テハ美術上ノ建築物ナキニアラスト雖從來之レヲ保護シタルコトナク、又之ヲ模擬シテ原著作者ノ利益ヲ害シタル例ナキヲ以テ今日ノ狀況ニ於テ特ニ之ヲ保護スル必要ナキナリ、又同盟條約ニ於テモ之ヲ保護スルノ義務ナキノミナラス內國ノ建築物ヲ保護スルトキハ外國ノ建築物ヲモ保護セサル可カラスシテ却テ不利益ヲ來タスヲ以テ建築物ヲ特ニ保護スヘキ著作物中ニ包含セシメサリシナリ、歐米諸國ニ於テハ建築物ヲ保護スルハ佛國、西班牙及白耳義ニシテ此等ノ國ニ於テハ解釋上美術ノ著作物ナル語ノ中ニ建築物ヲ包含セシムルコトヽナス、又近時制定セラレタルルクサムブールノ著作權法ニ於テハ明文ヲ以テ建築物ヲ保護スヘキ著作物中ニ列舉ス、蓋シ純然タル理論ヨリ云ヘハ之ヲ保護スルヲ至當ト爲スナリ

以上ハ我著作權法ト國際著作權法草案トヲ比較對照シテ其ノ異同ノ重モナル點ヲ列擧シタルニ過キス、詳細ノ點ハ時間乏シキヲ以テ之ヲ述フルコトヲ得サルハ甚遺憾トスル所ナリ、抑モ國際著作權法ノ如キ万國ニ共通シテ行ハルヽ法律カ將來果シテ實行サルヘキモノナルヤ否ヤハ疑ノ存スル所ナリト雖此ノ國際法典ハ万國貨幣同盟ノ如キ又ハ萬國平和同盟ノ如キ學者ノ空想ニ出テタルモノニアラス、列國畫一ノ法律ヲ以テ學者美術家ノ製作物ヲ保護シ各國共同シテ其ノ著作權ヲ認メントスルノ議ハ歐洲學者美術家ノ多年ノ宿望ニシテ漸次其ノ希望ヲ實行セントスルノ域ニ進ミツヽアリ一昨年巴里ニ於テ開キタル列國版權保護同盟會議ノ終了ヲ告クルノ日ニ於テ獨逸ノ委員ライヒヤルト氏ハ次回ノ伯林ノ會議ニ於テハ必ラス同盟ノ最終目的タル著作權法ノ國際法典編成ノ擧ヲ見ンコトヲ望ム旨ヲ公言セリ、余ハ此ノ希望ノ一場ノ夢泡ニ歸セス早晩實際ニ現ハルヽ日ノ來

ランコトヲ信シテ疑ハサルナリ、故ニ今日ニ於テ此草案ノ規定ヲ研究シ世間ノ注意ヲ喚起スルハ決シテ無益ノ業ニアラサルヲ信ス茲ニ諸君ノ清聽ヲ煩ハシタルヲ謝ス

（完）

（法学協会雑誌 第三六巻 第八号・一九一八年）

6．著作者人格権の国際的承認

水野錬太郎

著作權は著作者が著作物を發行して利益を得るの財產的權利と、自己の思想を文書圖書に現はして之を維持する人格的權利との二重權利たることは學說並に各國立法例の殆んど一致する所である。佛國法系の諸國に於ては前者を Droit patrimonial 又は Droit pecuniaire と言ひ、後者を Droit moral と稱して居る。各國の內國法に於ては二三の國を除くの外、此の二方面に關する規定を設けて居る。然るに國際條約には未だ其の規定がない。千八百八十六年以來の萬國著作權保護會議に於ては、主として著作者の財產的權利に關する事項のみを論議し、人格的權利の方面に就いては今日まで未だ問題にならなかつた。然るに昨年羅馬に於て開かれたる著作權保護萬國會議に於ては此の人格權の問題が會議の重要なる議題となり、遂に著作權保護同盟條約の一條として條約中に規定せらるゝことゝなつた。著作者の人格權の保護が國際條約に挿入せらるゝことになつたことは、著作權保護の進展に於て注目すべきことである。

余は千九百八年の伯林會議に帝國代表委員として參列したる際非公式に各國の專門委員に著作者の人格權のことを條約中に規定せんことを諮ふたことがあつたが、當時は未だ之を問題とするの機運に達しなかつた。然るに今回の羅馬會議に於て、此のことが會議の重要議題となり、滿場一致の贊成を得て、議決せられたことは、著作權保護の上に於て慶祝すべきことであり、余の宿志が酬ひられたるが如き感がある。茲に在巴里の萬國著作權協會（Association littéraire et artistique internationale）より送り來りたる羅馬會議の報告、並に同會議に出席したる帝國代表委員の復命報告書に基き、人格權保護に關する會議の狀況及び其の結果を略記し、斯法專門家の參考に供しようと思ふ。

今回の羅馬會議に於て著作者の人格權を國際的に認めんとするの議は、イタリー、ポーランド、及ひジユネーブの知能共同國際委員會に依りて會議の議題として提案せられた。是等提案の主要なる點を擧れば左の通りである。

イタリー提案

著作者ノ人格的權利ハ財產的權利ト獨立シ、其ノ權利ノ讓渡ニ拘ハラズ、左ノ權利ハ著作者ニ屬スルコト。

(イ)著作物ノ眞正ノ著作者タルコトヲ主張スルノ權利。
(ロ)著作物ガ公ニセラルベキヤ否ヤヲ決定スルノ權利。
(ハ)著作者ノ精神上ノ利益ヲ害スベキ著作物ノ凡テノ變更ニ反對スルノ權利。
前項ニ規定シタル權利ヲ定ムル爲メ法令ヲ設クルコト、殊ニ發行ニ關スル特權ト公益上ノ必要トヲ調和スル爲メ及ビ(ハ)ニ定ムル權利ト發行セラレタル著作物ノ有形的複本ノ所有權トヲ調和スル爲メ規定ヲ設クルコトハ同盟國ノ國内法ニ之ヲ留保ス。

著作者ノ死後ニ於テハ此等ノ權利ハ著作者ノ本國ノ法律ニ依リ指定セラレタル人若ハ機關ニ依リ行使セラルベシ。

此等ノ權利防衛ノ爲メ必要ナル救濟ノ方法ハ保護ノ要求セラレタル國ノ法律ニ依リ規定セラルベシ。

フランス提案

會議ハベルヌ條約ノ署名國ハ出來得ル限リ速カニ各國ノ法律中ニ著作物ニ關シ其ノ著作者ノ人格權ヲ認ムルコトヲ目的トスル明文ヲ設クベシトノ希望ヲ表明ス。

此ノ權利ガ讓渡スベカラザルモノナルコトヲ明示シ、且其ノ様式ガ各國ニ於テ同様ナル方法ニ依リ定メラルヽコトヲ希望ス。

ポーランド提案

(一)著作者ハ反對約款ニ拘ラズ、著作者ノ地位ニ持來サルベキ一切ノ損害、並ニ著作物ガ公ニセラルヽニ付、望マシカルベキ體裁ヲ惡變スル一切ノ變形又ハ毀損ニ反對スル權利ヲ保有ス。

(二)此ノ權利ハ制裁ヲ以テ、著作物ノ著作者タルコトヲ冒シ惡變セラレタル著作物ヲ持續シ若ハ複製スルコトヲ禁止スルコトヲ得、且必要アルトキハ著作者ノ利益ノ爲ノ損害賠償ヲ請求スルコトヲ得。

尚ほ同國委員は左の決議案を提出した。

羅馬會議ハ著作者ノ精神上ノ權利(Droit moral)ハ之ガ人格權タル以上ハ生命身體自由名譽容貌等ニ對スル權利タル他ノ人格權ト同ジク凡テノ文明國ニ於テ其ノ保護ヲ受クベキモノナルコトヲ認メ、修正條約ノ明文中ニ規定ヲ設クルニ止ラズ、尚ホ同盟國ニ對シ其ノ國法中ニ規定シタル方法ニ依リ著作者ノ人格的權利ヲ保護シ、著作者ノ國籍又ハ著作者ガ同盟國ニ屬スルト否トニ依リ差別ヲ設クルコトナク、且金錢上ノ權利ノ存否、殊ニ金錢上ノ權利ガ公有ニ歸シタルヤ否ヤ、若ハ著作者ニ依リ讓渡セラレタルヤ否ヤニ關セザランコトヲ勸告スルコトヲ必要ト思料ス。

知能共同國際委員會の提案

此の提案の趣旨は前掲ポーランドの提案と大體同一なるを以て之を略す。

著作者の人格權に關する是等の提案は羅馬會議に於ける重要なる議題となり、總會に於てイタリー委員の熱心なる說明ありたる後、之を精査するが爲め特別委員會に附せらるゝことゝなつた。特別委員會に於ては更らにルーマニア、ベルギー共の他の委員より種々の案が提出せられた。此等諸國の提案は共の細目に於ては相異なる所はあるが、大體の精神に於ては相一致し、何れも著作者の財產的權利と獨立して人格上の權利を保護せんとするにあつたのである。

委員會に於てはイタリーの提案を議題として討議した。イタリー委員は提案の理由を詳細に說明し、著作者の人格權を國際同盟條約中に挿入規定するの最も急務なることを力說した。イタリー委員の論述は著作權の本質を明かにするに於て最も肯綮を得、且委曲を悉くしたるものであつて、著作權法の一大論文とも見るべきものである。イタリーに於ては著作者の完全なる保護をムッソリニ內閣の重要なる政策とし、最近に制定せられたる千九百二十五年十一月七日の新著作權法は最新にして且最も進步的なる模範法と稱せらるゝのであるが、今回の會議に於ても、同國委員は率先して著作者の人格權保護を提唱し、羅馬會議をして歷史的光彩ある名譽を荷はしめんことに意を致したのである。イタリーは今回の會議の主催國である爲めでもあるが、其の列席委員の數は代表委員、專門委員、專門隨員とも合せて二十三人の多きを算し、（他の諸國は十人以下である）其の中には國務大臣あり、外交官あり、大學教授あり、行政官あり、下院議員あり、著作家協會の會長副會長ありたる等の事實に徵するも、同國が如何に此の會議に力を集中したるかを知るに足るのである。

フランス、ポーランド、ベルギー、ルーマニア等の委員も亦各其の提案の理由を說明し、何れも著作者人格權の國際的保護の必要を强調し、其の他の諸國の委員も主義として此等の提案に對し贊意を表した。唯ドイツ、及びオーストタリーの委員は人格權の保護には主義としては異議なきも、同國の法制に於ては、人格權は著作權の一方面たるに過ぎずして、金錢上の權利と同時に其の保護期間が消滅する旨を述べ、又英國の委員は提案の明文が英法の一般原則及び Copyright に關する英國の主義と調和せざる所ありとの見地より異議を提出した。イタリー委員は今回の會議に於ては是非共人格權に關する條約の成立を希望し、會議をして意義ある成果を收めしめんとの熱情より、其の提案中異議ある點は之を讓歩し、別に妥協案を作り、イタリー委員の名を以て之を會議に提出した。其の提案左の如し。

第六條ノ二

以下各條ニ規定セラルヽ著作者ノ財產的權利ト獨立シテ、且右權利ノ讓渡ニ於テモ著作者ハ著作物ノ創作者タルコトヲ主張スル權利、並ニ著作者ノ名譽若ハ名聲ヲ害スベキ著作物ノ一切ノ變形毀損若ハ其ノ他ノ變更ニ異議ヲ申立ツルノ權利ヲ有ス。

右ノ權利ヲ行使スルノ條件ヲ定ムルハ同盟國ノ國內法ニ留保セラル。權利保全ノ爲メニ必要ナル救濟方法ハ保護ノ要求セラレタル國ノ法律ニ依リ規定セラルベシ。

尙ほ別に希望決議として左の希望案を提出した。

會議ハ同盟國ガ著作者ノ死後、著作者ノ名譽及ビ文藝科學若ハ美術ノ利益ヲ害スベキ著作物ノ改竄毀損若ハ變更ヲ爲サシメザルコトヲ保障スル爲メニ適切ナル規定ヲ各國ノ法律中ニ採用センコトノ希望ヲ表明ス。

此の新提案はイタリーの最初の提案とは多少異る所あるが、是れイタリーが人格權の規定を條約中に挿入するの提案を成立せしめんとする熱心の餘り、各國の同意を得らるべき程度に讓步したる爲めである。されば本案が第二回の特別委員會に提案せらるゝや、各國とも直ちに之に贊意を表し、一人の異議を唱ふるものなく、滿場一致之を可決した。次で總會に於ても委員會の決議通り滿場異議なく可決した。

著作權の一方面たる著作者の人格權保護の問題は、從來或は萬國新聞協會の大會に於て、或は知能共同委員會に於て、或は其の他文藝學術に關する諸種の會議に於て、屢論議研究せられ、或は決議となり、或は希望となつて現はれたのであるが、國際條約としては今日まで未だ實現を見なかつたのである。然るに今回羅馬會議に於て著作權保護同盟條約の中に此の事項が規定せられ、各國の承認を得るに至つたことは多年の希望が達成せられたものであつて、著作權法上の一大進歩であり羅馬會議の大成功と言はなければならぬ。イタリー委員が『幾多ノ理想ガ實現セラレタル永遠ノ都タル羅馬ニ於テ、精神的著作物ハ啻ニ商品的價値ヲ有スルノミナラズ、特ニ靈的且精神的價値ヲ有スルモノナリトノ原則ガ承認セラレ、從來ベルヌ條約ニ於テ缺ケタル著作者ノ人格權ニ關スル條項ガベルヌ條約ニ挿入セラル丶コトハ吾人ニ取リテ形容シ難キ無上ノ誇リナリ』と述べ、又フランス委員副議長ド、ボーマルシエーが著作者の人格權に關する提案を喜び『此ノ權利ヲ明白ニ承認スルコトハ會議ニ赫々タル光彩ヲ投ジ、且其ノ努力ニ對シ最モ高キ祝福ヲ與フルモノナリ』と言ひ、又總會に於てフランス、チエッコ・スロヴアキア及びイタリーの各代表委員が著作權保護に關する新たなる規定が本條約中に挿入せられたるは今回の羅馬會議の歴史的成果なりとして賞讃と感謝に滿ちたる意見を陳述したるに對し滿場拍手を以て之を迎へたるが如き、如何に各國の委員が著作者の人格權保護に關し熱烈に贊意を表したるかを見るに足るのである。

此くして著作者の人格權が財產的權利と獨立して保護せらるべきものなりとの原則が、同盟各國の同意の下に同盟條約中に規定せらるゝに至つたのである。是れ實に著作權保護の大進展であつて、著作權保護同盟の主唱者たるヴィクトル・ユーゴーも自己の理想が此くまで發展するとは夢想しなかつたであろう。其の結果として著作權の本質が確立し、著作者の權利が徹底的に擁護せらるゝことになつたのは學界の爲め眞に祝福すべきことである。余が先きに伯林會議に於て內話したることが今日實現せらるゝに至つたことは、著作權同盟條約の緣故者として欣躍の情に堪へない。余は茲にイタリーの委員を始めとし、羅馬會議に出席し此の決議に關與したる各國委員の努力と熱誠に對し深甚の敬意を表するものである。只痛恨に堪へざることは往年伯林會議に於て、此の問題に關し親しく意見を交換したる英國のサー・ヘンリー・ベルギュ（Sir Henry Bergne）佛國のルイ・ルノール教授(Prof. Louis Renault) 瑞西萬國著作權事務局のレートリスベルガー教授(Prof. Röthlisberger)の已に逝きて、今日共に此の喜びを分ち往年のことを語ることを得ないことである。今茲に此の記を錄するに當り追懷の情を致し哀悼の意を表す。

以上の經過を以て著作者の人格權は同盟條約第六條の二として規定せらるゝことになつたのであるが、同條は單に其の原則を示したるに止まり、此の權利を行使する條件並に權利保全の爲めに必要なる救濟方法は各國の國內法に留保せられたのであるから、同盟各國は此の條約並に希望決議を實行する爲めには適當なる法令を制定し又は法令の改正を行はなければならぬ。我が國に於ては明治三十二年に制定せられたる著作權法に於て其の第十八條に『著作權ヲ承繼シタル者ハ著作者ノ同意ナクシテ其ノ著作者ノ氏名稱號ヲ變更シ若ハ其ノ題號ヲ改メ又ハ其ノ著作物ヲ改竄スルコトヲ得ズ』と規定し、又第四十一條には『著作權ノ消滅シタル著作物ト雖モ之ヲ改竄シテ著作者ノ意ヲ害シ又ハ其ノ題號ヲ改メ若ハ著作者ノ氏名稱號ヲ隱匿シ又ハ他人ノ著作物ト詐稱シテ著作物ヲ發行シタル者ハ罰金ニ處ス』るの規定ありて、著作者の人格權の保護に意を致し、大體の精神に於ては、羅馬會議の決議と其の歸趨を一にするのである。併し今回の會議に顧み、更らに一段の修正を要することは言ふまでもない。

以上述べたる所謂人格權なるものを佛法系の諸國に於ては Droit moral 又は Droit personel de l'auteur と概稱するが、近時此の名稱に代へて Droit au respect と唱へるものもある。我が邦語にて之を人格權と稱するが適當なる否やは疑ひなきにあらざるも、茲には普通の用例に從ひ人格權と稱したのである。余は嘗て思想維持權なる名稱を用ひたこともある（拙著『著作權法』九二頁）。名稱は兎に角、此の權利の性質內容範圍を明かにすることは、法令制定上極めて必要なるを以て、玆に各國の立法例、學說、並に羅馬會議に於ける提案者の說明等を參照して說述しようと思ふ。

抑も著作物なるものは著作者の思想が外部に顯はれて、文書圖畫なる形を成すものなれば著作物は著作者の人格の反映と見るべきものである。故に他人が吾人の著作物を剽窃し又は之を變更するは吾人の人格權を侵害するものである。吾人の身體名譽に毀損を加ふるものあれば、刑法は之を罰し、民法は之より生じたる損害を賠償すべきことを定む。然らば吾人の思想を毀損するものも亦之を罰し、又は損害を賠償することの至當なるや言ふまでもない。是れ則ち著作者の財產上の權利と獨立して別に其の人格權を保護する所以である。此の趣旨より著作者の人格權の內容を列擧すれば左の通りである。

（一）著作物の創作者たることを主張する權利。

著作物は著作者の思想の現はれであるから、著作者が其の創作者たることは言ふまでもない。故に著作者以外の者は其の著作物に對しては何等の支配權を持たない。是れ著作者が創作者として有する基本的權利である。之より左の權利が發生する。

(イ)著作物の題號を作り及び自己の氏名を明記する權利。
(ロ)題號を變更せしめざる權利。
(ハ)無名又は變名著作物に本名を發表する權利。
(ニ)著作物を公にすべきや否やを決定するの權利。
著作物は之を公にしたると否とに拘らず著作者の貴重なる財產である。其の公にせざるものに就ては著作者のみが之を公にするや否やを決定するの權利を有し、他人は之が發行を强要することを得ない。著作者の意思に反して之を發行するは著作者の人格權の侵害である。從て如何に金錢的價値ある著作物と雖も、未發行のものは債權の爲め之を差押ふることを得ない。著作物の差押は著作物を發行して之より生ずる利益を取得するの目的であるから、差押を許すときは債權者に未發行の著作物を發行するの權利を認むることゝなり、著作者の人格權を害することゝなる。我が著作權法第十七條に
未ダ發行又ハ興行セザル著作物ノ原本及ビ其ノ著作權ハ債權者ノ爲メニ差押ヲ受クルコトナシ
と規定し又ベルギー著作權法第九條に
未發行ノ學藝音樂ノ著作物並ニ發賣又ハ發行ニ準備セラレザル美術著作物ハ差押フルコトヲ得

ズ

との規定あるは之が爲めである。發行後の著作物に關しても、其の絶版又は廢棄は著作者の自由であるが、發行者との間に契約のある場合には、其の契約に制限せらるゝことは止むを得ないのである。但し之に就ては反對の說もありて、發行後の著作物に關しても著作者の絶對的權利を主張するものがある。

(三)著作物の改竄變更に反對する權利。

著作物は著作者の思想の發現にして、思想の主體は著作者であるが故に、著作者自身にあらざれは一字一點と雖も、之を增減變更することを得ない。是れ著作者に專屬する權利にして、著作者と離るべからさるの權利である。所謂思想維持權とも云ふべきものである。

(四)著作權を讓渡するも人格權は其の中に包合せられず。

著作權の一方面たる財產的權利は讓渡し得らるゝも、他の一面たる人格的權利は讓渡し得らるゝものでない。著作物の全部を讓渡するも、著作者たる資格を抛棄するものでないから、讓受人は著作物を讓り受けたる其の當時の原形の儘にて之を複製發行し得るの權利を取得したるに止まり、著作物の形態內容を變更するの權利は其の中に包含せられない。是れ普通の所有權の移轉と異る所である。普通の所有權に在ては讓受人は其の物を破棄するも變形するも其の自由であるが、著作權に在つては其の著作物を原形の狀態に於て使用收益するに止り、原形を保存維持するの制限を受くるのである。これは著作者の生存中の讓渡に關してのみでなく、相續人も亦其の先人の著作物に對しては何等の變更を加ふることを得ない。我が著作權法第十八條に『著作權ヲ承繼シタル者』とあるは、著作者生存中の讓受人は勿論死後の相續人をも包含するのである。

（五　著作者の人格權は著作權の保護期間滿了後に於ても存續す。

各國の立法例に於ては著作權には一定の保護期間を定め、其の期間を經過するときは著作權は公有に歸し、何人も自由に原著作物を複製し之より生ずる利益を享有することを得るのである（保護期間の定めなき立法例もある、メキシコ、ヴェネヅェラ、グァテマラの著作權の如き是れである）。此の如く著作者の存續期間を設け、其の期間の終了と共に著作權を消滅せしめ、之を公有に歸せしむる理由は、著作權を永久無限に存續せしめ著作物發行の權利を著作者並に其の子孫に專有せしむるときは、其の著作物は永久著作者一家の專有物となり、之を發行すると否とが著作者の子孫の隨意に係るのであるから、如何に有益なる著作物と雖も、之を廣く公衆に利用せしむること を得ない。國家は有益なる著作物の創作發行を奬勵すると同時に、社會一般の人をして容易に斯かる著作物を利用するの途を開かねばならぬ。是れ實に學藝美術を進め文化を向上せしむる所以である。是れ諸國の立法例に於て一定の期間著作者並に其の相續人に其の著作物より生ずる利益を專有せしめ以て良著作物の創作を奬勵すると同時に、一面社會公衆をして其の著作物を容易に且自由に利用せしめんが爲めに其の期間の經過するときは、著作權を消滅せしめ、公有に歸せしむる所以である。併し著作權の期間は財產的權利に關する部分に付てのみであつて、人格權には適用がなく、永遠に存續するのである。即ち期間經過後は公衆は自由に他人の著作物を複製することを得るも、其の內容を改竄修正し、又は著作者の氏名稱號を變更して之を發行することを得ない。羅馬會議に於て表明したる希望決議は此の趣旨に外ならないのである。

以上は著作者の人格權と稱するものゝ範圍內容である。今回羅馬會議に於てイタリー其の他の諸國の委員が提唱したる著作者人格權の保護の範圍も大體是等の點に在つて存することゝ思ふ。今後各國の內國法を制定し若は修正するに當りては、上述の點を參酌し、羅馬會議の決議並に希望の精神を徹底せしめ、著作權の保護を完成せしめんことを希望して止まないのである。

7．ユーゼーヌ・プーイエー君（Eugene Pouillet）を弔す

水野錬太郎

ユーゼーヌ、プーィヱー君(Eugene Pouillet)

著《ちよ》作《さく》權《けん》法《はふ》を研《けん》究《きう》する者《もの》殊《こと》に著《ちよ》作《さく》權《けん》の國《こく》際《さい》的《てき》保《ほ》護《ご》の歷《れき》史《し》を研《けん》究《きう》する者《もの》は、佛《ふつ》國《こく》のユーゼーヌ、プーィヱー君《くん》の名《な》を記《き》憶《おく》せざるものあらざるべし。君《きみ》は先《さ》きの巴《パ》里《リー》辯《べん》護《ご》士《し》會《くわい》長《ちやう》にして著《ちよ》作《さく》權《けん》法《はふ》特《とく》許《きよ》法《はふ》商《しやう》標《へう》法《はふ》意《い》匠《しやう》法《はふ》(所謂智能權)の專《せん》門《もん》家《か》なり、殊《こと》に著《ちよ》作《さく》權《けん》の國《こく》際《さい》的《てき》保《ほ》護《ご》に關《くわん》しては最《もつと》も熱《ねつ》心《しん》に之《これ》を主《しゆ》唱《しやう》したる一人にして今《こん》日《にち》世《せ》界《かい》に於《おい》て有《いう》名《めい》なる萬《ばん》國《こく》著《ちよ》作《さく》權《けん》協《けふ》會《くわい》(association littéraire et artistique internationale)の創《さう》立《りつ》に與《あづか》て大《おほい》に力《ちから》ありしことは學《がく》者《しや》美《び》術《じゆつ》家《か》の皆《みな》承《しよう》認《にん》する所《ところ》なり、千八百九十年《ねん》以《い》來《らい》君《きみ》は同《どう》協《けふ》會《くわい》の會《くわい》頭《とう》に選《せん》任《にん》せられ爾《じ》來《らい》今《こん》日《にち》に至《いた》るまで其《その》任《にん》に在《あ》り同《どう》協《けふ》會《くわい》の爲《た》めに拮《きつ》据《きよ》經《けい》營《えい》至《いた》らざる所《ところ》なく、其《そ》の今《こん》日《にち》の盛《せい》大《だい》を致《いた》したるは實《じつ》に君《きみ》の力《ちから》に依《よ》

るものと云《い》はざる可《べ》からず、君《きみ》は近《きん》年《ねん》健《けん》康《かう》を害《がい》し静《しづ》かに病《やまひ》をカンヌの閑《かん》居《きよ》に養《やしな》ひしが天《てん》之《これ》に年《とし》を假《か》さず終《つひ》に本《ほん》年《ねん》一月《ぐわつ》十四日を以《もつ》て易《えき》簀《さく》せられたり、余《よ》の往《わう》年《ねん》歐《おう》洲《しう》に遊《あそ》ぶや親《した》しく君《きみ》の謦《けい》咳《がい》に接《せつ》し爾《じ》來《らい》君《きみ》の著《ちよ》書《しよ》論《ろん》文《ぶん》に就《つ》き斯《し》法《はふ》の研《けん》鑽《さん》に從《じう》事《じ》し得《う》る所《ところ》少《すくな》からざりしに今《いま》や君《きみ》の訃《ふ》報《はう》に接《せつ》す實《じつ》に痛《つう》嘆《たん》の至《いたり》に堪《た》へず、海《かい》山《ざん》萬《はん》里《り》相《あひ》隔《へだ》り親《した》しく君《きみ》の葬《さう》儀《ぎ》に會《くわい》し哀《あい》悼《たう》の意《い》を表《あらは》することを得《え》ざるは余《よ》の深《ふか》く遺《ゐ》憾《かん》とする所《ところ》なり、茲《こゝ》に君《きみ》の斯《し》學《がく》の爲《た》めに盡《つく》したる功《こう》勞《らう》の一斑《はん》を叙《じよ》し憾《うらみ》を同《どう》學《がく》者《しや》に分《わか》たんと欲《ほつ》す是《こ》れ君《きみ》と專《せん》攻《こう》を同《おなじ》うする余《よ》の義《ぎ》務《む》たることを信《しん》ずればなり、君《きみ》は著《ちよ》作《さく》權《けん》の國《こく》際《さい》保《ほ》護《ご》の完《くわん》成《せい》を以《もつ》て終《しう》世《せい》の事《じ》業《げふ》と爲《な》せるものにして君《きみ》の生《せい》命《めい》は實《じつ》に此《こ》の事《じ》業《げふ》と共《とも》に終《しう》始《し》せるものなり。今《こん》日《にち》「ベルヌ」條《でう》約《やく》(Convention de Berne)として世《せ》界《かい》に知《し》られたる著《ちよ》作《さく》權《けん》保《ほ》護《ご》に關《くわん》する國《こく》際《さい》同《どう》盟《めい》條《でう》約《やく》は實《じつ》に君《きみ》の力《ちから》に依《よ》りて成《な》りしものと云《い》ふも不《ふ》可《か》なきなり、著《ちよ》作《さく》權《けん》の歴《れき》史《し》を攻究《こうきう》するもの丶知《し》る如《ごと》く前世紀《ぜんせいき》の後半《こうはん》に至《いた》るまでは歐洲諸國《おうしうしよこく》に於《おい》ても學者美術家《がくしやびじゆつか》の著作物《ちよさくぶつ》に對《たい》する保護完全《ほごくわんぜん》ならず殊《こと》に外國人《ぐわいこくじん》の著作物《ちよさくぶつ》に對《たい》しては何等《なんら》の保護《ほご》を附與《ふよ》せざるを以《もつ》て原則《げんそく》とせり故《ゆゑ》に一たび國境《こくきやう》を出《い》づれば不正《ふせい》の翻刻及譯述《ほんこくおよびやくじゆつ》は公然行《こうぜんおこな》はれ著作者《ちよさくしや》並《ならび》に出版者《しゆつぱんしや》は之《これ》が爲《た》めに多大《ただい》の損害《そんがい》を受《う》くるも何等《なんら》救濟《きうさい》の途《みち》なかりしなり抑々《そも〳〵》學者美術家《がくしやびじゆつか》の頭腦《づなう》の果實《くわじつ》たる著作物《ちよさくぶつ》は世界的《せかいてき》のものにして其《そ》の行《おこな》はる丶範圍《はんゐ》は決《けつ》して國家《こくか》の領域《りやうゐき》に限《かぎ》らるべきものにあらず故《ゆゑ》に單《たん》に一國内《こくない》に於《おい》て其《そ》の權利《けんり》を保護《ほご》するを以《もつ》て足《た》れりとせず此《こ》の保護《ほご》をして有效且完全《いうかうかつくわんぜん》ならしむるには著作者《ちよさくしや》の權利《けんり》をして世界的權利《せかいてきけんり》ならしめざる可《べ》からず、換言《くわんげん》すれば列國共同《れつこくきようどう》して之《これ》を保護《ほご》し外國《ぐわいこく》に於《お》ける不正《ふせい》の翻刻並《ほんこくならび》に譯述《やくじゆつ》を防止《ばうし》せざる可《べ》からず又其《またそ》の保護《ほご》の程度手續等《ていどてつゞきとう》に關《くわん》する各國《かくこく》の法律《はふりつ》にして區《く》々《ゝ》なるときは、著作者《ちよさくしや》の權利《けんり》に輕重《けいちやう》を來《き》たし完全《くわんぜん》の保護《ほご》を與《あた》ふること能《あた》はざるを以《もつ》て各國《かくこく》の法律《はふりつ》を統《とう》一し平等《びやうどう》に之《これ》を保護《ほご》することを要《えう》す、此《こ》の必要《しつえう》は歐洲諸國《おうしうしよこく》の學者《がくしや》美術家《びじゆつか》の注意《ちうい》を喚起《くわんき》し前世紀《ぜんせいき》の後半頃《こうはんごろ》より萬國會議《はんこくくわいぎ》を開《ひら》き著作者《ちよさくしや》の權利《けんり》を完全《くわんぜん》に保護《ほご》するの議《ぎ》を提出《ていしゆつ》するものあるに至《いた》り遂《つひ》に千八百七十八年《ねん》に學藝《がくげい》所有權會議《しよいうけんくわいぎ》(Congrès de la propriété littéraire)を巴里《パリー》に開《ひら》き彼《か》の有名《いうめい》なる文《ぶん》學者《がくしや》ヴヰクトル、ユーゴーを會頭《くわいとう》として前述《ぜんじゆつ》したる萬國著作權協會《はんこくちよさくけんけふくわい》を設《せつ》立《りつ》するに至《いた》れり此《こ》の設立《せつりつ》に關《くわん》し率先《そつせん》之《これ》を主唱《しゆしやう》したるは實《じつ》にプーィエー君《くん》にして君《きみ》は各國《かくこく》の學者《がくしや》に對《たい》し自己《じこ》の權利《けんり》を保護《ほご》する爲《た》めに共同働《きようどうどう》作《さ》を爲《な》すの必要《ひつえう》を說《と》き且《かつ》此《こ》の目的《もくてき》を達《たつ》する爲《た》めに國際協會《こくさいけふくわい》を設立《せつりつ》するの最《もつと》も急要《きふえう》なることを痛論《つうろん》せり此《こ》の協會設立後《けふくわいせつりつご》に於《おい》ても君《きみ》は各國《かくこく》著作權法《ちよさくけんはふ》を統《とう》一し同《どう》一の規定《きてい》によりて文明各國《ぶんめいかくこく》の著作者《ちよさくしや》の權利《けんり》を保《ほ》護《ご》するの議《ぎ》を提唱《ていしやう》し千八百八十三年《ねん》協會《けふくわい》の總會《そうくわい》を瑞西《スヰツツル》「ベルヌ」に開《ひら》き著《ちよ》作《さく》權《けん》保《ほ》護《ご》萬《はん》國《こく》同《どう》盟《めい》條《でう》約《やく》草《さう》案《あん》を決《けつ》議《ぎ》し且《かつ》之《これ》を瑞西《スヰツツル》國《こく》政《せい》府《ふ》に提《てい》出《しゆつ》し國《こく》際《さい》會《くわい》議《ぎ》を開《ひら》かれんことを依《い》頼《らい》せり同《どう》國《こく》政《せい》府《ふ》は此《こ》の依《い》頼《らい》に應《おう》じ協《けふ》會《くわい》の決《けつ》議《ぎ》したる條《でう》約《やく》草《さう》案《あん》を各《かく》國《こく》政《せい》府《ふ》に送《おく》り數《すう》回《くわい》の國《こく》際《さい》會《くわい》議《ぎ》を開《かい》催《さい》したる後《のち》遂《つひ》に千八百八十八年《ねん》九月《ぐわつ》九日《か》に同《どう》盟《めい》條《でう》約《やく》を締《てい》結《けつ》せり今《こん》日《にち》の「ベルヌ」條《でう》約《やく》卽《すなは》ち是《こ》れなり此《かく》の如《ごと》く「ベルヌ」條《でう》約《やく》は萬《はん》國《こく》著《ちよ》作《さく》權《けん》協《けふ》會《くわい》の發《はつ》案《あん》によりて成《な》りたるものにして其《そ》の熱《ねつ》心《しん》なる主《しゆ》唱《しやう》者《しや》はプーィヱー君《くん》なることを回想《くわいさう》すれば君《きみ》が「ベルヌ」條《でう》約《やく》の完《くわん》成《せい》に與《あづか》りて大《おほい》に力《ちから》ありしことを同《どう》人《にん》間《かん》に於《おい》て稱《しよう》揚《やう》するも決《けつ》して故《ゆゑ》なきにあらず君《きみ》は千八百九十年《ねん》に萬《はん》國《こく》著《ちよ》作《さく》權《けん》協《けふ》會《くわい》の會《くわい》頭《とう》に選《せん》任《にん》せられ其《そ》の死《し》に至《いた》るまで其《そ》の任《にん》に居《を》れり同《どう》協《けふ》會《くわい》は毎《まい》年《ねん》一回《くわい》歐《おう》洲《しう》の都《と》市《し》に其《そ》の總《そう》會《くわい》を開《ひら》くを例《れい》とせるものなるが君《きみ》は其《そ》の會《くわい》議《ぎ》には一回《くわい》も缺《けつ》席《せき》せしことなく且《かつ》其《そ》の會《くわい》議《ぎ》の開《かい》會《くわい》若《もし》くは閉《へい》會《くわい》の際《さい》には熱《ねつ》心《しん》に著《ちよ》作《さく》權《けん》保《ほ》護《ご》に關《くわん》する有《いう》益《えき》にして且《かつ》興《きよう》味《み》ある演《えん》

説《ぜつ》を為《な》すを常《つね》とせり而《しか》して君《きみ》の流《りう》麗《れい》なる辯《べん》舌《ぜつ》と穏《をん》健《けん》なる思《し》想《さう》とは會《くわい》員《ゐん》をして容《かたち》を正《たゞ》して謹《きん》聴《ちやう》せしめたり。

君《きみ》は單《たん》純《じゆん》なる學《がく》者《しや》にあらず否《いゝ》な君《きみ》は單《たん》に學《がく》理《り》の研《けん》究《きう》を以《もつ》て満《まん》足《ぞく》せず熱《ねつ》心《しん》なる實《じつ》行《かう》家《か》を以《もつ》て自《みづか》ら任《にん》じたり故《ゆゑ》に君《きみ》の著《ちよ》書《しよ》論《ろん》文《ぶん》は常《つね》に實《じつ》際《さい》問《もん》題《だい》に就《つい》て論《ろん》述《じゆつ》し決《けつ》して空《くう》論《ろん》を弄《ろう》するを喜《よろこ》ばず而《しか》して智《ち》能《のう》權《けん》に關《くわん》する問《もん》題《だい》に付《つい》ては研《けん》究《きう》盡《つく》さざる所《ところ》なく佛《ふつ》國《こく》を始《はじ》め其《そ》の他《た》の國《くに》に於《おい》て實《じつ》地《ち》に起《おこ》りたる事《じ》件《けん》に關《くわん》しては最《もつと》も明《めい》瞭《れう》に最《もつと》も精《せい》確《かく》に之《これ》が解《かい》決《けつ》を與《あた》へたり君《きみ》は智《ち》能《のう》權《けん》事《じ》件《けん》の専《せん》門《もん》辯《べん》護《ご》士《し》として彼《か》の有《いう》名《めい》なるファール氏(Huard)と相《あひ》對《たい》立《りつ》し佛《ふつ》國《こく》に於《お》ける著《ちよ》作《さく》權《けん》特《とく》許《きよ》商《しやう》標《へう》意《い》匠《しやう》に關《くわん》する重《ぢう》大《だい》なる事《じ》件《けん》には殆《ほと》んど君《きみ》の關《くわん》係《けい》せざることなし。

君《きみ》の職《しよく》務《む》に忠《ちう》實《じつ》精《せい》勵《れい》なることは君《きみ》を知《し》るものゝ常《つね》に畏《ゐ》敬《けい》措《お》かざる所《ところ》なり君《きみ》は辯《べん》護《ご》士《し》として事《じ》務《む》の最《もつと》も繁《はん》劇《げき》なるに拘《かゝは》らず前《ぜん》述《じゆつ》したる如《ごと》く

著《ちょ》作《さく》權《けん》萬《はん》國《こく》協《けふ》會《くわい》の總《そう》會《くわい》には一回《くわい》も缺《けっ》席《せき》したることなく夏《か》時《じ》暑《あつさ》を別《べっ》墅《しょ》に避《さ》け靜《せい》養《やう》中《ちう》と雖《いへども》萬《はん》國《こく》會《くわい》議《ぎ》の通《つう》知《ち》に接《せつ》するときは必《かな》らず閑《かん》地《ち》を出《いで》て會《くわい》議《ぎ》に出《しゅっ》席《せき》し會《くわい》長《ちやう》の職《しょく》を盡《つく》すを常《つね》とせり又病《やまひ》を獲《え》て出《しゅっ》席《せき》し得《え》られざるに至《いた》りし時《とき》と雖《いへども》(千九百三年の「ヴァイマール」及《および》千九百四年《ねん》「マルセーユ」の會《くわい》議《ぎ》)尚《な》ほ特《とく》に長《ちやう》編《へん》の論《ろん》文《ぶん》を起《き》草《さう》し會《くわい》議《ぎ》に送《おく》りたり故《ゆゑ》に君《きみ》の出《しゅっ》席《せき》せられざりし會《くわい》議《ぎ》に於《おい》て假《かり》議《ぎ》長《ちやう》の席《せき》を占《し》めたるマイヤール氏《し》が精《せい》勵《れい》の聞《きこ》え高《たか》く未《いま》だ一回《くわい》だも缺《けっ》席《せき》したることなきプーヱ《イ》ー君《くん》の本《ほん》年《ねん》の會《くわい》議《ぎ》に出《しゅっ》席《せき》せられざるは會《くわい》員《ゐん》一同《どう》の失《しっ》望《ばう》落《らく》膽《たん》する所《ところ》にして誠《まこと》に物《もの》足《た》らぬ心《こゝ》地《ち》す」と述《の》べられたるは能《よ》く其《そ》の實《じっ》況《きやう》を言《いひ》顯《あら》はせるものと云《い》ふべし
君《きみ》は純《じゅん》然《ぜん》たる巴里兒《パリジアン》の性《せい》質《しつ》を有《いう》し其《そ》の勤《きん》勉《べん》精《せい》勵《れい》なることは眞《しん》個《こ》の巴里ッ兒の特《とく》質《しつ》を表《へう》彰《しやう》す君《きみ》の睡《すゐ》眠《みん》時《じ》間《かん》は僅《わづ》かに四五時《じ》間《かん》に過《す》ぎずして其《そ》の他《た》は決《けっ》して無《む》爲《ゐ》に時《じ》間《かん》を費《ひ》消《せう》することなく君《きみ》の生《しやう》涯《がい》は勤《きん》勉《べん》の二

字《じ》を以《もつ》て終始《しうし》せり勤勉《きんべん》は實《じつ》に君《きみ》の無上《むじやう》の快樂《くわいらく》たりしなり老餘病《らうよやまひ》を「フランシユ、コムテ」の別墅《べつしよ》に養《やしな》ひし際《さい》にも尚《な》ほ「クーザンス」村《そん》の村長《そんちやう》として公共事《こうきようじ》務《む》に鞅掌《あうしやう》せるを以《もつ》て見《み》るも君《きみ》の勤勉《きんべん》の一斑《はん》を知《し》るを得《う》べし。君《きみ》の訃報《ふはう》の傳《つた》はるや諸國《しよこく》の學者《がくしや》美術家《びじゆつか》にして痛惜《つうせき》せざるものなく殊《こと》に萬國《はんこく》著作權《ちよさくけん》協會《けふくわい》の會員《くわいゐん》にして親《した》しく君《きみ》と交《まじはり》を訂《てい》せし者《もの》は哀悼《あいたう》措《お》かず獨逸《ドイツ》のオステルリート氏《し》(Albert Osterieth)は明治《めいぢ》三十八年《ねん》に獨逸《ドイツ》工業《こうげふ》所有權《しよいうけん》保護《ほご》協會《けふくわい》(Deutsche Verrein für der Schutz des gewerblicher Eingenthum)の總集會《そうしふくわい》に於《おい》て最《もつと》も嚴肅《げんしゆく》なる言辭《げんじ》を以《もつ》て君《きみ》に對《たい》する追悼《つゐたう》の演說《えんぜつ》を爲《な》し又萬國《はんこく》著作權《ちよさくけん》協會《けふくわい》の常任《じやうにん》書記長《しよきちやう》ジユール、レルミナ氏《し》は一月《ぐわつ》十九日《にち》に擧行《きよかう》したる君《きみ》の葬儀《さうぎ》の式場《しきぢやう》に於《おい》て弔詞《てうし》を述《の》べられたり、レルミナ氏《し》は君《きみ》と共《とも》に著作權《ちよさくけん》の國際《こくさい》保護《ほご》に盡瘁《じんすゐ》したる人《ひと》にして君《きみ》の無《む》二の親友《しんいう》たりしなり故《ゆゑ》にレルミナ氏《し》の弔詞《てうし》は最《もつと》も能《よ》く君《きみ》の性格《せいかく》と面目《めんぼく》とを叙《じよ》し盡《つ》くせるあり依《よつ》て左《さ》に之《これ》を摘譯《てきやく》し余《よ》の不文《ふぶん》の足《た》らざる所《ところ》を補《おぎな》はん。

萬國著作權協會《ばんこくちよさくけんけふくわい》の名《な》を以《もつ》て又《また》二十年《ねん》以來《いらい》君《きみ》と熱心共力《ねつしんきようりよく》したる同志《どうし》の名《な》を以《もつ》て余《よ》は吾人《ごじん》の敬慕親愛《けいぼしんあい》する會頭《くわいとう》に對《たい》し吾人《ごじん》の深《ふか》き哀悼《あいたう》を呈《てい》する悲《かな》しむべき名譽《めいよ》を有《いう》す、ユーゼーヌ、プーイエー君《くん》は最《もつと》も勤勉精勵《きんべんせいれい》なる會頭《くわいとう》たると同時《どうじ》に最《もつと》も堅固《けんご》なる良友《りやういう》最《もつと》も經驗《けいけん》ある顧問《こもん》なりき我《わ》が協會《けふくわい》は全世界《ぜんせかい》に於《お》ける學者美術家《がくしやびじゆつか》の權利《けんり》を保護《ほご》するを以《もつ》て目的《もくてき》とせり而《しか》して今日《こんにち》に於《おい》て完全《くわんぜん》に其《そ》の任務《にんむ》を全《まつと》うしたるはプーイエー君《くん》の力《ちから》なり、千八百八十六年《ねん》の「ベルヌ」條約《でうやく》を提案《ていあん》し之《これ》を完成《くわんせい》し相互主義《さうごしゆぎ》の正義《せいぎ》なることを全世界《ぜんせかい》に公表《こうへう》したるは全《まつた》く君《きみ》の力《ちから》なり、千八百八十三年《ねん》の準備會議《じゆんびくわいぎ》に於《おい》て國際共同保護《こくさいきようどうほご》の主義《しゆぎ》を確立《かくりつ》することを最《もつと》も明確《めいかく》に主唱《しゆしやう》し瑞西《スキツツル》聯邦《れんぱう》の大統領《だいとうりやう》ヌマ、ドロッツ氏と協商《けふしやう》し國際條約《こくさいでうやく》の案《あん》を提出《ていしゆつ》し遂《つひ》に三年《ねん》を經《へ》て各國《かくこく》の代表者《だいへうしや》をして之《これ》を承認《しようにん》し其《その》條約《でうやく》に署名《しよめい》せしむるに至《いた》らしめたるものは是《こ》れ亦《また》君《きみ》の力《ちから》なり玲瓏《れいろう》なる精神《せいしん》と誠實《せいじつ》なる本心《ほんしん》と明確《めいかく》なる天才《てんさい》とは君《きみ》の特性《とくせい》なり君《きみ》は筆《ふで》と舌《した》とを以《もつ》て迷霧《めいむ》を排《はい》し不《ふ》正《せい》を矯《た》め智《ち》能《のう》權《けん》の精《せい》確《かく》なる本《ほ》質《しつ》を發揮《はつき》せり君《きみ》は千八百九十年《ねん》に我《わ》が協會《けふくわい》の會頭《くわいとう》と爲《な》り非常《ひじやう》なる熱心《ねつしん》を以《もつ》て之《これ》が改革《かいかく》に盡瘁《じんすゐ》せり諸君《しよくん》は定《さだ》めて夫《そ》の「アンベルス」の成《せい》功《こう》したる出征《しゆつせい》の記《き》念《ねん》を記《き》憶《をく》するならん、即《すなは》ち同地《どうち》に於《おい》て君《きみ》が白耳義《ベルギー》國《こく》の大臣《だいじん》等《ら》と共《とも》に主唱者《しゆしやうしや》となり同國《どうこく》智能權法《ちのうけんはふ》を起《き》草《さう》したること是《これ》なり、我《わ》が隣國人《りんこくじん》が此《こ》の法律《はふりつ》に「プーイエー」法《はふ》の名《な》を冠《くわん》することを承認《しようにん》したることは吾人《ごじん》の誇稱《こしよう》して憚《はゞか》らざる所《ところ》なり、而《しか》して是《こ》れ實《じつ》に智能《ちのう》權《けん》の事項《じかう》に關《くわん》する公平《こうへい》の最良記念《さいりやうきねん》の一として永《なが》く後世《こうせい》に傳《つた》ふべきものなり。

吾人《ごじん》は各國《かくこく》の天才《てんさい》に對《たい》し敬意《けいい》を表《へう》すると同時《どうじ》に君《きみ》の智能《ちのう》の神聖《しんせい》な

る感情《かんじやう》の發動《はつどう》したる演述《えんじゆつ》の他《た》に優《まさ》るものなきを信《しん》ずるなり、君《きみ》は心《しん》中《ちう》に燃《もゆ》る所《ところ》の火光《くわくわう》の熱血《ねつけつ》を各人《かくじん》の腦裡《なうり》に注入《ちうにふ》したり、君《きみ》の才能《さいのう》は常《つね》に諸人《しよじん》の喝采《かつさい》する所《ところ》にして其《その》精細《せいさい》なる儀容《ぎよう》は蓋《けだ》し其《そ》の比《ひ》を見《み》ざる所《ところ》なり、協會《けふくわい》が常《つね》に諸國《しよこく》に於《おい》て歡迎《くわんげい》せられしは全《まつた》く君《きみ》あるが爲《た》めなり吾人《ごじん》が通過《つうくわ》したる諸國《しよこく》に於《おい》て同情《どうじやう》を引《ひ》き吾人《ごじん》の事業《じげふ》の成功《せいこう》を容《よう》易《い》ならしめたるは全《まつた》く君《きみ》の存《そん》するに依《よ》れり。

余《よ》は君《きみ》に敬意《けいい》を表《へう》し世界《せかい》に於《お》ける智能界《ちのうかい》並《ならび》に法學界《はふがくかい》の最《もつと》も有力《いうりよく》なる代表者《だいへうしや》の名《な》を以《もつ》て此《か》く云《い》ふことを躊躇《ちうちよ》せず。

法學者《はふがくしや》として辯舌家《べんぜつか》としてまた思想《しさう》の最高權《さいかうけん》の名義《めいぎ》の下《もと》に同盟《どうめい》を提議《ていぎ》し且《かつ》之《これ》を實行《じつかう》したる政事家《せいじか》として君《きみ》の功業《こうげふ》を述《の》べたる後《のち》此《こ》の事業《じげふ》に關《くわん》し親《した》しく君《きみ》と共《とも》に歐洲を巡歷《じゆんれき》したる余《よ》は吾人《ごじん》の失《うしな》ひたる友人《いうじん》の前《まへ》に親愛慈仁《しんあいじじん》なる人《ひと》の前《まへ》に稽首《けいしゆ》するも敢《あえ》て不可《ふか》なきを信《しん》ず

君《きみ》の温容《をんよう》は君《きみ》に接《せつ》し君《きみ》の言動《げんどう》を見聞《けんぶん》したる者《もの》の今《いま》尙《な》ほ髣髴《はうふつ》として之《これ》を見《み》るが如《ごと》き心地《こゝち》するならん君《きみ》は實《じつ》に人《ひと》を誘致《いうち》するの魔力《まりよく》を有《いう》し一種《しゆ》の誘引力《いういんりよく》を以《もつ》て君《きみ》の周圍《しうゐ》に多《おほ》くの友人《いうじん》を集《あつ》めたり、其《そ》の最良《さいりやう》なるものは殆《ほと》んど君《きみ》の兒子《じし》の如《ごと》き思《おも》ひをなせり世《よ》に天性《てんせい》の光《ひかり》によりて智能《ちのう》の誘引力《いういんりよく》の中心《ちうしん》たるものあり君《きみ》の如《ごと》きは實《じつ》に其《そ》の人《ひと》なり如何《いか》に多《た》衆《しう》の人《ひと》が君《きみ》の周圍《しうゐ》を圍繞《ゐねう》したるかは特《とく》に稱《しよう》するの要《えう》なし人《ひと》に愛《あい》せらるゝの學問《がくもん》は自《みづか》ら愛《あい》することを知《し》るにあり、而《しか》して君《きみ》は最高度《さいかうど》に於《おい》て此《こ》の學問《がくもん》を有《いう》せり。

諸君《しよくん》の名《な》を以《もつ》て並《ならび》に缺席《けつせき》したる人々《ひとびと》の名《な》を以《もつ》て殊《こと》に「ベルヌ」國際事務局《こくさいじむきよく》の名《な》を以《もつ》て余《よ》は最後《さいご》に吾人《ごじん》の敬愛《けいあい》するユーゼヌ、プーィエー君《くん》を謹《つゝしん》で弔《てう》す。

君《きみ》の終世《しうせい》の事業《じげふ》と爲《な》したる著作權保護《ちよさくけんほご》の萬國同盟《ばんこくどうめい》は今《いま》や完全《くわんぜん》に成立《せいりつ》

し好《かう》成《せい》績《せき》を収《をさ》めつゝあり君《きみ》は去《さつ》て佛《ふつ》國《こく》の土《つち》と化《くわ》するも君《きみ》の事《じ》業《げふ》は長《とこし》へに全《ぜん》世《せ》界《かい》に其《そ》の惠《けい》澤《たく》を及《およ》ぼせり君《きみ》以《もつ》て瞑《めい》すべきなり唯《たゞ》憾《うら》むらくは君《きみ》が將《しやう》來《らい》の施《し》設《せつ》として計《けい》畫《くわく》したる萬《はん》國《こく》著《ちよ》作《さく》權《けん》法《はふ》の統《とう》一が未《いま》だ全《まつた》く其《そ》の實《じつ》行《かう》を見《み》るに至《いた》らざること是《これ》なり然《しか》れども此《こ》の計《けい》畫《くわく》は今《こん》日《にち》既《すで》に文《ぶん》明《めい》諸《しよ》國《こく》の學《がく》者《しや》間《かん》の等《ひと》しく歡《くわん》迎《げい》する所《ところ》なれば之《これ》が現《げん》實《じつ》となりて君《きみ》の遺《ゐ》志《し》に副《そ》ふことあるは蓋《けだ》し遠《とほ》きにあらざるべし余《よ》は機《き》を得《え》て再《ふた》び歐《おう》洲《しう》に遊《あそ》び君《きみ》と一堂《だう》に會《くわい》し斯《し》學《がく》に關《くわん》し議《ぎ》論《ろん》を上《じやう》下《げ》せんことを竊《ひそ》かに期《き》したるに今《いま》や幽《いう》明《めい》相《あひ》隔《へだ》つて再《ふたゝ》び君《きみ》の溫《をん》容《よう》に接《せつ》するの機《き》なし痛《つう》恨《こん》何《なん》ぞ堪《た》へん嗚《あ》呼悲哉《かなしいかな》

（水野錬太郎「忙中随感」（廣文堂書店・一九一四年）一一〇—一一二頁、法学協会雑誌 三二巻 九号 一三三九頁・大正三年）

8．サー・ヘンリー・ベルギュ君を弔す

サー、ヘンリー、ベルギユ君を弔す

水野錬太郎

千八百八十五年《ねん》以《い》來《らい》每回《まいくわい》著作權《ちよさくけん》保護《ほご》萬國會議《ばんこくくわいぎ》に英國《えいこく》の委員《ゐゐん》として參《さし》列《れつ》し常《つね》に雄大曠達《ゆうだいくわうだつ》の辯《べん》を揮《ふる》ひ同會議《どうくわいぎ》の花《はな》と稱《しよう》せられたるは、佛國法科《ふつこくはふくわ》大學敎授《だいがくけうじゆ》ルノー君《くん》と英國外務省通商局長《えいこくぐわいむしやうつうしやうきよくちやう》サー、ヘンリー、ベルギユの二君《くん》なりとす、此《こ》の二君《くん》は著作權保護同盟會創設《ちよさくけんほごどうめいくわいさうせつ》以前《いぜん》より斯法《しはふ》の專門家《せんもんか》として聲名《せいめい》既《すで》に世《よ》に知《し》られ同盟創設《どうめいさうせつ》に與て《あづかつ》大《おほい》に力《ちから》ありたることは斯《し》法專攻家《はふせんこうか》の齊《ひと》しく識認《しきにん》する所《ところ》なり。此《こ》の二君《くん》は實《じつ》に著作權萬國同盟《ちよさくけんばんこくどうめい》の母《はゝ》と稱《しよう》せられ、又自《またみづか》らも隱然《いんぜん》常《つね》に其《そ》の母《はゝ》を以《もつ》て任《にん》じたりき、故《ゆゑ》に此《こ》の二君《くん》は著作權《ちよさくけん》の會議《くわいぎ》には必《かな》らず無《な》かる可《べか》らざるの人《ひと》なりとす昨年《さくねん》十月《ぐわつ》同萬國會議《どうばんこくくわいぎ》の伯林《ベルリン》に開催《かいさい》せらるゝや、此《こ》の二君《くん》は會議《くわいぎ》の大立物《おほたてもの》として

各國《かくこく》參列《さんれつ》委《ゐ》員《ゐん》一同《どう》の敬重《けいちよう》したる所《ところ》なりき、而《しか》して同會議《どうくわいぎ》に於《おい》て此《こ》の二君《くん》は共《とも》に編纂《へんさん》委《ゐ》員《ゐん》の樞要《すうえう》なる地《ち》位《ゐ》を占《し》め拮据《きつきよ》勵《れい》精《せい》事《こと》に當《あた》れり同會議《どうくわいぎ》の良好《りやうこう》なる成功《せいこう》を收《をさ》むるを得《え》たるは蓋《けだ》し此《こ》の二君《くん》盡《じん》瘁《すゐ》の賜《たまもの》なりと云《い》ふも決《けつ》して溢美《いつび》にあらざるべし參列《さんれつ》委《ゐ》員《ゐん》一同《どう》は最終《さいしう》の會同《くわいどう》に於《おい》て君《きみ》の勞《らう》を謝《しや》し君《きみ》の健康《けんかう》を祝《しゆく》せんことを企圖《くはだて》したるに何《なに》ぞ料《はか》らん天《てん》の無《む》情《じやう》なる會議《くわいぎ》終了《しうれう》の翌日《よくじつ》に於《おい》て此《こ》の一方《はう》の雄鎭《いうちん》たるサー、ヘンリー、ベルギユ君《くん》は伯林《べルリン》の客舍《きやくしや》に於《おい》て溘然《かふぜん》長逝《ちやうせい》せられたり君《きみ》と同《おな》じく卓《たく》を列《なら》べて議《ぎ》論《ろん》を上下《じやうげ》し意見《いけん》を鬪《たゝか》はしたる各國《かくこく》委《ゐ》員《ゐん》は固《もと》より言《こと》を須《もち》ひず苟《いやしく》も著作權保護《ちよさくけんほご》に關係《くわんけい》を有《いう》するものゝ齊《ひと》しく痛悼《つうたう》已《や》まざる所《ところ》なり、君《きみ》は千八百四十二年《ねん》を以《もつ》て英國《えいこく》に生《うま》れ幼《えう》にしてブライトン及《および》エンフヒールドに學《まな》び弱冠《じやくくわん》倫敦大學《ろんどんだいがく》に入《い》り夙《つと》に秀才《しうさい》の聞《きこえ》あり其業《そのげふ》を卒《をは》るや父《ふ》祖《そ》の跡《あと》を踵《つ》ぎ外務省《ぐわいむしやう》に入《せい》り條約局長《でうやくきよくちやう》の要位《えうゐ》に立《た》ち遂《つひ》に累進《るゐしん》して通商《つうしやう》局長《きよくちやう》と爲《な》り、千九百三年《ねん》其《そ》の官《くわん》を退《しりぞ》くに至《いた》るまで殆《ほとん》ど三十年《ねん》の久《ひさ》しき同《どう》一の職《しよく》に居《を》れり、君《きみ》は其《そ》の間《あひだ》に於《おい》て多《おほ》くの外交會議《ぐわいかうくわいぎ》の委員《ゐゝん》として四《し》方《はう》に使《つか》ひし、能《よ》く其《そ》の重任《ちうにん》を全《まつた》うせり、殊《こと》に智能權《ちのうけん》――就中著作權《なかんづくちよさくけん》の萬《はん》國會議《こくゝわいぎ》には毎回《まいくわい》英國《えいこく》の代表者《だいへうしや》として君《きみ》を見《み》ざることなかりき、卽《すなは》ち千八百八十五年《ねん》のベルヌの國際會議《こくさいくわいぎ》に英國《えいこく》の委員《ゐゝん》として參列《さんれつ》し同盟條《どうめいでう》約《やく》を起草《きさう》したるは君《きみ》なりき、又《また》千八百八十六年《ねん》九月《ぐわつ》九日《か》の萬國著作權《はんこくちよさくけん》保護同盟條約《ほごどうめいでうやく》所謂《いはゆる》ベルヌ條約《でうやく》に英國委員《えいこくゐゝん》として署名調印《しよめいてういん》したるも亦《ま》た君《きみ》なりき、昨年《さくねん》の伯林會議《ベルリンくわいぎ》に參列《さんれつ》せる委員《ゐゝん》の中《うち》に於《おい》て同盟條約《どうめいでうやく》の起《き》草《さう》に與《あづか》りしものは實《じつ》に君《きみ》と佛國《ふつこく》のルノー敎授《けうじゆ》のみなりしなり、其《そ》の同《どう》盟《めい》に於《お》ける君《きみ》の功績《こうせき》たる固《もと》より一にして止《とゞま》らず、千八百八十五六年《ねん》の交《かう》卽《すなは》ち同盟條約創設《どうめいでうやくさうせつ》の際《さい》に當《あた》り、英國《えいこく》は內國法律《ないこくはふりつ》の關係上同盟加入《くわんけいじやうどうめいかにふ》を難《かた》しとするや、君《きみ》は苦心焦慮《くしんせうりよ》一方《はう》に於《おい》ては條約《でうやく》との調和《てうわ》を圖《はか》る爲《た》め各《かく》種《しゆ》の內國《ないこく》法律《はふりつ》の改正《かいせい》に盡力《じんりよく》し、一方《はう》に於《おい》ては在《ざい》ベルヌ英國《えいこく》公使《こうし》サー、フランシス、アダムス氏《し》と協力《けふりよく》し外交會議《ぐわいかうくわいぎ》に於《おい》て英國《えいこく》の主張《しゆちやう》を維持《ゐぢ》し遂《つひ》に能《よ》く英國《えいこく》をして同盟《どうめい》に加入《かにふ》することを得《え》せしむるに至《いた》れり、其《そ》の當時《たうじ》の會議《くわいぎ》の議長《ぎちやう》たるヌマドロッツ氏《し》は英國《えいこく》委員《ゐゐん》の此《こ》の非常《ひじやう》熱誠《ねつせい》なる盡力《じんりよく》に感激《かんげき》し、千八百八十六年《ねん》九月《ぐわつ》六日《か》の會議《くわいぎ》の劈頭《へきとう》に於《おい》て左《さ》の演述《えんじゆつ》を爲《な》して深《ふか》く感謝《かんしや》の意《い》を表《へう》したり、

本會議《ほんくわいぎ》の開會《かいくわい》に當《あた》り余《よ》は特《とく》に英國《えいこく》委員《ゐゐん》たる公使《こうし》サー、フランシス、アダムス閣下《かくか》並《ならび》に外務省《ぐわいむしやう》條約局長《でうやくきよくちやう》ヘンリー、ベルギユ氏《し》に感謝《かんしや》の意《い》を致《いた》さざる可《べか》らず、抑《そも》も〳〵英國《えいこく》の本《ほん》同盟《どうめい》に加入《かにふ》すると否《いな》とは實《じつ》に本《ほん》條約《でうやく》の成否《せいひ》に至大《しだい》なる關係《くわんけい》を有《いう》す、然《しか》るに英國《えいこく》內國法《ないこくはふ》の狀態《じやうたい》は英國《えいこく》をして此《こ》の條約《でうやく》に加盟《かめい》せしむる上《うへ》に至大《しだい》の障礙《しやうがい》を與《あた》へ、同盟國《どうめいこく》中《ちう》に英國《えいこく》を見《み》ること能《あた》はざるの悲觀《ひくわん》を呈《てい》せしめたり、然《しか》るに幸《さひはひ》に二君《くん》の非常《ひじやう》

なる盡瘁《じんすゐ》に由《よ》りて此《こ》の難關《なんくわん》を排《はい》するを得《え》て、遂《つひ》に英國本土《えいこくほんど》のみならず其《そ》の殖民地《しよくみんち》に至《いた》るまで此《こ》の同盟《どうめい》に加入《かにふ》せしめ三億《おく》の人民《じんみん》を此《こ》の同盟《どうめい》の加入者《かにふしや》たらしめたり、此《こ》の偉大《ゐだい》なる功績《こうせき》は一に是《こ》れ此《こ》の二君《くん》の盡力《じんりよく》と忍耐《にんたい》と熱心《ねつしん》とに歸《き》せざるべからず、余《よ》は玆《こゝ》に滿腔《まんかう》の誠意《せいゝ》を披瀝《ひれき》し感謝《かんしや》を此《こ》の二君《くん》に捧《さゝ》げざるべからずと、以《もつ》て君《きみ》の如何《いか》に同盟創設《どうめいさうせつ》に與《あづか》つて力《ちから》ありしやを知《し》るに足《た》るべし。

千八百九十六年《ねん》巴里會議《はりーくわいぎ》に於《お》ける君《きみ》の功績《こうせき》は更《さら》に偉大《ゐだい》なるものあり、同會議《どうくわいぎ》に於《お》ける英國政府《えいこくせいふ》の態度《たいと》は極《きは》めて保守的《ほしゆてき》にして、同會議《どうくわいぎ》に於《お》ける修正條約《しうせいでうやく》には英國《えいこく》の同意《どうい》を得《う》ること頗《すこぶ》る困難《こんなん》の狀態《じやうたい》なりき、然《しか》るに君《きみ》の熱心《ねつしん》なる盡力《じんりよく》と調和《てうわ》の精神《せいしん》とに由《よ》り遂《つひ》に本國政府《ほんこくせいふ》の態度《たいと》を改《あらた》めしめ、君《きみ》をして同年《どうねん》五月《ぐわつ》一日《にち》の會議《くわいぎ》議場《ぎぢやう》に於《おい》て當會議《たうくわいぎ》に於《おい》て決《けつ》したる追加規定《つゐかきてい》に調印《てういん》するの訓令《くんれい》を仰《あふ》ぎたることを披露《ひろう》し各國《かくこく》の喝采《かつさい》を博《はく》するの満足《まんぞく》なる結果《けつくわ》を得《う》るに至《いた》れり。

千九百三年《ねん》君《きみ》其《そ》の冠《くわん》を挂《か》くるの後《のち》、專《もつぱ》ら英國著作者協會《えいこくちよさくしやけふくわい》(English aothors Society)の事業《じげふ》に盡瘁《じんすゐ》し、千九百六年《ねん》。千九百七年《ねん》には其《そ》の會頭《くわいとう》に推擧《すゐきよ》せられたり、著作權法《ちよさくけんはふ》並《なら》びに國際法《こくさいはふ》に精通《せいつう》せる君《きみ》の協力《けふりよく》は此《こ》の協會《けふくわい》の事業《じげふ》に至大《しだい》の效果《かうくわ》を與《あた》へたることは同協會員《どうけふくわいゐん》の擧《こぞつ》て感謝《かんしや》する所《ところ》なり、昨年《さくねん》伯林《ベルリン》會議《くわいぎ》の議案《ぎあん》の英國《えいこく》に配送《はいそう》せらるゝや、此《こ》の協會《けふくわい》は君《きみ》の指揮《しき》の下《もと》に主《しゆ》として其《そ》の調査《てうさ》の任《にん》に當《あた》り、英國政府《えいこくせいふ》の提案《ていあん》は君《きみ》の手《て》に成《な》れるもの其《そ》の多《おほ》きに居《を》れりと云《い》ふ、君《きみ》は既《すで》に其《そ》の職《しよく》を退《しりぞ》き野《や》に在《あ》るに拘《かゝは》らず英國政府《えいこくせいふ》は特《とく》に君《きみ》を其《そ》の首席《しゆせき》全權委員《ぜんけんゐゐん》に任命《にんめい》し重大《ぢうだい》の任務《にんむ》を負《お》はしめたる所以《ゆゑん》のもの誠《まこと》に偶然《ぐうぜん》に非《あ》らざるを知《し》るなり。

君《きみ》の會議《くわいぎ》に委員《ゐゐん》としての態度《たいど》を見《み》るに氣宇廣濶周到《きうくわうくわつしうたう》緻密《ちみつ》、一言《げん》一句《く》も苟《いやし》くもせず、事《こと》の些《すこ》しく疑義《ぎぎ》に渉《わた》るを認《みと》むるに於《おい》ては深思熟慮《しんしじゆくりよ》の上《うへ》にあらざれば敢《あえ》て可《か》否《ひ》を言《い》はず、從《したがつ》て君《きみ》の片《へん》言《げん》隻《せき》語《ご》も尙《な》ほ會《くわい》議《ぎ》に於《おい》て最《もつと》も重《おも》きを置《お》かれ、其《そ》の思《し》慮《りよ》の精《せい》緻《ち》なると頭《づ》腦《なう》の明《めい》晰《せき》なるとは各《かく》國《こく》委《ゐ》員《ゐん》一同《どう》の驚《きやう》嘆《たん》措《お》かざる所《ところ》なりき、

君《きみ》钁《くわく》鑠《しやく》壯《さう》者《じや》に讓《ゆづ》らず、其《そ》の伯《ベル》林《リン》會議《りんくわいぎ》に於《おい》て編《へん》纂《さん》委《ゐ》員《ゐん》たりしや、老《らう》齡《れい》の身《み》を以《もつ》て朝《あさ》九時《じ》より夕《ゆふべ》七時《じ》に至《いた》るまで日《ひ》々《び》孳《じ》々《じ》として少《すこ》しも厭《けん》倦《けん》の色《いろ》なく其《そ》の事《こと》を掌《つかさど》るや反《はん》覆《ぷく》檢《けん》覈《かく》研《けん》究《きう》に研《けん》究《きう》を重《かさ》ね調《てう》査《さ》に調《てう》査《さ》を盡《つく》さずんば已《や》まず、遂《つひ》に能《よ》く其《そ》の編《へん》纂《さん》を終《をは》るを得《え》たり、君《きみ》の剛《がう》健《けん》を以《もつ》てして遽《にはか》に病《やまひ》を獲《え》たるもの焉《いづくん》ぞ亦《ま》た之《これ》に起《き》因《いん》せるに非《あ》らざるなきを知《し》らんや、果《はた》して然《しか》らば君《きみ》は實《じつ》に職《しよく》務《む》の爲《た》め又《また》學《がく》問《もん》の爲《た》めに斃《たふ》れたりと云《い》ふべし、英《えい》國《こく》並《ならび》に獨《ど》逸《いつ》政《せい》府《ふ》の君《きみ》を弔《てう》慰《ゐ》するの厚《あつ》き固《もと》より其《そ》の所《ところ》なり、ベルヌ中《ちう》央《あう》事《じ》務《む》局《きよく》の機《き》關《くわん》雜《ざつ》誌《し》たる "Droit d'auteur" ―君《きみ》を追《つゐ》惜《せき》するの辭《じ》あり、曰《いは》く

君《きみ》は著《ちよ》作《さく》權《けん》保《ほ》護《ご》同《どう》盟《めい》の創《さう》設《せつ》並《ならび》に其《そ》の發《はつ》達《たつ》と終《しう》始《し》せるものにして君《きみ》の死《し》は實《じつ》に同《どう》盟《めい》の親《しん》友《いう》を失《うしな》ひたるものなり、君《きみ》の如《ごと》き眞《しん》摯《し》にして自《じ》信《しん》深《ふか》き紳《しん》士《し》の地《ち》位《ゐ》を充《みた》すは誠《まこと》に困《こん》難《なん》にして復《ふたた》び得《え》易《やす》からず。と眞《しん》に至《し》言《げん》と謂《い》ふべし

君《きみ》は學《がく》者《しや》にあらず、學《がく》者《しや》とするも世《よ》の學《がく》者《しや》と固《もと》より大《おほい》に其《そ》の選《せん》を異《こと》にす、又《また》世《よ》の所《いは》謂《ゆる》書《しよ》物《もつ》書《か》き(Book writer)と云《い》ふ意《い》義《ぎ》に於《お》ける著《ちよ》述《じゆつ》家《か》にあらず、然《しか》れども決《けつ》して著《ちよ》作《さく》なきにあらず、君《きみ》の心《しん》力《りよく》を竭《つく》せる等《とう》身《しん》の著《ちよ》作《さく》は概《おほむ》ね是《こ》れ公《こう》文《ぶん》書《しよ》としての著《ちよ》作《さく》なり、著《ちよ》作《さく》權《けん》に關《くわん》する公《こう》文《ぶん》書《しよ》として英《えい》國《こく》外《ぐわい》務《む》省《しやう》に保《ほ》存《ぞん》せらるゝもの殆《ほとん》ど君《きみ》の手《て》に成《な》らざるはなしと云《い》ふ、故《ゆゑ》に君《きみ》の著《ちよ》作《さく》權《けん》に關《くわん》する豐《ほう》富《ふ》なる智《ち》識《しき》に由《よ》りて英《えい》國《こく》の外《ぐわい》務《む》省《しやう》並《ならび》に著《ちよ》作《さく》者《しや》協《けふ》會《くわい》の得《え》たる所《ところ》は有《いう》力《りよく》なる幾《いく》多《た》の學《がく》者《しや》の論《ろん》説《せつ》に由《よ》りて得《う》る所《ところ》よりも遙《はるか》に多《おほ》かりしや疑《うたがひ》を容《い》れざる所《ところ》なり、

君《きみ》は獨《ひと》り著《ちよ》作《さく》權《けん》法《はふ》の大《たい》家《か》として推《すゐ》稱《しよう》すべきのみならず個《こ》人《じん》として亦《ま》た敬《けい》愛《あい》すべきの人《ひと》たり、君《きみ》は英《えい》國《こく》紳《しん》士《し》の典《てん》型《けい》と稱《しよう》すべく、其《そ》の摯《し》實《じつ》謙《けん》抑《よく》にして言《げん》語《ご》稀《まれ》に擧《きよ》止《し》を愼《つゝし》み、自《じ》己《こ》の說《せつ》を信《しん》ずるの深《ふか》きも而《し》かも能《よ》く人《ひと》の說《せつ》を容《い》るゝの雅《が》量《りやう》に富《と》み、事《こと》に當《あた》り冷《れい》靜《せい》忍《にん》耐《たい》毅《き》然《ぜん》動《うご》かざるの風《ふう》あり。是《こ》れ實《じつ》に君《きみ》の本《ほん》領《りやう》にして又《また》實《じつ》に英《えい》國《こく》紳《しん》士《し》の氣《き》風《ふう》を代《だい》表《へう》するものと云《い》ふべし、故《ゆゑ》に苟《いやしく》も君《きみ》に親《しん》接《せつ》する者《もの》にして君《きみ》の風《ふう》を慕《した》ひ君《きみ》の德《とく》を稱《しよう》せざるものなかりき、倫《ろん》敦《どん》にアルプス登《と》山《ざん》を目《もく》的《てき》とする有《いう》名《めい》なるアルプス倶《く》樂《ら》部《ぶ》なるものあり、君《きみ》は殆《ほとん》ど四十有《いう》餘《よ》年《ねん》間《かん》其《そ》の會《くわい》員《ゐん》として會《くわい》務《む》に斡《あつ》旋《せん》し。大《おほひ》に登《と》山《ざん》の奬《しやう》勵《れい》に力《つと》むる所《ところ》あり、君《きみ》の令《れい》息《そく》は亦《ま》た有《いう》名《めい》なる登《と》山《ざん》家《か》なり、然《しか》るに明《めい》治《ぢ》四十一年《ねん》一月《ぐわつ》一日《にち》アルプス山《さん》に於《おい》て不《ふ》時《じ》の危《き》難《なん》に遭《さう》遇《ぐう》し遂《つひ》に非《ひ》命《めい》に斃《たふ》るゝに至《いた》れり、會《くわい》員《ゐん》の此《こ》の悲《ひ》報《はう》に接《せつ》するや恐《きやう》惶《くわう》錯《さく》愕《がく》爲《た》めに或《あるひ》は登《と》山《ざん》の擧《きよ》を廢《はい》せんとするものあり、而《し》かも其《そ》の慈《じ》父《ふ》たる君《きみ》は毫《がう》も驚《おどろ》くの色《いろ》なく從《じう》容《よう》として曰《いは》く兒《じ》の死《し》や實《じつ》に不《ふ》幸《かう》なり悲《かなし》み哀《あはれ》むべし、然《しか》れども登《と》山《ざん》家《か》にして登《と》山《ざん》中《ちう》に死《し》するは即《すなは》ち是《こ》れ自《じ》己《こ》の事《じ》業《げふ》に斃《たふ》れたるものにして固《もと》より其《そ》の分《ぶん》とする所《ところ》何《なん》等《ら》憾《うら》むる所《ところ》なし、余《よ》は益《ます》益《ます》登《と》山《ざん》家《か》を奬《しやう》勵《れい》し以《もつ》て英《えい》國《こく》國《〱》民《みん》の雄《いう》大《だい》敢《かん》爲《ゐ》の氣《き》象《しやう》を涵《かん》養《やう》せんことに勗《つと》めんのみと會《くわい》員《ゐん》皆《みな》君《きみ》の剛《がう》膽《たん》沈《ちん》勇《いう》にして其《そ》の職《しよく》分《ぶん》を重《おも》んずるの氣《き》概《がい》に嘆《たん》服《ぷく》せざるはなかりしと云《い》ふ、亦《ま》た以《もつ》て君《きみ》の如《い》何《か》に職《しよく》務《む》に忠《ちう》實《じつ》なるかの一斑《はん》を窺《うかゞ》ふに足《た》るべし、此《こゝ》に依《よつ》て之《これ》を見《み》るに君《きみ》が伯《ベル》林《リン》會《くわい》議《ぎ》終《しう》了《れう》の翌《よく》日《じつ》伯《ベル》林《リン》の客《きやく》舍《しや》に長《ちやう》逝《せい》せられたるは君《きみ》に於《おい》ては固《もと》より其《そ》の滿《まん》足《ぞく》とする所《ところ》にして何《なん》等《ら》の遺《ゐ》憾《かん》なかるべきを信《しん》ずるなり、

回《くわい》顧《こ》すれば昨《さく》秋《しう》天《てん》高《たか》く氣《き》澄《す》める十月《ぐわつ》の末《すゑ》各《かく》國《こく》委《ゐ》員《ゐん》一同《どう》相《あひ》與《とも》にボッダム郊《かう》外《ぐわい》に散《さん》策《さく》を試《こゝろ》むるや、余《よ》は君《きみ》と手《て》を携《たづさ》へて共《とも》に無《む》憂《いう》宮《きう》(Polais de san soucie) の壯《さう》麗《れい》なると其《そ》の風《ふう》景《けい》絶《ぜつ》美《び》なるを語《かた》り、又《また》伯《ベル》林《リン》に赴《おもむ》くの途《と》次《じ》倫《ロン》

敦《ドン》ケンシングトン街《がい》の僑《けう》居《きよ》に君《きみ》を訪《と》ふや、君《きみ》は陶《たう》器《き》の愛《あい》賞《しやう》家《か》にして殊《こと》に東《とう》洋《やう》陶《たう》器《き》に趣《しゆ》味《み》を有《いう》し珍《ちん》藏《ざう》する所《ところ》亦《よ》た少《すくな》からざるを說《と》き、其《そ》の誇《ほこ》りとする藏《ざう》品《ひん》を余《よ》の展《てん》覽《らん》に供《きよう》せんことを語《かた》られたるは尙《な》ほ昨《さく》日《じつ》の如《ごと》く君《きみ》の重《ぢう》厚《かう》蘊《うん》蓄《ちく》藹《あい》然《ぜん》たるの風《ふう》貌《ばう》は恍《くわう》乎《こ》として眼《がん》前《ぜん》にあり、而《し》かも今《いま》や幽《いう》明《めい》界《さかい》を隔《へだ》て君《きみ》の溫《をん》容《よう》復《ま》た見《み》る可《べ》からず悲《ひ》哀《あい》何《なん》ぞ堪《た》へん、余《よ》の君《きみ》と交《かう》を訂《てい》せしは今《いま》を距《さ》る十二年《ねん》前《ぜん》白《べ》耳《ル》義《ギー》國《こく》ブルッセルに開《ひら》かれたる萬《はん》國《こく》工《こう》業《げふ》所《しよ》有《いう》權《けん》會《くわい》議《ぎ》に於《おい》て握《あく》手《しゆ》したるを始《はじ》めとす、爾《じ》來《らい》書《しよ》信《しん》の往《わう》復《ふく》に著《ちよ》書《しよ》の交《かう》換《くわん》に交《かう》情《じやう》年《とし》に益《ます》々く親《した》しく昨《さく》年《ねん》渡《と》歐《おう》に際《さい》し再《ふた》び君《きみ》の謦《けい》咳《がい》に接《せつ》するや、舊《きう》を談《だん》じ新《しん》を語《かた》り、情《じやう》緒《ちよ》殊《こと》に密《みつ》なりき、特《とく》に伯《ベル》林《リン》の會《くわい》議《ぎ》に於《おい》ては日《にち》英《えい》の國《こく》交《かう》厚《あつ》きと同《どう》時《じ》に君《きみ》と余《よ》との私《し》交《かう》は一層《そう》密《みつ》を加《くは》へ我《わ》が提《てい》案《あん》主《しゆ》張《ちやう》に付《つい》ては君《きみ》の幇《はう》助《じよ》を受《う》けたること鮮《せん》少《せう》ならざりき嗚《あ》呼《ゝ》著《ちよ》作《さく》權《けん》萬《はん》國《こく》同《どう》盟《めい》の母《はゝ》たり又《また》同《どう》會《くわい》議《ぎ》の花《はな》と稱《しよう》せられたる君《きみ》の遠《えん》逝《せい》は啻《たゞ》に余《よ》一己《こ》の親友《しんいう》を失《うしな》ひたるのみならず、將來《しやうらい》著作權《ちよさくけん》萬國會議《はんこくくわいぎ》に於《お》ける我帝國《わがていこく》の益友《えきいう》を失《うしな》ひたるものなり、疇昔《ちうせき》を追憶《つゐおく》し繾綣《けんくわん》の情禁《じやうきん》ずる能《あた》はずして今茲《いまこゝ》に涙《なみだ》を掩《おほ》ひ、君《きみ》の傳記《でんき》を叙《じよ》し、君《きみ》の英魂《えいこん》を弔《てう》するは、獨《ひと》り余《よ》の私友《しいう》としてにあらず、一面《めん》に於《おい》ては則《すなは》ち帝國《ていこく》の委員《ゐゐん》として同盟國《どうめいこく》たる英國《えいこく》の首席委員《しゆせきゐゐん》を弔《てう》し、又《また》一面《めん》に於《おい》ては則《すなは》ち我國《わがくに》著作權法《ちよさくけんはふ》專攻家《せんこうか》の一員《ゐん》として斯法《しはふ》の耆宿《きしゆく》たる君《きみ》を弔《てう》するなり而《しか》して是《こ》れ實《じつ》に我學界《わがかくかい》に對《たい》する余《よ》の義務《ぎむ》たることを信《しん》ずるなり、

（水野錬太郎「忙中随感」（廣文堂書店・一九一四年）一二三―一二四頁）

9. ルイ・ルノール (Louis Renault) 博士ヲ弔ス

ルイ、ルノール (Louis Renault) 博士ヲ弔ス

法學博士　水野錬太郎

最近歐洲ヨリノ報道ニ依レハ佛國巴里大學敎授ルイ、ルノール博士ハ巴里ノ近郊バルビゾン別莊ニ於テ突然逝去セラレタリト云フ。方今世界多事多難ノ秋、國際法專門ノ大家トシ、又佛國ノ外交政務ニ參與シ、世界ニ其名ヲ馳セタル此一代ノ學者ヲ失ヒタルハ、獨リ佛國ノ損失タルノミナラス、世界各國ノ一大損失タリト謂フヘシ。實ニ痛悼哀惜ニ堪ヘス。殊ニ君ハ萬國平和會議、萬國海事會議、萬國著作權法會議等ニ佛國委員トシテ參列シ、我邦人ト交際接觸シタルコト尠カラス。現ニ余ノ如キハ千八百九十七年、千九百八年ノ萬國工業所有權及著作權法會議ニ於テ、君ト親シク議論ヲ上下シ、其指敎ヲ受ケタルモノ、今其凶訃ヲ聞キ、特ニ追慕ノ情ノ切ナルモノアリ。因テ茲ニ君カ經歷ト性格ノ一班ヲ叙述シ、一片哀悼ノ意ヲ表セントス。

君ハ千八百四十三年佛國オータンニ生レ、最初ヂジョン法科大學ノ敎授ト爲リ千八百七十三年巴里法科大學ノ講師ニ聘セラレ、尋テ千八百八十一年同大學敎授

ト為リ、國際法ノ講座ヲ擔任シ、其特性ヲ發揮セリ。君カ研究ニ於ケル數多ノ學說ハ法律學校、政治學校、海事學校等ニ寄與セラレ、其學術ノ深遠ニシテ該博ナリシコトハ世人ノ記憶ニ存シ、永久不滅ノ印象ヲ與フルモノナリ。又君ハ千九百一年以來倫理學政治學會ノ會員ト為リ佛國學士會員ニ推薦セラレタリ。」君ハ大學教授ノ外、佛國外務省ノ法律顧問兼名譽全權公使ニ任セラレ、佛國ノ外交事件ヲ處理シタルコト尠カラス。國際法上ノ難問ハ總テ君ニ諮問セラレ、其調査ニ待ツ所多カリキ。而シテ君ハ政治上ヨリハ寧ロ學術上ノ見地ニ於テ毎ニ公平ナル解決案ヲ提議セリ。君ハ此資格ヲ以テ千八百九十九年海牙第一回平和會議ニ佛國ノ專門委員トシテ參列シ、千九百七年第二回平和會議ニハ全權委員トシテ參列シ、其決議ニ署名セリ。千九百六年ニハ戰場ニ於ケル死傷者ノ取扱ヲ改良センカ為ニ着手セラレタルジュウネーブ條約改正ノ主任ト為リ、更ラニ又海事法制定ノ為ニ開催セラレタル倫敦會議ニ參列セリ。而シテ是等ノ諸會議ニ於テ孰レモ多大ノ成功ヲ收メタルハ人ノ皆知ル所ナリ。君ハ又海牙常設仲裁裁判所員トシテ數回國際爭議ニ關係シ、彼ノ有名ナルカザブラン事件ヲ解決シ、和解ノ基礎條件ヲ協定シタルコトアリ。之カ為ニ世界各國ノ稱讃ヲ博シ、平和會議ノ「ノーベル」賞ヲ受領セリ。」君ノ所論ハ穩健着實ニシテ愛國心ヲ科學ト人道トニ結合セシメ、以テ正義及文明ニ達スルノ順路ニ進マシメントノ希望ヲ有シタリ。君ハ自己ノ努力ノ世ノ認ムル所ト為リ、其所說ノ一般ニ承認セラルルニ於テ、自ラ衷心ノ滿足ヲ表シタルモノノ如シ。今次歐洲大戰亂ノ結果、國際法ノ蹂躙セラレタル幾多ノ事實ハ君ヲシテ深ク失望ノ嘆ヲ抱カシメタリト雖モ、君ハ尙ホ將來ニ於テ國際法ノ一曾發達スヘキコトヲ確信セラレタリ。」君ハ又智能權ニ關スル專門家トシテ幾多ノ著書アリ。又著作權保護萬國同盟條約ノ制定ニ關シテハ其會議ニ參列シ非常ナル努力ヲ致シタルハ同條約關係者ノ齊シク認ムル所ナリ。著作權保護同盟條約ノ基礎ヲ建設シタル千八百八十四年第一回ベルン會議ニハ出席セラレサリシモ、千八百八十五年及千八百八十六年ノ第二回第三回會議ニハ委員トシテ參列シ、國際法上ノ見地ヨリ高邁卓拔ナル意見ヲ發表セラレタリ。特ニ條約第一條ニ於ケル『同盟』ナル文字ノ用否ニ付幾多專門家ノ間ニ議論ヲ生シタルニ、君ハ其卓絕ナル意見ト流暢明快ナル辯舌トヲ以テ同文字ノ削除ニ反對シタリ。又特ニ飜譯ノ問題ニ對シテハ君ノ主張ハ前後一貫シテ渝ラス、飜譯ハ同盟條約ノ重要事項ニシテ最モ之ニ重キヲ措カサルヘカラストシ、飜譯權ノ尊重スヘキコトヲ主張シ、終ニ會議ノ認容スル所ト爲レリ。君曰ク『飜譯ハ國語ヲ異ニスル數國間ニ於テハ複製ノ一方法ナルヲ以テ、其飜譯ヲ欲セサル著者ニ完全ナル保護ヲ與フルカ、將又未熟ニシテ危險ナル飜譯ニ大ナル餘地ヲ與ヘ之ヲ放任スヘキカハ重大ナル問題ナリ』ト。而シテ君ハ前者ノ正當ナルコトヲ强硬ニ主張セリ。又君ハ千八百九十六年巴里會議ニ於テベルヌ條約改正ニ際シ重大ナル任務ヲ帶ヒ特別委員會ノ報告者トシテ短期間ニ流麗光輝アル文字ヲ以テ委員會ノ報告書ヲ作成シ以テ同會議參列者ノ賞讃ヲ博シタリ。當時ノ議長佛國外務大臣フレシネー氏ハ君ノ此ノ報告書ヲ評スルニ『委員會ノ實際思想ヲ完全ニ記錄スルコトヲ得タル此報告』ナル言葉ヲ以テシタリ、以テ如何ニ君ノ頭腦ノ明晰ナルト文章ノ流麗ナルカヲ知ルニ足ルヘシ。又千九百八年伯林ニ於テ開催セラレタル著作權保護同盟會議ニ於テ君ハ巴里會議ニモ讓ラサル重大ナル任務ヲ完ウシタリ。此會議ニハ余モ亦我邦ノ代表者トシテ參列シ、親シク其議事ニ參與シ、每回ノ會議ニ君ト親シク交歡折衝シ、其卓說ヲ聞キ尙各國委員ノ論議ヲモ聽取セリ。此會議ニ於テハ各國委員ヨリ諸種ノ提議アリ、議事複雜ヲ極メ如何ニ之ヲ終結セシムヘキカ殆ト豫測ニ苦シム所ナリキ。會議ニ於テハ是等諸般ノ提議ト意見ヲ綜合シ委員會ニ一任スルノ議提出セラレ、其議ハ多數ノ容ルル所ト爲リ、幾多ノ提議ハ遂ニ之ヲ特別委員ニ附スルコトトナレリ。斯ル場合ニ於テ特別委員ノ一人トシテ缺クヘカラサル君ハ其委員ニ指名セラレ、而カモ委員長トシテ之カ一大任務ヲ託サレタリ。委員會ニ於テハ幾多ノ激論沸騰シ、收拾ノ困難ナル殆ト底止スル所ヲ知ラス。然ルニ君ハ各委員ト折衝ヲ重ネ、其議論ヲ調和シ、竟ニ完全ニシテ殆ト一議ヲ挾ムノ餘地ナキ一條約案ヲ作成セリ。殊ニ其條約案竝理由書ノ簡明ニシテ要ヲ得タル、其文章ノ流暢犀利ナル、恰カモ佛蘭西文藝家ノ一大名文ヲ見ルカ如キノ觀アリ。君ハ此ノ如クニシテ報告書ヲ作成シ、茲ニ多年ノ問題タリシ統一的同盟條約案ノ成立ヲ見ルニ至レリ。現行同盟條約即チ是ナリ。當時ノ議長タリシ獨逸國外務大臣ハ君ノ此ノ多大ナル努力ニ對シテ感謝ノ意ヲ表シ、『委員長ノ明晰ニシテ實際的ナル法律思想ノ紀念物ナリ』トノ適切ナル賛辭ヲ呈シタリ。實ニ君ノ熱誠ナル努力ニ依リテ終ニ能ク進歩的統一的條約案作成ノ目的ヲ達成シ、會議ノ任務ヲ完フシタリ。從來ノ諸會議ニ於ケル決議並決議ニハ至ラサルモ希望トシテ發表セラレタル事項ハ總テ之ヲ綜合シ、單一的條約ヲ制定スルニ至レリ。此條約案ハ著作權保護ノ進歩發達ノ最高程度ヲ示スヘキ統一案ニシテ、而カモ多年種種ノ事情ニ依リテ此條約ヲ承認スル能ハサリシ諸國モ亦之ヲ歡迎スルコトヲ得ヘキ適當ナル條約案ナルコトハ參列委員ノ等シク之ヲ認メタル所ナリ。此ノ如ク諸國ノ承認シ得ラルヘキ條約案ノ制定ニ關シテハ如何ニ君カ苦心ノ存スル所タリシカヲ知ルニ足ル。顧フニ文化ノ程度同一ナラサル諸國ニ對シテ適用シ得ヘキ條約ヲ制定スルノ難事タルハ固ヨリ言フ迄モナク、最高程度ノ文明ニ達シタル國ニ在リテハ理想的條約ノ成立ヲ希望シ理想的條約ニ加入スルコトヲ得サル事情アル國ニ在リテハ之ニ故障ヲ述フヘキハ當然ノコトナリ。此兩者ヲ通シテ加入シ得ラルヘキ適切妥當ナル條約案ヲ作成シ、以テ諸國ヲシテ滿足シテ其條約ニ署名セシメンコトヲ欲セハ必スヤ能ク其間ノ調和ヲ圖ラサルヘカラス。此ノ調和ヲ圖ルハ條約案制定者ノ最モ苦心トスル所ナリ。君ハ其明敏ナル頭腦ト深遠ナル學識トヲ以テ此調和ヲ遂ケ得ヘカラシムヘキ統一的條約案ヲ起草シタリ。這ハ同會議ノ事情ニ通スル者ニ非サルヨリハ能ク此苦心ヲ諒スルコト能ハサルナリ。余ハ此會議ニ參列シ親シク其實況ヲ目撃シタルモノナルヲ以テ此條約案ノ成立ニ關シテハ特ニ君ノ苦心ト努力ヲ推稱スルニ於テ自ラ其資格アルモノナルコトヲ信スルナリ。』斯クシテ第二回著作權萬國保護條約改正案ハ君ノ苦心ト努力ニ依リテ成立シタリ。此條約ノ特色ハ所謂留保制度《レゼルブ》ヲ定メタルコト是ナリ。留保制度トハ條約ノ或ル箇條ニ關シテ其適用ヲ受クルヲ不便トスル國ニ在リテハ其箇條ニ關シテハ加入セサルコトヲ留保シ、以テ統一的條約ニ同意署名スルノ制度ナリ。此制度ハ海牙平和條約ニ關シ君ノ創意ニ出タルモノニシテ露國ヲシテ同條約ニ加入セシムルノ必要ヨリ起リタルモノナリ。此制度ハ同盟諸國ノ事情ヲ異ニスル場合ニ於テ、其適用ヲ受クルト否トニ關シテ自由選擇ノ餘地ヲ與フルモノナルヲ以テ所謂屈伸自在《フレキシブル》ノモノタルナリ。而シテ此制度ハ或ル點ニ於テハ統一ナキ制度ナルヲ以テ之ヲ批難スル者亦尠カラスト雖モ、條約ヲ單一ナラシメ、諸國ヲシテ總テ其條約ニ加入セシメントスルニハ、此制度ハ極メテ便宜ナルモノナリトス。君ハ此ニ見ル所アリ、深思熟慮ノ結果、之ヲ創定スルニ至レルモノニシテ、君ノ條約起草ニ關スル卓見ナリト謂ハサルヘカラス。君ノ執筆ニ成ル理由書ノ一節ニ曰ク『諸國ヲシテ一躍以テ單純ナル理想的制度ニ達スルヲ望ムハ實際困難ナリ、故ニ一方ニ於テ條約ノ適用ヲ受クル選擇ノ自由ヲ與フルト同時ニ、又他方ニ於テ諸國ノ加入ヲ誘致スルヲ必要ナリトス。之カ爲メニハ複雜ナル留保制度モ未タ必スシモ批難スヘキニ非ラス。世界ノ進歩、年所ノ經過ニ從ヒ漸次ニ留保セラレタル特別ノ規定ハ消滅シ、條約ノ完全ナル主義ハ遂ニ達成セラルルニ至ルヘシ』ト君ノ起草ニ係ル此條約案ハ會議最終ノ日ニ於テ全會一致熱心ナル拍手ヲ以テ可決セラレタリ。惟フニ此留保ノ制度タルヤ我日本ノ代表者トシテ參列シタル余ニ取リテハ極メテ良好ノ結果ヲ得タルヲ信シ、余ハ君ノ提案ニ對シ全然同意ヲ表シタリ。元來我邦カ歐米ノ文明諸國ト共ニ此同盟條約ニ加入スルハ止ムヲ得サル所ナリトスルモ、少クモ飜譯ノ問題ニ關シテハ是等諸國ト同一ノ地位ニ立ツコトノ困難ナルハ言ヲ竢タス。隨テ此問題ニ關シ新條約ノ理想トスル完全ナル飜譯權保護ノ規定ニ對シテハ同意ヲ表スルコト能ハサリキ。故ニ余ハ此點ニ關シ極力我國ノ地位ト事情ヲ辯明シ、飜譯權保護規定ノ適用ヲ受クルコトヲ否認シ、其理由ヲ反覆力説セリ。而カモ會議ノ大勢ハ余ノ説ヲ容ルル能ハサルノ狀勢ナリキ。此時ニ當リテ默シテ會議ノ決議ニ從ハンカ我邦ノ不利益ヲ如何ンセン、余ノ主張ヲ固執センカ、此條約ニ署名スルコト能ハサルヲ如何ニセン。此「ヂレンマ」ヲ調和スルニハ君ノ所謂留保制度ニ據ルノ外ナキナリ。是ヲ以テ余ハ特ニ君ニ對シ親シク其所見ヲ述フル所アリ、君亦余ノ説ヲ諒シタルモノノ如シ。斯クテ君カ留保制度ヲ認メラレタルハ或ハ余ノ君ニ對スル懇談モ亦其一因ヲ爲シタルニ非サルカヲ思ハシムルモノアリ。是レ余ノ深ク君ノ好意ヲ多トセサルヲ得サル所ナリ。然リト雖モ條約ノ根本義ヨリ之ヲ見レハ、此制度ハ必スシモ完全ナリト謂フヲ得ス。將來何レノ日カ其ノ必ス改訂セラレサルヘカラサルヤ言ヲ竢タス。君亦タ深ク之ヲ了知セルモノノ如シ。君ハ其報告ヲ終ルニ臨ミ、次期ノ會議ニ關シ一ノ希望ヲ述ヘテ曰ク『此條約ノ期スル所ハ世界各國ノ文明ノ程度カ一樣ニ進ミ、各同盟國ノ立法主義カ一ニ歸セシメンコト是ナリ。即チ將來各國ニ於ケル事情ノ差異カ漸次ニ消滅シ、留保制度ノ廢止セラルル場合ニ於テ始メテ現在不完全ナル同盟モ、單一ニシテ理想的同盟ニ到達スルコトヲ得ン』ト。而シテ次期會議ニ於テ此ノ希望ノ達成ニ努メンコトヲ宣言シタリ。嗚呼悲哉、君ノ此宣言ハ今ヤ君ノ遺言ト爲リ了リヌ。君ハ次期會議ニ於テハ前二回會議ト同樣ニ同盟條約改正ニ關シ必スヤ非常重大ノ任務ヲ盡スノ地位ニ立チ、其改訂案ヲ起草スヘキ一人、而カモ最モ有力ナル一人タルヘキヤ疑ナキ所ナリ。這ハ君カ報告書ニ於ケル次ノ結論ニ依リ明カナリトス曰ク『余ハ常ニ愛スヘキ此同盟ノ創設發達ニ盡力シタル一人ナリ將來ノ承繼者ニ同樣ノ努力ヲ懇囑シテ此ニ擱筆セン』ト。當時余ハ君カ恙ナクシテ千九百十八年羅馬ニ於テ開催セラルヘキ第三回著作權保護萬國會議ニ於テ其健全ナル身體ト緻密ナル頭腦ヲ以テ三タヒ重要ナル任務ニ當リ献策スル所アルヘキヲ信セリ。何ソ圖ラン同年ノ初頭ニ於テ君ノ永眠ノ報ニ接セントハ。若シ今次ノ歐洲大戰ナカラシメ豫定ノ如ク本年羅馬ニ於テ萬國會議ノ開催セラレナハ、君ハ必ス佛國委員トシテ其悠揚タル體度ト流暢ナル口調ヲ以テ會議ニ出席シ其有力者ノ一人タリシナラン。而シテ余モ亦幸ニ我政府ノ任命ヲ得テ此會議ニ參列スルノ榮ヲ得ラレナハ、必スヤ君ト一堂ニ會シ手ヲ握リ往事ヲ語リ再ヒ議論ヲ上下セシナラン。然ルニ歐洲ノ大戰ハ此會議開催ノ時ヲ得サラシメタルノミナラス、君亦此ノ時ヲ待タス、空シク白玉樓中ノ人ト爲リシハ、實ニ哀悼ノ極ミナリ。

君ハ身長高ク、無髯高額、眼光温和人ヲ魅スルノ力アリ。其發音ハ朗カニシテ恰モ音樂ヲ聞クカ如ク、動作禮節ニ合ヒ、佛國紳士ノ好模型ヲ代表セリ。又其心事高潔ニシテ然諾ヲ重ンジ、親切ニシテ嚴格正直ニシテ寡言、一タヒ君ニ接シタルモノハ圓滿ナル佛國紳士トシテ愛慕ノ念ヲ起ササルハナシ。余ノ伯林ニ在リ君ト相見ルヤ、君ハ學者トシ、又國際法專門家トシテ、各方面ノ問題ニ亘リ懇切ナル談話ヲ交ヘ、殊ニ飜譯權問題ニ關シ余ノ所説ノ道理アルコトヲ認メ、極メテ友誼的同情ヲ寄セラレタリ。又特別委員長トシテハ熱誠事ニ當リ、朝九時ヨリ夕六時ニ至ル迄條約案ノ起草ニ從事セリ。一日話次君笑テ余ニ語テ曰ク『頃日ノ執務狀況ハ八時間勞働問題ノ必要ナルヲ感セリ。余ハ終日拮据事務ニ從事シ、殆ト心身ノ疲勞ヲ覺ユ』ト君カ三週間ノ長キ終日此複雜ナル要務ニ鞅掌セラレタルハ實ニ多大ナル勞苦ト云ハサルヘカラス。君ハ著作權保護同盟ノ創設者タルト同時ニ又其完成者ナリ。君ノ伯林會議ニ於テ起草セラレタル報告書ハ君ノ偉大ナル紀念物トシテ永ク同盟諸國ニ保存セラルヘシ。而カモ複雜極リナキ各種ノ提議討論ヨリ其要旨ヲ抄出シタル君ノ驚嘆スヘキ才幹ト頭腦ニ對シテハ何人ト雖モ深ク敬意ヲ表セサルハナシ。特ニ余ハ君ノ執筆ニ係ル報告書ヲ讀ムニ及ヒテ一種ノ快感ト追慕ノ情ノ轉タ切ナルヲ感セスンハアラス。想起スレハ千九百八年ノ秋、天高ク馬肥ユルノ候、君ト相携ヘテ伯林郊外ニ散策ヲ試ミタルハ今ヤ既ニ十年ノ昔ト爲リヌ。而カモ此十年昨昔ノ追想ハ復タ永遠君ノ温容ヲ見ル能ハサルノ昔トナリヌ。現下歐洲ノ天地ハ砲煙ニ鎖サレ、國際法及文藝美術ノ蹂躪セラレントスルノ時ニ方リ、君ノ國際法及文藝美術ノ保護ニ努力セラレタル當時ヲ回想スレハ一層追懐ノ深キヲ覺エスンハアラス。君ノ温容ハ尚髣髴トシテ眼ニ在リ、而カモ其人今ヤ即チ亡シ。嗚呼悲哉時維レ新綠滴リ杜鵑血ニ叫フノ候、一夜君カ畢生ノ結晶タル報告書ヲ閲讀シテ實ニ今昔ノ感ニ堪ヘス。著作權萬國會議委員ノ一員トシ且ツ斯法專門家ノ一員トシテ斯界ノ先覺者タリ指導者タル君カ英靈ニ對シ茲ニ深厚ナル哀意ヲ表シ以テ弔辭ニ代フ。

（法学協会雑誌　三六巻　八号・大正七年）

10. 祖父水野錬太郎と「明治」という時代

水野　政一

大家先生から「あなたのおじいさんについて、話してほしい」というお話があり、本日こうしてアツかましく出向いてまいりましたが、私が祖父水野錬太郎を知っているのは、最晩年の一三年間ほどで、正直のところ公人、「公」の人として生きていた錬太郎のことは全く知りません。

今、大家先生や、西尾先生からお話のあった錬太郎も、孫の私にとっても錬太郎自身が書き残したものから知ったものばかりで、私と錬太郎との関係は、一度も怒られたことのない、一人のやさしいおじいちゃんと孫の関係に過ぎない訳でございます。そのおじいちゃんが亡くなったのが、私の中学一年生の時で、丁度、今日一一月二五日が命日で、確か八三歳であったと思います。

明治、大正を生き、昭和二〇年八月一五日の日本の敗戦を見なければならなかった祖父は、東京の家が戦災で焼けたあと、死ぬまで神奈川県大磯の別荘にくらしておりました。

東京の家が二〇年五月二五日の山の手の大空襲で焼けた日は、祖父は丁度この大磯に行っていた時で、本当ならこの日の空襲で死んでいたのではないかと思います。何故なら、空襲警報が鳴っても絶対に防空壕に入らなかった人で、「天皇様も東京におられる。我輩（本人はいつも自分のことを我輩といっておりました）は陛下が東京におられる限り、絶対に疎開もしないし、防空壕に入るなどとんでもない」と言い続けていたということで、「旦那様が防空壕に入られないと、私たちも入れません。私たちは焼け死にたくありません」と女中さんたちが泣いて頼んでも、「お前達だけ入ればいい」とがんとして聞き入れなかったと、後で家族から聞きました。

東京の家のまわりは、北白川宮、竹田宮、東久邇宮、そして少し離れて高松宮と宮家が沢山あり、消防署からは事前に「もしこの周辺に爆弾が落ちても、消火の水は宮様の家に回すのでお宅は助けれらません」といわれておりました。そこに焼夷弾の直撃をくらった訳ですので、もし祖父がこの日の夜東京に居ればそこで焼死し、敗戦というあの日を自分の目で見なくても済んだのかも知れません。

私は、この終戦の年は、学童疎開で東京を離れておりました。この間、祖父から一度だけ葉書をもらったように記憶しておりますが、その内容は定かではありません。敗戦の日、疎開学園で何が何だかわからない天皇陛下のラジオを皆で聞き、直後の八月二三日に母が迎えに来て、すぐ祖父のいる大磯に帰りました。これから小学校が再開する秋まで、祖父、祖母と共に一緒にすごしたのが、一番長い時間を共に同じ屋根の下で暮らした時期でございます。

毎日、旧東海道までの散歩と裏山の散歩に付き合い、食事を共にし、私にとっては、おじいちゃんと孫の平和な生活だったように思っております。

しかし、毎日、一緒に登る裏山から一望する相模湾、江ノ島から晴れた日は房総半島まで見える所でしたが、その海には九月に入るとアメリカの艦艇が黒々と現れ、日に日にその数が増えていきました。祖父は一言も言わずに毎日、孫とそれを眺めておりました。

戦争の話など祖父の食卓では全く出なかったように記憶しております。

この頃、飢餓状態で自分の家に戻った疎開学童、つまり私は食べ過ぎて大腸カタルになり、ひどい下痢を続け、祖父の専用トイレに入っては汚しておりました。これを祖父の看護婦がいやがり、「おじいちゃまのトイレは使わないで下さい」と度々注意するのを聞いた祖父が、一言、「政一は使ってもいいんだ」と大きな声を出した時、「おじいちゃんは、僕の味方だ」と心強く思ったことを今も鮮明に覚えております。

臭い話のついでにお話しますと、祖父のトイレは、東京でも大磯でもその頃ではまだ珍しかった洋式の座り便所で、便座には暖かい布が巻かれ、冬になると足元に炭火の入った足のせがおいてありました。これは、孫にとってもまことに快適な環境で、私は東京でも大磯でも「お釣り」のくる、地獄のように奈落の底のみえる日本式トイレをきらって、もっぱら祖父のトイレを愛用していたものです。

秋が過ぎて初冬になり、学校が再開し、私も東京に戻りました。クラスの仲間たちがまた顔を揃えて数日たった頃、祖父のA級戦犯指名の発表がありました。私のクラスでは海軍大臣をやられた嶋田繁太郎氏の末娘と私がおり、戦犯だ、戦犯だと授業の始まる前の教室は、その話で持ちきりだったように覚えています。私は、元々いじめられる立場ではなく、いじめっ子の方でしたから、別に気にせず、それによって負い目などは一切感じませんでしたが、一時間目の授業の始まったとき、担任の女の先生が、「今朝、戦犯のことでいろいろと言った人がいたようですけれど、日本が負けたからそうなったので、嶋田さんのお父様も、水野さんのおじいさまも日本のために働いてきた方です。それを戦犯といってからかうなどとんでもない話です」と物凄く怒られました。

「東京裁判」という映画では東条英機さんの子供が、先生からもお父さんは国賊だと言われる場面がありましたが、私はその反対に、戦犯とからかった仲間が先生から叱られて、「ざまーみろ」と言えたことで、その後もいじめっ子で人生を通せた貴重な体験だったのかも知れません。

祖父と私の思い出、それは非常に短い期間であり、断片的なものでしかありません。祖父の残したものを整理し始めたのも、父が死んでからであり、父からも祖父の話をあまり聞く機会をつくりませんでした。

我が国の著作権の祖、官僚政治家、それらは歴史の中での水野錬太郎であり、私自身にとってはそうした姿の一端にも触れたことはありません。

しかし、こう言ってしまうと、今日、わざわざお招きいただいた意味もなくなってしまいますので、祖父の生きた明治という時代、そこでの一人の学究の徒の姿をすこし探ってみたいと思います。

東京の家の洋館の二階には、祖父の大きな書斎があり、その書棚は床から天井まで、洋書を含めて本で理まっておりました。祖父は本を読むか、書き物をするか、散歩に出るか、それ以外は全くの「趣味無し」人間であったようです。自分自身でも「碁も打てない、将棋も指さない、玉突きもしない。やっても一向に上達しないので、興味がわかない。君の道楽は何かと聞かれても、特別のものはないと答えた」、そう記しております。

孫が覚えている限りでも、歌ひとつ歌えず、寝しなのトランプの一人占いだけが日常生活の中で「色合い」のある時間だったように思います。このトランプも上手くカードが合わないと、孫の顔を見てニヤーと笑って、自己流にカードをあわせてハイ上がりのインチキトランプ。カードで孫たちと「ババ抜き」遊びさえ出来ない祖父でした。

私共が覚えている限りでも、本を読んでいるか、書き物をしているかの祖父。そうした自分を「道楽の内に入らないかもしれないが、趣味は読書である」と書き記しております。「友達から君は本の虫だ」と言われたが、読むことと共に、近刊の出版物は勿論古今東西の面白そうな、また有益な書物を収集することが楽しみだったようで、第一次大戦の後、欧米に行った時は、イギリス、フランス、ドイツ、アメリカで世界大戦に関する書物を買い集め、これらの本が、戦争の原因、経過、そして戦後の状況を知る上で参考資料となったと言っております。

こうした本も含めて蔵書が焼けてしまったことだけは残念だったらしく、早く本を疎開させておくべきだったと思うが後の祭り、悔やんでも仕方がないと書き残しております。

どんなに忙しくても、一日一時間、夜一〇時から一一時の間を必ず読書の時間と決めていた。しかし、読書といっても一冊の本を一から終わりまで読めるものではない。自分の読書法は、まず序文、ハシ書きを読み、次に目次を見る。この中の面白い題目、参考になる事項を選んでそれを一読し、必要な箇所に線を引いたり抜粋して書き写す。これを講義や講演の資料とした。こうした抜き書きノートも相当の冊数になったがこれも戦災で焼いてしまい、残念だと言っていました。

東京の家で、四方の壁一杯の本を焼いてしまった祖父でしたが、それでも尚多くの本が大磯の蔵の中にあり、現在、私の家の書庫にあるものはこの大磯に残した本がほとんどです。

数年前にここにおられる西尾先生のご苦労で、錬太郎の資料を一冊の本にまとめていただきました。この際の資料もこの大磯にあったもので、大磯の別荘の売却や、東京の私共の家の建て替えの時によくゴミと一緒に捨てられなかったと、思います。

そんな晩年の生活で、秋の快晴の日などには漢書の虫干しをしている姿が思い出されます。こうした和綴じの本、縦長のあの独特の本箱の中に、「江東鳥芭書屋主人水野錬」と記された墨書きの私本を見つけたのは、ごくごく最近のことで、これが祖父の写本であることがわかったのは、さらにそのあとのことです。

慶応四年一八六八年生まれ。我が国における教育制度も寺子屋から脱却したばかりの明治の一〇年代の初めには、小学校の代用教員を今の小学校六年生位の歳でつとめ、開成中学校から当時出来たばかりの東京帝国大学予備門に入学しております。学部は違いましたが、正岡子規、夏目漱石、山田美妙等もこの時の学友です。祖父の写本は、この東京帝国大学に入る以前のことで、人から借りた本を写し、しかも、一冊だけでなく二冊写本をして一冊は売って学費にしていた、と書き残しております。この写本を売っていた当人が、つまり本屋の主人で、江東鳥芭書屋主人は水野錬太郎自身です。

写本といえば、正岡子規もよくやっていたようで、写本のもとは他家から借りてきたり、貸本屋から借りてきたりで、子規の記録には借り賃一日五冊で五厘だったと書いています。

さて、この明治の初め、当時、大学をめざした日本の若者はどの位いたのか。東京大学百年史によれば、錬太郎が帝国大学法科大学を卒業した明治二五年で同じ法科の学生数が七〇名です。明治二一年から三〇年の一〇年間の総合計でも六九七名に過ぎません。なぜ、錬太郎がこうした学問の道に進み得たのかを知る資料は、水野の家にも何も残っておりません。

錬太郎は、秋田佐竹藩の江戸詰め武士であった父立三郎の長男として、江戸浅草の鳥越に生まれますが、明治維新の廃藩置県と共に藩主とともに秋田に戻っております。この当時、武士という職業を失った士族の数は、二〇〇万人とも言われていますが、この離職した武士たちへの退職金として明治新政府は家禄奉還金というものを

発行し　錬太郎の家が受け取った額は八三〇円。「これだけでは生計を維持行くことは到底出来なかった」と書き記しております。

しかし、秋田にもどった錬太郎が、それほどの期間を置かずに東京に戻り、東京開成学校に学んだ時の学費はどこから出ていたのか。これはすでに祖父、祖母もいない今においては全く分からない事です。

当時の錬太郎の家庭を振り返って見ますと、父・立三郎は、秋田に戻ってから数年して行方が分からなくなったと言われており、そうした父が錬太郎の教育にことのほか熱心であったという証拠はどこにもありません。

父のいなくなった家庭には姉が二人おりましたが、この年端も行かぬ女姉妹では学費を出せる訳でもなく、また錬太郎の能力を見抜いて、生活を切り詰めても学校にという環境でもなかったと思います。この辺りについても本人は何も書き残しておりません。唯一、大臣を数回やった後、故郷の秋田県岩崎町が出したパンフレットに「学費を作るために車をひき牛乳配達をしたり筆耕をした」といかにも立身出世風に書いておりますが、これについて二人の姉は、「そんなことはさせなかった」と真っ向から否定したと聞いております。

本屋の主人の写本売りも、むしろ自分の勉強と、楽しみが半々で、自分を本屋の主人に仕立てる辺りからは、あまり生活の悲壮感は匂ってまいりません。

当時は、コピーも写真も当然ありません。墨をすり、毛筆で本を写していく。書き損なったらば、またそのページの始めの行から書き直してゆく、そんなことも、今のコピー時代にはない至福の時であったのかな、とさえ思うほどです。

先程、錬太郎の父の立三郎が行方不明になった、と申し上げましたが、その原因は全くの謎で、大正、昭和の論壇で健筆をふるわれた長谷川如是閑さんが、私の父に言われたところによると、「秩父事件」、一九一七年秩父で起こった農民を巻き込んで起こった自由民権運動の暴動に加担したのではという一説もあります。

水野の家と埼玉県秩父、これは私の曽祖父にあたるこの立三郎が、秩父の遠山家に養子に入っていたこともあり、その地域の繋がりからこの説をいわれる方もおられるようで、父などは晩年この事実を調べたがっておりました。秩父の遠山家は、あの日興證券の生みの親の遠山元一氏の出られた所で、元一氏は、若いころ錬太郎の家で書生見習いなどをされたと聞いております。

さて、親の教育資金や、家庭環境は解らずじまいのまま、とにかく錬太郎本人は東京開成学校、東京大学予備門をへて帝国大学法科大学に進みます。この当時の我が国は、「貧乏がいやなら勉強をしろ」というのが時代の精神で、全国の武士はいっせいに浪人になったが、新たな「仕官」の道は「学問」であり、学問さえ出来れば国家が雇い入れるという時代でもありました。

こうした時代の精神をいち早く読み取ったのが、薩長を中心としたご維新に乗り遅れた中規模以上の藩で、郷士の秀才を中央に送り出し、政府がたてた最高の学府に学ばせ、明治政権に登用してもらって、個々人の実力をもって何とか藩の名を上げようとした時代でもありました。

そのために各藩は英才を育てる「育英団体」をもっていたといいます。或いは錬太郎も佐竹藩がつくった「育英制度」によって送り出され、学門の道に進み得たのではないかと想像します。

当時のこうした環境について、司馬遼太郎さんは、その著「坂の上の雲」に登場する正岡子規にこう言わせています。「功名は金持ちや貴族の専有物ではない。学べば我々庶民の子も社会の上流に立てる。それには学問を勉強する以外にない。今日の天下は漸進《ぜんしん》主義（急がず少しずつ進む）ではいけない。速成であるべきである。田舎の中学で学問していてもなるほど学問は成るが、それでは時間がかかりすぎる。速成は都府の学校にあり」という台詞で、当時の学問を目指す若者の意気を感じさせます。

子規は明治一六年六月、一七歳で松山から上京しますが、同じころ地方の貧乏士族の秀才少年たちも、軍人になるという目的は別にして、生活費から学費までタダという理由で、士官学校や海軍兵学校を目指し上京しています。

子規と錬太郎が、帝国大学の前身、大学予備門で一緒だったということは先程もふれましたが、子規が無類の野に比べて、錬太郎はまず運動音痴といってもよいほどで、「当時の学生は玉投げとか、遠足とか、テニスとかボートを漕いでいたが、自分は運動は嫌いで、下手であまり興味を持てなかった。子供の頃からよく健康を害し、学校も風邪とか胃腸の具合でよく休んだが、大病をしたことはない。ただ、当時は電車も自転車もなかったので、本所の自宅から神田一橋の大学予備門まで一時間以上かけて毎日毎日歩いて通った」と言います。

当時の少年が、日本国家を背負う気概を満身に秘めて学問した時代だったといっても、いささか病弱で、運動には一切興味のなかった錬太郎の、その進むべき行く先に「軍人」という二文字だけはなかったようです。

錬太郎は明治二五年に東京帝国大学法科を首席で卒業。この時の卒業証書がわが家に残っております。卒業証書は、当時の教授たちが直筆でサインをされており、当時の大学教育がいかにマンツーマンであり、明治のこの頃、これからの若い、我が国を背負っていく人材に対する期待がそこには伺われます。

明治一九年、東京帝国大学が設立されて以降の専攻別の学生数は、明治一〇年代の帝国大学の前身の諸校が、工学系の技術専門家養成に重点を置いていたものから、徐々に法科系に重点を移し、その卒業生が増え始めています。明治一九年から二八年までの一〇年間の卒業生合計は一三五三人、そのうち法科系は五五五人と文科、理科、工科をぬいて首位になっています。

明治二三年に国会が開会されることも決まり、青年の志も政治に向かっているこの時期、こうした法学士の増加は、新しい内閣制度、官僚制度の中枢を占める高等行政官になるべき人材の教育をこの法科大学にもとめた明治政府の政策でもあったわけです。

錬太郎が卒業した明治二五年の法科大学の同級生は七〇人。その中で五人が大学院や教職に進み、司法省に二五人、内務省、大蔵省にそれぞれ六人、通信省二人、文部、農商務省、陸軍省にそれぞれ一人、合計四七人が官庁に進みましたが、この中に錬太郎は含まれておりません。行政官の供給源となるべき帝国大学法科大学を首席で卒業した錬太郎が何故官界に進まなかったのかは、自分自身の思い出にも記しておりますが、大学の恩師でもあり法学者・穂積陳重《のぶしげ》教授の勧めで、実業界の大物渋沢栄一氏を紹介され、氏が頭取であった第一銀行に入っております。

東京大学百年史には、首席の学生が実業界に入った表向きの理由として、「官界に比べて民間に人材が手薄でバランスを欠く、というのが水野を説得する理由であったが、実際のところは、首席の人材を民間にいれて、浪人しそうな他の法学士を民間の実業界に勧誘することが、大きな目的ではなかったかと思われる」と書かれております。しかし、第一銀行に入った錬太郎は、銀行業務の見習いには全く興味がなく、商工会議所に出向いては実業界の指導者を相手に民法や商法の講義をすることに力を注いでおりました。大学を出て一年にもならない二五歳の若造が三菱、日本郵船、明治生命等の社長を相手に講義をする。これは現代から考えますと、如何にも不思議な光景ですがこれが、明治という若い日本の姿であり、若者も壮年も分け隔てなく、日本国家を背負って行こうという気概を存分に示し得た時代であったのかも知れません。

新しい学問を身につけた二五歳の若者、その頭脳から新しい知識を吸い取ろうとする当時の指導者たち、そうした姿からは、国家の創成期の新鮮さが見えるようです。そこには年齢会などの差別は一切なく、人間の能力を選別して若者にも国家建設の一分野を任せきる大胆さ、柔軟さが見えます。

日本という国家が、活性の中でまさに成立しようとしていく姿、司馬さんが「坂の上の雲」で描かれた、バルチック艦隊をも破り得た我が国のダイナミックな時代の一端をかいま見る気さえいたします。

第一銀行に入ったが銀行業務に全く馴染めなかった錬太郎に、一年足らずで官界からの誘いがかかります。自分自身では「銀行に入って一年もたっていないのに」と辞退したと書き残していますが、大学卒業から一年後の明治二六年五月農商務省に入り、官僚としての第一歩を記します。この時、農商務省からの勧誘は今回「鉱業法」の改大学出の法学士がほしいということで、官僚としての最初の仕事は、鉱業条例改正案の起草

[illegible]の最初の森林法案の起草でした。新しい国家を構成していくために法案を整備しなければならない、それには大学を出た法学士の力が即戦力となるという時代です。

そして、その「即戦力」が農商務省での二つの法案の起草をおわった時、今度は内務省から参事官に欠員が出たので、内務省にぜひ来いとの声がかかります。農商務省に入ってからわずか半年後のこと、本人は、「農商務省での仕事は愉快であり、内務省の仕事がどのようなものであるかよく分からない、同じ政府内の事ゆえ、両省で話し合ってほしい」と答えた、と言っております。

結局、当時の都築土木局長と農商務省の金子堅太郎次官との直接交渉で、錬太郎の内務省入りが決まり、明治二七年、二七歳で伊藤博文内閣、井上馨内閣の下での内務省参事官となりました。

錬太郎の内務官僚としての生活は、これを起点に明治四五年までの一九年間、伊藤博文、板垣退助、原敬など、日本近代史の中心であった政治家の下で働き、その間にも大家先生のご専門でもある著作権関係で明治三〇年にベルギーの国際会議に、また明治四一年にはドイツ・ベルリンの万国著作権保護同盟会議に委員として出席しております。

ベルギーでの会議の時はまだ三〇歳。背の低い、小さな子供のような奴が日本から来た、と欧米の代表団に言われた、と本人が言っていたという話がわが家に伝わっております。

この時、欧州の帰りに回ったのか、ナイヤガラの瀧で撮った写真なども残っておりますが、その姿はソフト帽を被り、時計の鎖を背広のチョッキのポケットから見せ、ステッキをついて偉そうな顔で写っております。

こうした欧米への旅は、当時は勿論「船旅」で、半年以上の日程であったと思います。欧米において錬太郎の語学力はどうだったのか。当時の大学での人々の語学力はどうだったのか。大変に興味のあるところですが、これは現代の大学生に比べて格段の実力であったようです。

錬太郎が学んだ開成学校を見るとすべて英語教育であり、教科書も幾何学にいたるまで外国からの直輸入のものを使用しておりました。試験の問題も英語で出され、回答も英語だったといいます。

当時の時間割が残っておりますが、月曜から土曜まで朝七時半から午後一時迄の授業で、全部で週三六枠。一年生の語学はこのうち一五時間を占めており、一年生も三年生も、毎日六時間目は「翻訳」という教科になっております。

一方、こうした教科を教える教師も、錬太郎が開成学校に在籍した時期とは異なりますが、現在手に入る資料では、明治一〇年で外国人教師が四七人にのぼり、その担当する教科も語学を教える一方で、その専門別に化学、物理学、数学、天文学、英国法、地質学など、すべて外国人教師に任せています。

この外国人教師の数に比べて日本人教師の数は、用度掛や営繕掛を除いて校長先生以下一〇人足らずで、開成学校そのものが、日本の若者に外国からの知識を吸収させ、それによって、世界の国に伍していく日本をつくる、という教育の場であったようです。

錬太郎の書籍の中に、こうした学生時代のノートがそのまま残されております。それらの殆どは、英語、フランス語で、当時の教育の一端を知ることができます。ノートそのものもフランス製で、紙質のしっかりした実にしゃれたノートです。

明治時代のはじめ、こうした語学教育は海軍でも陸軍でもあり、海軍兵学校などは教科書も、生徒の公式生活場での言葉も殆ど英語であったといいます。欧米諸国への留学生制度もこの時代多く、明治八年七月、開成学校の三級生小村寿太郎ら一一名がフランス、アメリカに留学しています。当時、海軍士官で後に首相を務めた山本権兵衛は少尉の時にドイツに留学、東郷平八郎元師は、イギリスの商船学校に留学しています。

明治の初年には政府の方針として海外に留学していたものが、学校制度が整備され外国人教師の来日につれて、日本国内において外人教師によって、外国語の原書で、そしてノートも試験の答案もすべて外国語で、というのが[illegible]の養成教育だったようです。

二〇年前の話になりますが、外務省一のドイツ語の使い手の人から聞いた話ですが、「自分のドイツ語なんて、森鴎外に比べれば月とスッポンです。明治時代の日本人の語学はすごかった」と言っていたことを思い出します。

先程もふれましたが、錬太郎は大学を卒業して間もない第一銀行時代は、商工会議所で実業界の大先輩を相手に法律の講義しておりましたが、農商務省、内務省時代も公立私立の学校で法律の講義をしています。後の日本大学の日本法律学校、早稲田大学の前身である早稲田専門学校、専修大学の前身・専修学校、中央大学のイギリス法律学校、ドイツ協会学校、そして帝国大学、第一高等学校などで、行政法、破産法、著作権法などの教鞭をとっておりました。「当時は大学教授の中にも、こうした学科を専攻する人がいなかったので、やむを得ず講義を引き受けた」と言っておりますが、明治の初め、大学で学問を専攻するということは、即、その分野の「草分け」になるということでもあった訳です。「役所を退庁してから、夜中の一時二時まで講義の準備をした。よく健康が続いたものだ」と本人が回想しており、これらの学校での講義は役人生活のかたわら、明治三六年まで続けたようです。

こうした錬太郎の姿からは、内務官僚、政治家としての姿は中々私には浮かんでまいりません。研究者の話では、錬太郎の著書、論文、随筆、講演、そして雑誌などへの投稿、掲載文は、探し出したものだけでも、五〇〇を超すということで、古今の政治家の中でも群を抜いているということです。実際に本人は本に囲まれ、著作し、講義をするという人生の方が好きだったのではないか。それが、孫から見た錬太郎です。「読書の趣味」と題する手記が残されておりますが、ここには欧米の政治家の読書についてかなりくわしく書いております。

イギリスの首相を四回務めたグラッド・ストーンの読書について、「彼は世間では政治家として知られているが、文学者としての一面を知るものは少ない。彼は読書家であると共に、著作家であり、ホーマーの詩に関しての著作は極めて高尚で、専門の文学者も舌をまいた。またギリシャ、ローマの古文学に関する著作も多く、世界の学者の参考になるものが少なくない。イギリスの大宰相として激務をこなしながら、時間を見つけては必ず読書し、又筆をとって著作した。政治家や実業家が多忙で読書の暇なしというのは、自らその時間をつくらないか、その気がないかで、この大政治家の生活を顧みて多いに発奮しなければならない」と書いております。

このほか、イギリス労働党の党首でもあったマクドナルドや、アメリカの大統領テオドール・ルーズベルト、ドイツの外務大臣ストレーゼマンなど、読書好きの一人一人の政治家についても尊敬をこめて細かく書き記しております。

また、大正一五年にイギリスを訪れた時、首相を務めたこともある政治家バルフォア卿の自宅を訪れ、本で一杯の書斎で、当時すでに勃興しつつあったドイツ、イタリアのファシズムについて話を交わし、バルフォア卿が独裁政治について、ローマ、ギリシャの時代から現代に至るまでの政治の変遷、歴史を例に挙げながら、こうした独裁は長続きはしないとすでに見通していたことに対して、これは読書の産物であり、その博識と研究に深く感服したとたたえています。

その一方で、日本ではあまりこうした読書好きの政治家、実業家は見当たらないとし、唯一、我が国における卓越した読書家として、江戸後期の政治家で寛政の改革を断行した松平定信をあげ、松平公は和漢古今の書で読まなかった書物はないと言って過言ではない。倫理、道徳、政治、経済、文学、およそ経世済民《けいせいさいみん》（＝世を治め民の苦しみを救う）の助けとなるべきものを悉く研究されていたと書いています。

錬太郎が貴族院議員になった後、今の国会議事堂が昭和一一年にできる前の仮議事堂には図書館らしきものはなく、僅かな図書が事務室にあり、新聞閲覧室があっただけだったといいます。

錬太郎はこの図書館を真面目に利用する議員は一人もないと嘆いておりますが、大正二年に貴族院に当時の柳田国男書記官長、民俗学者として有名な方ですが、この柳田氏の尽力で作られた「読書会」と称する図書館が出来ると、ここを殆ど一人で活用していたようです。終日一人でこの部屋を占領し、そのために事務員や給仕を煩わすのは贅沢でありむしろ気の毒の感があったと言っています。

そして昭和一一年に完成した国会議事堂について「外形は広壮たるものだが、その図書館となると以前よりはよ

「ただ、内容は依然貧弱で、欧米の国会図書館と比較すべくもない」と、失望と不満を述べております。

そして、一八〇〇年四月に創設されたアメリカの国会図書館の規模について、書棚の延長だけでも四一四マイル、閲覧室が二〇室、蔵書実に六二五万三〇〇〇冊、館員一六三七人と細かい資料をあげて、国会の知的権威を確立するためにも、一日も早く日本における国会図書館の設立を訴えておりました。

また、大正七年にベルリンで開催された万国著作権会議に出席した際にアメリカからきたソールワルド・ソルベリーという人が、アメリカ議会図書館の専門員であるにもかかわらず、何故代表に加わっているかに興味を示し、アメリカでは著作権や出版の仕事に国会図書館が取り組んでいることを知って後、我が国における国会図書館の業務に著作権に対する仕事も入れるべきだと主張しております。

錬太郎は、ベルリンでの著作権会議の終了後、その足ですぐワシントンにこのソルベリー氏を訪ねて行き、アメリカの国会図書館を直に案内してもらい、アメリカは勿論、世界で出版されている書物の目録と、その大要を書き込んだカードの作り方について細かく説明を受けております。

この訪問以降、錬太郎は自分がほしい書物については、このソルベリー氏に問い合わせ、意見と参考資料をもらって購入したと言っており、アメリカの国会図書館はその設備だけでなく、こうした専門家の図書館員がいるからこそ利用者にも便宜を与え、世界の文化に多大の貢献が出来るのだと強調しております。

読書を趣味とし、本を愛する世界の人を尊敬する錬太郎のこうした信念は、本そのものを大切にすることにも通じ、禁書や本を焼き捨てるという潮流に対してもかなり強く抵抗したようです。

昭和三年、錬太郎が文部大臣であった時、つまりアメリカの図書館を自らの目で見てきた翌年、貴族院本会議で「帝国大学図書館には海外で出版された社会主義や共産主義に関する図書が多数あると聞くが、大臣はこれら書物を廃棄する考えはないか」と聞かれております。

これに対して、水野は「それらの書物を廃棄する意思はない。学問研究には各方面の学説や思想を自由に研究し、その上で結論を出すべきである。そうした意味で大学には各国学者の著書、論文があり、これを研究することが学生の任務ではないか。今、これら書物を廃棄すれば学生は研究の道を失い、一方に偏した学説のみを知ることになって、学門の自由研究を抑圧することになる」と答弁しています。

こうした考えが、後に「自由主義者」として軍部ににらまれたのかもしれませんが、これも裏返して考えれば、学究の徒として学問と読書、そして書物をこよなく愛した祖父の身についたものだったのかも知れません。

わが家に、今も多くのプロレタリアの出版物パンフレットが残されております。当時、特高警察に見つかれば、所持しただけで治安維持法でしょっぴかれる類いのものばかりです。

私の父は昭和七年、大学を卒業すると共に、満鉄調査部に在籍しておりましたが、ここは一方に大川周明のような国粋主義者がいた反面、多くの左翼系の知識人も集まっておりました。父が、錬太郎の家からまだ独立しない前の同居時代、その家には多くの父の友人も出入りしていたと思います。治安維持をする側の総本山に、禁断の書が多く持ち込まれていたことを、祖父は知らなかったかもしれませんが、そうした書物を水野の家においておけば特高警察は踏み込まないと見込んで、お仲間が持ち込んだものも多くあったのかも知れません。こうした家庭内の問題について、祖父はダメともけしからんとも一言もいわず、一切の干渉をしなかったと父は言っておりました。

これらの本は、ソビエト連邦が崩壊し、共産主義が歴史の研究対象となった今、貴重な資料としても意味をもってきていると、先日蔵書の一覧をみた研究者は語っておりました。

私がお話をさせていただいた「学究の徒」でもあった祖父の姿は、多分に身内のひいき目の見方が入っております。しかし、錬太郎が書き残したものの行間からは、明治という時代、維新で誕生した若々しい日本という国家における若者たちの躍動の姿が読み取れます。

明治の時期、日本人の生活はおしなべて楽ではなかったでしょう。食べるものも十分に食べずに過ごした時代だったかもしれません。司馬遼太郎氏は、「被害者意識でみればこれほど暗い時代はないが、そうした意識でのみ見ることが歴史ではない」といっておられます。

今の時代から見れば、物質的には比較にならないほど貧しかった時代、しかし精神的にみれば、国家がまさに成長しようとしてゆく時代で、その当時の人々の心には、その物質的な貧しさを「不幸」と感じる意識はなかったと思います。社会のいかなる階層の子弟でも勉強さえすれば、その根気さえあれば、博士にも大臣にも官吏にも軍人にもなれた時代。そこには日本人一人一人の、「これから国をつくるんだ」という気概、心の高陽があったのだと思います。

祖父のような存在は、この一定の資格さえとれば、国家成長の初期の時代に、国の重要な部分を任される、思う存分に働けるという、そんな時代の一人の証人であったような気がいたします。

今回、大家先生から、祖父のことを話してほしいとお話のあった時、私は丁度司馬遼太郎氏の「坂の上の雲」を読み返しておりました。

あの大作の主人公である正岡子規も、また後に海軍兵学校に進み、バルチック艦隊を迎え撃った東郷大将の幕僚・秋山真之《さねゆき》も錬太郎とは大学予備門で同級で、今日の話の時代背景で、この著書を資料にさせていただきました。司馬先生は、「この時代の人々は、一つの目的に向かって進み、その目的を疑うことすら知らなかった。この時代の明るさは、こうした楽天主義からきている」と定義づけられています。

そして、「明治という時代の人の体質は、前のみを見つめながら歩く。登って行く坂の上の青い天に、もし一だの白い雲がかがやいているとすれば、それのみを見つめて坂を登ってゆく」と書いておられます。

明治という時代。司馬先生は、この「坂の上の雲」のあとがきに「降る雪や明治は遠くなりにけり」という中村草田男の名句をあげておられますが、私は高等学校でこの中村草田男先生に国語を直接習うという機会に恵まれました。

草田男先生がこの句を詠まれたのは、今から六〇年以上前のことであり、明治はますます遠のいております。

明治という時代があったことさえ知らず、大の男が電車の中でマンガ本に読み耽り、女性は携帯のメールを無言で押し続ける。そんな風景ばかりを毎日見て、明治という、この日本に実際に存在した時代を振り返ると、これが同じ日本人であるのかとしばし考え込む、そんな愚痴を言いながら、最後にもう一度「降る雪や明治は遠くなりにけり」を感慨を込めて詠ませていただき、本日の締めくくりといたしたいと思います。

〈〈完〉〉

（本稿は、平成一四年（二〇〇二年一一月二五日、久留米大学・福岡サテライト講座において行われた水野政一氏（元フジテレビ報道部（財）日本美術協会事務総長・上野の森美術館長））の講演を速記したものである。「久留米大学法学」五五号六頁参照）

11．旧著作権法と水野錬太郎

大家　重夫

目　次

第一章　旧著作権法制定前夜

条約改正

現行の著作権法（昭和四五年五月六日法律第四八号）は、明治三二年（一八九九年）三月四日公布法律第三九号の「著作権法」を全面改正した法律である。後者を以下、旧著作権法と呼ぶ。

明治政府の最大の課題は、いわゆる不平等条約の改正であった。イギリス、アメリカ合衆国、フランス、ロシア、オランダ五カ国と結んだ通商条約は、治外法権制、協定税率、最恵国条款を規定していた（注1）。第二次伊藤博文内閣（一八九二年八月―一八九六年九月）、陸奥宗光外務大臣の時、日英通商条約の改正に成功する。

明治二七年（一八九四年）七月一六日、調印。同年八月一日、清国に宣戦布告し、日清戦争始まる。清国に勝つ。このこともあって、英国に続き他の条約国も改正に応じる。ただ、条約改正には交換条件があった。イギリスとの改正条約には、「日本国政府ハ日本国ニオケル大ブリテン国領事裁判権ノ廃止ニ先立チ、工業ノ所有権及版権ノ保護ニ関スル列国同盟条約ニ加入スベキ事ヲ約ス。」。

ドイツと結んだ条約には「日本国政府ハ日本国ニオケルドイツ帝国領事裁判権ノ廃止ニ先立チ、版権（思想上の所有権）ニ関スル列国ベルヌ条約ニ加入スベキ事ヲ言明ス。」とあった。このほか、フランス、イタリア、ベルギー、スイスとの間でもベルヌ条約に加盟することを約束していた。

当時、「版権」（注2）と呼ばれた著作権は、明治二六年制定の「版権法」によって保護されていた。文書図画を出版して利益を専有する権利を「版権」といい、版権の保護を受けるには、内務省に登録し、「版権所有」と記載する必要があった。ただ、外国人の著作者には全く権利を認めていなかった（注3）。

日本人の著作物しか保護しない「版権法」では、ベルヌ条約—版権（思想上の所有権）ニ関スル列国ベルヌ条約—に入れない。ベルヌ条約に入れる法律にしなければならない。

日英改正条約は、批准後五年で発効とあり、明治三二年七月には治外法権が撤廃され、改正通商条約は発効する。どうしてもその前に、ベルヌ同盟に加盟しなければならない。とすれば、明治三一年末の帝国議会に法律を提出しなければならない。

ベルヌ条約

日本は、ベルヌ条約の存在を知っていた。明治一六年、一七年とスイス政府から、ベルヌで「文学及び技術上発明者の権利保護に関せる交際官会議」を開くから出席して欲しいといってきていた。内閣制度が発足するのは、明治一八年一二月二二日からである。

太政官制度の下での井上馨外務卿は、回状を山県有朋内務卿、西郷従道農商務卿、大木喬任文部卿へ送っている。どの省も、開発途上国である日本は、海外の文化文明を輸入し追いつくためには、海外の出版物を自由に翻訳できる今の状態がよいと考えている。翻訳に許可を要し、お金を支払う仕組みには反対である。こんな条約を作るような会議への出席は、御免である。

大木文部卿は、会議自体は、「他人の発明を剽窃するの弊を救はんとする旨趣にして固より『美挙』と確信」するが、参加には反対と外務卿に返事した。注目すべきは、農商務省からは、「本邦未タ美術上ノ著作権ヲ保護スルノ法規之無ク」と「著作権」という言葉を用いたことである（明治一七年五月一六日付け）。「コピライト」の訳は決まっていなかった。公文書で、「著作権」の語が始めて使われた（注4）。

ベルヌ条約を創設するために、国際文芸協会の要請で、スイス政府が音頭をとって、第一回会議が一八八四年（明治一七年）九月、開かれ、第二回は一八八五年（明治一八年）九月、第三回会議が一八八六年（明治一九年）九月六日から開かれ、九月九日「文学的及び美術的著作物の保護のためのベルヌ条約」が、次の一〇か国によって調印された。

ドイツ、ベルギー、スペイン、フランス、グレート・ブリテン（イギリスおよびアイルランド）、ハイチ、イタリア、リベリア、スイスおよびチュニジアで、リベリアは経費分担金の等級分について留保した。アメリカは第二回から参加したが、第三回の会議に参加した日本と共に調印していない。ロシアは全く参加していない（注5）。

日本からの参加者は、イタリア駐在の黒川誠一郎外務書記官（一八四九—一九〇九）（注6）である。黒川は、「万国文章巧芸物保護会議」の報告書として、明治一九年一二月一〇日付けで、三日間の会議の模様を井上馨外務大臣宛送った。

明治二〇年版権条例

明治二〇年という年は、四月二五日、鹿鳴館で伊藤博文首相主催の仮装舞踏会が行われ、五月、正一位から従八位までの一六階の叙位条例が公布され、六月、博文館の大橋佐平が、他の新聞雑誌から記事を勝手に抜き取り「日本大家論集」を発行、空前の売れ行きだったが、非難を浴びた年だった。第一次伊藤内閣の井上馨外相は、欧米各国の公使と条約改正会議を開き、交渉を進める。四月二二日、条約改正会議は、裁判管轄に関する英独案を修正の上、決定した（注7）。

条約改正案が公になり、六月、内閣法律顧問ボアソナードが外人裁判官任用反対の意見書を出し、七月、谷干城農商務相（注8）が政府批判の意見書を出し辞職、各方面から条約改正案反対の声があがり、政府は、条約改正会議の無期延期を発表し、九月一七日、井上馨外相は辞職した。

自由民権派は、三大事件建白運動（外交失策の挽回、地租軽減、言論集会の自由）を唱え、星亨、後藤象二郎が画策し、民権各派の連合が謀られた。

伊藤内閣は、一二月二五日、保安条例を公布、秘密の結社、集会の禁止、内乱陰謀、治安妨害のおそれのある者の皇居外三里への追放等を規定し、星亨、尾崎行雄、中江兆民ら五七〇人に退去が命ぜられた。

一二月二八日、政府は、明治八年出版条例を二つに分け、「出版条例（勅令七六号）」と「版権条例（勅令七七号）」として公布した。前者は、出版の取締、後者は、版権保護を規定した。後者は、最初の著作権保護の単独立法としての意義がある。同日付で、新聞紙条例（勅令七五号）脚本楽譜条例（勅令七八号）、写真版権条例（勅令七九号）と五種の条例を出した。

朝野新聞（明治二一年一月六日）は「五種」の条例中に於て、其注意の細密周到にして殆ど遺憾なきものは、版権条例なり」と評した。この記事を紹介する倉田喜弘は、前年九月成立のベルヌ条約の内容を政府の立案者が注視し、ベルヌ条約が版権条例に影響を及ぼしたと見ている。

倉田喜弘「著作権史話」一二九頁では、「当時の日本は、ベルヌ条約に加入しなかった。だが、黒川を委員として派遣したのちは、同条約にのっとった行動をしている。いきおい版権条例などの五法には、西欧先進国の考え方が強く反映されたとみなしてよかろう。版権条例が『注意の細密周到にして、殆ど遺憾なきもの』と評されたのも、ひとえに西洋事情の賜物であったことになる。」とする。

筆者も版権条例が、当時の状況下で、よくできた法律であることは認めたい。しかし、ベルヌ条約の影響を受けているという痕跡は認めがたい。版権条例、出版条例等は、実際上不都合な点を改訂しようと早くから用意されていたもので、ただ、ずっとあと後廻しになっていたと思われる。

なお、版権条例成立時、伊藤内閣、山県有朋内相、芳川顕正次官、清浦奎吾警保局長である。版権条例を担当したのは、末松謙澄である。末松は、英国から明治一九年三月帰国し、文部省参事官の辞令を受け、同年四月、内務省参事官に転じ、明治二〇年三月には内務省県治局長の職にあった（注9）。

版権法

末松は、明治二三年、第一回の総選挙に出て当選。一二月、自ら提出者として「版権法案」を提出したが、衆院は修正可決するも、貴族院で審議未了。議員提出法案の第一号である。

末松は、明治二四年一一月、第二回国会に提出するも衆議院で審議未了。

末松は、明治二五年六月、第三回国会に提出するも衆議院修正可決、貴族院審議未了。

今度は、元田肇ほか提出で、明治二五年一一月、第四回国会に提出、明治二六年二月、衆議院修正可決、貴族院修正可決し、四月一四日「版権法」として公布され、版権条例は廃止された。

著作権法の制定

明治二九年九月、第二次松方正義内閣。内務大臣は、樺山資紀である（注10）。樺山は、明治二九年九月二〇日から三〇年一二月末まで内相を務めた。六〇歳の樺山内務大臣の秘書官は、三〇歳の水野錬太郎である、明治二五年七月、東京帝国大学法科大学を卒業した水野は、第一銀行（注11）を経て農商務省入りし、明治二七年五月三日、農商務省山林局から、参事官として内務省へ入っていた（注12）。第二次伊藤内閣の末期、明治二九年四月一四日、板垣退助が内務大臣に就任した（注13）。

水野は、内務大臣秘書官兼内務省参事官を命ぜられ、同年九月一八日、第二次松方内閣が成立し、樺山が内相になっても引き続き秘書官を務めていた。ある日（注14）、樺山は、水野を呼んだ。

「どうぢゃ水野。版権法といふものをやらねばならぬのぢゃが、君一つやって見てくれぬか」と話しかけた（注15）。

明治三〇年一〇月一一日、三〇歳の水野は、各国の著作権制度調査のため、イギリス、アメリカ合衆国、ドイツ、フランス、イタリアの各国出張を命ぜられた。一一月、横浜からアメリカを経て、一二月ブラッセルへ到着、工業所有権保護の国際会議に参加している。農商務省の磯部正春、本野英吉郎代表委員らと共に内務省からの委員としてである。あと、直ちにスイスのベルヌに所在する知能権国際連盟中央事務局（Bureaux International de la Propriete Intellectuelle）に行き、モレール智能権国際同盟事務局長、著作権担当のレートリスベルゲルに面会し、ここに入り浸り、辞書と首っ引きで著作権と取り組んだ。

水野は、単にヨーロッパ諸国の著作権法を読み、理解するだけでなく、「著作権」の本質について思考した。またヨーロッパにおける著作権の発達の歴史を調べた（注16）。分からないことは、イギリス、フランス、ドイツなどの著作権専門家に会って、疑問点をただした。

明治四一年、イギリス外務省ベルギュ通商局長が死去し、大正三年、フランスのユーゼーヌ・プイエー（Eugene Pouillet）弁護士が逝去したとき、水野は、弔意の文章を認め往事を偲んだ（注17）。

明治三一年（一八九八年）六月、帰国した。水野は、自ら主任格になって、赤司鷹一郎（のち文部次官）、小倉正恒（のち、住友理事、第三次近衛内閣（昭和一六年七月一八日から同年一〇月一八日）の大蔵大臣）を助手に、大臣の許可を得て、箱根塔の沢の温泉宿「玉ノ湯」に籠もって、「著作権法案」を起草した。

「複製」「翻案」を造語し、「著作権」「偽作」などの言葉を採用し、著作権法が出来上がった。いままでの版権条例、版権法を基礎として、手直しするのでなく、「泰西諸国ノ著作権法ヲ参酌シ殊ニ主トシテ近世最モ完備セリト称セヲルル獨、白二国ノ著作権法ヲ基礎トシ我国固有ノ慣例及各種ノ成法ヲ対照シテ」著作権法を作り上げた（注18）。

注

注1　一九五三年（嘉永六年）、アメリカ東インド艦隊司令長官ペリー、遣日大使として、軍艦四隻を率いて浦賀に来航し、一九五四年（安政元年）、日米和親条約を結んだ。一九五六年、アメリカ総領事ハリスが下田に着任。一九五七年（安政四年）一〇月一八日、老中首座・勝手掛堀田正睦備中守（老中阿部正弘は、一九五五年に老中首座を堀田に譲り、

一八五七年六月一七日死去）は、ハリスと会見。一〇月二一日、ハリス、将軍謁見。堀田は、下田奉行井上清直（川路左衛門尉聖謨の実弟）および目付岩瀬忠震へ命じて、蕃書調所でハリスと日米条約改訂交渉を命ずる。井上、岩瀬の全権委員に、ハリス通商条約草案（全一六箇条）・貿易章程草案（全六則）のオランダ語訳をわたす。「条約交渉でのハリスの最大の眼目は、自由貿易の公認の問題であった。」「ところがふしぎなことに、締結される通商条約を文字どおり不平等で屈辱的なものにする三本柱、すなわち領事裁判権・協定関税率・片務的最恵国待遇供与については、日本側の無知のためにほとんど議論にもならず、ハリスの草案をそのままのんでしまった。」（芝原拓自「日本の歴史・二三巻　開国」八四頁（小学館・一九七五年））。一八五八年（安政五年）四月、井伊掃部頭直弼、大老、勝手掛に命ぜられ、堀田の権力が失われていく中で、同年六月一九日、井上清直、岩瀬忠震が神奈川で、ハリスと日米修好通商条約および貿易章程に調印した。同年六月二三日、堀田は松平伊賀守忠固老中とともに御役御免となった。

注2　「版権」は、福澤諭吉が、明治六年七月一五日付、東京府あて文書にて初めて使った。「『コピライト』は従来出版官許と訳したれども此訳字よろしからず。『コピ』とは写すの義なり。『ライト』とは権の義なり。即ち著述者が書を著はし之を写し之を版にして当人獨り之を自由に取扱ひ、他人をして偽するを得せしめざる権なり。此権を得たる者を『コピライト』を得たる人といふ。故に『コピライト』の原語は出版の特権、或いは略して版権抔と訳して可ならん。」福澤諭吉全集第一九巻四六八頁（昭和四六年再版）。

明治八年出版条例第二条は、「図書ヲ著作シ、又ハ外国ノ図書ヲ翻訳シテ出版スルトキハ三〇年間専売ノ権ヲ与フヘシ、此専売ノ権ヲ版権ト云フ」として、」さっそく、「版権」を採用した。明治二〇年版権条例、明治二六年版権法も「版権」を使った。

明治三二年著作権法は、「版権」を廃止し、「著作権」にした。しかし、未だに巷間では「版権」は、使われている。

中華人民共和国では、「中華人民共和国著作権法」が一九九〇年成立し、一九九一年六月一日施行され、その後、二〇〇一年に改正されている。この中国の「著作権法五六条」はこう書かれている。「この法律にいう『著作権』と『版権』とは、同義語である。」。中央政府である国務院には、「国家版権局」がある。中華人民共和国著作権法の日本語訳は、増山周氏によるものが、著作権情報センター及び第一法規株式会社から発行されている。

注3　一八五九年から横浜に住むヘボン（James Hepburn 1815-1911）は、慶應三年（一八六七年）、「和英語林集成」を発行するが、無断複製版に悩まされた。明治八年ヘボンは文部省顧問米国人モルレー博士を通じて、内務省へ

伺いを立てた。著作権など出版（准刻）と衛生事務は、明治八年六月二八日、文部省から内務省へ移管されていた。内務省は、「伺ノ趣出版成規ハ外国人ニ及ホササル儀ト可相心得事」と回答し、この旨、外務省へ依頼し各国公使領事等へ通知した。ヘボンは、明治二〇年「和英語林集成」の版権を丸善に二千ドルで売却した（倉田喜弘「著作権史話」一二九頁・千人社・一九八〇年）

注4　吉村保「著作権という用語について」（「発掘　日本著作権史」四頁（第一書房・一九九三年）所収）。倉田喜弘「著作権史話」一二三頁、一二五頁。

注5　塚越建太郎訳「ベルヌ条約創設会議の記録」著作権情報センター・一九九五年一二月（著作権シリーズ90）一八〇頁。

注6　吉村保「黒川誠一郎と著作権」（前掲書、九頁）。

注7　小宮一夫「条約改正と国内政治」二三頁（吉川弘文館・二〇〇一年）。

注8　谷干城については、第一部4、貴族院著作権法案特別委員会、衆議院議員等の略歴参照。

注9　玉江彦太郎「若き日の末松謙澄」一九一頁（海鳥社・一九九二年）。末松謙澄は、福岡県行橋市の出身、伊藤博文の次女生子と結婚した。

注10　樺山資紀（一八三七―一九二二）（天保八年―大正一一年）は、薩摩藩士橋口与三次の三男で、樺山家へ養子にいく。戊辰戦争に参加し、陸軍へ。台湾征討、西南戦争では、谷干城とともに戦い、熊本城を守った。明治一八年海軍中将。明治二二年、第一次山県内閣で海軍大臣、明治二四年の第一次松方正義内閣でも海相留任。明治二四年一二月二二日、第二回議会で、樺山海相は「薩長政治とか何とかいっても、日本が安寧を保ち、今日あるは薩長内閣のお蔭でないか」と大声を張り上げ、民党を叱咤したいわゆる蛮勇演説を行って、物議を醸した。樺山愛輔（一八六五―一九五三）（伯爵、貴族院議員、枢密顧問官）は長男。愛輔の次女が白洲正子（一九一〇―一九九八）である。

注11　水野は、明治二五年、東大英法科を首席で卒業。穂積陳重東大教授は、官界には大学での人材が相当いるが、民間には民間にはいないようだ、といって渋沢栄一を紹介した。穂積陳重夫人は渋沢栄一の長女歌である。渋沢に会うと、「大変良い考えである。君のような秀才が実業界入りをして、頭を出すようになれば、将来実業界にとっても非常な幸わせである」といって、第一銀行に採用された。渋沢は、銀行集会所、商業会議所の会頭をしており、水野に毎週一・二回、商業会議所で、商法、民法を講義させた。渋沢栄一、三菱の荘田平五郎、生命保険の阿部泰蔵、出版会社の八尾新助、海上保険の加藤正義などが聴講し、難しい質問があって閉口したという。また、このころ、梅謙次郎教授から依頼され、「破産法」の注釈書を依頼され書き上げた。[illegible]日発行、水野東太郎著梅謙次郎校閲「破産法綱要」（二七四頁五五銭）である。水野は、明

治二三年二月から明治三六年まで、東京帝国大学法科大学講師として、破産法を講義した。「破産法綱要」は、二〇〇九年（平成二一年）、信山社から復刻版が発行された。

注12　農商務省では、鉱業法の改正（鉱山法）、山林法等の制定のため、藤田四郎農務局長が、梅謙次郎教授に誰か推薦して欲しいと依頼した。水野は、穂積陳重教授、渋沢栄一の了解を得て、農商務省へ移った。後藤象二郎大臣、金子堅太郎次官は優遇した。今度は内務省が、参事官に大学出の優秀な人が欲しい、ついては農商務省の水野を入れたい、と内務省の首席参事官都築馨六（のち、男爵、枢密顧問官）から内務省に誘われた。農商務省の金子堅太郎次官は渋ったが、両者の折衝で内務省に決まった。「著作権法起草の前後」改造昭和一四年七月号一四六頁。

注13　板垣退助（一八三七―一九一九）は、明治六年、西郷、副島、後藤、江藤らと参議を辞職する。明治一四年、政府の国会開設の約束により自由党を結成、総理となり、一五年、岐阜で遭難する。明治一七年、自由党解党。明治二三年、愛国公党を起こし、明治二四年、立憲自由党に合流、自由党の総理となる。明治二九年四月、第二次伊藤博文内閣は、板垣退助を内相として入閣させた。自由党の協力により、第九国会を乗り切った代償とされる。小宮一夫「条約改正と国内問題」二六五頁・吉川弘文館・二〇〇一年。

注14　明治二九年九月末から明治三〇年七月ころまでの間である。日英新通商航海条約は、明治二七年七月一六日に調印されているから、版権法を改正しなければならないということは分かっていた。新内務大臣に宿題として申し送りされており、樺山内相とすれば早くかたづけたいと思っていたであろう。明治二九年九月以降、明治三〇年の一月か、二月頃かもしれない。

注15　樺山内相は、「どうぢゃ水野。著作権法といふものをやらねばならぬのぢゃが、君一つやってくれぬか」と話したと、大阪朝日新聞昭和三年七月三一日にある。

注16　水野は、著作権の本質を考究した。論文「著作権ノ性質ニ就テ」法協二一巻七号にあるが、以下、法政大学での講義を基にした「著作権法」二八頁以下の叙述による。

著作権の性質について、第一説は、所有権説である。アルホンス・カールなどフランスの学者が唱える。物とは、有体物に限らず、無体物も包含される。フランス、スペイン、チリ、ホンヂュラス、サルバドル、ブラジル、ベネズエラは、著作権について、Propriete を使用する。ボアソナード起草の日本旧民法も無体物の中に著作者、技術者、発明者の権利を入れた（旧民法六条三項）。水野は、著作権と所有権は、その内容が全く異なる、所有権は、物の使用、収益、処分を為すの権なるも著作権は、自己の著作物を自己の意思に従いて複製するの権利である、として反対する。第二説は、著作権は債権なりという。著作者は、社会より報酬を受くる権利がある。その関係は、債権の関係という。水野は、これは、比喩であり法律上の説明としては無価値とする。第三説は、特種所有権説。一種の所有権というが、水野「Propriete sui generis なりと云うが如きは窮したる説明にして適当の説明と謂うことを得ざるなり。」とする。第四説は、ペルソナリテーの権利との説で、人格権説と称すべきか。これは、著作権の基礎は、人格の保護にありとの説よりでたもので、アーレンスは、この説を採る。水野は、これは、著作権の一方面は説明出来るが完全の説明といえないとし、予（水野）は、著作権は、「コムポジット、ライト」と信ずる者である。「コムポジット、ライト」の一方面即ち思想上の権利は、この説を以て説明出来るが、財産権の方面については人格権のみにては足れりとせず。故にこの説は、単に一部を説明したにとどまる。第五説は、著作権は、智能権（droit intellectuel）であるという説で、ローマ法は、私権を物権、債権、人身権にわけたが、著作権はこの三種のいずれにも属さない。この説の主唱者は、フランスのシャンパンチエー、これを祖述したのはベルギーのエドモン・ピカールである。権利を対抗しうる範囲を標準とすれば、著作権は、対世権である。

内容から見れば、一面、その著作物を発行してこれより生ずる利益を享有することを得る、一面、その著作物の形体、内容を保持し若しくはこれを変更することを得るもので、而して、この二面の権利は、著作者が他人を排斥して独り専ら有する権利である。水野は、著作権が、財産権と思想権（著作者人格権）から成る混成的権利として、これを「智能権」に入れてかまわないという考えである。現行著作権法の基礎はここにある。

なお、赤尾光史「版権条例前後および旧著作権法下の著作者人格権観念」日本新聞協会研究所年報第一〇号（一九九一年・一九九二年版）二二頁参照。この論文の中で、赤尾氏は、「明治中葉から昭和初期にかけて、著作権関係の論議の中心に位置していたのが水野錬太郎であることは周知である。」とされる（三一頁）。

注17　水野は、明治三六年一月二六日、「著作権ノ基礎及性質」と「著作権保護ニ関スル模範的法案ト日本」の二論文によって、法学博士号を授与される。前者は、ここに掲げた著作権の本質、性質を考究したものと思われる。関東大震災のため二論文の所在は不明である。

注18　水野錬太郎「忙中随感」廣文堂・大正三年には、「ユーゼーヌ、プイエー君を弔す」「サー、ヘンリー、ベルギュ君を弔す」が収録されている。

議会に提出した「著作権法理由書」による。「著作権法理由書」は、山本武利・有山輝雄監修「新聞史資料集成第一〇巻」四五一頁（ゆまに書房・一九九五年）に収録されている。なお、水野「ユーゼーヌ・プイエー君を弔す」によれば、ベルギー著作権法は、ベルギーのアンベルスにおいて、フランスのプイエーが「白耳義国の大臣等と共に主唱者となり同国智能権法を起草した」もので、「我が隣国人が此の法律に『プイエー』法の名を冠することを承認したることは吾人の誇称して憚らざる所なり。」という。

第二章　帝国議会での論議

水野が、著作権法の立案を命ぜられたのは、第二次松方内閣（明治二九年一八九六年）であったが、その後、第三次伊藤内閣（明治三一年一八九八年）一月、第一次大隈内閣（明治三一年一八九八年）六月と、短命の内閣が続いた。

第二次山県内閣（明治三一年一八九八年）は、一一月八日成立し、内相には西郷従道が就任した。明治三一年一一月七日、第一三帝国議会が招集された。

明治三二年一月一三日、政府は、「著作権法案」を提出した。貴族院先議、と決まった。貴族院では、著作権法案特別委員会の設置を決定、委員は近衛篤麿議長指名になった。同日、大会議場では、次のように、1，美術品と工業品すなわち、著作権法と意匠法の範囲をめぐる質問、2，翻訳権の意味について、3，楽譜の意味について、4，版権法について、外国人を保護する規定をつければ良かったのでないか、等々の重要な質問が発せられている。以下、若干要約して紹介する（注1）。

貴族院大会議場

政府委員松平正直が演壇にたち、本案の提出理由は理由書に書いてあるが、大体についていうと、条約改正がこの四月から実施になる。それに先だって万国版権の同盟条約に加入を明言したこと、この七月実施の期を待たず加盟することの承諾をする手続きになったこと、現行の版権法は、外国の著作者の権利を認めていないこと、この版権に関するものを総て改正しまして、著作権法というものを編成して、他日条約実施の後に条約と外国との関係も円満に進行することを希望するためにこの著作権法を提出した、と述べ、どうぞ、よろしくご賛同下さることを希望する、と締めくくった。まず、稲垣子爵が立った。

子爵稲垣太祥君、第一条の美術の範囲、第三条の死後三〇年とあるが、相続人がない場合、やはり三〇年継続して、それから著作権はないのか、翻訳権を規定した第七条の第二項「前項の期間内に著作者」とあるが全文の御講釈を伺いたい。第八条「毎号発行のときより」とあるが、年から起算するとか日よりと直してはどうか。

（政府委員水野錬太郎演壇に登る）

政府委員（水野錬太郎君）、ただいまのご質問にお答え致します。第一のこの美術の範囲と申しますのは、工業上のことには適用しない、工業上のことでそのことが意匠に関することでありますれば意匠法で保護する。著作権法で保護する美術品は、工業品以外のものに限る。美術品と工業品の区別は、工業上の目的に使用するか否かで区別すると思う。第二の質問、相続人がない場合、著作者の死亡と同時に消滅すると一〇条で規定している。

翻訳権の第七条一項は、「原著作物発行のときから一〇年内に翻訳物を発行しますれば翻訳する権利があるということ」「その一〇年期間内に著作権者が保護を受けんとする国語でありますから、翻訳はいろいろで、英語に翻訳するものもございます。仏語に翻訳するものもございます、独逸語に翻訳するものもありまするが、その保護を受けんとし、例えば、英語なら英語の保護を受けんとする国語の翻訳物を発行しますると、英語に翻訳する権利だけは…発行したときには翻訳権は消滅しない、それはどれだけ続くか第三条に拠りまして著作者の生存間及死後三〇年間続くので、それ以外のものでも独逸語とか仏蘭西語とか云うものは第一項に拠って一〇年内に発行しないと翻訳権は消えてしまう。」（以下省略）。

中澤彦二君、第一条の第二項「文学科学の著作物の著作権は翻訳権を包含し演劇脚本、浄瑠璃脚本、能楽脚本、及び楽譜」とあるが、この楽譜は能楽脚本の楽譜の意味か、或いはその楽譜は、単独になっているのであるか。

政府委員（水野錬太郎君）、楽譜というのは、皆前から続く、演劇脚本、浄瑠璃脚本、能楽脚本というように単独ではない。

伊澤修二君、ここにその西洋の歌曲の楽譜というものは含んでいないのか。

政府委員（水野錬太郎君）、それは含んでいるつもりでございます。

伊澤修二君、けれども、ただいまのご説明では、演劇脚本、浄瑠璃脚本、能楽脚本とあって、その中に文字が見えないようであるがどうであるか。

政府委員（水野錬太郎君）、それは楽譜という広い言葉の中に含ますことができるであろうというので、今の西洋の歌曲の楽譜ということは明言は致しませぬが、勿論楽譜という中にはいるであろうという趣意であったのでございます。

伊澤修二君、それ故、私は前にお尋ねしたので、…それではよろしゅうございます。

加藤弘之君（注2）この版権法を廃して、これが代わりに出来たというのは、則ち改正条約実施のためにできた、唯それだけの意味で出来たという趣意であるから、この版権法が外国との関係なくして不都合があってはいけないから変えたという所の意味は少もない、唯外国との関係のみのことに附いて変えたばかりでございますか、それに関せず今日の版権法は或いは不都合がある、不足の所があるという意味は少しも加わって居らぬのですか。

政府委員（水野錬太郎君）、それは先ず第一に外国の同盟条約に入りまするから、此の現行の版権法を改正しなければならぬと云うのが第一の趣旨ではございまするが、それと同時に現行の版権法中にも不都合な点がございまして、例えば今日では版権法というものと、写真版権条例と脚本楽譜条例というものが別々になって居りまするし、そういうやうなものも同時に単独に法律にすることが便宜と認めましたからして、外国同盟条約に入ってこの法律を改正する必要がありまするからして、同時にそれらの点なども調べまして改正を致した訳でございます。

加藤弘之君、さうすると、すなわち今日の版権法は別に事柄に於ては不足な事とか不都合なことというようなものは凡そないと云うお考えであるのですか。

政府委員（水野錬太郎君）、同盟にはいりませぬならば余計に不都合はなからうと思います。

久保田譲君（注3）理由書によりますと「改正条約の実施以前に於て列国版権同盟条約に加盟すへきを以て勢ひ現行版権法を改正せさるへからす」とあるのでございます。是は条約の実施に伴うので版権同盟条約に加盟する故に是は改正するということであるので、之を改正をする原因に附いて国の利害得失といふやうなことに関係が大いにあらうと思いますが、其の事に附いて大体伺いたいのでございます。今、帝国の文運の有様は、大いに進歩をして参って学術技芸共に観るべきものがあるのでございます、併しながら多くは此の新知識並びに新しき文明のためにする所の学術技芸と云うものは概ね西洋諸国より輸入して一と口に申せばまだわが邦は翻訳時代であるのである。然るに此の同盟条約に加盟を致すときになればこの翻訳というやうなことは今日単に行われて居る所の翻訳と云うものは非常に制限をされて容易に翻訳などは出来ぬようになるのでございます、それでかようなる関係をも顧みずこの条約に入らなければならぬ、入った上は我の邦の文運を進める上に大いなる利益があらうと云うお考えがあるのであらうと考えますが、その事に附いて大体のご意見を伺いたい。

政府委員（水野錬太郎君）、今日、日本が、同盟に入ることは、日本の文明のために利益であるや否やは随分問題であろうと思う。併し、今日では、改正条約について利益か、不利益かは、別問題で、領事裁判権の撤去に先立ちて日本は同盟条約に必ず加入するという約束をした。今日、入るかは入らないかは、過ぎ去った問題、いやしくも改正条約を実施しやうとするならば、どうしても日本の義務として入らねばならぬ。従って、今日では、もう利益であっても利益でなくっても入らねばならぬことになっている、この事の利益であるか利益でないかという問いに対しては、どっちであるかということは、ちょっと明言することは難しい。

久保田讓君、その所を伺うのであります。条約をするのに国の利益であるかないかということを考えずに条約をするのは、なかろうと思う。必ず条約をするには国の利益と認めたのであろう。それが利益か不利益か分からぬということは、甚だ御答弁の要領を得ぬと思う。しかし、利益か利益でないか分からぬということならばもうそれで御尋ねは申さぬ。

政府委員（水野錬太郎君）、これは、（明治）二七年に日本が、英国と条約を改正する際に…、その時に、領事裁判権を撤去する、日本が法権を回復するからその代わりに同盟に加入するといったから、その時の趣意では日本が差し支えない利益であると云うことを信じてやったのでありましょう、…

久保田讓君、あなたで分からぬ事は他の方が答弁なすったら良かろう。

ここで、農商務大臣曽祢荒助が立った（注4）。

国務大臣（曽祢荒助君）、今の質問はどうか質問書にして出して下さい。

久保田讓君、御答弁はできませぬか。

国務大臣（曽祢荒助君）、ここで、申すことはできませぬ。その当時のことをもう一遍見なければなりませぬ。簡単に申しますれば大丈夫利益があるとその時に条約をしたことでございます。また本員も条約は手に掛けてやったことがございます。しかし、質問があるならば、鄭重によく見てそうしてお答えを申しましょう。

注

注1　山本武利・有山輝雄監修『新聞史資料集成第一〇巻』四五五頁以下（ゆまに書房・一九九五年）に収録されている。

注2　加藤弘之（一八三六—一九一六）、但馬出石藩出身。幕府の蕃書取調所教官。維新後、東大初代綜理、男爵、枢密顧問、

帝国学士院院長。明治初期は、天賦人権説、明六社員、明治一四年（一八八一年）転向。旧書を絶版。

注3　久保田譲（一八四七―一九三六）、但馬国豊岡藩出身。明治五年から二一年文部官僚。明治二五年文部次官。二七年から貴族院議員。明治三六年、桂内閣文相。四〇年、男爵、大正六年枢密顧問官。

注4　曽祢荒助（一八四九―一九一〇）は長州出身。フランスに留学、陸軍に出仕、転じて、太政官少書記官、法制局参事官、議会開設時の初代衆院書記官長、明治二五年第二回総選挙で当選。二六年から駐仏特命全権公使として条約改正に努力し、明治三一年第三次伊藤内閣の法相、第二次山県内閣の農商務省。勅選貴族院議員、枢密顧問官、子爵、明治四三年没。

第三章　貴族院・著作権法案特別委員会

明治三二年一月一九日、著作権法案特別委員に次の九名が選定された。子爵、谷干城（注1）、加藤弘之（注2）、男爵、吉川《きっかわ》重吉（注3）、久保田譲（注4）、菊池大麓（注5）、山脇玄（注6）、菊池武夫（注7）、木下廣次（注8）、小幡篤次郎（注9）の各氏で、委員長に谷干城、副委員長に加藤弘之が互選された。

第一回会議は、一月二一日に開かれた。

菊池大麓は、次のような質問した。以下、いくつか問答を若干要約して掲げる（注10）。

1，「文学科学の著作物」を「文芸学術の著作物」に変えた

菊池大麓君、一条の二項「文学科学の著作物」というのは、政治上の意見を述べたことなどは入るでありますか。

政府委員（水野錬太郎君）、文学科学というのは実は、広い意味に用いてある。言葉を広くいうと学術というような意味である、しかし学術というと語弊があるというので、文学科学とした。政治上の意見でも、その人の思想を見はしたものならば総て文学科学というものの中に入る。

菊池大麓君、私は文芸学術というような字を用いたらどうかということを考えた。

政府委員（水野錬太郎君）、文芸とか学芸とか云う字も拵えて見ましたが、学芸というと小説とか或いは浄瑠璃

本とかいうようなものがどうも学芸という中には入るまいではないかという故障もでました。若しそういう風に狭い意味に学芸を解せられては却っていけませぬから、それでは条約にもこういう字を使ったのでありますが、なお菊池さんのご注意について十分考えて置こうと思う。

山脇玄君、この条約に在る文学科学という文字はどういう外国文字が使ってありますか。

政府委員（水野錬太郎君）この原語は、仏蘭西語で、りてらちゅーる、それから、しあんす。「りてらちゅーる」ということは広い意味であるということは誰も言っている。

山脇玄君、りてらちゅーるが翻訳になって、文学科学ということになっているのですな。

政府委員（水野錬太郎君）左様。

こういうやりとりがあって、「文芸学術」になった。

2，「楽譜」「興行」「演奏」について

菊池大麓君、第一条の二項「及び楽譜」について、この書き方は「能楽脚本及び楽譜」とこう書いて、この楽譜は能楽の楽譜というように、ちょっとここで見える。この楽譜は、総ての楽譜であろうと思うがそうでありますか。

政府委員（水野錬太郎君）、左様でございます。

菊池大麓君、法文の上で、差し支えないか。

政府委員（水野錬太郎君）、この著作権は「演劇脚本浄瑠璃脚本能楽脚本及び楽譜」とこれを含んでいる。これこれの著作人は興行権を包含する。

菊池大麓君、「及」という文字があるので、ひどく障りやしないか。能楽脚本及楽譜とこういうように取れる、一条の一項の「文書演述図画彫刻、模型写真」あすこに持って行って楽譜というものが入っても良いと思う。あそこに入らなかったのはどういう訳か。

政府委員（水野錬太郎君）、この楽譜というのは、第一条にも含む。「文書」という中に楽譜を含むつもりなので、現行法でも文書と書いてあっても、その文書という中に演劇脚本楽譜も含んでいる。第一条一項の「文書という広い意味の中にはむろん第二項の「演劇脚本浄瑠璃脚本能楽脚本というものを含んでいる。第一条第一項の方は文書図画これこれのものの著作者は、著作物を複製する権利を持って居る、その中に「演劇脚本浄瑠璃脚本能楽脚本」のこの四つのものに限って、著作権の中に興行権があるという趣意である。」

菊池大麓君、この「及」を抜かせばまずいか。

政府委員（水野錬太郎君）、趣意は同じである。別に差し支えはなかろうと思う。

菊池大麓、条約の四条に文句入り又は、文句なしの楽譜という具合に並べて書いている、日本では、楽譜はそうえらくない、脚本類を文書の中に入れるのは少し楽譜というものの性質が違っていると思います。これは、後に或いは、修正案でも提出しやうと思います。

政府委員（水野錬太郎君）、その楽譜というのは、条約にあるような字を一々入れるものは随分くだくだしくもありますから広く楽譜といえば総ての種類の楽譜を包含しやしないかというので、その時の条約には文句入り文句なしというやうにあるのが、こっちは法律で単に楽譜という字に包含させてすべての楽譜を含ませる趣意でこういう風に書き直した。

菊池大麓君、この楽譜は条約では、楽譜は特に演奏という字が使うてあるのですが、この法律でも、その楽譜を演奏することをやはり、興行という中に入れるのか。

政府委員（水野錬太郎君）、実は、条約なり外国の法律では、楽譜というものと脚本ということを別にいつでも使うて、脚本に対して、興行という字を使い、楽譜に対しては演奏という字を使うて居る。条約もそうなっている。ところが日本は、楽譜は、その条例には楽譜でも脚本でも総て興行という広い字で含ましてありますから、特に脚本と楽譜の間に興行と演奏という区別をしないで現行法の通り、興行という字に演奏も含ませるつもりで、わざと、演奏という字を入れなかったのです。

3，問題集の解答書の発行について

菊池大麓は、数学などの教科書中に問題を挿入しているが、この解式或いは解答書を拵えて出版する者がいる。これは、著者にとって大変迷惑なことである。自分は、これは現行版権法一二条違反と考えているが（注11）、どうかして貰いたいと述べた。

水野は、「それは、新しい著作のように思いますが、現行法でもこういうものはどうも版権侵害ということは難しかろうと思います。」また、解式を拵えることは、著作の大部分を犯すことになるから著作権侵害として貰いたいということについて、「条約上は一向差し支えがないが、随分おかしな規定になろうかと思います」といいつつ、菊池の要望を受けて、

「第三二条　練習用の為に著作したる問題の解答書を発行する者は偽作者と看做す」とした。

4，教科書への著作物の引用

原案は、教科書へある著作物を掲載することは、「二九条第二　自己の著作物中に正当の範囲内に於て節録引用すること」で、読むことになっていた。教科書に既存著作物を掲載することについて、条文はなかった。

文部省出身の久保田譲が、文部省の政府委員の意見を聞きたいといって、上田萬年政府委員を呼んだ。上田は、教科書に、他の著作物から正当の範囲内に於いて、その一部分を引用して良い、これをどうか許して貰いたい、と発言し、詳しくは渡部薫之介元・図書局長が説明した。

久保田譲、菊池大麓の質問、意見のやりとりがあって、三〇条（既発行物を左の方法で複製することは偽作にならぬ）の中に、次の条文が入った。

「第三　普通教育上の修身書及読本の目的に供する為に正当の範囲内に於いて抜粋蒐輯すること」。

5，著作権者不明の著作物について

副委員長（加藤弘之君）坪井久馬三（注12）さんから、こういう話があった。古い本の版権者の分からぬものが沢山ある。本は無くなっている。新たに版を拵えることも出来ない。ただ、他の人がする訳にもいかない。そこで、そういうものは、版権のないものと看做してしまって、新たに出版して版権を取ることにして貰いたいという話があった。水野錬太郎君と話をしたらと提案し、話し合いをした。水野君の言われるのは、それは余りにひどかろう。御維新といってもせいぜい、三十年くらいなものであるから、それが分からぬといって後の人が出版してその著作権を持って行ってしまうのは余りにひどいことである。水野君の考えでは、或いは新聞に広告して、どの位の時間の間に言い出す人が無いときには版権者の無いものとして新たに著作権を得ることができるとしたらどうだろう。これを聞いて私もそうしたらよかろうと思う。二六条の次にこういう条文を入れたい。

「第二七条　著作権者の不明なる著作物に関しては命令の定める所に依り之を発行することを得。」

6，翻訳の経過措置

版権法時代は、外国人の著作を翻訳することは自由だった。そこで、「本法施行後五年間内」は発行出来るというのが原案だった。久保田譲委員は、「一〇年内」を主張し、次のように七年になった。

「附則　四九条　本法施行前翻訳し、又は翻訳に着手し其の当時に於て偽作と認められさりしものは之を完成して発売頒布することを得但し其の翻訳物は本法施行後七年内に発行することを要す。」

水野は、後にこう述懐した。

「議会では、兎に角、日本としては最初の法律でもあり、殊に諸外国との著作権条約関係に関係があるので、かなりてきびしい論議もあった。貴族院方面では、加藤弘之、木下広次、菊池大麓、菊池武夫氏等の諸方面の学者達が特別委員会の中心となり、だいぶ質問がやかましく、それに時の内相西郷従道侯が例のヌーボーと来ているので、私は初舞台の政府委員として殆ど一手で応対し、多少修正はあったがやっと原案が認められ両院を通過するに至っこれが今日の著作権法であるが、いはば私は同法案の生みの親であり、また産婆の役目も務めたわけなのです。」（注13）。

注

注1　谷干城（一八三七―一九一一）高知県出身、陸軍軍人、熊本鎮台司令長官、西南戦争で、熊本城籠城し、守り抜く。農商務大臣、子爵、学習院院長。一八九〇年明治二三年から一九一一年明治四四年まで、貴族院議員。

注2　加藤弘之、第二部4注23参照。

注3　吉川《きっかわ》重吉、吉川家は、中国地方の戦国大名吉川元春、広家の子孫。岩国六万石の大名として幕末を迎え子爵。吉川重吉は、西園寺公望の妹福子と結婚、長女は西園寺公望の秘書原田熊雄夫人英子、次女春子は木戸幸一の弟和田小六と結婚し、その娘正子は、都留重人と結婚した。三女幸子は、岩田豊雄（獅子文六）と結婚した。

注4　久保田譲、第一部4参照。

注5　菊池大麓（一八五五―一九一七）数学者、津山藩の蘭学者箕作秋坪の次男、英国ケンブリッジ大学留学、東大数学科創設、東大総長、第一次桂内閣文相。帝国学士院院長。

注6　山脇玄（一八四九―一九二五）越前、福井県出身、法学者。藩の医学校から長崎へ、ついで、ドイツ留学。帰国後、太政官権少書記官、行政裁判所長官、明治二四年勅選貴族院議員。妻山脇房子は教育家、山脇学園を創設した。

注7　菊池武夫（一八五四―一九一二）岩手県出身、南部藩からの貢進生として大学南校からアメリカへ行き、法律を学ぶ。司法省に勤務し、東大教授を兼務。最初の法学博士、のち、弁護士。英吉利法律学校（東京法学院）を創立、その後、中央大学初代学長。

注8　木下廣次（一八五一―一九一〇）熊本県出身、教育家。司法省明法寮を出て、パリ大学へ留学し法律を学び、帰国後、文部省、のち東大教授、一高校長、明治二〇年法学博士、明治二四年勅選貴族院議員。明治三〇年六月、京都帝国大学を創設、初代総長。なお、木下は、「著作者の権」という文章を読売新聞明治二〇年一二月二七日に寄稿している。

注9　小幡篤次郎（一八四二―一九〇五）大分県中津市出身。江戸に出て福澤諭吉に入門し、塾頭。幕府改正学校英学助教、交詢社の結成に尽力。

注10　山本武利・有山輝雄監修「新聞史資料集成第一〇巻」四六〇頁以下（ゆまに書房・一九九五年）に収録されている。

注11　版権法一二条「版権の保護は、その文書図画を改正増減し又は註解、附録、絵図等を加え又は製本の式を改め又は冊数を分合するか為変更することなかるへし。版権登録を得たる文書図画に挿入したる写真にして特にその文書図画の為に写したるものは其の文書図画と共に版権の保護をうくるものとす」

注12　坪井久馬三（一八五八―一九三六）歴史家。大阪府出身。東大政治理財科卒、ベルリン大学で、ドイツ歴史学理論・研究法を学び、帰国してから東大教授。日本の近代歴史学の発達に貢献した。

注13　大阪朝日新聞昭和三年七月三一日二面「手塩にかけた著作権法―法文の一字一句に若い魂を打ち込んで」

第四章　旧著作権法の内容

水野は、ベルヌ条約に入るには、日本において、外国人の著作物を保護すること、そのほかの条文もベルヌ条約に適合する法律にしなければならないと考えた。当時、明治二六年版権法、明治二〇年脚本楽譜条例、明治二〇年写真版権条例が行われている。この三つの「法律」を統一しよう。ただ、この三法は、版権の保護を受けるには、内務省の登録を受けねばならなかった。つまり、登録して初めて「版権」という権利が発生していた。当時の原初のベルヌ条約には、無方式主義は書かれていないが、欧州諸国の多くは著作物の発生と同時に著作権が成立するとしていた（ベルヌ条約に無方式主義が明記されるのは、明治四一年ベルリン改正会議）。そこで、版権法を手直しするより、まったく書き直した方がいいと考えたのである。貴族院で述べたとおりである。

こうして、次のような内容の法律が出来上がった。

1，ベルヌ条約に加盟できるように、外国人も内国人と平等に取り扱うことにした。フランス法（一八五二年三月二八日公布）、ベルギー法（著作権法三八条）に従った（ドイツは、ドイツ国内に店舗を有する発行者によってその著作物を発効した場合に限り保護）。

「第二八条　外国人ノ著作権ニ付イテハ条約ニ別段ノ規定アルモノヲ除ク外本邦ノ規定ヲ適用ス。但シ著作権保護ニ関シ条約ニ規定ナキ場合ニハ帝国ニ於テ始メテ其ノ著作物ヲ発行シタル者ニ限リ本法ノ保護ヲ享有

2,「版権」に代えて「著作権」を使うことにした。保護の範囲が拡大し、彫刻、模型等の美術の著作物や音楽家の楽譜に対する興行権も入り、版権は、「単に出版する権利」という意味に解せられやすく、ここで、著作権とし、著作権法とした。

3,明治二六年版権法、明治二〇年脚本楽譜条例、明治二〇年写真版権条例を統合、一つの法律にし、版権法と二つの勅令は、著作権法の施行とともに廃止した（四六条）。

4,著作をしたことによって、著作権が発生するとし、登録や「版権所有」「興行権所有」を記載することも不要とした。ただし、著作権侵害者（偽作）に対する民事の訴訟を起こすには登録を要すとしていた（一五条二項）（のち削除）。

5,著作権の保護範囲が広がった。従来は、文書、図画、写真、脚本、楽譜だったが、彫刻、模型画が入った。ただ、建築の著作物は、五二条で保護を否定した（のち入る）。明治一九年ベルヌ条約では写真が入っていなかったが、この旧著作権法で明示した。

6,保護期間を原則として著作者の終身と死後三〇年にした。版権法は、著作者の終身に死後五年又は、版権登録の月から三五年であった。

7,版権法は、版権所有者の承諾がなければ、版権の保護期間内は、その著作物を翻訳することができないという条文を置いていた（一九条）。従って、翻訳権は、版権の支分権と解せられた。この法律第一条二項も「文藝学術の著作物の著作権は翻訳権を包含す」とした。しかし「翻訳権」は、当時の日本にとっての一大関心事である。三条（原則的保護期間）、四条（死後発行興行著作物の保護期間）、五条（無名変名著作物の保護期間）、六条（官公衛学校社寺協会等団体名義著作物の保護期間）の次に、「翻訳権」の特例規定を置いた。

「第七条　著作権者原著作物発行ノトキヨリ十年内ニ其ノ翻訳物ヲ発行セサルトキハ其ノ翻訳権ハ消滅ス
前項ノ期間内ニ著作権者其ノ保護ヲ受ケントスル国語ノ翻訳物ヲ発行シタルトキハ其ノ国語ノ翻訳権ハ消滅

セス」。これは、次の事情による。

明治二九年（一八八六年）「ベルヌ条約パリ規定、第三」は、次のようにベルヌ創設条約五条を改正していた。「同盟国の一に属する著作者又は其承継人は、他の同盟国に於て原著作物に関する権利の継続期限間其の著作物を翻訳し若は其の翻訳を許可する特権を亨有す。然れども原著作物最初発行の日より起算し一〇箇年内に同盟国の一に於て其の保護を請求せんとするものを公にし若しくは公にせしめて以て其の権利を使用せさるときは翻訳の特権消滅するものとす」

原著作物が発行されてから一〇年間、ある国語への翻訳権を行使しなかったら、その国語への（著作者の有する）翻訳権は、時効消滅のように、消滅するという意味である。ただし、一〇年以内にその国語への翻訳物が発行された時は、存続する（現行著作権法附則九条は、「この法律（昭和四五年著作権法）の施行前に発行された著作物」については、旧法七条が効力を有すると規定する）。

8，著作者の人格的利益の保護の規定を置いた。

版権法においてもある程度、人格権を保護していた（注1）。水野は、著作者の権利は、二面あり、一面は、その著作物を発行・興行して利益を専有する権利（著作財産権）（ドロア・ペキュニエール）と一面は、自己の著作物を改竄せられざる権利、無形上の権利（ドロア・モラール）と把握していた（注2）。

（1）未公表著作物の原本及びその著作権の差し押さえを禁止した（一七条）。これは、ベルギー著作権法（一八八六年）第九条「文学的若しくは音楽的著作物は未だ出版せられざる間は之を差し押ふることを得ず。又、その他の美術的著作物は著作者の生存中は、販売若しくは発行の準備調はざる間は、之を差押ふることを得ず。」にならったものである。

（2）著作権を継承したる者は、著作者の同意なくしてその著作者の氏名称号を変更し、若しくはその題号を改め、又はその著作物の改竄を禁止した（一八条）。

これは、ベルギー著作権法（一八八六年）第八条「著作権若しくは文学的、音楽的又は美術的著作の有…に　著作者若しくはその承継人の許諾なくして販売若しくは営利を目的として、右著作物に変更を加え、又は変更を加えられたる著作物を公に陳列することを得ず。」にならって、若干変更したものである。

（3）著作者にあらざる者の氏名称号を附して著作物を発行した者を三〇円以上五〇〇円以下の罰金に処すとした（四〇条）（冒用された者の人格権保護）。

（4）著作権消滅著作物の改竄、題号の変更、著作者の氏名称号の隠匿、他人の著作物と詐称を罰した（四一条）。

（5）分担が不分明の合著作物の場合、発行・興行を拒否する著作者がいても、他の著作者がその持ち分を賠償して、取得出来る（一三条二項）。この場合、発行・興行を拒否した著作者の意に反して、その氏名をその著作物に掲かぐることはできない（一三条四項）。

版権法には、（1）の様な規定はなかった。現行の昭和四五年著作権法は、民事訴訟法に委ね、現行民事執行法一三一条（差押禁止不動産）には「一二、発明又は著作に係る物で、まだ公表していないもの」がある。（2）は、現行著作権法一九条（氏名表示権）、二〇条（同一性保持権）に引き継がれているが、このように、当初は、著作者人格権の保護は狭いものであった。昭和六年改正で、拡大される。

（3）、版権法二八条の後段に「他人の著作と詐称して翻刻するを得ず違う者は二円以上百円以下の罰金に処す」があり、親告罪。この四十条は、議会で論じられている（注3）。

9，「各種ノ脚本及び楽譜ノ著作権ハ興行権ヲ包含ス」（一条二項後文）とした。

水野は、「興行」について、「著作権法要義」一八頁では、1，利益の為にすること、2，公衆の前に為すことの二要件を挙げたが、「著作権法」九五頁以下では、改説し、1，利益の為にすること、は不要であるとした。脚本楽譜条例では、演劇脚本楽譜は、出版条例、版権条例によって出版することができ、版権を得ることができた（一条）。その版権を得た者は、版権年限中は興行権（即ち利益の為公衆の前に演するの権）

を併せ有することを得、「興行権所有」の五字を記載すべしとされていた（二条）(注4)。

10，著作権の制限、限界を示す規定を置いた。

（1）法律、官公文書、新聞紙、雑誌掲載の雑報、時事報道の記事、公開せる裁判所、議会、政談集会においてした演述（一一条）。

（2）新聞雑誌掲載の政治上の時事問題の記事は、禁転載の明記がなければ出所明示して転載自由（二〇条）。

（3）次の場合、出所を明示すれば、複製は著作権侵害（偽作）にならないとした。

ア，発行する意思なく、器械的化学的方法に依らずして複製すること。

イ，自己の著作物に正当の範囲内で節録引用すること。

ウ，普通教育上の終身書読本の目的に供するため正当な範囲内で抜粋蒐輯すること。

エ，文藝学術の著作物の文句を自己の著作したる脚本に挿入し又は、楽譜に充用すること

オ，文芸学術の著作物を説明するの材料として美術上の著作物を挿入し、又は美術上の著作物を説明するの材料として文芸学術の著作物を挿入すること。

カ，図画を彫刻物模型に作り又は彫刻物を図画につくること。

ア，は概ね現行著作権法の私的複製で、イ，は引用、ウ，は教科用図書への掲載、エ，オ，は引用で、カ，は翻案に当たる。

11，第一条において、「複製」を、第一九条において「翻案」という語を使っているが、これは、リプロダクション、アダプテイションを訳したもので「皆私たちが著作権法案を起草する副産物として発明」したと水野はいう(注5)。版権条例・版権法では、リプロダクションは、「翻刻」であった。翻刻は「其の儘に摸写印刷するの謂」で、「彫刻模型写真等の模製には」適当でなく、複製が広いとして採用した(注6)。版権条例、版権法では、著作権侵害を意味する語として、「偽版」（一条、二一条、二三条など）を使った。[illegible]は、「偽作」（一五条、三〇条、三三条など）とした(注7)。

12，写真の著作物の保護期間は、写真版権条例では、登録の日から一〇年であったが（六条）、著作権法では、やはり一〇年だが、保護期間の起算点を、その著作物を発行した年の翌年から起算するとした（二三条一項、二項）。

13，写真術により適法に美術上の著作物を複製したる者は、原著作物の著作権と同一の期間、著作権法の保護があるとした（二三条三項）。

現在では、平面の絵画を写真撮影しても、著作権は発生しないと考えられているが、著作権が発生すると考えたのであろうか。著作権法が、版権法二三条「文書図画ヲ写真ト為シ因ッテ其ノ版権ヲ犯スモノハ偽版ヲ以テ論ス」は引き継がなかった。引き継いでいれば良かったと思う。

14，著作権法二七条は、著作権者不明の著作物について、まだ未発行又はまだ興行していない場合、命令の定める所により之を発行又は興行できるとした（二七条）。

版権法一四条は、（1）版権所有者が死亡して相続人不存在の場合、（2）著作権者、相続者不明の場合の手続き、を定めていた。

15，著作権法六条は、「官公衛学校社寺協会会社其ノ他団体ニ於テ著作ノ名義ヲ以テ発行又は興行シタル著作物ノ著作権ハ発行又ハ興行ノトキヨリ三十年間継続ス」とした。団体名義の著作物の著作権の保護期間の規定である（注8）。

版権条例・版権法の場合、版権の保護を受けるには、内務省へ登録する必要があったが、七条三項で「官庁、学校、会社、協会等ニ於テ著作ノ名義ヲ以テ出版スル文書図画ノ版権ハ其ノ官庁、学校、会社、協会等ニ属スルモノトス」とあった。

注

注1　版権法には、次のような、著作者人格権に関係のある条文があった。

（1）第一九条（版権所有者の承諾を得ずに版権所有の文書図画を翻訳し増減し註解附録絵図等を加え、若しくは未完結の部分を続成して出版する者及び一五条（新聞紙において二号以上記載の論説・記事・小説、及び二号以上に渉らずといえども冒頭に禁転載と記したものは、その編集者の承諾を得なければ、刊行の月より二年内に之を他の新聞紙雑誌に転載し又は、之を編纂して出版することはできない。二年を経過してもすでに一部の書として版権登録をしたものは原文について更に編纂できない。）違反は、偽版をもって論ず。

（2）第二一条（世人を欺罔するため版権所有の文書図画の題号を冒し、或いは模擬し又は氏名社号屋号等の類似したる者を湊合して他人の版権を妨害する者は、偽版を以て論ず。）

（3）第二二条（著作者又は相続者の承諾を得ずして未出版の文書図画を出版し又は非売の文書図画を翻刻する者亦偽版を以て論ず。）

（4）第二八条（版権を所有せさる文書図画と雖も之を改竄して著作者の意を害し又はその表題を改め又は著作者の氏名を隠匿し又は他人の著作と詐称して翻刻するを得ず。違う者は二円以上百円以下の罰金に処す。親告罪）。

（1）は、版権所有者（著作者）に無断で著作物に加筆し、同一性を侵害することである。（2）は、現行著作権法二〇条の同一性保持権侵害に当たる。（3）は、現行著作権法一八条の公表権に相当する。（4）「版権を所有せざる文書図画」、版権のない文書図画についても、著作者の意に反する改竄、表題の変更、著作者の氏名の隠匿、他人の著作と仮装して翻刻することについて刑事罰を課す事にしていることである。現行著作権法は、著作者人格権は、六〇条をおいて、著作権（財産権）に関わりなく、著作者が存しなくなっても、人格的利益を保護している。明治三二年の旧著作権法一八条は、「著作権を承継した者」に対してのみ、同一性保持権を守るよう要求しているが（ベルギー著作権法八条は、著作権譲受人及び有体物譲受人）、明治二〇年版権条例二八条、明治二六年版権法二八条が版権のない文書図画について、何人も同一性保持権侵害をしてはならないという、刑事罰の規定を置いていた。水野は、あとでこれに気が付き愕然としたのではなかろうか。

注2　明治三二年五月五日発行の水野錬太郎「著作権法要義」七五頁。

注3　大家重夫「著作権を確立した人々　第二版」一六七頁以下。また山脇玄の発言参照。

注4　脚本楽譜条例二条で、「興行権」を「利益のため公衆の前に演するの権」と定義している。水野錬太郎「著作権法要義」

（一八九九年）一七頁、同「著作権法」（一九〇五年）九四頁以下。九六頁参照。

注5　水野錬太郎「手塩にかけた著作権法―法文の一字一句に若い魂を打ち込んで」大阪 朝日新聞昭和三年七月三一日二面。水野錬太郎「著作権法起草の前後―少壮官僚時代の想ひ出」改造昭和一四年七月号一四六頁では、「複製」「翻案」「偽作」のほか、「興行」「演奏」も当時発明した言葉であるという。ただ、当初の著作権法には、「演奏」の言葉はない。ベルヌ条約の条文の翻訳で使ったのであろうか。「偽作」については、吉村保「発掘日本著作権史」三三頁は、「水野錬太郎の創出語とはいい難い」という。「著作権」もそうであるが、水野が、法律に「採用した」というべきであろう。

注6　水野錬太郎「著作権法要義」一一頁。

注7　水野は、「演奏」も翻訳したというが、著作権法に、「演奏」の文字はない。内々に訳した、ベルヌ条約の訳に使ったのであろう。本稿、貴族院での論議参照。

注8　保護期間を定めた著作権法六条のほか、法人が著作者たりうるかについての条文（現行著作権法一五条のような条文）がない。そこで水野錬太郎は、ア、法人が著作者になることを容認しているか、イ、それとも否定しているのか、後世の学者を悩ませた。水野錬太郎「著作権法要義」二八頁では触れていないが、「著作権法」（明治三十八年法政大学講義録・復刻版）八〇頁では、「我が著作権法に於ては、法人の原始著作権を認むるものの如し（第六条）」とある。

旧法下で、法人が著作者たりうるとするのは、勝本正晃「著作権法」六一頁（昭和一四年）、城戸芳彦「日本著作権法」六一頁、七八頁（昭和一四年）。城戸芳彦「著作権研究」二六〇頁（昭和一八年）。榛村専一「著作権法概論」九〇頁、九二頁（昭和八年）。萼優美「条解著作権法」九六頁。否定説は、小林尋次「現行著作権法の立法理由と解釈―著作権法全文改正の資料として」九八頁。山本桂一「著作権法」七七頁。なお、龍渓書舎事件（東京地裁昭和五二年三月三〇日判決判時八四五号二五頁）は、法人が著作権を原始的に取得したと解した。

第五章　著作者人格権に注目

著作権法は、明治三二年三月四日法律第三九号をもって公布された。同年六月二八日勅令第三一三号をもって、同年七月一五日より施行された。同時に版権法、脚本楽譜条例、写真版権条例が廃止された。

「内務省参事官法学士　水野錬太郎先生著『著作権法要義全』東京 有斐閣書房、明法堂」が、明治三二年五月二

日印刷、明治三二年五月五日に発行されている。水野は、法政大学で、「著作権法」を講義した。明治三八年法政大学講義録「著作権法」が残っている。水野は、穂積陳重教授の依頼で、東京帝国大学の「法理研究会」で、「著作権ノ性質ニ就テ」講演した。法学協会雑誌二一巻七号（明治三六年七月）、二一巻九号（明治三六年九月）に講演が記録されている。

ここで、水野は、著作権が財産権と「思想上の権利」自己の思想を保持する権利からなるとして、次のように述べる。

「他の一面の権利とは、異なりまして金銭的の利益を目的とするものではない、自己の思想を他人からして侵害せられない権利である。抑も我々は自由の思想を有して如何なることをも考え、如何なる工夫をも為すことを得るのである、而し其の思想が外部に表れて一定の形を成すに至りまするときには所謂著作物となるのである、而して此の思想というものは生命身体等と同じく、我々が人として有するものでありまするからして、思想は人格の一部なりということもできるのである。従って、著作物は人格の外部に表れたるものというも不当ではないのである。」。この無形の権利則ち思想上の権利は他人に譲渡出来ないこと、仏蘭西の「ダルラス」は、「則ち著作物を変更する権利は、性質上譲渡すべからざるものだというておる。」また、白耳義著作権法第八条曰く「著作権又は著作物を有形に表したる物件の譲受人は著作者又は承継人の同意なくして著作物を変更することを得ず、又は其の変更したる著作物を公衆の展覧に供することを得ず。」とあるのは、著作権の譲渡というものは、著作権の財産的方面の権利にとどまって、著作者の思想上の権利を包含しないということを明らかにしたものである。ただ、この規定は、著作者の同意はなくても承継人の同意があれば、これを変更することができるが如くに解釈されるが、これは論理を貫かない規定である。我が著作権法は、一段の進歩をした。すなわち、「一八条　著作権を承継したる者は著作者の同意なくして其の著作者の氏名、称号を変更し又はその題号を改め又はその著作物を変更することを得ず」と規定し、著作権の譲受人は勿論、相続人であってもその他人の著作物に変更を加え得ないとした。

[illegible]に、著作権のうちの財産権について、偽作については罰金だけでいいが、思想権の保護としては普通の財産に対するだけの罰だけでは足らぬ、更に重い刑を科する必要有り、また、多くの国の立法例は、著作権侵害は親告罪であるが、思想権には正当だが財産権には妥当せず、刑法の財産に対する罪と同じく非親告罪がよいという（注1）。

水野は、著作権法を立案し、概ね満足しているが、「著作者人格権」の規定については、当時の状況からやむを得ないとはいえ、もうすこし保護を強化したかったのではなかろうか（注2）。

なお、水野は明治二五年の大学卒業であるが、明治三〇年帝大政治科卒業の美濃部達吉が、国家学会の幹事をしていて、その依頼で、明治三一年一〇月二二日、国家学会で「万国版権同盟に就て」講演し、「国家学会雑誌」一二巻一四一号一四二号に掲載されている。なお、山田三良「版権保護同盟ニ就テ」がある（注3）。また、京都帝国大学の「内外論叢」第一巻第五号（明治三五年一〇月一一日発行）に「欧州ニ於ケル著作権法ノ沿革及其国際的関係ノ由来」が掲載されている。

京都帝国大学の設置は、明治三〇年六月一八日制定の勅令第二〇九号に規定され、京都帝国大学法科大学は、明治三二年（一八九九年）九月一一日、開設された。

京都帝国大学総長予定者の木下広次は、「今度京都帝国大学で法科を新設するが、京都大学は東京大学と違って、特色ある大学にしたい。学科は君の望むところに任せるが、刑法を受け持って貰えば結構と思う。」と誘った。また、京都大学で、著作権法を講じている（注4）。こういう縁から、「法学論叢」の前身「内外論叢」に寄稿したのであろう。

明治三六年一月二六日、水野は、「著作権ノ基礎及性質」と「著作権保護ニ関スル模範的法案ト日本」（仏文）の二論文により、法学博士を授けられた（注5）。二論文は、残念ながら、関東大震災により残っていない。おそらく、前者は「著作権ノ性質ニ就テ」を基礎とし、後者は、「著作権法ノ統一ト模範著作権法案」（国家学会雑誌一四巻）に日本の著作権法を概説した文章を加えたものと想像される。

注

注1　朝日新聞二〇〇七年五月二六日（丹治吉順記者）「著作権が『脅威』になる日」は、米国が、「海賊版摘発を容易にするため、（著作権侵害）の非親告罪化を盛り込んで欲しい」と日本に要望し、文化庁文化審議会著作権分科会法制問題小委員会が三月から議論を始めていること、被害者の告訴なしに起訴できるとすれば、言論表現への萎縮効果など弊害があるとの声を紹介している。

注2　第四章の注1（4）参照。

注3　法学協会雑誌一五巻五号、七号、八号（明治三〇年）。なお、adaptationを「翻案」と訳したのは水野とされているが、山田三良「版権保護同盟ニ就テ」が先のようである。

注4　改造昭和一四年七月号一四六頁「著作権法起草の前後」によれば、民法学者富井政章、帝国大学総長浜尾新らは、大学教授にならないかと勧めており、京都大学新設の際、木下広次が勧誘している。水野は、「学者としての自信もあった」が、内務省に転じたばかりであり、先輩に相談し、断ったという。

注5　「審査は、穂積（陳重）博士等がやられたと思ふ」とある。改造・前掲一五九頁。

第六章　水野神社局長、ベルヌ条約ベルリン会議へ出席

水野は、明治三七年一月、内務省神社局長兼内務省参事官を拝命した。依然、内務大臣秘書官を兼任している。第一次桂内閣は、明治三四年六月から、明治三八年一二月まで続くが、内務大臣は、内海忠勝、児玉源太郎、芳川顕正である。明治三五年八月・第七回総選挙、明治三六年三月・第八回総選挙、明治三七年三月・第九回総選挙と毎年、総選挙が行われている。内務省は、明治三三年、社寺局を神社局と宗教局（大正二年文部省へ移管）に分け、神社局は、内務省の筆頭の局であるとされ、神宮、官国弊社、府県社、郷社、村社、無格社を所管した。明治三五年「官国弊社職制」を公布し、宮司は、内務大臣及び地方長官の指揮下にあると定めた。

明治三九年四月、「官国弊社経費ニ関スル件」（法律第二十四号）を公布した。官国弊社の経費は、国庫が之を供進し、その金額は内務大臣が定めるという法律で、水野局長の大きな功績であった。

明治三九年一月、第一次西園寺内閣が成立した。内相は、原敬。

原と水野の出会いは、水野の運命を変えた。水野は原に心服し、原も水野を重用した。明治四一年六月一八日、水野は、「独逸国伯林ニ於テ万国著作権保護同盟会議開設ニ付委員トシテ参列」を仰せつけられた。

明治四一年一〇月一四日、ベルリン会議が開催された。日本代表は、水野錬太郎とストックホルム在勤の公使館一等書記官堀口九萬一（注1）である。議長は、フランスの国際法学者ルノールである。

水野は、総会において、翻訳権の規定の審議において、翻訳自由を主張した。しかし、フランス、ドイツ、ベルギー、イタリア等の諸国は、同盟条約を根本から破るものとして非難した。詳細は、委員会に移すことになった。

明治二六年のベルヌ条約パリ規定は、五条一項「著作権者は、原著作物に関する著作権の存続する期間、その著作物を翻訳するの特権を有す」という主義を採用し、五条二項「然れども著作者が、原著作物発行の日より一〇年内に、その保護を受けんとする国語の翻訳物を出版せざるときは、その翻訳権は消滅す」という規定を設けていた。ドイツ、フランス、ノルウェーは、前者、五条一項のみにし、著作者の権利を制限した五条二項を削除し、翻訳権と複製権と同視するという提案である。

水野は、翻訳は複製の一つの方法で、従って、翻訳権は著作権の中に含まれるということは理論上、正当のようであるが、これは、言語、文字の性質の同一の国の間の話で、言語、文字の性質の全く異なる国においては、この理論に依ることは出来ないとして反対した。翻訳権を全く複製権に同化するという案に反対したのは、日本とオランダであった。

ルノールは、このベルリン条約が、一八八六年九月九日ベルヌ条約、一八九六年五月四日追加規定及び解釈宣言に代わるべきものとするとした。しかし、本条約調印諸国は、批准交換の際、何々の点に関しては、前に諸国が締結したる条約の規定に準拠するものなることを得、という条文（二七条）を案出した。締約国の数が減少することをおそれたのである。

日本は、「翻訳権一〇年（規定）」を「留保」するとした。これによって、日本は、著作権法七条を維持できた。

水野は、こういう。

「翻訳権に関しては、第二七条の規定に依て、全然現状を維持しうるに至りましたから、結局事実の上に於ては、現状よりも不利益なる地位には立たないで、少しも損する所なき結果を得たのである。是は余の不敏なるこの如き重任を帯びて会議に列席したるに拘わらず、斯かる好結果を得たのは、密かに愉快としかつ、満足する所である、是、実に我が国の学術のために慶ぶべきことであって、独り予の光栄のみではないと考えます。」（注2）

ベルリン会議が定めた主要事項を、順不同で述べれば、次のようである。

ア，一八八六年九月九日ベルヌ条約、一八九六年五月四日追加規定及び解釈宣言の三条約を併せて、単一のベルリン条約にした。

イ，翻訳権を強化した。八条。

ウ，工芸に応用した美術物を保護すべき著作物に加え、各国の保護に任せた。二条。

エ，建築の著作物を掲記した。二条。

オ，保護期間を著作者の生存間と死後五〇年にした。七条。

カ，新聞、雑誌に掲載の小説続き物文藝学術の著作を全く書籍と同視し、転載の場合、原著作者の許諾を要するとした。また、新聞紙の記事は、禁転載の記載がなければ、出所を明示して、転載できることとした。九条。

キ，演劇脚本、楽譜入り演劇脚本の著作物の著作者は、公の上演、公の演奏については、著作者は、著作物発行の際、その公の上演又は、公の演奏を禁止することを明示することを要せずとした。演奏権は、楽譜に演奏禁止と書いていたもののみあるとしていた方式の廃止である。一一条、

ク，蓄音器、活動写真に関する規定を設けた。一四条。

ケ，著作権の享有及び行使は、無方式主義をとると明記した。四条。

コ，本条約調印諸国は、批准交換の際、何々の点に関しては、旧条約の規程に準拠することを得るとした。二七

ところで、水野は、翻訳権についてだけ、従前の規定によると留保したと報告した。しかし、著作権を担当している内務省警保局図書課は、1，翻訳権に関するベルヌ条約ベルリン条約八条（右のイ）と、2，音楽の演奏権に関するベルヌ条約ベルリン条約一一条（右のキ）について、旧規定による旨の留保宣言をした（注3）。

後者については、昭和三年（一九二八年）のベルヌ条約ローマ会議の際、この留保を抛棄する。

注

注1　堀口九萬一（一八六五—一九四五）、外交官、朝鮮在勤中、三浦梧楼公使の閔妃虐殺事件に連座して、帰国、復職して、オランダ、ブラジル、スウェーデン、メキシコ、スペインに駐在、ブラジル公使、スペイン大使。堀口大学の父。工藤美代子「黄昏の詩人—堀口大学とその父のこと」マガジンハウス・二〇〇一年三月。

注2　「著作権保護ニ関スル伯林会議報告書」が内務省参事官・法学博士 水野錬太郎、公使館一等書記官 堀口九萬一から、内務大臣・法学博士 男爵 平田東助、外務大臣 小村壽太郎あて、提出されている。水野錬太郎「伯林に於ける著作権保護万国会議の状況」「太陽」明治四二年六月号四一頁。なお、水野「伯林ニ於ケル著作権保護同盟万国会議ノ顛末」国家学会雑誌二三巻五号二七頁（明治四二年二月二五日法理研究会での講話）。

注3　翻訳権については、日本は、一八九六年のベルヌ条約パリ規定第三の規定に、演奏権については、一八八六年のベルヌ条約九条三項の規定に準拠する旨を留保した。この関係で、旧著作権法は改正されていない。のち、昭和三年のベルヌ条約ローマ会議で、演奏権の留保を抛棄する。ローマ会議の代表委員赤木朝治、松田道一の「文学的及美術的著作物保護条約改訂羅馬会議報告書」一七六頁では、こう述べている。「伯林規定の批准に当たり、帝国が本条を留保したるの理由は何れに存するや明かならずと雖、思ふに日本に於ける洋楽の発達を容易ならしめむと欲するの意に出でたるものなるべく、音楽的著作物の演奏を著作者の許諾なくして為し得る機会を多からしめむと欲するの意に出たるものなるべし。」。このことについて、社団法人日本音楽著作権協会「日本音楽著作権史　上」三五〇頁に佐野文一郎、加戸守行の発言がある。

第七章　水野、政友会に入り政治家になる

明治四二年九月、第二次桂内閣、平田東助内相の時、水野は、内務省土木局長になった。

明治四四年八月、桂内閣が総辞職し、第二次西園寺内閣となった。内相には、再び原敬が就任した。原は、床次竹二郎を内務次官に、水野には、土木局長と地方局長を兼任させた。

大正元年一二月、西園寺内閣が、陸軍二箇師団増設案否決により総辞職した。原内相とともに、床次次官、水野地方局長は辞任した。

水野は、大正元年一二月、原の推挙で、勅選の終身貴族院議員になった。

大正二年二月、第一次山本権兵衛内閣が成立し、原は、三度目の内務大臣に就任、水野は、内務次官となった。水野は、大正二年九月二二日、政友会へ入党した。

大正三年四月第二次大隈内閣になり、免官となった。第二次大隈内閣の外務大臣は加藤高明で、中国大陸では、袁世凱大総統が帝政を復活し、皇帝になろうとしていた。大隈・加藤は、対支那二十一箇条要求を出し、排日運動が起こった。袁世凱は、大正五年二月、病死し、黎元洪が大総統になった。

大正五年一〇月、寺内正毅に大命が下った。衆議院に基礎を置かない超然内閣である。寺内正毅内閣組閣の参謀は平田東助と後藤新平である。

後藤新平は、明治二七年に内務省入りをした水野を知っていた。明治一六年、内務省衛生局に入省、明治二五年衛生局長に就くが相馬事件にかかわって入獄し、明治二八年衛生局長に返り咲いていた。後藤は、水野は、人材であると眼を着けていた。後藤は、政友会ではない。

後藤新平は内相に就任し、水野に内務次官になってほしいと依頼した。水野は原敬の了承を得て、内務次官に就き、政友会を離党した。

寺内内閣の外務大臣は本野一郎であるが、シベリア出兵問題について、寺内首相に図らずに独断で決定した不手際もあり、大正七年四月二三日辞職した。後藤新平が外相に転じた。後藤の推薦で、水野は内務大臣に就任した。

[illegible]シベリア出兵のため米が不足するだろうという噂が流れ、米の値段が上がった。

大正七年八月五日、富山県滑川町で、漁民の女房達が米屋や大農家へ米を廉価で売るよう強要する米騒動がおこった。新聞が「女房一揆」と誇大に報道したといわれる。八月一四日、水野内相は、米騒動に関する新聞記事の差し止めを命じた。このとき、寺内首相、後藤新平は、戒厳令の準備をしよう、あるいは戒厳令をしこうと提案したが、水野内相は、職を賭して反対した（注1）。

大正七年九月、原敬内閣が成立した。八年三月一日、京城で、天道教、キリスト教、仏教の宗教三派の民族代表三三名による朝鮮独立宣言が行われ、示威運動が起こり、全土に広がった。死者七五〇〇人といわれる。

大正八年八月一二日、原は、予備役に編入されていた岩手県水沢出身の斉藤実（一八五八―一九三六）海軍大将を朝鮮総督に、斉藤を助ける政務総監というポストを新設し、水野錬太郎を任命した。

注――

注1　副田義也「内務省の社会史」（東京大学出版会・二〇〇七年）三七四頁、四八三頁。

第八章　水野、朝鮮総督府政務総監に就任

大正八年（一九一九年）九月二日、斉藤実、水野錬太郎が京城に到着すると、その行列に朝鮮人により爆弾が投ぜられ二〇名の死傷者を出している。斉藤、水野は、「武断政治」から「文化政治」へ転換をはかった。水野錬太郎は「官界、政界生活五十年　私は人物をどう観たか」という文章において、こう述べている。

「当時朝鮮は非常に混乱して居つた。私は何とかして、新たに人材を登用して、この難局を処理しなければならぬと考へた。私は政務総監ですべて人選を委せられて居ったので、その時の人物選択には非常に苦心をした。その結果、例えば赤池濃君を警務局長に、西村保吉君を殖産局長に、柴田善三郎君を学務局長に、守屋栄夫君を秘書官に、丸山鶴吉君を警務局の書記官に、白上佑吉君を警務局の課長に、また十三道の警察部長には

現に内地若しくは朝鮮で知事や局長をしている有為の人を引連れて行った。」（「現代」昭和一〇年四月号六頁）。

水野は、朝鮮で二年一〇カ月過ごした。

水野の英文で書かれた韓国についての文章が、ヘレン・ミアーズに引用されている。日本が大東亜戦争と呼んだ第二次世界大戦に敗戦し、連合国総司令部（ＧＨＱ）の占領下にあったとき、そのＧＨＱの一員であったヘレン・ミアーズ（Helen Mears）（一九〇〇—一九八九）は、近代日本は、西洋の先進国の行動を真似したのであり、連合国には、日本、日本人を裁く資格があるのだろうか、近代日本は、西洋列強が作り出した鏡であるということをミアーズは、「アメリカの鏡・日本（Mirror for Americans: Japan）」に書いた。

筆者は、ミアーズの意見は、徳富蘇峰の意見と同じでないか、と指摘した（注1）。

この本の日本訳の発行をマッカーサーは占領中許さず、一九九五年、筆者は、伊藤延司訳「アメリカの鏡・日本」（アイネックス・一九九五年）を読んだ。同書に水野錬太郎の韓国についての文章が引用されていた。昭和八年（一九三三年）、英文で書かれたもののようである（筆者にはまだ、出典が不明である）。水野は、韓国について次のように言う。

「韓国の独立は、その戦略的位置に鑑み、日本の死命を制する大事であった。したがって、日本は韓国が名実ともに独立することを心から願っていたのである。しかしながら、独立は悪政につぶされた韓国国民の能力を超えるものであった。韓国が中国またはロシアの手に落ちるのを防ぐため、日本は二度の戦争を経て韓国を保護下におくことを宣言した。この実験は失敗した。そこで、一九一〇年に締結した併合条約によって、日本は廃墟の上に新しい韓国を建設する責任を担ったのである。

水野錬太郎「現代の日本」一九三三年九月

二〇二〇年現在、まだ、学問的に日本人が韓国について語ること（韓国人が日本について語ることも同じ）、は、客観的に述べようとしても、正確に伝わらない。

二〇一三年、ジョージ・アキタ（George Akita）及びブランドン・パーマー（Brandon Palmer）著、塩谷《しおや》紘《こう》訳

『日本の朝鮮統治』を検証する　一九一〇—一九四五」（草思社）が発行された。こういう箇所がある。

「長谷川（筆者注、長谷川好道朝鮮総督）の後を襲って朝鮮総督（一九一九—二七年）に就任した斉藤実提督は朝鮮着任直後、爆弾による暗殺を辛うじて逃れている。このように過激な反日姿勢を見せつけられたにもかかわらず、斉藤は長谷川が唱導した改革のいくつかを実践した。斉藤は朝鮮人官吏の待遇を改定し、警察組織を再編成・拡大したほか、不評だった憲兵制度の廃止、地方の知事職の民間人官吏への開放、教育改革などを断行し、ハングルの新聞や雑誌の発行を許可した。斉藤が行ったもう一つの改革は、天皇によって任命された地位にふさわしくないという理由から、日本人教員、裁判官、そしてその他の民間人の佩刀《はいとう》を禁じることだった。」

ここには、「斉藤」総督時代の「業績」が要領よくまとめられているが、「斉藤・水野」とすべきであろう（注2）。斉藤実朝鮮総督・水野錬太郎政務総監を任命したのは、原敬総理大臣である。

斉藤・水野が、朝鮮にいた大正一〇年（一九二一年）一一月四日、原敬は、東京駅頭で、中岡艮一（国鉄職員）によって刺殺された。

高橋是清が政友会総裁となり、高橋是清内閣が成立した。内務大臣は、床次竹二郎である。原敬が亡くなり、床次と水野は、庇護者を失ったが、それぞれ、自分の道を歩む。

高橋是清は、財政家として一流の人であるが、総理大臣としては適任でなかった。高橋内閣は、約七カ月しか続かなかった。

大正一一年（一九二二年）六月、海軍軍人で、大正一〇年のワシントン会議の首席全権委員として軍縮条約を締結した加藤友三郎に大命が下った。加藤は「超然内閣」といわれる貴族院議員中心の内閣をつくった。

加藤は、朝鮮にいた水野を内務大臣に任命する。水野にとって、二度目の内相である。

注

注1　大家重夫・川上拓美共編「日本敗戦の代償」（青山社・二〇二〇年）一五八頁。

注2　水野の業績として、稲葉継雄「水野錬太郎と朝鮮教育」「九州大学比較教育文化研究施設紀要」四六号四五頁では、治安の維持を大前提とした上での水野の教育政策、文化政策を述べる。「水野錬太郎回想録・関係文書」四二九頁（西尾林太郎執筆）以下によれば、水野を朝鮮総督府政務総監に任命する人事に山県有朋も全面的に賛成したという。」

第九章　関東大震災と水野

加藤友三郎は、身体が病弱であった。大正一二年八月二六日、加藤首相が死亡し、内閣は総辞職した。重臣達、政友会、貴族院議員、衆議院議員は、誰に組閣の大命が下るか、とそれぞれ動いていたと思う。

九月一日、関東大震災が起こった。朝鮮人が、井戸に毒を入れた、暴動を起こした、などの流言が広まり、自警団による朝鮮人への迫害、虐殺があった。当時、小工場主で後年、国策パルプ会長、ヤクルト会長に就任する南喜一（一八九三―一九七〇）の実弟吉村光冶は、誤って警察官によって殺された（注1）。

水野内相は、戒厳令施行を決意した。そのため、枢密院顧問官会議を開こうとするが、二〇数名の出席が困難であるので、小石川の浜尾新副議長邸に急使を派遣、副議長から緊急措置故自分の責任で、出兵について同意するとの回答をさせた。出兵要請の時間は、九月一日午後四時半である。

「いずれにせよ、水野は緊急措置として赤池警視総監ともども近衛師団に出兵依頼を済ませていた。赤池がそれだけでは市内の治安に責任が持てないと考え、水野を推して森岡守茂東京衛戍司令官から戒厳令発令を働きかけたのだった。」

水野は、後任の決まるまで指揮した。次の第二次山本権兵衛内閣は、虎ノ門事件で総辞職。四カ月しかもたなかった。

大正一三年一月、貴族院を基盤とし、衆議院では、床波竹二郎の政友本党のみを与党とする清浦奎吾内閣が成立した。水野は、三度目の内相に就任した。

[illegible]一三年二月一〇日　フランスの駐日大使ポール・クローデルは、つぎのような手紙を本国の外務大臣に送っていた。

「政友会の大多数の議員は、高橋子爵の指導に対して長らく不満をもち、何度もあわや反乱を起こすという事態になりましたが、今回ついに彼らが政友会から離脱したことは驚くにあたりません。元田肇氏や、政友会の前内閣の不和を決定的にする姿勢をとった中橋徳五郎氏、元内務大臣床次竹二郎氏、新党のリーダーとなった元農商務大臣山本達雄といった人たちが、反対派のなかで最も目立っています。」「(大正一三年)五月一〇日に行われる選挙の結果はどうなるでしょうか。」「三人の元老(松方、西園寺)、清浦子爵、そして彼の顧問である内務大臣水野錬太郎、抜け目のない小男で、長いこと朝鮮で総督府政務総監として才腕を振るった人物です」。(ポール・クローデル、奈良道子訳「孤独な帝国日本の一九二〇年代」(草思社・一九九九年)二二九頁)。

詩人。劇作家であるクローデル大使は、大正一〇年一一月一九日から昭和二年二月一七日まで日本に滞在したが、水野錬太郎を「抜け目のない小男」と表現している。これは、実はクローデルが水野を高く評価した賛辞ではないだろうか。なお、総選挙の結果は護憲三派(憲政会一五一、政友会一〇五、革新倶楽部三〇)の勝利で、政友本党は一〇九と大きく後退した。

大正一三年六月から大正一五年一月まで、憲政会の加藤高明内閣である。大正一四年、憲政会の若槻礼次郎貴族院勅選議員は内務大臣で、普通選挙法案と治安維持法案を通過させるのだが、回顧録でこう述べている。

「枢密院が通ったので、議会へ普選案を提出した。衆議院は予期した通りで、貴族院へ回った。一難また一難で、空気が非常に悪い。委員会は委員長が渡辺千冬で、委員の中には政友本党の水野錬太郎などが居て、ほとんど皆賛成じゃない。正面から否決もできんが、何とかして傷をつけてやろうという空気だ。そうは言わんが顔色を見れば判る。こちらは、折角ここまで漕ぎつけたのだから、ぜひ物にしようと、一生懸命である。」(「古風庵回顧録」二九三頁)

大正一五年一月から昭和二年四月まで、第一次若槻礼次郎内閣である。三月一四日、片岡直温蔵相が衆議院予算総会で、東京の渡辺銀行が破綻と発言した。実際は決済が終了していたが、渡辺銀行は翌日休業し、金融恐慌が起こった。

昭和二年四月二〇日、陸軍の田中義一内閣が成立した。大蔵大臣に高橋是清が就任した。

同年六月二日、高橋是清蔵相が、金融恐慌を抑えたとして辞任し、三土忠造文相が蔵相に廻った。後任に水野錬太郎が就いた。

昭和三年五月二一日、田中首相が、久原房之助を逓信大臣として入閣させた。久原入閣については党内、閣内の反対があったが、三土蔵相は軟化し、水野のみが反対し、辞表を提出した。

五月二三日、辞表は田中首相から若き昭和天皇に奉呈された。田中が、水野を留任させたいと天皇に上奏したのか、天皇が、留任させたいと述べたかどうか不明であるが、天皇は辞表をお返しになった。水野は天皇に拝謁し、「国務の為尽瘁せよ」との優諚を受けた。

大阪朝日新聞昭和三年五月二四日付は、あたかも、天皇の優諚を受けて辞職を思いとどまったかのように報じた（注2）。

五月二四日、各新聞は「優諚を捏造した」として、水野と田中を攻撃した。

五月二五日、水野は、再度辞表を提出し、免官となった。水野がこの優諚事件で退任した措置をめぐって、新渡戸稲造は、田中義一を非難している。こののち、水野は、貴族院議員ではあるが、入閣することはなかった。

水野は、勉強家であった。内務省時代、貴族院時代、大臣を続けている時でも、読書し、執筆した。明治四四年三月、同文館刊行の「大日本百科辞書」の「著作権」を六頁にわたって、執筆している。

大正三年七月四日、桃中軒雲右衛門事件について、大審院が、浪花節の口唱は著作物でないとし、無罪判決を下した際、支持のコメントを発表している（注3）。

大正四年には、「戦争ト著作権」の演題で法理研究会で講演し、この速記が法学協会雑誌三三巻一号に掲載され文部大臣を辞職してからも、著作権については関心をもち、ベルヌ条約ローマ改正条約に注意を払っていた。

注

注1　南喜一（一八九三―一九七〇）は、これを機に日本共産党に入党し、各地の争議を指導、昭和三年逮捕されるが、獄中で転向する。のち、国策パルプ会長、ヤクルト会長。昭和三九年の東京オリンピックのあと、佐藤栄作内閣は「体力つくり運動」を推進し、古井喜実衆院議員とともに南喜一氏はこれに協力した。文部省から総理府・内閣に出向した筆者は、南喜一氏の謦咳に接した。

注2　この事件についての正確な事実は、よく分からない。水野は不必要なことを語らず、（久原房之助に比べ）当時の新聞記者に受けがよくなかったことも背景にある。この事件の影響もあって、水野の次男政直は、共同通信社に、その子政一は、フジテレビの記者（のち上野の森美術館長）になっている。

永井和「青年君主昭和天皇と元老西園寺」二八二頁（京都大学学術出版会・二〇〇三年）。

注3　法律新聞九五一号一三頁。

第一〇章　昭和六年著作権法改正

ベルヌ条約ローマ会議が、一九二八年（昭和三年）五月、ローマで開かれた。

ローマ会議には、内務省復興局部長赤木朝治（注1）、外務省特命全権大使松田道一（注2）が委員として派遣された。

会議の結果、次の点が決定した。

ア、著作物の例示に、「講演、演説、説教」等が加わった。二条。

イ、応用美術について、二条四項は、維持された。

ウ、著作者の人格権の保護について、新たに規定を設けた。六条の二。

エ、保護期間について、著作者の生存間と死後五〇年とする案、写真の保護期間を最少限二〇年とする案は、日本も反対し不成立。七条。

オ、合著作物の著作者の著作権の存続期間について規定新設。七条の二。

カ、日本は、翻訳権の規定を継続して、留保しうることになった。八条。二五条、二七条。

キ、新聞紙の記事の複製について、1，転載禁止の明示を要する記事の種類を限定し、2，転載をなし得るのは、新聞紙だけでなく、新聞紙及び雑誌とした。

ク、適法引用権は、そのままとした。一〇条。

ケ、ラジオ放送について、著作者に許諾権を与えた。一一条の二。

コ、活動写真について、修正した。一四条。

サ、留保について、新加入国は、その国語に翻訳する権能に関してのみ、旧条約によりうるとし、旧来の同盟国は、従来の留保のみ維持しうるとした。

重要なのは、ウ、であり、カ、であった。前者はイタリアの提案で、著作者は著作物の創作者たることを主張する権利と、創作者の名誉又は声望を害するおそれあるがある改変、切除その他の変更に対して、異議を唱うる権利をもつとするのである。後者のカ、について。日本は、翻訳権については留保を宣言したが、演奏権の留保は放棄するとした。

昭和六年二月、著作権法中改正法律案が貴族院へ提出され、委員会へ付された。

二月二十三日の委員会で、水野議員は、政府提案と非常に違うのではないが、法律を完璧にし、世間で話題になっている箇所を明らかにし、この法律の施行を円満にするために、と述べて、修正案を提出した。

1，第一条の「美術」を「美術（音楽ヲ含ム以下同ジ）」とする。

，明治三二年制定時、著作権法第一八条は、「著作権ヲ承継シタル者ハ著作者ノ同意ナクシテ其ノ著作者ノ氏名称号ヲ変更シ若ハ其ノ題号ヲ改メ又ハ其ノ著作物ヲ改竄スルコトヲ得ス。」とあった。政府提案は、第一項「他人ノ著作物ヲ発行又ハ興行スル場合ニ於テハ著作者ガ現ニ其ノ著作権ヲ有スルト否トニ拘ラズ又其ノ生存中タルト死後タルトニ拘ラズ其ノ同意ナクシテ其ノ氏名称号ヲ変更又ハ隠匿スルコトヲ得ズ。」第二項「他人ノ著作物ヲ発行又ハ興行スル場合ニ於テハ著作者ガ現ニ其ノ著作権ヲ有スルト否トニ拘ラズ又其ノ生存中タルト死後タルトニ拘ラズ其ノ同意ナクシテ之ニ改竄、増減其ノ他ノ変更ヲ加ヘ又ハ其ノ題号ヲ改ムルコトヲ得ズ。」第三項「但シ著作者ノ声望名誉ヲ害セザルトキハ此ノ限ニ在ラズ。」である。

水野は、こう提案した。

第一項「他人ノ著作物ヲ発行又ハ興行スル場合ニ於テハ著作者ノ生存中ハ著作者ガ現ニ其ノ著作権ヲ有スルト否トニ拘ラズ其ノ同意ナクシテ著作者ノ氏名称号ヲ変更又ハ隠匿シ又ハ其ノ著作物ニ改竄其ノ他ノ変更ヲ加ヘ若ハ其ノ題号ヲ改ムルコトヲ得ズ。」第二項「他人ノ著作物ヲ発行又ハ興行スル場合ニ於テハ著作者ノ死後ハ著作権ノ消滅シタル後ト雖モ其著作物ニ改竄其ノ他ノ変更ヲ加ヘテ著作者ノ意ヲ害シ又ハ其ノ題号ヲ改メ若ハ著作者ノ氏名称号ヲ変更若ハ隠匿スルコトヲ得ズ。」第三項「前二項ノ規定ハ第二十条第二十条ノ二、第二十二条ノ五第二項及ビ第三十条第一項、第二号乃至第六号ノ場合ニ於テモ之ヲ適用ス。」。

3，第二十条は、「新聞紙ニ掲載シタル記事ニ関シテハ小説及文芸学術若ハ美術ノ範囲ニ属スル著作物ヲ除ク外著作権者カ特ニ転載ヲ禁スル旨ヲ明記セサルトキハ其ノ出所ヲ明示シテ転載スルコトヲ得。」であった。水野提案は、こうである。「新聞紙又ハ雑誌ニ掲載シタル経済上、政治上又ハ宗教上ノ時事問題ヲ論議シタル記事ハ特ニ転載ヲ禁スル旨ノ明記ナキトキ其出所ヲ明示シテ之ヲ他ノ新聞紙又ハ雑誌ニ転載スルコトヲ得。」。

4，ラジオ放送の出現に伴う第二十二条の五である。政府提案は、著作者が無線電話による放送権をもつとし、二項で放送局は、著作者の許諾がなくても主務大臣の許可により、相当の償金を支払って放送しうるという規定であった。水野は、放送局は、著作権者と協議し、整わないとき、主務大臣の裁定で相当の償金額を著作者に支払うよう、不十分な政府提案を完全にし、洗練させた。

5，第三十六条ノ二についての政府提案は第一項「第十八条ノ規定ニ違反シタル行為ヲ為シタル者ニ対シテハ著作者ハ著作者タルコトヲ確保シ又ハ其ノ声望名誉ヲ回復スルニ適当ナル処分ヲ請求シ及民法第三編第五章ノ規程ニ従ヒ損害ノ賠償ヲ請求スルコトヲ得」。第二項「第十八条ノ規定ニ違反シタル行為ヲ為シタル者ニ対シテハ著作者ノ死後ニ於テハ著作者ノ父母、配偶者又ハ子ニ於テ其ノ著作者タルコトヲ確保シ又ハ其ノ声望名誉ヲ回復スルニ適当ナル処分ヲ請求スルコトヲ得」。第三項「前二項ノ規定ニ依ル民事ノ訴訟ニ付テハ前二項ノ規定ヲ準用ス」。第四項「第三十九条中「第二十条」ノ下ニ「、第二十条ノ二」ヲ加フ」。水野は、一項について、「著作者ハ著作者タルコトヲ確保シ又ハ其ノ声望名誉ヲ回復スルニ」を、「著作者ハ著作者タルコトヲ確保シ又ハ訂正其ノ他声望名誉ヲ回復スルニ」に改め、二項について、「著作者ノ死後ニ於テハ著作者ノ父母、配偶者又ハ子ニ於テ」を「著作者ノ死後ニ於テハ著作者ノ親族ニ於テ」に、また一項と同じく「訂正其ノ他」名誉声望と提案した。「親族」については、イタリア、ポーランドについて立法例があると説明した。

水野の提案は、全て通った。

著作者人格権のうち、同一性保持権について、ベルヌ条約ローマ条約が要求し、改正法案の「名誉声望を害する改変への異議申し立て権」に対し、水野錬太郎は一歩進め、「著作者の同意」がなければならないと、著作者の権利を強化した。この条項は、現行著作権法二〇条に引き継がれている（注3）。水野は、昭和四年の「法学協会雑誌」四七巻に「著作者人格権の国際的承認」を発表していた。

内務省警保局図書課の事務官小林尋次（注4）は、昭和六年著作権法改正において、大先輩の水野錬太郎へ、著作権法の一部改正案を事前にみせるなどの根回しはしていなかった。ただ、これを教訓に、昭和九年著作権法改正については、小林は水野に事前に説明をしたと思われる。

注

注1　赤木朝治（一八八三—一九六三）、岡山県出身。内務官僚、昭和七年、福島県知事、昭和八年宮城県知事、昭和九年、内務省社会教育局長官、内務次官。日本赤十字社副理事長、著作権制度審議会会長。

注2　松田道一（一八七六—一九四六）、東京都出身。東京帝国大学卒、司法官試補、検事、判事ののち、外務省へ。大正一五年、特命全権大使（伊国駐剳）。昭和五年兼任外務省条約局長。昭和二一年一月二〇日死亡。「松田道一遺稿　外交論叢」鹿島平和研究所編・一九七〇年。

注3　中山信弘「マルチメディアと著作権」一三三頁では、知的財産研究所が保護のレベルをベルヌ条約のレベルまで下げ、「名誉や声望を害しない改変」が著作者人格権侵害にならないという、改正をすべきだと提言していることを紹介する。

注4　小林尋次（一九〇〇—一九七七）、大正一四年入省。昭和三年から昭和一一年まで警保局図書課。「現行著作権法の立法理由と解釈—著作権法全面改正の資料として」文部省・昭和三三年がある。

第一一章　プラーゲ旋風と昭和九年著作権法改正

昭和六年七月一八日、日本は、ベルヌ条約ローマ条約中の翻訳権条項は、従前の留保の利益を引き続き保持するが、演奏権の留保は放棄する旨の宣言をし、告示した（外務省告示第五八九号）（注1）。

演奏権留保を放棄することは、音楽の演奏について、音楽著作物の演奏について、著作者の許諾をとり、その使用料を支払うことである。早速、ヨーロッパの著作権者の代理人プラーゲ博士が昭和七年七月二二日、日本放送協会へ、使用料取立のため姿を現した。プラーゲ博士は、演奏会、劇場、レコード会社に対して、音楽著作権の使用料を請求した。著作権法の所管は内務省図書課で、選挙法、書籍、レコード、映画などの検閲が主たる仕事で、著作権の担当は二人であった。

著作権法が実際に行われてみると、方々で混乱が起こった。いわゆるプラーゲ旋風である。文化人、音楽家、演奏家、作家、翻訳家、出版者などに著作権思想が普及した。

政府は、昭和九年、著作権法を改正し、レコードによって音楽を興行・放送する場合、出所を明示すれば著作権侵害にならない、という音楽利用者側に有利な改正をおこなった。また、プラーゲ博士の行っている著作権管理業を許可制にし、プラーゲ博士には許可を与えなかった。

昭和九年の著作権法改正で、内務大臣に対する諮問機関、調査審議機関として、著作権審査会が設立された（昭和一〇年勅令一九一号）。昭和一〇年七月、水野は著作権審査会委員に就任した。会長は内務大臣。徳田秋声、菊池寛、島崎藤村、岸田国士、山本有三、横山大観、和田英作、近衛秀麿、野間清治、増田義一、城戸四郎、乗杉嘉寿、小野賢一郎、穂積重遠、山田耕筰、犬養健、小林一三らが委員になっている。

昭和一四年、著作権管理事業を許可制とする法律「著作権ニ関スル仲介業務ニ関スル法律」が成立した。大日本音楽著作権協会がその許可を受け、昭和一五年四月、水野はその初代会長に選任された。

その後、大東亜戦争が始まり、大日本音楽著作権協会は開店休業の状態が続く。戦時中、水野は、東大時代の同級生、重臣の若槻礼次郎に時々電話をかけ合い、日本の将来を心配した（注2）。水野とは政党が違ったが、親しかった。若槻は島根県出身、大正一五年一月から昭和二年四月まで憲政会総裁で、第一次若槻礼次郎内閣を組閣した。若槻は田中義一内閣、浜口雄幸内閣のあと民政党（昭和二年、憲政会と政友本党が合同した）に属し、水野とは別の道を歩んだ。

注

注1　翻訳権留保は、昭和四五年著作権法全面改正により放棄した。すなわち、著作権法附則八条により「この法律の施行前に発行された著作物」については、旧法七条、九条が効力を有すとして、昭和四六年一月一日以後発行の著作物については、翻訳権一〇年制度は適用されない。

注2　水野家の書生だった佐々木秀四郎による。若槻礼次郎「古風庵回顧録」がある。

第一二章　大日本興亜同盟副総裁、総裁、興亜総本部

昭和一五年七月二二日、第二次近衛内閣が成立した。

九月二七日、ベルリンで、日独伊三国同盟に松岡洋右外相が調印した。

第二次近衛内閣は、昭和一五年七月二二日から昭和一六年七月一八日まで、外相に松岡洋右を入れず、豊田貞次郎海軍大将を置いた。第三次近衛内閣は、昭和一六年七月一八日から同年一〇月一八日まで続き、昭和一六年一〇月一八日から、東条英機陸軍大将が総理大臣である。

昭和一五年一〇月一二日、大政翼賛会の発会式が行われ、近衛文麿が総裁となった。一一月三〇日、日華基本条約、日満華共同宣言が行われた。

昭和一六年一月一四日、近衛総理は、既に存在していたアジア主義、国家主義の民間の団体を統合して、大政翼賛会のもとに属させる案を閣議決定した。

統合の指導理念は、昭和一五年一一月の日満華共同宣言に基づくもので、「肇国の精神に反し皇国の主権を晦冥ならしむる虞あるが如き国家連合の理論」を禁止、排除すること、が定められていた。昭和七年九月一五日、日本政府は日満議定書に調印し、満州国を承認していた。昭和一五年三月三〇日、中国国民政府（汪兆銘政権）は、南京遷都を宣言し、新中央政府を樹立していた。

赤沢史朗によると、大日本興亜同盟に大政翼賛会の一翼を担わせ、充実させる動きには汪兆銘政権支持運動の一面があり、また、石原莞爾の東亜連盟協会を孤立させ、抑圧する意図も働いていたという（『国史大辞典』八二五頁）。

（昭和一七年一一月、占領地拡大にともない拓務省、興亜院、対満事務局、外務省東亜局・南洋局を吸収して大東亜省ができている。これより早く異民族統治を視野に入れた、政府の外郭団体としてできたのが興亜同盟であると考えられる）。

昭和一六年七月六日、大日本興亜同盟は、大政翼賛会東亜局（東亜局は、のち興亜局に改称）の指導のもとに、五三団体の加盟で発足した。総裁は、大政翼賛会総裁の近衛文麿が兼務した。

昭和一七年三月末、大日本興亜同盟の改組が行われ、加盟一五団体が解散し、四九団体が団体会員として入会が決定した。同年、五月七日、大日本興亜同盟総裁に林銑十郎（昭和一二年二月二日から同年六月四日まで総理大臣を務めた陸軍大将）が選任された。副総裁に水野錬太郎貴族院議員、松井石根陸軍大将及び高橋三吉海軍大将が就任した。

昭和一八年二月四日、林銑十郎が死去し、水野錬太郎が大日本興亜同盟総裁に昇任した。同年五月二六日、大日本興亜連盟は、大政翼賛会興亜局とともに新設の興亜総本部に統合され、興亜同盟という民間右翼の連合体と合併した（杉森久英「大政翼賛会前後」（ちくま文庫・二〇〇七年）一八六頁）。水野錬太郎は、興亜総本部統理に就任した。

中央公論社から、昭和一七年一二月一日、大政翼賛会興亜局企画部に転職した作家杉森久英（一九一二―一九九七）は、「大日本興亜同盟」とは、「当時民間にあった興亜団体（右翼団体）が、てんでに勝手なことをして、おたがいに邪魔し合い、無断なエネルギーを使っているので、大政翼賛会の指導の下に統一行動を取らせようというので、こしらえたもののようであった。しかしそれでもうまくいかないので、興亜局と興亜同盟を合併させた。」と述べている（「大政翼賛会前後」（ちくま文庫・二〇〇七年）二〇二頁）。

昭和一八年五月二六日頃、大政翼賛会は、東条英機総裁・後藤文夫副総裁で、興亜局長は永井柳太郎（民政党、憲政会から近衛の大政翼賛会に賛同し、大政翼賛会常任総務・東亜局長）であった。杉森久英は、大政翼賛会興亜局企画部から、同じ大政翼賛会の文化部（ドイツ文学の高橋健二が部長）に移り、杉森氏を除く興亜局員は、新設の興亜総本部に所属することになった（杉森久英前掲書二〇四頁）。

水野錬太郎、昭和一九年八月　興亜総本部統理を辞任した（昭和一八年一〇月辞表提出している）。

第一三章　日本、大東亜戦争を始めるが敗戦する

昭和一六年一二月八日、日本は真珠湾を攻撃し、米英に宣戦布告した。一二月一二日、閣議で、戦争の名称を支那事変を含め、「大東亜戦争」と名付けた。

一九四五年八月、日本は、ポツダム宣言を受諾し、日本は敗戦した。

水野錬太郎は、次の役職を辞した。

昭和二〇年一一月、社団法人東洋協会会長辞任。

一二月一日、戦犯容疑者指定。自宅拘禁。水野の次男政直（昭和五一年七月七日死去）によれば、当時大磯に住んでいた水野はアメーバー赤痢にかかり自宅療養中で、遂に収容所に入れられることはなかった。

昭和二一年一月一一日、貴族院議員辞任（辞表は、昭和二〇年一二月提出）。同一月、財団法人協調会会長辞任。

六月一一日、大日本音楽著作権協会会長辞任（同年九月、国塩耕一郎会長就任）。八月二四日、戦犯容疑者理由にて覚書該当者に指定。

昭和二二年二月七日、著作権審査会委員、辞職願を植原悦二郎内相へ提出。

九月一日、戦犯容疑解除（同年九月一〇日、大日本興亜同盟総裁のことで覚書該当者仮指定という文書もあるが、これは疑問）。粟屋憲太郎「東京裁判への道　下」によれば、GHQ法務局国際戦争犯罪課は、昭和二二年六月三日、「日本人主要戦犯五〇人の裁判区分変更」という文書を作成し、拘禁されている五〇人を四つに分類し、1，鮎川義介、岸信介ら三九人をA級戦犯容疑者として拘禁、2，調査のためA級として拘禁すると勧告したのは正力松太郎ら五人、3，B級容疑者として引き続き拘禁するというのは多田駿ら陸軍軍人五人、4，尋問ののち、特定の犯罪がなければ自宅拘禁解除するというのが、水野錬太郎としている（六五頁）。この五〇人のうち、三〇人近くが、昭和二二年九月までに釈放された。水野も、拘禁を解除された。

昭和二三年一二月二三日、東条英機、広田弘毅、板垣征四郎、土肥原賢二、木村兵太郎、武藤章、松井石根の七人のA級戦犯は絞首刑を執行された。その翌日、残りの1，2，の全員が釈放された。

水野は、昭和二四年一一月二五日、冠動脈疾患による心臓弁膜症で死去した。八一歳。水野は、行政官として一流の人、政治家としては、一流でないにせよ手堅く信用できる人であった。そして、著作権法学者として超一流の人であった。

開国した日本は、興隆し、のち挫折したが、坂の上の雲を仰ぎながら階段をかけ上り頂上に立った水野錬太郎の一生は、明治日本を体現したものでもあった。

個人としての水野は、報恩の念の強い、また律儀な人であった。君恩、親恩、師恩の三恩説を唱え、大磯の別荘に小堂を作り、ここに恩人六人の肖像を掲げた。この大磯の別邸にいるとき、朝夕香を焚き、草花を供え、肖像を拝し、往事を偲んだ。恩人六人とは、板垣退助、西郷従道、児玉源太郎、原敬、穂積陳重、後藤新平である。大学時代の恩師、穂積陳重を除いた五人は、内務省の秘書官、次官として仕えた内務大臣である。

水野は、イギリスの評論家、歴史家カーライル（Thomas Carlyle）（一七九五―一八八一）が、「人は、生涯書生である、人間の一生は、研究の生涯である」ということを述べたとし、これに賛意を表している。水野は生涯、書生の気分を持ち続けた人であった。

（本稿は、「久留米大学法学」第五八号（二〇〇七年一二月）一七五―二四四頁）掲載の「水野錬太郎博士と旧著作権法」を基にし、朝鮮総督府政務総監などの箇所を加筆、あるいは削除したものである。ご寛恕を願う次第である。）

12．出版条例、版権条例、版権法―明治前期の著作権法制

大家　重夫

はじめに

江戸時代、一六三〇年頃、板木を用いて、印刷され、本が出来るようになった。板木の所有者が本の複製をする

[illegible]通常、本屋が板木を所有する。

漢学者として有名な伊藤仁斎（一六二七―一七〇五）は、京都の富裕な町家に生まれ、古義堂で講義し、板木は自分で所有し、板木の使用を本屋に許可し、板木の使用料を徴収した。緒方洪庵（一八一〇―一八六三）は、一八五七年、フーフェランドの著書をオランダ語から翻訳し、一八五七年（安政四年）「扶氏経験遺訓」を発行したが、板木は緒方家が所有していた。

緒方洪庵の曽孫、緒方富雄（一九〇一―一九八九）は、「医書同業会八十年誌」（昭和四六年六月一日発行、編纂者金原四郎、医書同業会発行）の中の「日本の医書出版、過去、現在、未来を語る」の中で、（明治一〇年代）、緒方家は、この板木の収入により助かった、という話を聞いているという（三四頁）。明治二〇年、あるいは明治三〇年頃までは、板木の所有者が、「複製許諾権」を持っていたのではないだろうか。この慣習法による「権利」と福澤諭吉や神田孝平らが日本に紹介した「コピライト」について、筆者の知るところを述べてみる。

第一章　福澤諭吉の法制定要望と明治二年出版条例の制定

福澤諭吉の第一回の洋行は、万延元年（一八六〇）、咸臨丸でサンフランシスコへ、二回目は、文久二年（一八六二）文久遣欧使節団の一員としてヨーロッパへ、三回目は、慶應三年（一八六七）、軍艦受取委員に随員として（小野友五郎、松本寿太夫の次の三番目）、アメリカへと三回洋行した。

慶應四年（五月から八月の間）、福澤は「西洋事情　外編巻之三」を刊行。コピライトを「蔵版の免許」、パテントを「発明の免許」と訳して紹介した（二回目の洋行の際、「チェンバーズの経済書」を購入、この記述と三回目の渡航の時、米国アプルトン社で購入の「新アメリカ百科事典」からコピライトなどを翻訳し、記述した）。

慶應四年（明治元年）閏四月二八日太政官布告第三五八号「官準ヲ経サル書籍ノ刊行売買ヲ禁ス」

慶應四年（明治元年）六月八日太政官布告第四五一号「官準ヲ経サル書類ノ刊行売買ヲ申禁ス」

慶應四年（明治元年）六月二〇日（鎮臺府）第五〇〇号「開版書籍受検方」開版書物の草稿を学校官へ提出すること。

慶應三年、小野友五郎使節団の一員として米国に行った際、書籍の購入にからんで謹慎を命ぜられている。福澤は幕府を見切り、薩長政権に入らず、文筆で生きようとする。

慶應四年、福澤の著書の海賊版が多数現れる。それもあって、「西洋事情　外編巻の三」は刊行が遅れる。

黒田行次郎によって「増補和解西洋事情四冊」が慶應四年五月か六月頃発行される。黒田は、福澤に無断で、「西洋事情」を増補した。「増補和解西洋事情附録」には「発明館」の項目で、特許権、特許庁の記述があり、福澤の「外編巻之三」の実際の発行より早い。黒田は官許を得ていて、のち福澤との紛争になる。

なお、石井研堂「明治事物起源　六」（二四〇頁、ちくま文庫・一九九七年）に次の叙述がある。「慶應四年『事情』の外編三および同四年『西洋雑誌』第四号の褒巧私説、ともに発明奨励の新設の（当時の）にて、慶應四年六月官許黒田氏の「事情補」発明館の条下にも、『創造発明の物，世に益ある物なれば、国内国外同盟諸邦へ布告し、厳く其贋造を禁じ、又専売の公験を賜ふて、製造発兌の利，悉く其人に帰す、又之に倣ひ製せんと欲する者は、証印を責主に乞ひ受けて税金を交納し、始めて之を公売すべし』と見ゆ」。

慶應四年一〇月、福澤諭吉は、「翻訳書重板の義に付奉願候書付」を提出した（注1）。

明治二年正月二七日行政官布告

出版条例（明治二年五月一三日行政官達第四四四号）

出版は、自由にできず、官（学校）に大意などを書いて、免許を得る。

本について、出版者、外国書の翻刻者へ専売の利を与え、重板の図書は没収と定める。

一、著述者、出版者、売り弘め人の氏名住所記載すること。

[illegible] 誹謗　淫蕩の出版は罪を科す。

3，図書出版に先立ち、書名、著述者、出版人の姓名住所、書の大意を「学校」へ提出し、免許を得て、免許年月日を記載すること。

4，図書を出版する者は、官が保護し、専売の利を収めしむ。

5，保護期間は、原則として著述者の生涯中に限るが、その親属これを保続せんと欲する者は、聴す。（筆者注、明治五年出版条例では、削除されている。）

6，舶来の図書を「翻刻」する者にも専売の利を収めしむ。

7，重板の図書は、板木製本尽く官に没収し、罰金を出さしむ。

8，翻訳練兵書類は専ら新式を崇ふを以て歳月の限りあるべからず。かつ、大図を縮小し、小図を拡大にしあるいは旧本に評註を加える等のごときは臨時に議して本人に害なきは、聴す。

9，翻訳書は、その原書の年代人名国名を記すこと。著述者没後の場合、その姓名等を本文の中に記すこと。原著者への言及はない（旧著作権法まで）

附録

1，学校中出版取調局ヲ設ケ両黌ノ官員相集ッテ免許ヲ与フ可キ哉否ヲ議決ス

1，儻シ（もし）願書ニテモ議決シ難キ者アレハ時トシテ草稿ヲ出サシム

1，学校中ニ於テ願済ノ書目ヲ刊行シテ書肆ニ付シ毎月或隔月刷出シテ著述者ノ参照ニ便シ剽襲ヲ防ク

1，学校知官事ノ許ニ一箇ノ印ヲ蔵シテ免許ノ検印トス

1，学校中ニ於テ願済ノ書目ヲ印行シテ書肆ニ付シ毎月或隔月刷でシテ著述者ノ参照ニ便シ剽襲ヲ防ク

1，三都書肆中ノ人ヲ撰ヒ年行司ヲ置テ互ニ相視察セシム（注2）

1，出版ノ法ヲ犯ス者ハ所在裁判局ニ於テ科断ス（以下、略）

注

注1　福澤諭吉が、無断出版の取締の法制化を新政府に要望したが、その担当官は、土佐藩出身の細川潤次郎で、明治二年出版条例が公布された。細川も長崎に遊学しており、長崎で、福澤と知り合っていたようである。大家重夫「明治二年五月一三日出版条例制定の背景—旧慣は引き継がれたか」（森泉章編「著作権法と民法の現代的課題—半田正夫先生古希記念論集」三頁、大家重夫「日本著作権史素描—貸与権の創設まで」（高林龍・三村量一・竹中俊子「知的財産法学の歴史的鳥瞰」一九八頁参照）。

注2　享保八年（一七二三年）、幕府は、町年寄の監督下で、本屋（書物問屋）仲間の江戸、大坂、京都の組織形成を認めた。この仲間に加入を認められた本屋のみが、板木を所有するか、購入するか、借りて、出版ができた。それぞれ、行事（大坂は行司）を置かせ、新刊書の審査をさせ、重版（他の本屋が出したものと同一内容の出版）、類板（題名、内容の類似しただ乗り本の出版）の禁は、本屋仲間の自治に任された。福澤諭吉は、明治二年一一月、年行司の岡田屋嘉七を身元引受人として、本屋仲間に加入した。福澤は、野に在って活動するため、収入の確保を重視し、そのため財産権としての「コピライト」に関心があった。

第二章　明治五年出版条例

出版条例（明治五年正月一三日文部省無号布達）

ア、担当部局が、学校（昌平・開成両学校）、大史から文部省へ移った（文部省は明治四年設置）（四条）、イ、両者とも「図書を出版する者」を保護するとし（三条）、著者ではない。明治二年出版条例は、保護期間を原則として著述者の生涯中に限るとし、明治五年出版条例は税法確定時に再令するとし、明言を避ける（三条但書）。「大史」については吉村保「発掘日本著作権史」（第一書房）一六頁。

ウ、明治二年出版条例は、「図書肖像戯作等」にもこの条例が準用するとし、明治五年出版条例は、「新聞紙図書肖像戯作等」にも準用するとする。

エ、願書は、「五部学校へ提出」を「三部文部省へ提出」にしている（六条）。

オ、明治五年出版条例で新たに付加された条文がある（一四条）。

変えたものもある。

以下、比較する。

一、出版ノ書ハ必ス著述者出版人売弘所ノ姓名住所等ヲ記載ス可シ縦令ヒ一枚摺ノ品ト雖トモ亦然リ此法ヲ犯ス者ハ罰金ヲ出ス可シ

←「第一条　出版ノ書ハ必ス著述者并（ならび）ニ出版人ノ姓名住所等記載ス可シ　但一枚摺ノ品ト雖モ亦然リ」

「妄ニ教法ヲ説キ人罪ヲ誣告シ政務ノ機密ヲ洩シ或ハ誹謗シ及ヒ淫蕩ヲ導クコトヲ記載スル者軽重ニ随テ罪ヲ科ス」

←「第二条　妄ニ成法ヲ誹議シ人罪ヲ誣告スル事ヲ著スルヲ許サス」

「図書ヲ出版スル者ハ官ヨリ之ヲ保護シテ専売ノ利ヲ収メシム

保護ノ年限ハ率子（おおむね）著述者ノ生涯中ニ限ルト雖トモ其親属之ヲ保続セント欲スル者ハ聴ス」

←「第三条　図書ヲ出版スル者ハ官ヨリ之ヲ保護シテ専売ノ利ヲ得セシム　但シ　図書専売規則ハ追テ一般ノ税法確定ノ時ニ至テ再令スヘシ」

「図書ヲ出版スルニ先タチテ書名著述者出版人ノ姓名住所書中ノ大意等ヲ具ヘ学校ヘ出シ学校ニテ検印ヲ押シテ彼ニ付ス此レ即チ免許状ナリ此免許ノ月日ヲ併セ刻スヘシ」

←「第四条　図書ヲ出版スルニ先ツ其書名著述者出版人ノ氏名住所書中ノ大意等ヲ具ヘ文部省ヘ出シ文部省ニテ検印シ彼ニ付ス此レ即チ免許状ナリ此免許ノ干支月日ヲ併セ刻ス可シ」

「出版ヲ願フ者ハ書面中幾月後刻成ヲ待テ其書ヲ納ム可キコトヲ記シ若シ刻成サレハ別ニ期ヲ延フルヲ請フ」

←

「第五条　出版ヲ願フ者ハ書面中幾月後刻成ヲ待テ其書ヲ納ム可キコトヲ記シ若シ刻成サレハ別ニ期ヲ延フルヲ請フヘシ」

「刻成ルノ後五部ヲ学校ニ納ムヘシ　此レ各所ノ書庫ニ頒ツ為ナリ」

←

「第六条　刻成ルノ後三部ヲ文部省ニ納ムヘシ」

「官ニ告ケスシテ書ヲ出版スル者并ニ之ヲ売弘ムル者アレハ版木及ヒ製本ヲ没入ス　但シ之ヲ売テ得ル所ノ金モ亦官ニ入ル」

←

「第七条　官ニ告ケスシテ書ヲ出版スル者并ニ之ヲ売弘ムル者アレハ版木及ヒ製本ヲ没入シ罰金ヲ出サシム可シ」

「官許ヲ受ケスシテ偽テ官許ノ名ヲ冒ス者ハ罰金ヲ出サシム　但シ未タ発兌セサル者ト雖トモ亦然リ」

←

「第八条　官許ヲ受ケスシテ偽テ官許ノ名ヲ冒ス者ハ罰金ヲ出サシム　但シ未タ発兌セサル者ト雖トモ亦然リ」

「重版ノ図書ハ版木製本尽ク官ニ没入シ且ツ罰金ヲ出サシム　是ヲ売弘ムルモノ亦同シ　罰金ノ多少ハ著述者出版人ノ損害ノ多少ニ準ス　但シ罰金ハ即チ著述出版ノ本人ヘ付与スル償金トス」

←

「第九条　他人蔵版ノ図書ヲ私ニ翻刻スル者ハ版木製本尽ク官ニ没入シ其事情ニ拠テ罰ヲ議スヘシ」

「凡ソ新タニ舶来ノ図書ヲ翻刻スル者ハ亦専売ノ利ヲ収メシム　旧版漫滅スルヲ見テ再刻ヲ願フ者ハ磨滅ノ度ニ従テ聴ス」

←

[illegible]舶来ノ図書ヲ翻刻スル者ハ亦専売ノ利ヲ得セシム　旧版漫滅スルヲ見テ再刻ヲ願フ者ハ

「凡ソ著述及翻刻ノ図書雙方ヨリシテ願ヒ出ルニ於テハ譲リ渡シヲ得テ出版自在ナル可シ」

←

「第一一条　凡ソ著述及ヒ翻刻ノ図書雙方ヨリシテ願ヒ出ルニ於テハ譲リ渡シヲ得テ出版自在ナル可シ」

「翻訳練兵書類ハ専ラ新式ヲ崇フヲ以テ歳月ノ限アル可カラス　且ツ大図ヲ縮小シ小図ヲ拓大ニシ或ハ旧本ニ評注ヲ加フル等ノ如キ臨時ニ議シテ本人ニ害ナキ者ハ聴ス」

←

「第一二条　翻訳練兵書類ハ専ラ新式ヲ崇フヲ以テ歳月ノ限アル可カラス　且ツ大図ヲ縮小シ小図ヲ拓大ニシ或ハ旧本ニ評注ヲ加フル等ノ如キ臨時ニ議シテ本人ニ害ナキ者ハ聴ス」

「凡ソ活字ニテ出版スル者亦此ノ条例ニ同シ」

「凡ソ図書肖像戯作等モ亦之ニ準ス」

←

「第一三条　凡ソ活字ニテ出版スルモ亦此条例ニ同シ　新聞紙図書肖像戯作等モ亦之ニ準ス」

新設

「第一四条　地球上各国ノ其名ヲ指サヽレハ外国ト称シ其名ヲ指スハ英国仏国孛国魯国米国ト称フヘシ」（孛国はプロイセン王国）

「若シ翻訳書ナレハ其原書ノ年代人名国名ヲ記スヘシ著述者没後ナレハ其姓名等ヲ本文ノ中ニ記ス翻刻ノ書ナレハ詳ニ其原本ノ次第及類本有無等ヲ記スヘシ其他大図ヲ小図ニ為シ旧本ヲ改正増補スル等ノ如キ皆条例ニ照シ其要ヲ記シテ願出ヘシ」

←

「若シ翻訳書ナレハ其原書ノ年代人名国名ヲ記スヘシ著述者没後ナレハ其姓名等ヲ本文ノ中ニ記ス翻刻ノ書ナレハ詳ニ其原本ノ次第及類本有無等ヲ記スヘシ其他大図ヲ小図ニ為シ旧本ヲ改正増補スル等ノ如キ皆条例ニ照シ其要ヲ記シテ願出ヘシ」

明治五年出版条例は附録を三条にした。

附録三条

1，願書中モシ著書ノ意味分明ナラサル者アレハ時トシテ草稿ヲ出サシム

1，願済ノ書目ヲ文部省ニテ印行シ毎月或ハ隔月ニ嗣出シテ書肆ニ付シ著述者ノ参照ニ便シ　剽襲ヲ防ク又三都書肆中ノ人ヲ撰ヒ年行司ヲ置テ互ニ相視察セシム

1，出版ノ条例ヲ犯ス者ハ所在官庁ニ於テ糾判ス

第三章　明治八年出版条例（明治八年九月三日太政官布告第一三五号）

衛生準刻事務の担当部局が、文部省から内務省へ変更になった（明治八年六月二八日太政官布告一一二号）（注1）。

この条例も、出版の取締と著作権の保護を併せて規定している。

（1）図書の著作、外国書翻訳出版は、出版の前に内務省に届け出ること（一条）。

（2）図書を著作し、外国書を翻訳し出版する時は、三〇年間専売の権利を与え、これを「版権」という（二条）。

（3）「版権は願うと願わざるとは、本人の随意とす。故に版権を願う者は願書を差出し免許を請ふべし、其の願わざる者は、各人一般に出版するを許す」（二条）。

版権は願うかどうかは、本人の自由だが、願わなくても、出版の届出はしなければならない。

但し、彫画の類は出版毎に届出るべきこと一般の図書と同じであるが、これには版権を　与えない（二八条）。

[illegible]、[illegible]害あると認めれば出版販売禁止。刻板を破毀させることもある（四条）。

[illegible]著ノ特ニ世ニ裨益アル者ハ版権ノ年限終ルノ後仍ホ一五年ノ延期ヲ許スコトアルヘシ」（六条）。

（6）逐次出版物については、毎部冊に版権を与え年限を起算するとした（八条）。

（7）他人の著訳書で版権を有するものを出版する場合、著訳者の承諾及び連印の願書を提出すること、原主死去の時は相続人を原主と看做す（九条）。

他人の著訳書で版権を有するものを、校訂し或いは節略し、或いは注解附録絵図等を加えて出版する時は、更に願ひでなければ版権を得ることはできない（一〇条）。

その製本の式を改め若しくは冊数を分合して改版するに止まり若しくは、旧式に依って再刻する者は版権を存す。但し届出を出し製本を納めるは各本条によるへし（一一条）。

他人の著訳書を出版する者は、必ず著訳者の承諾を得ること。その版権願書若しくは出版届書には必ず、著訳者と連印すること（一四条）。

（8）遺稿の出版（一二条）、著訳者死後に相続人が遺稿出版の場合、版権を願えば与える。

（9）版権の相続（一三条）、版権が存続中に死亡の場合、相続人に伝えられる、版権譲り受けの由を相続人から内務省へ届け出ること。

（10）版権の譲渡（二二条）、自由であるが、雙方連印してその由を内務省へ届出ること。

（11）版権の分版（二三条、二四条）、版権を分けて譲り、若しくは売り、同一書籍を各自出版することは自由である。これを分版といい、雙方連印して届け出ること。

（12）内務省へ届け出ず図書を出版し、及び版権免許を得ずして免許の名前を使った者若しくは納本せず及び免許料を出さず発売する者は、其刻版印本及売得金を没収する（罰則一条）。

（13）偽版に対する罰則。

他人の版権を侵して出版する者及び情を知って発売する者を罰金に処し、その刻版印本及び売得金を没収して版主に給付するものとした（罰則二条、三条）。

（14）無名若しくは版主の住所を記さない図書を出版し若しくは発売する者並びに変名偽名し若しくは住所を偽りて、図書を出版し若しくは情を知って発売する者は禁獄一〇日以上六月以下を科す、没収の法は第一条による。
（15）凡そ著訳の図書讒謗律（次項参照）及び新聞紙条例第一二条以下を犯す者は著訳者其罪に坐す。但し、著訳者は首を以て論じ出版者は従を以て論ず（罰則五条）。
（16）淫褻俗を乱るの図書（小説歌謡彫画の類淫褻に係る者は皆同じ）を著訳して出版する者は禁獄三〇日以上一年以下罰金三円以上百円以下を科す（罰則六条）。
（17）従前の図書は、この条例発効（発行）の時より四ヶ月にかぎり、願出なければ版権はないとされた（附則第一款）（注2）。

版権（注3）は、この明治八年出版条例から「著者」に与えられた。版権の取得は、随意とする。明治八年出版条例二条の但書きには、「其（版権を）願わざる者は、各人一般に出版するを許す」との明文がある。
ア、版権を願わない者は、無届けで出版できる、と読めるがどうか、という点で照会があり、出版届は、出版の前に必ず、内務省へ届け出るよう、回答した（内務省布達明治九年五月二日甲第一四号）
イ、新刻の図書版権を有したき者は、出版及び版権を願い出ること、若し出版届のみ差し出し後日、版権を願出ても、与えられないとされた（内務省布達明治九年五月二九日甲第二〇号）

注

注1　明治八年六月二八日太政官布告第一一二号により、「衛生準刻事務」すなわち、厚生省関係事務と出版事務は、明治四年七月設置の文部省から明治六年一一月設置の内務省に移管された。この経緯については、大家重夫「著作権を確立した人々　第2版」（成文堂・二〇〇三年）四一頁以下参照。

官許を得て発行した書籍でも、将来政府の保護を受けようとすれば、更に版権を願い出る必要が生じ、出版者は恐慌を来した。また、出版者の（株）は、これで自然消滅した。三木佐助『玉淵叢話』中一六頁。この明治八年出版条例は、「版権」と名付け、出版者でなく著作者の独占権とし、西洋思想であるコピライトの考えを取り入れたといえる。

注3　「版権」も福澤諭吉の造語である。明治六年七月一七日、東京府知事大久保一翁あて提出した文書で、「コピライト」を従来「出版官許」としたが「版権」が可ならん、と述べている。「福澤諭吉全集　第一九巻」（岩波書店・昭和四六年再版）四六八頁。本書三七九頁の注2参照。なお、明治八年以降、福澤は、版権、コピライトに関して、論文、エッセイを殆ど執筆していないようである。

第四章　讒謗律（明治八年六月二八日太政官布告第一一〇号）

八条からなる、名誉毀損法である。天皇（二条）皇族（三条）、官吏の職務についての讒毀（四条）、その他華士族平民について（五条）規定し、四条五条は、親告罪。明治一三年七月七日公布の旧刑法に吸収された。明治八年新聞紙条例七条、明治八年出版条例罰則第五条に讒謗律が出ている。

「第一条　凡ソ事実ノ有無ヲ論セス人ノ栄誉ヲ害スヘキ行事ヲ摘発公布スル者之ヲ讒毀トス人ノ行事ヲ挙クルニ非スシテ悪名ヲ人ニ加ヘ公布スル者之ヲ誹謗トス

著作文書若クハ画図肖像ヲ用ヒ展観シ若クハ発売シ若クハ貼示シテ人ヲ讒毀シ若クハ誹謗スル者ハ下ノ条例ニ従テ罪ヲ科ス

第二条　第一条ノ所為ヲ以テ乗輿（注1）ヲ犯スニ渉ル者ハ禁獄三月以上三年以下罰金五〇円以上千円以下（二罰併セ科シ或ハ偏ニ一罰ヲ科ス以下之ニ倣）

第三条　皇族ヲ犯スニ渉ル者ハ禁獄一五日以上二年半以下罰金一五円以上七〇〇円以下

第四条　官吏ノ職務ニ関シ讒毀スル者ハ禁獄一〇日以上二年以下罰金一〇円以上五〇〇円以下誹謗スル者ハ禁獄

五日以上一年以下罰金五円以上三〇〇円以下
第五条　華士族平民ニ対スルヲ論セス讒毀スル者ハ禁獄七日以上一年半以下罰金五円以上三〇〇円以下誹謗スル者ハ罰金三円以上三〇〇円以下
第六条　法ニ依リ検官若クハ法官ニ向テ罪犯ヲ告発シ若クハ証スル者ハ第一条ノ例ニアラス　其故造誣告シタル者ハ誣告罪ニ依ル
第七条　若シ讒毀ヲ受クルノ事刑法ニ触ルル者検官ヨリ其事ヲ糾治スルカ若クハ讒毀スル者ヨリ検官若クハ法官ニ告発シタルトキハ讒毀ノ罪ヲ治ムルコトヲ中止シ以テ事案ノ決ヲ俟チ其ノ被告人罪ニ座スルトキハ讒毀ノ罪ヲ論セス　若シ事刑法ニ触レスシテ単ニ人ノ栄誉ヲ害スルモノハ讒毀スルノ後官ニ告発スト雖モ尚讒毀ノ罪ヲ治ム
第八条　凡ソ讒毀誹謗ノ第四条第五条ニ係ル者ハ被害ノ官民自ラ告ルヲ待テ乃チ論ス」

注――

注1　乗輿とは、天子の乗り物、天子の敬称。

第五章　新聞紙取締の流れ

1，達　明治二年二月八日、学校
世上新聞紙出版御許相成候間学校ニ於テ都テ取締可致候事
2，大史ヨリ京都府へ通知、明治四年七月一九日
新聞紙条例
3，大蔵省達　明治六年六月二八日第一〇四号
4，布告　明治六年一〇月一九日第三五二号
5，布告　明治八年六月二八日第一一一号

「第一条　凡ソ新聞紙及時時ニ刷出スル雑誌雑報ヲ発行セントスル者ハ持主若クハ社主ヨリ其ノ府県庁ヲ経由シテ願書ヲ内務省ニ捧ケ允准ヲ得ルヘシ」（以下略）

6，布告　明治一六年四月一六日第一二号

「第一条　新聞紙ヲ発行セントスル者ハ其発行所ノ管轄庁（東京府ハ警視庁）ヲ経由シテ内務郷ニ願出テ准許ヲ受ク可シ

時時ニ刷行スル雑誌雑報ノ類ハ皆此条例ニ依ル」

第六章　松崎晋二と明治九年写真条例

全七条からなる写真条例が、明治九年六月一七日太政官布告第九〇号として、公布された。専売の権利を願い出る者に対し、五年間の保護を与える。写真版権という。

折角、台湾や小笠原島で苦労して撮影した写真を発売しても、すぐ無断複製され、困惑した写真師松崎晋二が運動して、この条例が制定された。森田峰子「中橋和泉町松崎晋二写真場―お雇い写真師、戦争。探偵・博覧会をゆく」（朝日新聞社・二〇〇二年）は、台湾出兵従軍写真師で内務省の小笠原調査にも同行した松崎晋二（一八五〇―不祥）の足跡を追った貴重な書籍である。私は、松崎の条例制定実現については、岸田吟香が助力したと推測している（大家重夫「写真著作権の法的保護の歩み」日本写真家協会会報一七〇号二〇頁）。

第一条　凡ソ人物山水其他ノ諸物象ヲ写シテ専売ヲ願ヒ出ル者ハ五年間専売ノ権ヲ与フヘシ之ヲ写真版権ト称ス但之ヲ願ハサル者ハ別段届出ルニ及ハス

第二条　版権ヲ得タル写真ニハ必ス毎葉写主ノ標号及ヒ定価并ニ版権免許ノ年月ヲ記載スヘシ

第三条　版権ヲ得タル者ハ写真一版ニ付三葉ヲ納メ仍ホ免許料トシテ一版ニ付一二葉ノ定価ヲ納ムヘシ之ヲ納メサル前ニ発売スルヲ許サス

（以下略）

山田奨治「日本文化の模倣と創造」（角川新書二〇〇二年）は、「この写真条例をもって写真著作権のはじまりとみるのは、早計に過ぎる。写真条例は、写真の『専買権』を撮影者に与えるという紛争回避の手段であり、写真師の表現を保護することとは根本的に違っていた。」という。

第七章　版権条例（明治二〇年一二月二八日勅令第七七号）の制定

この条例は、版権保護のみを規定した単独の最初の著作権立法である。出版の取締は、出版条例に規定した。次の項目で詳述する。

同日付けで、勅令七五号、七六号、七七号、七八号、七九号として公布された。

○新聞紙条例（明治二〇年一二月二八日勅令第七五号）

明治四年七月一九日新聞紙条例。

明治八年六月二八日新聞紙条例（太政官布告第一一一号）は、持主、社主、編輯人、仮編輯人を内国人に限定。明治九年新聞紙条例改正、明治一六年新聞紙条例改正。

○出版条例（明治二〇年一二月二八日勅令第七六号）

明治一六年出版条例改正（太政官布告第二一条）は、図書出版の内務省への届け出を一〇日前にせよ、新聞紙条例違反の著訳者出版者は共犯とする（明治八年新聞紙条例は編輯人は主犯、筆者は従犯。明治八年出版条例罰則も、著訳者は首犯で、出版者は従犯）。

1，明治二〇年出版条例は、出版、著作者、発行者、印刷者を定義した。

2，学校会社協会等を著作名義で出版する文書図画の届け出は、その学校会社等を代表する者が発行者と連印する。

，又、の著作、数人の講義演説を編纂一部の書としたものは、編纂者を著作者と看做す。

4, 翻訳は翻訳者を著作者と看做す。

5, 学校会社協会等の著作名義の文書図画は、その出版届を出す者を著作者と看做す。

6, 注目すべきは、「誹毀の訴（名誉毀損）」についての三一条（違法性阻却事由）。

「三一条　文書図画を出版し、因って誹毀の訴を受けたる場合に於て、其の私行に渉るものを除くの外、裁判所に於て其人を害するの悪意に出てず専ら公益の為にするものと認むるときは、被告人に事実を証明することを許すことを得。若し其証明の確立を得たるときは誹毀の罪を免す。其損害賠償の訴を受けたるときも亦同じ。」

○　版権条例（明治二〇年一二月二八日勅令第七七号）

○　脚本楽譜条例（明治二〇年一二月二八日勅令第七八号）

○　写真版権条例（明治二〇年一二月二八日勅令第七九号）

写真条例は、写真版権条例（明治二〇年一二月二八日勅令第七九号）になる。この条例により、写真版権は写真師に属し、他人の嘱託に係る写真版権は嘱託者に属し、保護年限は「登録から五年」が「登録後一〇年」に延長された。

第八章　版権条例の内容

1, 文書図画を出版してその利益を専有するの権利を「版権」とし、版権所有者の承諾を経ずにその文書図画を翻刻するを「偽版」とした。

「出版」については、同日付勅令第七六号出版条例第一条で、機械舎密其他何等の方法を以てするを問わず文書図画を印刷してこれを発売し又は頒布するを出版というと定義している。法文に於て、「専有」が使われたのはこれが初めてである。

2，次の者は偽版を以て論ずることとした。

（1）版権所有者の承諾を経ずして版権所有の文書図画を翻訳し増減し註解附録絵図等を加え若しくは其未だ完結せさる部分を続成して出版する者（一九条）。

（権利者に無断で翻訳することを著作権侵害とするのは、現行著作権法二七条に相当し、翻訳権が著作権の支分権であると理解していることを示している。また、「増減し註解附録絵図等の」付加や、完結しない部分の続成を侵害とするのは、現行著作権法二〇条（同一性保持権）、二七条、二一条に該当する。）

（2）新聞紙又は雑誌に於て二号以上に渉り記載した論説記事又は小説を其編輯者の承諾を得ずに刊行の月より二年以内にこれを編纂して一部の書として出版した者（一九条、一五条）。

二年経過後といえども既に一部の書として版権登録を経たものは原文について更に編纂することはできない（一九条、一五条）。

（3）世人を欺瞞するため故らに版権所有の文書図画の題号を冒し或いは模擬し又は氏名社号屋号等の類似したる者を湊合して他人の版権を妨害する者（二一条）。

題号の変更は、現行著作権法では同一性保持権侵害（二〇条）、題号氏名社号屋号等の類似の使用については現行著作権法一二一条、不正競争防止法二条一項一号二号参照。

（4）著作者又はその相続者の承諾を経ずして未だ出版せざる文書図画を出版し又は非売の文書図画を翻刻する者（二二条）。

（5）文書図画を写真となし、その版権を犯す者（二三条）。

（6）内国にて版権所有の文書図画を外国に於て偽版したるものを輸入販売する者（二四条）。

現行著作権法一一三条一項一号に当たる。

3，官庁学校会社協会等において著作の名義を以て出版する文書図画の版権は其官庁学校等に属するとした（七条四項）。（官庁学校会社協会等が、原初的に版権を持つことを認めていたと解される。）

ナス者ヲ以テ著作者ト看做スヘシ」とある。出版届を提出しなければならないがその届出には、著作者又はその相続者発行者連印が必要とされた（同条例五条）

4，版権の保護を受けんと欲する者は、内務省の版権登録を受けなければならない（三条）。しかし、これは、官の免許を必要とするものではない。

5，版権登録の文書図画には、その保護期間中「版権所有」の四文字を記載しなければならない。これを記載しない場合、版権登録の効力を失い、版権の保護を受けられない（五条）。

6，版権は著作者に属し、著作者死亡後はその相続人に属し、版権の相続性を認めた（七条）。

7，版権は、制限を附し若しくは附せずして譲渡することを得るものとして版権の制限的譲渡性を認めた（八条）。

8，保護期間について。

（1）版権の保護期間について、著作者の終身に五年を加えたものとし、若し版権登録の月より死亡の月までを計算しこれに五年を加えなお、二五年に足りない時は、版権登録の月より三五年とした（一〇条）。

（2）合著作物の保護期間は、著作者のうちの最終の死亡者から計算する（一〇条二項）。

（3）官庁学校会社協会等の著作の名義で出版する文書図画並びに著作者死亡後に出版する文書図画の版権年限は、版権登録の月から計算し三五年とする。

（4）特に世に有益な文書図画にして版権年限間の利益が、その著作出版の労力と費用を償はざる事情のあるものは、版権者の願出により一〇年間延期することができる（一三条）。

9，偽版者等の損害賠償責任及び差止。

（1）偽版者及びその相続人は、版権所有者に対し損害賠償の責任を負う。

（2）その写本を発売して版権を犯す者も同じ（一六条、一八条）。

（3）偽版者及び情を知る印刷者、販売者は被害者の告訴により一月以上一年以下の重禁錮若しくは二〇円以上三〇〇円以下の罰金に処せられる。偽版に係る刻版及び印本は何人の手にあるを問わず、これを没収し、既に販売したるものは、その売得金を没収し、併せて、被害者に下付する。（二七条）。

（4）偽版の訴えがあるとき、裁判官は出訴者の情願あるにおいては仮にその発売頒布を差止めることができる。但し偽版にあらずと判決されたときは、出訴者においてその差止より生ずる損害賠償の責に任ずる（一七条）。

（5）偽版の訴えがなされて、偽版かどうか決し難きときは、受訴裁判所は三名以上の鑑定者を選び鑑定せしむることができる（二五条）。

（6）偽版に関する損害賠償の責任は、その原書の版権年限終わってあと三年間までとする（二六条）。

10, 著作者の人格的利益を保護する規定

（1）著作者又はその相続人の承諾なしに未出版の文書図画を出版することは、偽版を以て論ずる（二二条）。（現行著作権法一八条の公表権）

（2）版権所有の文書図画の題号を冒し或いは模擬し又は氏名社号屋号等の類似したるものを湊合して、他人の版権を妨害するものは、偽版を以て論ずる（二一条）（現行著作権法二〇条同一性保持権、現行著作権法一二一条の刑事罰）。

（3）版権のない文書図画といえども之を改竄して、著作者の意を害し、又はその表題を改め又は著作者の氏名を隠匿し、又は他人の著作を詐称して翻刻するものを二円以上一〇〇円以下の罰金に処する。但し著作者又は発行者の告訴を待って罪とする（二八条）（現行著作権法二〇条の同一性保持権、現行著作権法一二一条の刑事罰）

（4）版権所有者の承諾を得ずに版権所有の文書図画の文書を翻訳し、増減し、註解附録絵図等を加え若しくは未完結の部分を続成して出版すること。

（5）新聞紙又は雑誌に於て二号以上に渉り記載した論説記事又は小説を其編輯者の承諾を得ずに刊行の月よ

二年以内にこれを編纂して一部の書として出版すること。二年経過後といえども既に一部の書として版権登録を経たものは原文について更に編纂すること（一九条、一五条）。一号のみ掲載された論説記事を無断で一部の書にすることは許されているが、現行著作権法一一三条六項のいうように「名誉又は声望を害する方法によりその著作物を利用する行為」であれば、著作者人格権侵害である。

第九章　明治二〇年出版条例と版権条例

明治二〇年、従来の出版条例を、公安維持を目的とする新「出版条例」と私権保護を目的とする「版権条例」に分けた。

1，新「出版条例」と旧出版条例との比較

（1）新出版条例は、版権については規定せず、版権条例に任せた。

（2）新出版条例は、第一条において、「出版」、「著作者」、「発行者」、「印刷者」の定義を行った。

（3）旧出版条例は、出版の図書に著作者、翻訳者及び出版者の住所氏名を記すことが必要であった（二一条）新出版条例は、発行者と印刷者の氏名住所を記すことを必要とし（二二条）、著作者は届出のみになった（五条）。

（4）旧出版条例は、出版者について特に資格を設けていないが、新出版条例は、文書図画の発行者は、「文書図画ノ販売ヲ以テ営業トスル者」、「著作者又ハ其相続者」に限るとした（六条）。

（5）旧出版条例は、雑誌について規定せず、新聞紙条例（明治八年六月二八日布告一一一号）が「新聞紙及時時ニ刷出スル雑誌雑報」の発行者は内務省に願書を出すよう規定していた。新出版条例は、雑誌にして「専ラ学術技芸ニ関スル事項ヲ記載スルモノ」は、内務大臣の許可を得て、出版条例によることとした（二条）。従って、版権条例二条により、これら雑誌は、版権の保護を受けることになった。

（6）旧出版条例では、出版届（版権届も）について草稿を添付することは要求していなかったが「時トシテハ草稿ヲ徴シ検査スルコトアルヘシ」（三条）とあった。新出版条例は、草稿検査の条項を削除した。

2，版権条例の特徴

（1）旧出版条例は、「版権は願うと願わざるとは本人の随意」とした（二条）。これは、版権は、法律によって与えられたもの、版権条例は政策的立法と解されやすい。

ア、版権条例では、版権の保護を受けんと欲する者は、版権登録を願出るべし、と三条に規定し、版権がすでに発生しているが、登録でき、登録が確認的なものである、とも読める表現になっている。

イ、版権条例では、原則として、版権登録しないと版権を認めず、従って、偽作（版権侵害）が認められないわけであるが、次の場合、条件をつけてであるが、版権を認めた結果になっている。

（2）著作者又は相続者不明の著作で、未出版のものを一定の手続で出版した場合（一四条二項）。

（3）新聞紙又は雑誌に二号以上にわたり記載した論説記事及び小説（一五条）。

（4）講義又は演説を筆記して一部の書とした場合、講義者演説者の許諾を得た場合、筆記者又は相続人（七条二項）。

（5）他人の未出版の著作物を無断で出版する場合（二二条）。

（6）版権のない文書図画であっても、これを改竄し著作者の意を害し、又は表題を改め、又は著作者の氏名を隠匿し、又は他人の著作と詐称して翻刻した場合（二八条）。

ウ、保護期間は、旧出版条例は三〇年であるが、これを「著作者の終身に五年を加えたもの」とした（一〇条）。最短は三五年であるが（一〇条）、旧出版条例より長くなっている。

版権条例は、元田肇、末松謙澄の議員提案により第四回帝国議会に提出され、明治二六年二月二四日成立、版権法（明治二六年四月一三日法律第一六号）となる。出版法（明治二六年四月一三日法律第一五号）も公布された。

版権条例は、末松謙澄（一八五五―一九二〇）によって立案された。末松は、一八七八年（明治一一年）在英公使館書記見習、一八八二年（明治一五年）ケンブリッジ大学留学、八年間英国に滞在した。一八八六年（明治一九年）帰国後、内務省に勤務。明治二〇年内務省県治局長。内務省勤務当時、版権条例を立案した。末松は、一八九〇年（明治二三年）第一回衆議院総選挙に当選し、以来三回連続当選した。明治二二年、伊藤博文長女生子と結婚している。

明治二四年一二月四日、版権法案提案理由説明で「（版権条例等）は本員が主として調べて、その筋に出して法律に為った」「その際余程緻密に意は加えた積もりであるが、その後実験して本員が在官中気付いたこともございます。その後聞き合わせたこともございます。それから取捨して爰に加えたのでございます。」と説明している。

第一一章　版権法と版権条例との比較

以下、版権条例を条例、版権法を法と呼ぶ。重要な変更箇所については、◎を付けた。

◎1,

条例二条「出版条例ニ依リ文書図画ヲ出版スル者ハ総テ此条例ニ依リ其版権ノ保護ヲ受クルコトヲ得」

法二条「出版法ニヨリテ文書図画ヲ出版スル者及出版法又ハ新聞紙法ニ依リ雑誌ヲ発行スル者ハ総テ此法律ニ依リ其ノ版権ノ保護ヲ受クルコトヲ得」

2,

条例三条一項「発行前製本六部の定価」を法三条一項「発行前登録料トシテ製本六部の定価」とし、以下の文を追加した。

「但シ六部ノ定価合シテ五〇銭ニ満タサルモノハ五〇銭トシ一〇円ヲ超ユルモノハ一〇円トス　版権登録ノ文書図画ニハ其ノ定価ヲ記載スヘシ版権登録後定価ヲ増加スルモノハ其ノ未納額ヲ内務省ニ追納スヘシ　但シ追納額ハ最初ノ納額ト通算シテ一〇円ニ至テ止ム」

3,

条例七条二項「講義若ハ演説ヲ筆記シテ一部ノ書ト為シタルモノノ版権ハ講義者若クハ演説者ニ属シ若シ筆記者ニ於テ講義者若ハ演説者ノ許諾ヲ経テ出版スルトキハ筆記者ニ属シ筆記者死亡後ニ在テハ其ノ相続者ニ属スルモノトス」

法七条二項「講義若ハ演説ヲ筆記シテ一部ノ書ト為シタルモノノ版権亦同シ但シ公開の席ニ於テ為シタル演説ヲ筆記シテ出版スルモノハ版権侵害ト認ムルノ限リニ在ラス」

4,

条例七条四項「数人の著作若ハ数人ノ講義、演説ヲ編纂シタル文書図画ノ版権ハ編纂者ニ属シ編纂者死亡後ニ在テハ其相続者ニ属スルモノトス」

法四項「二種以上の著作若ハ講義、演説ノ筆記ヲ編纂シタル文書図画ノ版権ハ編纂者ニ属シ編纂者死亡後ニ在テハ其相続者ニ属スルモノトス」

◎5,

条例七条四項但書

「但編纂者ト原著作者講義者演説者又ハ其ノ相続者トノ関係ハ相互ノ約束ニ依ル」

法七条四項但書

「但シ其ノ原著作及原筆記ニ別ニ版権所有者アルトキハ其ノ所有主ノ承諾ヲ経タル後ニ非サレハ其ノ部分ニ付本項ヲ適用セス書画ノ版権ハ其ノ原本ノ所有者ニ属スルモノトス」（注1）

[illegible]版権ハ其ノ原本ノ所有者ニ属スルモノトス」については、二二条参照。

条例一二条「版権ノ保護ハ其ノ文書図画ヲ改正増減シ又ハ註解、附録絵図等ヲ加ヘ又ハ製本ノ式ヲ改メ又ハ冊数ヲ分合スルカ為メ変更スルコトナカルヘシ」

法一二条「版権ノ保護ハ其ノ文書図画ヲ改正増減シ又ハ註解、附録、絵図等ヲ加ヘ又ハ製本ノ式ヲ改メ又ハ冊数ヲ分合スルカ為メ変更スルコトナカルヘシ

版権登録ヲ得タル文書図画ニ挿入シタル写真ニシテ特ニ其ノ文書図画ノ為ニ写シタルモノハ其ノ文書図画ト共ニ版権ノ保護ヲ受クルモノトス」（注2）

旧著作権法二四条、三〇条一項第五参照。

7,

条例一三条「特ニ世ニ有益ナル文書図画ニシテ版権年限間ノ利益其ノ著作出版ノ労力ト費用トヲ償ハサルノ事情アルモノニハ版権所有者ノ願出ニ依リ内務大臣ニ於テ仍ホ一〇年間版権保護ノ期限ヲ延ハスコトアルヘシ」

法一三条「版権年限ヲ経過スルモ版権所有者ノ願出ニヨリ内務大臣ニ於テ必要ト看做ストキハ仍ホ一〇年間版権保護ノ期限ヲ延ハスコトアルヘシ」

◎8,

条例一五条「新聞紙又ハ雑誌ニ於テ二号以上ニ渉リ記載シタル論説記事又ハ小説ハ其編輯者ノ承諾ヲ得ルニアラサレハ刊行ノ時ヨリ二年内ニ之ヲ編纂シテ一部ノ書ト為シ出版スルコトヲ得ス

其ノ二年ヲ経ルト雖モ已ニ一部ノ書ト為シ版権登録ヲ経タルモノハ原文ニ就テ更ニ編纂スルコトヲ得ス」

法一五条「新聞紙ニ於テ二号以上ニ渉リ記載シタル論説記事又ハ小説及二号以上ニ渉ラスト雖特ニ一欄ヲ設ケ冒頭ニ禁転載ト記シタルモノ（注3）ハ其ノ編輯者ノ承諾ヲ得ルニ非サレハ刊行ノ月ヨリ二年内ニ之ヲ他ノ新聞紙若ハ雑誌ニ転載シ又ハ之ヲ編纂シテ出版スルコトヲ得ス

其ノ二年ヲ経ルト雖モ已ニ一部ノ書ト為シ版権登録ヲ経タルモノハ原文ニ就テ更ニ編纂スルコトヲ得ス」

9,
条例一九条「版権所有者ノ承諾ヲ経スシテ版権所有ノ文書図画ヲ翻訳シ増減シ註解附録絵図等ヲ加ヘ若ハ其未タ完結セサル部分ヲ続成シテ出版スル者及本条例第一五条ニ違フ者ハ偽版ヲ以テ論ス
他人ノ講義又ハ演説ヲ筆記シ其許諾ヲ経スシテ出版スル者亦前項ニ同シ」
法一九条「版権所有者ノ承諾ヲ経スシテ版権所有ノ文書図画ヲ翻訳シ増減シ註解、附録、絵図等ヲ加ヘ又ハ其ノ未タ完結セサル部分ヲ続成シテ出版スル者及第一五条ニ違フ者ハ偽版ヲ以テ論ス
他人ノ講義又ハ公開ナラサル席ニ於テ為シタル他人ノ演説ヲ筆記シ其ノ許諾ヲ経スシテ出版スル者亦前項ニ同シ」
◎10,
条例二二条「著作者又ハ其相続者ノ承諾ヲ経スシテ未タ出版セサル文書図画ヲ出版シ又ハ非売ノ文書図画ヲ翻刻スル者亦偽版ヲ以テ論ス」
法二二条「著作者又ハ其相続者ノ承諾ヲ経スシテ未タ出版セサル文書図画ヲ出版シ又ハ非売ノ文書図画ヲ翻刻スル者亦偽版ヲ以テ論ス
所有者ノ承諾ヲ経スシテ書画ヲ出版スルモノ亦同シ」（注4）
「所有者ノ承諾ヲ経スシテ書画ヲ出版スルモノ亦同シ」については、七条四項参照。
11,
条例二六条「偽版ニ関スル損害賠償ノ責ハ其原書ノ版権年限終ルノ後三年ヲ以テ期満得免ノ期トナス」
法二六条「偽版ニ関スル損害賠償ノ時効ハ其原書ノ版権年限終ルノ後三年ヲ経過スルニ因テ成就ス」
12,
条例二七条「偽版者及情ヲ知ルノ印刷者販売者ハ一月以上一年以下ノ重禁錮若クハ二〇円以上三〇〇円以下ノ罰

告訴ヲ待テ其罪ヲ論ス

偽版ニ係ル刻版及印本ハ其何人ノ手ニ在ルヲ問ハス之ヲ没収シ其既ニ販売シタルモノハ其売得金ヲ没収シテ併セテ被害者ニ下付ス」

法二七条「偽版者及情ヲ知ルノ印刷者販売者ハ一月以上一年以下ノ重禁錮若クハ三〇円以上三〇〇円以下ノ罰金ニ処ス

但被害者ノ告訴ヲ待テ其罪ヲ論ス

偽版ニ係ル刻版及印本ハ其何人ノ手ニ在ルヲ問ハス之ヲ没収シ其既ニ販売シタルモノハ其売得金ヲ没収シテ併セテ被害者ニ下付ス」

13,

条例三一条「此条例ニ関スル公訴ノ期満免除ハ二年トシ其犯罪ト認メラレタル文書図画ヲ最後ニ発売頒布シタル時ヨリ起算ス其発売頒布セサルモノハ其最後ニ印刷シタル時ヨリ起算ス」

法三一条「此法律ニ関スル公訴ノ時効ハ二年ヲ経過スルニ因テ成就ス」

14,

条例三二条「現行ノ出版条例ニ拠リ免許ヲ得タル版権ノ年限ハ現行条例ニ拠リ計算スルモノトス

其犯罪ト認メラレタル文書図画ヲ最後ニ発売頒布シタル時ヨリ起算ス其発売頒布セサルモノハ其最後ニ印刷シタル時ヨリ起算ス」

法三二条「従前ノ出版条例ニ拠リ免許ヲ得タル者ノ版権年限ハ従前ノ条例ニ拠リ計算スルモノトス

注

注1　版権の切れた書画を購入し、所有権を得た者は、書画の「版権」を有するという七条の末項の条文は、今日でも、世間には殆ど流通しておらず、少数の収集者のみが書画所有している場合（たとえば錦絵のコレクター）は、収

集者が渇望する条文であろう。末松謙澄の国会での答弁によると、古法眼（狩野元信）の絵画を複製したいが、遺族を探すのは大変であるから、所有者に複製する権利を与えたという（福王寺一彦・大家重夫「美術作家の著作権」（里文出版・二〇一四年）五八頁）。

注2　版権条例一二条にはなく、版権法一二条二項として追加された条項は、旧著作権法二四条、三〇条一項五号に痕跡がある。

注3　版権条例一五条は、二年以内に他の雑誌等に転載等するには、「新聞紙又ハ雑誌ニ於テ二号以上ニ渉リ記載シタル論説記事又ハ小説」は、その雑誌の編輯者の承諾を要すと規定していたが、版権法一五条一項は「二号以上ニ渉ラスト雖特ニ一欄ヲ設ケ冒頭ニ禁転載ト記シタルモノ」も編輯者の承諾を要するとした。これは、博文館が明治二〇年発行の「日本大家論集」について、出版社、著作者から非難の声が上がったが、版権条例が無力であった。末松謙澄はこのことを気にかけていたと推測する。大家重夫「版権条例、版権法から著作権法へ」（「知的財産法の系譜―小野昌延先生古稀記念」（青林書院・二〇〇二年）四四〇頁）。

注4　版権法七条四項で、書画の原本の所有者へ「書画の版権」を与えたため、これに応じて、版権法二二条において、無断で書画を出版する者は、著作権侵害であるとした。

第一二章　著作権法（明治三二年三月四日法律第三九号）

日本は、明治二七年日英通商改正条約により、日本国内に於ける英国の領事裁判権廃止に先立ち、工業所有権、版権保護の列国同盟条約加入を約束する。

版権法、脚本楽譜条例、写真版権条例を廃止し、著作権法に一本化した。また、無方式主義、内国民待遇を規定した。

昭和四五年、著作権法を全面改正（昭和四五年五月六日法律第四八号）し、昭和四五年末まで施行された。ちなみに、明治三三年一〇月一九日成立の第四次伊藤博文内閣において、内務大臣は、版権条例、版権法に関与した末松謙澄、その秘書官に、明治三二年旧著作権法を起草した水野錬太郎が就いている。大臣と秘書官の間で、著作権が話題になったかどうかは不明である。

1　水野錬太郎の「著作権」に異を唱えた小林尋次

大家　重夫

第一章　水野錬太郎と小林尋次

明治三二年（一八九九年）制定の旧著作権法は、昭和四五年（一九七〇年）末まで施行されたが、この法律を立案したのが内務省の水野錬太郎（一八六八―一九四九）である。当時、内務省が著作権法を所管していた。

この旧著作権法は、昭和六年及び昭和九年に一部改正されている。この二度の改正を担当したのが内務省警保局図書課の事務官小林尋次（一九〇〇―一九七七）である。水野より三二歳若い。

水野は、「著作権法要義　全」（有斐閣書房・明法堂、一八九九年）及び「著作権法―明治三十八年法政大学講義録」（複刻版・一九七四年）を著作し、「著作権ノ性質ニ就テ」を始めとして著作権に関する論文が多い。大正元年から終身の貴族院議員に勅選されており、小林が著作権法改正案の原案を作ったり、著作権行政を担当している頃、貴族院議員であった。

小林は、昭和三年から昭和一二年七月まで約一〇年間、検閲、選挙法、著作権法に関する事務を担当した。著作権法については、殆ど一人で担当した。著作権法改正を担当し、水野の著作権についての考えにいくつか疑問をもった。

小林は、その後、厚生省人口局長、同健民局長、陸軍司政長官（スマトラ・ランボン州長官）を歴任したが、日本が大東亜戦争に敗戦すると、弁護士を開業した。敗戦後、内務省が廃止され、著作権法の所管は文部省に移管されていた。

小林は、昭和三三年、「現行著作権法の立法理由と解釈―著作権法全文改正の資料として」（文部省・一九五八年）を著し、著作権、著作権法についての考えを明らかにした。この書物は、昭和四五年に制定された現行著作権法制定に関わった文部省の著作権課長、課長補佐、著作権課員によって読まれた。

二〇〇〇年代になって、小林尋次のその著作が脚光を浴びることになった。一つは、映画の著作物についてで、旧著作権法時代の「映画の著作物」は映画監督が著作者であり、契約に基づき映画の著作権は映画完成と同時に映画会社へ移転する、という小林の考えを東京地裁平成一九年九月一四日判決判時一九九六号一二三頁（黒澤映画事件）が採用したことである。

もう一つは、アメリカのグーグル社による日本書籍をも含む情報の収集、電子図書館への採録をめぐって、改めて日本の出版社の権利が問われることになった。著作権法の出版権設定制度は、小林の担当した昭和九年著作権法改正で創設され、小林がどう考えていたか、関係者が注目し始めた。

第二章　水野は二元説、小林は一元説か

著作権法の解釈は、まず条文を読み、解釈するが、あてはまる条文がないとき、あるいは条文があっても結論が納得できないとき、条文を離れて解釈することがある。そのとき、著作権の本質とは何か、著作権の本質をどう捉えるか、ということになる。

水野錬太郎は、著作権は単一の権利でなく、財産権と人格権（自己の思想を保持する権利）の二種類からなるとした。明治三二年当時は、著作権に人格権的要素があると海外の学者が認め始めた頃である。

水野は、著作権の性質について次の説を紹介する。第一説、所有権説、第二説は債権説、著作者は価値ある著作物を作ったから社会は報酬を与えねばならぬ、つまり著作者は報酬請求権をもつ、それは債権の関係であるとする。第三説は、特種所有権説、特別の性質を有する一種の所有権とする。第四説は、著作権は、ぺるそなりてーの権利、人格権であるとする。第五説は、知能権説、智能の産出物の上に有する権利であるとする（以上、「著作権法―法政大学講義録」二七頁以下）。

「著作者は、一面においては、その著作物を発行して之より生ずる利益を享有することを得べく、又一

は著作物の形体、内容を保持し若しくは之を変更することを得るものなり、而して此の二面の権利は著作者が他人を排斥して独り専ら有する権利なるか故に、他人か其著作物を発行し又はその著作物の形体、内容を変更したるときは之に対して異議を主張することを得るものなり、而して発行に関する権利は金銭上の利益を目的とする権利なるか故に是れ全く普通の財産権なり。又、著作物の形体、内容を保持し又は変更する権利は著作物に因りて表はされたる著作者の思想を維持する権利なるか故に一の無形的権利にして思想権とも称すへきものなり。予は著作権は必ず此の両面の性質を有する権利即ち混成的権利なり。」(「著作権法―法政大学講義録」四三頁以下)と述べている。

水野錬太郎説は、「著作権」という一つの権利の中に、人格権と財産権という二つの権利が混在している、とした。著作権という一つの権利の中に、人格権と財産権の二つがある、としたのである。

一方、小林尋次は、「水野錬太郎博士は明らかにコーラーの無体財産権説（二元説）を基底とされた」とし、「私は将来、著作権法立法は、進歩した一元説の態度を採り、之に競争権思想を加味して解明して行くのが妥当であるとの主張をもち」と言っている（「再刊 現行著作権法の立法理由と解釈」以下「再刊」一三頁）。

小林は、「著作物は、著作者人格の分身であるが故に、著作物に関する権利は人格権でなければならぬ。しかし著作者がその分身を公開ないし複製頒布した後は、その利用を世間一般に委せたものと見なければならぬ。」「著作物の利用度に応じてその経済的流通性が生まれて来る。その経済的流通性を通じて経済的収益を挙げ得る場合がありとせば、その収益は著作物の生みの親である著作者に帰属すると定めるのが至当ある。ここに財産権たる著作権が生まれてくる。著作物が経済的流通の対象となった後に於ても、それが著作者の分身である限り、著作者人格権はいつまでも消滅しないで著作物に内在する。それ故著作権本来の姿は、人格権的権利であると同時に、財産的権利であり、又財産権的権利であると同時に、人格権的権利であると見るのが正当である。」（「再刊」一〇八頁）。

水野錬太郎は、「著作権は人格権、財産権の二つの要素をもった単一の権利」と言うのに対し、小林尋次は、「著作物は人格の表現であることから、著作権の本質は人格権である」という一元説である。

第三章　小林は、自然人しか著作者になれない、と考えた

法人が著作者たりうるか。旧著作権法の前身である版権法（明治二六年四月一三日法律一六号）は、版権の発生について、登録主義を採っていたが、次の条項があった。

「第七条第三項　官庁、学校、会社、協会等ニ於テ著作ノ名義ヲ以テ出版スル文書図画ノ版権ハ其ノ官庁、学校、会社、協会等ニ属スルモノトス」

旧著作権法は、著作権の発生に登録等を要しない無方式主義を採用した。ただし、明治四三年改正までは、訴訟上の保護を受けるためには登録を必要としたから、明治四三年の法改正により、完全に無方式主義となった。

水野は、官庁、学校、会社、協会等の団体が、著作者あるいは著作権者たりうるかどうかについて、版権法七条三項、あるいは、現行著作権法第一五条に相当する条文を置かなかった。ただ、現行著作権法第五三条に当たる「旧著作権法第六条　官公衙学校社寺協会会社其ノ他団体ニ於テ著作ノ名義ヲ以テ発行又ハ興行シタル著作物ノ著作権ハ発行又ハ興行ノトキヨリ三十年間継続ス」という規定は置いた。

そのため、のち学者や裁判例で、①旧法六条を根拠に、旧著作権法は法人が著作者たりうる、という説と、②法人は著作者たりえないという説に分かれた。

水野は、「著作権法（明治三八年法政大学講義録）」（復刻版八〇頁）で次のように述べた。「法人著作権の主体は必ずしも自然人に限らず、国府県、協会、会社等の如き法人も亦其主体たることを得。例えば此等法人が其機関たる自然人をして著作せしめたる場合に於ては著作物の著作権は其自然人に属せずして法人に属するか如し。唯この場合に法人は事実著作したるものに非ざるか故に原始著作権（オリジナルライト）を有するものに非ずして伝来著作権（デリバチブライト）を有するものなりとの説あり。即ち原始著作権は自然人に属するものにして法人はその著作権を継承したるに過ぎずと云ふにあり。此説も亦一理ありと雖も我が著作権法に於ては、法人の原始著作権をみとむるものの如し（第六条）」。

水野の著作権法は、非常によくできた法律である。しかし、わたしの後智恵であるが、現行著作権法一五条に相

（あるいは版権法七条三項のような条文）をおかなかったことは、水野の失策であった。あと失策をあげれば、法律でなくても、解説書でも「著作物」に「実演」がはいるかどうか、触れて欲しかった。触れておけば、「桃中軒雲右衛門」事件は起こらなかった。また、旧著作権法のなかに「音楽」の文字を入れておくべきであった。そのため、昭和六年改正において、『美術』を『美術（音楽ヲ含ム以下之ニ同ジ）』としなければならなかった。

第四章　小林は、大正一〇年特許法に共感する

小林は、アルフェルド博士の「ドイツ著作権法コメンタール」を読み、ドイツ法を研究していた。ドイツ法は、自然人しか著作者たりえない。小林は、日本の特許法の動向にも目を光らせていた。

日本では、明治四二年特許法（明治四十二年四月二日法律第二十三号）は、被用者が発明をしても、使用者法人の事業の業務範囲の発明については、発明権（特許を受ける権利）は、使用者に属するとされていた（三条一項「職務上又ハ契約上為シタル発明ニ付特許ヲ受クルノ権利ハ勤務規程又ハ契約ニ別段ノ定アル場合ヲ除クノ外其ノ職務ヲ執行セシムル者又ハ使用者ニ属ス」）。

大正一〇年特許法（大正十年四月三十日法律第九十六号）は、発明権は必ず被用者に属するとし、その使用者に属せしむる場合も発明権が使用者に付生じるにあらずとして、被用者の発明を承継するとした（一四条一項）。（第十四条第一項　被用者、法人ノ役員又ハ公務員ノ其ノ勤務ニ関シ為シタル発明ニ付テハ性質上使用者、法人又ハ職務ヲ執行セシムル者ノ業務範囲ニ属シ且其ノ発明ヲ為スニ至リタル行為カ被用者、法人ノ役員又ハ公務員ノ任務ニ属スル場合ノモノヲ除クノ外予メ使用者、法人又ハ職務ヲ執行セシムル者ヲシテ特許ヲ受クルノ権利又ハ特許権ヲ承継セシムルコトヲ定メタル契約又ハ勤務規程ノ条項ハ之ヲ無効トス」）。

小林はこう書いている。

「又嘗ての特許法中には発明権に関して、職務に関し為したる発明は使用主に特許権が生ずるものとする規定が存していた。所が特許法では、その建前の誤れるを夙に発見して之を改め（特許法第十四条）被用者の発

明が職務に関するものであった場合でも特許権は発明者自身（被用者）に属するとの建前を取ったのみならず、嘗ての特許法の如き建前を当事者間の契約で定めることをも禁止している。論者の中には、現行特許法第十四条の如き規定が著作権法中に無いから、職務に関する著作の著作権は使用者に属すると説く者あるも、私は、使用者が無体財産権を原始取得するとなす如き建前が不合理なのであって特許法の当該規定が改正を見たのは法の誤れるを正して、本来の姿に返したものと解すべきであると考える。特許法の規定に類似規定あるが故に著作権法上も同様に解すべきものと主張したい。むしろ特許法第十四条の規定が無くとも当然権利取得者は著作者乃至発明者自身であると解すべきであって、その反対の建前を取ろうとする場合にこそ特別規定を必要とすると解したい。前に掲げた著作権法第六条の規定からその反対が推理できるとの説に対しては、私は、同条の規定は、団体名義の著作物には自然人たる著作者が表示されていないために、単に保護期間算定のために設けられたに過ぎないものであって、団体が著作者であるとするの論拠に同条を利用すべきものに非ずと解する（註二）。」（「現行著作権法の立法理由と解釈」九八頁）。

第五章　映画の著作物の著作者は映画監督

映画の著作物の著作者は誰か。日本は、昭和三年のベルヌ条約ローマ改正条約を受けて、昭和六年、条約に適応した著作権法改正を行おうとした。改正案は、1，講演、演説、説教その他の口述著作物の保護とその制限、2，著作者人格権の保護、3，新聞雑誌の記事の転載、4，ラジオ放送権、5，活動写真の保護など多岐にわたった。

水野は、条約が要求し、改正法案がそうであった、「著作者の声望名誉を害する改変」への異議申立権を、「著作者の意に反する改変」の異議申立権へ変更させた。

活動写真に、すなわち映画の著作物については、1，著作権は著作物を映画化する権利及びその映画の興行権を包含すること（二二条の二）、2，活動写真的著作物の著作権を確認し、その独創性を有するもの（劇場用映画）[illegible]保護期間を適用し（公表後三〇年）、独創性を有しないものには、写真的著作物の保護期間を適用する

（公表後一〇年）（二二条の三、二三条）。3，他人の著作物を映画化したる者をも著作者と看做して保護する、但し原作者の権利はこれがために妨げられない（二二条の四）、4，活動写真的著作物の著作者の推定に関して、脚本、楽譜と同じくその興行の際、著作者として氏名を表示した者をその著作者と推定するとした（三五条三項）。

当時でも、通常、活動写真（映画）は、映画監督、カメラマン、映画俳優、シナリオ作家、音楽家などが共同作業を行い、製作会社が資金を提供し、興行する。この著作者、著作権者は誰かは、ベルヌ条約ローマ改正条約でも触れていなかった。

ここでも、小林は、「著作者は自然人に限る」という持論から、映画の著作物の著作者は、映画監督とする説を述べる。以下、やや長いが、引用する（前掲、一一四頁以下）。

「次に昭和六年の一部改正立法の際に、激しく論議された点がもう一つある。映画の著作者は何人なりやの問題であった。もし映画を図画・写真類似の美術上の著作権に属するものとせば、撮影行為や録音に重きが置かれ、カメラマン、音楽家、俳優等が著作者として先ず第一に問題と上る。又もし映画を文芸学術上の著作物に属するものとせば、内容に重きを置いて考えられ、シナリオ・ライター、撮影台本作成者、作曲者、映画監督、道具方、俳優、フィルム整理編輯者その他の関与者が著作者として問題に上る。劇映画の場合には俳優は必ず存在しなければならない。しかしその演技はすべて映画監督の指示通りに実演するのであるから、俳優は著作の助手、援助者に過ぎないのではないかとの疑問が起こる。カメラマンも同様であり、その行為は機械操作に過ぎないから著作者とは言えないのでないかとの疑問が起こる。その他の者も著作階梯の一部を演ずるに過ぎないのであって著作者と断定するにはこれ亦疑問となる。

そうだとすると、映画監督が著作者であると言うことになる。さりとて上記のすべての人達は、映画著作には何らかの形で関与しており、それらの人達の精神的創作の協力なくしては映画は完成されないとも言える。そこで精神的創作として関与する者のすべての共同著作と見るか、或いは映画監督を以て唯一の著作者と見るかが論議の焦点に上らされた。他面又、この映画監督をも含めてすべての関与者は、映画会社の被傭者であるから、使用者である映画会社を著作権者とするのが妥当ではないかとの論議もあった。なる程映画作成には大きな資本を必要とし、その資本が無くては如何に名監督、名俳優等が集まっても名画は完成できないのであり、できあがった後も、資本がなければ、広く映画館を通じて上映することも難しいから、映画会社を著作権者と認定することが、実際にも適合し且権利の安定上妥当のようにも思われた。しかし又本章第一節でも述べたように、著作者は自然人に限るとすることが正論であるとするならば、映画会社は法人であるから、これを著作者と断定することは妥当を欠く。そこで昭和六年の立法当時は著作者は映画監督であると一応断定し、完成された映画の著作権は映画監督が、原始取得するものであるが、彼は映画会社の被傭者乃至専属契約下に在る者であるから、契約に基き、映画著作権は映画完成と同時に映画会社に移るものとする意見に統一して、国会に臨んだのであるが、国会では本件に関する質問を受けなかったので、答弁説明の機会なくして終わった。」

このように、小林は、映画の著作物の著作者は、当時の旧著作権法下で映画監督とし、著作権は、映画完成と同時に、契約により映画会社に移転する、と意見統一したと述べている。なお、この文章に続けて、ドイツアカデミー法案が、法律に基き取得される著作物利用権の制度を設定し、映画作成の場合、その利用権が映画会社に帰属すると法定していることを紹介している。

第六章　著作権法一五条と「旧法下の映画の著作物」

昭和四五年、旧著作権法が全面改正され、新しい著作権法が昭和四六年一月一日から施行された。

この一五条は、法人等に勤務する者が、職務上作成する著作物について、一定の条件を備えれば法人等が著作者になる、という規定である。

ここでは、著作権法改正を担当した佐野文一郎の発言を紹介する。

「特許の法で言っている職務発明に相当する考え方がもちろん一五条の中にはあるのですが、一五条の場合は実は二つの事柄を書き込んでいるので、一つは法人等の団体の多数の従業者によって作成された著作物につの団体に著作者たるの地位を認めるという問題、つまり特許でいえば工場発明と俗にいわれているものに相当するものと、それから個人の職務上の著作について、場合によってはその使用者に著作者たるの地位を認めるという、事柄としては職務発明と似たものを取り扱っている。そして、ここで「法人その他使用者」といっているのは、自然人を含むのですね。法人に限らず自然人であっても、それが使用者の地位に立つ場合には、一五条の要件を満たす限りにおいては、従業者にかわって著作者の地位に立つということを書いてある。この考え方は外国の立法例では、フランスの集合著作物の考え方に近いとおもいます。」（ジュリスト一九七一年一月一五日号（四七〇号）九四頁）。

昭和四五年全面改正の著作権法は、昭和三七年設置の著作権制度審議会において審議されたが、当時、民法学では、我妻栄教授の法人有機体説（「個人以外に、これと同様に、一箇独立の社会的作用を担当することによって、権利能力の主体たるに適する社会的価値を有するもの」民法講義Ⅰ（昭和二六年））が通説であり、制度審議会の委員として戒能通孝教授、中川善之助・教授、勝本正晃教授、東季彦教授らも一五条について特に異論を唱えていない（拙稿、「発明」二〇〇四年五月号八〇頁参照）。

一五条について、水野が存命であれば喜んだであろうし、小林が生きていてこれを知れば、苦い顔をしたであろう。

また、映画の著作物について、著作者は、「制作、監督、演出、撮影、美術等を担当してその映画の著作物の全体的形成に創作的に寄与した者とする。」（一六条）と規定したが、映画の著作物の著作権については、「その著作者が映画製作者に対し当該映画の著作物の製作に参加することを約束しているときは当該映画製作者に帰属する。」（二九条一項）とした。

そして、附則四条で、「新法第一五条及び一六条の規定は、この法律の施行以前に創作された著作物については適用しない。」、附則五条一項は、「この法律の施行前に創作された新法第二九条に規定する映画の著作物の著作権の帰属については、なお、従前の例による。」とする。

平成一五年改正で、保護期間は、公表後五〇年から公表後七〇年に延長された。この平成一五年改正により、公表後七〇年延長に乗り移った旧法下の映画は、暫くの間、誰も無断でビデオ化ができない。しかし、平成二〇年頃、昭和四五年以前に製作された映画について、これをビデオにして販売する動きが盛んになってきた。昭和二八年（一九五三年）作成の映画が、「公表後五〇年」であれば、著作権保護期間が満了していることになり、誰でもビデオ化できる。

ところが、当該映画の映画監督が、平成一〇年（一九九八年）に死去した人で、小林尋次のいうように、その映画の著作者は映画監督で、契約により映画製作者となれば、一九九八年から七〇年、すなわち二〇六八年末まで存続することになる。小林は、自然人である映画監督が映画の著作物の著作者で、契約により映画会社へ移転し、映画会社が著作権者であるとの説を述べた。昭和四五年大改正時に、映画会社は、映画監督に対し著作権を認めないと主張し、二九条を得たのであるが、映画会社にとっては、一旦、映画監督が著作者になるという考え方は、実に有難いものであった。映画会社の弁護人が、小林の説を主張し、裁判所はこれを採用した。次の判決において、「現行著作権法の立法理由と解釈」の説が引用され、述べられている。小林は、こうして蘇った。

東京地裁平成一九年九月一四日判決判時一九九六号一二三頁（黒澤映画、原告角川映画、一審）
東京地裁平成一九年九月一四日判決平成一九（ワ）八一四一号（原告東宝一審）
東京地裁平成二〇年一月二八日判決判時二〇一二号一〇九頁（黒澤映画、原告松竹一審）
知財高裁平成二〇年七月三〇日判決平成一九（ネ）一〇〇八二号（黒澤映画、控訴人角川映画、控訴審）
知財高裁平成二〇年七月三〇日判決平成一九（ネ）一〇〇八三号（黒澤映画、控訴人東宝、控訴審）
なお、最高裁平成二一年一〇月八日判決（チャップリン映画事件）判時二〇六四号一二〇頁

第七章　貸与権について—有料閲覧、有料貸与は著作権者の権能か

小林は、明治三二年の旧著作権法制定の国会審議録をよく読んでいた。小林は、旧著作権法制定の際、貴族院特

[illegible]の明治三二年一月二五日菊池大麓と水野錬太郎の問答を読むうちに、著作物の有料展覧及び有料貸与については、著作権者の権能として、著作権が及ぶべきだと考えた。

旧法下、榛村専一は、「図画、彫刻、写真などの著作者は之を公に展覧する排他的権能」すなわち、展覧権を認めるべきだとし（『著作権法概論』一八五頁・昭和八年）、勝本正晃も「展覧によって、経済的に美術作品を利用する方法が盛に行はるる今日に於ては、著作財産権の一種として之を認むる必要がある。」（『著作権法』日本評論社・昭和一三年）として、現著作権法の展示権は認めるべきだと主張していた。榛村、勝本は、また、「頒布権」を主張し、榛村は「頒布」はその原因を問わず、「有償たると、無償たると、又売買、贈与、交換、賃貸借など」を区別せず適用とするためとし、現行著作権法の頒布権（映画の著作物のみ）、譲渡権（映画の著作物には適用しない）をすでに唱えていた。

しかし、小林の「有料閲覧」「貸与回読」は、その著書で詳しく論じ、説得力があった。

昭和五五年、貸しレコード店が開業し、瞬く間に一〇〇〇店を超え、レコード製作者、小売店等の陳情を受けて、昭和五八年「商業用レコードの公衆への貸与に関する著作者等の権利に関する暫定措置法」が成立した。この法律は著作者、実演家、レコード製作者へ、一定期間、「貸与権」を与えたもので、画期的であった。この暫定措置法は、昭和五九年著作権法改正で廃止され、著作権法に「貸与権」として規定された。

「貸与権」は、文化庁次長として、暫定法、昭和五九年著作権法改正に関与した加戸守行（一九三四―二〇二〇）が、小林尋次「現行著作権法の立法理由と解釈」を精読していたため、即座に立法化されたと筆者は考えている。

小林尋次（一九〇〇―一九七七）の著作物は、唯一の相続人、小林由紀子さんが平成二七年（二〇一五年）に亡くなられたため、国庫に帰属し、著作権は消滅した。

（再刊・小林尋次「現行著作権法の立法理由と解釈」（第一書房・二〇一〇年）二五四頁を加除訂正した。）

附録

附録１．著作権法―明治三十二年四月　現在

附録２．著作権法―昭和四十五年十二月　現在

附録３．水野錬太郎　年譜

附録４．水野錬太郎　家系図

附録1．著作権法　—明治三十二年四月　現在

著作権法

（明治三十二年三月四日法律第三十九号）

第一章　著作者ノ權利

第一條　文書演述圖畫彫刻模型寫眞其ノ他文藝學術若ハ美術ノ範圍ニ屬スル著作者ハ其ノ著作物ヲ複製スルノ權利ヲ專有ス

文藝學術ノ著作物ノ著作權ハ翻譯權ヲ包含シ各種ノ脚本及樂譜ノ著作權ハ興行權ヲ包含ス

第二條　著作權ハ之ヲ讓渡スコトヲ得

第三條　發行又ハ興行シタル著作物ノ著作權ハ著作者ノ生存間及其ノ死後三十年間繼續ス

數人ノ合著作ニ係ル著作物ノ著作權ハ最終ニ死亡シタル者ノ死後三十年間繼續ス

第四條　著作者ノ死後發行又ハ興行シタル著作物ノ著作權ハ發行又ハ興行ノトキヨリ三十年間繼續ス

第五條　無名又ハ變名著作物ノ著作權ハ發行又ハ興行ノトキヨリ三十年間繼續ス但シ其ノ期間内ニ著作者其ノ實名ノ登錄ヲ受ケタルトキハ第三條ノ規定ニ從フ

第六條　官公衙學校社寺協會會社其ノ他團體ニ於テ著作ノ名義ヲ以テ發行又ハ興行シタル著作物ノ著作權ハ發行又ハ興行ノトキヨリ三十年間繼續ス

第七條　著作權者原著作物發行ノトキヨリ十年内ニ其ノ翻譯物ヲ發行セサルトキハ其ノ翻譯權ハ消滅ス

前項ノ期間内ニ著作權者其ノ保護ヲ受ケントスル國語ノ翻譯物ヲ發行シタルトキハ其ノ國語ノ翻譯權ハ消滅セス

第八條　冊號ヲ逐ヒ順次ニ發行スル著作物ニ關シテハ前四條ノ期間ハ毎冊若ハ毎號發行ノトキヨリ起算ス

一部分ツツナ漸次ニ發行シ全部完成スル著作物ニ關シテハ前四條ノ期間ハ最終部分ノ發行ノトキヨリ起算ス但シ三年ナ經過シ仍繼續ノ部分ナ發行セサルトキハ既ニ發行シタル部分ナ以テ最終ノモノト看做ス

第九條　前六條ノ場合ニ於テ著作權ノ期間ナ計算スルニハ著作者死亡ノ年又ハ著作物ナ發行又ハ興行シタル年ノ翌年ヨリ起算ス

第十條　相續人ナキ場合ニ於テ著作權ハ消滅ス

第十一條　左ニ記載シタルモノハ著作權ノ目的物ト爲ルコトナ得ス

一　法律命令及官公文書

二　新聞紙及定期刊行物ニ記載シタル雜報及政事上ノ論說若ハ時事ノ記事

三　公開セル裁判所、議會並政談集會ニ於テ爲シタル演述

第十二條　無名又ハ變名著作物ノ發行者又ハ興行者ハ著作權者ニ屬スル權利ナ保全スルコトナ得但シ著作者其ノ實名ノ登錄ナ受ケタルトキハ此ノ限ニ在ラス

第十三條　數人ノ合著作ニ係ル著作物ノ著作權ハ各著作者ノ共有ニ屬ス
各著作者ノ分擔シタル部分明瞭ナラサル場合ニ於テ著作者中ニ其ノ發行又ハ興行ヲ拒ム者アルトキハ他ノ著作者ハ其ノ者ニ賠償シテ其ノ持分ヲ取得スルコトヲ得但シ反對ノ契約アルトキハ此ノ限ニ在ラス
各著作者ノ分擔シタル部分明瞭ナル場合ニ於テ著作者中ニ其ノ發行又ハ興行ヲ拒ム者アルトキハ他ノ著作者ハ自己ノ部分ヲ分離シ單獨ノ著作物トシテ發行又ハ興行スルコトヲ得但シ反對ノ契約アルトキハ此ノ限ニ在ラス
本條第二項ノ場合ニ於テハ發行又ハ興行ヲ拒ミタル著作者ノ意ニ反シテ其ノ氏名ヲ其ノ著作物ニ掲クルコトヲ得ス
第十四條　數多ノ著作物ヲ適法ニ編輯シタル者ハ著作者ト看做シ其ノ編輯物全部ニ付テノミ著作權ヲ有ス但シ各部ノ著作權ハ其ノ著作者ニ屬ス
第十五條　著作權者ハ著作權ノ登錄ヲ受クルコトヲ得
發行又ハ興行シタル著作物ノ著作權者ハ登錄ヲ受クルニ非サレハ僞作ニ對ス

ル民事ノ訴訟ヲ提起スルコトヲ得ス
著作權ノ讓渡及質入ハ其ノ登錄ヲ受クルニ非サレハ之ヲ以テ第三者ニ對抗スル、コトヲ得ス
第十六條　無名又ハ變名著作物ノ著作者ハ其ノ實名ノ登錄ヲ受クルコトヲ得
登錄ハ行政廳之ヲ行フ
第十七條　登錄ニ關スル規定ハ命令ヲ以テ之ヲ定ム
未タ發行又ハ興行セサル著作物ノ原本及其ノ著作權ハ債權者ノ爲ニ差押ヲ受クルコトナシ但シ著作權者ニ於テ承諾ヲ爲シタルトキハ此ノ限ニ在ラス
第十八條　著作權ヲ承繼シタル者ハ著作者ノ同意ナクシテ其ノ著作者ノ氏名稱號ヲ變更シ若ハ其ノ題號ヲ改メ又ハ其ノ著作物ヲ改竄スルコトヲ得ス
第十九條　原著作物ニ訓點、傍訓、句讀、批評、註解、附錄、圖畫ヲ加ヘ又ハ其ノ他ノ修正增減ヲ爲シ若ハ飜案シタルカ爲新ニ著作權ヲ生スルコトナシ但シ新著作物ト

看做サルヘキモノハ此ノ限ニ在ラス

第二十條　新聞紙及定期刊行物ニ掲載シタル記事ニ關シテハ小説ヲ除ク外著作權者カ特ニ轉載ヲ禁スル旨ヲ明記セサルトキハ其ノ出所ヲ明示シテ轉載スルコトヲ得

第二十一條　適法ニ翻譯ヲ爲シタル者ハ著作者ト看做シ本法ノ保護ヲ享有ス翻譯權ノ消滅シタル著作物ニ關シテハ前項ノ翻譯者ハ他人カ原著作物ヲ翻譯スルコトヲ妨クルコトヲ得ス

第二十二條　原著作物ト異リタル技術ニ依リ適法ニ美術上ノ著作物ヲ複製シタル者ハ著作者ト看做シ本法ノ保護ヲ享有ス

第二十三條　寫眞著作權ハ十年間繼續ス

前項ノ期間ハ其ノ著作物ヲ始メテ發行シタル年ノ翌年ヨリ起算ス若シ發行セサルトキハ種板ヲ製作シタル年ノ翌年ヨリ起算ス

寫眞術ニ依リ適法ニ美術上ノ著作物ヲ複製シタル者ハ原著作物ノ著作權ト同

一ノ期間内本法ノ保護ヲ享有ス但シ當事者間ニ契約アルトキハ其ノ契約ノ制限ニ從フ

第二十四條　文藝學術ノ著作物中ニ挿入シタル寫眞ニシテ特ニ其ノ著作物ノ爲ニ著作シ又ハ著作セシメタルモノナルトキハ其ノ著作權ハ文藝學術ノ著作物ノ著作者ニ屬シ其ノ著作權ト同一ノ期間内繼續ス

第二十五條　他人ノ囑託ニ依リ著作シタル寫眞肖像ノ著作權ハ其ノ囑託者ニ屬ス

第二十六條　寫眞ニ關スル規定ハ寫眞術ト類似ノ方法ニ依リ製作シタル著作物ニ準用ス

第二十七條　著作權者ノ不明ナル著作物ニシテ未タ發行又ハ興行セサルモノハ命令ノ定ムル所ニ依リ之ヲ發行又ハ興行スルコトヲ得

第二十八條　外國人ノ著作權ニ付テハ條約ニ別段ノ規定アルモノヲ除ク外本法ノ規定ヲ適用ス但シ著作權保護ニ關シ條約ニ規定ナキ塲合ニハ帝國ニ於テ始

メテ其ノ著作物ヲ發行シタル者ニ限リ本法ノ保護ヲ享有ス

第二章　僞作

第二十九條　著作權ヲ侵害シタル者ハ僞作者トシ本法ニ規定シタルモノノ外民法第三編第五章ノ規程ニ從ヒ之ニ因リテ生シタル損害ヲ賠償スルノ責ニ任ス

第三十條　既ニ發行シタル著作物ヲ左ノ方法ニ依リ複製スルハ僞作ト看做サス

第一　發行スルノ意思ナク且器械的又ハ化學的方法ニ依ラスシテ複製スルコト

第二　自己ノ著作物中ニ正當ノ範圍内ニ於テ節錄引用スルコト

第三　普通教育上ノ修身書及讀本ノ目的ニ供スル爲ニ正當ノ範圍内ニ於テ抜萃蒐輯スルコト

第四　文藝學術ノ著作物ノ文句ヲ自己ノ著作シタル脚本ニ挿入シ又ハ樂譜ニ充用スルコト

第五　文藝學術ノ著作物ヲ說明スルノ材料トシテ美術上ノ著作物ヲ挿入シ又

ハ美術上ノ著作物ヲ説明スルノ材料トシテ文藝學術ノ著作物ヲ挿入スルコト

第六　圖畫ヲ彫刻物模型ニ作リ又ハ彫刻物模型ヲ圖畫ニ作ルコト

本條ノ場合ニ於テハ其ノ出所ヲ明示スルコトヲ要ス

第三十一條　帝國ニ於テ發賣頒布スルノ目的ヲ以テ僞作物ヲ輸入スル者ハ僞作者ト看做ス

第三十二條　練習用ノ爲ニ著作シタル問題ノ解答書ヲ發行スル者ハ僞作者ト看做ス

第三十三條　善意ニシテ且過失ナク僞作ヲ爲シテ利益ヲ受ケ之カ爲ニ他人ニ損失ヲ及ホシタル者ハ其ノ利益ノ存スル限度ニ於テ之ヲ返還スル義務ヲ負フ

第三十四條　數人ノ合著作ニ係ル著作物ノ著作權者ハ僞作ニ對シ他ノ著作權者ノ同意ナクシテ告訴ヲ爲シ及自己ノ持分ニ對スル損害ノ賠償ヲ請求シ又ハ自己ノ持分ニ應シテ前條ノ利益ノ返還ヲ請求スルコトヲ得

第三十五條　僞作ニ對シ民事ノ訴訟ヲ提起スル場合ニ於テハ既ニ發行シタル著作物ニ於テ其ノ著作者トシテ氏名ヲ掲ケタル者ヲ以テ其ノ著作者ト推定ス
無名又ハ變名著作物ニ於テハ其ノ著作物ニ發行者トシテ氏名ヲ掲ケタル者ヲ以テ其ノ發行者ト推定ス
未タ發行セサル脚本及樂譜ノ興行ニ關シテハ其ノ興行ニ著作者トシテ氏名ヲ顯ハシタル者ヲ以テ其ノ著作者ト推定ス
著作者ノ氏名ヲ顯ハササルトキハ其ノ興行者ヲ以テ其ノ著作者ト推定ス
第三十六條　僞作ニ關シ民事ノ出訴又ハ刑事ノ起訴アリタルトキハ裁判所ハ原告又ハ告訴人ノ申請ニ依リ保證ヲ立テシメ又ハ立テシメスシテ假ニ僞作ノ疑アル著作物ノ發賣頒布ヲ差止メ若ハ之ヲ差押ヘ又ハ其ノ興行ヲ差止ムルコトヲ得
前項ノ場合ニ於テ僞作ニ非サル旨ノ判決確定シタルトキハ申請者ハ差止又ハ差押ヨリ生シタル損害ヲ賠償スルノ責ニ任ス

第三章　罰則

第三十七條　僞作ヲ爲シタル者及情ヲ知テ僞作物ヲ發賣シ又ハ頒布シタル者ハ五十圓以上五百圓以下ノ罰金ニ處ス

第三十八條　第十八條ノ規定ニ違反シタル者ハ三十圓以上三百圓以下ノ罰金ニ處ス

第三十九條　第二十條及第三十條第二項ノ規定ニ違反シ出所ヲ明示セスシテ複製シタル者竝第十三條第四項ノ規定ニ違反シタル者ハ十圓以上百圓以下ノ罰金ニ處ス

第四十條　著作者ニ非サル者ノ氏名稱號ヲ附シテ著作物ヲ發行シタル者ハ三十圓以上五百圓以下ノ罰金ニ處ス

第四十一條　著作權ノ消滅シタル著作物ト雖之ヲ改竄シテ著作者ノ意ヲ害シ又ハ其ノ題號ヲ改メ若ハ著作者ノ氏名稱號ヲ隱匿シ又ハ他人ノ著作物ト詐稱シテ發行シタル者ハ二十圓以上二百圓以下ノ罰金ニ處ス

第四十二條　虛僞ノ登錄ヲ受ケタル者ハ十圓以上百圓以下ノ罰金ニ處ス

第四十三條　僞作物及專ラ僞作ノ用ニ供シタル器械器具ハ僞作者、印刷者、發賣者及頒布者ノ所有ニ在ル場合ニ限リ之ヲ沒收ス

第四十四條　本章ニ規定シタル罪ハ被害者ノ告訴ヲ待テ其ノ罪ヲ論ス但シ第三十八條ノ場合ニ於テ著作者ノ死亡シタルトキ竝第四十條乃至第四十二條ノ場合ハ此ノ限ニ在ラス

第四十五條　本章ノ罪ニ對スル公訴ノ時效ハ二年ヲ經過スルニ因リテ完成ス

第四章　附則

第四十六條　本法施行ノ期日ハ勅令ヲ以テ之ヲ定ム

明治二十六年法律第十六號版權法明治二十年勅令第七十八號脚本樂譜條例明治二十年勅令第七十九號寫眞版權條例ハ本法施行ノ日ヨリ廢止ス

第四十七條　本法施行前ニ著作權ノ消滅セサル著作物ハ本法施行ノ日ヨリ本法ノ保護ヲ享有ス

第四十八條　本法施行前僞作ト認メラレサリシ複製物ニシテ既ニ複製シタルモノ又ハ複製ニ著手シタルモノハ之ヲ完成シテ發賣頒布スルコトヲ得
前項ノ複製ノ用ニ供シタル器械器具ノ現存スルトキハ本法施行後五年間仍其ノ複製ノ爲之ヲ使用スルコトヲ得

第四十九條　本法施行前翻譯シ又ハ翻譯ニ著手シ其ノ當時ニ於テ僞作ト認メラレサリシモノハ之ヲ完成シテ發賣頒布スルコトヲ得但シ其ノ翻譯物ハ本法施行後七年内ニ發行スルコトヲ要ス
前項ノ翻譯物ハ發行後五年間仍之ヲ複製スルコトヲ得

第五十條　本法施行前既ニ興行シ若ハ興行ニ著手シ其ノ當時ニ於テ僞作ト認メラレサリシモノハ本法施行後五年間仍之ヲ興行スルコトヲ得

第五十一條　第四十八條乃至第五十條ノ場合ニ於テハ命令ノ定ムル手續ヲ履行スルニ非サレハ其ノ複製物ヲ發賣頒布シ又ハ興行スルコトヲ得ス

第五十二條　本法ハ建築物ニ適用セス

昭和四十五年十二月　現在

著作権法

（明治三十二年三月四日 法律第三十九号）

第一章　著作者ノ権利

第一条　〔著作権の内容〕　文書演述図画建築彫刻模型写真演奏歌唱其ノ他文芸学術若ハ美術（音楽ヲ含ム以下之ニ同ジ）ノ範囲ニ属スル著作物ノ著作者ハ其ノ著作物ヲ複製スルノ権利ヲ専有ス

文芸学術ノ著作物ノ著作権ハ翻訳権ヲ包含シ各種ノ脚本及楽譜ノ著作権ハ興行権ヲ包含ス

第二条　〔譲　渡〕　著作権ハ其ノ全部又ハ一部ヲ譲渡スコトヲ得

第三条　〔保護期間―生前公表著作物〕　発行又ハ興行シタル著作物ノ著作権ハ著作者ノ生存間及其ノ死後三十年間継続ス

数人ノ合著作ニ係ル著作物ノ著作権ハ最終ニ死亡シタル者ノ死後三十年間継続ス

第四条　〔同前―死後公表著作物〕　著作者ノ死後発行又ハ興行シタル著作物ノ著作権ハ発行又ハ興行ノトキヨリ三十年間継続ス

第五条　〔同前―無名・変名著作物〕　無名又ハ変名著作物ノ著作権ハ発行又ハ興行ノトキヨリ三十年間継続ス但シ其ノ期間内ニ著作者其ノ実名ノ登録ヲ受ケタルトキハ第三条ノ規定ニ従フ

第六条　〔同前―団体著作物〕　官公衙学校社寺協会会社其ノ他団体ニ於テ著作ノ名義ヲ以テ発行又ハ興行シタル著作物ノ著作権ハ発行又ハ興行ノトキヨリ三十年間継続ス

第七条　〔同前―翻訳権〕　著作権者原著作物発行ノトキヨリ十年内ニ其ノ翻訳物ヲ発行セサルトキハ其ノ翻訳権ハ消滅ス

前項ノ期間内ニ著作権者其ノ保護ヲ受ケントスル国語ノ翻訳物ヲ発行シタルトキハ其ノ国語ノ翻訳権ハ消滅セス

第八条　〔同前―継続的刊行物〕　冊号ヲ逐ヒ順次ニ発行スル著作物ニ関シテハ前四条ノ期間ハ毎冊若ハ毎号発行ノトキヨリ起算ス

一部分ツツヲ漸次ニ発行シ全部完成スル著作物ニ関シテハ前四条ノ期間ハ最終部分ノ発行ノトキヨリ起算ス但シ三年ヲ経過シ仍継続ノ部分ヲ発行セサルトキハ既ニ発行シタル部分ヲ以テ最終ノモノト看做ス

第九条　〔期間の計算〕　前六条ノ場合ニ於テ著作権ノ期間ヲ計算スルニハ著作者死亡ノ年又ハ著作物ヲ発行又ハ興行シタル年ノ翌年ヨリ起算ス

第十条　〔相続人の不存在〕　相続人ナキ場合ニ於テ著作権ハ消滅ス

第十一条　〔著作権の目的とならない著作物〕　左ニ記載シタルモノハ著作権ノ目的物ト為ルコトヲ得ス

一　法律命令及官公文書

二　新聞紙又ハ雑誌ニ掲載シタル雑報及時事ヲ報道スル記事

三　公開セル裁判所、議会並政談集会ニ於テ為シタル演述

第十二条　〔無名・変名著作物の権利保全〕　無名又ハ変名著作物ノ発行者又ハ興行者ハ著作権者ニ属スル権利ヲ保全スルコトヲ得但シ著作者其ノ実名ノ登録ヲ受ケタルトキハ此ノ限ニ在ラス

第十三条　〔共同著作物〕　数人ノ合著作ニ係ル著作物ノ著作権ハ各著作者ノ共有ニ属ス

各著作者ノ分担シタル部分明瞭ナラサル場合ニ於テ著作者中ニ其ノ発行又ハ興行ヲ拒ム者アルトキハ他ノ著作者ハ其ノ者ニ賠償シテ其ノ持分ヲ取得スルコトヲ得但シ反対ノ契約アルトキハ此ノ限ニ在ラス

各著作者ノ分担シタル部分明瞭ナル場合ニ於テ著作者中ニ其ノ発行又ハ興行ヲ拒ム者アルトキハ他ノ著作者ハ自己ノ部分ヲ分離シ単独ノ著作物トシテ発行又ハ興行スルコトヲ得但シ反対ノ契約アルトキハ此ノ限ニ在ラス

本条第二項ノ場合ニ於テハ発行又ハ興行ヲ拒ミタル著作者ノ意ニ反シテ其ノ氏名ヲ其ノ著作物ニ掲クルコトヲ得ス

第十四条　〔編集著作物〕　数多ノ著作物ヲ適法ニ編輯シタル者ハ著作者ト看做シ其ノ編輯物全部ニ付テノミ著作権ヲ有ス但シ各部ノ著作権ハ其ノ著作者ニ属ス

第十五条　〔登　録〕　著作権ノ相続譲渡及質入ハ其ノ登録ヲ受クルニ非サレハ之ヲ以テ第三者ニ対抗スルコトヲ得ス

無名又ハ変名著作物ノ著作者ハ現ニ其ノ著作権ヲ有スルト否トニ拘ラズ其ノ実名ノ登録ヲ受クルコトヲ得

著作者ハ現ニ著作権ヲ有スルト否トニ拘ラズ其ノ著作物ノ著作年月日ノ登録ヲ受クルコトヲ得

著作権者其ノ著作物ヲ始メテ発行シタルトキハ著作権者又ハ著作物ノ発行者ハ一年内ニ限リ第一発行年月日ノ登録ヲ受クルコトヲ得

第十六条　〔登録庁〕　登録ハ行政庁之ヲ行フ

登録ニ関スル規定ハ命令ヲ以テ之ヲ定ム

第十七条　〔差押禁止物〕　未タ発行又ハ興行セサル著作物ノ原本及其ノ著作権ハ債権者ノ為ニ差押ヲ受クルコトナシ但シ著作権者ニ於テ承諾ヲ為シタルトキハ此ノ限ニ在ラス

第十八条　〔著作者人格権〕　他人ノ著作物ヲ発行又ハ興行スル場合ニ於テハ著作者ノ生存中ハ著作者ガ現ニ其ノ著作権ヲ

有スルト否トニ拘ラズ其ノ同意ナクシテ著作者ノ氏名称号ヲ変更若ハ隠匿シ又ハ其ノ著作物ニ改竄其ノ他ノ変更ヲ加ヘ若ハ其ノ題号ヲ改ムルコトヲ得ス
他人ノ著作物ヲ発行又ハ興行スル場合ニ於テハ著作者ノ死後ハ著作権ノ消滅シタル後ト雖モ其ノ著作物ニ改竄其ノ他ノ変更ヲ加ヘテ著作者ノ意ヲ害シ又ハ其ノ題号ヲ改メ若ハ著作者ノ氏名称号ヲ変更若ハ隠匿スルコトヲ得ス
前二項ノ規定ハ第二十条、第二十条ノ二、第二十二条ノ五第二項、第二十七条第一項第二項、第三十条第一項第二号乃至第九号ノ場合ニ於テモ之ヲ適用ス

第十九条〔改作物〕　原著作物ニ訓点、傍訓、句読、批評、註解、附録、図画ヲ加ヘ又ハ其ノ他ノ修正増減ヲ為シ若ハ翻案シタルカ為新ニ著作権ヲ生スルコトナシ但シ新著作物ト看做サルヘキモノハ此ノ限ニ在ラス

第二十条〔時事問題を論議した記事〕　新聞紙又ハ雑誌ニ掲載シタル政治上ノ時事問題ヲ論議シタル記事（学術上ノ著作物ヲ除ク）ハ特ニ転載ヲ禁ズル旨ノ明記ナキトキハ其ノ出所ヲ明示シテ之ヲ他ノ新聞紙又ハ雑誌ニ転載スルコトヲ得

第二十条ノ二〔時事問題の公開演述〕　時事問題ニ付テノ公開演述ハ著作者ノ氏名、演述ノ時及場所ヲ明示シテ之ヲ新聞紙又ハ雑誌ニ掲載スルコトヲ得但シ同一著作者ノ演述ヲ蒐輯スル場合ハ其ノ著作者ノ許諾ヲ受クルコトヲ要ス

第二十一条〔翻訳物〕　翻訳者ハ著作者ト看做シ本法ノ保護ヲ享有ス但シ原著作者ノ権利ハ之カ為ニ妨ケラルルコトナシ

第二十二条〔美術著作物の異種複製〕　原著作物ト異リタル技術ニ依リ適法ニ美術上ノ著作物ヲ複製シタル者ハ著作者ト看做シ本法ノ保護ヲ享有ス

第二十二条ノ二〔著作権の内容―映画化権等〕　文芸、学術又ハ美術ノ範囲ニ属スル著作物ノ著作権ハ其ノ著作物ヲ活動写真術又ハ之ト類似ノ方法ニ依リ複製（脚色シテ映画ト為ス場合ヲ含ム）シ及興行スルノ権利ヲ包含ス

第二十二条ノ三〔映画の著作権〕　活動写真術又ハ之ト類似ノ方法ニ依リ製作シタル著作物ノ著作者ハ文芸、学術又ハ美術ノ範囲ニ属スル著作物ノ著作者トシテ本法ノ保護ヲ享有ス其ノ保護ノ期間ニ付テハ独創性ヲ有スルモノニ在リテハ第三条乃至第六条及第九条ノ規定ヲ適用シ之ヲ欠クモノニ在リテハ第二十三条ノ規定ヲ適用ス

第二十二条ノ四〔同　前〕　他人ノ著作物ヲ活動写真術又ハ之ト類似ノ方法ニ依リ複製（脚色シテ映画ト為ス場合ヲ含ム）シタル者ハ著作者ト看做シ本法ノ保護ヲ享有ス但シ原著作者ノ権利ハ之ガ為ニ妨ゲラルルコトナシ

第二十二条ノ五〔著作権の内容―放送権〕　文芸、学術又ハ

美術ノ範囲ニ属スル著作物ノ著作権ハ其ノ著作物ノ無線電話ニ依ル放送ヲ許諾スルノ権利ヲ包含ス

放送事業者ハ既ニ発行又ハ興行シタル他人ノ著作物ヲ放送セントスルトキハ著作権者ト協議ヲ為スコトヲ要ス協議調ハザルトキハ命令ノ定ムル所ニ依リ文化庁長官ノ定ムル相当ノ償金ヲ支払ヒ其ノ著作物ヲ放送スルコトヲ得

前項ノ償金ノ額ニ付異議アル者ハ訴ヲ以テ其ノ増減ヲ請求スルコトヲ得

前項ノ訴ニ於テハ著作権者又ハ放送事業者ヲ以テ被告トス

第二十二条ノ六　〔同前―録音権〕　文芸、学術又ハ美術ノ範囲ニ属スル著作物ノ著作権ハ其ノ著作物ヲ音ヲ機械的ニ複製スルノ用ニ供スル機器ニ写調シ及其ノ機器ニ依リ興行スルノ権利ヲ包含ス

第二十二条ノ七　〔録音物の著作権〕　音ヲ機械的ニ複製スルノ用ニ供スル機器ニ他人ノ著作物ヲ適法ニ写調シタル者ハ著作者ト看做シ其ノ機器ニ付テノミ著作権ヲ有ス

第二十三条　〔保護期間―写真著作物〕　写真著作権ハ十年間継続ス

前項ノ期間ハ其ノ著作物ヲ始メテ発行シタル年ノ翌年ヨリ起算ス若シ発行セサルトキハ種板ヲ製作シタル年ノ翌年ヨリ起算ス

写真術ニ依リ適法ニ美術上ノ著作物ヲ複製シタル者ハ原著作物ノ著作権ト同一ノ期間内本法ノ保護ヲ享有ス但シ当事者間ニ契約アルトキハ其ノ契約ノ制限ニ従フ

第二十四条　〔同　前〕　文芸学術ノ著作物中ニ挿入シタル写真ニシテ特ニ其ノ著作物ノ為ニ著作シ又ハ著作セシメタルモノナルトキハ其ノ著作権ハ文芸学術ノ著作物ノ著作者ニ属シ其ノ著作権ト同一ノ期間内継続ス

第二十五条　〔嘱託による写真肖像〕　他人ノ嘱托ニ依リ著作シタル写真肖像ノ著作権ハ其ノ嘱托者ニ属ス

第二十六条　〔写真類似の著作物〕　写真ニ関スル規定ハ写真術ト類似ノ方法ニ依リ製作シタル著作物ニ準用ス

第二十七条　〔法定許諾〕　著作権者ノ不明ナル著作物ニシテ未タ発行又ハ興行セサルモノハ命令ノ定ムル所ニ依リ之ヲ発行又ハ興行スルコトヲ得

著作権者ノ居所不明ナル場合其ノ他命令ノ定ムル事由ニ因リ著作権者ト協議スルコト能ハザルトキハ命令ノ定ムル所ニ依リ文化庁長官ノ定ムル相当ノ償金ヲ供託シテ其ノ著作物ヲ発行又ハ興行スルコトヲ得

前項ノ償金ノ額ニ付異議アル者ハ訴ヲ以テ其ノ増減ヲ請求スルコトヲ得

前項ノ訴ニ於テハ著作権者又ハ著作物ヲ発行若ハ興行スル者

ヲ以テ被告トス

第二十八条　〔外国人の著作権〕　外国人ノ著作権ニ付テハ条約ニ別段ノ規定アルモノヲ除ク外本法ノ規定ヲ適用ス但シ著作権保護ニ関シ条約ニ規定ナキ場合ニハ帝国ニ於テ始メテ其ノ著作物ヲ発行シタル者ニ限リ本法ノ保護ヲ享有ス

第二章　出版権

第二十八条ノ二　〔設　定〕　著作権者ハ其ノ著作物ヲ文書又ハ図画トシテ出版スルコトヲ引受クル者ニ対シ出版権ヲ設定スルコトヲ得

第二十八条ノ三　〔内　容〕　出版権者ハ設定行為ノ定ムル所ニ依リ出版権ノ目的タル著作物ヲ原作ノ儘印刷術其ノ他ノ機械的又ハ化学的方法ニ依リ文書又ハ図画トシテ複製シ之ヲ発売頒布スルノ権利ヲ専有ス但シ著作権者タル著作者ノ死亡シタルトキ又ハ設定行為ニ別段ノ定ナキ場合ニ於テ出版権ノ設定アリタル後三年ヲ経過シタルトキハ著作権者ハ著作物ヲ全集其ノ他ノ編輯物ニ輯録シ又ハ全集其ノ他ノ編輯物ノ一部ヲ分離シテ別途ニ之ヲ出版スルコトヲ妨ゲズ

第二十八条ノ四　〔存続期間〕　出版権ハ設定行為ニ別段ノ定ナキトキハ其ノ設定アリタルトキヨリ三年間存続ス

第二十八条ノ五　〔出版の義務〕　出版権者ハ出版権ノ設定アリタルトキヨリ三月以内ニ著作物ヲ出版スルノ義務ヲ負フ但シ設定行為ニ別段ノ定アルトキハ此ノ限ニ在ラズ

出版権者ガ前項ノ義務ニ違反シタルトキハ著作権者ハ出版権ノ消滅ヲ請求スルコトヲ得

第二十八条ノ六　〔継続出版の義務〕　出版権者ハ著作物ヲ継続シテ出版スルノ義務ヲ負フ但シ設定行為ニ別段ノ定アルトキハ此ノ限ニ在ラズ

出版権者ガ前項ノ義務ニ違反シタルトキハ著作権者ハ三月以上ノ期間ヲ定メテ其ノ履行ヲ催告シ其ノ期間内ニ履行ナキトキハ出版権ノ消滅ヲ請求スルコトヲ得

第二十八条ノ七　〔修正増減・再版〕　著作者ハ出版権者ガ著作物ノ各版ノ複製ヲ完了スルニ至ル迄其ノ著作物ニ正当ノ範囲内ニ於テ修正増減ヲ加フルコトヲ得

出版権者ガ著作物ヲ再版スル場合ニ於テハ其ノ都度予メ著作者ニ其ノ旨ヲ通知スルコトヲ要ス

第二十八条ノ八　〔消滅の請求〕　著作権者ハ其ノ著作物ノ出版ヲ廃絶スル為何時ニテモ損害ヲ賠償シテ出版権ノ消滅ヲ請求スルコトヲ得

第二十八条ノ九　〔処　分〕　出版権ハ著作権者ノ同意ヲ得テ其ノ譲渡又ハ質入ヲ為スコトヲ得

第二十八条ノ十　〔登　録〕　出版権ノ得喪、変更及質入ハ其

ノ登録ヲ受クルニ非ザレバ之ヲ以テ第三者ニ対抗スルコトヲ得ズ
第十六条ノ規定ハ出版権ノ登録ニ付之ヲ準用ス

第二十八条ノ十一　〔侵　害〕　出版権ノ侵害ニ付テハ本法中第三十四条及第三十六条ノ二ノ規定ヲ除クノ外偽作ニ関スル規定ヲ準用ス

第三章　偽　作

第二十九条　〔著作権侵害者の責任〕　著作権ヲ侵害シタル者ハ偽作者トシ本法ニ規定シタルモノノ外民法第三編第五章ノ規程ニ従ヒ之ニ因リテ生シタル損害ヲ賠償スルノ責ニ任ス

第三十条　〔著作権の制限〕　既ニ発行シタル著作物ヲ左ノ方法ニ依リ複製スルハ偽作ト看做サス
第一　発行スルノ意思ナク且器械的又ハ化学的方法ニ依ラスシテ複製スルコト
第二　自己ノ著作物中ニ正当ノ範囲内ニ於テ節録引用スルコト
第三　普通教育上ノ修身書及読本ノ目的ニ供スル為ニ正当ノ範囲内ニ於テ抜萃蒐輯スルコト
第四　文芸学術ノ著作物ノ文句ヲ自己ノ著作シタル脚本ニ挿入シ又ハ楽譜ニ充用スルコト
第五　文芸学術ノ著作物ヲ説明スルノ材料トシテ美術上ノ著作物ヲ挿入シ又ハ美術上ノ著作物ヲ説明スルノ材料トシテ文芸学術ノ著作物ヲ挿入スルコト
第六　図画ヲ彫刻物模型ニ作リ又ハ彫刻物模型ヲ図画ニ作ルコト
第七　脚本又ハ楽譜ヲ収益ヲ目的トセズ且出演者ガ報酬ヲ受ケザル興行ノ用ニ供シ又ハ其ノ興行ヲ放送スルコト
第八　音ヲ機械的ニ複製スルノ用ニ供スル機器ニ著作物ノ適法ニ写調セラレタルモノヲ興行又ハ放送ノ用ニ供スルコト
第九　専ラ官庁ノ用ニ供スル為複製スルコト
本条ノ場合ニ於テハ其ノ出所ヲ明示スルコトヲ要ス

第三十一条　〔著作権侵害物の輸入〕　帝国ニ於テ発売頒布スルノ目的ヲ以テ偽作物ヲ輸入スル者ハ偽作者ト看做ス

第三十二条　〔問題の解答書〕　練習用ノ為ニ著作シタル問題ノ解答書ヲ発行スル者ハ偽作者ト看做ス

第三十三条　〔善意無過失による侵害〕　善意ニシテ且過失ナク偽作ヲ為シテ利益ヲ受ケ之カ為ニ他人ニ損失ヲ及ホシタル者ハ其ノ利益ノ存スル限度ニ於テ之ヲ返還スル義務ヲ負フ

第三十四条　〔共同著作物の侵害〕　数人ノ合著作ニ係ル著作物ノ著作権者ハ偽作ニ対シ他ノ著作権者ノ同意ナクシテ告訴ヲ為シ及自己ノ持分ニ対スル損害ノ賠償ヲ請求シ又ハ自己ノ

持分ニ応シテ前条ノ利益ノ返還ヲ請求スルコトヲ得

第三十五条　〔著作者・発行者の推定〕　偽作ニ対シ民事ノ訴訟ヲ提起スル場合ニ於テハ既ニ発行シタル著作物ニ於テ其ノ著作者トシテ氏名ヲ掲ケタル者ヲ以テ其ノ著作者ト推定ス

無名又ハ変名著作物ニ於テハ其ノ著作物ニ発行者トシテ氏名ヲ掲ケタル者ヲ以テ其ノ発行者ト推定ス

未タ発行セサル脚本、楽譜及活動写真術又ハ之ト類似ノ方法ニ依リ製作シタル著作物ノ興行ニ関シテハ其ノ興行ニ著作者トシテ氏名ヲ顕ハシタル者ヲ以テ其ノ著作者ト推定ス

著作者ノ氏名ヲ顕ハササルトキハ其ノ興行者ヲ以テ其ノ著作者ト推定ス

第十五条第三項ノ規定ニ依リ著作年月日ノ登録ヲ受ケタル著作物ニ在リテハ其ノ年月日ヲ以テ著作ノ年月日ト推定ス

第十五条第四項ノ規定ニ依リ第一発行年月日ノ登録ヲ受ケタル著作物ニ在リテハ其ノ年月日ヲ以テ始メテ発行シタル年月日ト推定ス

第三十六条　〔差止・差押〕　偽作ニ関シ民事ノ出訴又ハ刑事ノ起訴アリタルトキハ裁判所ハ原告又ハ告訴人ノ申請ニ依リ保証ヲ立テシメ又ハ立テシメスシテ仮ニ偽作ノ疑アル著作物ノ発売頒布ヲ差止メ若ハ之ヲ差押ヘ又ハ其ノ興行ヲ差止ムルコトヲ得

前項ノ場合ニ於テ偽作ニ非サル旨ノ判決確定シタルトキハ申請者ハ差止又ハ差押ヨリ生シタル損害ヲ賠償スルノ責ニ任ス

第三十六条ノ二　〔著作者人格権の侵害〕　第十八条ノ規定ニ違反シタル行為ヲ為シタル者ニ対シテハ著作者ハ著作者タルコトヲ確保シ又ハ訂正其ノ他其ノ声望名誉ヲ回復スルニ適当ナル処分ヲ請求シ及民法第三編第五章ノ規程ニ従ヒ損害ノ賠償ヲ請求スルコトヲ得

第十八条ノ規定ニ違反シタル行為ヲ為シタル者ニ対シテハ著作者ノ死後ニ於テハ著作者ノ親族ニ於テ其ノ著作者タルコトヲ確保シ又ハ訂正其ノ他其ノ声望名誉ヲ回復スルニ適当ナル処分ヲ請求スルコトヲ得

前二項ノ規定ニ依ル民事ノ訴訟ニ付テハ前二条ノ規定ヲ準用ス

第三十六条ノ三　〔著作権制度審議会〕　文化庁長官ハ第二十二条ノ五第二項又ハ第二十七条第二項ノ規定ニ依ル償金ノ額ヲ定メントスルトキハ著作権制度審議会ニ諮問スベシ

第四章　罰　則

第三十七条　〔著作権侵害の罪〕　偽作ヲ為シタル者及情ヲ知テ偽作物ヲ発売シ又ハ頒布シタル者ハ二年以下ノ懲役又ハ五万円以下ノ罰金ニ処ス

第三十八条　〔著作者人格権侵害の罪〕　第十八条ノ規定ニ違反シタル者ハ五万円以下ノ罰金ニ処ス

第三十九条　〔出所不明示の罪〕　第二十条、第二十条ノ二及第三十条第二項ノ規定ニ違反シ出所ヲ明示セスシテ複製シタル者並第十三条第四項ノ規定ニ違反シタル者ハ一万円以下ノ罰金ニ処ス

第四十条　〔著作者名詐称の罪〕　著作者ニ非サル者ノ氏名称号ヲ附シテ著作物ヲ発行シタル者ハ一年以下ノ懲役又ハ三万円以下ノ罰金ニ処ス

第四十一条　削除

第四十二条　〔虚偽登録の罪〕　虚偽ノ登録ヲ受ケタル者ハ一万円以下ノ罰金ニ処ス

第四十三条　〔没　収〕　偽作物及専ラ偽作ノ用ニ供シタル器械器具ハ偽作者、印刷者、発売者及頒布者ノ所有ニ在ル場合ニ限リ之ヲ没収ス

第四十四条　〔親告罪〕　本章ニ規定シタル罪ハ被害者ノ告訴ヲ待テ其ノ罪ヲ論ス但シ第三十八条ノ場合ニ於テ著作者ノ死亡シタルトキ並第四十条乃至第四十二条ノ場合ハ此ノ限ニ在ラス

第四十五条　削除

第五章　附　則

第四十六条　本法施行ノ期日ハ勅令ヲ以テ之ヲ定ム〔明治三十二年七月十五日から施行〕

明治二十六年法律第十六号版権法明治二十年勅令第七十八号脚本楽譜条例明治二十年勅令第七十九号写真版権条例ハ本法施行ノ日ヨリ廃止ス

第四十七条　本法施行前ニ著作権ノ消滅セサル著作物ハ本法施行ノ日ヨリ本法ノ保護ヲ享有ス

第四十八条　本法施行前偽作ト認メラレサリシ複製物ニシテ既ニ複製シタルモノ又ハ複製ニ著手シタルモノハ之ヲ完成シテ発売頒布スルコトヲ得

前項ノ複製ノ用ニ供シタル器械器具ノ現存スルトキハ本法施行後五年間仍其ノ複製ノ為之ヲ使用スルコトヲ得

第四十九条　本法施行前翻訳シ又ハ翻訳ニ著手シ其ノ当時ニ於テ偽作ト認メラレサリシモノハ之ヲ完成シテ発売頒布スルコトヲ得但シ翻訳物ハ本法施行後七年内ニ発行スルコトヲ要ス

前項ノ翻訳物ハ発行後五年間仍之ヲ複製スルコトヲ得

第五十条　本法施行前既ニ興行シ若ハ興行ニ著手シ其ノ当時ニ於テ偽作ト認メラレサリシモノハ本法施行後五年間仍之ヲ興行スルコトヲ得

第五十一条　第四十八条乃至第五十条ノ場合ニ於テハ命令ノ定ムル手続ヲ履行スルニ非サレハ其ノ複製物ヲ発売頒布シ又ハ興行スルコトヲ得ス

第五十二条　第三条乃至第五条中三十年トアルハ演奏歌唱ノ著作権及第二十二条ノ七ニ規定スル著作権ヲ除ク外当分ノ間三十八年トス

第六条中三十年トアルハ演奏歌唱ノ著作権及第二十二条ノ七ニ規定スル著作権ヲ除ク外当分ノ間三十三年トス

第二十三条第一項中十年トアルハ当分ノ間十三年トス

附　則（昭和三十七年法律第七十四号）

この法律は、公布の日から施行する。ただし、この法律の施行前に著作権の消滅した著作物については、適用しない。（昭和三十七年四月五日から施行）

附　則（昭和四十年法律第六十七号）

この法律は、公布の日から施行する。ただし、この法律の施行前に著作権の消滅した著作物については、適用しない。（昭和四十年五月十八日から施行）

附　則（昭和四十二年法律第八十七号）

この法律は、公布の日から施行する。ただし、この法律の施行前に著作権の消滅した著作物については、適用しない。（昭和四十二年七月二十七日から施行）

附　則（昭和四十四年法律第八十二号）

この法律は、公布の日から施行する。ただし、この法律の施行前に著作権の消滅した著作物については、適用しない。（昭和四十四年十二月八日から施行）

附録３．水野錬太郎　年譜

慶応四年一月一〇日
（＝一八六八年二月三日）

水野錬太郎、江戸詰の秋田佐竹藩士水野立三郎長男として、現在の東京都台東区浅草鳥越町旧佐竹藩士邸にて誕生。姉二人。長姉千賀子（服部）、次姉総子（山田）。父立三郎は、政忠泰輔といい、大日向清熙の三男。水野政尚の養子となった。錬太郎の母は八重、政尚の一人娘。錬太郎の祖母である政尚の妻歌は、埼玉県比企郡の遠山久大夫（日興証券創立者遠山元一氏の曾祖父）の二女。遠山元一は、歌の兄弟の子。水野錬太郎の母方の曾祖父、遠山元一の父方の曾祖父は、遠山久大夫である。

慶應四年、戊辰戦争。五月一五日、彰義隊との上野戦争、五月三日、東北二五藩が連合し、奥羽列藩同盟結成。立三郎は、佐竹義理（秋田藩主佐竹義堯の弟）の家臣。秋田藩は、官軍側につき、佐竹義理は、同年三月一八日、岩崎に陣屋を構えた。水野一家は、藩主と共に岩崎町に移住。

秋田藩、奥羽同盟に勝利する。

明治元（一八六八）年（改元）
九月八日
明治と改元し、一世一元の制を定める。

明治二年　六月
佐竹義理二万石の岩崎藩主となる。

明治三年
祖父政尚死す。

明治四年　七月一四日
廃藩置県。廃藩を命じる詔書。東京、大阪、京都三府と三〇二県が成立（年内に七二県に整理統合）。

明治七年
旧藩主佐竹義理は東京に移住、立三郎一家も東京に戻った。

幼時、寺子屋にて、習字、漢学を学ぶ。本所の私塾に入り、英語、数学、漢学を学ぶ。

明治一〇年頃
大阪へ転居。錬太郎が小学校高学年の時、代用教員として下級生を教えた免許状が残っているという（故政直氏の話）。

明治一三・四年頃
一家は、大阪を引き揚げ東京へ戻る。

神田淡路町の共立学校（開成中学の前身）へ入学。共立学校は、高橋是清、鈴木知雄、森春吉らが主宰し、大岡育造が幹事（高橋是清「高橋是清自伝（上）」（中公文庫・一九七六年）一七二頁）。

明治一四年二月二日	母八重死す。四〇歳。
明治一五年五月二七日	父立三郎死す。四四歳。遠山元一曾祖父遠山久大夫、錬太郎の大学卒業までの学資を保管する。
明治一七年九月	大学予備門（旧制第一高等学校の前身）へ入学する。
明治一九年三月二日	帝国大学令公布、東京大学を帝国大学と改称。
九月九日	「文学的及び美術的著作物の保護に関するベルヌ条約」に一〇カ国調印（日本、米国は調印していない）。
明治二〇年四月二二日	条約改正会議、裁判管轄に関する英独案を修正の上決定。欧米主義による法典編纂、外国人裁判官の任用など公表。
六月一日	内閣法律顧問ボアソナード、条約改正に関する意見書を提出。外人裁判官任用に反対。
七月二六日	谷干城農商務相、政府批判書を出し辞職。
七月二九日	条約改正会議の無期延期を各国大使に通告し、九月一七日、井上馨外相辞任。
一二月二五日	保安条例を公布。
一二月二六日	保安条例により、片岡健吉、中島信行、尾崎行雄ら五七〇名を東京から追放。
一二月二八日	新聞紙条例（勅令七五号）、出版条例（勅令七六号）、版権条例（勅令七七号）、脚本楽譜条例（勅令七八号）、写真版権条例（勅令七九号）を公布（版権条例は、末松謙澄内務省県治局長が立案した。福岡県行橋市前田出身の末松は、第一回総選挙に福岡県から出馬し、連続三回当選した。明治二二年四月、末松は、伊藤博文の次女生子と結婚）。
明治二二年	帝国大学法科大学へ入学。
明治二三年一二月八日	版権法案を第一回帝国議会に末松謙澄提出（衆議院修正可決するも貴族院審議未了）。
明治二四年一一月三〇日	版権法案を第二回帝国議会に末松謙澄提出（衆議院で審議未了）。
明治二五年五月六日	版権法案を第三回帝国議会に末松謙澄提出（衆議院修正可決、貴族院審議未了）。
七月	帝国大学法科大学卒業。 穂積陳重教授の紹介で渋沢栄一に会い、渋沢の管理していた第一銀行へ就職する。
明治二六年二月二四日	版権法案成立。衆議院修正可決二月一四日、貴族院修正可決二月二四日、四月一四日公布。
六月五日	梅謙次郎教授の勧誘で、穂積、渋沢の了解を得て、農商務省に入り試補となる。年棒六〇〇円。鉱山局勤務。

九月二九日　依願農商務省試補を免ず。農商務属に任ず。二級俸下賜。
一〇月二三日　事務格別勉励に付金二〇円賞与す。
一一月一〇日　鉱区課勤務。第一高等中学校英語教授嘱托。一カ年報酬金百弐拾円。
一一月二二日　農商務省山林局。
明治二七年五月三日　都築馨六に招かれて内務省参事官へ転じる。高等官七等。一〇級俸下賜。首席参事官は都築馨六。
六月二〇日　叙従七位。
一〇月　高島信茂（一八四三—一八九九）（広島県出身の陸軍軍人、陸軍士官学校次長、学習院次長、貴族院勅選議員）の次女、高島萬壽子と結婚。
一二月二六日　九級俸下賜。
明治二八年九月二六日　八級俸下賜。年俸千円。
明治二九年四月一〇日　内務大臣秘書官兼内務省参事官（第二次伊藤内閣、内相板垣退助）、叙高等官七等。八級俸下賜。年俸千円。
四月二〇日　内務省参事官兼内務大臣秘書官叙高等官六等。七級俸下賜。年俸一二〇〇円。
五月三〇日　叙正七位。
八月二七日　六級俸下賜。年俸一四〇〇円。
九月一八日　第二次松方内閣成立。はじめ内相板垣退助、同年九月二〇日から樺山資紀。
九月二三日　樺山資紀内相三重・愛知・岐阜三県出張に付き随行。
明治三〇年一月二八日　樺山資紀内相京都へ出張に付き随行。
四月八日　議会提出法案審査委員。樺山資紀内相栃木県埼玉県群馬県出張に付き随行。
七月二四日　樺山資紀内相新潟福井石川富山四県へ出張に付き随行。
樺山資紀内相、水野錬太郎を呼び、著作権法立案を命じる。
一〇月一一日　御用有之欧米各国へ被派遣。
明治三一年一月一二日　第三次伊藤内閣、内相芳川顕正。
六月三〇日　第一次大隈内閣、内相板垣退助。
欧州から帰国。

神奈川県静岡県へ出張を命ず。箱根塔の沢玉の湯において、小倉正恒、赤司鷹一郎らを補助者として著作権法案を起草。

七月一九日　陸叙高等官五等。五級俸下賜。年俸一六〇〇円。

九月二〇日　叙従六位。

一一月一日　兼任内務書記官。叙高等官五等。大臣官房文書課長。

一一月八日　第二次山県内閣、内相西郷従道。

明治三二年一月一三日　政府、第一〇回帝国議会へ著作権法案を提出。貴族院先議。

二月七日　貴族院、著作権法案を修正可決。

二月一四日　東京帝国大学法科大学講師を嘱托す。

二月二二日　著作権法案を衆議院可決。

三月四日　著作権法公布。七月一五日施行となる。

四月七日　任内務大臣秘書官兼内務参事官。叙高等官四等（本官）。叙高等官五等（参事官）、三級俸下賜。年俸二千円。

四月一八日　ベルヌ条約創設条約及びパリ追加規定に加入し、七月一三日公布、七月一五日より加入の効力発生とする。

五月一日　叙正五位。

五月五日　陸叙高等官三等（本官）。一級俸下賜。年俸二五〇〇円。

五月五日　明法堂・有斐閣書房より「著作権法要義　全」を発行する。

五月二三日　西郷内相京都府鳥取県島根県へ出張に付き随行。

六月二〇日　叙従五位。

明治三二年から三六年にかけて、早稲田専門学校、日本法律学校、専修学校、英吉利法律学校、独乙協会学校、帝国大学、第一高等学校等の講師。担当は行政法、破産法、著作権法。

明治三三年二月二七日　静岡県沼津出張。

四月一九日　西郷内相大阪府兵庫謙岐阜県三重県出張に付き随行。

四月二五日　西郷内相滋賀県奈良県出張に付き随行。

七月四日　法典調査会委員。
七月二一日　陞叙高等官四等。
一〇月一九日　第四次伊藤内閣、内相末松謙澄。
一〇月二三日　内務省参事官兼内務大臣秘書官。叙高等官四等（本官）。叙高等官三等（兼官）、二級俸下賜、年俸二千二百円。
明治三四年一月三〇日　日英同盟協約、ロンドンで調印。
六月二日　第一次桂太郎内閣、内相内海忠勝、のち児玉源太郎、桂太郎首相兼任、清浦奎吾法相兼任、芳川顕正が明治三七年二月二〇日から三八年九月一六日まで務める。
明治三五年二月二〇日　神職高等試験委員、神職尋常試験委員を命ず。
三月三一日　法典調査会委員被免。
七月二五日　陞叙高等官三等（参事官）、一級俸下賜、年俸二五〇〇円。
明治三六年一月二六日　「著作権ノ基礎及性質」「De la Loi japonaise let du Projet de Loi-type sur la protection des droits d'auteur（著作権保護ニ関スル模範的法案ト日本）」の二論文により法学博士の学位を授与される。
明治三七年一月　内務省神社局長兼内務省参事官（第一次桂内閣、桂内相兼任）
明治三八年　法政大学講義録「著作権法」を刊行する。
明治三九年一月七日　第一次西園寺公望内閣、内相原敬。（明治四一年七月四日まで）。
明治四一年六月　ドイツ国ベルリン万国著作権保護同盟会議委員に任命される。
七月六日　内務省参事官専任となる。
七月一四日　第二次桂内閣、内務大臣平田東助（明治四四年八月二五日まで）。
一〇月一四日　ベルヌ条約ベルリン会議が開かれ、錬太郎と堀口九萬一と二人が出席した。会議は、約一カ月続いた（水野錬太郎「伯林に於ける著作権保護萬国会議の状況」（「太陽」明治四二年六月号四一頁）。
錬太郎、翻訳権は著作権の中に包含すべきとのドイツの提案について、文字、言語の性質の異なる国には当てはまらないと主張、日本以外はドイツ提案に賛成。
一一月一三日　委員会議長ルノールが二七条三項を案出し、先に締約した条約の規定に準拠するものと宣言しうるとの規定により、翻訳権については、従前のパリ規定を留保することが可能となり、錬太郎は宣言を朗

認し　翻訳に関する留保を声明（一一月一四日会議終了）。
イギリス、フランス、スイス歴訪。欧米各国の殖民行政に関する調査嘱託（台湾総督府、二〇〇〇円を給す）。

明治四二年一月二六日　帰朝。
　九月五日　水野錬太郎「他山の石」清水書店発行（同年九月一五日再版発行、同年一〇月一日三版発行）。
明治四三年四月一日　俸給令改正、年俸三七〇〇円となる。
　九月　土木局長（第二次桂内閣、内相平田東助）。
明治四四年八月三〇日　第二次西園寺内閣、内相原敬（大正元年一二月五日まで）。
　九月　水野、土木局長兼任地方局長。床次竹二郎内務次官。
　一〇月　兼任鉄道院理事。
　一二月　衆議院議員選挙法改正調査委員。
明治四五年二月一〇日　高等官一等。
大正元（一九一二）年（改元）
　一一月一〇日　水野錬太郎「自治制の活用と人」実業之日本社発行。
　一二月　上原陸相、増師問題で単独上奏、単独辞表提出。陸相の後任決まらず一二月五日第二次西園寺内閣総辞職。
　この頃、錬太郎へ秋田県第二区から、衆議院議員へ政友会から立候補してほしいと榊田清兵衛らから陳情される。錬太郎は原敬に相談すると答える（「論策と随想」八一四頁。原敬の意見で、衆議院議員立候補断念。
　一二月五日　貴族院令第一条第四項により貴族院議員に任命される。
　一二月二二日　依願免本官並兼官（貴族院議員就職のため）（大正元年一二月二一日、第三次桂内閣発足）。
大正二年　二月二一日　内務次官（第一次山本権兵衛内閣、内相原敬）（大正三年三月二四日まで）、鉄道院総裁に床次竹二郎任命される。
　九月二三日　政友会へ入党（西園寺総裁）。
大正三年　四月一六日　依願免本官（第二次大隈内閣発足）。

六月一八日　原敬、政友会総裁に就任。
六月二九日　勲二等瑞宝章。
大正四年　九月五日　水野錬太郎「忙中随感」（広文堂書店）発行。
大正五年　四月一日　水野錬太郎「静感」（清水書店）発行。
一〇月一日　旭日重光章。
一〇月九日　寺内正毅内閣発足。内相後藤新平。
一二月二七日　水野、内務次官に就任。政友会を離党する。連合国経済会議決議実施委員。
大正六年　一月一〇日　衆議院議員選挙法改正調査委員。
九月二一日　臨時教育会議委員。
大正七年　四月二三日　水野錬太郎内務大臣に就任（寺内内閣、後藤新平外相へ就任）。
七月上旬　富山県東水橋、魚津から米騒動が始まる。
九月二九日　寺内内閣総辞職、依願免官。（九月二九日、原敬内閣発足、内相床次竹二郎）。
大正八年　二月　社団法人東洋協会副会長（会長、後藤新平）。
三月一日　朝鮮において、天道教、キリスト教、仏教の宗教三派の民族代表三三名による独立宣言。元国王高宗の葬儀のため集まっていた民衆も呼応して大示威運動となった。「万歳事件」という。運動は、武断政治、土地調査事業への不満もあり、全土に拡大した。武力弾圧し、死者七五〇〇人、負傷者一万六〇〇〇人、検束者四万七〇〇〇人。
朝鮮総督府「文化政治」に転換へ。
八月一二日　朝鮮総督府政務総監に任命される（原内閣、齊藤実海軍大将を朝鮮総監へ）。官制改革で、総督の任用範囲を文官にまで拡大した。
九月二日　齊藤実、水野錬太郎、京城到着。その行列に朝鮮人により爆弾が投ぜられ、二〇余名の死傷者を出す。「南大門事件」という。水野政務総監の馬車を引く馬の前脚に爆弾の破片が当たった。
大正九年　一二月二五日　勲一等旭日大綬章。
大正一〇年三月三日から九月三日まで　皇太子訪欧（英、仏、ベルギー、オランダ、イタリア五カ国）。
…相、東京駅頭にて、大塚駅勤務の中岡良一により刺殺される。内田康哉外相。臨時首相を兼ね、翌日内閣総辞職。

大正一一年六月一二日　一一月一三日　高橋是清に組閣命令、全閣僚留任のまま高橋是清内閣成立。

一一月一四日　高橋是清、政友会総裁に就任。

一一月一二日　ワシントン会議開催。日本全権、加藤友三郎、徳川家達、幣原喜重郎。

一二月一〇日　水野錬太郎「水野博士論集」（清水書店）発行。

加藤友三郎内閣成立。貴族院を基礎とし、政友会が協力した。水野は、内務大臣に就任（加藤友三郎内閣、大正一二年八月二五日まで）。（水野は二年十月を朝鮮で過ごした。）

一一月　港湾協会会長。

大正一二年一月二四日　ソ連の極東代表ヨッフェ（一八八三―一九二七）を日露協会会頭、東京市長である後藤新平が招請し、水野は、私人としての入国を（一九二三年）内田康哉外相とともに認めたが、赤池警視総監、後藤警保局長、大塚惟精外事課長らは反対であった。

八月二六日　加藤友三郎首相、病気により死去。

九月一日　関東大震災（マグニチュード七・九）。死者・行方不明者一〇万五三八五人、うち東京市六万八六六〇人、家屋の損害三七万二六五九棟、うち東京市一六万八九〇二棟。市民がパニック状態になり、多数の在日朝鮮人が虐殺され、「甘粕事件」、「亀戸事件」が起こった。

九月二日　水野は、九月二日成立の第二次山本権兵衛内閣、後藤新平内相が執務できるまで指揮を執った。依願免官。

一二月二七日　難波大助の摂政裕仁暗殺未遂事件「虎ノ門事件」起こる。第二次山本内閣引責辞職。

大正一三年一月七日　清浦奎吾内閣発足、水野、内務大臣兼復興院総裁。（清浦奎吾内閣は、六月七日まで約五カ月の短命内閣であった）。

二月七日　史蹟名勝天然紀念物調査会会長。

四月一五日　文政審議会委員被仰付。

六月一一日　依願免官（清浦内閣総辞職し、第一次加藤高明内閣）。

大正一四年四月二二日　治安維持法公布。

五月五日　普通選挙法公布。

	八月二日	第二次加藤高明内閣。
大正一五年	一月三〇日	第一次若槻礼次郎内閣。
	四月	水野、鈴木喜三郎とともに政友会に入党する。
	四月一七日	水野、横浜港からサンフランシスコに向かう郵船コレア丸に乗船し、外国を視察する。サンフランシスコ、ロスアンジェルスの日本人経営の農場を視察し、移民問題、二世日本人問題議論。
	五月一二日	水野、ニューヨークからヘレンガリア号で、英国へ。ベルギー、オーストリアにも行く。
	五月二七日	水野、萬国議院商事会議に出席する。
	一〇月	水野錬太郎「欧州視察談」（三〇頁）港湾協会から発行。
昭和元（一九二六）年（改元）		
昭和二年	二月一五日	水野錬太郎「欧米政界の新潮流」（政治教育協会）発行。
	四月二〇日	田中義一内閣発足。蔵相高橋是清、内相鈴木喜三郎、文相三土忠造。
	六月二日	水野、文部大臣に就任。高橋是清が辞職し、三土忠造が蔵相に転じたため。
昭和三年	二月二〇日	総選挙（最初の普選、政友会二一七、民政党二一六）。のち鈴木喜三郎内相、選挙干渉があったと野党から攻撃される。
	三月一五日	全国一道三府二七県で、日本共産党、労働農民党、日本労働組合評議会などに関係ありとみられた事務所、活動家宅が一斉に捜索され、一六〇〇人以上が逮捕され、約五〇〇人が起訴された。
	四月一二日	緊急文部省省議が開かれ、（1），3・15事件関係で、起訴された学生に無期停学を命ずる、（2），教授で、運動に関係していなくても社会から左傾著しいと見られている者に対し、自発的に辞職かまたは休職を命ずること、（3），東京帝大新人会及び研究の領域を越えて団体として実際運動に出た社会科学研究会に対しては解散を命ずること、団体としてでなく個人として実際運動に加わったものは個人のみ処断することを決議した。 水野文相は、この決定をもとに小野塚東京帝大総長代理、荒木寅三郎京都帝大総長、大工原銀太郎九州帝大総長、小川正孝東北帝大総長に、（1），3・15事件関係学生の処分、（2），社会科学研究会の解散、（3），左傾教授の処分をするよう要請した。
		[illegible]、議会停会。五月三日、鈴木内相辞任。

田中首相内閣改造に着手し「外相は兼任のままで内相に久原氏説出る」（東京朝日新聞）。

五月二一日　水野、田中首相が久原房之助を入閣させようとしていることに反対し、辞表提出。

五月二三日　田中首相、水野の辞表を天皇に捧呈。田中首相は、「文教のことは最も重大なるゆえ水野を留任せしめ度き旨」を上奏した。天皇は、「ご嘉納あらせられ辞表をお渡しになった」。その後、水野、みずから天皇に拝謁し、天皇より「国務の為尽瘁せよ」との優諚を受けた。拝謁ののち、水野、首相官邸に田中首相を訪問し、田中首相に報告した。このあと、数十人の新聞記者に「優諚」のことを話した（この項、西尾林太郎「官僚政治家・水野錬太郎」（「水野錬太郎回想録・関係文書」四四四頁）による）。

五月二四日　多くの新聞が、田中首相と水野文相が「優諚」を捏造して水野の留任を画策した、と報じた。（水野は、天皇の拝謁以前に辞意を翻しており、田中は反古紙同然の辞表を天皇に提出し、田中と水野は、天皇の「優諚」を得て留任するという形をとるべく芝居をしたという非難であろうか―石上良平「田中義一内閣の水野文相優諚問題」成蹊大学創立十周年記念論文集上巻二一九頁参照）。

五月二五日　水野、再度辞表を提出し、辞職した。

六月　貴族院、優諚問題で問責決議案。

一〇月　前官礼遇。

昭和四年　二月二二日　貴族院、優諚問題で問責決議案、新渡戸稲造議員、田中首相の行動は国体に関する観念に悪影響を及ぼすとし、問責決議案賛成演説。賛成一七二票、反対一四九票（松隈俊子「新渡戸稲造」二四〇頁）。

一二月　神社制度調査会委員。

昭和五年　一月　衆議院議員選挙改正審議会委員。

一月三〇日　水野錬太郎「我観談屑」（萬里閣書房）発行。

四月　社団法人東洋協会会長。

昭和六年　大日本作曲家協会会長。

昭和七年　七月　法制審議会臨時委員。

昭和八年　五月　全国神職会会長（全国神職会は、のち大日本神祇会になる）。

昭和九年　一二月　国策審議会委員。

昭和一〇年七月　立憲政友会離党。
　八月二四日　著作権審査委員会委員。
昭和一一年五月　水野錬太郎胸像除幕式が秋田県雄勝郡岩崎町青年学校講堂で行われた。
昭和一二年六月二一日　神社制度調査会会長。
昭和一三年四月　松波仁一郎編纂「水野博士古稀記念論策と随筆」水野錬太郎先生古稀記念祝賀会事務所発行。
　六月　勲一等旭日桐花大綬章（地方自治制五〇年）。
昭和一四年四月二〇日　議会制度審議会総裁。
昭和七年五月から政友会総裁であった鈴木喜三郎の任期七年任期満了に伴い、後継選びで、水野を前田米蔵、島田俊雄、中島知久平が擁立しかけたが、立ち消えになった。
中島知久平と久原房之助の二人がいずれも総裁と称した。
昭和一四年九月一日　ドイツ軍、ポーランドへ侵入、第二次世界大戦始まる。
昭和一五年四月一二日　社団法人大日本音楽著作権協会（昭和一四年一二月二〇日内務大臣による設立許可）理事会は、空席の会長に水野を迎えることを決定した。
　四月二五日　水野、大日本音楽著作権協会会長就任を承諾する。
　七月　財団法人協調会会長。
昭和一六年一二月八日　大東亜戦争始まる。
　六月一〇日　大日本音楽著作権協会会長（四月一二日の理事会で決定し、承諾を得て届出た）。
昭和一七年五月二〇日　大日本興亜同盟副総裁（総裁は、林銑十郎）。
昭和一八年二月　大日本興亜同盟総裁事務取扱（注、林銑十郎総裁は二月四日死亡、大日本興亜同盟は五月一八日解散）。
　五月　興亜総本部統理。
　一〇月　興亜総本部統理の辞表提出。
昭和一九年八月　興亜総本部統理辞任。
　一二月　朝鮮及び台湾在住民政治処遇調査会委員。
昭和二〇年五月七日　ドイツ軍、無条件降伏。

長崎に原子爆弾投下さる。

八月一五日　昭和天皇、終戦の詔勅を行う。日本敗戦。

九月二日　アメリカ戦艦ミズーリ号上で、全権重光葵、梅津美治郎調印。

一一月　社団法人東洋協会会長辞任。

一二月一日　戦争犯罪人容疑者指定（注、自宅拘禁）。

一二月　貴族院議員辞表提出。

昭和二一年一月一一日　貴族院議員辞任。

一月　財団法人協調会会長辞任。

五月三日　連合国一一カ国が日本の戦争指導者二八名を主要戦争犯罪人（A級戦犯）として裁く極東国際軍事裁判所が開廷した。昭和二三年一一月まで。

六月一一日　大日本音楽著作権協会会長を辞任。

八月二四日　戦争犯罪人容疑者理由にて覚書該当者に指定。

昭和二二年二月七日　著作権審査会委員の辞職願を植原悦二郎内相に提出。

六月三日　GHQ法務局国際戦争犯罪課は、米統合参謀本部の求めで、拘禁されている五〇人のA級容疑者のうち、1，鮎川義介、岸信介ら三九人をA級戦犯容疑者として引き続き拘禁し、東京で国際軍事裁判に付すよう勧告、2，正力松太郎ら五人をさらに調査のためA級容疑者として拘禁するよう勧告、3，多田駿（はやお）ら陸軍軍人四名をB級容疑者として裁判するため引き続き拘禁するよう勧告、4，水野錬太郎については、尋問の後、特定の犯罪がなければ自宅拘禁を解除するとした。（粟屋憲太郎「東京裁判への道下巻」六五頁）。これらの五〇人については、国際検察局でなく、法務局でB、C級容疑で裁判に付す準備を進めることになった。

九月一〇日　大日本興亜同盟副総裁理由にて覚書該当者仮指定。

一〇月一三日　同前、仮指定決定。

昭和二三年一二月二三日　東条英機元首相、広田弘毅元首相、板垣征四郎元陸相、土肥原賢二元陸軍大将、木村兵太郎元陸軍次官、武藤章元陸軍省軍務局長、松井石根元大将・元中支那方面軍司令官の七名の絞首刑が執行される。

一二月二四日　岸信介らA級戦犯容疑者釈放される。
昭和二四年一一月二五日　水野錬太郎、神奈川県大磯町の自宅に於て、冠動脈疾患による心臓弁膜症により死去した。八二歳。
昭和四七年八月一九日　水野錬太郎「著作権ノ性質ニ就テ」複製発行。
昭和四八年七月三一日　水野錬太郎「欧州ニ於ケル著作権法ノ沿革及国際的関係ノ由来」複製発行。
昭和四九年八月一日　水野錬太郎「著作権法」（明治三八年法政大学講義録）復刻版発行。
昭和五〇年六月一五日　大家重夫「随想水野錬太郎の一生」「著作権研究」七号四六頁。
昭和五一年七月七日　次男政直（長男は夭折）（満鉄東亜経済調査局を経て新聞連合、同盟通信入社、戦後共同通信外信部長）六九歳にて死去。
大家重夫・エッセイ「水野錬太郎の軌跡」法苑（新日本法規）一二六号一〇頁
平成一一（一九九九）年一月一五日　尚友倶楽部・西尾林太郎編「水野錬太郎回想録・関係文書」（山川出版社）発行される。西尾林太郎氏による「官僚政治家・水野錬太郎」「水野錬太郎関係文書について」「水野錬太郎履歴書」「水野家家系図」等が収録されている。
平成一二年　水野美枝子「今昔物語異聞」（産経新聞ニュースカービス）発行
平成一四年一一月二五日　久留米大学福岡サテライト文化講演会
西尾林太郎「大正の官僚政治家水野錬太郎」
水野政一「祖父水野錬太郎―その生きた時代―明治」
大家重夫「著作権法学者としての水野錬太郎」
平成二〇年一一月一〇日　湯沢市岩崎地区の「水野錬太郎顕彰会」（石川恭助会長）主催の講演会が開催された。
水野政一「祖父・錬太郎晩年の想い出」、大家重夫「著作権法と水野錬太郎」。
令和二（二〇二〇）年一一月　西田彰一「普通選挙法成立後の水野錬太郎の政治思想」を日本思想史学会において報告（西田彰一は、「躍動する『国体』筧克彦の思想と活動」（ミネルヴァ書房・二〇二〇年）の著者）。
一〇月三一日　水野錬太郎「復刻　著作権法要義」（上野達弘解題、金井重彦解説）が文生書院から発行された。

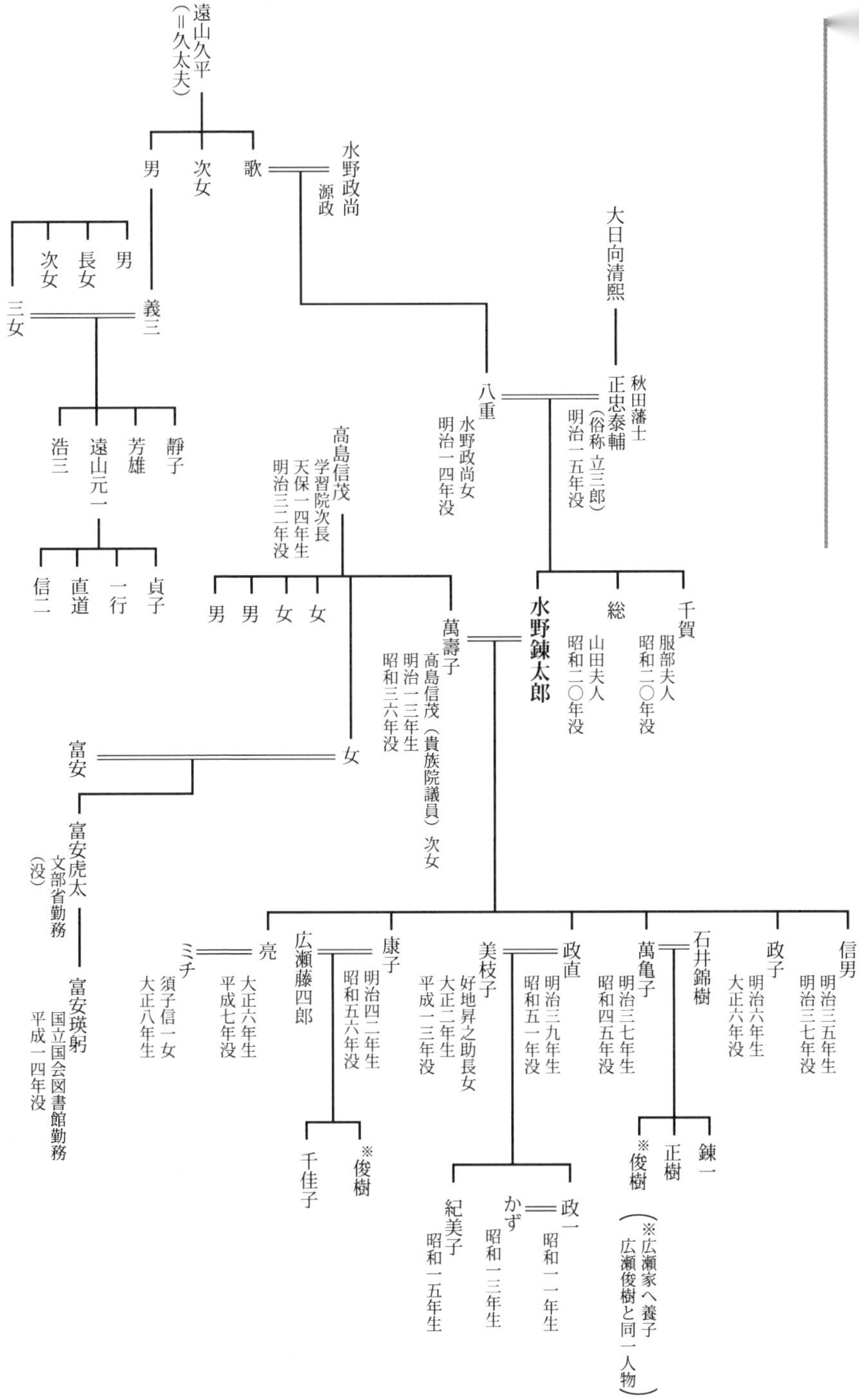

「水野錬太郎回想録・関係文書」四五五頁の家系図に大家重夫が加筆した。

あとがき

大家　重夫

一

「広辞苑　第五版」に「水野」という項目の末尾に「水野錬太郎」として、次の記述がある。「官僚・政治家。秋田藩士の子。内務官僚を経て、貴族院議員・朝鮮総督府政務総監・内相・文相を歴任。（一八六八―一九四九）」

昭和四五年。文部省の外局、文化庁の著作権課課長補佐に任命されたわたくしの任務の一つは、昭和四六年一月一日施行の「著作権法」を関係者、国民に広報し、普及することであった。調べると、この新・著作権法は、明治三二年制定の「旧・著作権法」を全面改正したものであった。新・著作権法は、旧・著作権法を相当部分を引き継いでいた。

明治三二年の旧著作権法は、水野錬太郎が立案した法律であることを知った。

わたしは、水野錬太郎のエッセイや著作権法解説書、講義録、論文を拾い読みをしている内に、明晰な、簡潔で、無駄のない、それでいてある種の名文に惹かれていた。

現行の著作権法を解釈する上で、水野錬太郎の著書、論文があれば便利である。

わたしは、知人と相談し、明治三八年刊行の「著作権法―法政大学講義録」と論文「著作権ノ本質ニ就テ」をぜひ復刻したい、と考えた。明治三二年の「著作権法要義　全」は、まだ古本屋で探せばあったが、法政大学講義録はほとんど流通していなかった。

水野錬太郎は、昭和二四年一一月二五日に亡くなっていた。当時、著作権の保護期間は死後五〇年で、このときは、死後二〇数年であった（平成一一年末に切れた）。遺族に会い、承諾を取らねばならない。

遺族は何処にいるのだろう。これは、総理府の岩倉規夫さんに尋ねるとわかるだろうと考えた。わたしは、昭和四〇年から二年三カ月間、総理府・内閣の審議室に係長クラスで出向した経験がある。ちなみに、そのあと、ユネスコ国内委員会教育課一年二カ月、名古屋大学事務局庶務部庶務課長二年一カ月を経て、文化庁の著作権課課長補佐に就いたのである。

総理府では、わたしは、「建国記念の日」という祝日を設け、二月一一日にする法案の成立の手伝いをした。また、東京オリンピックの反省から計画された、国民「体力つくり運動」事業が実施の事務や岩倉規夫賞勲局長が統括された「明治百年記念事業」の末端事務をした。

岩倉規夫さんは書誌学者であり、中江兆民の長男中江丑吉の研究家であられた。岩倉さんとは、仕事上では上司と下僚に当たるが、各省から出向してきた若い我々を対等に扱って下さり、わたしは、時折、岩倉さんと雑談をし、親しくさせていただいた。のち御著書「読書清興」（汲古書院）を拝受し、大切に保存している。

昭和一二年内務省入省の岩倉さんならば、水野錬太郎の子孫をご存知であろう、と見当をつけた。

二

昭和四八年一月頃だったと思う。昼休み、総理府に岩倉さんを訪問した。「水野錬太郎さんの子孫は、何処に居られるだろうか」と問うた。

「それは、町村金吾議員（一九〇〇―一九九二）がご存じだろう。町村さんを訪問するがよい」と即座に紹介状を書いて下さった。町村信孝議員（一九四四―二〇一五）の父上である町村金吾さんは、内務省の人事課長を務められており、当時、旧内務省職員親睦会のまとめ役をされており、内務省出身の人のことなら大抵ご存知だったのである。

二、三日して、議員会館へ町村先生を訪ねると、町村先生はにこにこしながら、多分間違いないよ、といいながら「水野政直、港区高輪…、電話番号」と手書きで書かれた紙を下さった。

政直さんへ電話をかけた。政直さんは錬太郎の次男だが、長男が夭折されておられるため、長男のよ人である。共同通信社の部長だった。水野錬太郎の著作権関係の著書論文の複製は、自由にやってかまわない、とのことであった。

その後、水野政直さんから連絡が入り、政直さんの弟など錬太郎の子供も参加する昼食会を計画したので、ぜひ、(昭和四八年)二月一一日午後一時、芝の三田飯店においで願いたいといわれるのである。私は、喜んで出席すると返事をした。

中華店の一室が予約されており、水野政直(共同通信)・美枝子夫妻、水野亮(神崎製紙常務)・ミチ夫妻、広瀬藤四郎(神崎製紙相談役)・康子夫妻、広瀬俊樹(王子製紙)、石井萬亀子、水野学(電通リサーチ)という方々であった。

政直さんは、「長男の政一はフジテレビの記者で、今、パリ支局にいるため欠席だが、大体これがわが一族ですよ」とおっしゃり、「この人が水野錬太郎を調べている大家重夫君」とわたしを紹介してくださった。

政直さんの弟の亮さんは明朗な方で、神崎製紙の大阪担当の重役。政直さんより、写真の錬太郎に似ていると思った。昭和二六年から関西に住んでおられ、上京されたのである。著作権関係の図書全部、また何十年書き続けていた日記も高輪の家が戦災にあい消失したといわれる。大磯に別邸があったが、戦争中は大磯へ行かなかったが、家が焼けたので行かれたといわれる。大磯へ、大日本音楽著作権協会の関係から中山晋平さんが時々、お見えになられたとも聞く。錬太郎の父、立三郎のことがよく分からないが、と申し上げると、錬太郎は無口で、自分の父母のことはあまり喋らなかったと、政直、亮、萬亀子、康子さんらが口々に言われたことを思いだす。

三

水野錬太郎は、明治三〇年一〇月から約八カ月間、欧米に出張、明治四一年一〇月から三カ月、ベルリンへ出張したが、いずれも著作権関係である。また、大正一五年四月、ロンドンの萬国議院商事会議に出席し、欧米を視察旅行している。港湾協会発行の「欧州視察談」(大正一五年一〇月)、「欧米政界の新潮流」(政治教育協会・昭和二年二月）に記載がある。

水野は、内政が得意の人と思われるようであるが、ヨーロッパとアメリカ、国際連盟の政治状況を常に凝視し、注目している政治家でもあった。実際に、外国を直接見ており、語学が出来るから、洋書を取り寄せ読む政治家であった。

第一次世界大戦後のドイツについて、大正六年の論文が「水野博士論集」（清水書店・大正一〇年）に収録されている。論文「大戦後に於ける国民の覚悟」は、ドイツ発展の原因は、ドイツ国民の意気精神が高いこと、もうひつは教育の発展と見ており、今読んでも参考になる。

井上寿一著「第一次世界大戦と日本」（講談社現代新書・二〇一四年）一〇三頁では、一九一五年（大正四年）インドの独立運動家ビハリー・ボーズの日本亡命の経緯を述べた後、次のように続ける。

「政友会が欧州の戦争を欧州に限定しようとしても、戦争は拡大していく。貴族院議員水野錬太郎はアメリカの戦争準備に注意を促す。水野の見るところ、アメリカは「軍事的準備」だけでなく、「平和的準備」もしている。持久戦化している欧州大戦は、軍人と武器で勝敗が決するのではない。教育や産業などの「平和的準備」も総動員することで勝利がもたらされる。水野は欧州大戦をきっかけとして、教育競争や経済戦争を含む総力戦に備える必要を訴えている。」

わたしは、まだ未見であるが、政友会の機関紙「政友」に水野の文章が掲載されていたようである。

四

本書を編集し終わって、三つの点に触れるべきであったと思い、そのことをここに書き留めておく。

一つは、昭和一五年あるいは昭和一六年当時に、水野錬太郎を大臣として中枢において、水野の見通しを昭和天皇や近衛文麿、東条英機の面前で語らせたかったことである。

二つめは、西田彰一著「躍動する『国体』筧克彦の思想と活動」（ミネルヴァ書房・二〇二〇年）を一読しての

[illegible]彦に、神社神道を宗教として位置づけている。結果的に見れば、敗戦後、日本が受け入れたＧＨＱの神道指令「宗教」の定義と同じである。水野神社局長時代、神社は宗教でないとの見解で、明治三九年四月、官国弊社へ、神職への人件費国庫負担の供進制度を作っている。敗戦後七五年、憲法二〇条、八九条の改正が必要でないか、このままでいいのか。現行の憲法下で、靖国神社へ内閣総理大臣が参拝するのは自由であるとの解釈がとれるものか、もし水野が生きていれば、どう理論構成するか聞きたいものである。

三つめは、写真の著作権の保護期間についてである。明治二〇年、写真版権条例六条で「登録ノ月ヨリ一〇年」と定め、明治三二年の旧著作権法二三条は、これを引き継ぎ、登録なしだが、発行の翌年から「一〇年」である。一般の著作物の保護期間が死後三〇年に対し、発行後一〇年は短かくないか、水野はそう思わなかったのであろうか。

敗戦直後の昭和二一年、林忠彦が銀座ルパンで写した太宰治の写真は、昭和三一年末に著作権が切れてしまった。貧乏学生であった水野は、おそらく、当時普及し始めたカメラに触れたこともなく、「写真」というものにまったく縁も興味もなかったのではないだろうか。これがわたしの結論であるが、どうであろうか。なお、写真の著作物の著作権は、平成八年著作権法改正でようやく一般の著作物とおなじ待遇になった。

（本書校正中、在野の民俗学者、吉野裕子（よしの・ひろこ、一九一六—二〇〇八）は、朝鮮総督府警務局長、関東大震災時の警視総監として、水野錬太郎を支えた赤池濃（一八七九—一九四五）の三女であることを知った。日本経済新聞二〇二〇年一一月二六日付け一二面で、一面を使い吉野裕子の業績と人生を描いた足立則夫客員編集委員に感謝する。）

者紹介

重夫（おおいえ　しげお）

1934 年生まれ、福岡県出身。小倉高校、京大法卒、旧文部省に 27 年間勤務、文化庁著作権課長補佐、著作権調査官等を経て 1988 年から 22 年間、久留米大学法学部教授。現在、久留米大学名誉教授。株式会社インタークロス IT 企業法務研究所客員研究員（〒100-0014　東京都千代田区永田町 2 丁目 17-17　アイオス永田町 717 号室）。公益社団法人国際日本語普及協会理事。

著書

肖像権」新日本法規・1979 年 5 月
ニッポン著作権物語」出版開発社・1981 年 5 月
最新　肖像権関係判例集」ぎょうせい・1989 年 4 月
最新　企業秘密ノウハウ関係判例集」（河野愛氏と共編）ぎょうせい・1989 年 5 月
宗教関係判例集成」全 10 巻・第一書房・1994 年 7 月
最新　著作権関係判例集」（共編）全 10 巻・ぎょうせい・1995 年 5 月
改訂版ニッポン著作権物語」青山社・1999 年 1 月
タイプフェイスの法的保護と著作権」成文堂・2000 年 8 月
「著作権を確立した人々──福沢諭吉先生、水野錬太郎博士、プラーゲ博士…第 2 版」成文堂・2004 年 4 月
「唱歌『コヒノボリ』『チューリップ』と著作権──国文学者藤村作と長女近藤宮子とその時代」全音楽譜出版社・2004 年 9 月
「肖像権　改訂新版」太田出版・2011 年 8 月
「著作権文献・資料目録（2010）」（黒澤節男氏と共編）著作権情報センター・2012 年 3 月
「美術作家の著作権──その現状と展望」（福王寺一彦氏と共著）里文出版・2014 年 2 月
「ウルトラマンと著作権──海外利用権・円谷プロ・ソムポート・ユーエム社」（上松盛明氏と共編）青山社・2014 年 12 月
「インターネット判例要約集」青山社・2015 年 12 月
「シリア難民とインドシナ難民──インドシナ難民受入事業の思い出」青山社・2017 年 1 月
「文字書体の法的保護──タイプフェイス・フォント・ピクトグラム」（葛本京子氏と共編）青山社・2019 年 1 月
「日本敗戦の代償──神道指令・著作権・戦時加算」（川上拓美氏と共編）青山社・2020 年 1 月

表紙デザイン：葛本京子

明治三十二年・貴族院の著作権法審議　─ 貴族院・著作権法・水野錬太郎

2021 年 1 月 10 日　第 1 刷発行

編　者　大家 重夫　©Shigeo Ohie, 2021
発行者　池上　淳
発行所　株式会社 **青山社**
〒252-0333　神奈川県相模原市南区東大沼 2-21-4
TEL　042-765-6460（代）　FAX　042-701-8611
振替口座　00200-6-28265　ISBN　978-4-88359-372-9
URL　http://www.seizansha.co.jp　E-mail　contactus_email@seizansha.co.jp

印刷・製本　株式会社 丸井工文社　Printed in Japan

ウルトラマンと著作権

―海外利用権・円谷プロ・ソムポート・ユーエム社

編著：
ユーエム株式会社 代表取締役社長 上松盛明
久留米大学名誉教授　大家重夫

A5 判・第 1 版 535 頁、第 2 版 545 頁
2015 年 2 月 23 日　第 2 版発行
定価 : 本体 4,500 円＋税
ISBN 978 - 4 - 88359 - 328 - 6

円谷プロには何故円谷一族がいないのか、ウルトラマン海外利用権をめぐり、日本国、タイ王国、中国でどのような裁判が行われたか。判決文を収集、丹念に追跡、解説する。

株式会社　**青 山 社**
〒 252-0333　神奈川県相模原市南区東大沼 2-21-4
TEL　042-765-6460（代）　FAX　042-701-8611
URL　http://www.seizansha.co.jp　E-mail　contactus_email@seizansha.co.jp

シリア難民とインドシナ難民

—インドシナ難民受入事業の思い出

著者：

久留米大学名誉教授　大家重夫

(株)インタークロスIT企業法務研究所 客員研究員

A5判・336頁

2017年 1月27日　第1版発行

定価：本体2,800円＋税

ISBN 978 - 4 - 88359 - 347 - 7

2015年・2016年の欧州諸国の難民受入状況を概観した。ドイツは、難民を約100万人受入れ、フランス
レーでは、イギリスを目指す移民キャンプを強制撤去、イタリアでは難民受入に反対するデモ隊、イギリスは、
民、移民受入れ反対の意見強く2016年6月、国民投票でEU離脱を決定した。

日本は、約40年前の1979年（昭和54年）、ベトナム、ラオス、カンボジアのインドシナ難民を受入れ、日
語を教え、就職を斡旋し、10年かけて、1万人以上を日本に定住させた。この難民受入事業に関与した著者は、
業を回顧し、提言する。

1, 外国人庁の創設、2, 日本語学校を内外に設置し、教師を公費で派遣する。

3, 日本語習得者から毎年、500人程度選抜、入国させる。4, シリア難民や難民認定待ちの者にも声をかけよ、
提言する。

株式会社　**青 山 社**

〒252-0333　神奈川県相模原市南区東大沼2-21-4

TEL　042-765-6460（代）　FAX　042-701-8611

URL　http://www.seizansha.co.jp　E-mail　contactus_email@seizansha.co.jp

文字書体の法的保護

―タイプフェイス・フォント・ピクトグラム

著者：

株式会社視覚デザイン研究所社長　葛本京子

久留米大学名誉教授・（株）インタークロスIT企業法務研究所 客員研究員　大家重夫

A5判・442頁

2019年 1月29日　第1版発行

定価：本体2,500円＋税

ISBN 978－4－88359－357－6

在、日本には2000書体前後のデジタル書体があるという。流麗な書体、毅然とした書体、温かみのある書体、な書体、寄席文字・・・。文章に使われるとき、私たちは、読みやすく、目が疲れず、できれば意識されない書いい。書体デザイナーが権利を主張されることは少ない。本書は、読書人、ビジネスマン、裁判官、弁護士なために「文字書体の法律面での現状と提案」を、法律研究者と書体デザイナーが述べたものである。

株式会社　**青山社**

〒252-0333　神奈川県相模原市南区東大沼2-21-4

TEL　042-765-6460（代）　FAX　042-701-8611

URL　http://www.seizansha.co.jp　E-mail　contactus_email@seizansha.co.jp

敗戦の代償

―神道指令・著作権・戦時加算

著者：
久留米大学名誉教授　大家重夫
(株)インタークロスIT企業法務研究所　客員研究員
川上拓美
内閣府認証特定非営利活動法人学生文化創造事務局長

A5判・470頁
2020年 1月12日　第1版発行
定価：本体 2,500円＋税
ISBN 978 - 4 - 88359 - 366 - 8

昭和16年12月、日本は米国、ハワイの真珠湾を攻撃、戦争を始めた。昭和12年7月の衝突から始まった蒋介石中国との「支那事変」も闘いながら、香港、シンガポール、ラバウル、太平洋の島々にも兵を進めた。昭和20年8月15日、日本は降伏し占領された。「大東亜戦争」の用語使用は禁止され、文書は検閲された。昭和27年、対日平和条約が約50の戦勝国と締結されたが、著作権については、優遇措置を強要された。戦後は続く…。それら実態を概括した1冊である。

株式会社　**青 山 社**
〒252-0333　神奈川県相模原市南区東大沼 2-21-4
TEL　042-765-6460（代）　　FAX　042-701-8611
URL　http://www.seizansha.co.jp　　E-mail　contactus_email@seizansha.co.jp